Dicionário filosófico

André Comte-Sponville

Dicionário filosófico

Tradução de Eduardo Brandão

Martins Fontes
São Paulo 2003

Esta obra foi publicada originalmente em francês com o título
DICTIONNAIRE PHILOSOPHIQUE por Presses Universitaires de France, Paris, 2001.

1ª edição
dezembro de 2003

Tradução
EDUARDO BRANDÃO

Revisão da tradução
Andréa Stahel M. da Silva
Transliteração do grego
Isis Borges B. da Fonseca
Acompanhamento editorial
Luzia Aparecida dos Santos
Preparação do original
Andréa Stahel M. da Silva
Revisões gráficas
Maria Regina Ribeiro Machado
Dinarte Zorzanelli da Silva
Produção gráfica
Geraldo Alves
Paginação/Fotolitos
Studio 3 Desenvolvimento Editorial

Dados Internacionais de Catalogação na Publicação (CIP)
(Câmara Brasileira do Livro, SP, Brasil)

Comte-Sponville, André
Dicionário filosófico / André Comte-Sponville ; tradução Eduardo Brandão. – São Paulo : Martins Fontes, 2003.

Título original: Dictionnaire philosophique
Bibliografia.
ISBN 85-336-1931-6

1. Filosofia – Dicionários I. Título.

03-6558 CDD-103

Índices para catálogo sistemático:
1. Filosofia : Dicionários 103

a Patrick Renou

Preâmbulo

Por que um *Dicionário filosófico*? Por amor à filosofia e às definições.

Nenhuma língua pensa; mas ninguém pensa se não o faz numa língua, graças a ela, contra ela às vezes. É por isso que necessitamos de palavras; é por isso que elas não bastam. Não passam de ferramentas, que cada um utiliza como pode. Para falar bem? Seria apenas retórica. Mas para pensar bem, mas para viver, e isso é a própria filosofia, em todo caso é aí que ela começa. "Julgar bem para fazer bem", dizia Descartes. Isso supõe que se saiba do que se fala e o que se diz: isso supõe experiências e definições. O mundo ou a vida propõem as primeiras; cabe a nós inventar, ou reinventar, as segundas.

Uma palavra não tem um sentido absoluto ou eterno. Só tem significação pelo uso que dela fazemos, uso que sempre supõe outras palavras e outros usos. Por isso seu sentido não pára de variar, tanto no tempo como no espaço, em função dos contextos, das situações, dos indivíduos, das problemáticas... Isso é especialmente verdade em filosofia. Nela, cada um procede "por discursos e raciocínios", como dizia Epicuro, logo com palavras, que cada um sujeita a seu uso pelo menos tanto quanto se submete a elas. É preciso entretanto fazer-se entender. O que não é possível sem um acordo, mesmo que aproximativo e provisório, sobre certo número de definições. Senão como dialogar, argumentar, convencer? Toda filosofia é fabricada com palavras, que na maioria das vezes ela toma emprestadas da língua comum. Mas ela as trabalha – para torná-las mais precisas, mais rigorosas, mais claras –, as enriquece ou recria. Toma emprestadas palavras; inventa ou maneja idéias, noções, conceitos. E isso não acaba nunca. A linguagem é apenas um material. Cabe a cada um encontrar nela seu mundo; cabe a cada um construir nela seu pensamento. Nenhuma definição basta para tanto. Mas como, sem definir, ter uma chance de consegui-lo?

Este livro nasceu de duas admirações, por duas obras-primas: o *Dicionário filosófico* de Voltaire e as *Definições* de Alain. Eram dois modelos, que eu quis imitar, ou dois desafios, que eu quis encarar. A conjunção de ambas podia parecer temível: como fazer um livro que se sustentasse prolongando dois outros, tão diferentes? Mas a dificuldade mesma do projeto era, para mim, um motivo a mais para tentá-lo. E o prazer que tive, ao longo de todo ele, foi um perpétuo incentivo. Ninguém é obrigado a fazer um livro, nem a se aborrecer.

Esses dois modelos, confessados logo de saída, revelam suficientemente o registro no qual este *Dicionário* se situa, bem como o público a que se dirige. Sabichões, mantenham-se à distância! Minha intenção não era fazer uma obra histórica ou erudita, mas sim expor meu pensamento, da forma mais livre que eu podia, em ordem ou desordem alfabética e sem outra condicionante a não ser a de definir, cada vez, aquilo de que eu falava.

Uma coletânea de definições? Era o projeto inicial, que se ampliou pouco a pouco. "Estou absorvido numa conta que presto a mim mesmo, em ordem alfabética, de tudo o que devo pensar sobre este mundo e sobre o outro", escrevia Voltaire numa carta a Madame Du Deffand. Foi também o que eu quis fazer. O tema deste livro? Eu responderia com prazer, como René Pomeau prefaciando Voltaire: "Tudo o que toma lugar na ordem alfabética, quer dizer, tudo." Um livro infinito, portanto, pelo menos de direito, mas que nem por isso poderia aspirar a nenhuma exaustividade: só pude empreendê-lo aceitando de antemão nunca o terminar. Isso desculpa sua extensão, que é nada, comparada com o que poderia ter sido. "Se não me sois gratos por tudo o que vos digo", avisava o *Jacques* de Diderot, "sede pelo menos por tudo o que não digo." E olhem que ele só queria contar uma história. Mas e quando se trata de pensamento? Admira-me que Diderot tenha se lançado, com outros, na enorme aventura da Enciclopédia. Mas, pelo menos nesse ponto, eu me sinto mais próximo de Voltaire, o qual aprovava unicamente "um enciclopedismo manejável". Acrescenta René Pomeau: "Ele sempre se mostrou reticente, mesmo quando colaborou, diante do desmesurado *Dicionário* empreendido por Diderot e d'Alembert. Por uma questão de eficácia: dizia que, se o Evangelho tivesse sido uma obra de um sem-número de tomos, o mundo nunca teria se tornado cristão." Não desejo converter ninguém, mas não me repugna a idéia de ser útil. Tentei portanto, ao longo deste livro, ser o mais breve possível. Receio menos ser incompleto do que ser chato.

Tal como é, este volume não substitui nenhum dos dicionários disponíveis, principalmente os dois que consultei com maior freqüência: os dicionários coletivos tão bem organizados, no início e no fim do século passado, por André Lalande e Sylvain Auroux. Mas esses dois também não poderiam substituí-lo. Toda língua é comum. Nenhuma filosofia o é.

Não me achei obrigado a assinalar, para cada palavra, a totalidade dos significados atestados pelo uso, inclusive pelo uso filosófico, nem temi, às vezes, afastar-me do sentido mais freqüentemente aceito. Em filosofia, cada um é senhor das suas definições. É o que Spinoza, a propósito das dele, nos lembrava: "Sei que essas palavras têm no uso comum outro sentido", escrevia ele na *Ética*, "mas minha intenção é explicar a natureza das coisas por meio de vocábulos cujo sentido usual não se afaste inteiramente daquele em que as emprego." Foi também o que eu quis fazer, e que justifica este livro. Um dicionário filosófico não é um dicionário de língua: o pensamento, não o uso, é sua lei. E que pensamento, em filosofia, não é singular? Além disso, para que possa ser compreendido, ele não pode afastar-se muito dos significados comumente aceitos. Isso constitui como que uma dupla imposição, que não cessou de me conduzir. Nenhuma língua pensa, dizia eu; mas cada um só pensa no interior de uma língua já constituída, que o precede e que ninguém poderia transformar a seu bel-prazer. Desconfio dos neologismos, fáceis demais, vãos demais, vaidosos demais. Tenho horror aos barbarismos, mesmo que voluntários. É melhor dar um sentido mais verdadeiro às palavras da tribo, como poderia ter dito Mallarmé.

Mas que palavras? Impus a mim mesmo – muito mais por jogo do que por desafio – retomar a maioria dos 118 verbetes do *Dicionário filosófico* de Voltaire (na edição de 1769 e com exceção dos nomes próprios), assim como a quase totalidade dos 264 termos selecionados por Alain em suas *Definições*. Quanto ao resto, claro que era preciso escolher, e toda escolha, nesses domínios, é necessariamente subjetiva. Privilegiei a linguagem propriamente filosófica, como era normal, sem com isso me encerrar nela. Uma palavra não é filosófica em si, mas por sua posição num pensamento. A linguagem ordinária, todas as vezes que ela basta, é preferível ao jargão.

Renunciei a integrar os nomes próprios, que teriam constituído outro livro, que talvez venham a fazê-lo. Quanto às palavras derivadas deles, como os nomes de sistemas ou de escolas, ative-me àqueles cujo conteúdo o pensador epônimo não esgota. Assim, serão encontrados o platonismo, o epicurismo ou o estoicismo, cuja significação excede o pensamento do seu fundador, mas não o aristotelismo ou o hegelianismo, que são muito mais prisioneiros deles. Eu tinha por alvo a filosofia, não sua história. Os conceitos, não os sistemas.

A extensão de cada verbete não dá a medida da importância filosófica da noção em jogo. Se o verbete "precaução", por exemplo, é sensivelmente mais desenvolvido do que o verbete "prudência", não é porque esta última noção é menos importante que a outra (o inverso é que é verdade, claro); é simplesmente porque ela me pareceu suscitar menos problemas definicionais, e também porque eu já havia falado dela, de outro ponto de vista, em outra ocasião. Eu poderia, sem dúvida, multiplicar os exemplos.

Passei rapidamente, em particular, pelos dezoito títulos de capítulo do meu *Pequeno tratado das grandes virtudes*, assim como pelos doze (uns e outros não coincidem) das minhas *Apresentações da filosofia*. Por que se estender quando é possível ser breve? Por que se repetir quando é possível evitá-lo?

Numa obra assim, eu não podia dar todas as referências, que teriam sido inúmeras. Só indico, ao longo do texto, entre parênteses, as obras ou passagens que me parecem mais indispensáveis; são menos referências do que conselhos de leitura.

A ordem alfabética, que nada mais é que uma desordem cômoda, mostra suficientemente que cada leitor pode transitar livremente por esta obra. Eu inscreveria com prazer no início deste *Dicionário filosófico* o que Voltaire escrevia no prefácio do seu: "Este livro não requer uma leitura seguida; mas, onde quer que o abra, o leitor encontrará sobre o que refletir" – nem que, acrescentarei sobre o meu, para corrigir suas fraquezas, de que sou plenamente consciente. "Os livros mais sutis", continuava Voltaire, "são aqueles de que os próprios leitores fazem a metade: eles desenvolvem os pensamentos cujo germe lhes é apresentado, corrigem o que lhes parece defeituoso e fortalecem com suas reflexões o que lhes parece fraco." Meus agradecimentos aos leitores que se dispuserem a fazer, comigo, essa outra metade do caminho...

A

abade (*abbé*) – A palavra significa pai (*abba* em aramaico, depois no grego e no latim eclesiásticos). Por isso, Voltaire queria que os abades tivessem filhos, o que pelo menos os tornaria úteis para alguma coisa... Era levar o amor à etimologia um tanto longe demais.

Um abade é, antes de tudo, o superior de um mosteiro ou, hoje em dia, um padre qualquer: é o pai espiritual dos seus monges ou do seu rebanho. Voltaire repreende-os por sua riqueza, sua vaidade, seus abusos. "Vocês aproveitaram os tempos de ignorância, de superstição, de demência, para nos despojar das nossas heranças e para nos pisotear, para engordar com a substância dos desgraçados: temam o dia em que a razão chegará" (*Dicionário filosófico*, verbete "Abade"). Não se pode dizer que esteja errado, em se tratando dos abades do seu tempo. Mas hoje, em que tantas abadias estão vazias, ou quase, mais de uma vez lamentei, sob suas abóbadas sublimes e desertadas (em Noirlac, em Sénanque, em Fontenay...), o abandono, a falta de posteridade, e senti, com relação àqueles formidáveis construtores e àquela tão evidente elevação espiritual, não sei que misto de gratidão, de admiração e de nostalgia... O dia da razão terá chegado? Não chegará nunca. No entanto, se Voltaire voltasse entre nós, teria a sensação de ter levado a melhor sobre os padres e os inquisidores. Quantas abadias foram arrasadas pela Revolução? Quantas outras transformadas em fazendas, entrepostos ou, hoje, em museus? Cada vez menos monges. Cada vez mais turistas. Quantos de nós, entre estes, se sentem indignos daqueles? Construímos hotéis em vez de abadias, hospitais em vez de conventos, escolas em vez de igrejas... Seria um equívoco lamentar isso. Mas por que têm de ser tão feios, tão insignificantes, tão desoladores em sua platitude? Por que falar tão pouco ao coração ou à alma?

Termos nos livrado da Inquisição e do dízimo, dos abades mundanos, da aliança obscena do trono com o altar, do despotismo e da superstição, foi ótimo, evidentemente. Devemos isso, pelo menos em parte, a Voltaire e seus amigos. Demos graças às Luzes! Mas devemos por isso nos iludir sobre nossa época? Considerar o turismo uma espiritualidade, a arte uma religião, o lazer uma arte? Adorar o índice de audiência, o índice da bolsa e a seleção francesa de futebol? Não foi o dia da razão que chegou. Foi o do capitalismo triunfante, com que Voltaire sonhava, mas que domina hoje até mesmo o mercado da cultura e da informação, foi o da mídia, do espetáculo mercantil, da comunicação universal e narcísica. "Fale de mim, que é só o que me interessa..." E filmar a vida ao vivo para a internet... Será melhor que a Inquisição? Com certeza. Mas não vai bastar para salvar uma civilização.

Os tempos mudam, encontrar um abade hoje em dia, mesmo para um livre-pensador como eu, chega até a ser uma agradável surpresa: lá está um, pelo menos, a gente pensa, que não esqueceu completamente o essencial, que não vendeu sua vida a quem pagasse mais, com quem terei divergências efetivas, e não esse misto de lassidão e irritação que meus contemporâneos tanto me inspiram. A luta continua, pelas Luzes, pelos direitos humanos, pela felicidade. Mas os adversários mudaram. Mais uma razão para empreender um novo *Dicionário filosófico portátil* – é o primeiro nome que Voltaire tinha dado ao seu...

abnegação (*abnégation*) – É a virtude do sacrifício: o esquecimento ou dom de si mesmo, quando não é patológico. É portanto o inverso do egoísmo, como se um altruísmo em negativo; é menos viver para outrem do que renunciar a si. Virtude sempre suspeita (é dedicação ou masoquismo? pulsão de vida ou pulsão de morte?), que só vale verdadeiramente pela alegria que comporta ou permite – o que já não é abnegação, mas amor ou generosidade.

absoluto (*absolu*) – Como adjetivo, caracteriza tudo o que é completo (*absolutus*), total, sem restrição nem reserva. Diz-se, por exemplo: poder absoluto, confiança absoluta, saber absoluto... É, em geral, um abuso de linguagem. A humanidade, para todo espírito lúcido, é uma restrição suficiente.

Mas a palavra, do ponto de vista filosófico, vale sobretudo como substantivo. O absoluto é, então, o que existe independentemente de qualquer condição, de qualquer limite, de qualquer ponto de vista, logo de forma autônoma ou separada.

O absoluto deve ser causa de si (senão, seria dependente da sua causa) ou existir por si (senão, seria relativo): ele só pode ser Deus ou ser tudo. Aquilo de que tudo depende não depende de nada. O conjunto das relações não é relativo.

É outro nome para o ser em si e por si. O fato de não termos acesso a ele, salvo relativamente, não impede que ele nos contenha.

absolvição (*absolution*) – Na linguagem jurídica, absolve-se um réu quando não se pode (porque a lei não prevê a infração) ou não se quer (se a lei não impõe a punição) puni-lo.

Mas é principalmente o nome sacramental do perdão. Somente Deus, se é que existe, pode nos absolver, nesse sentido, isto é, apagar ou remir nossos pecados. Note-se que isso significa supor-nos culpados, o que diz muito sobre a religião e, talvez também, sobre o ateísmo.

abstração (*abstraction*) – "Não há ciência senão do geral e não há existência senão do singular", dizia Aristóteles. É por isso que toda ciência, por definição, é abstrata: porque visa à generalidade de uma lei, de uma relação ou de um conceito, e não à singularidade de uma existência – porque só existe, como ciência, com a condição de se destacar (*abstrahere*) do real imediato. Isso também vale para a filosofia, assim como para qualquer esforço teórico. Não há pensamento concreto: um pensamento concreto seria o mundo, que não pensa, ou Deus, que não podemos pensar. É o que nos separa deles: Deus e o mundo, para nós, não passam de abstrações.

Abstrair é separar, isolar pelo pensamento o que só existe com outra coisa, ou, ao contrário, reunir o que só existe separadamente. Por exemplo, uma cor, se a considero independentemente – diz-se também: *fazendo abstração* – de qualquer objeto colorido (o vermelho é uma abstração); uma forma, se a considero independentemente de qualquer objeto de que ela é a forma, ou até de qualquer objeto material (o triângulo, o cubo, a esfera... são abstrações); ou então um conjunto de objetos, se deixo de lado suas diferenças (o conjunto dos objetos triangulares, ou cúbicos, ou esféricos, o conjunto dos homens ou dos viventes também são abstrações). Daí a geometria, a física, a biologia e todas as ciências.

É como um desvio pelo pensamento, que seria um atalho para o verdadeiro, como que uma simplificação obrigatória. O real é inesgotável, sempre; mas o pensamento cansa. Donde essa comodidade – para não dizer essa preguiça – da abstração. Senão para que seria necessário um dicionário? Mas nenhum dicionário é o mundo, nenhuma língua tampouco.

Tente descrever completamente uma pedra. Você vai ver, por ser impossível, que ela é apenas uma abstração: uma idéia que só corresponde a seu objeto se renuncia a contê-lo por inteiro e até mesmo a se parecer com ele. É o caso da idéia de pedra, e até desta pedra aqui. A abstração é a sina de todo pensamento acabado, ou o acabamento, para nós, de todo pensamento.

Toda idéia, mesmo verdadeira, é abstrata, pois nenhuma idéia se assemelha a seu objeto (Espinosa: o conceito de cachorro não late, a idéia do círculo não é redonda), nem poderá reproduzir em nós, se ele existir fora dela, sua inesgotável realidade. Mas elas assim são desigualmente: *cor* é mais abstrato do que *vermelho*, menos abstrato do que *aparência*. Principalmente, há um bom e um mau uso das abstrações, conforme elas levam ao real ou afastam dele, o desvendam ou o mascaram.

Fala-se também de pintura abstrata, quando ela renuncia à figuração. Há, nessa renúncia, uma parte de necessidade: reproduzir é sempre escolher, transformar, separar, aproximar, simplificar – abstrair. Toda figuração é abstrata pelo menos em alguma coisa, não apesar de ser figurativa, mas por sê-lo. A pintura não-figurativa é que poderia ser chamada de concreta, por não estar separada de nada que ela imita ou reproduz: o que há de mais concreto do que uma mancha de cor numa tela? Mas se a chamamos de pintura abstrata é porque ela parece separada do mundo real (claro que não passa de uma ilusão: a verdade é que ela faz parte do real) e renuncia de fato a imitá-lo. Isso constitui como que uma abstração redobrada, que separa a pintura de qualquer objeto exterior para só se entregar a si mesma ou ao espírito. Talvez seja confundir pintura e pensamento, como um filósofo que quisesse desenhar seus conceitos...

absurdo (*absurde*) – Não é a ausência de sentido. Um eclipse não quer dizer nada, mas nem por isso é absurdo. E uma frase qualquer só pode ser absurda, inversamente, se significar alguma coisa. Como nesta, em que apenas junto exemplos tradicionais: "Numa montanha sem vale, perto de um círculo quadrado, incolores idéias verdes dormiam furiosamente..." Não quer dizer nada? Quer sim, já que compreendemos que há na frase algo impossível de pensar ou de compreender inteiramente. É por isso que podemos julgá-la absurda, o que não poderíamos dizer, por exemplo, de uma frase totalmente privada de sentido, se é que se trata de frase, por exemplo: "*Ofym idko rufiedy ud kodziriaku.*" O absurdo é muito mais insensato do que insignificante. Não é uma ausência de sentido, mas sua inversão, sua explosão, sua contradição, sua desconstrução, por assim dizer, de dentro. É absurdo o que é contrário ao bom senso ou ao senso comum: contrário à razão, à lógica ou à humanidade ordinárias. É por isso que às vezes encontramos nele uma espécie de poesia onírica ou um tanto louca, que fez o encanto, certa época, do surrealismo. É por isso também que o absurdo é essencial a certo tipo de humor, quando a insignificância, em qualquer coisa, chateia. Vejam Woody Allen ou Pierre Dac. Não a ausência de sentido, pois, mas um sentido demasiado paradoxal ou demasiado contraditório para poder ser pensado ou aceito totalmente. Este, por exemplo, que é de Woody Allen: "A eternidade é demorada, principalmente no fim." É que não há fim. Ou este, que é de Pierre Dac: "À eterna tríplice questão, que continua sem resposta: 'quem somos? de onde viemos? aonde vamos?', eu sempre respondo: 'No que me diz respeito, eu sou eu, venho de casa e volto para lá.'" Isso não responde à pergunta? Responde, mas invalidando-a. O absurdo não é todo o humor, nem é sempre humorístico, como tampouco todo humor é absurdo. Mas um e outro se encontram na medida em que seu sentido não é o bom senso nem o senso comum. É por isso que eles fazem rir ou metem medo.

O mundo é absurdo? Só poderia sê-lo se tivesse um sentido que não fosse o nosso. O absurdo, nota Camus, sempre nasce de uma comparação entre dois ou vários termos desproporcionados, antinômicos ou contraditórios, e "o absurdo será tanto maior quanto mais crescer a distância entre os termos da comparação". Por exemplo, "se eu vir um homem atacar com arma branca um ninho de metralhadoras, julgarei seu ato absurdo; mas só o será em virtude da desproporção existente entre sua intenção e a realidade que o espera, da contradição que posso apreender entre suas forças reais e o objetivo que ele se propõe". Não há absurdo em si, nem por si – não há absurdo absoluto. "O absurdo é essencialmente um divórcio. Ele não está nem em um nem em outro dos elementos comparados. Ele nasce do seu confronto." O mundo, portanto, não é absurdo, o que é absurdo, explica *O mito de Sísifo*, é "esse confronto entre o apelo humano e o silêncio insensato do mundo". O fato de o mundo não ter sentido só o torna absurdo para nós, que procuramos um sentido. É por isso que o absurdo é "um ponto de partida", não um ponto de chegada. Para quem soubesse aceitar o mundo, seu silêncio, sua indiferença, sua pura e simples realidade, o absurdo desapareceria: não porque teríamos encontrado um sentido, mas porque o sentido teria cessado de nos faltar. É a sabedoria última de *O estrangeiro*: "Esvaziado de esperança, diante desta noite carregada de signos e de estrelas, eu me abria pela primeira vez à terna indiferença do mundo. Experimentando-o tão parecido comigo, tão fraterno, enfim, senti que eu fora feliz e ainda o era..." Isso explica suficientemente o que é o absurdo: não a ausência de sentido, mas seu fracasso ou sua carência. E o que é a sabedoria: a aceitação realizada, não de um sentido, mas de uma presença.

A vida é absurda? Somente na medida em que procuramos um sentido para ela, um sentido que só poderia existir fora dela – sentido é ausência. E que outro *fora*, para a vida, senão a morte? "Buscar o sentido da vida", escreve François George, "é cometer um contra-senso sobre a vida." De fato, é querer amá-la por outra coisa que não ela, coisa que seria seu sentido, quando todo sentido, ao contrário, a supõe. Se a vida "deve ser, ela própria, seu fim", como dizia Montaigne, é porque ela não é nem absurda nem sensata: real, simplesmente, maravilhosamente real – e amável, se a amamos.

É o mais difícil: não compreender a vida, como se ela fosse um enigma a resolver, mas aceitá-la tal como é – frágil, passageira –, e alegremente, se pudermos. Sabedoria trágica: sabedoria não do sentido, mas da verdade, não da interpretação mas do amor e da coragem.

Arthur Adamov, neste ponto, disse o essencial: "A vida não é absurda; ela é somente difícil, muito difícil."

absurdo, raciocínio pelo (*absurde, raisonnement par l'*) – É um raciocínio que prova a verdade de uma proposição por meio da evidente falsidade de pelo menos uma das conseqüências da sua contraditória. Para demonstrar *p*, formula-se a hipótese *não-p* e mostra-se que ela leva a um absurdo. Era assim, por exemplo, que Epicuro demonstrava a existência do vazio (*p*): se não houvesse vazio (*não-p*), não haveria movimento (já que os corpos não teriam espaço para se mover). Ora, essa conseqüência é evidentemente falsa (já que desmentida pela experiência), logo o vazio existe. Esse tipo de raciocínio, também chamado apagógico, repousa, como se vê, sobre o princípio do terceiro excluído (*p* ou *não-p*: se uma proposição é falsa, sua contraditória é verdadeira). Ele é formalmente válido, mas só é probatório se a contradição, a falsidade e a conseqüência forem garantidas – o que, em filosofia, raramente acontece. O raciocínio de Epicuro, sobre o vazio, não convenceu os estóicos, nem convencerá os cartesianos.

absurdo, redução ao (*absurde, réduction à l'*) – É como que uma variedade negativa do precedente, que também seria seu começo: a redução ao absurdo demonstra a falsidade de uma proposição pela falsidade de ao menos uma das suas conseqüências, que se mostra contraditória ou absurda. É seguir o adversário para refutá-lo – ou, antes, é acompanhá-lo até o fim, quando ele próprio se refuta.

Logicamente válido, o raciocínio não tem grande eficácia filosófica. Sobre as conseqüências e sobre o absurdo, pode-se quase sempre discutir.

abulia (*aboulie*) – Impotência da vontade. A palavra designa uma patologia (a incapacidade de agir de forma voluntária e refletida), ou é apenas um eufemismo erudito para designar a moleza, a covardia, a preguiça. Uma síndrome, pois, ou um defeito.

abuso (*abus*) – Todo tipo de excesso. Mas a palavra designa especialmente um excesso no direito: o abuso é como que uma injustiça legal, ou que parece sê-lo (é menos violar a lei do que utilizá-la indevidamente), e assim o inverso da eqüidade.

academia (*académie*) – O nome próprio designa primeiro a escola de Platão (porque ele ensinava nos jardins de *Akádemos*, a noroeste de Atenas), a qual se torna, mais tarde, contra a orientação do seu fundador, um foco do ceticismo. Era talvez uma maneira de voltar a Sócrates, afastando-se de Platão.

Por extensão, o nome comum pode designar qualquer reunião de espíritos sábios ou hábeis, ou que se supõe que o sejam.

academicismo (*académisme*) – Submissão exagerada às regras da escola ou da tradição, em detrimento da liberdade, da originalidade, da invenção, da audácia. Propensão a imitar, nos mestres, o que é de fato imitável (a doutrina, a maneira, os tiques), em vez de o que de fato importa, que não o é. Em prosa, gosto desmedido do estilo erudito ou universitário. É uma maneira de se dirigir mais a seus colegas do que ao público. Em vão: os colegas são rivais, que se chateiam tanto quanto os outros e odeiam mais que estes.

acadêmico (*académique*) – Próprio da escola ou da universidade. É usado muitas vezes com sentido pejorativo ("um estilo acadêmico"). Quase sinônimo de escolar, com a pretensão a mais. Ou de escolástico, com a teologia a menos.

acadêmicos (*académiciens*) – Membros de uma academia ou da Academia (a de Platão e de seus sucessores). Na linguagem filosófica dos séculos XVI e XVII, a palavra designa principalmente uma variedade de céticos, por referência à Nova Academia, a de Arcesilau, Carnéades e Clitômaco. Estes, lembra-se Montaigne, "desesperaram da sua busca e julgaram que a verdade não podia ser concebida por nossos meios". A diferença em relação aos pirronistas? É dupla, explica Montaigne: os acadêmicos afirmam a incerteza de tudo (ao passo que Pirro não afirma nada), ao mesmo tempo que reconhecem que há o mais ou menos verossímil (ao passo que Pirro não reconhece nada). Ceticismo mais extremo e mais moderado, ao mesmo tempo: é como um ceticismo dogmático ("uma ignorância que se sabe", escreve Montaigne, ou que pretende se saber), que desembocaria num dogmatismo cético (um dogmatismo do provável). A posição dos pirronistas é o inverso: ceticismo cético (uma ignorância que "ignora a si mesma"), o qual desemboca na dúvida ou no silêncio.

ação (*action*) – É um efeito da vontade. Nem uma vontade sem efeito é ação, nem um efeito sem vontade o é. Agir é fazer o que se quer e, nisso, é ser livre.

Mas quem quer? A alma. E quem faz? O corpo, tanto quanto podemos, ilusoriamente, distinguir um do outro. Assim, a ação é submissão do corpo à alma, e livre também nesse sentido. Ela se opõe à paixão, em que o corpo comanda (e, como a palavra indica – *passio, onis*, sofrimento –, a alma sofre o que ele comanda) e em que a liberdade se perde.

Uma ação sempre supõe um sujeito, com seu corpo e sua história, mas toda vontade é determinada antes de ser determinante. É por isso que nenhuma ação é livre, absolutamente falando, apenas mais ou menos libertada dos condicionantes e das determinações exteriores. Mas é possível ela se libertar totalmente? Parece que o pensamento às vezes consegue fazê-lo, quando raciocina. Mas a razão não tem efeito, e não dispensa de agir.

acaso (*hasard*) – Não é nem a indeterminação nem a ausência de causa. Há algo mais determinado do que um dado que rola numa mesa? Saiu o seis? Trata-se de um efeito, que resulta de numerosíssimas causas (gesto da mão, atração terrestre, resistência do ar, forma do dado, sua massa, seu ângulo de contato com a mesa, seu atrito com ela, seus quiques, sua inércia...). Se consideramos, legitimamente, que o seis saiu *por acaso*, é porque essas causas são demasiado numerosas e demasiado independentes da nossa vontade para que possamos, ao lançar o dado, escolher ou prever o resultado que obteremos. Assim, o acaso é uma determinação imprevisível e involuntária, que resulta do encontro de várias séries causais independentes umas das outras, como dizia Cournot, encontro que escapa por isso de qualquer controle como de qualquer intenção. Não é o contrário do determinismo: é o contrário da liberdade, da finalidade ou da providência.

Outro exemplo? Podemos tomar o de Espinosa, no Apêndice da primeira parte da *Ética*. Uma telha cai do teto. Há causas para a queda (o peso da telha, a inclinação do teto, o vento que soprava, um prego corroído pela ferrugem e que acaba cedendo...), cada uma das quais se explica, por sua vez, por uma ou várias outras, e assim ao infinito. Nesse exato instante, você estava na calçada, bem na vertical do teto. Isso também se explica, ou pode se explicar, por certo número de causas: você ia a um encontro, escolhera o itinerário mais simples, achava que andar a pé lhe faria bem... Nem a queda da telha nem sua presença na calçada são desprovidas de causas, portanto. Mas as duas séries causais (a que faz cair a telha, a que o levou onde você está), além da sua complexidade própria, que já bastaria para torná-las casuais, são independentes uma da outra: não é porque a telha cai que você está ali, nem porque você está ali que a telha cai. Se ela lhe quebrar a cabeça, você morrerá, de fato, *por acaso*: não porque haveria no acontecido uma exceção ao princípio de causalidade, mas porque este se exerceu de uma maneira irredutivelmente múltipla, imprevisível e cega. Senão é preciso imaginar um Deus que teria querido ou previsto o encontro da telha com sua cabeça. A providência é um antiacaso, e o acaso uma anti-religião.

O acaso pode ser calculado, porém mais em sua massa do que em seu detalhe. É o que dá às companhias de seguro a possibilidade de avaliar os riscos que corremos, e que elas correm: um acidente de automóvel, por mais imprevisível que possa ser, faz parte de uma série (o número de acidentes em determinado período) que pode ser prevista aproximadamente. Isso também vale para o jogo de azar. Se, salvo trapaça, é impossível prever o resultado de um só lance de dados, é fácil calcular a repartição estatística de lances em grande número: cada uma das seis possibilidades se verificará, se você jogar durante certo tempo, cerca de uma vez em cada seis e se aproximará tanto mais desta média quanto mais longa for a série. É por isso que a sorte não dura sempre, nem o azar, pelo menos nos fenômenos que só dependem do acaso. Simplesmente, a vida não dura bastante, e é submetida a causas pesadas e constantes demais, para que o acaso venha sempre reparar a injustiça.

Ainda assim, toda vida tem sua dose de acaso, tanto em seu detalhe como em seu princípio. O nascimento de cada um de nós, alguns anos antes da nossa concepção, era uma probabilidade extremamente pequena; como isso também vale para o nascimento de nossos pais, avós, etc., que condicionam o nosso, resulta daí que nossa existência, há alguns séculos, era de uma probabilidade quase nula, como, se tomarmos um recuo suficiente, a de qualquer acontecimento contingente. É sob esse aspecto que todo real, por mais banal que seja, tem algo de retrospectivamente surpreendente, que se deve ao fato de que era não apenas imprevisível antecipadamente mas altamente improvável: é a exceção do possível. O universo faz uma espécie de loteria, de que o presente seria o grande prêmio. Alguns se espantam com que justamente esse número tenha saído, quando era tão improvável... Mas não sair nenhum número, uma vez iniciado o sorteio da loteria, seria muito mais.

aceitação (*acceptation*) – Aceitar é fazer seu: é acolher, receber, consentir, é dizer *sim* ao que é ou acontece. É a única maneira de viver *homologoúmenos*, como se dizia em grego, isto é, em concordância, indissoluvelmente, com a natureza e com a razão. Recusar? Para quê, se isso não altera em nada o que é? É melhor aceitar e agir.

Não confundir a aceitação com a tolerância (que supõe um resto de recusa ou de distância), nem com a resignação (que supõe um resto de tristeza). A aceitação verdadeira é alegre. É nisso que ela é o conteúdo principal da sabedoria. Assim, em Montaigne: "Aceito de bom grado, e reconhecido, o que a natureza fez por mim, e me satisfaço com isso, e me louvo por isso..." Ou em Prajnanpad: "O que tenho a lhes dizer é muito simples e pode se resumir numa palavra: *sim*. Sim a tudo o que vem, a tudo o que acontece... O caminho é saborear os frutos e as riquezas da vida..." O caminho é compreender que caminho só há um, que é o mundo, e que ele é para pegar ou largar. Aceitar é pegar.

A aceitação também não é a mesma coisa que a vontade: *queremos* o que depende de nós, como diziam os estóicos, *aceitamos* o que não depende.

Isso coloca um problema maior, em que o estoicismo tropeça: a aceitação mesma depende de nós? Epicteto respondia que sim, mas é o que a vida, infelizmente, não cessa de desmentir. Apesar disso, a aceitação não depende de mais ninguém: ela depende, não do que queremos, mas do que somos. E quem se escolhe a si mesmo? Pelo menos, podemos nos conhecer, nos transformar, progredir, avançar... A aceitação não se decreta, mas se aprende, mas se mantém, mas se cultiva. Trabalho sobre si, que é o verdadeiro ofício de viver.

Podemos aceitar tudo? Mesmo o mal? Mesmo o pior? É preciso, já que de outro modo não poderíamos enfrentá-lo. Como cuidar de si, sem aceitar que se está doente? Como combater, sem aceitar o conflito? Amar os inimigos supõe tê-los e aceitar tê-los. Sabedoria dos Evangelhos: amar é dizer sim. Mas não é renunciar a agir, a enfrentar, a modificar. Assim, o escultor tem primeiro de aceitar o mármore, do mesmo modo que o homem de ação tem de aceitar o mundo, para transformá-lo. Assim, os pais aceitam tudo dos filhos (o que significa que eles os amam como são, sem nada renegar nem rejeitar), mas nem por isso renunciam a educá-los, nem mesmo, às vezes, a puni-los. Não é proibido proibir, mas apenas desprezar, rejeitar, odiar. Não é proibido dizer *não*, se for por um *sim* mais livre ou mais claro. Aceitação não é fraqueza. É força lúcida e generosa.

Seu contrário é recusa, ressentimento, renegação, denegação, forclusão. É dizer não ao mundo, e o começo da loucura. A aceitação, ao contrário, é o começo da sabedoria.

acidente (*accident*) – O que acontece (*accidere*: cair em) a algo ou a alguém. O acidente se distingue *daquilo a que* ele acontece (uma substância, um sujeito), *daquilo sem o que* o sujeito não pode existir (sua essência), enfim das qualidades específicas ou permanentes, que permanecem e não acontecem (os próprios). Por exemplo, um homem estar sentado é um acidente (ele poderia estar de pé ou deitado, sem cessar de ser homem). Ser ele humano é sua essência. Ser capaz de razão, de política ou de rir, é seu próprio.

É por isso que Epicuro dizia que o tempo é o acidente dos acidentes: a tudo o que acontece (por exemplo, estar sentado), acontece durar mais ou menos tempo. Já o presente é próprio do ser, assim como o ser é a essência do presente.

Daí decorre que tudo é acidental, inclusive os próprios, as essências, as substâncias, já que tudo é no tempo. Contingência do ser, necessidade do devir: há tão-somente história.

acontecimento (*événement*) – Aquilo que acontece, muito mais do que aquilo que é ou dura: "não o que subsiste, mas o que sobrevém" (Francis Wolff, *Dire le monde* [Dizer o mundo], 1). O acontecimento se opõe, sob esse aspecto, à substância, ao ser, à coisa – a tudo o que permanece. Ao mundo? Somente se supusermos um mundo que seria feito de coisas, de essências ou de substâncias. Mas é possível que, ao contrário, ele seja feito de acontecimentos: que o mundo seja o conjunto de tudo o que acontece, como dizia Wittgenstein, e não o conjunto de tudo o que é (a totalidade dos acontecimentos, não das coisas); ou então que essa distinção só tenha sentido para nós, que pensamos e vivemos no tempo, mas não para o real, que não existe senão no presente. Todo acontecimento ocupa certa duração, nem que infinitamente breve: nada se passa, senão num presente que passa. Toda duração é feita de acontecimentos, sejam eles lentíssimos ou rapidíssimos: a expansão do universo, a deriva dos continentes, uma criança que cresce ou que cai, um passarinho que alça vôo... Advir e durar no presente é uma só coisa: assim também o ser e o acontecimento.

(Note-se que a noção de acontecimento, em filosofia, e ao contrário do uso histórico ou jornalístico da palavra, é na maior parte das vezes privada de qualquer intenção normativa. Enquanto a linguagem corrente fala de acontecimento para se referir a um fato de certa relevância – um trem que chega na hora não é um acontecimento, um trem que descarrila sim –, os filósofos costumam empregar a palavra em seu sentido neutro e em sua extensão máxima: tudo o que acontece ou tem lugar é um acontecimento, mesmo que não tenha importância para ninguém. O único *não-acontecimento*, para o filósofo, é o que não acontece.)

acosmismo (*acosmisme*) – A palavra é forjada seguindo o modelo de *ateísmo*: seria não crer no mundo. Hegel via assim a posição de Espinosa, que acreditaria apenas em Deus (*Enciclopédia*..., I, § 50). Claro que se trata de um contra-senso. Se Deus e a Natureza são uma só e mesma coisa, então a Natureza existe. E o mundo, seja ele definido como o conjunto infinito dos modos finitos (a natureza naturada) ou como o modo infinito mediato do atributo ampliado (a *facies totius universi* da *Carta LXIV*), também existe. Ele não é Deus (já que Deus existe *em* Deus e dele resulta), mas tampouco é nada. O espinosismo não é nem um ateísmo nem um acosmismo: a realidade do mundo decorre necessariamente da potência de Deus ou da natureza (*Ética*, I, 16), e a supõe (I, 15 e dem.). Ou, para dizer de modo mais simples, e como fazia Espinosa: "Quanto mais conhecemos as coisas singulares, mais conhecemos Deus" (V, 24).

acroamático (*acroamatique*) – Sinônimo erudito ou aristotélico de esotérico. Os escritos acroamáticos de Aristóteles são os que se dirigem a seus discípulos, por oposição aos escritos exotéricos, quase todos perdidos, que se dirigiam ao grande público. A leitura dos primeiros dá uma elevada idéia dos discípulos de Aristóteles, e nos faz lamentar o desaparecimento dos segundos, que os antigos admiravam muito.

adaptação (*adaptation*) – Adaptar é mudar o que pode ser mudado, para enfrentar o que não pode. Por exemplo, mudar seus desejos, como dizia Descartes, em lugar de mudar a ordem do mundo. Ou mudar a sociedade, como poderia dizer um marxista inteligente, em vez de mudar a natureza humana.

É por isso que a vida é adaptação: porque o real lhe impõe sua lei, que é de mudança ou de morte.

adequação (*adéquation*) – É uma correspondência perfeita, ou supostamente perfeita, entre dois seres, especialmente entre uma idéia e seu objeto. Correspondência misteriosa, já que esses dois seres são tidos como diferentes, e sempre impossível de verificar absolutamente. O único meio que teríamos de verificar essa adequação seria comparar objeto e idéia. Mas só conhecemos um e outra pelas idéias que temos deles...

Santo Tomás, após Avicena e Averróis, definia a verdade como *adaequatio rei et intellectus*, adequação entre a coisa e o entendimento. Mas essa adequação só é possível pela mesma razão que a torna necessária: porque a coisa e o entendimento são dois. Evite-se pensá-la em termos de semelhança. Se a idéia de círculo não é redonda, se a idéia de cachorro não late, elas não poderiam se *assemelhar* a um cachorro ou a um círculo. Mas, sem sair do pensamento, elas dizem a verdade – que nem o círculo nem o cachorro conhecem.

"Por *idéia adequada*", escreve Espinosa, "entendo uma idéia que, considerada em si mesma, sem relação com um objeto, tem todas as propriedades ou denominações intrínsecas de uma idéia verdadeira." De outro modo, não poderíamos saber que ela é verdadeira (já que só poderíamos compará-la a seu objeto se ele estivesse em nós, o que não é o caso), e é por isso que nunca podemos sabê-lo absolutamente. Resta que "uma idéia verdadeira deve estar de acordo com o objeto de que ela é a idéia", como diz ainda Espinosa. Essa adequação é o verdadeiro mistério do pensamento. É o universo que é adequado à matemática ou a matemática que é adequada ao universo?

Desse mistério, Deus seria a solução. Mas, apesar de Espinosa, não temos nenhuma idéia adequada dele.

admiração (*admiration*) – A palavra, em francês, significou a princípio espanto. Por exemplo, em Descartes: "A admiração é uma súbita surpresa da alma, que faz que ela se ponha a considerar com atenção os objetos que lhe parecem raros e extraordinários." É o sentido, hoje em desuso, que fazia Montaigne dizer que "a admiração é o fundamento de toda filosofia". Vejo aí uma espécie de lição, que leva ao sentido moderno. Nada surpreende tanto quanto a grandeza, e isso é a verdadeira admiração: o espanto alegre ou reconhecido ante o que nos surpreende.

Seu contrário é desprezo; sua ausência, pequenez.

admoestação (*remontrance*) – Admoestar é mostrar a alguém o mal que ele fez. É útil apenas quando feita às crianças, desde que com delicadeza, e aos poderosos, desde que sem demagogia.

adoração (*adoration*) – A adoração é um amor exclusivo por um objeto que o justifica e o excede absolutamente. Aplicado aos seres deste mundo, é idolatria, fanatismo ou simploriedade. É o amor que crê na perfeição do seu objeto e que o ama por isso: excesso de credulidade, falta de amor.

Mais vale a ternura, que não ama nada tanto quanto a fragilidade do seu objeto. Ou o amor, que dá valor ao que ama e não depende dele.

Note-se que a adoração, em boa teologia, não é recíproca (Deus nos ama, não nos adora), ao passo que a caridade pode ser. Adorar é tomar como modelo os padres, em vez de Cristo. Toda adoração é religiosa; somente a caridade é divina.

adquirido (*acquis*) – É um acidente duradouro: algo que acontece (não é nem um próprio nem uma substância) e que permanece. Na prática, costuma se opor a *inato*: é adquirido tudo o que a educação, a história ou a cultura – e não a hereditariedade ou a natureza – fazem de nós.

A querela do inato e do adquirido fez furor nos anos 1960-70. O inato seria de direita, porque não dava nenhum espaço para a política, a justiça ou a história, o que o fadava, quase por definição, ao conservadorismo; o adquirido, ao contrário, parecia de esquerda, porque abria uma porta para a ação, para a mudança e para o progresso. Um semanário, por exemplo, estampava este título: "Os dons não existem." Era um semanário de esquerda. Outro dava uma manchete sobre a hereditariedade da inteligência: era um semanário de direita. Duas meias verdades, um mesmo erro. O adquirido não é menos real do que o inato, nem menos injusto.

Um fenômeno humano um pouco complexo sempre se situa entre um e outro. Por exemplo, a capacidade de linguagem é inata; e toda língua é adquirida. A inteligência? Os dons? Supõem, é claro, uma base biológica, logo inata, mas também uma história, um desenvolvimento, uma educação – o adquirido. Dupla sorte, ou duplo azar.

Mozart, se não lhe tivessem ensinado música, nunca teria escrito suas óperas. Mas poderiam me ensinar toda a música do mundo, que nem por isso eu seria um Mozart. O inato e o adquirido andam juntos, sempre, ora para se fortalecer mutuamente, ora para se equilibrar ou se prejudicar. Nascemos humanos, depois humanos nos tornamos.

Isso vale tanto para o indivíduo como para a espécie. A história natural é uma história, do mesmo modo que a história dos homens faz parte da natureza. Assim, tudo é adquirido, inclusive o inato.

adulto (*adulte*) – Aquele cujo corpo cessou de crescer – que já não pode crescer, a não ser por meio da alma. É ser fiel à infância, recusando-se a encerrar-se nela. Porque todas as crianças querem crescer. O infantilismo é uma doença de velhos.

afasia (*aphasie*) – Ser afásico é ser patologicamente incapaz de falar, muito mais porém por motivos neurológicos ou mentais do que fisiológicos, sensoriais ou motores. Distúrbio do cérebro, muito mais que do ouvido ou das cordas vocais.

Não confundir com a afasia de Pirro, que poderia falar, que às vezes fala, mas já não precisa.

A afasia é uma prisão que nos encerra no silêncio; a afasia pirrônica, uma liberdade, que nele nos abre. É que não se trata do mesmo silêncio: um, aquém da palavra; o outro, além e contendo todas elas.

afeição (*affection*) – Em Espinosa, é uma modificação da substância ou do corpo (evite-se portanto confundir, apesar de alguns tradutores, *affectio* e *affectus*, *afeição* e *afeto*: v. "afeto"). Mas essa acepção é de uso apenas entre os especialistas. Na linguagem corrente, a afeição é um afeto particular, e particularmente meigo: é um amor sem paixão, sem violência, sem ciúme. Sem desejo? Não necessariamente. Mas o desejo se soma a ela, se for o caso, em vez de provir dela ou engendrá-la – a não ser que a afeição, isso também acontece, se acrescente ao desejo.

A afeição pode ter por objeto várias pessoas, mas não todas (é o que a distingue da caridade). Seu lugar predileto é a família, e tudo o que se assemelha a ela: é o amor aos próximos ou aos íntimos, como uma amizade terna.

afetação (*affectation*) – Imitação pretensiosa de um afeto. É aparentar sentir o que não se sente, para se distinguir ou se valorizar. Assim, o esnobe imita a nobreza que não tem (trata-se, é claro, da nobreza de coração: um aristocrata pode ser esnobe) ou a cultura que lhe falta, como o hipócrita ostenta uma devoção fingida. É o contrário da naturalidade ou da simplicidade.

afeto (*affect*) – É o nome comum e erudito dos sentimentos, das paixões, das emoções, dos desejos – de tudo o que nos *afeta* agradavelmente ou desagradavelmente. Pode-se objetar que o corpo também é sensível. Sem dúvida. Mas um afeto é como o eco, em nós, do que o corpo faz ou sofre. O corpo experimenta; a alma sente, e é isso que se chama afeto.

Que seria a dor, se não fosse sentida por ninguém? Pura reação fisiológica, que já não seria propriamente uma *dor*. Mesma coisa, claro, no que concerne ao prazer. São os dois afetos fundamentais. A alegria? É um prazer da alma. A tristeza? Um sofrimento da alma. O desejo? A polarização que resulta, em nós, da oposição real ou imaginária deles. Daí o princípio de prazer, como diz Freud, que é a grande lei da nossa vida afetiva.

"Por afeto (*affectum*)", escreve Espinosa, "entendo as modificações do corpo (*corporis affectiones*), pelas quais a potência de agir desse corpo é aumentada ou diminuída, secundada ou reduzida, e ao mesmo tempo as idéias dessas afeições" (*Ética*, III, def. 3). A existência não é um absoluto: existimos *mais ou menos*, assim são nossos afetos, e o mais que podemos. A alma e o corpo são uma só e mesma coisa: não acontece nada naquela que não suceda também neste, e vice-versa. O afeto é o nome dessa unidade, na medida em que exprime um aumento ou uma diminuição da nossa potência de existir e de agir. É o esforço de viver (o conato), considerado em suas flutuações positivas ou negativas. Nossos afetos muitas vezes são paixões (quando essas flutuações não dependem de nós, ou só dependem parcialmente), às vezes ações (quando somos sua causa adequada: *Ética*, III, def. 2). Toda alegria é boa, mas nem todas as alegrias se equivalem.

afirmar (*affirmer*) – É dizer o que se crê, ou o que se sabe, ou o que se pretende ser verdade. Assim, o assentimento entre os estóicos. É também assumi-lo, aprová-lo, regozijar-se com isso. Assim, o *amor fati* de Nietzsche: "a afirmação dionisíaca do universo tal como ele é, sem possibilidade de subtração, de exceção ou de opção". É a aceitação inteira, com algo mais, e talvez de mais – como um *sim* mais decidido ou mais entusiasta ao real. Vejam Zaratustra, que "diz *sim* e *amém* de uma maneira enorme e ilimitada", que pretende ser "a eterna afirmação de todas as coisas"... O real subiu-lhe à cabeça.

A frase mais afirmativa da história da filosofia? Esta, que é de Espinosa: "Por realidade e por perfeição, entendo a mesma coisa."

Aconteceu-me, ouvindo Mozart, tê-lo mais ou menos compreendido. E, com maior freqüência, ouvindo Schubert, não poder nem sequer tentar.

Dizer *sim* é preciso. Dizer *amém* é nos pedir demais.

aflição (*détresse*) – A infelicidade, quando já não se têm os meios de superá-la, nem mesmo de combatê-la – quando já não podemos senão implorar auxílio ou graça. É o estado habitual do vivente quando nasce e morre.

agápe (*agapè*) – É o nome cristão, em grego, do amor de caridade (v. "caridade") [*em port.: ágape*]. É o amor que dá, sem para isso precisar receber, ser amado, nem mesmo ter esperança. O puro amor: o amor no estado puro. Não se funda no valor do seu objeto (ao contrário de *éros*), mas lhe dá valor: não ama o que é amável, torna amável o que ama. Não se funda na alegria do sujeito (ao contrário de *philía*), mas o alegra: ele não ama porque é alegre, é alegre porque ama. Daí por que é universal e desinteressado: libertado do ego e do egoísmo. Seria o amor a Deus, se Deus existir (*o Theòs agápe estín*, lemos em são João: "Deus é amor"), e o que mais se assemelha a ele, se Deus não existir. Sermos capazes desse amor é duvidoso; mas, ainda que fosse apenas um sonho ou um ideal, ele indica uma direção, que é a do amor desmedido, como dizia santo Agostinho, sem laço, como dizia Pascal, enfim sem pertinência, como diz Bobin, e quase sem sujeito: é o amor desprendido de si e de tudo.

agnosticismo (*agnosticisme*) – Não sabemos se Deus existe; não podemos saber. É o que justifica a fé e o ateísmo, que são duas crenças. É o que justifica também o agnosticismo, que se recusa a crer no que ignora. Posição respeitável, claro, e que parece sensata. Por que teríamos de escolher sem saber? Todavia, pode ser que a aparência seja enganadora, aqui. Se soubéssemos, a questão da escolha já não se colocaria. E quem pode viver sem crença?

Ágnostos, em grego, é o desconhecido ou o inconhecível. Ser agnóstico é levar o desconhecido a sério e se recusar a sair dele: é reconhecer ou afirmar o que não se sabe. Essa palavra, que seria passível de uma extensão mais ampla, só é utilizada em matéria de religião. É que Deus é o inconhecível absoluto, assim como a morte é o inconhecível último. O agnóstico não toma posição nem sobre esta nem sobre aquele. Deixa a questão em aberto. A morte fechará a porta ou acenderá a luz.

A fraqueza da noção se prende à sua evidência: seu limite é não ter limite. Como ninguém sabe se Deus existe, todos nós deveríamos ser agnósticos. Mas essa confissão de ignorância deixaria então de ser uma posição particular, para se tornar uma característica geral da condição humana. O que restaria do agnosticismo? Equivale a dizer portanto que ele só existe por diferença: ser agnóstico é menos reconhecer não saber (muitos ateus e muitos crentes também reconhecem isso) do que querer ater-se a essa ignorância. Se essa posição é mais correta que as outras, é o que nenhum saber garante. É preciso crer nela, e é por isso que o agnosticismo também é uma espécie de fé, só que negativa: é crer que não se crê.

agonia (*agonie*) – *Agonía*, em grego, é angústia. Mas *agón* é combate. A agonia é o último: o último combate perdido de viver. Donde a angústia, em quase todos. E a aceitação, nos mais sábios. A única vitória aqui é a paz. Felizes os que a conheceram em vida. Lutar até o fim? Para quê, se for para morrer em estado de guerra? É melhor deixar a vida, quando ela nos deixa, com doçura e dignidade. Por favor, amigos médicos, chegada a hora, ajudem-nos.

ágora (*agora*) – A praça pública, na Grécia, especialmente em Atenas. Mas a ágora era também, e antes de mais nada, o centro da vida social e política. Por isso a palavra se tornou, na maioria das línguas modernas, o símbolo do debate democrático. Assim, um colega, num colóquio, me acusou de ter "desertado da ágora" (porque eu voltava ao velho tema da sabedoria, em vez de me engajar nos combates do dia). O mesmo me acusará, segundos depois, de ser "um intelectual midiático", porque me viu na televisão... Que posso lhe responder, a não ser que a mídia, hoje, faz parte da ágora e que não há nenhuma contradição entre buscar a sabedoria, como filósofo, e a justiça, como cidadão? Sócrates, que filosofava na praça pública, nunca confundiu o pensamento com uma cédula eleitoral...

agradável (*agréable*) – A história é conhecida. Um louco dá violentas marteladas na cabeça. Perguntam-lhe quais seus motivos. Ele responde: "Faz tão bem quando eu paro!"

O que é agradável? Tudo o que causa prazer ou bem-estar. A causa pode ser positiva ou negativa, proporcionar um prazer ou diminuir um sofrimento, e nem por isso o efeito é menos agradável. Por exemplo, tirar o sapato quando os pés estão apertados, entrar num banho quentinho, ser massageado ou acariciado... "É agradável o que apraz aos sentidos na sensação", escreve Kant. Mas o que apraz ao espírito não o é menos. Veja o humor ou o amor. Assim, tudo o que agrada é agradável, e essa tautologia vale como definição: agradável é o que nos apraz ou nos deleita pelo menos em algo. Noção por natureza relativa, mas sem a qual nenhuma relação poderia nos satisfazer plenamente. Triste amizade a amizade sem prazer.

O agradável não é o bem (um prazer pode ser culpado, um sofrimento pode ser meritório), mas é *um* bem. O primeiro, sem dúvida, e o princípio de todos. Se a felicidade não fosse agradável, para que a felicidade? E que valeria uma virtude que não fosse agradável para ninguém? Parem de bater na própria cabeça!

agressividade (*agressivité*) – Disposição à violência, física ou verbal, com uma propensão a atacar primeiro. É ao mesmo tempo uma força e uma fraqueza: é a força dos fracos. Eles acreditam que a melhor defesa é o ataque. Têm razão. Mas por que precisam tanto assim se defender?

alea (*aléas*) – É causa sem razão, sem finalidade, sem vínculo – causa sem pretensão. Por isso, é imprevisível e, na maioria das vezes, desagradável.

O real é indiferente a nossos desejos, e é isso que o acaso nos lembra. São os grãos de areia do desconhecido. A palavra, latina, designa os *dados*, em que joga o acaso. O perigo é ver no seu lance uma fatalidade ou uma providência: o jogo dos dados não age como Deus.

aleatório (*aléatoire*) – Tudo o que deriva do acaso, do encontro, do imprevisível. Não confundir nem com o indeterminado nem com o inexplicável.

Nada mais determinado que um dado rolando. Nada mais aleatório que seu resultado por vir. Nada? Sim, porém: o que farão dois dados que rolam, ou três, ou quatro... O aleatório pode ser calculado (vejam as probabilidades). O aleatório pode ser explicado (veja-se a meteorologia). Mas não pode ser previsto, ou pode ser mal previsto. Portanto, é preciso levá-lo em conta sem o conhecer: daí uma virtude, que é a prudência, e um perigo, que é a superstição. É melhor atentar para o que depende de nós, do que querer adivinhar ou influenciar o que não depende. Uma coisa não impede a outra? Claro que não. Mas não substitui tampouco. A proporção, entre as duas, varia tanto em função dos indivíduos como das situações (conforme estas dependam *mais ou menos* de nós). É por isso que os jogadores são supersticiosos, quase sempre. E os homens de ação, prudentes.

Há graus no aleatório. O tempo que vai fazer amanhã é menos aleatório do que o que vai fazer daqui a dez dias (pode até acontecer, em determinadas condições climáticas, que quase não o seja); o *bridge*, menos aleatório que a roleta. Mas, em todos os casos, o aleatório só tem por objeto o futuro. Quando a bolinha pára, o resultado deixa de ser aleatório, ou só o é retrospectivamente. O tempo que vai fazer é aleatório; o tempo que está fazendo não é. Um guarda-chuva sempre é mais útil que um talismã. Mas não adianta abri-lo quando faz bom tempo.

alegoria (*allégorie*) – É a expressão de uma idéia por meio de uma imagem ou de um relato: o inverso da abstração, como que um pensamento figurativo. A alegoria, de um ponto de vista filosófico, nunca prova nada. E é apenas em Platão que ela não é simplesmente ridícula.

alegria[1] (*allégresse*) – Alegria redobrada [referência também à grafia em francês] por seus sinais ou pela consciência que se tem deles, e por isso tanto mais viva quanto se manifesta ou se conhece ainda mais. Alegria de ser alegre. É o riso silencioso do espírito, ou o riso barulhento da multidão.

alegria[2] (*joie*) – Um dos aspectos fundamentais e, como tal, impossível de ser definida absolutamente. A alguém que nunca a teria sentido como fazer entender o que ela é? Mas todos já a experimentamos. A alegria nasce quando um desejo intenso é satisfeito (a alegria do vestibulando, no dia do resultado), quando uma desgraça é evitada (a alegria de quem se salvou por milagre, ou a do convalescente), quando uma felicidade chega ou parece chegar (a alegria do enamorado, quando se sabe amado)... Regozijo, mas espiritual ou espiritualizado (re-**gozijo**). Ela é um elemento da felicidade, ao mesmo tempo mínimo (no tempo) e máximo (em intensidade). Elemento singular, porém: não dá para imaginar a felicidade sem a alegria (em todo caso sem sua possibilidade), mas a alegria pode existir sem a felicidade. É como uma satisfação momentânea de todo o ser – uma aquiescência a si e ao mundo. Epicuro diria: prazer em movimento da alma; e Espinosa: aumento de potência (*passagem* a uma perfeição superior). De fato, há na alegria uma mobilidade específica, que é sua força e, ao mesmo tempo, sua fraqueza. Algo nela – ou em nós – a impede de durar. Daí o desejo de beatitude (desejo de eternidade) e o sonho da felicidade (de que a alegria talvez seja o único conteúdo psicológico observável). Assim, a alegria é nosso guia e nossa regra: é a estrela-guia da alma. Ela é, para nós, a origem da idéia de salvação. "A alegria", escreve Espinosa, "é a passagem do homem de uma perfeição menor a uma perfeição maior" (*Ética*, III, def. 2 dos afetos; ver também o escólio da prop. 11). Como a própria perfeição outra coisa não é senão a realidade, isso significa que a alegria é passagem a uma realidade superior, ou melhor, a um grau superior de realidade. Regozijar-se é existir mais: a alegria é o sentimento que acompanha, em nós, uma expansão, ou uma intensificação, da nossa potência de existir e de agir. É o prazer – em movimento e em ato – de existir mais e melhor.

além (*au-delà*) – Mais longe, do outro lado. O substantivo designa o que há depois da morte (logo, além desta vida), se é que há alguma coisa. Os antigos tinham do além uma visão muitas vezes apavorante ou sinistra (o reino das sombras). Os clássicos, uma visão contrastante (salvação ou danação). Os modernos, que acreditam cada vez menos no inferno e cada vez mais no conforto, uma visão quase sempre tranqüilizadora ou irrisória: sua única hesitação é entre o paraíso e a reencarnação! Depois de mim, o quê? Eu mesmo, porém mais feliz ou mais moço. Cada um tem o além que merece.

O ateu prefere pensar que não há além: que esta vida e este mundo são os únicos, definitivamente, que nos são dados. Depois de mim, o quê? Os outros. E para mim? Nada, ou antes, menos que nada, pois que já não estarei presente para constatar, nem mesmo para não estar presente. O nada, se quiserem, mas que não seria o nada para ninguém, como um sono sem sonho e sem dormidor. Essa idéia é um forte estímulo a viver, quando se é feliz. E um consolo, quando não se é. Nem a felicidade nem o sofrimento durarão sempre.

alétheia (*alèthéia*) – O nome grego da verdade. Com freqüência, desde Heidegger, é colocado em oposição a *veritas*, que é seu nome latino e escolástico. A *alétheia* é do ser: é seu desvendamento, ou antes, é o próprio ser, como ser não velado. A *veritas* é do espírito ou do discurso: é a correspondência, a conformidade entre o que é pensado ou dito e o que é. Distinção cômoda e legítima. Note-se entretanto que nem os gregos nem os latinos a faziam nesses termos. E que fazê-la não autorizaria rejeitar uma dessas duas acepções, que remetem uma à outra. Que saberíamos do ser, se nosso pensamento não pudesse lhe corresponder? E que sentido haveria em julgar que um pensamento é adequado ao que é, se o ser não fosse primeiramente adequado a si mesmo? Devido ao que a identidade talvez seja a verdade primeira: "Mesma coisa se dá a pensar e a ser", dizia Parmênides. A verdade, seja como *alétheia*, seja como *veritas*, é esse *mesmo* que se dá ao espírito (*veritas*) e ao mundo (*alétheia*). As duas idéias, ainda que solidárias, ainda que indissociáveis a todo rigor (já que a *veritas* supõe a *alétheia* e é a única coisa que permite pensá-la), permanecem diferentes. A *alétheia* é verdade da apresentação; a *veritas*, da representação. Assim, a *alétheia* é que é primeira; mas só podemos pensá-la pela *veritas*. A *veritas* está em nós, mas porque estamos primeiro na *alétheia*. Só temos acesso à verdade porque já estamos no verdadeiro; o espírito só se dá a si abrindo-se para o mundo.

alfabeto (*alphabet*) – As letras, ordenadas pelo acaso ou pelo costume. A ordem alfabética, que portanto não passa de uma desordem entre outras, tem o mérito singular de só apresentar ordem, já que uma ordem é necessária, quando reduzida à sua expressão mais simples, sem nenhuma pretensão de ter sentido. O alfabeto, é essa a sua virtude, não quer dizer nada. E este livro, por exemplo, é adequado ao seu objeto, na medida em que só pode ser lido, como o mundo ou a verdade, *na desordem*. Um dicionário é o contrário de um sistema, e é mais útil.

alienação (*aliénation*) – Alienar é perder: perder o que possuímos (por exemplo, por doação ou venda: é o sentido jurídico), o que fazemos ou produzimos (por exemplo, por sermos explorados: é o sentido socioeconômico), ou mesmo o que somos (por exemplo, na alienação mental: é o sentido psiquiátrico). Quanto ao sentido filosófico, pode atravessar ou incluir os três precedentes. Daí certa vagueza, que torna a noção cômoda ou suspeita. Fala-se de alienação, na filosofia moderna, quando alguém se torna como que estranho (*alienus*) a si mesmo, quando não se pertence ou não mais se pertence, quando não mais se compreende, não mais se controla, quando está despojado da sua essência ou da sua liberdade. É supô-lo, antes de tudo, dono de si mesmo, fadado à livre e familiar transparência de si a si. Quem pode acreditar nisso? A não ser que se suponha algo como uma alienação originária (o célebre "eu é um outro" de Rimbaud), de que teríamos de nos libertar. Ser alienado é ser submisso ao que não é si mesmo. E ninguém se torna *si mesmo* de outro modo. O conceito de alienação só é válido mediante o conceito, simétrico, de libertação. "Onde estava o *id*, *eu* devo advir", escreve Freud.

Em Hegel, a Idéia se aliena na natureza, assim como o Espírito se aliena no espaço e no tempo. Em Feuerbach, o homem se aliena em Deus. Em Marx (sobretudo o dos *Manuscritos de 1844*), o proletário se aliena no trabalho assalariado ("o operário se vende para viver"), em sua obra (que lhe escapa e o domina), e todos na ideologia dominante, que mascara e exprime ao mesmo tempo essa submissão. Era se aproximar da verdade. Alienar é perder, ou se perder. Mas nenhuma pessoa possui o que ela é. No melhor dos casos, possui apenas o que faz.

alma (*âme*) – A alma (*anima*, *psykhé*) é o que anima o corpo: o que lhe permite mover-se, sentir. Para o materialista, é portanto o próprio corpo, considerado em sua motricidade, em sua sensibilidade, em sua afetividade próprias. Em sua intelectualidade? Não necessariamente. Um animal pode sentir (ter uma alma), sem ser capaz no entanto de pensar ou raciocinar abstratamente (sem ser espírito). É o que chamamos de um bicho.

De fato, é melhor falar de espírito (*mens*, *noûs*), do que de alma, para designar essa parte do corpo que tem acesso ao verdadeiro ou à idéia. O que estabelece, entre ambos, outra diferença. Perder o espírito, como todos sabem, não é a mesma coisa que perder a alma. Perder o espírito é perder a razão, o bom senso, que é o senso comum: é perder o acesso ao universo, e tornar-se, com isso, prisioneiro da alma. O louco não é menos *si* do que qualquer um, não é menos particular, menos singular, muito pelo contrário: ele não é *mais que si*, e é esse encerramento – apartado do verdadeiro, apartado do mundo, apartado de tudo – que o torna louco. O espírito abre a janela, e é isso que se chama razão.

A alma é sempre individual, singular, encarnada (não há alma do mundo, nem de Deus). O espírito seria, antes, anônimo ou universal, até mesmo objetivo ou absoluto (se o universo pensasse, seria Deus; se Deus existisse, seria espírito). Ninguém, por exemplo, pode sentir nada em meu lugar, nem sentir exatamente como eu. Minha alma é única, tanto quanto meu corpo. Ao passo que uma idéia verdadeira, na medida em que é verdadeira, é a mesma em mim e em qualquer outro (em mim e em Deus, dizia Espinosa). Esse acesso – para nós sempre relativo – ao universal ou ao absoluto é o que chamo de espírito: é nossa maneira de habitar o verdadeiro libertando-nos de nós mesmos. A alma seria, antes, nossa maneira, sempre singular, sempre determinada, de habitar o mundo: é nosso corpo em ato, diz aproximadamente Aristóteles, na medida em que tem a vida (a motricidade, a sensibilidade, a afetividade) em potência.

Assim, é o espírito que é livre, não a alma, ou antes, é o espírito que liberta, e isso é, para a alma, a única salvação, sempre inacabada.

alteração (*altération*) – O fato de se tornar outro, o que supõe continuar o mesmo (tornamo-nos outro, não *um* outro), perdendo porém certo número de qualidades ou adquirindo novas. A palavra na maioria das vezes é tomada em mau sentido: alteração refere-se sobretudo a uma mudança negativa, a uma diminuição, a uma corrupção, a uma deterioração... Não há nenhuma necessidade etimológica nem conceitual para tanto. Por que o outro (*alter*) seria menos bom que o mesmo? É porque o mesmo nos tranqüiliza mais. E porque a mudança ordinária do vivente logo toma a forma, de fato, de uma deterioração. Crescer é se tornar si mesmo (individuação). Envelhecer é se tornar outro, continuando porém a ser o mesmo (alteração). E quem não preferiria continuar jovem?

Assim, a alteração é a lei do vivente, do mesmo modo que a identidade é a lei do ser. Isso confirma – já que o vivente faz parte do ser – que as duas noções não são nem contrárias nem contraditórias. E como poderiam ser? A alteração é a forma viva da identidade: é o tornar-se outro do mesmo (sendo nisso o simétrico do mimetismo, que é o tornar-se mesmo do outro).

alteridade (*altérité*) – Característica do que é outro, ou um outro. A alteridade, diferentemente da alteração, supõe uma relação entre dois seres distintos, ou supostamente distintos. É o contrário da identidade, assim como o outro é o contrário do mesmo. Poderíamos fazer disso um princípio: toda coisa, sendo idêntica a si (princípio de identidade), é diferente de todas as outras (princípio de alteridade). A tradição prefere falar de princípio dos indiscerníveis. Mas os dois princípios são diferentes. Mesmo que existissem dois seres perfeitamente semelhantes, ainda assim seriam numericamente diferentes um do outro. Os escolásticos falavam, num sentido vizinho, de princípio de individuação. Mas este vale no seio de uma mesma espécie, enquanto o princípio de alteridade vale em absoluto. É o que impede dois seres de formarem um só, e é o princípio, para nós, da solidão.

alternativa (*alternative*) – É uma escolha imposta entre dois termos, de tal sorte que não se possa nem querer nem recusar os dois ao mesmo tempo. Por exemplo: ser ou não ser. A alternativa é uma opção em que não temos a opção da opção.

Diz-se especialmente, em lógica, de um par de proposições em que uma é verdadeira e a outra falsa, necessariamente. Chama-se às vezes "princípio da alternativa" o princípio que estipula que duas proposições contraditórias sempre constituem uma alternativa. Mas não é propriamente um princípio: não passa da conjunção de dois princípios de não-contradição [não (*p* e *não-p*)] e do terceiro excluído [*p* ou *não-p*]. Duas proposições contraditórias não podem ser ambas verdadeiras (princípio de não-contradição), nem ambas falsas (princípio do terceiro excluído): portanto uma é verdadeira e a outra falsa, necessariamente ("princípio" da alternativa). Note-se todavia que isso só vale para as proposições. Discursos que não são nem verdadeiros nem falsos (por exemplo, uma prece) não poderiam constituir uma alternativa necessária. É que eles ignoram a lógica, assim como a lógica os ignora.

altruísmo (*altruisme*) – Ser altruísta é "viver para outrem", dizia Auguste Comte, em outras palavras, é levar em conta mais os interesses do outro do que os próprios, o que não acontece quase nunca, ou tanto quanto os próprios, o que já é difícil. Portanto é o contrário do egoísmo; por isso é tão raro. O contrário? E se fosse apenas sua expressão disfarçada? "A irmã Emmanuelle ou o abade Pierre", dizia-me um amigo, "quando fazem o bem aos outros, sentem prazer com isso; logo o altruísmo deles não deixa de ser uma forma de egoísmo!" Seja. Mas isso não prova nada contra o altruísmo. Sentir prazer com o prazer do outro, longe de rejeitar o altruísmo, seria antes sua definição. Ninguém sai do princípio de prazer, nem do egoísmo. Mas alguns se encerram nele, enquanto outros, sem sair dele, ali encontram o segredo da liberdade. "Amar é regozijar-se com a felicidade de um outro", dizia Leibniz. É isso o verdadeiro altruísmo, ou sua forma mais pura. Não se trata de vencer o ego, mas de abri-lo – tornar-se, explica Prajnanpad, como que "um círculo que ficou tão amplo que já não pode cercar nada, um círculo de raio infinito: uma linha reta".

A palavra, que foi forjada por Auguste Comte, incomoda, porém, pelo que tem de abstrato, de pretensamente explicativo ou teórico. Engana-se quem enxerga no altruísmo um instinto ou um sistema. Levar em conta os interesses do outro, tanto quanto ou mais que os próprios, é inseparável, conforme os casos, da tristeza ou da alegria – é inseparável da generosidade, da compaixão, do amor. Duas virtudes, uma graça. O altruísmo, sem elas, não é mais que uma abstração ou uma mentira.

alucinação (*hallucination*) – É a percepção do que não existe. Mas, como não temos outro meio de saber o que existe, a não ser percebendo, direta ou indiretamente, não temos tampouco nenhum meio de distinguir absolutamente a percepção da alucinação, a não ser confrontando nossas percepções com as de outrem ou com a lembrança de nossas percepções passadas. Ainda assim, isso não nos diz se a alucinação é que é uma percepção patológica ou se a percepção é que é uma alucinação coletiva e duradoura... Não dá para decidir com base em provas, o que não tem muita importância. O que todo o mundo percebe faz parte do real comum, mesmo que não houvesse outra realidade que não essa percepção (Berkeley). O que só eu percebo, quando os outros também deveriam perceber, é tido como alucinatório: é um real privado, mas que não sabemos que o é, como que um mundo interior que tomaríamos abusivamente pelo outro. "Para os despertos há um mundo único e comum", dizia Heráclito, "mas cada adormecido se perde num mundo particular." A alucinação é como um sonho acordado; o sonho, como uma alucinação adormecida.

ambição (*ambition*) – É a paixão pelo êxito, voltada principalmente para o futuro e a ação.

A ambição tem por objeto muito menos o que somos (caso do orgulho) ou fazemos (caso do zelo) do que o que seremos ou faremos. É um gosto imoderado pelos sucessos por vir. Em todo caso, ela precisa dotar-se de pelo menos alguns dos meios necessários à sua realização: é o que distingue o ambicioso do sonhador, e também do fracassado. Paixão prospectiva, mas atual e ativa.

Há uma idade para a ambição. Útil na juventude ou na maturidade (é uma paixão tônica), torna-se vã nos idosos, que não têm mais que ambições póstumas (a posteridade, a descendência, a salvação...) ou sórdidas (conservar a vida, o determinismo, o poder...). Prefira ter a ambição de se curar da ambição. O sucesso contribui para isso. Também o fracasso e o cansaço.

ambigüidade (*ambiguïté*) – Uma expressão ou um comportamento são ambíguos se autorizam duas ou várias interpretações diferentes, ou mesmo opostas. Portanto, a ambigüidade é uma dualidade ou uma pluralidade de significações possíveis. Não confundir com a ambivalência, que é uma dualidade – e quase sempre uma oposição – de valores ou de sentimentos reais.

A ambigüidade supõe certa complexidade: ela é o fato do homem ou do discurso. É o que a distingue da polissemia, que é um fato da língua e só se aplica a um único significante. Uma frase pode ser ambígua; uma palavra, tomada em si, se tiver vários sentidos, será tão-somente polissêmica. Mas a polissemia de uma palavra pode tornar uma expressão ambígua: se falo do "sentido da história", penso na sua direção ou na sua significação?

A ambigüidade, diferentemente da anfibologia, nem sempre é incorreta e não poderia ser totalmente eliminada. É como um halo de sentido na noite do real. Isso não é uma razão para cultivá-la de propósito. O halo nasce da luz, mas não a substitui.

ambivalência (*ambivalence*) – É a coexistência, num mesmo indivíduo e em sua relação com um mesmo objeto, de dois afetos opostos: prazer e sofrimento, amor e ódio (ver, por exemplo, Espinosa, *Ética*, III, 17 e escólio), atração e repulsão... Longe de ser uma exceção, a ambivalência seria antes a regra da nossa vida afetiva, assim como a ambigüidade é a regra da nossa vida comunicacional. A simplicidade, em ambos os casos, é exceção.

Note-se que a ambivalência, que só vale para os sentimentos, não poderia nos dispensar de respeitar a lógica, que vale para as idéias. Por exemplo, o inconsciente, dizia Freud, "não é submetido ao princípio de não-contradição". Mas a psicanálise, sim. Senão ela seria apenas um delírio ou um sintoma a mais.

amigo (*ami*) – Quem você ama e que ama você, independentemente de qualquer relação familiar, passional ou erótica. Não que você não possa ser amigo de um parente ou de uma amante, mas sim que você só é amigo dessa pessoa se o amor compartilhado não se explicar suficientemente nem pelos vínculos de sangue nem pelos laços do desejo ou da paixão. Nossos amigos, nós escolhemos. Mas ninguém escolhe seus parentes, nem opta por estar apaixonado ou encantado. É o que torna a amizade mais leve e mais livre. Isso me faz pensar nesta lição de moral, que se aprendia antigamente na escola: "Um irmão é um amigo dado pela natureza." A fórmula me esclarece mais sobre a amizade do que sobre a família. Um amigo é um irmão que a gente se dá, e que se dá, ele, por liberdade.

"Não é amigo quem é amigo de todos", dizia Aristóteles. É o que distingue a amizade da caridade. Esta, em seu princípio, é universal. Toda amizade é particular. Não se vá concluir daí que caridade e amizade são incompatíveis (o amigo também é um próximo, e nada impede que o próximo venha a ser um amigo), mas que uma não poderia substituir a outra. Vejam Jesus e João. Amar o próximo, tanto quanto possível, não impede de preferir os amigos, nem dispensa disso.

amizade (*amitié*) – A alegria de amar, ou o amor como alegria, que não se poderia reduzir nem à carência nem à paixão. Não que ela as exclua: podemos sentir falta dos amigos, como de tudo, e não é raro que os amemos apaixonadamente. Mas nem sempre é assim – há amizades plenas e ternas, tanto mais fortes quanto mais são serenas –, o que veda confundir a amizade (*philía*) com a carência ou a paixão (*éros*). Não há amor feliz enquanto for carência, nem sereno enquanto for paixão. Isso esclarece, por diferença, o que é a amizade: o que, no amor, nos regozija, nos sacia ou nos serena. É amar o que não falta, ou o que já não falta: a amizade é um amor feliz, ou o tornar-se feliz do amor.

Outra diferença é a reciprocidade necessária. Podemos amar quem não nos ama, são os tormentos do amor, mas não podemos ser inteiramente amigos de quem não acreditamos ser nosso amigo. Nesse sentido, não há amizade infeliz (a infelicidade só vem à amizade do exterior, ou do seu fim), nem há felicidade, sem dúvida, sem amizade. "Amar é regozijar-se", escreve maravilhosamente Aristóteles. Essa fórmula, que nem sempre é verdadeira no caso da paixão, longe disso, esclarece o essencial da amizade: ela é uma alegria recíproca, que cada um extrai da existência e do amor do outro. É por isso que os amigos gostam de se conhecer, de se freqüentar, de se falar, de se ajudar mutuamente... Sem esse prazer, quem acharia a vida agradável? "A amizade é o que há de mais necessário para viver, porque sem amigos ninguém optaria por viver", escreve Aristóteles. Não sei se isso é totalmente verdade. Mas nada me torna Aristóteles e a amizade mais amáveis.

Não há que escolher entre a amizade e a paixão, já que esta em geral tende àquela. É o caso no casal ou na família ("a família é uma amizade", escreve Aristóteles), quando são felizes.

Nem entre o desejo e a amizade, pois que nada impede desejar seus amigos (suas amigas) e pois que a amizade, como diz ainda o Filósofo, "é desejável por si mesma".

Mas, para isso, nem a paixão nem o desejo são necessários, como tampouco bastantes. Nada basta para isso, salvo o amor: a amizade, mesmo recíproca, "consiste mais em amar do que em ser amado", ressalta a *Ética a Nicômaco*, e é por isso que "amar é a virtude dos amigos". A amizade é ao mesmo tempo uma necessidade e uma graça, um prazer e um ato, uma virtude e uma felicidade. Quem diz melhor? Ela não é o amor que toma (*éros*), nem somente o amor que dá (*agápe*). É o amor que se regozija e compartilha.

amor (*amour*) – "Amar é regozijar-se", escreve Aristóteles (*Ética a Eudemo*, VII, 2). Que diferença então entre a alegria e o amor? Esta, enunciada por Espinosa: "O amor é uma alegria que a idéia de uma causa exterior acompanha" (*Ética*, III, def. 6 dos afetos) ou, acrescentarei, uma causa interior. Amar é regozijar-se *de*. Ou, mais exatamente (já que também se pode amar um prato ou um vinho): *desfrutar ou se regozijar de*. Todo amor é alegria ou desfrute. Toda alegria, todo desfrute – contanto que referidos à sua causa – é amor. Amar Mozart é desfrutar da sua música ou se regozijar com a idéia de que ela existe. Amar uma paisagem é desfrutar ou se regozijar da sua vista ou da sua existência. Amar a si é ser, para si mesmo, causa de alegria. Amar seus amigos é regozijar-se do que eles são. Se acrescentarmos que tudo em nós tem uma causa e que prazer sem alegria não é exatamente amor (a carne é triste quando o prazer do corpo não regozija também a alma: quando se faz amor, por exemplo, sem nem mesmo amar fazê-lo), encontraremos as duas definições, de Aristóteles e de Espinosa, naquele ponto luminoso em que elas se encontram: só há alegria em amar; só há amor na alegria.

A concordância desses dois gênios me regozija: é, para mim, uma oportunidade suplementar de amá-los.

Mas que prova uma alegria? E que vale essa definição alegre ou amável contra tantos amores tristes, angustiados, infelizes – tantos amores sem prazer ou sem alegria – que a literatura atesta e, infelizmente, nossa experiência confirma? Que pesa Aristóteles contra um tormento de amor? Espinosa, contra um luto ou uma briga doméstica? O real sempre tem razão, pois é ele que se trata de pensar. Mas e quanto a nossa definição?

Outra se propõe, e vem de Platão. O amor é desejo, explica ele no *Banquete*, e o desejo é carência: "O que não se tem, o que não se é, aquilo que faz falta, eis os objetos do desejo e do amor." A infelicidade, com essa definição, se explica bem até demais. Como seríamos felizes no amor, se só amamos o que nos falta, o que não temos, se o amor só existe por esse vazio que o habita ou o constitui? Não há amor feliz, e isso é o próprio amor, que sempre carece, por definição, do que *faria* sua felicidade.

Isso porque nenhuma carência nunca é satisfeita? Não. A vida não é tão difícil assim. Mas porque a satisfação da carência o abole como carência e, portanto (já que o amor é uma), como amor. Isso só deixa a opção entre duas situações: ora amamos o que não temos, e sofremos com essa falta; ora temos o que, por conseguinte, já não nos falta, e nos tornamos, por isso mesmo (já que o amor é carência), incapazes de amar... O amor se exalta na frustração, se adormece ou se extingue na satisfação. Isso vale especialmente para nossa vida amorosa. A carência devoradora do outro (a paixão) parece só ter um futuro feliz na posse do seu objeto. Falta essa posse? É a infelicidade garantida, pelo menos por certo tempo. Ocorre? Dura? A felicidade vem se desgastar, ao mesmo tempo que a carência, na presença daquele ou daquela que devia proporcioná-la. Quem pode sentir falta do que tem, daquele ou daquela que compartilha sua vida, que está presente todas as noites, todas as manhãs, tão presente, tão familiar, tão cotidiano(a)? Como a paixão sobreviveria à felicidade? Como a felicidade sobreviveria à paixão? "Imaginem a senhora Tristão", dizia Denis de Rougemont. Já não seria Isolda, ou já não estaria apaixonada. Como amar apaixonadamente o corriqueiro? Que filtro pode haver contra o hábito, o tédio, a saciedade?

Ser feliz, explica Platão antes de Kant, é ter o que se deseja. É o que torna a felicidade impossível: como poderíamos ter o que desejamos, se só podemos desejar o que não temos? Schopenhauer, genial discípulo de Platão que era, tirará a conclusão que se impõe: "Assim, toda a nossa vida oscila, como um pêndulo, da direita para a esquerda, do sofrimento ao tédio." Sofrimento, porque desejamos o que não temos, e sofremos com essa falta; tédio, porque temos o que, por conseguinte, já não nos falta, e nos descobrimos, por isso, incapazes de amar... É o que Proust chamará de as intermitências do coração, ou pelo menos os dois pólos entre os quais elas ocorrem. Albertine presente, Albertine desaparecida... Quando ela não está, ele sofre atrozmente: fica disposto a tudo para que ela volte. Quando ela está, ele se entedia ou sonha com outras: está disposto a tudo para que ela se vá... Quem não viveu essas oscilações? Quem não reconhece nelas algo da sua vida, da sua infelicidade, da sua inconstância? Há que amar aquela ou aquele que não temos, é o que se chama um tormento de amor, ou então ter aquele ou aquela que não nos falta, que amamos por isso cada vez menos, é o que se chama um casal.

É o que diz uma célebre canção de Claude Nougaro: "*Quand le vilain mari tue le prince charmant...*" [Quando o marido malvado mata o príncipe encantado]. No entanto, é o mesmo indivíduo, mas em duas situações opostas: o príncipe encantado é o marido que falta; o marido malvado, o príncipe encantado que deixou de faltar.

Essas duas definições do amor apresentam vantagens e inconvenientes simétricos. A de Aristóteles ou de Espinosa vem tropeçar no fracasso do amor, em sua infelicidade, sua tristeza, suas angústias. A de Platão, ao contrário, fracassa diante dos seus sucessos: ela explica muito bem nossos sofrimentos e nossas decepções amorosas, mas não a existência, às vezes, de casais felizes, em que cada um se regozija, não da falta do outro – como seria possível? –, mas da sua existência, mas da sua presença, mas desse amor mesmo que os une e que eles compartilham. Todo casal feliz é uma refutação do platonismo. Para mim, está aí mais uma razão para amar os casais e a felicidade, e para não ser platônico. Mas como, se o amor fracassa, continuar sendo espinosista?

Comecemos pelo mais fácil. Que o amor pode ser obscurecido pela angústia ou pelo sofrimento, não há nenhum mistério nisso. Se a existência dos meus filhos me regozija, como eu não ficaria triste, atrozmente triste, se eles morressem? Como não ficaria angustiado, atrozmente angustiado, à idéia – infelizmente sempre plausível – de que eles possam sofrer ou morrer? Se a existência deles me regozija, a imaginação da sua inexistência ou da diminuição da sua existência (doença, sofrimento, infelicidade deles) não pode deixar de me angustiar ou me entristecer. É o que Espinosa explica suficientemente (*Ética*, III, proposições 19 e 21, com suas demonstrações), e sobre o que é inútil alongar-nos. Amar é tremer – não porque o amor seja temor, mas porque a vida é frágil. Não é essa uma razão para renunciar a amar, nem a viver.

O casal é mais difícil de ser pensado. O fato de ele começar, de ordinário, na carência é um dado menos fisiológico (a frustração nunca bastou para tornar ninguém apaixonado) do que psicológico, mas nem por isso menos comprovado. *I need you*, cantavam os Beatles: eu amo você, eu quero você, você me faz falta, preciso de você... O amor, no seu começo, dá razão a Platão, quase sempre. É o que os gregos chamavam de *éros*: o amor que carece do seu objeto, o amor que pega ou quer pegar, o amor que quer possuir e guardar, o amor passional e possessivo... É amar somente a si (o amante ama o amado, escrevia Platão no *Fedro*, assim como o lobo ama o cordeiro) ou o outro somente na medida em que nos falta, na medida em que ele nos é necessário ou que assim o imaginamos, e é por isso que é tão forte, tão fácil, tão violento... Amor de concupiscência, diziam os escolásticos: amar o outro para o seu bem a si. Veja-se a criança que pega o seio. Veja-se o amante ávido ou brutal. Veja-se o amoroso exaltado. Carecer está ao alcance de qualquer um. Sonhar está ao alcance de qualquer um. Mas e quando a carência desaparece? E quando os sonhos vêm se quebrar contra a presença continuada do outro? E quando o mistério se faz transparência ou opacidade? Alguns nunca perdoarão o outro por não ser mais do que ele é, e não o milagre que eles haviam imaginado de início. É o que se chama desamor, que tem o gosto amargo, quase sempre, da verdade. "A gente ama alguém pelo que ele não é", dizia Serge Gainsbourg, "e o larga pelo que ele é." Mas nem todos os casais se separam, nem vivem todos no tédio ou na mentira. É que alguns aprenderam a amar o outro tal como ele é, digamos tal como se dá a conhecer, a conviver, a experimentar, até a se regozijar da sua presença, da sua existência, do seu amor, e tanto mais quanto ele não falta mas está presente, mas se dá, ou se só falta, na alegre repetitividade do desejo, para melhor manifestar sua presença, sua disponibilidade, sua potência, sua doçura, sua sensualidade, sua ternura, sua habilidade, seu amor... Esse amor que não carece de nada é o que os gregos chamavam de *philía*, que podemos traduzir por "amizade", se quisermos, contanto que incluamos aí a família e o casal, como fazia Aristóteles, e especialmente o que Montaigne chamava de "amizade marital": é o amor daquele ou daquela que não carece mas regozija, sacia, conforta e reconforta. Que o erotismo também nele se satisfaça é o que os casais sabem muito bem e o que lhes dá razão. Como a verdade dos corpos e das almas é mais excitante, para dois amantes, do que o sonho! Como a presença do outro – seu corpo, seu desejo, seu olhar – é mais perturbadora do que sua ausência! É melhor fazer amor do que sonhá-lo. É melhor desfrutar e se regozijar do que é, do que carecer do que é ou sofrer o que não é.

Entre *éros* e *philía*, entre a carência e a alegria, entre a paixão e a amizade, convém evitar escolher. Não são dois mundos, que se excluiriam, nem duas essências separadas. São antes dois pólos, mas num mesmo campo. Dois momentos, mas num mesmo processo. Veja-se a criança que pega o seio, dizia eu. É *éros*, o amor que pega, e todo amor começa aí. E veja-se a mãe, que dá o seio. É *philía*, o amor que dá, o amor que protege, o amor que se regozija e que compartilha. Todos compreendem que a mãe foi antes criança: ela começou pegando; e que a criança deverá aprender a dar. Assim, *éros* é primeiro, sempre, e primeiro permanece. Mas *philía* emerge dele pouco a pouco, e o prolonga. O fato de todo amor ser sexual, como pretende Freud, não quer dizer que a sexualidade é todo o amor. O fato de que começamos amando a nós mesmos, como viram os escolásticos, não impede – ao contrário, permite – que às vezes amemos também um outro. Primeiro a carência, depois a alegria. Primeiro o amor de concupiscência (amar o outro para seu bem a si), depois o amor de benevolência (amar o outro para seu bem dele). Primeiro o amor que pega, depois o amor que dá. Que o segundo não apaga o primeiro, cada um de nós pode experimentar. O caminho que leva de um a outro nem por isso é menos claro, e é um caminho de amor, ou o amor como caminho.

Até onde vai? Amar o que me regozija, o que me faz bem, o que me sacia ou me tranqüiliza ainda é amar a mim. Daí que a benevolência não escapa da concupiscência, nem *philía* de *éros*, nem o amor do egoísmo ou da pulsão de vida. Pode-se ir mais longe? É o que os Evangelhos requerem. Amar o próximo é amar qualquer um: não quem me agrada, mas quem está presente. Não quem me faz bem, mas até mesmo os que me fazem mal. Amar os inimigos é, por definição, sair da amizade, pelo menos em sua definição egológica ou montaigniana ("porque era ele, porque era eu"), talvez também da lógica (os gregos teriam visto nisso uma contradição ou uma loucura: como ser amigo dos inimigos?). Os primeiros cristãos, para designar em grego tal amor, não podiam utilizar nem *éros* nem *philía*: eles forjaram o neologismo *agápe* (do verbo *agapân*, amar, querer bem), que os latinos traduziram por *caritas* e que dará nossa *caridade*. Seria benevolência sem concupiscência, alegria sem egoísmo (como uma amizade livre do ego), e por isso sem limites: o amor desinteressado, o puro amor, como dizia Fénélon, o amor sem posse nem carência, o amor sem cobiça, como diz Simone Weil, aquele que não espera nada em troco, aquele que não necessita ser recíproco, aquele que não é proporcional ao valor do seu objeto, aquele que dá e se abandona. Seria o amor que Deus tem por nós, que Deus *é* por nós (*o Theòs agápe estín*, diz o Evangelho de João), e isso diz o bastante do seu valor, pelo menos imaginário, e quanto ele nos supera. Somos capazes dele? Duvido muito. Mas isso não impede de tender a ele, de trabalhar por ele, de, quem sabe, se aproximar dele. Quanto mais distante do egoísmo – quanto mais distante de si –, mais próximo de Deus. Isso talvez diga, sobre o amor de caridade, o essencial: seria uma alegria, como teria podido dizer Althusser, *sem sujeito nem fim*.

Assim, tudo começa pela carência e tende para a alegria – para uma alegria cada vez mais vasta e livre. É por isso que o traço comum entre esses três amores – que seria, portanto, o amor mesmo ou seu gênero próximo – é a alegria. É preciso regozijar-se, fantasmaticamente, à idéia de que poderíamos possuir o que nos falta (*éros*), ou regozijar-se daquilo que não nos falta e que nos faz bem (*philía*), ou ainda regozijar-se, pura e simplesmente, daquilo que é (*agápe*).

Podemos também não amar nada (é o que Freud chama de melancolia: "a perda da capacidade de amar"), e constatar que a vida, desde então, já não tem nem sabor nem sentido. Muita gente morreu ou morrerá disso: alguém só se suicida quando o amor fracassa ou quando fracassa em amar. Todo suicídio, mesmo legítimo, é um fracasso, como viu Espinosa, ou o sinal de um fracasso, o que deveria dissuadir tanto de condená-lo – ninguém é obrigado a ter êxito sempre – como de fazer sua apologia. Um fracasso não é nem um erro nem uma vitória.

A vida vale a pena ser vivida? Não há resposta absoluta para essa pergunta. Nada vale em si, nem por si: qualquer coisa só vale pela alegria que encontramos ou depositamos nela. A vida só vale para quem a ama. O amor só vale para quem o ama. Esses dois amores andam juntos. Não apenas porque é preciso estar vivo para amar, mas também porque é preciso amar para tomar gosto pela vida, e até – já que a coragem pode não ser suficiente – para continuar a viver.

É o amor que faz viver, já que é ele que torna a vida amável. É o amor que salva, e é ele portanto que deve ser salvo.

amor dito socrático (*amour nommé socratique*) – É o nome que Voltaire, em seu *Dicionário*, dá à homossexualidade masculina – que seria socrática, segundo ele, apenas por abuso de linguagem. Ele é contra: vê nele "um vício destruidor do gênero humano, se fosse geral, e um atentado infame contra a natureza". São duas censuras diferentes.

A primeira poderia adquirir uma forma quase kantiana: a homossexualidade não é universalizável, já que, se fosse exclusiva, levaria ao desaparecimento da espécie, logo da homossexualidade. Mas a mentira, o suicídio e a castidade tampouco o são, o que não prova que sejam sempre imorais. Kant, que não teve filhos, que talvez tenha morrido virgem, estava bem posicionado para sabê-lo. Contradição? Não necessariamente: segundo ele, o que deve poder ser universalizado sem contradição é a *máxima* de uma ação, não a ação mesma. Por que não seria esse o caso da máxima "tenho o direito de fazer amor com qualquer parceiro adulto consenciente, qualquer que seja seu sexo"? Não obstante, Kant condena a homossexualidade, assim como condena a masturbação e a liberdade sexual (*Doutrina do direito*, § 24; *Doutrina da virtude*, §§ 5-7). Temo que o universal não tenha grande coisa a ver com isso – e que essa condenação, em Kant como em Voltaire, decorra mais do estado dos costumes e da sociedade (logo do particular) do que da razão. Isso também vale para nós? Sem dúvida: o fato de sermos mais tolerantes ou mais abertos do que há dois séculos não prova que sejamos mais inteligentes do que nossos dois autores. No entanto, ninguém me demoverá da idéia de que se trata de um progresso: é um pouco de ódio, de desprezo e de pudicícia a menos.

O segundo argumento é ainda mais fraco. Um atentado contra a natureza? Não estou certo de que essa noção tenha algum sentido. Como o que existe *na natureza* poderia ser *contra a natureza*? Mas, ainda que assim fosse, a questão da moralidade ou da imoralidade da homossexualidade nem por isso deixaria de se colocar. Contra a natureza, a castidade sem dúvida o é ainda mais. É imoral por causa disso? Nada mais natural, ao contrário, que o egoísmo. Devemos por isso fazer dele uma virtude?

O direito à diferença, como se diz hoje em dia, faz parte dos progressos importantes destas últimas décadas. É claro que ele não é ilimitado (a diferença do pedófilo, do estuprador ou do assassino não lhes dá nenhum direito). É claro que não é suficiente. Mas nenhum direito é.

"Justamente", diz-me uma amiga, "é isso que me incomoda nos homossexuais: eles reivindicam com vigor o direito à diferença, mas fogem da diferença principal, que é a dos sexos. Moralmente, não lhes censuro nada; mas, convenhamos, eles buscam o caminho mais fácil..." Dizer isso é exagerar, sem dúvida, porque a homossexualidade, mesmo hoje, continua sendo uma opção socialmente desconfortável. Mas isso nos lembra que a heterossexualidade também não é muito tranqüila, é o mínimo que se pode dizer...

As pessoas da minha geração tiveram sorte: poucas épocas foram, do ponto de vista sexual, tão tolerantes e liberadas quanto a nossa. Ainda bem, claro. Mas isso também nos dá novas responsabilidades. A homossexualidade não é um erro? Para a quase totalidade de nossos contemporâneos ficou evidente que não. Porque ela não prejudica – entre parceiros adultos consencientes – ninguém. O mesmo não se pode dizer da opressão das mulheres e das crianças, do estupro, do proxenetismo, do egoísmo, do desprezo, da irresponsabilidade, da submissão... A orientação sexual não decorre da moral, mas nem por isso a dispensa.

amoral (*amoral*) – O *a*, aqui, é puramente privativo: ser amoral é ser sem moral, ou não depender de nenhuma. Assim, a natureza é amoral, o que significa que ela não estabelece nenhuma diferença entre o bem e o mal: vejam a chuva, o sol ou os raios.

É isso que distingue a *amoralidade* da *imoralidade*. Ser imoral é ir contra a moral, o que supõe que se tenha uma ou, pelo menos, que se poderia ter ou deveria ter uma. Vejam o estupro, a tortura, o racismo. É possível que, nesse sentido, a imoralidade seja própria do homem. E que a amoralidade seja própria do verdadeiro.

amor-próprio (*amour-propre*) – É o amor a si ante o olhar do outro: o desejo de ser amado por ele, aprovado, admirado, o horror de ser detestado ou desprezado por ele. La Rochefoucauld via nele a principal das nossas paixões, e o móvel de todas. Rousseau, mais generosamente, mais justamente, o distinguia do amor a si: "O amor a si mesmo é um sentimento natural que leva todo animal a zelar pela sua conservação e que, dirigido no homem pela razão e modificado pela piedade, produz a humanidade e a virtude. O amor-próprio é apenas um sentimento relativo, factício e nascido na sociedade, que leva cada indivíduo a dar mais importância a si do que a qualquer outro, que inspira nos homens todos os males que eles se fazem mutuamente e que é a verdadeira fonte da honra" (*Discurso sobre a origem da desigualdade*, nota XV). A transição entre os dois é fácil de explicar. De início, vivemos apenas para nós, mas com e pelos outros. Como não gostaríamos de ser amados por eles? O amor-próprio é esse amor ao amor, centrado em si, mediado por outrem. É amar o outro unicamente por si, e a si pelo outro. Duplo erro, ou dupla armadilha, que explica por que o amor-próprio, como dizia Alain, é um amor infeliz. No entanto trata-se de pequenas feridas, se comparadas com os grandes dramas da existência. A verdadeira infelicidade, às vezes, nos cura delas. A verdadeira felicidade também, talvez.

análise (*analyse*) – Analisar é decompor um todo em seus elementos ou partes constitutivas, o que geralmente supõe dividi-lo e separá-lo, pelo menos provisória ou intelectualmente. O contrário portanto (mas muitas vezes também a condição) da síntese, que reúne, compõe ou recompõe. Pode-se, assim, analisar um corpo qualquer (ressaltar os elementos físicos ou químicos que o constituem), uma idéia complexa (reduzindo-a a uma soma de idéias simples), uma sociedade (análise sociológica, que distinguirá, por exemplo, várias classes ou correntes), um indivíduo (análise psicológica ou psicanalítica), um problema, uma obra de arte, um sonho, enfim, qualquer coisa – salvo o absolutamente simples, se é que isso existe. Descartes faz da análise uma regra do seu método: "Dividir cada uma das dificuldades que examinarei em tantas parcelas quantas forem possíveis e necessárias para melhor resolvê-las" (*Discurso do método*, II). É querer reduzir o complexo ao simples, para compreendê-lo. Procedimento legítimo e necessário, enquanto não fizer esquecer a complexidade do conjunto. Pascal, numa fórmula que Edgar Morin gosta de citar, nos lembra disso: "Como todas as coisas são causadas e causantes, ajudadas e ajudantes, mediatas e imediatas, e como todas se sustentam por um vínculo natural e insensível que liga as mais distantes e as mais diferentes, considero impossível conhecer as partes sem conhecer o todo, como também conhecer o todo sem conhecer particularmente as partes." Que ninguém se apresse, por causa disso, em opor Pascal a Descartes. O fato de tudo estar em tudo e vice-versa, como diz novamente Edgar Morin, não impede a análise; ao contrário, é o que a torna necessária e interminável.

analíticos, juízos (*analytiques, jugements*) – Um juízo é analítico, explica Kant, quando o predicado está contido, mesmo que de maneira oculta ou implícita, no sujeito, podendo pois ser extraído por análise. Por exemplo: "Todos os corpos são extensos" (a noção de extensão está incluída na de corpo: um corpo sem extensão seria contraditório). Os juízos analíticos, que se baseiam na identidade, são apenas explicativos: "eles não ampliam nossos conhecimentos", ressalta Kant, apenas desenvolvem ou explicitam nossos conceitos. Se nossos conhecimentos se ampliam, como constatamos que de fato ocorre, é porque há outros juízos, que Kant chama de *juízos sintéticos* (v. "sintéticos, juízos").

analogia (*analogie*) – É uma identidade de relações (por exemplo, na matemática: a/b = c/d) ou uma equivalência funcional ou posicional (explicada menos por cada um dos termos do que por sua posição ou sua função num conjunto). Por exemplo, quando Platão escreve que o ser está para o devir assim como a inteligência está para a opinião, quando Epicuro compara os átomos com as letras do alfabeto ou quando Maine de Biran escreve que "Deus está para a alma humana assim como a alma está para o corpo", fazem analogias. Em filosofia, é muitas vezes uma maneira de pensar o impensável ou de fingir pensar. Difícil prescindir dela e se contentar com ela.

Kant dá uma bela definição: "Essa palavra não significa, como se costuma entender, uma semelhança imperfeita entre duas coisas, mas uma semelhança completa de duas relações entre coisas totalmente dessemelhantes" (*Prolegômenos*..., § 58). Sobretudo, ele distingue a *analogia matemática* da *analogia filosófica*. A primeira exprime a "igualdade de duas relações de grandeza", de tal sorte que, quando dados três membros (12/3 = 8/x), o quarto, com isso, também o é (a analogia é, portanto, constitutiva). Na filosofia, ao contrário, mas também em física, "a analogia não é a igualdade de duas relações *quantitativas*, mas sim de duas relações *qualitativas*, nas quais, dados três membros, só posso conhecer e dar *a priori* a *relação* com um quarto, mas não esse quarto membro mesmo" (*Crítica da razão pura*, Analítica dos princípios, II, 3). As analogias da experiência, que são princípios *a priori* do entendimento correspondentes às categorias da relação, só valem de maneira reguladora. Elas não dizem o que é o quarto membro (é por isso que não se poderia fazer uma física *a priori*), mas "fornecem uma regra para procurá-lo na experiência" (pelo que existe um apriorismo em toda física científica). Elas são três, correspondentes aos três modos do tempo, que são a permanência, a sucessão e a simultaneidade, e correspondentes também às três categorias da relação: o princípio da permanência da substância, da sucessão no tempo segundo a lei da causalidade, enfim da ação recíproca. As três valem apenas para a experiência, que elas tornam possível "pela representação de uma ligação necessária das percepções", mas não poderiam substituí-la.

Em metafísica, *a fortiori*, a analogia não poderia valer como prova. Posso muito bem representar o universo como um relógio cujo relojoeiro seria Deus; isso não prova que Deus existe, nem me diz o que ele é (*Religião...*, II, 1, nota). Só se pode pensar Deus por analogia (o Deus artesão, o Deus soberano, o Deus Pai...). É o que fada todos nós ao antropomorfismo, de que nem mesmo o ateu escapa (para não acreditar em Deus, é preciso ter uma idéia dele). Mas esse antropomorfismo, explica Kant, deve permanecer *simbólico*, e não *dogmático*. Ele "diz respeito apenas à linguagem, e não ao objeto mesmo": ele diz o que é Deus para nós, ou o que entendemos por essa palavra; não diz nada sobre o que Deus é em si, nem se é (*Prolegômenos...*, § 57).

anamnese (*anamnèse*) – É como uma reminiscência, mas voluntária, mas laboriosa: o trabalho da memória sobre si mesma, a busca do que foi, do que ainda é, mas em nós, como uma Atlântida interior. Às vezes é melhor o esquecimento.

anarquia (*anarchie*) – A ausência de poder ou a desordem. Essa ambigüidade diz muito sobre a ordem (que é inseparável da obediência) e sobre a liberdade (que é inseparável de certas limitações). "Todo poder é militar", dizia Alain. É por isso que os anarquistas têm horror do exército; e os militares, da anarquia. Os democratas desconfiam de ambos: eles sabem perfeitamente que a desordem, quase sempre, faz o jogo da força e que nenhuma força é válida, salvo se a serviço da justiça ou da liberdade.

A palavra é quase sempre levada a mal. O que dá razão a Goethe, que preferia a injustiça à desordem. Somente os anarquistas vêem nela um ideal, que crêem acessível. É que se enganam sobre o homem ou querem transformá-lo. Um erro, portanto, ou uma utopia.

A justiça sem a força não passa de um sonho. Esse sonho é a anarquia. A força sem a justiça é uma realidade: é a guerra, é o mercado, é a tirania dos mais poderosos ou dos mais ricos. Os dois modelos podem, contudo, nutrir-se da mesma rejeição ao Estado, ao direito, à República (à ordem democraticamente imposta). Isso explica por que muitas vezes os jovens anarquistas acabam virando velhos liberais.

anarquismo (*anarchisme*) – É a doutrina dos anarquistas, quando têm uma, como em Proudhon, Bakunin ou Kropotkin. O anarquismo preconiza a supressão do Estado, sempre; da religião ("nem Deus, nem amo"), quase sempre; enfim, da propriedade privada, na maioria das vezes. É o que o classifica à esquerda. Mas também há anarquistas de direita (reivindicam às vezes o individualismo de Stirner), e até anarco-capitalistas, como é o caso, nos Estados Unidos, do movimento libertário, que é uma espécie de liberalismo extremista. É pôr a liberdade acima de tudo, e acima demais. Como poderia a liberdade prescindir da força, da limitação, da ordem imposta e controlada? Como poderia ela fazer as vezes do direito, da igualdade, da justiça? A anarquia seria um regime perfeito para os anjos; é o que a torna suspeita de tolice (Pascal: "Quem quer se fazer de anjo, faz-se de Besta") ou de angelismo.

anfibologia (*amphibologie*) – Ambigüidade faltosa (porque poderia e deveria ser evitada) ou engraçada (se for deliberada e picante) no discurso. Por exemplo, neste diálogo imaginário, que nos divertia em criança:

"– Papai, não gosto de vovó!

– Fique quieto e coma o que está no seu prato!"

Kant chama de "anfibologia transcendental" o erro de raciocínio que consiste em confundir o objeto puro do entendimento (o número) com o objeto da sensibilidade (o fenômeno). É o erro comum e simétrico de Leibniz, que "intelectualizava os fenômenos", e de Locke, que "sensualizara todos os conceitos do entendimento". Era confundir a sensibilidade e o entendimento, em vez de utilizá-los juntos – o que supõe distingui-los – no conhecimento.

A anfibologia é portanto uma ambigüidade erudita, ou o nome erudito de uma ambigüidade. Duas razões para evitar, salvo para dar boas risadas, a palavra e a coisa.

angelismo (*angélisme*) – O abuso dos bons sentimentos, em detrimento da lucidez. Mais precisamente, e de um ponto de vista tópico, entendo por *angelismo* um ridículo particular, que confunde as ordens, como todo ridículo (v.), mas em benefício de uma ordem superior, na quadripartição que propus (v. o verbete "ordens, distinção das"), e com a pretensão de anular, com isso, o peso ou as condicionantes de uma ou várias ordens inferiores. O angelismo quer abolir o mais baixo em nome do mais alto.

Mas só pode consegui-lo por cegueira ou violência. Vejam a ditadura da virtude, em Saint-Just, a revolução cultural na China ou, hoje, o integrismo islâmico. O angelismo pode assumir formas radicalmente diferentes, da mais generosa utopia ao terror mais sanguinário. Aliás, ele passa facilmente de uma ao outro. Mas sempre em nome de ideais, de valores, ou de um Bem transcendente. É uma tirania, diria Pascal, das ordens superiores. Por exemplo: pretender anular a lógica e as condicionantes da economia em nome da política ou do direito (angelismo político ou jurídico: voluntarismo ou juridicismo). Ou então: pretender anular a legitimidade e as condicionantes da política ou do direito em nome da moral (angelismo moral: o politicamente correto, na maioria das vezes, pelo menos na França, não é senão um moralmente correto). Ou ainda: pretender anular as condicionantes da moral, quando não das três ordens inferiores, em nome do amor (angelismo ético: ideologia "paz e amor"). Enfim, para os que crêem nisso, pretender anular as condicionantes ou as exigências de cada uma das ordens em nome de uma ordem divina ou sobrenatural (angelismo religioso: integrismo). Tudo isso é explicável, e mais pelas ordens inferiores do que pelas superiores (v. o verbete "primado/primazia"), mas também deve ser combatido: quem quer se fazer de anjo se faz de Besta, dizia Pascal, e todo anjo, acrescentava Rilke, é assustador. À glória da laicidade.

angústia (*angoisse*) – Medo vago ou indeterminado, sem objeto real ou atual, porém ainda mais pregnante por isso mesmo: porque – na falta de um perigo efetivo a combater ou do qual fugir – ela também não tem resposta possível. Como vencer o nada? Como escapar do que não é ou ainda não é? É um medo intempestivo e invasor, que nos sufoca (*angere*, em latim, significa apertar, estrangular) ou nos submerge. O corpo se inquieta; a alma se afoga.

Você tem medo de um cachorro que está ali, que rosna, que lhe parece ameaçador... É menos uma angústia do que um temor, que só requer prudência e coragem. O cachorro o ataca: o medo redobra, justificando a fuga ou o combate.

Mas se você tem medo de ser atacado por um cachorro quando não há nenhum cachorro presente ou que o esteja ameaçando, é antes uma angústia. Contra ela, você é mais desarmado. O que podem a fuga ou o combate contra a ausência de um cachorro? contra um perigo inexistente ou puramente imaginário? Aqui, não há resposta eficaz (que agiria sobre o perigo); no máximo um remédio (que só age sobre seu medo).

O limite entre o medo e a angústia é, sem dúvida, incerto, aproximado, flutuante. Aquela sombra ali é um cachorro ou uma sombra? Mas também é vago o limite entre a saúde e a doença, que no entanto são dois estados diferentes.

Psicologicamente, a angústia concerne quase sempre ao futuro (ela está "relacionada à expectativa", escreve Freud). É o que torna tão difícil vencê-la: como se precaver, aqui e agora, contra o que ainda não é, contra o que *pode* ser? O futuro está fora de alcance; a serenidade também, enquanto vivemos na expectativa.

Filosoficamente, a angústia é o sentimento do nada: sentimento necessariamente sem objeto (o nada não é) e, por isso, sem limites. Sem objeto? Digamos sem objeto efetivo. "Não há nada contra o que combater", como dizia Kierkegaard, e é por isso que é uma angústia, não um temor. "O que é então? Nada. Mas que efeito produz esse nada? Ele gera angústia" (*O conceito de angústia*, I). O angustiado tem medo, exatamente, de *nada* (o que o distingue do ansioso, que, ao contrário, tem medo de tudo), o que o deixa ainda mais apavorado. Donde, para o corpo, essa sensação de vazio ou de vagueza, que pode chegar ao sufocamento. O angustiado tem *falta de ser*, como se tem falta de ar. O nada lhe dá medo, e isso é a própria angústia: o sentimento apavorado do nada do seu objeto.

Mas que nada? Ele não ser faz parte da sua definição. Mas, para que haja angústia, é preciso ter certa experiência do nada. Mas qual? Ou quais? Que percepção do nada? Que realidade, para nós, do não-ser? Vejo pelo menos quatro: o vazio, o possível, a contingência, a morte.

A experiência do vazio é vertigem: nada constitui obstáculo ao nada, e o corpo inteiro fica doente com isso. É como uma angústia fisiológica (do mesmo modo que a angústia é como que uma vertigem psicológica ou metafísica), mas que não tarda a se apossar da alma também. Vejam Montaigne e Pascal: "O maior filósofo do mundo, numa prancha mais larga que o necessário, se houver embaixo um precipício..." A vertigem angustia, e é por isso que temos razão de temê-la. A vertigem, na montanha, é mais perigosa que o vazio.

A experiência do possível é liberdade. É por isso que a liberdade angustia: porque ela tem esse poder de fazer ser o que não é e de nadificar, como dizia Sartre, o que é. "A angústia", já escrevia Kierkegaard, "é a realidade da liberdade como possibilidade oferecida à possibilidade": ela é "a vertigem da liberdade". Ser livre é não ser prisioneiro do real, pois que é poder mudá-lo, nem de si, pois que é poder escolher. É aí que a liberdade roça o nada, pelo imaginário, se dele não decorre: "A realidade humana é livre na exata medida em que tem de ser seu próprio nada", escreve Sartre. Donde a angústia, para quem o assume ("a angústia é a apreensão reflexiva da liberdade por ela própria"), ou a má-fé, para quem o nega. Só teríamos escolha entre o nada e a mentira.

A contingência é como um possível que teria se realizado: é contingente o que é e que *teria podido* não ser. É por isso que todo ser é contingente, e é isso que a angústia percebe ou manifesta obscuramente, como a sombra do nada projetada sobre a evidência súbito fragilizada do ser. "Na angústia", escreve Heidegger, "o ente em seu conjunto se torna vacilante." É que ele perde sua necessidade, sua plenitude, sua justificação. Por que há algo em vez de nada? Para essa pergunta não há resposta: todo ser é contingente, todo ser é *de mais*, como dirá Sartre, todo ser é *absurdo*, como dirá Camus, só aparece destacando-se – mas por quê? mas como? – sobre o fundo imperceptível do nada. "Na noite clara do nada da angústia", escreve também Heidegger, "mostra-se enfim a manifestação original do ente como tal, a saber: que há o ente, e não nada." Mas o nada *traspassa*, como dizia Valéry, ou pelo menos é o que a angústia, obscuramente, parece nos fazer experimentar.

Enfim, a morte. É o nada mais real talvez, mas também o mais impossível de experimentar – pois que, por definição, só há experiência para um vivente. A morte não seria nada, então? É a posição de Epicuro, e a mais razoável que conheço. Mas, enfim, nem por isso deixamos de morrer, e esse nada – ser mortal – não cessará de nos acompanhar enquanto vivermos. Nada sempre possível e sempre necessário. É a sombra da morte, na clareira de viver. Sombra imaginária? Sem dúvida, pois que vivemos. Mas real, pois que toda vida é mortal. É o que nos fada à angústia ou à diversão.

Ter medo da morte é ter medo de nada. Essa idéia verdadeira não basta porém para nos tranqüilizar. Como poderia, se o *nada*, na angústia, é justamente o que nos apavora?

Assim, o medo da morte é o modelo de toda angústia, e a origem, de acordo com Lucrécio, de todas elas.

Ele indica o remédio também. Se a angústia é o sentimento do nada, ela só pode ser combatida por certa experiência do ser. É melhor pensar ou enfrentar o que é do que imaginar o que não é: o conhecimento e a ação valem mais que a angústia, e nos curam dela.

Só aquele e esta? Não. Sempre? Também não. Porque a angústia também é um estado do corpo, que pode resistir a qualquer pensamento, e contra o qual dispomos hoje, graças à medicina, de tratamentos eficazes. Seria um equívoco queixar-se disso, e outro equívoco contentar-se com isso.

Contra a angústia? O real (o conhecimento, a ação, a sabedoria) ou um pedacinho do real (um ansiolítico). Filosofia ou medicina, às vezes uma e outra. A saúde nunca bastou para a sabedoria, nem a sabedoria para a saúde.

animação (*gaieté*) – Gosto desse *e* central [do francês], facultativo e mudo, como um raio de luz ou de silêncio. Reconheço nele algo da animação: sua transparência, sua fragilidade, seu frescor, sua leveza, sua deliciosa inutilidade... O que ela é? Uma disposição à alegria, que a torna fácil, natural, espontânea, como se já estivesse lá antes mesmo de termos qualquer razão para nos alegrarmos. Virtude de despreocupação, que seria mais de humor do que de vontade. Sua força está na sua superficialidade: tanto as grandes infelicidades como as grandes alegrias são demasiado profundas para ela; elas mais transpassam-na do que a atingem. Ser animado é ter a alegria fácil ou à flor da pele. Que talento é mais invejável? Que encanto é mais sedutor?

animais (*animaux*) – A etimologia sugere e a observação confirma que eles têm uma alma (*anima*). O animal é um ser vivo *animado*, isto é, capaz de sentir e locomover-se.

Pode pensar? Claro, já que o homem, que é um animal, pensa e já que a inteligência dos animais, por mais inferior que geralmente seja à sua, tem graus, que se medem. Um chimpanzé é mais inteligente que um cachorro, que é mais inteligente que uma ostra. A inteligência, no entanto, não é essencial à noção. Um débil mental profundo não é menos animal que um gênio, nem mais. É menos humano? Também não, já que pertence à mesma espécie. É aqui que a biologia é um guia mais seguro do que a antropologia e mais condicionante. O homem não é um animal que pensa; é um animal que nasceu de dois seres humanos. Pelo menos até hoje, e é essa uma das minhas razões de ser hostil à clonagem. A filiação, que supõe a diferença, é melhor que a repetição, que gostaria de dispensá-la.

Os animais têm direitos? Não uns em relação aos outros (o leão não viola os direitos da gazela que ele devora, nem o pardal os da minhoca). Mas nós, sim, temos deveres para com eles: o dever de não os fazer sofrer inutilmente, de não os exterminar, de não os humilhar, de não os martirizar... O sofrimento comanda, é isso que a compaixão significa. Os animais são capazes de compaixão? Ao que parece, não. O que não nos dispensa de ser humanos com eles, que não o são.

Os naturalistas costumam distinguir três reinos, o mineral, o vegetal e o animal. A transição de um a outro é menos óbvia do que às vezes se imagina. Vejam os corais ou as esponjas. Mas a diferença, em seu princípio, permanece clara. O mineral não tem vida. O vegetal não tem alma. Somente o animal é animado: somente ele sente que vive. É o que o fada ao prazer e ao sofrimento, e o que nos dá deveres para com ele. Descartes, humanista e desumano.

animais máquinas, teoria dos (*animaux machines, theórie des*) – É uma teoria de Descartes e dos cartesianos, que pretendiam que os bichos eram apenas um mecanismo, sem nada que pensasse ou sentisse. Um cachorro geme quando batem nele? É como um despertador que toca ou uma porta que range. E quem se sensibilizaria com uma porta ou um despertador? O bom senso e a biologia logo liquidaram essa vaniloqüência filosófica. Não é que não haja nada de mecânico no animal, mas ele é animal apenas na medida em que um mecanismo lhe permite sentir ou ressentir. Um animal insensível já não seria um animal, seria um robô natural. Já um robô sensível, como se vê nos filmes de ficção científica, seria um animal artificial. A noção é tão contraditória quanto a coisa é impossível de direito.

animismo (*animisme*) – Em sentido estrito, é a explicação da vida pela presença, em cada organismo, de uma alma. Opõe-se assim ao materialismo (que a explica pela matéria inanimada) e se distingue do vitalismo (que não a explica).

Num sentido mais amplo, é imaginar em toda parte uma alma (*anima*) ou um espírito (*animus*), inclusive nos seres que parecem privados de qualquer sensibilidade: na árvore, no fogo, no rio, nas estrelas... É a primeira superstição e, talvez, o princípio de todas. Mas também é, para Auguste Comte, o começo necessário do espírito. É preciso crer antes de conhecer. E há coisa mais fácil de crer do que no espírito, que toda crença supõe?

Auguste Comte preferia o termo *fetichismo*, que reservamos para outro uso. Via nele a primeira etapa da idade teológica, que considerava ao mesmo tempo mais espontânea e mais lógica do que as duas outras (o politeísmo e o monoteísmo). "Conceber todos os corpos exteriores quaisquer, naturais ou artificiais, como animados por uma vida essencialmente análoga à nossa", como ele dizia, é sem dúvida um erro, mas também é um primeiro passo rumo ao real e à compreensão do real. É melhor enganar-se sobre este mundo do que inventar outro. Os espíritos são um estorvo menor que os deuses.

Ou então os deuses têm de desaparecer, ir para bem longe, como os deuses de Epicuro, como o Deus de Simone Weil, e deixar enfim o mundo para a matéria sem espírito – surda às preces, como diz Alain, fiel às mãos. O contrário do animismo, como de todas as religiões, é o trabalho, o conhecimento e a ação.

anjo (*ange*) – "Ser intermediário entre a divindade e nós", dizia Voltaire. Seria um mensageiro (*ángelos* em grego) de Deus. É estranho que Deus necessite de um.

anomia (*anomie*) – Ausência de leis ou de organização. Em Durkheim, é uma espécie de desregramento social, que rompe ou prejudica a coesão ou a "solidariedade orgânica" de uma sociedade. O indivíduo se acha então abandonado a si mesmo, sem lei, sem *referências*, como se diz hoje em dia, sem limites, sem proteções. É o que o fada à angústia, aos excessos, à violência – ou ao suicídio.

ansiedade (*anxiété*) – A palavra é muitas vezes utilizada como sinônimo de angústia (muitas línguas não distinguem as duas noções), especialmente na linguagem médica (que as distingue cada vez menos). No entanto, a ansiedade pende mais para a psicologia e menos para a filosofia. É muito mais um traço de caráter do que uma posição existencial, muito mais uma essência do que uma experiência, muito mais uma disposição patológica do que ontológica. É como uma angústia sem pretensão, que se refere menos ao nada do que ao possível e que, por isso, se parece mais com o medo. É o medo vago de algo preciso, e o medo desse medo, e a propensão a senti-lo. O ansioso sempre está um medo à frente: ele verifica três vezes se fechou a porta, teme ser seguido ou agredido, teme sempre – tanto para si como para seus próximos – a doença, os acidentes, o infortúnio... Toma, contra seu medo, um arsenal de precauções, que só fazem aumentar o medo. Tem medo de ter medo e se apavora com isso.

A ansiedade, mesmo que patológica, nem sempre é desprovida de fundamento. Ela resulta, ao contrário, da consciência aguda dos perigos que de fato corremos, mas exagera a sua probabilidade e não cessa – este o seu suplício – de antecipá-los. É um medo intempestivo e desproporcional.

Seu contrário é a confiança; seus remédios, a medicina ou a ação.

antecipação (*anticipation*) – Antecipar é estar adiantado em relação ao presente. De ordinário, isso vem do passado. Assim, em Epicuro, a antecipação ou prenoção (*prólepsis*) é uma idéia geral, que resulta da repetição de experiências singulares. Por exemplo, este animal diante de mim. Se digo "É um cachorro", é porque eu já tinha a idéia do que é um cachorro antes de vê-lo, e é isso que me possibilita reconhecer que se trata de um. Essa idéia, que resulta da repetição de percepções anteriores, é o que Epicuro chama de *prólepsis*, que se costuma traduzir por antecipação: é ter uma idéia antecipada sobre o real, isto é, uma idéia. Mas ela só é possível porque o real sempre a precede.

antepredicativo (*antéprédicatif*) – O que é anterior a todo juízo predicativo, isto é, a toda atribuição de um predicado a um objeto. Se não houvesse, especialmente na sensação, algo do gênero, que restaria a julgar? Assim, é o silêncio que torna o discurso possível.

antiguidade (*antiquité*) – Tudo o que é muito antigo, em especial (com A maiúsculo) o longo período que separa o fim da pré-história do início da Idade Média: da invenção da escrita, há uns 5 mil anos, à queda do Império Romano – pelo menos é a convenção que se impôs na Europa –, ou seja, cerca de 35 séculos de história... A noção é, por natureza, relativa e retrospectiva. Nenhuma época nunca se viu como antiga. Os próprios gregos se viam como tardios, como herdeiros, continuadores ou até, para Platão, como "crianças" (para eles, a Antiguidade era egípcia). Não há antiguidade absoluta, nem presente. Só há a atualidade de tudo, e a imensidão da história.

A idéia de ancianidade, que é o primeiro sentido da palavra, não deve ser confundida com a de velhice. Se a velhice, como notava Pascal, é a idade mais distante da infância, cumpre concluir – contra Platão – que "os que chamamos de antigos eram na verdade novos em todas as coisas e formavam a infância dos homens, propriamente"; nós, comparados com eles, é que somos os velhos. Daí o encanto, para os modernos, da arte antiga, que é o encanto, sugere Marx, de uma infância preservada e perdida: admiramos tanto mais sua beleza quanto ela nos é definitivamente vedada.

antimatéria (*antimatière*) – Os físicos chamam assim as partículas, ditas "antipartículas", que seriam simétricas – por terem a mesma massa e carga elétrica oposta – às partículas que constituem a matéria ordinária, a que nos constitui e nos rodeia. Filosoficamente, trata-se de um abuso de linguagem, é claro: se essa antimatéria existe objetivamente, independentemente do espírito ou do pensamento, ela é tão material quanto o resto.

antinomia (*antinomie*) – Contradição necessária entre duas teses igualmente verossímeis ou supostamente demonstradas. Kant chama *antinomias da razão pura* os conflitos em que a razão entra inevitavelmente consigo mesma, na medida em que pretende atingir o incondicional. Kant retém quatro antinomias: pode-se demonstrar que o mundo tem um começo no tempo e um limite no espaço, assim como se pode demonstrar que não tem; que tudo é composto de partes simples ou que não existe nada de simples no mundo; que existe uma causalidade livre ou que tudo acontece, ao contrário, de acordo com as leis da natureza; enfim, que existe um ser absolutamente necessário ou que não existe nenhum (*C. r. pura*, Dos raciocínios dialéticos, II). Essas quatro antinomias condenam tanto o cientificismo quanto a metafísica dogmática, e justificam, segundo Kant, o criticismo.

antítese (*antithèse*) – Para a retórica, é uma simples oposição. Para os filósofos, trata-se na maioria das vezes de uma tese que se opõe a outra (por exemplo, em Kant, nas antinomias da razão pura). É também o segundo momento da dialética hegeliana, que é de inspiração ternária: a antítese se opõe à tese, mas essa oposição deve ser "superada" – conservada e suprimida, ao mesmo tempo – pela síntese. É o caso da oposição entre o ser e o nada, no devir.

antitrinitários (*antitrinitaires*) – Os que não crêem na Trindade. Em seu *Dicionário*, Voltaire mostra sem a menor dificuldade que a razão está do lado deles. Mas por que teria Deus de ser racional? Três pessoas numa só essência é ininteligível. Não mais porém que a idéia de uma pessoa infinita e onipotente. Quem diz "Deus" já renunciou a compreender. Que esse Deus seja um, três ou quarenta e tantos não muda nada.

antrópico, princípio (*anthropique, principe*) – Já que existimos, o universo tem necessariamente certo número de características sem as quais nossa existência seria impossível. Daí o *princípio antrópico*, que possibilita, de certa forma, ir do homem ao universo, da biologia à física, enfim do presente ao passado. Não é isso inverter a ordem das causas? A resposta depende da interpretação que se dá a esse princípio, ou mesmo da sua formulação. De fato, ele pode ser enunciado de duas formas distintas. Em sua forma fraca (Dicke, 1961), ele estipula que, "já que há observadores no universo, este último deve possuir propriedades que possibilitam a existência de tais observadores". O que não se pode contestar: dado que a humanidade faz parte do real, pode-se evidentemente concluir que o universo é tal que a humanidade é possível. Já em sua forma forte (Carter, 1973), o princípio parece muito mais discutível. Ele afirma que "o universo tem de ser constituído de tal modo, em suas leis e em sua organização, que não deixe de produzir um dia um observador". É passar do possível ao necessário, o que nada autoriza, e considerar a humanidade como o objetivo, pelo menos parcial, do universo: é um princípio antropoteleológico, se não antropoteológico, que vai muito além do que se pode exigir da física. Mas, enfim, os físicos também têm o direito de fazer metafísica...

antropocentrismo (*anthropocentrisme*) – É colocar o homem no centro, não dos valores, como faz o humanismo, mas dos seres: porque o universo teria sido criado só para nós ou giraria em torno de nós. É uma noção tão fácil de compreender, de um ponto de vista psicológico (é como um narcisismo da espécie), quanto é difícil, de um ponto de vista racional, de aceitar. Por que esse privilégio exorbitante da humanidade? Ele requer o socorro da religião, que é um antropocentrismo paradoxal (o verdadeiro centro continua sendo Deus), ou do criticismo, que é um antropocentrismo gnoseológico. A "revolução copernicana", que Kant nos propõe, na verdade é uma contra-revolução: trata-se de trazer o homem de volta ao centro, de onde os progressos das ciências o haviam banido. No centro dos seus conhecimentos, claro, pelo transcendental; mas também no centro da criação (como seu objetivo final), pela liberdade. Era aceitar as Luzes sem renunciar à fé. A questão "o que é o homem", dizia Kant, é a questão central da filosofia, à qual todas as outras se reduzem. Vejo nisso um antropocentrismo filosófico e uma forte razão para não ser kantiano.

Freud, a esse respeito, me esclarece mais. Numa passagem famosa dos seus *Ensaios de psicologia aplicada*, ele evoca os três ferimentos narcísicos que a humanidade, graças aos progressos científicos, sofreu: a revolução copernicana, a verdadeira, a de Copérnico, que expulsa o homem do centro do universo (é a humilhação cosmológica); o evolucionismo de Darwin, que o reintroduz no reino animal (é a humilhação biológica); enfim a própria psicanálise, que mostra que "o eu não é senhor em sua própria casa" (é a humilhação psicológica). De bom grado eu acrescentaria Marx, Durkheim e Lévi-Strauss, que mostram que a humanidade não é tampouco senhora de si mesma ou da história. Claro, cumpre recordar, com Rémi Brague, que a posição central, nos antigos, estava longe de ser privilegiada (veja-se o corpo humano, dizia Plotino, veja-se a esfera, dizia Macróbio: o centro, em ambos os casos, ficaria mais embaixo...), que a Terra, até a Renascença, é antes considerada a masmorra do universo, mas não importa. O essencial, no caso, e que apesar de tudo dá razão a Freud, é que toda a nossa modernidade epistêmica se jogou *contra* o antropocentrismo. O que vocês acham que aconteceu? O narcisismo encontrou consolos: filosóficos (Kant, Husserl), científicos ou supostamente tais (o princípio antrópico), enfim e sobretudo psicanalíticos. O eu já não é senhor na sua própria casa? Não tem importância, porque o inconsciente, absurdamente, é como um outro eu, ainda mais fascinante que o outro! Temos aí um contra-senso sobre a psicanálise, assim creio, mas que não escapa da regra habitual do sucesso, que é feito de mal-entendido. Narciso deixou sua fonte e agora se deita no divã. "Como sou interessante! Que profundidade! Que complexidade! E meu pai! E minha mãe então! Que abismo de sentidos, de dramas, de fantasias, de desejos!" E eis que a psicanálise, de ferimento narcísico que ela pretendia ser de início, já não é mais que um consolo narcísico como outro qualquer, simplesmente um pouco mais pretensioso e tagarela do que a maioria deles... Ainda bem que, às vezes, ela nos cura de si mesma. Quando você deixa de interessar a você mesmo, o tratamento terminou.

antropófagos (*anthropophages*) – Um nome erudito para designar os canibais: aqueles humanos que não repugnam comer carne humana. É um fato verificado na quase totalidade das civilizações primitivas. Quase sempre é mais do domínio do ritual do que da gastronomia. Isso nos choca, o que não nos impede de fazer pior: "Matamos em batalha campal e não campal nossos vizinhos", nota Voltaire, "e pela mais vil recompensa trabalhamos na cozinha corvos e vermes. Aí é que está o horror, aí é que está o crime; que diferença faz, depois que fomos mortos, ser comido por um soldado, por um corvo ou por um cão? Respeitamos mais os mortos que os vivos. Deveríamos respeitar ambos" (*Dicionário filosófico*... verbete "Antropófagos"; ver também Montaigne, *Os ensaios*, I, 31).

antropologia (*anthropologie*) – Etimologicamente, é o conhecimento (*lógos*) do homem (*ánthropos*). O termo é vago; a coisa também. Trata-se de filosofia? De ciência? Mas nesse caso de qual, ou de quais? Muito do que sabemos do homem nos é ensinado pelas ciências (a física, a biologia, a paleontologia...), de que ele não é de maneira nenhuma o objeto específico. Quanto às ciências ditas humanas (a etnologia, a sociologia, a psicologia, a lingüística, a história...), elas fracassam na tentativa de constituir uma ciência única, que seria justamente a antropologia – ou antes, elas só existem, umas e outras, pela recusa de se fundir num discurso único, que perderia o que cada uma delas tem de radical e de decisivo. A unidade da espécie não está em questão; mas sua autonomia sim. "O homem não é um império no império", dizia Espinosa. É o que impede o humanismo de valer como religião, e a antropologia de valer como ciência.

antropomorfismo (*anthropomorphisme*) – É dar forma humana ao que não é humano, especialmente aos animais ou aos deuses. Como ocorre nas fábulas ou nas religiões. "Se Deus nos fez à sua imagem", escreve Voltaire, "nós o reproduzimos muito bem."

apagógico, raciocínio (*apagogique, raisonnement*) – É o nome erudito ou pedante do raciocínio pelo absurdo (v. "absurdo, raciocínio pelo"). Também pode designar um raciocínio que prova a verdade de uma proposição pela refutação não apenas da contraditória (como no raciocínio pelo absurdo), mas de todas as proposições que poderiam legitimamente substituí-la, na solução de um mesmo problema. O pesadume do procedimento apenas desculpa o da expressão.

aparência (*apparence*) – Tudo o que se dá a ver ou a sentir por qualquer um dos nossos sentidos, ou, mais geralmente, por nossa consciência mesma. Esta folha de papel diante de mim, sua forma, sua brancura, ou este buquê de flores, ou o barulho distante da rua são aparências. Isso não prova que não haja de fato uma folha, um buquê, uma rua, mas também não poderia atestar sua existência objetiva, nem que eles têm as características que me parecem ter. Eu posso estar sonhando, ou ser louco, ou a matéria pode não existir, meu próprio corpo pode ser apenas uma ilusão enganadora; em suma, pode ser que em toda parte só existam aparências... Dirão que não apareceria nada se não existisse nada. Essa evidência não é senão uma aparência a mais (*evidens*, em latim, é o que se vê...); admitamo-la, porém. O que nos ensina o fato de que o ser é, se ele está fora de alcance para nós, se nunca conhecemos mais que aparências, que ignoramos se são verdadeiras ou falsas? De fato, só poderíamos saber confrontando o que aparece com o que é. Mas esse confronto só é possível se o que é – o real – aparecer de uma maneira ou de outra: não seria confrontar a aparência ao ser, mas simplesmente uma aparência a outra aparência, como sempre fazemos, como temos de fazer de qualquer modo. Assim, a aparência é não apenas o ponto de partida obrigatório, mas o único ponto de chegada acessível. É outro nome para o real, na medida em que nunca o conhecemos nem imediatamente nem absolutamente.

Kant distingue a aparência (*Schein*) do fenômeno (*Erscheinung*). A aparência é o que, na experiência (aparência empírica) ou no pensamento (aparência transcendental), pertence à ilusão. É o caso da vara que parece quebrada na água ou da metafísica dogmática que parece demonstrar proposições antinômicas – por exemplo sobre o mundo ou sobre Deus –, quando é incapaz, na verdade, de demonstrar o que quer que seja que vá além do campo de uma experiência possível. A aparência é um erro de juízo, sobre o que os sentidos ou o entendimento propõem. Já o fenômeno não tem nada de um erro: ele seria, ao contrário, a própria realidade, não tal como ela é em si, o que ninguém conhece, mas tal como se dá na experiência. Digamos que é uma aparência verdadeira, assim como a aparência é um fenômeno enganador, ou melhor, sobre o qual a gente se engana.

Essa distinção é cada vez menos empregada na filosofia contemporânea. Primeiro, porque, se só percebemos fenômenos, nada nos autoriza a afirmar que eles são outra coisa que não aparências. É a desforra de Hume, se quiserem, contra Kant. Depois, porque os fenomenólogos nos acostumaram a rejeitar, como diz Sartre, "o dualismo do ser e do parecer". Se o "ser de um existente é precisamente o que *parece*", se o fenômeno já não remete a uma coisa em si mas a outros fenômenos, e assim ao infinito, então a aparência encontra sua legitimidade ontológica: "A aparência não esconde a essência, ela a revela: ela *é* a essência" (*O ser e o nada*, Introd.). Enfim, porque a aparência então "é o tudo", como diz Marcel Conche, já que não há nada mais, ou já que nada mais, em todo caso, se oferece. Essa aparência não é nem manifestação nem ilusão. Ela não é aparência *de* (o que suporia outra coisa que não a aparência, que estaria escondida atrás dela), nem aparência *para* (o que seria encerrar a aparência no sujeito, quando ele próprio é apenas uma aparência entre outras), mas "aparência pura e universal", como diz ainda Marcel Conche, ou mesmo "aparência absoluta".

É o mundo mesmo, quando renunciamos a conhecê-lo absolutamente. Mas devemos renunciar?

apatia (*apathie*) – É a ausência de paixão, de vontade ou de energia. Essa polissemia, no entanto, é própria dos modernos, que gostam de acreditar que toda energia ou toda vontade são passionais. Costumam ver na apatia um sintoma (notadamente nos estados esquizofrênicos ou depressivos), e sem dúvida não estão errados. Mas é apenas isso? Se tomarmos a palavra em seu sentido original ou etimológico (a ausência de paixão, de distúrbio, de *páthos*), a perspectiva mudará totalmente: a *apátheia*, nos estóicos, não era uma fraqueza mas uma virtude. É que eles acreditavam muito mais na coragem do que nas paixões e não necessitavam, para agir, de se deixar levar. Talvez fossem mais lúcidos do que nós sobre as paixões, como nós somos mais que eles sobre a vontade. Só conhecemos de fato o que superamos. Cada época tem a lucidez que merece.

apercepção (*aperception*) – Aperceber é perceber que percebemos ou se perceber percebendo: consciência de si, portanto, sem a qual não haveria nenhuma consciência.

Kant chama de *apercepção transcendental* a consciência de si, mas como consciência "pura, originária e imutável", graças à qual a unidade do "*eu penso*" pode e deve acompanhar todas as nossas representações, e sem a qual estas não poderiam ser nossas (*C. r. pura*, Dedução dos conceitos, §§ 16-21). Essa unidade sintética da apercepção é "o ponto mais elevado ao qual convém referir todo o uso do entendimento", ou melhor, ela é "o próprio entendimento", o qual "nada mais é que o poder de vincular *a priori* e reduzir o diverso de representações dadas à unidade da apercepção; é esse o princípio supremo no inteiro conhecimento humano" (*ibid.*, § 16). É que só há conhecimento para uma consciência e apenas na medida em que ela é consciente de si. Se minha calculadora se soubesse calculante, já não seria uma calculadora. Mas ela se ignora; como poderia ela conhecer o que quer que seja? Ela calcula; ela não sabe contar.

apetência (*appétence*) – Palavra culta para designar o apetite em geral (diferentemente do sentido moderno e particular de apetite, que designa cada vez mais o desejo de comida). Perde-se mais em sabor, parece-me, do que se ganha em clareza.

apetite (*appétit*) – O desejo, considerado em sua materialidade.

O apetite está para o corpo assim como o desejo está para a alma: a potência de gozar do que nos é necessário, útil ou agradável. Mas, se a alma e o corpo são uma só e mesma coisa, como diz Espinosa e como acredito, o desejo e o apetite só se distinguem pelo ponto de vista que os considera: principalmente fisiológico aqui, mais psicológico ali. São duas maneiras de designar uma mesma atração pelo que nos permite existir mais ou melhor, uma mesma tendência, uma mesma pulsão – dois aspectos, portanto, do nosso conato. "O apetite nada mais é que a própria essência do homem, da qual se segue necessariamente o que serve à sua conservação; e o homem é assim determinado a fazê-lo" (*Ética*, III, 9, escólio). Não é que não se possa fazer outra coisa; mas só se pode, ou só se poderia, tendo-se outro apetite.

Na linguagem corrente, a palavra designa principalmente o desejo de comer. É que a fisiologia reina aqui, se não sozinha (um estado de espírito pode aumentar ou diminuir o apetite), pelo menos como soberana. Evite-se portanto confundir apetite com fome: a fome é uma carência, uma fraqueza, um sofrimento; o apetite é uma força e, já, um prazer.

Appetere, em latim, é aproximar, procurar alcançar, tender a. Que se possa tender ao que falta, é evidente. Mas pode-se tender também ao que está presente, que não falta, que é oferecido ou que está disponível. Comer *com bom apetite* não é a mesma coisa do que passar fome.

Pode-se falar de apetite sexual, ou de apetência, para designar o que existe, na sexualidade, de fisiológico (quanto às suas causas) e de indeterminado (quanto ao seu objeto). O desejo refere-se a esta ou àquela mulher em particular, a este ou àquele homem, enquanto a apetência se contenta com o coito, independentemente do objeto intercambiável – ao mesmo tempo necessário e indiferente – que poderia nos permitir alcançá-lo.

Fala-se de apetite, no mesmo espírito, para designar a vontade indeterminada de comer (bem). É a alegria do conviva quando se põe à mesa, antes mesmo da leitura do menu. Falta escolher o prato, o que supõe o desejo de um prato em particular.

Isso diz algo tanto sobre a gastronomia como sobre o erotismo. Trata-se de transformar o apetite em desejo, e o desejo em prazer ou em alegria – em amor. Isso não se dá sem arte e, talvez, sem artifício.

apocalipse (*apocalypse*) – Uma revelação (*apokálypsis*) ou o fim dos tempos, tal como é anunciado no livro epônimo atribuído a são João. O fato de a palavra ter acabado por designar uma catástrofe particularmente apavorante é revelador: o medo, mesmo entre os crentes, prevalece sobre a esperança. Aliás, se não tivessem medo, teriam tanta necessidade de ter esperança?

apodítico (*apodictique*) – Designa uma necessidade lógica, tal como encontramos nas demonstrações (a palavra vem do grego *apodeiktikós*, demonstrativo).

Também é uma das modalidades do juízo: uma proposição qualquer pode ser assertórica (se enuncia um fato), problemática ou hipotética (se enuncia uma possibilidade), enfim apodítica (se enuncia uma necessidade). É importante distinguir esses dois sentidos, porque o primeiro vale como certeza, e o segundo, de forma alguma. A certeza de uma proposição não depende da modalidade do juízo que ela enuncia, mas da validade da sua demonstração. Uma proposição assertórica ("Deus existe"), problemática ("Pode ser que Deus exista") ou apodítica ("Deus existe necessariamente") só será certa se sua demonstração for apodítica – em outras palavras, se for verdadeiramente uma demonstração. É o que explica que seja possível duvidar de uma necessidade ou de um fato, e ter certeza de uma possibilidade.

apofântico (*apophantique*) – *Apóphansis*, em grego, é a proposição. Um discurso apofântico é um discurso que assere, isto é, que afirma ou nega, e, por conseguinte, pode ser verdadeiro ou falso. Por extensão, a palavra também é utilizada para tudo o que concerne ao juízo ou faz a teoria dele (é o caso da apofântica formal, em Husserl).

apofático (*apophatique*) – Do grego *apophânai*, dizer não. Um discurso apofático é o que procede apenas por negações. Diz-se especialmente da teologia. A teologia negativa ou apofática é a que se reconhece incapaz de dizer o que é Deus, sem renunciar totalmente a falar nele: ela o conhece apenas como inconhecível; ela o diz apenas como indizível. Mas isso ainda é uma maneira de afirmá-lo. Por não poder alcançá-lo ou compreendê-lo dizendo o que ele é, tenta delimitá-lo (se assim podemos dizer) negativamente, dizendo o que ele não é. Pode parecer que mais valeria o silêncio. Mas o silêncio não faz uma teologia.

apolíneo (*apollinien*) – Um dos dois princípios, segundo Nietzsche, da arte grega, e talvez de toda arte. O princípio apolíneo é o princípio da individuação, pelo qual cada ser é o que é, mas também do equilíbrio e do comedimento, pelo qual ele se contenta com sê-lo. Opõe-se ao princípio dionisíaco, que é o do descomedimento, da fusão, do devir, do ilimitado – do trágico. Esses dois princípios são complementares: a maior parte das obras-primas concerne aos dois. Mas isso não impede diferenças de ênfases ou de graus. O princípio apolíneo, que é o da forma bela, reina nas artes plásticas e culmina no classicismo. O dionisíaco, que é o do elã, sente-se à vontade principalmente na música: ele culmina no barroco ou no romantismo.

O dionisíaco, para Nietzsche, é que é primeiro. O equilíbrio, o comedimento ou o classicismo nunca são dados, mas sempre a conquistar. Primeiro a embriaguez, depois a lucidez.

aporia (*aporie*) – É uma contradição insolúvel, ou uma dificuldade insuperável, para o pensamento. Por exemplo, a questão da origem do ser é uma aporia: porque toda origem supõe o ser e, portanto, não poderia ser explicada. A aporia é uma espécie de enigma, mas considerado de um ponto de vista mais lógico do que mágico ou espiritual. É um problema que renunciamos a resolver, pelo menos provisoriamente, ou um mistério que nos recusamos a adorar.

aposta (*pari*) – Um compromisso com o incerto, por exemplo, uma corrida de cavalos, que será sancionado, conforme o resultado, por um ganho ou uma perda. Em filosofia, a mais famosa é, certamente, a de Pascal, que quer convencer o incréu – já que "embarcamos" – a apostar que Deus existe:

"Se você ganhar, você ganha tudo; se perder, não perde nada. Aposte, pois, sem hesitar, que ele existe" (*Pensamentos*, 418-233). Isso se calcula. A diferença entre a aposta e o ganho deve ser proporcional à probabilidade deste. É o que se chama esperança matemática: a relação entre o ganho e a aposta, multiplicada pela probabilidade de ganhar (a aposta é razoável se essa relação for pelo menos igual a 1). Na cara ou coroa, não é razoável apostar se o ganho não for pelo menos o dobro da aposta. Nem não apostar, se ele for superior ao dobro. Com um só dado, não é razoável apostar se o ganho não for igual a pelo menos seis vezes a aposta (já que só há uma chance em seis de ganhar), nem não apostar, se for superior a essa soma. Se o ganho for considerado infinito ("uma infinidade de vida infinitamente feliz") para uma aposta finita (já que se trata da nossa vida terrestre, que de resto não será menos vivida com isso, ao contrário, será melhor vivida) e com um risco finito ("uma possibilidade de ganho contra um número finito de possibilidades de perda"), é de fato razoável apostar: "Onde quer que haja o infinito e onde não haja infinidade de possibilidades de perda contra a possibilidade de ganho, não há que hesitar, há que dar tudo" (*ibid.*).

Note-se que essa aposta não é, de maneira nenhuma, prova da existência de Deus, mas apenas do interesse que temos em acreditar nele, ou em tentar acreditar (a verdadeira fé é dada apenas pela graça: a aposta, no espírito de Pascal, dirige-se apenas aos incréus). Resta saber se o pensamento deve se submeter ao interesse; é o que não creio. Quanto seria preciso lhe pagar para você ser racista, para você pensar que a injustiça é boa, que a Terra é imóvel ou que dois mais dois são cinco? Para um espírito livre, uma infinidade de ganho, mesmo sem nenhum risco, não compensaria. Assim, o argumento da aposta, tão célebre, tão inteligente, só vale para os que estão dispostos a jogar sua vida, seu espírito ou sua liberdade nos dados, melhor dizendo, para os que submetem seu pensamento a um cálculo de interesse. Estes não são tão numerosos quanto se imagina. Por isso essa aposta, por mais genial que seja à sua moda, não convenceu muita gente. Os verdadeiros crentes não necessitam fazê-la e a julgariam indigna. Os incréus, se não têm espírito venal, não podem aceitá-la. Seria como vender seu voto, numa eleição, a quem pagasse mais. Seria como submeter seu pensamento, num colóquio, à esperança de um cargo ou de um prêmio. Pascal desprezava sobejamente os humanos. Sua aposta só consegue convencer um crupiê, se ele for venal, ou uma caixa registradora.

a posteriori (*a posteriori*) – Tudo o que é posterior à experiência e dela depende. Opõe-se ao *a priori*, supõe-no (segundo Kant) e é melhor que ele (segundo o uso corrente). Só se tem razão depois do fato consumado. Mesmo um cálculo ou uma demonstração – que são como experiências do pensamento – só são verdadeiros, para nós, uma vez levados a cabo.

a priori (*a priori*) – Tudo o que, no espírito, é independente da experiência e, em especial, o que a torna possível (o transcendental) e que, portanto, pelo menos logicamente, deve precedê-la. É o caso, em Kant, das formas *a priori* da sensibilidade (o espaço e o tempo) e do entendimento (as categorias).

Não confundir o *a priori* com o inato. O inato designa uma anterioridade cronológica ou de fato; o *a priori*, uma anterioridade lógica ou de direito. O inato pertence à metafísica, à psicologia ou, cada vez mais, à biologia; o *a priori*, à gnoseologia ou à teoria do conhecimento. O *a priori* pode ser adquirido (contanto que não seja obtido da experiência, diria Kant, mas da própria atividade do espírito); o inato, por definição, não pode. Enfim, o inato, quanto ao corpo, existe evidentemente: é o próprio corpo, especialmente o cérebro. O *a priori*, quanto ao espírito, é duvidoso: ele existirá apenas se o espírito for diferente do corpo.

"O fato de todo conhecimento começar *com* a experiência", escreve Kant, "não prova que ele decorre inteiramente *da* experiência" (*C. r. pura*, introd.). Claro. Mas tampouco o exclui. Talvez Locke e os empiristas é que tenham razão, ou seja, pode ser que não exista nada no espírito que não venha dos sentidos ou da experiência. É a célebre fórmula: "*Nihil est in intellectu, quod non fuerit in sensu*" (não há nada no entendimento que não estivesse antes nos sentidos). Ao que Leibniz acrescentava, à guisa de objeção: *nisi ipse intellectus*, "a não ser o próprio espírito". O *a priori*, se existe, é essa anterioridade lógica do espírito em relação a todos os dados empíricos que lhe dão a oportunidade de se exercer. Os materialistas vêem nele, em vez disso, uma faculdade do cérebro. Não existe nada no espírito, diriam certamente eles, independentemente da experiência que o cérebro tem do mundo e de si – nada, a não ser o próprio cérebro: já não é *a priori*, é inato.

Na linguagem corrente, a expressão *a priori* designa uma hipótese que precisa ser verificada, quando não um preconceito ou um *parti pris*. Esse uso, que se presta à confusão, deve ser proscrito do discurso filosófico. É o que impede de dizer que o conceito de *a priori* (no sentido técnico) é um *a priori* (no sentido trivial). Mas isso não impede de pensá-lo.

arbitrário (*arbitraire*) – Que não depende de uma vontade sem razão ou sem justificação. Por exemplo, o livre-arbítrio, se fosse absolutamente indeterminado, seria arbitrário.

árbitro (*arbitre*) – Um indivíduo neutro, encarregado de manter o equilíbrio ou resolver os conflitos entre várias partes, com o acordo destas. É o que torna a noção de *livre-arbítrio* paradoxal. Se sou eu que decido, como esse arbítrio seria neutro? Se não sou eu, como eu seria livre?

argumentação (*argumentation*) – Um conjunto de argumentos, que tende a justificar uma tese de maneira racional (a prece não é uma argumentação), mas não probatória (senão seria uma demonstração). Essencial, por essas duas razões, a toda filosofia digna desse nome.

argumento (*argument*) – É uma idéia que tende a justificar outra, sem bastar no entanto para impô-la. O argumento não é uma prova, mas o que faz as vezes de prova quando faltam provas.

aristocracia (*aristocratie*) – É o poder dos melhores (*áristoi*), ou que se supõe que o sejam. A etimologia justifica portanto sua distinção da oligarquia, que é o poder de alguns, qualquer que seja seu valor próprio. Como nunca se sabe quem são os melhores, e como é pouco provável que governem, as duas noções tenderão no entanto, na prática, a coincidir. Toda pretensa aristocracia é uma oligarquia real.

arquétipo (*archétype*) – É um modelo (*týpon*) que serve de princípio (*arkhé*), ou uma forma primordial, de que o real seria a cópia. É o caso das idéias, em Platão, ou das estruturas do inconsciente coletivo, em Jung. É como um pensamento antes do pensamento, que lhe serviria de modelo. Mas, se tivéssemos modelos, precisaríamos pensar?

arrebatamento (*emportement*) – Uma cólera que passa ao ato. É seguir o corpo, em vez de governá-lo.

arrependimento (*repentir*) – "É", dizia Descartes, "uma espécie de tristeza que vem do fato de se imaginar ter feito uma má ação; é muito amarga, porque sua causa vem tão-somente de nós. O que não a impede de ser utilíssima" (*Paixões*, III, 191). Essa definição também poderia valer, melhor até talvez, para o remorso. Descartes distingue essas duas afeições pela dúvida, que estaria presente no remorso e ausente no arrependimento. Mas esse uso não se impôs. Aqui, Janet é mais esclarecedor: "*Remorso* se distingue de *arrependimento*, que designa um estado de espírito mais voluntário, menos puramente passivo... O arrependimento já é quase uma virtude; o remorso é um castigo" (*Traité de philosophie*, p. 655, citado por Lalande). Digamos que o remorso é apenas um sentimento, enquanto o arrependimento já é uma vontade: é a consciência dolorosa de uma falta passada, somada à vontade de evitá-la daí em diante e, se possível, repará-la. Uma virtude? É o que Espinosa contestava. Primeiro porque todo arrependimento supõe a crença no livre-arbítrio (*Ética*, III, def. 27 dos afetos), e é ilusório, por isso. Mais valeria o conhecimento das causas e de si. Depois, porque é uma tristeza, quando virtude só existe alegre. Enfim porque o arrependimento é a sensação de uma impotência, e não o conhecimento de uma potência, ainda que limitada: "O arrependimento não é uma virtude, isto é, não extrai sua origem da razão; quem se arrepende do que fez é duas vezes miserável ou impotente" (*Ética*, IV, prop. 54; ver também a demonstração, que remete à da prop. 53, sobre a humildade). A primeira miséria é ter agido mal; a segunda, pensar mal. No entanto o arrependimento, como a vergonha, é preferível à consciência tranqüila do canalha satisfeito: "A vergonha, embora não seja uma virtude, é boa porém, uma vez que denota no homem invadido pela vergonha um desejo de viver honestamente, assim como a dor, que consideram boa visto que mostra que a parte machucada ainda não está podre. Portanto, na realidade, embora seja triste, o homem que tem vergonha do que fez é no entanto mais perfeito que o despudorado que não tem o menor desejo de viver honestamente" (IV, 58, escólio). Voltamos a encontrar a idéia de Janet, segundo a qual o arrependimento é *quase* uma virtude. Não é, porque não é um ato. Mas pode levar a ela; aliás, só é arrependimento (e não simples remorso) na medida em que leva a ela, pelo menos em parte.

arte (*art*) – O conjunto dos procedimentos e das obras que trazem a marca de uma personalidade, de uma habilidade e de um talento particulares. Essa tripla exigência distingue a arte do artesanato (que requer menos personalidade e talento) e da técnica (que pode prescindir totalmente de uma e outro).

Hoje, a palavra é utilizada sobretudo para as belas-artes: as que têm a beleza, a expressão ou a emoção por objetivo. Mas nada disso é plenamente artístico sem certa verdade, ainda que subjetiva (e por sê-lo), sem certa *poesia*, no sentido de René Char ("poesia e verdade, como sabemos, são sinônimos"), digamos sem certo efeito de conhecimento ou de re-conhecimento. Shakespeare, Chardin ou Beethoven nos ensinaram mais sobre o homem e o mundo do que a maioria dos nossos cientistas. De resto, as descobertas destes últimos, se tivessem morrido ao nascer, teriam sido feitas, alguns anos ou décadas mais tarde, por algum dos seus colegas. Mas quem teria substituído Rembrandt ou Bach? Quem escreverá as obras que Schubert não teve tempo de escrever? Uma obra de arte é insubstituível, assim como o indivíduo que a criou, e é nisso que ela se reconhece. Trata-se de exprimir "o insubstituível das nossas vidas", como diz Luc Ferry, e tanto mais, talvez, quanto mais corriqueiras elas forem. A presença da beleza é o milagre da arte.

Em seu ápice, a arte atinge a espiritualidade: é como a celebração – se não a criação – do espírito por ele mesmo. Deus se cala; o artista responde.

articulação, dupla (*articulation, double*) – Articular é dividir. Os lingüistas chamam de *dupla articulação*, desde André Martinet, o fato de um discurso poder se dividir duas vezes: de acordo com o sentido (divide-se então em monemas) e de acordo com o som (divide-se em fonemas). Mas, como os mesmos fonemas se repetem em vários monemas diferentes, que por sua vez se repetem em várias palavras diferentes (as quais se repetirão em várias frases diferentes...), a dupla articulação se revela um princípio de economia altamente eficaz: as dezenas de milhares de palavras de uma língua (logo, também o conjunto indefinido dos livros reais ou possíveis nessa língua) são constituídas de alguns milhares de monemas, que são compostos de apenas algumas dezenas de fonemas. Sem essa dupla articulação, teríamos de ser capazes de dar tantos gritos diferentes quantas idéias diferentes pudéssemos ter: nossas cordas vocais não estariam à altura do nosso cérebro. Ao passo que uns quarenta gritos mínimos (os fonemas de cada língua), habilmente ordenados, nos bastariam para falar, sem nunca nos repetir, até o fim dos tempos. Quanto a isso, é nosso cérebro que não está à altura.

ascese (*ascèse*) – É um exercício (*áskesis*) que pode ser físico, mas cujo alcance é espiritual. Por exemplo, Diógenes, nu, abraçando em pleno inverno uma estátua gelada. É violentar o corpo, para forjar a alma. O espírito? Ele está acima dessas miudezas, o que explica por que os verdadeiros mestres não se deixam enganar pelo ascetismo.

Praticar com moderação.

ascético, ideal (*ascétique, idéal*) – Em Nietzsche, é o ideal – feito de ressentimento e de má consciência – das forças reativas, que sabem viver apenas *contra*. O ideal ascético transforma o sofrimento em castigo, a existência em culpa, a morte em salvação, enfim a vontade de potência em "vontade de aniquilação". Triunfo do niilismo: é querer salvar a vida negando-a. Esse ideal triunfa no cristianismo, segundo Nietzsche, mas também em todos os que, pálidos ateus e outros raquíticos do espírito, "ainda crêem na verdade" (*Genealogia da moral*, III). Seria, com o álcool e a sífilis, um dos três "flagelos" que corroem a Europa...

ascetismo (*ascétisme*) – A ascese erigida em regra de vida ou em doutrina. A regra é exagerada e a doutrina, errada. O prazer nos ensina muito mais.

asno de Buridan (*âne de Buridan*) – Jean Buridan, filósofo francês do século XVI, só é lembrado hoje em dia por esse asno cuja invenção lhe é atribuída, apesar de não ser evocado em nenhum dos seus escritos conservados. De que se trata? De uma fábula, ou de uma experiência de pensamento. Imaginemos um asno que tenha igualmente fome e sede, situado a uma distância igual de um balde d'água e de uma ração de aveia, que ele também aprecia. Não tendo nenhuma razão de preferir um lado ao outro, ele seria incapaz de optar: morreria, pois, de fome e de sede. Evoca-se essa história às vezes para mostrar que o livre-arbítrio é impossível (cada um é determinado pelo bem que lhe parece melhor, mais necessário ou mais acessível), às vezes para mostrar que ele existe (já que a fábula de Buridan, aplicada ao homem, parece absurda). Discute-se sobre ela há seis séculos. O asno continua vivo.

asseidade (*aséité*) – O fato de ser ou de subsistir por si (*a se*): é assim com a substância ou com Deus. É outro nome, um pouco escondido e menos paradoxal, para designar o que é *causa sui*, ou que parece sê-lo.

assentimento (*assentiment*) – Assentir é aprovar o que parece justo ou verdadeiro. Especialmente, no estoicismo, o assentimento representa o que há de ativo e de voluntário no juízo: é aderir – ao mesmo tempo livremente e necessariamente – ao que uma representação nos propõe ou nos impõe. Daí que toda verdade, como dirá Alain, é "de vontade": porque ela só é verdadeira, em nós, pelo esforço voluntário de pensar.

Isso não basta porém para reconhecê-la. Como saber se queremos o verdadeiro (assentimento) ou se cremos verdadeiro o que queremos (ilusão)? Se houvesse um critério de verdade, já não necessitaríamos do assentimento. É por isso que o assentimento não poderia ser um assentimento.

asserção (*assertion*) – O fato de asserir, isto é, de afirmar ou negar. Toda afirmação é, pois, uma asserção, mas nem toda asserção é uma afirmação (ela pode ser negativa).

assertórico (*assertorique*) – Uma das três modalidades do juízo segundo Kant: a que corresponde à categoria da existência ou da inexistência. Um juízo *assertórico* é um juízo que afirma ou nega a realidade do que enuncia: é uma proposição de fato. Distingue-se com isso dos juízos *problemáticos*, que enunciam uma possibilidade apenas, e dos juízos *apodíticos* (v. "apodítico"), que afirmam uma necessidade.

ataraxia (*ataraxie*) – A ausência de perturbação: a paz na alma. É o nome grego (especialmente em Epicuro e nos estóicos) da serenidade.

É um estado puramente negativo, como se costuma acreditar? De maneira nenhuma. Porque, nessa ausência de perturbação, o que se oferece é a presença do corpo, da vida, de tudo, e essa é a única possibilidade que vale. O *a* privativo não deve nos enganar: a ataraxia não é privação mas plenitude. É o prazer em repouso da alma (Epicuro) ou a felicidade em ato (Epicteto).

É também uma experiência de eternidade: "Porque não parece em nada um ser mortal o homem que vive em bens imortais", escreve Epicuro

(*Carta a Meneceu*, 135). Daí que a ataraxia, como experiência espiritual, é o equivalente da beatitude, em Espinosa, ou do nirvana, no budismo.

ateísmo (*athéisme*) – O *a* privativo diz, aqui, o essencial: ser ateu é ser *sem deus* (*á-theos*), seja por não crer em nenhum deus, seja por afirmar a inexistência de todos.

Há portanto duas maneiras de ser ateu: não crer em Deus (ateísmo negativo) ou crer que Deus não existe (ateísmo positivo, ou mesmo militante). Ausência de uma crença ou crença numa ausência. Ausência de Deus ou negação de Deus.

O primeiro desses dois ateísmos é muito próximo do agnosticismo, de que só se distingue por uma opção mais afirmada, mesmo que negativa. O agnóstico não crê nem descrê: ele duvida, se interroga, hesita ou então se recusa a escolher. Ele assinala a opção "sem opinião" da grande pesquisa metafísica ("Você crê em Deus?"). Já o ateu responde claramente *não*. Suas razões? Elas variam, é claro, de acordo com os indivíduos, mas convergem, no mais das vezes, na recusa de adorar. O ateu não tem uma idéia suficientemente elevada do mundo, da humanidade e de si mesmo para julgar verossímil que um Deus tenha podido criá-los. Horrores demais no mundo, mediocridade demais no homem. A matéria é uma causa mais plausível. O acaso, uma desculpa mais aceitável. E, depois, um Deus bom e onipotente (um Deus Pai!) corresponde tão bem a nossos desejos mais fortes e mais infantis, que é o caso de se perguntar se ele não foi inventado por isso mesmo – para nos tranqüilizar, para nos consolar, para nos fazer crer e obedecer. Deus, por definição, é o que se pode esperar de melhor. É o que o torna suspeito. O amor infinito, o amor onipotente, o amor mais forte que a morte e que tudo... É bom demais para ser verdade.

O ateu, em vez de acalentar ilusões, prefere enfrentar como pode a angústia, as aflições, o desespero, a solidão, a liberdade. Não é que renuncie a toda serenidade, a toda alegria, a toda esperança, a toda lei. Mas ele só leva em conta as que são humanas, e que valem unicamente para esta vida. Isso lhe basta? Não necessariamente, nem geralmente. O real só basta para quem se contenta com ele. É o que se chama sabedoria, que é a santidade dos ateus.

atenção (*attention*) – É a presença do espírito à presença de outra coisa (atenção transitiva) ou de si mesmo (atenção reflexiva). A segunda atitude, menos natural, é mais cansativa e talvez impossível de se manter absolutamente. A introspecção nos ensina menos sobre nós mesmos do que a ação ou a contemplação.

"A atenção absolutamente pura é prece", escreve Simone Weil. É que ela é pura presença à presença, pura disponibilidade, pura acolhida.

Quando veio passar alguns meses na França, Svami Prajnanpad teve a oportunidade de encontrar a superiora de um convento. "Não é verdade que é preciso orar sem cessar?", ela lhe pergunta. E Swamiji responde: "Sim, claro. Mas o que isso significa? Orar é permanecer presente ao que é." Atenção silenciosa, em vez de tagarela ou suplicante.

A atenção absolutamente impura, acrescentarei, é *voyeurismo*: fascinação pelo obsceno ou pelo obscuro. São os dois extremos da atenção, seu auge e seu abismo, ambos aliás deleitáveis e, para a alma, como que duas maneiras de se esquecer.

Que esses dois extremos possam se encontrar, está aí algo que não creio (apesar de Bataille). Mas que têm uma fonte comum, é o que Freud sugere e que não posso me impedir de pensar.

ativismo (*activisme*) – Confiança exagerada na ação e em seus poderes, é o contrário do teoricismo. O remédio comum para ambos? A ação lúcida e refletida: o pensamento em ato.

ato (*acte*) – O que é feito (*actum*, do verbo *agere*, fazer). No sentido psicológico ou ético, é sinônimo de ação, com a diferença de que podem existir atos involuntários (os atos falhos, os tiques, os desjeitos): o que é feito se opõe ao que é apenas sofrido ou experimentado. No sentido ontológico, o ato se opõe à potência, assim como o real (o que é feito) se opõe ao possível (o que pode ser feito). "O ato é, para uma coisa, o fato de existir na realidade", dizia Aristóteles. Por exemplo, a estátua está em potência no mármore, mas em ato somente quando o escultor a terminou.

As duas noções são evidentemente relativas. O carvalho está em potência na bolota, que existe em ato, assim como a bolota está em potência no carvalho. E o mármore está em ato (real, completo, acabado) tanto antes como depois da estátua. O ato, no entanto, é a noção primeira, como Aristóteles viu: o possível nasce do real, não o real do possível.

No presente, aliás, o ato e a potência são uma só coisa: só é possível, aqui e agora, o que existe. É o próprio ser, que é potência em ato (*enérgeia*, *conatus*).

ato falho (*acte manqué*) – É um ato que não consegue atingir o resultado que seu autor visava, embora isso não apresentasse nenhuma dificuldade, e que atinge outro, que ele não visava, pelo menos conscientemente: quebrar o vaso que se ia guardar, perder um objeto que se queria conservar, esquecer um compromisso a que se queria ir, dizer uma palavra em lugar de outra (v. "lapso")... A psicanálise, que não acredita no acaso, vê no ato falho a manifestação de um desejo reprimido, que vem perturbar o encadeamento consciente e voluntário dos nossos atos: todo ato falho seria um discurso bem-sucedido. Só não concordo aí com o "todo". Por que o inconsciente teria de ter êxito sempre? Por que o corpo não teria seus fracassos, seus malogros, suas trapalhadas? Por que essa onipresença do sentido? Aliás, isso pouco importa. O inconsciente, para a razão, nunca é mais que um acaso entre outros.

atomismo (*atomisme*) – É uma teoria física ou metafísica, conforme os casos, que explica a ordem e a complexidade (o mundo) pelas interações casuais de partículas elementares (os átomos, mas também os quarks, léptons, bósons e outras). Quando essa teoria se pretende suficiente, o atomismo é uma forma – talvez a mais radical – de materialismo. Equivale a explicar o superior pelo inferior, o espírito pela matéria, a ordem pela desordem. É, nisso, o contrário da religião, assim como os átomos são o contrário das mônadas.

átomo (*atome*) – Etimologicamente, é uma partícula indivisível ou que só é divisível para o pensamento: um elemento insecável (*átomos*) de matéria. É esse o sentido em Demócrito e em Epicuro. Nossos cientistas sabem, hoje, que não é bem assim: eles aprenderam a quebrar os átomos para liberar sua energia. Isso não muda nada de essencial no atomismo, que não dá bola para a etimologia.

atributo (*attribut*) – Tudo o que pode ser dito de um sujeito ou de uma substância; em outras palavras, tudo o que podemos lhe *atribuir* (prefira-se, nesse sentido, "predicado"), em especial uma qualidade essencial, isto é, constitutiva do seu próprio ser. Assim, em Espinosa, o pensamento e a extensão são os dois atributos que conhecemos da substância ou de Deus, entre uma infinidade de outros que não conhecemos. Mas todas essas distinções, precisa Espinosa, "são apenas de razão": os atributos não se distinguem mais realmente entre si do que se distinguem da substância (*Pensamentos metafísicos*, I, 3 e II, 5; ver também Gueroult, *Spinoza*, t. 1, §§ XIV-XV, pp. 47-50). Os atributos não são exteriores à substância: eles constituem sua própria essência (*Ética*, I, def. 4), que eles exprimem cada qual de um modo diferente (*Ética*, I, escólio da prop. 10), sem que, com isso, ela deixe de ser a mesma substância nem portanto de conter "as mesmas coisas" (*Ética*, II, escólio da prop. 7). O pensamento e a extensão não são predicados da substância, nem um ponto de vista sobre ela, mas seu próprio ser. Costuma-se dizer que esses atributos são paralelos (porque as cadeias causais seguem neles a mesma ordem, ao mesmo tempo que permanecem internas a cada atributo: um corpo não age sobre uma idéia, nem uma idéia sobre um corpo). Mas todas essas paralelas na verdade se confundem e constituem uma só, que é a própria natureza: "substância pensante e substância extensa são uma só e mesma substância" (*Ética*, II, escólio da prop. 7), assim como a alma e o corpo, no homem, "são uma só e mesma coisa" (*Ética*, III, escólio da prop. 2). A união da alma com o corpo é um falso problema, que resulta de que não se pensou sua identidade. A união dos atributos, idem: não precisam ser unidos, porque nunca estiveram separados.

atualismo (*actualisme*) – Doutrina segundo a qual tudo o que existe é atual, ou em ato. Porque não há possível? Nada disso. Mas porque o possível e o real, no presente, são uma só coisa. O estoicismo e o spinozismo, por exemplo, são atualismos, e é isso, a meu ver, que constitui uma parte essencial da verdade deles. Não há ser em potência: só há a potência do ser, e sua perpétua *passagem ao ato*, que é o mundo ou o devir.

audácia (*audace*) – É uma coragem extrema diante do perigo, que permanece proporcional aos desafios (é menos e melhor que a temeridade), ao mesmo tempo que excede um pouco a razão ordinária (é mais que a ousadia). Virtude limite e unilateral. Mais coragem do que prudência; mais ação do que reflexão.

Note-se que a audácia é moralmente neutra. Ela pode se pôr a serviço tanto do mal como do bem, tanto do egoísmo como da generosidade. Não confundi-la com o heroísmo, que não vale apenas diante do perigo (mas também diante do sofrimento, da morte, do cansaço...) e que designa apenas a coragem desinteressada ou generosa.

Aufhebung (*Aufhebung*) – Ver "superação".

ausência (*absence*) – Não é nada, já que é ausência *de algo*, como um nada determinado, delimitado, definido. Por quê? Por uma presença, ou várias: o que está ausente aqui está presente ali (*abesse*, em latim, é estar distante de), ou esteve, ou estará, ou poderia estar, como outra coisa, agora, está presente em seu lugar. A consciência tem horror ao vazio: ele só é ausência de uma presença.

Não há ausência absoluta (o que já não seria ausência, e sim nada) nem total (não seria coisa alguma). Portanto não há ausência, na verdade: há tão-somente a presença de tudo – o mundo – e nossa incapacidade de nos satisfazer com isso. *Tudo*, para nós, não basta! É preciso outra coisa além desse tudo, é esse o segredo do idealismo, que o materialismo, faz vinte e cinco séculos, tenta desmascarar. Platão sempre renasce: o ser está em outro lugar; o ser é o que falta; ele só brilha, neste mundo, por sua ausência! E Demócrito renasce com ele, contra ele: o ser está em toda parte, nada lhe falta. Transcendência ou imanência: ausência ou presença do ser.

Fala-se também das *ausências* de quem é distraído, desatento, quase inconsciente: porque parece não estar, em espírito, onde seu corpo se encontra. Donde esta fórmula de um professor, no boletim escolar de um dos seus alunos: "Com freqüência está ausente, mesmo quando está presente..." Isso sugere, por diferença, o que é a atenção.

Toda ausência é ausência de alguma coisa, e para alguém. É o contrário da presença, e é por isso que não é nada real, ou quase nada: a consciência presente do que não está presente.

É por isso também que é uma armadilha. Estamos no mundo: a verdadeira vida está presente.

autarquia (*autarcie*) – É o nome grego da independência ou da auto-suficiência (*autárkeia*). Os antigos consideravam-na uma característica do sábio. Por ser suficiente a si mesmo? É o que sugere a etimologia (*arkeîn*, bastar, ser suficiente), mas seria um erro restringir-se a esse sentido. A autarquia não é o autismo: o sábio, tanto para Aristóteles como para Epicuro, prefere a sociedade ao isolamento, e a amizade à solidão. Mas ele pode prescindir de tudo, inclusive de si mesmo. É por isso que a *autárkeia* é um bem tão grande: seu verdadeiro nome é liberdade (Epicuro, *Sentenças vaticanas*, 77; ver também a *Carta a Meneceu*, 130).

autenticidade (*authenticité*) – A verdade sobre si, e de si para si. É o contrário da má-fé. Sinônimo de boa-fé, então? É antes seu nome moderno e um tanto pretensioso. As duas noções não coincidem totalmente. Ser de boa-fé é amar a verdade mais que a si mesmo. Ser autêntico, para muitos dos nossos contemporâneos, é antes amar a verdade que somos. "*Be yourself*", como se diz do outro lado do Atlântico. A psicologia substitui a moral; o desenvolvimento pessoal faz as vezes de religião. Sou covarde, egoísta, bruto? Sem dúvida, mas reconheçam pelo menos que tenho o mérito de sê-lo autenticamente! Sou o que sou: é culpa minha, se não posso ser outro? A autenticidade é uma virtude confortável; é o que faz duvidar que seja uma. É uma boa-fé narcísica, ou um narcisismo de boa-fé. Mas a boa-fé não desculpa tudo.

Nos filósofos contemporâneos, especialmente em Heidegger e nos existencialistas, a autenticidade designa antes o estatuto de uma consciência que se sabe solitária (em oposição à inautenticidade do "*on*"*), livre (em oposição à má-fé), fadada enfim à angústia e à morte – ao nada. Muito barulho por nada.

autômato (*automate*) – Que se move por si mesmo. A primeira idéia é, portanto, a de espontaneidade: Leibniz considerava cada organismo vivo "uma espécie de máquina divina ou de autômato natural", e a alma um "autômato espiritual". Mas a idéia de mecanismo acabou prevalecendo sobre a de espontaneidade: um autômato, mesmo movendo-se por si mesmo, permanece prisioneiro do que ele é, do seu programa (ainda que parcialmente aleatório), do ordenamento determinado e determinante das suas peças. Resta saber se os sujeitos não são máquinas que não sabem que o são. O cérebro, autômato material. O que resta da alma e de Leibniz?

autonomia (*autonomie*) – É a obediência à lei que nos prescrevemos, como diz Rousseau, e é nisso que consiste ser livre.

A palavra, em seu uso filosófico, está em dívida principalmente para com Kant. A autonomia é poder de si sobre si (liberdade), mas pela mediação de uma lei (*nómos*) que a razão impõe a si mesma, e a nós, que é a lei moral. A vontade é autônoma, explica Kant, quando se submete apenas à sua própria legislação (como razão prática), independentemente de qual-

---

* Em francês, *on* é pronome pessoal indefinido da 3ª pessoa, invariável, que sempre tem função de sujeito, e que não tem correspondente exato em português.

quer determinação sensível ou afetiva, independentemente do corpo, portanto, mas também do eu, em sua particularidade contingente, e de todo e qualquer objetivo ou objeto. É obedecer unicamente à pura forma de uma lei, em outras palavras, ao universal que cada um traz em si, que é si (é por isso que se trata de liberdade), mas na medida em que é razoável e legislador (é por isso que se trata de autonomia).

Os dois conceitos, de autonomia e de liberdade, solidários é claro, não coincidem totalmente porém. Quem faz o mal age livremente, decerto, mas sem autonomia: submete-se livremente àquela parte dele que não é livre (seus instintos, suas paixões, suas fraquezas, seus interesses, seus medos). Isso diz, por diferença, o que é a autonomia. É a liberdade para o bem: ser autônomo é obedecer à parte de si que é livre, "sem levar em conta nenhum dos objetos da faculdade de desejar", como diz Kant, e independentemente inclusive do "caro eu" – em outras palavras, do indivíduo particular que somos. É por isso que a autonomia é o princípio da moral: o egoísmo é o fundamento de todo mal; a razão, que não tem *ego*, de todo bem. Assim, o único dever é ser livre, e é isso que significa a autonomia: é obedecer ao dever de se governar.

A palavra, quando não é kantiana, vale sobretudo como ideal. Não indica um fato mas um horizonte, um processo, um trabalho. Trata-se de nos libertar o mais possível de tudo o que, em nós, não é livre. Somente a razão possibilita isso, como vemos em Espinosa (mas também em Marx ou Freud), e é nisso que a idéia de autonomia conserva um sentido: "Um homem livre", escreve Epinosa, "isto é, que vive unicamente segundo o comando da razão..." Mas essa autonomia nunca é dada: ela está por fazer e, sempre, por refazer. Não há autonomia; não há nada mais que um processo, sempre inacabado, de *autonomização*. Não nascemos livres; tornamo-nos.

autoridade (*autorité*) – O poder legítimo ou reconhecido, assim como a virtude que serve para exercê-lo. É o direito de comandar e a arte de se fazer obedecer.

autoridade, argumento de (*autorité, argument d'*) – É tomar uma autoridade (um poder, uma tradição, um autor reconhecido ou consagrado...) por argumento. Duplo erro: contra o espírito, que não dá a mínima para a autoridade, e contra a autoridade, que deve ter melhores argumentos. Se o papa pudesse nos convencer, teria ele necessidade do dogma da infalibilidade papal? E de que adianta esse dogma, se não nos convence?

A autoridade merece obediência, e não crença. Portanto, todo argumento de autoridade é privado de valor. Quando o espírito se põe a obedecer, o que resta do espírito?

autoritarismo (*autoritarisme*) – Abuso de autoridade, na maioria das vezes fundada na crença ingênua de que ela poderia bastar. É pedir demais à obediência, sempre necessária, nunca suficiente.

avareza (*avarice*) – É o amor exagerado ao dinheiro, em especial (ao contrário da cupidez) ao dinheiro que já possui. O avaro tem medo de perder ou de sentir falta, e a paixão, ao invés, de conservar, de acumular, de reter. Personalidade anal, diria um psicanalista, enquanto a cupidez pertenceria antes à oralidade. É, talvez, o que torna a avareza mais antipática. Cumpre dizer também que é absurda: para que enriquecer, se não se sabe gastar?

aventura (*aventure*) – Uma história interessante e arriscada – e interessante, na maioria das vezes, *por ser* arriscada. Etimologicamente, é o que deve acontecer. Mas só há aventura porque a ignoramos. É o que está advindo, mas cujo fim ainda não se conhece, que permanece imprevisível e casual. É como um destino inacabado ou suspenso.

Entre um homem e uma mulher, é uma relação sem futuro. Mas só dá para saber depois. Quem pode ter certeza, quando ela começa, de que não vai subverter toda a nossa vida? É a diferença que há entre uma aventura, sempre arriscada, e uma boa ventura, sem risco intrínseco ou sentimental (sem outro risco, no limite, e talvez sem outra função, que não seja de ordem sanitária). Só há aventura onde há perigo. É por isso que a vida é uma aventura, e a única.

aversão (*aversion*) – Menos o contrário do desejo, não obstante o que diz Lalande, do que um desejo negativo: é o desejo de se afastar de alguma coisa ou de afastá-la de si. (O contrário do desejo seria, antes, a indiferença. Não desejar um prato ou um indivíduo não significa que tenhamos aversão por eles; a ausência de um desejo não é o desejo de uma ausência.)

axiologia (*axiologie*) – O estudo ou a teoria dos valores. Pode pretender-se objetiva (se considerar os valores como fatos) ou normativa (se subscrevê-los). Esta decorre daquela; aquela só vale para esta.

axioma (*axiome*) – Proposição indemonstrável, que serve para demonstrar outras proposições. Os axiomas são verdadeiros? Foi o que se acreditou por muito tempo: um axioma, para Espinosa ou Kant, é uma verdade evidente por si mesma, que portanto não necessita ser demonstrada. Os matemáticos ou lógicos de hoje vêem-nos, antes, como convenções ou hipóteses, que não o podem ser. A verdade, portanto, já não está nas proposições (se os axiomas não forem verdadeiros, nenhum teorema o será), mas nas relações de implicação ou de dedução que as unem. Equivale a dizer que não há axioma, no sentido tradicional do termo, mas apenas postulados (v. "postulado"). Isso, no entanto, é um postulado, não um axioma.

axiomática (*axiomatique*) – Conjunto dos axiomas e, às vezes, por extensão, das proposições que podem ser deduzidas deles, sem que para tanto intervenha qualquer elemento empírico. Uma axiomática é um sistema formal hipotético-dedutivo. As matemáticas, por exemplo, são uma axiomática, ou antes, várias, o que justifica que se possa falar delas no plural. A lógica? Se fosse apenas uma axiomática, não poderia pretender ser verdadeira. E o que restaria, então, das nossas verdades?

O fato de que uma axiomática só vale proporcionalmente à sua racionalidade é o que impede de considerar a razão como uma axiomática e de tomar uma axiomática qualquer pela razão.

B

baixeza (*bassesse*) – No sentido mais geral, nem é preciso dizer, é o contrário de elevação: é seguir sua inclinação, que é a inclinação comum, mas descendo-a.

Num sentido mais técnico, pode ser considerada o equivalente da *micropsychía* de Aristóteles e da *abjectio* de Espinosa: é "fazer de si, por tristeza, menos caso do que seria justo" (Espinosa, *Ética*, III, def. 29 dos afetos; ver também Aristóteles, *Ética a Nicômaco*, IV, 9). O homem baixo carece ao mesmo tempo de orgulho e de dignidade: ele se crê incapaz de qualquer ação um pouco elevada ou desinteressada, e o é mesmo, por essa crença. Seu erro é crer, quando se trata de querer.

Não confundir com a humildade. Pode-se ter consciência da sua pequenez (humildade) sem exagerá-la e sem nela se encerrar (baixeza). A baixeza desestimula a ação: é o contrário da grandeza de alma. A humildade a desilude: é o contrário do orgulho e da boa consciência.

barbárie (*barbarie*) – Comportamento bárbaro e tudo o que o evoca. A palavra, que vale quase sempre como condenação (dentre os filósofos que conheço, o único que às vezes a utiliza positivamente é Nietzsche), tem, é claro, um sentido tão-somente relativo: ela supõe uma civilização de referência, e a barbárie seria sua ausência ou sua devastação. É quase sempre dar razão ao seu lado: o bárbaro é, antes de mais nada, o outro, o estrangeiro, o que não tem a mesma civilização que nós, o que nos faz crer que não possui nenhuma ou que a que ele tem, se se admite que tenha uma, não presta. "Cada um chama de barbárie", dizia Montaigne, "o que não é do seu uso." É por isso que convém desconfiar da palavra, sempre suspeita de etnocentrismo ou de boa consciência. Mas isso não dispensa de desconfiar também, e muito mais, da própria coisa. Nenhuma civilização é imortal. Por que a civilização mesma seria?

Às vezes também uso *barbárie* num sentido mais singular, para designar o inverso ou o simétrico do angelismo (v.). Ela é, nesse caso, como o angelismo, uma confusão das ordens, mas agora em benefício de uma ordem inferior: é querer submeter o mais alto ao mais baixo. Tirania, diria Pascal, das ordens inferiores. Por exemplo: querer submeter a política ou o direito à ciência, à técnica, à economia (barbárie tecnocrática: tirania dos peritos; ou então, há duas escolas, barbárie liberal: tirania do mercado). Ou ainda: querer submeter a moral à política ou ao direito (barbárie política ou jurídica: barbárie totalitária, num Lênin ou num Trótski, ou barbárie democrática, que é mais ameaçadora em nosso país; tirania dos militantes, do sufrágio universal ou dos juízes). Ou enfim: querer submeter o amor à moral (barbárie moralizadora: tirania da ordem moral). Também é possível pular ordens: por exemplo, querer submeter a moral à ciência (cientificismo, darwinismo moral, etc.) ou o amor ao dinheiro (prostituição, casamentos arranjados ou de interesse...) ou ao poder (culto da personalidade, fanatismo, eugenismo...). Tudo isso é explicável, e mais pelas ordens inferiores do que superiores, mas também deve ser combatido: é a única maneira de salvar a política (contra a tirania dos peritos ou do mercado), a moral (contra a tirania dos partidos, das assembléias ou dos tribunais) e o amor (contra a tirania dos moralistas, da opinião pública ou do dinheiro). Não acaba nunca. Os grupos, quase inevitavelmente, tendem para baixo (mesmo numa Igreja, as relações de poder contam mais do que a moral ou o amor): todo grupo, se o deixarmos agir à vontade, tenderá à barbárie, em outras palavras, à ditadura, quaisquer que sejam as suas formas, daquilo que Platão chamava de o *grande animal*. Só os indivíduos, quando não caem no angelismo, às vezes têm força para opor resistência a ela.

bárbaro (*barbare*) – Para os gregos, era o estrangeiro, na medida em que suscitava o desprezo ou o medo. O etnocentrismo não data de hoje. Por superação e por crítica desse sentido inicial, passou-se a chamar de *bárbara* toda pessoa que parece violar não apenas esta ou aquela civilização particular, mas a própria civilização ou a idéia que dela se tem – isto é, cada vez mais, os direitos humanos. Fala-se, por exemplo, da barbárie nazista. Isso nada prova contra a civilização alemã. Se bem que...

barroco (*baroque*) – A arte máxima ou que pretendia sê-lo: estética do excesso e do espanto. No barroco, a arte vai até o fim da sua natureza, que é ornamental, e se embriaga com sua própria riqueza. Porque toda arte é excessiva (o sentido está sempre a mais) e já surpreende por existir: a arte é o barroco do mundo. Assim, o barroco é a regra, para a arte, e o classicismo seria a exceção.

A palavra, que provém da história da arte, designa ao mesmo tempo um período (*grosso modo*, do fim do século XVI ao início do século XVIII) e um estilo, feito de complexidade, de audácia, de excesso, que quase sempre privilegia as curvas, o movimento, as formas desequilibradas ou patéticas, com um fraco pelo espetacular e pelo estranho, ou mesmo pela ilusão de ótica e pelo artifício. Costuma-se considerá-lo o contrário do classicismo, do mesmo modo que a hipérbole é o contrário da litotes. Digamos que é seu outro, que pode segui-lo (na Itália) ou precedê-lo (na França), mas sem o qual o classicismo não teria esse rigor ou esse equilíbrio que servem – por contraste e retrospectivamente – para defini-lo. O classicismo, escreve admiravelmente Francis Ponge, é "a corda mais esticada do barroco".

Isso também diz, por diferenciação, o que é o barroco: é um classicismo que se relaxa ou que se prepara, que se diverte valorizando-se, que renuncia à perfeição pelo prazer de impressionar ou de surpreender, enfim que se procura ou se deixa levar. O classicismo é tido como regra apenas, repitamos, por ser antes de mais nada uma exceção, que surpreende apenas por seus êxitos. O barroco é seu limite, sua necessidade de bizarrice, de excesso ou de virtuosismo, para não ser banal.

batismo (*baptême*) – A palavra grega, nota Voltaire, significa imersão: "Os homens, que sempre se guiam pelos sentidos, imaginaram que o que lavava o corpo também lavava a alma." É muito mais que um símbolo: é um rito e, sobretudo, para os crentes, é um sacramento, que nos faz entrar na Igreja. Impô-lo aos recém-nascidos é uma coisa que me chocou durante muito tempo: por que lhes impor um vínculo que eles não pediram, que não podem recusar nem compreender? Hoje acho que não é tão grave assim, nem tão singular: eles também não pediram para viver, nem para ser franceses, nem para se chamar Dupont ou Martin. Isso é razão para considerá-los apátridas, anônimos e ainda por nascer, até sua maioridade? Ninguém escolhe o que é, nem seu país, nem seu nome, nem sua fé. Escolhe-se apenas, e olhe lá, mudar ou não mudar de país, de nome, de fé. À glória dos convertidos, dos heréticos e dos apóstatas.

beatitude (*béatitude*) – "A beatitude é a alegria na verdade", escreve santo Agostinho. Essa definição perfeita sugere uma felicidade mais vasta e mais lúcida do que nossas felicidades costumeiras, sempre feitas de pequenezes e de ilusões – sempre feitas de nós mesmos. A verdade não tem ego; como poderia ser egoísta? Toda mentira a supõe; como seria mentirosa?

A beatitude é uma verdadeira felicidade, ou uma felicidade verdadeira, que seria por isso eterna (a verdade sempre o é), completa (a verdade não carece de nada), enfim como que outro nome da salvação. É bom evitar sonhar demais com ela. A beatitude é eterna, explica Espinosa; como poderia *começar*? Inútil esperá-la portanto: só se pode alcançá-la deixando de esperá-la.

"Se a alegria consiste na passagem a uma perfeição maior", escreve também Espinosa, "a beatitude deve consistir em que a alma é dotada da própria perfeição" (*Ética*, V, 33, escólio). Mas a perfeição nada mais é que a realidade (*Ética*, II, def. 6): a beatitude é o estado normal da alma, de que somos separados unicamente por nossas ilusões e por nossas mentiras. Ela não é a recompensa da virtude, mas a própria virtude (*Ética*, V, prop. 42).

Mais simplesmente, é a felicidade do sábio, ou a própria sabedoria como felicidade. Seu conteúdo é de alegria, logo de amor. Seu objeto é a verdade, logo tudo. É o amor verdadeiro ao verdadeiro.

O fato de sermos incapazes de habitá-la não impede de descobrir, às vezes, que ela nos habita.

behaviorismo (*béhaviorisme*) – Do anglo-americano *behavior*, conduta, comportamento. É outro nome da psicologia do comportamento (v. "comportamento").

beleza (*beauté*) – A qualidade do que é belo, ou o fato de ser belo. Devem-se distinguir as duas noções? É o que sugere Étienne Souriau, em seu *Vocabulaire d'esthétique*: "Quando se fala de *belo*, somos levados a procurar uma essência, uma definição, um critério. Enquanto *beleza*, sendo uma qualidade sensível, pode ser objeto de uma experiência direta e até unânime." Essa distinção, embora não se tenha imposto absolutamente, corresponde mais ou menos ao uso. O belo é um conceito; a beleza, uma sorte.

belo (*beau*) – Tudo o que é agradável de ver, de ouvir ou de compreender, não por causa de alguma outra coisa que desejamos ou esperamos (como a vista de uma fonte agrada ao homem sedento), mas em si e independentemente de qualquer utilidade ou interesse. O belo é reconhecido antes de mais nada pelo prazer que causa (ser belo é agradar), mas se distingue da maioria dos outros prazeres pelo fato de não supor nem cobiça nem posse: é objeto de um gozo contemplativo e desinteressado. É por isso, talvez, que falamos de beleza apenas para o pensamento (uma bela teoria, uma bela demonstração) ou, em se tratando dos sentidos, para a visão e a audição – como se o tato, o paladar ou o olfato, demasiado corporais, demasiado grosseiros, fossem incapazes de gozar sem possuir ou consumir. Isso, no entanto, decorre mais dos condicionantes da linguagem do que da necessidade do conceito. Um cego pode achar bela a estátua que apalpa, e nada nos impede, filosoficamente, de falar de um belo perfume ou de um belo sabor. A linguagem não pensa; é o que torna o pensamento possível e necessário.

"É belo", escreve Kant, "o que agrada universalmente e sem conceito." Mas a universalidade nunca é dada de fato, e pode acontecer que a beleza, para este ou aquele, passe pela mediação de um pensamento. Ninguém é obrigado a achar bonito o que agrada aos seus vizinhos, nem feio o que desagrada a eles, nem admirar o que não compreende. O gozo estético é tão solitário, de fato, quanto parece universal, de direito. Ninguém pode gostar, nem admirar, nem compreender ou desfrutar em meu lugar. É porque, aqui, não reina nenhuma verdade. "As coisas consideradas em si ou em sua relação com Deus não são nem belas nem feias", escreve Espinosa (carta 54, a Hugo Boxel), e é o que Kant, a seu modo, confirmará ("sem relação com o sentimento do sujeito, a beleza não é nada em si", *C.F.J.*, I, § 9). Não há beleza objetiva ou absoluta. Há apenas o prazer de perceber e a alegria de admirar.

bem (*bien*) – Tudo o que é bom absolutamente. Se todo valor é relativo, como creio, o bem não é mais que uma ilusão: é o que resta de um juízo de valor positivo, quando se desconhecem as condições subjetivas que o tornam possível. Diz-se por exemplo que a saúde, a riqueza ou a virtude são bens, o que dá a entender que valem por si, quando na verdade valem somente na medida em que os desejamos. Que importa a saúde ao suicida, a riqueza ao santo, a virtude ao canalha? "Não há Bem nem Mal", dizia Deleuze a propósito de Espinosa, "só há o *bom* e o *ruim* (para nós)." O bem é o bom, quando se acredita que ele o é em si.

A palavra é difícil de evitar, porém. Diz-se "fazer o bem", e não "fazer o bom". A língua reflete nossas ilusões ao mesmo tempo que as reforça. No caso, essa expressão diz algo importante: o bem não existe; ele está por fazer. Não é um ser; é um objetivo. Não é uma Idéia, não obstante o que diz Platão, mas um ideal. Não é um absoluto, não obstante o que diz Kant, mas uma crença. É o correlato hipostasiado dos nossos desejos.

"O bem", escrevia Aristóteles, "é aquilo a que todas as coisas tendem" (*Ética a Nicômaco*, I, 1). Era pensar a natureza segundo o modelo humano, e o homem segundo o finalismo. Um materialista diria ao contrário: "Os homens chamam de bem aquilo a que tendem." É o espírito de Hobbes (*Leviatã*, cap. VI). É o espírito de Espinosa: "Por *bem* entendo todo gênero de alegria, assim como tudo o que a ela conduz, principalmente o que satisfaz um desejo, qualquer que seja; por *mal*, todo gênero de tristeza, principalmente o que frustra um desejo" (*Ética*, III, 39, escólio; ver também III, 9, escólio, e IV, Prefácio). É por isso que os bens são múltiplos – porque nem todos os homens tendem às mesmas coisas, nem a uma só. Vejam Diógenes e Alexandre. A convergência dos desejos é, no entanto, a regra mais corrente, que nos fada ao conflito (quando desejamos as mesmas coisas, que não podemos todos nós possuir) ou à emulação. O fato do poder não ser um bem, para o sábio, não impede que a sabedoria seja um, para o ambicioso. "Se eu não tivesse sido Alexandre, gostaria de ter sido Diógenes", dizia o aluno de Aristóteles.

bem, está tudo (*bien, tout est*) – É a expressão que resume, para Voltaire, o otimismo leibniziano, de que caçoou com tamanha eficácia no *Cândido*. A fórmula parece absurda ou chocante, a tal ponto é desmentida pela experiência. No entanto é irrefutável. Se Deus existe, se ele é ao mesmo tempo onipotente e perfeitamente bom, como tudo não correria no melhor dos mundos? O princípio do melhor explica tudo, mas é também porque não explica nada (já que explicaria também um mundo completamente diferente do nosso: por exemplo, um mundo em que o câncer não existiria, ou um mundo em que Hitler teria vencido a guerra...). A verdade é que não se sabe nada de um Deus assim, nem de outro mundo possível, nem da origem, se Deus existe, do mal. Não é senão "um jogo de espírito", conclui Voltaire, "para os que jogam: são forçados que jogam com seus grilhões".

"Está tudo bem" também é a última fala de Édipo, em Sófocles, e de Sísifo, em Camus. Já não é religião, é sabedoria. Já não é otimismo, mas trágico. Já não é fé, mas fidelidade: "Sísifo ensina a fidelidade superior, que nega os deuses e levanta rochedos. Ele também julga que está tudo bem. Esse universo, doravante sem amo, não lhe parece nem estéril nem fútil. [...] A própria luta rumo aos cimos basta para encher o coração de um homem. É preciso imaginar Sísifo feliz" (*O mito de Sísifo*, conclusão).

Se está tudo bem, pelo menos em certo sentido, não é portanto porque o mal não existiria ou estaria a serviço, como pretendia Leibniz, de um bem maior. É antes porque só há o real, que não é nem bem nem mal (ou que só o é para nós) e que tem de ser aceito por inteiro, para poder ser transformado ao menos em parte. O otimismo não passa de uma mentira; o pessimismo, de uma tristeza. O mundo não é um supermercado, onde possamos escolher os produtos. Ele é para pegar ou largar, e nada pode transformá-lo a não ser pegando-o antes. Está tudo bem? Seria exagerar. Digamos que é tudo verdadeiro. Já não estamos em Leibniz, estamos em Espinosa. Filosofia, não do melhor dos mundos, mas somente do mundo real. É encontrar Camus, no ponto exato em que ele encontra Espinosa: "O que conta é ser verdadeiro, e então tudo se inscreve aí, a humanidade e a simplicidade. E quando sou mais verdadeiro do que quando sou o mundo? Estou saciado antes de ter desejado. A eternidade está aí, e eu a esperava. Já não é ser feliz o que desejo agora, mas apenas ser consciente" (*L'envers et l'endroit* [O avesso e o direito], p. 49, "Bibliothèque de la Pléiade").

bem, soberano (*bien, souverain*) – "Em toda ação, em toda escolha", escreve Aristóteles, "o bem é o fim, porque é visando esse fim que se realiza todo o resto" (*Ética a Nicômaco*, I, 5). Mas a maioria dos fins que visamos não valem por si mesmos: na verdade, são apenas meios para outros fins. Por exemplo, o trabalho não é um fim (logo um bem), a não ser pelo dinheiro que possibilita ganhar, do mesmo modo que o dinheiro não é um bem a não ser pelo conforto ou pelo luxo que permite... Mas se todo fim não passasse, assim, de um meio para outro fim, que por sua vez não passaria de um meio para outro, e assim ao infinito, nosso desejo seria por definição insaciável. Dirão que é isso mesmo, de fato, mas que os gregos não quiseram aceitá-lo. Aristóteles de novo: "Se há, portanto, em nossas atividades, um fim que desejamos por si mesmo, e os outros somente por causa deste, e se não escolhemos indefinidamente uma coisa tendo em vista outra (porque, nesse caso, procederíamos assim ao infinito, de sorte que o desejo seria fútil e vão), é claro que esse fim só poderia ser o bem, o soberano bem" (*ibid.*, I, 1). Isso vale como definição, pelo menos formal: o soberano bem (ou bem supremo, ou sumo bem) seria o *fim final*, como diz Aristóteles, em outras palavras, o fim que não é meio de nenhum fim e de que todos os outros fins são apenas meios. Seria por isso a finalidade última de todos os nossos atos.

Mas o que é ele? O que é que é bom acima de tudo, que desejamos por si mesmo e visando o que desejamos tudo o mais? Aristóteles responde: "a felicidade, porque sempre a escolhemos por si mesma e nunca visando outra coisa" (*ibid.*, I, 5; ver também X, 6). Epicuro responderia, em vez disso: "o prazer", porque a felicidade só vale na medida em que é agradável, enquanto o prazer, sem a felicidade, continua a valer. Os estóicos responderiam, por sua vez: "a virtude", pois somente ela nos torna felizes e vale mais que uma felicidade, de resto impossível, que pretenderia dispensá-la.

Deve-se evitar forçar em demasia a diferença entre essas três éticas, centradas em três bens supremos. O eudemonismo é o quinhão comum das sabedorias gregas: que a felicidade pudesse não ser agradável ou virtuosa era, para Epicuro ou Zenão, uma pura hipótese especulativa, que eles nunca encararam com seriedade. A felicidade para todos é o objetivo: é a atividade conforme à virtude (Aristóteles), o prazer em repouso da alma (Epicuro) ou a virtude em ato (Zenão).

É o que dá razão a Kant, uns dois mil anos depois, quando ele os critica. A palavra *soberano* é equívoca, nota na "Dialética da razão prática": ela pode significar *supremo* ou *perfeito*. Ora, mesmo que a virtude fosse, como pretende Kant, "a condição suprema de tudo o que pode nos parecer desejável", ela somente será "o bem completo e perfeito" se for acompanhada da felicidade. De fato, se o soberano bem é o desejável absoluto, todos concederão que ele não é possível sem felicidade nem sem virtude: o que desejamos é a conjunção ou, como diz Kant, "a exata proporção" das duas. É precisamente o que buscavam os epicurianos (para os quais a felicidade é a virtude) e os estóicos (para os quais a virtude é a felicidade). Ambos se enganavam. A união da felicidade com a virtude é sintética, explica Kant, e não analítica: são dois conceitos "totalmente distintos", cuja conjunção, nesta terra, nunca é garantida e quase nunca dada (*C. r. prática*, I, II, cap. 2). É necessário, pois, renunciar ao soberano bem ou crer em Deus. É onde a modernidade começa, separando-nos da felicidade.

bem-aventurança (*félicité*) – Seria uma felicidade absoluta: uma alegria permanente, que perseveraria na sua intensidade. Mas essa noção é contraditória: seria uma *passagem* (Espinosa, *Ética*, III, def. 2 dos afetos, e explicação da def. 3) que não *passaria*. Sua impossibilidade nos distingue dos deuses; seu sonho, dos animais. Ela está para o paraíso terrestre assim como a beatitude estaria para o outro. Dupla mentira.

bênção (*bénédiction*) – Uma palavra que diz o bem e que o faz ser ao menos com isso. O erro seria crer plenamente nela, em outras palavras, esperar da bênção um resultado mais do que performativo, por exemplo, uma ajuda ou uma proteção. Dizer o bem não dispensa de fazê-lo.

beneficência (*bienfaisance*) – Capacidade de fazer o bem, em outras palavras, de agir bem. Diz-se quase exclusivamente em relação a outrem (quando se faz o bem a si mesmo, pode ser virtude, não é beneficência). E muitas vezes com reserva ou ironia. Quando alguém faz o bem a outrem, desconfia-se, em geral legitimamente, de algum cálculo ou condescendência. Por isso o personagem do "benfeitor" não é muito simpático. Isso, no entanto, não poderia desculpar nem o egoísmo nem a inação.

benevolência (*bienveillance*) – Ser benevolente é querer bem a alguém, logo fazer-lhe o bem (a benevolência confunde-se então com a beneficência) ou esperar o bem para ele. Essa segunda forma de benevolência só vale o que vale a esperança, que não vale grande coisa, mas em todo caso mais do que a malevolência.

besta (*bête*) – Do latim *bestia*, animal bravio ou feroz e, por extensão, qualquer animal que não faz parte do gênero humano.

Como adjetivo, e em sentido figurado, a palavra também designa um homem que carece de inteligência. É que a inteligência, segundo se crê, é própria da espécie humana. Digamos que é seu lugar ordinário de excelência. Salvo patologia ou acidente, o homem mais besta é menos tolo que o chimpanzé mais inteligente. O pensamento envolve o corpo, por meio do cérebro, logo a espécie, por meio dos genes. Que isso não substitui a educação, é mais do que claro. Mas pode haver educação sem cérebro? O adquirido supõe o inato; a cultura faz parte da natureza.

bestialidade (*bestialité*) – Falta de humanidade, no sentido normativo do termo, em outras palavras, de educação: é viver ou agir como uma besta (um animal). Daí que a bestialidade é própria do homem, quando ele esquece o que é ou deve ser.

bilioso (*bilieux*) – Um dos quatro temperamentos de Hipócrates (com o linfático, o sanguíneo e o nervoso). Era também uma das categorias, hoje fora de uso, da caracterologia tradicional. O bilioso teria corpo magro, tez amarelada, mente preocupada, coração fiel... Isso se explicava, de acordo com Hipócrates, por um excesso de bílis no organismo. Hoje talvez se dissesse o contrário (se você tem bílis demais, é por causa das suas preocupações). Uma superstição exclui a outra. O fígado e as preocupações permanecem.

biologia (*biologie*) – A ciência da vida ou do vivo. Note-se que ela não dá nenhuma razão para viver, nem mesmo para praticar a biologia. Todas as nossas razões no entanto dela dependem, e pelo menos de direito ela deve poder explicá-las. Mas explicar não é julgar, nem exime de fazê-lo.

bivalência (*bivalence*) – O fato, para uma proposição qualquer, de poder assumir somente dois valores, o verdadeiro ou o falso. A lógica clássica é uma lógica bivalente.

Chama-se às vezes de *princípio de bivalência* o princípio que estipula que toda proposição tem um valor de verdade determinado: ou ela é verdadeira, ou é falsa. É uma espécie de alternativa, mas aplicada a uma só proposição. Parece resultar daí um fatalismo lógico, do qual Aristóteles e Epicuro tiveram muita dificuldade de escapar. Seja por exemplo a proposição: "Vou me suicidar amanhã." O princípio de bivalência diz que ela é ou verdadeira ou falsa. Mas se for verdadeira, então não sou livre para me suicidar ou não amanhã (visto que já é verdade que eu o farei); e tampouco sou, se ela for falsa (visto que já é verdade que não o farei). Portanto não sou livre nem num caso nem no outro, que são os dois únicos casos possíveis. Como o raciocínio pode ser indefinidamente repetido a propósito de qualquer proposição, daí decorre que todos os futuros se produzem necessariamente e que não há no mundo nem contingência nem liberdade. Se tudo é verdadeiro ou falso, tudo está escrito. O espírito de Parmênides sopra aí, no deserto de Megara.

Parece no entanto possível escapar, estabelecendo (é o pressuposto de existência) que uma proposição pode ser verdadeira ou falsa apenas se seu objeto existir: se Deus não existe, não é nem verdadeiro nem falso que ele tem barba. A aplicação do princípio de bivalência aos acontecimentos futuros só seria legítima, portanto, supondo-se que esses acontecimentos já existem, o que seria ao mesmo tempo uma petição de princípio (tudo o que existe, existe necessariamente) e uma contradição (visto que um futuro que já existisse não seria futuro). A verdadeira questão é, pois, saber se o futuro também é eterno.

boa-fé (*bonne foi*) – O amor ou o respeito à verdade: é amar ou nos submeter ao que cremos verdadeiro. É nisso que a boa-fé se distingue da fé (que crê ser verdadeiro o que ela ama) e vale mais que ela. É a única fé que vale.

bom (*bon*) – Tudo o que agrada ou deveria agradar. Diz-se por exemplo: uma boa ação, um bom prato, uma boa idéia. Mas por que agradaria? Porque assim desejamos, responde Hobbes: "O objeto do apetite ou do desejo de um homem, qualquer que seja esse objeto, é o que este chama de *bom*; e chama de *ruim* o objeto do seu ódio ou da sua aversão." O bom e o mau (a diferença suposta do bem e do mal) só existem subjetivamente: "Essas palavras sempre são entendidas em relação à pessoa que as emprega", continua Hobbes, "porque não existe nada que o seja, simples e absolutamente" (*Leviatã*, cap. VI). Mesma idéia em Espinosa: "Não desejamos nenhuma coisa porque a julgamos boa, mas, ao contrário, chamamos de boa a coisa que desejamos; conseqüentemente, chamamos de má a coisa por que temos aversão; cada um julga assim ou estima, segundo seus afetos, qual coisa é boa, qual é má, qual é melhor, qual é pior, qual enfim a melhor ou qual a pior" (*Ética*, III, 39, escólio; ver também III, 9, escólio e IV, Prefácio). O bom não é um absoluto, mas tampouco é um puro nada. É o bem desiludido: o correlato reconhecido e assumido dos nossos desejos.

É o que distingue o relativismo do niilismo. "Além do Bem e do Mal", notava Nietzsche, "não quer dizer além do bom e do mau." Tinha razão. Era sua maneira de ser spinozista.

bom senso (*bon sens*) – A razão ordinária, como ao alcance do homem, e talvez menos universal do que comum. É a relação humana com o verdadeiro: "a potência de bem julgar e distinguir o verdadeiro do falso", dizia Descartes.

Montaigne sugeria, gracejando, que todos o têm suficientemente, já que ninguém se queixa de não ter (*Les essais* [Os ensaios], II, 17, p. 657). Descartes concluirá, talvez ironicamente, que "o bom senso é a coisa mais bem distribuída do mundo" e seria "naturalmente igual em todos os homens" (*Discurso do método*, I). Era confundir não apenas o bom senso com a razão, como Descartes fazia explicitamente, mas também o universal, que é de direito, com uma igualdade, que seria de fato. O fato de termos todos a mesma razão, já que só há uma, não prova que temos todos o mesmo tanto nem o bastante. É o que o bom senso sabe muito bem, que o distingue da razão e impede que ele e ela aspirem ao absoluto.

Uma razão absoluta seria de Deus. O bom senso, que é uma razão humana, nos separa dela e a substitui.

bondade (*bonté*) – O que é próprio do homem bom. É menos uma virtude particular do que o encontro, num mesmo indivíduo, de várias virtudes diferentes e complementares: a generosidade, a doçura, a compaixão, a benevolência, às vezes o amor... A existência de tais seres, mesmo que raros, mesmo que imperfeitos, é uma verdade experimental, como a existência de canalhas. A diferença, entre uns e outros, basta para dar à moral seu sentido, mesmo que relativo, e seu móvel.

Note-se que um amor sem bondade – vejam a concupiscência ou a inveja – não é de modo nenhum uma virtude, ao passo que uma bondade sem amor (fazer o bem aos que nos são indiferentes, e até àqueles que detestamos) nem por isso deixa de ser boa. Isso coloca o amor em seu devido lugar, que é o primeiro contanto que tenha bondade.

bravura (*bravoure*) – A coragem diante do perigo, com algo de espetacular que a exalta. "O corajoso tem coragem", dizia Joubert, "o bravo gosta de mostrá-la."

brutalidade (*brutalité*) – Uma propensão à violência. O brutal não carece apenas de doçura (nesse caso, seria apenas violento), mas também de inteligência, de fineza, de controle, de respeito, de compaixão... Triste bruto.

bruxaria (*sorcellerie*) – Uma magia malvada ou ritual. Note-se que o bruxo é do domínio do riso; a bruxa, do domínio do mal. Até a superstição é machista.

budismo (*bouddhisme*) – A doutrina do Buda, que ensina que tudo é dor, e indica os meios de se libertar dela: pela renúncia a si (o sujeito é apenas uma ilusão), à estabilidade (tudo é impermanente), à carência (tudo está presente) e até à salvação (*nirvana* e *samsara* são uma só e mesma coisa).

O Buda não é um deus e não reivindica nenhum. Seu ensinamento é menos uma religião do que uma espiritualidade, menos uma filosofia do que uma sabedoria, menos uma teoria do que uma prática, menos um sistema do que uma terapia. Quatro boas razões para os filósofos se interessarem por ele.

burocracia (*bureaucratie*) – O poder dos escritórios [em francês, *bureaux*], isto é, por metonímia, dos que trabalham neles. Opõe-se nisso à democracia (os escritórios não são o povo) mas também, mais geralmente, ao poder político. É o que distingue a burocracia da administração. A administração serve ao soberano; a burocracia lhe desserve, serve-se dele ou o substitui.

A característica da burocracia é ser impessoal e irresponsável. Um burocrata sempre pode substituir outro. Mas quem poderia derrubar a burocracia? Essas pessoas não foram eleitas; o que lhes importam os eleitores?

Isso não impede que os burocratas também sejam indivíduos, que devem responder pessoalmente por seus atos. O regulamento não desculpa tudo, nem a obediência, nem a hierarquia. Eichmann era um burocrata.

burrice (*bêtise*) – Falta de inteligência. Noção, por natureza, relativa. A burrice, como a inteligência, é utilizada apenas por comparação e graus. O que dá uma chance aos imbecis (sempre há alguém mais burro que eles) e aos gênios (sempre há neles alguma burrice a superar). "Que burro eu fui!", dizemos tantas vezes. Isso não supõe que já não somos burros, mas que o somos menos.

C

cadáver (*cadavre*) – Um corpo que foi vivo e que já não o é. Na prática e no sentido próprio só se diz dos animais (humanidade inclusa). É a morte real ou a forma real da morte – o que a separa, apesar de Epicuro, do puro nada. Isso não altera em nada o essencial, que é a vida. A morte me libertará do meu cadáver bem antes de os vermes se encarregarem disso.

cadeia (*chaîne*) – Uma metáfora tradicional, para designar uma série ininterrupta. Por exemplo, quando Descartes, no *Discurso do método*, evoca "essas longas cadeias de razões simples e fáceis, que os geômetras costumam usar". Ou quando Voltaire, em seu *Dicionário*, se interroga sobre a "cadeia dos seres criados" (cuja continuidade ele contesta) ou sobre a "cadeia dos acontecimentos", que proíbe que um deles possa se produzir sem causa ou não se produzir. Ela nada mais é, então, que outro nome para designar o destino, a fatalidade ou o determinismo ("uma série de fatos que parecem não se ligar a nada e que se ligam a tudo"). Fala-se também da "cadeia infinita das causas finitas" para designar e, ao mesmo tempo, resumir a interminável proposição 28 do livro I da *Ética* de Espinosa (que não utiliza a expressão): "Uma coisa singular qualquer, em outras palavras, toda coisa que é finita e tem uma existência determinada, não pode existir e ser determinada a produzir um efeito se não é determinada a existir e a produzir esse efeito por outra causa que, ela mesma, é finita e tem uma existência determinada; e por sua vez essa causa também não pode existir e ser determinada a produzir um efeito se não é determinada a existir e a produzir esse efeito por outra que também é finita e tem uma existência determinada, e assim ao infinito." Isso supõe uma causa primeira, mas não no tempo (como a causa da cadeia poderia ser um elo?): isso supõe a potência eterna e infinita da natureza. Não um elo a mais, mas a força imanente e incriada – *causa sui* – que as produz, as anima, as une. Não a *Natureza naturada* (a cadeia infinita das causas finitas: as que também são efeitos), mas a *Natureza naturante* (não os modos finitos, mas os atributos infinitos da substância: ver *Ética*, I, 29, escólio).

cálculo (*calcul*) – *Calculus*, em latim, é uma pedra (donde o sentido médico do termo, por exemplo, um cálculo nos rins ou na vesícula), uma bolinha ou um tento, ou seja, tudo o que pode servir para contar (donde o sentido ordinário: passou-se do instrumento à sua utilização). Calcular é, primeiramente, fazer uma operação com ou sobre números. Por extensão, a palavra designa qualquer operação do espírito que seja passível de um tratamento puramente aritmético, lógico (pela aplicação de regras ou de algoritmos) ou mesmo mecânico: calcular é pensar como uma máquina poderia fazer, pelo menos de direito, ou mesmo como parece fazer (a inteligência artificial). Se pensar é calcular, como queria Hobbes, isso significa que o espírito é uma máquina; é o que chamamos de cérebro. Mas só há espírito pela consciência; é o que o distingue das máquinas de calcular mais eficientes. O computador, que efetua quase instantaneamente as operações mais complexas, não *sabe* contar, já que não sabe que conta. Isso permite outra definição: o cálculo é o pensamento que não se pensa ou o que resta do pensamento quando se põe a consciência – por mecanismo ou por abstração – fora de jogo ou entre parênteses. É economizar o espírito, que fica reservado para tarefas mais elevadas.

"A função de pensar não se delega", dizia Alain. A função de calcular, sim, e é por isso que o cálculo não é o todo do pensamento.

calúnia (*calomnie*) – Caluniar é falar o mal que não existe: a calúnia é uma mentira malevolente ou uma maldade mentirosa. Dupla falta. Mais culpada por isso do que a maledicência (falar o mal que existe), e menos agradável.

canalha (*salaud*) – O nome corriqueiro do malvado, ou antes, do mau. Não faz o mal pelo mal, mas por interesse, por covardia ou por prazer, em outras palavras, por egoísmo: faz mal aos outros, para seu próprio bem. O canalha seria então o egoísta? Não só, porque nesse caso todos seríamos. É o egoísta sem freio, sem escrúpulos, sem doçura, sem compaixão. A vulgaridade da palavra traduz a baixeza da coisa, e se justifica por ela.

Em Sartre, o canalha é o locupleto de ser, aquele que se leva a sério, aquele que se dá crédito, aquele que esquece sua contingência, sua própria responsabilidade, seu próprio nada, aquele que finge não ser livre (é o que Sartre chama de má-fé), enfim que faz o mal, quando acha do seu interesse, estando persuadido da sua inocência ou, se às vezes se sente culpado, de inúmeras circunstâncias atenuantes, que o desculpam.

Essas duas definições se encontram. O que é um canalha? É um egoísta que tem sua consciência tranqüila. Por isso está persuadido de que o canalha é o outro. Ele se autoriza o pior, em nome do melhor ou de si – tanto mais canalha por se crer justificado de sê-lo, e por pensar portanto que não é. Como ele se imporia qualquer tipo de freio? Por que deveria se arrepender? Canalhice: egoísmo de consciência tranqüila e de má-fé.

candura (*candeur*) – Uma forma de credulidade, mas aplicada às coisas humanas. O crédulo não sabe duvidar; o cândido não sabe desconfiar. Defeito mais simpático, porém igualmente perigoso.

cânone[1] (*canon*) – Todo tipo de regra (*kanón* em grego) que pode servir de norma, de modelo ou de referência.

cânone[2] (*canonique*) – É um conjunto de regras para o pensamento ou para o conhecimento. Especialmente, em Epicuro, é o que faz as vezes, ao mesmo tempo, de lógica, de método e de teoria do conhecimento: a exposição dos critérios da verdade (sensação, antecipações, afeições) e dos meios (pela demonstração) de aumentar o conhecimento que dela temos.

cansaço (*fatigue*) – É uma debilitação, duradoura ou passageira, da potência de existir e de agir, em conseqüência de um esforço demasiado intenso ou demasiado longo. Dir-se-ia um desgaste ou um esgotamento do conato, mas que afetaria o corpo ou o cérebro, em vez de a alma. É o que distingue o cansaço da tristeza e o que explica que um e outra tantas vezes andem juntos. Toda tristeza cansa, e não há cansaço, se duradouro, que não entristeça um pouco. O uso e a experiência proíbem, porém, que se confunda absolutamente ambos: nenhum descanso basta para se ter alegria, nenhuma alegria para se ter descanso.

Viver cansa, e o cansaço é utilizado em sentido próprio apenas para os seres vivos. Ele é a entropia de viver. Causa como que um peso de todo o ser: as pernas, a cabeça, as pálpebras, o pensamento... O corpo não é mais que um peso, e o espírito já não é nada. É o triunfo dos imbecis e dos físicos. Uma força obscura – a mesma vida – nos impele para a morte ou para o descanso. Viver cansa e mata. O sono é uma homeopatia da morte.

caos (*chaos*) – Designa um estado de completa desordem, que muitas vezes se supõe original e que poderia também ser último. Por que a ordem daria a última palavra?

Na linguagem científica contemporânea, chama-se *caótico* todo sistema em que uma modificação ínfima das condições iniciais basta para modificar consideravelmente a evolução, de tal sorte que esta escapa, na prática, a qualquer previsão de longo prazo. É portanto um sistema ao mesmo tempo determinista (em teoria) e imprevisível (na prática): o conhecimento que podemos ter do seu estado atual nunca será suficientemente preciso, de fato, para possibilitar a previsão dos seus estados um pouco distantes. É o *efeito borboleta*, tão caro aos nossos meteorologistas: o bater de asas de uma borboleta no México pode desencadear de longe em longe uma tempestade na Europa. Ou o efeito *nariz de Cleópatra*, caro a Pascal: "Se tivesse sido mais curto, toda a face da Terra teria mudado" (*Pensamentos*, 413-162). Note-se que os fenômenos caóticos, por mais imprevisíveis que sejam em certa escala, nem por isso são irracionais. As teorias do caos, muito mais que uma derrota, são uma vitória da razão humana: elas nos permitem compreender que não podemos explicar nem prever tudo.

capital (*capital*) – A riqueza, considerada como meio de enriquecer. Esse círculo diz o essencial. Um capital é o dinheiro que rende, em oposição ao que se ganha (rendimentos) ou se gasta: é uma riqueza criadora de riqueza.

Opõe-se o capital ao trabalho. Com razão: o capital serve principalmente para fazer o dinheiro e os outros trabalhar.

capitalismo (*capitalisme*) – Pode ser definido estrutural ou funcionalmente. Estruturalmente, é um sistema econômico fundado na propriedade privada dos meios de produção e de troca, e regulado, por assim dizer, ou desregulado pela liberdade do mercado (inclusive do mercado de trabalho: é o que se chama de trabalho assalariado). Essa definição deságua numa tautologia, que não é isenta de conseqüências: uma empresa pertence a quem ou àqueles que a possuem, em outras palavras, aos acionistas. Dizer que ela está a serviço dos seus clientes ou dos seus assalariados, como se diz em quase toda parte, não passa de um amável resumo que cala o essencial: ela está mais ou menos a serviço dos seus assalariados (digamos que tende a satisfazê-los mais ou menos, nem que seja pagando-lhes um salário) apenas por ser essa a única maneira de satisfazer seus clientes; e ela está a serviço dos seus clientes somente por ser a única maneira de satisfazer duradouramente o acionista. Assim está orientado o célebre triângulo: os clientes e os assalariados estão na base; os acionistas, no topo.

O capitalismo também pode ser definido de outro ponto de vista, não mais estrutural, mas funcional: é um sistema que serve para fazer mais dinheiro com o dinheiro. Se você tem um milhão de euros debaixo do colchão, em notas ou em lingotes, você é certamente uma pessoa rica, imprudente, imbecil, mas nem por isso é um capitalista: seu dinheiro não rende nada, sua riqueza não cria riqueza. Se você tem 1.000 euros em ações, certamente você não é uma pessoa rica, mas já é, no seu pequeno nível, um capitalista: seu dinheiro o enriquece. Assim, a acumulação do capital faz parte da sua definição.

Que a riqueza vá principalmente para os ricos, numa sociedade destas, é mais ou menos inevitável. Seu objetivo é o lucro, não a justiça. É o que torna o capitalismo moralmente insatisfatório e economicamente eficaz. A política tenta impor uma espécie de equilíbrio entre essa insatisfação e essa eficácia. Não contemos com o mercado para ser justo em nosso lugar. Nem com a justiça para criar riquezas.

capricho (*caprice*) – Vontade sem razão, sem duração ou sem força. A infância é a idade dos caprichos; e o capricho, num adulto, é um sinal de infantilidade.

caráter (*caractère*) – É em primeiro lugar um cunho (*kharaktér*, em grego, é o gravador de medalhas ou de moeda), uma marca indelével, um sinal permanente ou distintivo. A palavra designa por isso o conjunto das disposições permanentes ou habituais de um indivíduo (seu *éthos*), em outras palavras, sua maneira de sentir e de se ressentir, de agir e de reagir – sua maneira particular de ser si. "É o que a natureza gravou em nós", dizia Voltaire. Eu não iria tão longe. O caráter me parece mais individualizado e evolutivo do que o temperamento, e menos do que a personalidade. Eu diria: o temperamento de um indivíduo é o que a natureza fez dele; seu caráter é o que a história fez do seu temperamento; sua personalidade é o que ele fez, e não cessa de fazer, com o que a história e a natureza fizeram dele. O caráter remete ao passado, logo a tudo o que, em nós, já não depende de nós. Temos de conviver com isso, como se diz, e é por isso que, de acordo com uma fórmula célebre de Heráclito, "o caráter de um homem é seu demônio" ou seu destino: porque ele é aquilo que nele escolhe, e que ele não escolhe.

Kant distingue, para todo ser humano, um *caráter empírico* e um *caráter inteligível* (*Crítica da razão prática*, Exame crítico da analítica). O caráter empírico está submetido às condições do tempo, logo da causalidade; ele é totalmente determinado (pelo passado) e determinante (para o futuro), a tal ponto que, se o conhecêssemos suficientemente, seria possível "calcular a conduta futura de um homem com tanta certeza quanto um eclipse lunar ou solar". O caráter inteligível, ao contrário, escapa das condições do tempo e, portanto, do encadeamento causal dos fenômenos: é a escolha absolutamente livre que cada um faz de si ("o caráter que ele se dá a si mesmo", escreve Kant). Resulta daí que o mesmo indivíduo é ao mesmo tempo totalmente determinado (como fenômeno) e totalmente livre (como coisa em si). A conjunção dos dois, é claro, é impossível de compreender ou explicar. No entanto, mesmo que concedêssemos isso a Kant, não vemos como um indivíduo poderia escolher a si mesmo – já que, para fazê-lo, ele tem de existir antes. O caráter inteligível, mesmo que considerado em si, permanece ininteligível.

cardeais, virtudes (*cardinales, vertus*) – São as quatro virtudes principais da tradição, as que carregam ou sustentam (*cardo*, em latim, é o gonzo) todas as outras: a prudência ou sabedoria prática (*phrónesis*), a temperança, a coragem ou força de alma, a justiça. Não quer dizer que elas bastem: falta abrir a porta.

caridade (*charité*) – O amor desinteressado ao próximo. Vem a calhar: o próximo nem sempre é interessante.

Como o próximo, por definição, é qualquer um, a caridade, em seu princípio, é universal. É o que a distingue da amizade, que é inseparável da escolha ou da preferência (Aristóteles: "Não é um amigo quem é amigo de todos"). Os amigos nós escolhemos, o próximo não. Amar seus amigos não é amar qualquer um, nem amá-los de qualquer maneira: é preferi-los. A caridade seria antes uma *dileção* sem *predileção*. Não confundi-la com a filantropia, que é o amor à humanidade, em outras palavras, a uma abstração. A caridade tem por objeto apenas os indivíduos, em sua singularidade, em sua concretude, em sua fragilidade essencial. É amar qualquer um, mas na medida em que é qualquer um; é regozijar-se com a existência do outro, seja o que ele for, mas tal como ele é.

O que nos separa dele é o *eu*, que só sabe amar a si (egoísmo) ou para si (concupiscência). Isso aponta o caminho. "Amar um estranho como a si mesmo implica uma contrapartida", escreve Simone Weil: "amar a si mesmo como um estranho." Tem razão quem diz que *Caridade bem ordenada por nós é começada*, mas costuma-se tomar o dito ao revés. A caridade começa quando cessamos, se é que isso é possível, de *nos preferir*.

carpe diem (*carpe diem*) – É uma fórmula de Horácio, em latim, que poderíamos traduzir por "colha o dia". Nossa época hedonista e veleidosa vê nela o sumo da sabedoria. Deveríamos viver o instante, aproveitar o momento presente, desfrutar dos prazeres conforme vão aparecendo... Claro, não contesto que existe nela como que uma sabedoria mínima. Mas daí a crer que o *farniente* e a gastronomia poderiam fazer as vezes de filosofia há, apesar de tudo, um passo que é melhor não dar. Epicurismo? De fato, há ecos dele em Horácio, nem sempre tão sorridentes como se imagina, mas voltados, quase inevitavelmente, para os prazeres mais próximos, mais fáceis ou mais materiais. Por exemplo na fórmula famosa: *Edite, bibite, post mortem nulla voluptas* (comam, bebam, depois da morte já não há prazer). Tudo isso é bem verdade, mas um pouco sumário. Viver no instante? Não é possível. Viver no presente? É o único caminho, já que não há outro. Mas o presente não é um instante: é uma duração, que não se pode habitar, mostrava Epicuro, sem uma relação deliberada com o passado e o futuro. Gozar? O máximo possível. Mas isso não nos diz o que fazer da nossa vida quando ela não é agradável, quando a dor ou a angústia nos vencem, quando o prazer é diferido ou impossível... Colha o dia, portanto, mas não renuncie por isso à ação, nem à duração, nem a esses prazeres espirituais que Epicuro, no fim da *Carta a Meneceu*, chamava de "bens imortais". É que eles concernem ao verdadeiro, que não morre. *Carpe aeternitatem*.

cartesiano (*cartésien*) – De Descartes, ou digno de sê-lo. Designa comumente um gosto ou um talento particulares pela ordem metódica, pelo rigor, pela clareza. A palavra, em nossos dias, às vezes é empregada com um sentido desfavorável, como se o rigor excluísse a intuição, como se a ordem e a clareza supusessem fechar os olhos à obscura complexidade de tudo. É esquecer que há obscuridade apenas para um olhar, complexidade apenas para uma inteligência, enfim que uma intuição vale apenas pelo uso que dela se faz. O que há de mais perturbador, em Descartes, não é o método, é a coragem.

casal (*couple*) – Dois indivíduos que se amam ou que vivem juntos (a disjunção, aqui, é inclusiva: amor e coabitação não são incompatíveis), que geralmente compartilham a mesma moradia, a mesma cama, a mesma intimidade, as mesmas ocasiões de prazer e de dor, as mesmas preocupações, as mesmas esperanças, enfim o essencial do que pode compartilhar quem se ama e, até, às vezes, quem já não se ama. É a forma mais corriqueira do amor. Por isso, tanto quanto o amor dura, é quase sempre uma amizade, muito mais que uma paixão, um prazer, muito mais que um sofrimento, uma alegria, muito mais que uma carência, uma doçura, enfim, muito mais que um arrebatamento. É preciso ser jovem demais, ou tolo demais, para lamentá-lo. Enamorar-se está ao alcance de qualquer um; amar é mais difícil, e é por isso que o casal é difícil.

Que existem casais infelizes, pesados, sufocantes, casais sem amor, outros cheios de ódio e desprezo, é o que ninguém ignora. É como uma prisão de um tipo muito particular, à qual o preso leva sua comida, em que o outro fornece a cama e as grades... Mas o fracasso, tão freqüente quanto possa ser ou é, não basta para defini-lo. Lê-se melhor a essência do casal em seus êxitos: é o amor mais íntimo, mais cotidiano, mais lúcido, e talvez o único capaz de nos consolar dos seus fracassos.

O casal supõe uma intimidade sexual vivida na duração, que praticamente só ele possibilita e que o torna especialmente precioso e perturbador. Como conhecer de fato aquele ou aquela com quem nunca se fez amor, ou só algumas vezes, como que de passagem, como que por acaso? E o que há de mais forte, de mais delicioso, do que fazer amor com o seu ou a sua melhor amigo(a)? É o que se chama casal, quando é feliz.

"Ninguém pode me conhecer melhor do que você." Este verso de Éluard diz a verdade bem-sucedida do casal: que ele é lugar de encontro do prazer, do amor e da verdade. Não é porque você não gosta disso, que precisa desagradar aos outros.

Talvez tenha sido Rilke quem encontrou as palavras mais adequadas: "duas solidões se protegendo, se completando, se limitando e se inclinando uma diante da outra". Auguste Comte via no casal o início da vida social, e é também o início da vida pura e simples. Trata-se de permitir "a ação da mulher sobre o homem" (como é ainda Comte quem diz, mas a mesma idéia já se encontrava em Lucrécio), que nos salva mais ou menos da barbárie. O casal é a civilização mínima – o contrário da guerra, o antídoto da morte. Alain, que foi solteiro durante muito tempo, compreendeu: "Finalmente, é o casal que salvará o espírito."

castidade (*chasteté*) – Não confundir com a continência, que é apenas um estado de fato. A castidade seria uma virtude: a que triunfa sobre a concupiscência, especialmente no domínio sexual. Mas esse triunfo é mesmo necessário? E é possível alcançá-lo de outro modo ou melhor que pela satisfação reiterada do desejo? Vejam como somos castos depois do amor. É antes domesticar a fera do que domá-la, e é melhor assim.

casuística (*casuistique*) – O estudo dos casos e, em especial, dos casos de consciência. A palavra, desde Pascal, vale quase sempre como condenação, por causa do abuso que os jesuítas fizeram da coisa: não passaria de sutilezas complacentes ou hipócritas, de sofismas cômodos, de artifícios vantajosos ou covardes – em suma, da arte de se inocentar sem grande custo. O fato é que, para cumprir com o seu dever, raramente se necessita de tal orgia de análises e de distinções. Mas tampouco é verdade que a lei moral basta para tudo; há que aplicá-la aos casos particulares, o que requer um pouco de reflexão e de experiência: é para isso que serve a casuística, no bom sentido do termo, como moral aplicada e pedagogia do juízo.

catarse (*catharsis*) – Em grego (*cátharsis*), é a purificação, a purgação, a soltura por evacuação do que estorva ou perturba. Assim, a tragédia seria uma catarse das paixões, segundo Aristóteles, do mesmo modo que a comédia seria uma catarse dos nossos ridículos, segundo Molière, ou que certas psicoterapias pretendem ser catarses das nossas emoções ou dos nossos traumas... É duvidoso, nos três casos, que bastem para tanto.

catecismo (*catéchisme*) – Exposição, de alcance ao mesmo tempo dogmático e pedagógico, de uma religião ou de uma doutrina. A coisa se faz com freqüência por meio de perguntas e respostas, como nos pitorescos catecismos através dos quais Voltaire, em seu *Dicionário*, expôs seu pensamento (catecismo chinês, catecismo do padre, do japonês, do jardineiro...), ou, principalmente, no *Catecismo positivista* de Auguste Comte. Mas dá para sentir que as perguntas estão ali em função das respostas, e não o inverso. Dir-se-ia o esqueleto de um pensamento. É porque ele está morto.

categorias (*catégories*) – São os predicados mais gerais que podem ser atribuídos, num juízo, a um sujeito qualquer: os conceitos fundamentais que servem para pensar o ser (Aristóteles) ou para estruturar o pensamento (Kant). Essas duas utilizações muito mais coincidem do que se opõem; a segunda possibilita a primeira, que a justifica. Se nosso pensamento só pensasse a si, seríamos Deus ou loucos. Mas então já não teríamos necessidade de pensar.

Aristóteles distinguia dez categorias, que são várias maneiras de dizer o ser (já que "o ser se diz em vários sentidos"): de acordo com a substância, a quantidade, a qualidade, a relação, o lugar, o tempo, a posição, a posse, a ação, a paixão (v. esses verbetes). Kant, reivindicando expressamente Aristóteles, contava doze, correspondentes às funções lógicas do juízo, que ele ordenava por grupos de três: as categorias da quantidade (unidade, pluralidade, totalidade), da qualidade (realidade, negação, limitação), da relação (inerência e subsistência, causalidade e dependência, comunidade ou ação recíproca), enfim da modalidade (possibilidade ou impossibilidade, existência ou não-existência, necessidade ou contingência). São os gêneros do ser (Aristóteles) ou os conceitos puros do entendimento (Kant).

categórico (*catégorique*) – Que afirma ou nega sem condição nem alternativa. Um juízo categórico é um juízo que não é nem hipotético nem disjuntivo. Por exemplo: "Sócrates é um homem." Ou: "Esse homem não é Sócrates."

Daí, em Kant, a noção de *imperativo categórico*: é o que comanda absolutamente, de maneira incondicional e sem escapatória ("Não minta"). Todos se reduzem a um só, que é este: "Aja unicamente de acordo com a máxima que faz que você possa querer ao mesmo tempo que ela se torne uma lei universal" (*Fundamentos*..., II). É a lei que a vontade impõe a si mesma, ou deve se impor, na medida em que é legisladora. Todo homem é livre para violá-la, mas só é autônomo respeitando-a.

causa (*cause*) – O que produz, acarreta ou condiciona outra coisa, em outras palavras, o que permite explicá-la: sua condição necessária e suficiente, se é que há uma, ou o conjunto das suas condições.

Uma causa é o que responde à pergunta "*por quê?*". Como se pode responder de vários pontos de vista diferentes, há diferentes tipos de causa. Aristóteles distinguia quatro: a causa formal, a causa material, a causa eficiente, a causa final (*Metafísica*, A, 3; *Física*, II, 3 e 7). Seja, por exemplo, esta estátua de Apolo. Por que ela existe? Claro que porque um escultor esculpiu-a ou moldou-a (é sua causa eficiente: por exemplo, Fídias). Mas não existiria, pelo menos tal como é, sem a matéria de que é feita (é sua causa material: por exemplo, o mármore), nem sem a forma que ela tem ou é (não a suposta forma de Apolo, que ninguém conhece, mas a forma real da própria estátua: é sua causa formal, sua essência ou qüididade), nem enfim sem o objetivo em vista do qual foi esculpida (que é portanto sua causa final: por exemplo, a glória, a devoção ou o dinheiro). Os modernos, dessas quatro causas, só retêm a causa eficiente. Crêem tão-somente na ação, que não precisa de crer.

causalidade (*causalité*) – É uma relação entre dois seres ou dois acontecimentos, de tal modo que a existência de um acarrete a do outro e a explique.

A causalidade costuma ser deduzida da sucessão: se cada vez que um fenômeno *a* aparece, o fenômeno *b* o segue, conclui-se que *a* é a causa de *b*, que seria seu efeito. É passar da constatação empírica de uma conjunção constante (na nossa escala) à idéia de uma conexão necessária. Hume não teve dificuldade para mostrar que essa passagem é intelectualmente mal fundada. Porque uma sucessão, por mais repetida que seja, não poderia, a rigor, provar nada: a idéia de uma conexão necessária, entre a causa e o efeito, é apenas o resultado em nós de um hábito muito forte, que nos impele a passar, quase inevitavelmente, da idéia de um objeto à idéia de outro objeto que o precede ou o segue. A causalidade não aparece no mundo (entre as coisas), mas no espírito (entre as idéias). Ou aparece no mundo, precisaria Kant, somente porque está antes no espírito: é uma categoria do entendimento, que não poderia vir da experiência, já que a torna possível.

Só é possível escapar do empirismo pelo transcendental; do transcendental, pelo empirismo ou pelo materialismo.

Qualquer que seja o estatuto da idéia de causalidade (*a priori* ou *a posteriori*), devemos conceder a esses dois autores que a causalidade como tal nunca é percebida – só percebemos sucessões ou simultaneidades – nem demonstrada. É talvez o que explica que as ciências modernas, como Auguste Comte notara, se interessem menos pelas *causas* do que pelas *leis*. É renunciar ao *porquê*, para já não dizer mais que o *como*, e preferir a *previsão* à *explicação*. A ação se satisfaz com isso; o espírito, não. Pois qual é a causa das leis?

causalidade, princípio de (*causalité, principe de*) – O princípio de causalidade estipula que todo fato tem uma causa e que, nas mesmas condições, a mesma causa produz os mesmos efeitos. É apostar na racionalidade do real e na constância das suas leis. Aposta sem prova, como todas elas são, e até hoje sem fracasso.

Não confundir o princípio de causalidade com o determinismo absoluto, que supõe não apenas a constância das leis da natureza mas também a unidade e a continuidade das séries causais no tempo, de tal sorte que um estado dado do universo decorra dos seus estados anteriores e acarrete necessariamente a totalidade dos seus estados posteriores (é por isso que o determinismo, nesse sentido forte, é na verdade um predeterminismo: tudo está jogado ou escrito de antemão). O indeterminismo, do mesmo modo, não supõe uma violação do princípio de causalidade, mas simplesmente a pluralidade e a descontinuidade das cadeias causais. Assim, em Lucrécio, o clinâmen não é desprovido de causa (sua causa é o átomo); mas é desprovido de causa antecedente: é um puro presente, que nenhum passado explica nem continha. Ele se produz *incerto tempore, incertisque locis* (é indeterminado no espaço e no tempo). Como nota Marcel Conche, "o princípio de causalidade nem por isso é contradito, porque, como tal, ele não implica que toda causa deva produzir seu efeito sob condições de lugar e de tempo". É por isso que o clinâmen vem quebrar "o destino dos físicos" (o predeterminismo), mas não a racionalidade do real (a causalidade).

Note-se que toda causa, sendo ela própria um fato, tem de ter uma causa, que por sua vez tem de ter uma, e assim ao infinito. É o que se chama, a propósito de Espinosa, a cadeia infinita das causas finitas (*Ética*, I, prop. 28). O determinismo supõe a continuidade dessa cadeia; o indeterminismo, sua descontinuidade. Há mais, porém. De um ponto de vista metafísico, a aplicação indefinidamente reiterável do princípio de causalidade parece exigir – se se quiser escapar da regressão ao infinito – uma causa primeira, que não teria causa ou causa de si. O princípio de causalidade, considerado absolutamente, leva assim à sua própria violação (uma causa sem causa) ou ao círculo vicioso (uma causa que causaria a si mesma). Se Deus é causa de tudo, qual é a causa de Deus? Se não há Deus, qual a causa de tudo?

causa sui (*causa sui*) – Causa de si. A noção é evidentemente paradoxal: ela se aplica legitimamente apenas ao livre-arbítrio e a Deus, se é que eles existem, ou ao Todo, se é que ele é necessário. "Entendo por *causa de si*", escreve Espinosa, "aquilo cuja essência envolve a existência; em outras palavras, aquilo cuja natureza não pode ser concebida a não ser como existente." São as primeiras linhas da *Ética*, que começa, portanto, por um abismo. Como causar a si, já que, para ser capaz disso, seria necessário já existir, logo já não precisar de causa? Mas é passar ao largo do essencial, que é a eternidade, que é a necessidade (ser causa de si é existir "pela simples necessidade da sua natureza": *Ética*, I, 24, dem.), que é a imanência, que é "a afirmação absoluta da existência de uma natureza qualquer" (primeiro escólio da *Ética*), que é a potência de existir de tudo, como o conato da natureza ou "a própria autoprodutividade do Real" (esta última expressão é de Laurent Bove a propósito de Espinosa). Um abismo? Se quiserem, mas absolutamente cheio: abismo do ser, não do nada, e que constitui como que um cimo insuperável. "A *causa sui* não é um princípio abstrato", salienta Laurent Bove: "ela é a posição do real (em sua essência idêntica à sua potência) como 'afirmação absoluta' ou como autonomia" (*La stratégie du conatus*, Vrin, 1996, p. 7). É a potência de existir de tudo, ou do Todo, sem o que nenhuma causa jamais seria possível.

caverna, mito da (*caverne, mythe de la*) – Sem dúvida o mito mais célebre de Platão. Encontra-se no livro VII da *República*. O que descreve? Prisioneiros acorrentados numa caverna, de costas para a luz, incapazes até de virar a cabeça: só podem enxergar a parede rochosa diante deles, na qual um fogo que eles não vêem projeta suas sombras, assim como a de objetos confeccionados ou factícios que fazem passar diante deles... Como nunca viram outra coisa, tomam essas sombras por seres reais, de que falam seriamente. Mas eis que um desses prisioneiros é forçado a sair: fica ofuscado, a tal ponto que, de início, não consegue distinguir nada; tem de voltar para a caverna, e agora a escuridão é que o cega... Assim somos: conhecemos apenas as sombras do real, nosso sol é como esse fogo, ignoramos tudo do mundo verdadeiro (o mundo inteligível) e do sol verdadeiro que o ilumina (a Idéia do Bem). Os raros dentre nós que se aventuram a contemplar o mundo inteligível passam de uma ofuscação, quando sobem em direção às Idéias, a um obscurecimento, quando descem de volta à caverna... Por isso são julgados ridículos: é bem possível até que, se quiserem incitar os outros a sair, sejam mortos.

A que visa esse mito? A nos fazer compreender que o essencial – o Verdadeiro, o Bem: a unidade dos dois – está em outro lugar, que ele se oferece apenas ao pensamento, e com a condição de nos arrancarmos do mundo sensível. É o mito idealista por excelência, o que condena o real, o que desvaloriza o corpo e a sensação, o que só crê no outro mundo, na transcendência, nas Idéias – na morte. O sucesso dessa fábula, entre os filósofos, é sobremodo esclarecedor da repulsão ordinária que têm pelo real.

celeratez (*scélératesse*) – Maneira de agir de um celerado, isto é, de um criminoso ou, em geral, de um canalha. (A palavra é útil porque canalhice tem outro sentido: uma canalhice é o ato do canalha; a celeratez, seu caráter ou sua disposição.)

certeza (*certitude*) – Um pensamento é certo quando não dá margem alguma à dúvida.

Distinguiremos a certeza subjetiva, que é apenas um estado de fato (eu ser incapaz, de fato, de duvidar desta ou daquela proposição, não basta para provar que ela é verdadeira), da certeza objetiva, que seria uma necessidade lógica ou de direito (se tal proposição, ou tal demonstração, é em si mesma ou objetivamente indubitável). Mas esse segundo tipo de certeza, que seria a única absolutamente satisfatória, na verdade supõe o primeiro, e é por isso que ela não o é. Marcel Conche, numa frase e a propósito de Montaigne, disse o essencial: "A certeza de que há certezas de direito nunca é mais que uma certeza de fato." À glória do pirronismo.

ceticismo (*scepticisme*) – O contrário do dogmatismo, no sentido técnico do termo. Ser cético é pensar que todo pensamento é duvidoso – que não temos acesso a nenhuma certeza absoluta. Note-se que o ceticismo, a não ser que se destrua, deve ser incluído na dúvida geral que ele instaura: tudo é incerto, inclusive que tudo seja incerto. À glória do pirronismo, dizia Pascal. Isso não impede de pensar, aliás é o que obriga a pensar sempre. Os céticos buscam a verdade, como todo filósofo (é o que os distingue dos sofistas), mas nunca estão certos de a ter encontrado, nem mesmo que seja possível encontrá-la (é o que os distingue dos dogmáticos). Isso não os aborrece. Não é a certeza que eles amam, mas o pensamento e a verdade. Por isso gostam do pensamento em ato, e da verdade em potência – o que é a própria filosofia, e é nisso que, dizia Lagneau, "o ceticismo é o verdadeiro". Decorre daí que ninguém é obrigado a ser cético, nem autorizado a sê-lo dogmaticamente.

céu (*ciel*) – O mundo visível, mas acima de nós (em grego, *kósmos* e *ouranós*, o mundo e o céu, muitas vezes são sinônimos). Os antigos imaginavam o céu povoado de deuses, que seriam os astros. O uso ficou, mas hoje não é mais que uma metáfora. Isso não significa que seja sempre vazio de sentido. Comentando o *Pai Nosso*, Simone Weil dá ao contrário grande importância ao fato de, segundo a oração, Deus estar no céu: "É o Pai que está no céu. E não em algum outro lugar. Se cremos ter um Pai na terra, não é ele, é um falso Deus" ("À propos du *Pater*", *Attente de Dieu* [Espera de Deus], p. 215). O céu é o que podemos apenas olhar, não podemos possuir ou tocar: assim, as estrelas, a morte ou Deus.

cidadania (*citoyenneté*) – O próprio do cidadão, especialmente o conjunto dos direitos de que ele desfruta e dos deveres que lhe cabem. O primeiro dever é obedecer à lei (aceitar ser cidadão, não soberano). O primeiro direito, participar da sua elaboração ou das relações de forças que tendem a esta (ser cidadão, não sujeito). Duas maneiras de ser livre, no sentido político do termo, e numa cidade não é possível sê-lo de outro modo.

cidadão (*citoyen*) – O membro de uma Cidade, na medida em que participa do poder soberano (senão seria apenas um súdito) e se submete a ele (senão seria rei).

Podem existir Cidades sem democracia. Mas são Cidades sem cidadãos.

cidade (*cité*) – O conjunto dos indivíduos submetidos a uma mesma lei, que é a do soberano. É o poder que define a cidade portanto, e não o contrário. Daí as guerras, as conquistas, e a resistência que suscitam. Trata-se de saber quem manda e quem obedece: quem são os que *fazem a lei*, como se diz, e os que devem submeter-se a ela. A cidade é a comunidade unificada destes últimos. O soberano, daqueles. A República, sua identidade.

ciências (*sciences*) – É melhor falar no plural do que no singular. A ciência não existe: o que há são *as* ciências, e todas são diferentes, por seu objeto ou por seu método. No entanto o plural, aqui como alhures, supõe o singular. Ninguém pode saber o que são *as* ciências se não souber o que é *uma* ciência.

Digamos antes de mais nada o que não é. Não é um conhecimento certo, apesar do que diz Descartes, nem sempre um conhecimento demonstrado (já que uma hipótese pode ser científica, já que não há ciência sem hipóteses), nem mesmo um conhecimento verificável (é mais fácil você verificar se a sua braguilha está fechada do que a não-contradição da matemática, o que ninguém pode fazer: isso não diminui em nada a cientificidade da matemática, nem torna científico seu comportamento indumentário). Não é tampouco um conjunto de opiniões ou de pensamentos, mesmo que fosse coerente e racional – porque nesse caso a filosofia seria uma ciência, o que ela não é nem pode ser.

Toda ciência, no entanto, faz parte do pensamento racional; digamos que é o gênero próximo, de que as ciências são certa espécie. Resta encontrar suas diferenças específicas. O que é uma ciência? É um conjunto de conhecimentos, de teorias e de hipóteses referentes ao mesmo objeto ou ao mesmo domínio (por exemplo, a natureza, os seres vivos, a Terra, a sociedade...), que ela constrói mais do que constata, historicamente produzidos (toda verdade é eterna, nenhuma ciência o é), logicamente organizados ou demonstrados, tanto quanto podem sê-lo, coletivamente reconhecidos, ao menos pelos espíritos competentes (é o que distingue as ciências da filosofia, na qual os espíritos competentes se opõem), enfim – salvo no caso da matemática – empiricamente falsificáveis. Se acrescentamos a isso que as ciências se opõem geralmente à opinião (um conhecimento científico é um conhecimento que se oferece por si mesmo), podemos arriscar uma definição simplificada: *uma ciência é um conjunto ordenado de paradoxos testáveis e de erros retificados.* O progresso faz parte da sua essência; não é que as ciências progridam de certeza em certeza, como às vezes se acredita, mas porque elas se desenvolvem por "conjeturas e refutações".

Karl Popper, de quem tomo emprestada esta última expressão, lutou longamente, numa época em que isso era necessário, para mostrar que o marxismo e a psicanálise não são ciências (nenhum fato empírico é capaz de refutá-las). Tinha razão, evidentemente. Mas essa irrefutabilidade, que reprova a maioria dos marxistas e dos psicanalistas, não pode valer como refutação, ou refuta apenas a pretensa cientificidade das duas teorias em questão. Evite-se concluir daí que marxismo e psicanálise não têm interesse ou verdade. Nem tudo o que é científico é verdadeiro, nem tudo o que é verdadeiro (ou possivelmente verdadeiro) é científico: a noção de erro científico não é contraditória, a da veracidade científica não é pleonástica. É por isso que a filosofia é possível, e as doutrinas são necessárias.

cientificismo (*scientisme*) – A religião da ciência, ou a ciência como religião. É querer que as ciências digam o absoluto, quando só podem alcançar o relativo, e comandem tudo, quando elas sabem apenas descrever ou (às vezes) explicar. É erigir a ciência em dogma, e o dogma em imperativo. Que restaria das nossas dúvidas, da nossa liberdade, da nossa responsabilidade? As ciências não estão submetidas nem à vontade individual nem ao sufrágio universal. Que restaria das nossas escolhas? Que restaria das nossas democracias? O matemático Henri Poincaré, contra essa tolice perigosa, disse o que era preciso dizer: "Uma ciência sempre fala no indicativo, nunca no imperativo." Ela diz o que é, no melhor dos casos, com muito maior freqüência do que diz o que parece ou pode ser, às vezes o que será, mas nunca o que *deve* ser. É por isso que ela não faz as vezes nem da moral, nem da política, nem – muito menos – da religião. É o que o cientificismo desconhece, e o que o condena. O positivismo seria mais estimável, pensando bem.

cinestesia (*kinesthésie*) – Sensação, para um indivíduo, dos movimentos do seu próprio corpo (de *kineîn*, mover-se, e *aísthesis*, sensação). Sem dúvida, uma das origens, com a sensação de esforço, da consciência de si. Movo-me, logo sou.

cinismo (*cynisme*) – A recusa das convenções, dos grandes princípios ou dos bons sentimentos. Ser cínico, no sentido filosófico, é recusar-se a confundir o real e o bem, o ser e o valor, em outras palavras, "o que se faz", como dizia Maquiavel, e "o que se devia fazer" (*O príncipe*, XV). No sentido trivial, é ter por alvo unicamente a eficácia, sem se preocupar com a moral nem com a ideologia. Costuma-se considerar o cinismo uma forma de impudor; pode ser também uma forma de lucidez: a recusa de fingir ou se iludir.

Antes de ser um defeito ou de ser considerado como tal, o cinismo foi primeiro uma escola de virtude, talvez a mais exigente que já existiu. Filosoficamente, é um dos dois elos – com a escola megárica – que leva de Sócrates ao estoicismo, e como tal uma das correntes mais importantes de toda a filosofia antiga. A escola, inspirada por Antístenes (que foi discípulo de Sócrates), é dominada pela bela figura de Diógenes, que foi discípulo de Antístenes. É um nominalismo radical. Nenhuma abstração existe, nenhuma lei vale, nenhuma convenção importa: só há indivíduos e atos. Daí uma independência feroz, que não reconhece virtude que não seja livre e liberdade que não seja virtuosa. É dominar em si a besta ou a besteira. Ascetismo? Certamente, mas sem pudicícia. O mesmo Diógenes, que abraçava no inverno estátuas geladas para se enrijecer, não hesitava em se masturbar em público. Ele considerava a hipocrisia mais culpada que o prazer; e o prazer, mais sadio que a frustração. É também o mesmo que por Alexandre nutriu apenas desprezo. Liberdade, sempre. Verdade, sempre. Por que esconder o que não é um mal? Por que adorar o que não é um bem?

O cinismo antigo (o de Diógenes ou Crates) e o cinismo moderno (o de Maquiavel) têm em comum uma mesma disjunção das ordens: o verdadeiro não é o bem, o que se faz não poderia fundar o que se deveria fazer, como tampouco o dever poderia substituir a eficácia. Pouco importa por conseguinte se se privilegia a virtude moral, como Diógenes, ou a eficácia política, como Maquiavel. O essencial é não confundi-las e não renunciar nem a uma nem à outra.

O cínico se recusa a confundir seus desejos com a realidade, bem como a ceder sobre a realidade dos seus desejos. Ele se recusa a adorar o real: a ação lhe serve de prece. Não crê em nada, mas não precisa crer para querer. A vontade lhe basta. A ação lhe basta.

Foram apelidados de cães, porque ensinavam no ginásio de Cinosarges (*Kynosarges*, o cão ágil) e desdenhavam qualquer forma de pudor. Fizeram do cão seu emblema. "Sou mesmo um cão", dizia Diógenes, "mas um cão de raça, dos que zelam por seus amigos." Virtude cínica: virtude sem fé nem moral, mas não sem fidelidade nem coragem.

círculo (*cercle*) – A figura geométrica é do domínio da matemática. Quando os filósofos falam de círculo, é quase sempre por metáfora, não para designar uma figura, mas um erro lógico (é então sinônimo de *dialelo*). Um pensamento é circular quando supõe o próprio pensamento que pretende demonstrar. Um bom exemplo é o que se chama, desde Arnauld, de *círculo cartesiano*. Descartes, para garantir a validade das nossas idéias claras e distintas, necessita de um Deus onipotente não trapaceiro, cuja existência e veracidade procura demonstrar. Mas suas demonstrações só valem se nossas idéias claras e distintas forem confiáveis, em outras palavras, se Deus existir e não for trapaceiro: supõem portanto (para ser válidas) aquilo mesmo que pretendem demonstrar (a existência de um Deus veraz). Daí por que o sistema, em seu conjunto, permanece indemonstrável.

É apenas um exemplo entre muitos outros. Todo pensamento dogmático é circular, pois que necessita, para demonstrar o que quer que seja, supor primeiro a validade da razão (em outras palavras, que há demonstrações verdadeiras), o que é por natureza indemonstrável. Não é um motivo para renunciar a pensar. Mas é um motivo, sim, para renunciar ao dogmatismo.

cirenaica (*cyrénaïque*) – Aristipo de Cirene, fundador da escola cirenaica, foi discípulo de Sócrates. Reconhecia uma só certeza, a sensação, um só bem, o prazer, um só tempo, o presente. Daí uma sabedoria simpática e meio estreita, que é mais uma arte de gozar do que de ser feliz. O cirenaísmo é como um epicurismo antecipado, mas que se encerraria no corpo e no presente: é um sensualismo subjetivista (não conhecemos as coisas, apenas as impressões que elas nos proporcionam) e um hedonismo do instante – muito mais uma estética (de *aísthesis*, sensação) do que uma ética. Sua máxima poderia ser a de Horácio: *carpe diem* (colha o dia). Ou a de Oscar Wilde: "A felicidade não, o prazer!" É renunciar depressa demais à eternidade e ao espírito.

Com Hegésias, a escola desembocará num pessimismo absoluto. É que o prazer é raro ou fraco, e que o presente dura muito... Do que só se escapa pelo suicídio, que Hegésias de fato preconizava, ou pelo pensamento, que não poderia se expandir no instante. A alma também goza, e mais até: será esse o ensinamento de Epicuro, que o obrigará a superar o cirenaísmo.

ciúme (*jalousie*) – Às vezes um sinônimo de *inveja*; quase sempre uma das suas formas ou das suas variantes. O invejoso gostaria de possuir o que não tem e que outro possui; o ciumento quer possuir sozinho o que acredita ser seu. Um sofre com a falta; o outro, com o compartilhar. Usa-se sobretudo em matéria amorosa ou sexual. É que, aqui, toda posse verdadeira é impossível ou ilusória. Isso torna o ciúme mais cruel. Às vezes a inveja se aplaca, seja porque enfim se possui o que se desejava, seja porque a pessoa que era invejada já não o possui. O ciúme não: enquanto permanece o amor, o ciúme se mantém a si mesmo, pela suspeita ou pela interpretação interminável dos sinais. A inveja é uma relação imaginária com o real ("Como eu seria feliz se..."). O ciúme seria antes uma relação real com o imaginário ("Como sou infeliz por..."). A inveja tem mais a ver com a esperança. O ciúme, com o medo. É por isso que os dois andam de mãos dadas, sem se confundir totalmente.

civil (*civil*) – Que diz respeito à cidade ou ao cidadão, não à natureza ou ao Estado. Assim, fala-se do *estado civil* (em oposição ao estado de natureza) ou da *sociedade civil* (em oposição ao Estado, à administração ou aos representantes eleitos). É a dimensão política, mas não politiqueira, da humanidade.

civilidade (*civilité*) – A polidez, na medida em que manifesta a pertinência a uma cidade ou a uma civilização. É o saber viver juntos, até mesmo, e talvez principalmente, sem se conhecer.

civilização (*civilisation*) – O sentido da palavra muda em função do artigo.

A civilização é o conjunto – ao mesmo tempo normativo, evolutivo e hierarquizado – das criações humanas. É o outro da natureza (de que no entanto faz parte) e o contrário da barbárie.

Uma civilização é um subconjunto desse conjunto: é o conjunto das criações humanas (obras, técnicas, instituições, regras, normas, crenças, saberes e experiência...) próprio de uma sociedade dada, pelo que ela se distingue da natureza e das outras sociedades.

Sob a influência das ciências humanas, em especial da etnologia, as duas palavras, *civilização* e *cultura*, tornaram-se, em nossos dias, mais ou menos intercambiáveis. Se quisermos continuar a distingui-las, parece sensato reservar *cultura* à parte mais intelectual da civilização: é tanto mais culto quem melhor conhece a civilização de que faz parte, e as dos outros.

clareza (*clarté*) – É claro o que não opõe obstáculo ao olhar (uma água clara) ou ao pensamento (uma idéia clara). Em filosofia, o que se compreende facilmente, sem outra dificuldade a vencer além da própria complexidade da coisa (o claro nem sempre é simples) ou da sutileza do pensamento (o claro não é necessariamente trivial).

A clareza, quando se escreve, é sempre um risco. Quanto melhor compreenderem você, melhor poderão criticá-lo. É por isso que também é uma virtude: ser obscuro seria uma falta de polidez para com os leitores, ou de coragem ante os adversários.

classe (*classe*) – Um conjunto de elementos num conjunto mais vasto, especialmente de indivíduos – quase sempre considerados de acordo com sua profissão ou sua renda –, numa sociedade. As classes, nesse sentido, são uma abstração (somente os indivíduos existem), mas uma abstração legítima (o indivíduo isolado também é uma abstração: ele só existe com outros) e útil. É uma maneira de enxergar melhor a infinita complexidade do corpo social. A análise teórica coincide aqui com as exigências da luta sindical ou política. Dividir para compreender; reunir para agir. Análise e solidariedade.

O conceito de classe deve muito a Marx, que via na luta de classes o "motor" da história e sua realidade essencial – desde a divisão do trabalho até o advento do comunismo. Que esse motor seja o único, é duvidoso; que ele possa desaparecer, mais ainda. Por que todos os membros de uma sociedade teriam os mesmos interesses? Como estes não seriam determinados, ao menos em parte, por sua posição na sociedade? Como escapariam dos conflitos, das relações de forças, dos choques, dos compromissos? Se os burgueses votam tão comumente na direita, e tanto mais quanto são mais ricos, se os operários votam tão comumente na esquerda, e tanto mais quanto mais são organizados e menos xenófobos, ninguém vai me fazer acreditar que é apenas por acaso, por hábito ou por cegueira. E, se a "classe média" garante atualmente o triunfo do centro (centro-direita, centro-esquerda: que outra coisa vimos no poder, na França, no último quarto de século?), ninguém vai me fazer acreditar que é apenas por amor à média ou ao justo meio.

O erro de Marx não foi falar de luta de classes; foi, antes, querer acabar com ela, sonhar com uma sociedade enfim homogênea e pacificada (o comunismo, sociedade sem classes e sem Estado). Essa utopia fez mais mortos do que a luta de classes, que dá muito mais razões de viver do que de matar, e de agir do que de sonhar.

O erro de muitos liberais, hoje em dia, é pretender que essa luta de classes *já* terminou, que restam somente indivíduos – todos eles rivais, todos eles solidários – na grande mão anônima e benfazeja do mercado. Essa antiutopia também mata, porém mais longe (a miséria, em nossos dias, mata principalmente no Terceiro Mundo) e mais discretamente. O que não é um motivo para nos resignarmos a ela.

Ser fiel a Marx – inclusive contra Marx, e mais ainda contra os que gostariam de enterrá-lo – é antes pensar que a luta de classes não terá fim: que não se trata de suprimi-la mas de organizá-la, mas de regulá-la, mas de utilizá-la. É para isso que servem o Estado, os sindicatos, os partidos. Não haverá progresso de outro modo. Para que um motor, se não for para avançar?

classicismo (*classicisme*) – A estética dos clássicos ou inspirada neles. Caracteriza-se por certo ideal de ordem e de clareza, mas também de unidade, de racionalidade, de equilíbrio, de disciplina, de harmonia, de simplicidade, de estabilidade... É a arte *apolínea* por excelência: a arte que se recusa a entregar-se à embriaguez, às paixões, aos instintos – ao exagero das formas (o barroco) ou dos sentimentos (o romantismo). Trata-se de coibir a tolice e o excesso, que são naturais ao homem, por meio de uma disciplina que não o é. O classicismo é essa ascese. É uma arte de humildade: o artista desaparece em sua obra, assim como a obra no verdadeiro. No fim, não há mais que Deus, que desaparece por sua vez.

clássico (*classique*) – Etimologicamente, designa antes de tudo um autor de primeira ordem (do latim *classicus*, de primeira classe), depois, por uma espécie de contra-senso pedagógico, um autor estudado nas classes: Victor Hugo ou Boris Vian são *clássicos*, nesse sentido, tanto quanto Corneille ou Racine.

Historicamente, a palavra às vezes designa a Antiguidade grega e latina, considerada em sua perfeição, porém quase sempre os que, especialmente em francês e no século XVII, se identificam com ela.

Esteticamente, tudo o que pertence ao classicismo (v.).

clinâmen (*clinamen*) – Palavra latina (*clinamen*) que podemos traduzir por *inclinação*, *declinação* ou *desvio*. No epicurismo, especialmente em Lucrécio, é um desvio ínfimo dos átomos, que os afasta, “num tempo e num lugar indeterminados", da linha reta (*De rerum natura*, II, 216-293). É uma das três causas motoras – com o peso e os choques – que fazem que os átomos estejam em movimento. O clinâmen, inversamente ao que se escreveu tantas vezes, não abole portanto o princípio de causalidade. Ao contrário, é porque "nada nasce de nada", como diz Lucrécio, que somos obrigados a admitir sua existência: o mundo e a liberdade, sem ele, seriam impossíveis (o mundo, porque os átomos cairiam eternamente em linha reta, sem nunca se encontrar; a liberdade, porque cada um seria prisioneiro de um encadeamento contínuo de causas). O próprio clinâmen não tem causa, então? Também não é isso: ele nasce do átomo, que não nasce (e que, portanto, não necessita de causa). A indeterminação do clinâmen não concerne à sua efetuação, mas ao lugar e ao momento em que ela se efetua. Como salienta excelentemente Marcel Conche, "o princípio de causalidade nem por isso é contradito, porque, como tal, ele não implica que toda causa tenha de produzir seu efeito em certas condições de lugar e tempo". O que o clinâmen vem interromper não é portanto a causalidade, mas o encadeamento *contínuo* das causas, pelo qual tanto o presente como o futuro permaneceriam prisioneiros do passado. Cada desvio pertence ao "eterno presente do átomo", como diz ainda Marcel Conche, sem que nenhum passado o determine. É por isso que o clinâmen vem romper o que Epicuro chamava de "o destino dos físicos": é um poder de começar absolutamente uma nova série causal, o que é acaso para os átomos e liberdade para os vivos. Note-se porém que essa liberdade permanece submetida aos movimentos em nós dos átomos, que não pensam. É o que a distingue do livre-arbítrio, que seria uma liberdade absoluta.

cobiça (*convoitise*) – Cobiçar é desejar o que não temos, que gostaríamos de possuir, mais ainda quando outro desfruta ou dispõe do objeto cobiçado. A cobiça começa na carência e culmina na inveja. É aí que o amor a si leva ao ódio ao outro.

coerência (*cohérence*) – O fato de se manter juntos (*co-haerens*), porém num sentido mais lógico do que físico: é coerente o que é privado de contradição. Note-se que a coerência não prova nada, ou só prova a si mesma. Erros bem amarrados e não contraditórios nem por isso deixam de ser erros.

coesão (*cohésion*) – É um par do precedente, mas não é totalmente um sinônimo. A coesão é o fato de se manter juntos, porém num sentido muito mais físico do que lógico: é menos a ausência de contradição do que a ausência de falhas ou choques. Assim, fala-se da coerência de uma teoria, e da coesão de uma sociedade. Isso não prova que a primeira seja verdadeira, nem que a segunda seja justa. Mas uma teoria incoerente é necessariamente falsa. E uma sociedade sem coesão, necessariamente injusta.

cogito (*cogito*) – *Penso*, em latim. No discurso filosófico, é quase sempre uma referência pelo menos implícita a Descartes, em especial ao "*cogito, ergo sum*" dos *Princípios da filosofia* (I, 7), que traduzia exatamente o célebre "penso, logo existo" do *Discurso do método*, escrito diretamente em francês. Designa de ordinário a pessoa humana, como sujeito do seu pensamento. É por isso que é possível recusar o *cogito*: não por negar a existência do pensamento (seria contraditório: negar é pensar), mas por contestar que ele, o pensamento, tenha necessariamente um sujeito. De minha parte, concordando aqui com Nietzsche, eu preferiria a fórmula *cogitatur*: pensa-se, há pensamento. De fato, não é possível concluir do *penso* a existência do *eu*, como tampouco se pode concluir do *chove* a existência de um sujeito do chover. É aqui que se opõem as filosofias do sujeito (Descartes, Kant, Husserl, Sartre...), que levam o *cogito* a sério, e as outras, com que me alinho, que se recusam a crer inteiramente nele.

cognitivas, ciências (*cognitives, sciences*) – São as ciências ou as disciplinas que têm como objeto o conhecimento e os meios do conhecimento. É o caso da neurobiologia, da lógica, da lingüística, da informática ou da inteligência artificial, da psicologia e até da filosofia do espírito, na medida em que se associam para tentar compreender o que é o pensamento ou como funciona. Costuma-se criticá-las por abstrair o sujeito que conhece ou tratá-lo como uma máquina. Mas é que o sujeito não explica nada: tem de ser explicado e só pode sê-lo por outra coisa que não ele mesmo. Dizer que nossos computadores pensam é apenas, claro, uma metáfora. Mas dizer que o cérebro é uma espécie de computador é mais que uma metáfora: é um modelo, que nos ensina mais sobre o pensamento, talvez, do que toda a fenomenologia do mundo.

cognitivismo (*cognitivisme*) – A filosofia das ciências cognitivas, ou o que faz as vezes dela. É considerar o pensamento como um cálculo formalizado (um "processo computacional"), que trata a informação, no interior dessa espécie de computador que é o cérebro, de maneira racional e eficaz. Materialismo? Sem dúvida, mas pensado com base no modelo da inteligência artificial: o pensamento seria o *software* (o programa e sua execução); o cérebro, o *hardware* (a máquina). É menos uma moda do que um modelo.

coisa (*chose*) – Um pedaço qualquer do real, mas considerado em sua duração, em sua estabilidade pelo menos relativa (é o que distingue a *coisa* do *processo* ou do *acontecimento*), e desprovido, pelo menos em princípio, de toda e qualquer personalidade (é o que distingue a *coisa* do *sujeito*).

Coisa diz menos que *substância* (que supõe na maioria dos autores a permanência e a independência: a substância seria uma coisa absoluta; a coisa, uma substância relativa), menos que *objeto* (que só é objeto para um sujeito), menos até que ser (em que entendemos mais a idéia de unidade: "o que não é verdadeiramente *um* ser", dizia Leibniz, "não é tampouco verdadeiramente um *ser*"), enfim, e não obstante a etimologia, menos que *causa* (que seria uma coisa que age ou que produz algum efeito). *Coisa* não diz quase nada, e é por isso que a palavra é tão cômoda quanto insatisfatória. O silêncio, quase sempre, valeria mais.

De ordinário, só se fala de *coisa* a propósito de seres inanimados. Esse uso se impõe especialmente na ordem ética e jurídica (apesar de, filosoficamente, ele ser um tanto hesitante: o *cogito*, em Descartes, se apreende como "uma coisa que pensa"). É o que nos autoriza, com Kant, a distinguir a *coisa* da *pessoa*. A coisa, que não tem direitos nem deveres, pode ser possuída por esta ou aquela pessoa: não passa de um meio, para quem quiser ou puder servir-se dele. Uma pessoa, ao contrário, não poderia ser legitimamente reduzida ao simples status de meio: é um fim em si, que tem direitos e deveres, e que ninguém pode possuir. Uma coisa pode ter um *valor*, que é o objeto possível de uma troca. Somente uma pessoa tem uma *dignidade*, que é o objeto necessário de um respeito. Uma coisa pode ter um preço. Uma pessoa não tem – salvo se a consideram, ou se ela se considera, e sempre indevidamente, uma coisa.

Isso coloca a questão dos animais, que não são pessoas (eles não são sujeitos nem do direito nem da moral), nem totalmente coisas porém, no sentido ordinário do termo (já que são dotados de sensibilidade, se não de consciência ou de personalidade). Uma *coisa*, nesse sentido estrito, seria então o que não é nem animal nem espírito: um pedaço inanimado do real.

coisa em si (*chose en soi*) – Uma coisa, tal como é em si mesma, independentemente da percepção ou do conhecimento que dela podemos ter e, especialmente, em Kant, independentemente das formas *a priori* da sensibilidade (o espaço e o tempo) e do entendimento (as categorias). É uma realidade absoluta, não tal como aparece (não é um fenômeno), mas tal como ela é. Podemos pensar nas mônadas de Leibniz ou nas Idéias de Platão, mas são apenas analogias – a não ser que se recaia no dogmatismo. A coisa em si é, por definição, inconhecível: a partir do momento em que a conhecemos, já não é *em si* mas *para nós*. Podemos no entanto pensá-la, devemos pensá-la aliás (*C. r. pura*, prefácio da 2ª ed. fr.). Se não houvesse coisas em si, como haveria coisas para nós?

Isso não quer dizer, porém, que a coisa em si, em Kant, seja apenas o simples correlato objetivo e indeterminado das nossas representações (*o objeto transcendental = x*), ou o objeto de uma eventual, e para nós impossível, intuição intelectual (o *númeno*). Ela seria antes o que se deve supor para que essas duas noções possam coincidir, ao menos para o pensamento: seria a causa inteligível (não fenomenal) do fenômeno, ou antes – já que a noção mesma de *causa* só pode se aplicar legitimamente aos objetos de uma experiência possível –, seria "a mesma realidade que o fenômeno, mas na medida em que não aparecesse aos sentidos e não fosse modificada pelo espaço e pelo tempo" (Jacques Rivelaygue, *Leçons de métaphysique allemande*, II, p. 142). A noção é, por natureza, misteriosa. Uma coisa em si, nos diz Kant, não é nem espacial nem temporal. Mas como não é possível conhecê-la absolutamente, essa é uma afirmação sem prova. Por que o espaço e o tempo, que são as formas da sensibilidade, não seriam também formas do ser? O kantismo não deixa de ser um dogmatismo, tão duvidoso quanto todos os outros.

cólera (*colère*) – Indignação violenta e passageira. É menos uma paixão do que uma emoção: a cólera nos arrebata e acaba se arrebatando a si mesma. Para superá-la, é melhor começar por aceitá-la. O tempo joga a nosso favor e contra ela.

A cólera nasce quase sempre de um dano injusto, ou que julgamos sê-lo. Assim, há cóleras justas, quando vêm em socorro da justiça. Mas a maioria vem, infelizmente, em socorro do narcisismo ferido: desejo, não de justiça, mas de vingança.

De resto, se há justas e necessárias cóleras, não as há inteligentes. É sua fraqueza e seu perigo: a mais justificada pode desembocar na injustiça. Senão para que necessitaríamos de tribunais, que julgam lenta e serenamente – pelo menos em princípio – a cólera dos homens? Um processo, mesmo medíocre, vale mais que um bom linchamento. Isso diz mais ou menos o que convém pensar da cólera: às vezes necessária, nunca suficiente.

coletivismo (*collectivisme*) – O reinado em tudo da coletividade, em especial da propriedade coletiva. É querer triunfar sobre o egoísmo por meio da lei. Isso explica por que o coletivismo, historicamente, levou ao totalitarismo. É preciso impor pela força o que a moral não consegue obter.

comédia (*comédie*) – Todo espetáculo que diverte ou faz rir. É por isso que a vida é uma comédia, contanto que não a levemos a sério nem a trágico. Mas divertir-se com ela não dispensa ninguém de vivê-la.

cômico (*comique*) – A arte de fazer rir. Distinguem-se vários tipos de cômico: a farsa, que faz rir da bobagem ou bobamente; os trocadilhos, que fazem rir da linguagem; o cômico de caráter, que faz rir da humanidade; o cômico de situação, que faz rir do que se compreende; o cômico do absurdo, que faz rir do incompreensível; o cômico de repetição, que faz rir do mesmo; a ironia, que faz rir dos outros; o humor, que faz rir de si e de tudo... Há também um cômico involuntário, que já não é uma arte mas um ridículo. E além do mais só é engraçado pela arte do observador: é reencontrar o humor (se nos reconhecemos no ridículo que percebemos), a ironia (se não nos reconhecemos) e Molière.

compaixão (*compassion*) – É o sofrimento com o sofrimento do outro. Muito próxima, nisso, da piedade, mas sem a espécie de condescendência que esta última, quase inevitavelmente, comporta ou sugere. A compaixão, diria eu de bom grado, é a piedade entre iguais. Muito próxima também, e por isso mesmo, da *commiseratio* espinosista (que costuma ser traduzida por piedade: "uma tristeza que acompanha a idéia de um mal ocorrido com outro, que imaginamos ser semelhante a nós", *Ética*, III, def. 18 dos afetos), porém ainda mais, creio eu, da *misericordia*, que é melhor traduzir por *compaixão* ou por *simpatia* do que por *misericórdia* ("um amor, na medida em que afeta o homem de tal sorte que ele se regozija com o bem alheio e é afligido pelo mal alheio", *ibid.*, def. 24 dos afetos). Entre essas duas noções, Espinosa, curiosamente, não percebe nenhuma diferença, "a não ser talvez que a piedade concerne a um afeto particular e a compaixão a uma disposição habitual a senti-la" (*ibid.*, def. 18, explic.). Eu diria antes que a piedade é um sentimento, que só conhece a tristeza, enquanto a compaixão é uma virtude, que também sabe se regozijar. Vejam as lágrimas do Buda, quando descobre o sofrimento, e seu sorriso, quando ensina a libertar-se dele. É a grande virtude do Oriente budista; ela se parece com a caridade dos cristãos, porém mais realista e mais bem atestada.

comparação (*comparaison*) – Comparar é associar na linguagem e pela linguagem dois objetos diferentes: seja para salientar suas semelhanças ou dessemelhanças, seja para evocar um, poeticamente, pela invocação do outro. Se essa comparação permanece implícita, trata-se então de uma metáfora. Se o objeto evocado é abstrato, de um símbolo.

complexo (*complexe*) – Como adjetivo, qualifica todo conjunto que resiste, por causa da sua composição, a uma compreensão imediata (com uma nuance algo enfática, que o distingue do "complicado"). Como substantivo, pode designar esse conjunto mesmo. A palavra serve principalmente, em psicologia ou em psicanálise, para designar um grupo de representações conscientes ou inconscientes (desejos, fantasias, traumatismos...), "ligadas entre si", como diz Freud, "e carregadas de afeto". É o caso do complexo de Édipo ou do complexo de castração. Não é uma doença; é uma estrutura da personalidade.

Na linguagem corrente ("ser complexado"), costuma designar um sentimento de inferioridade ou de insatisfação.

Em todos esses sentidos, a palavra se opõe à simplicidade, que é um estado de fato, uma conquista ou uma virtude.

comportamento (*comportement*) – Maneira de agir ou de reagir, na medida em que pode ser apreendida do exterior. Opõe-se a *movimento* ou *motivação*, e mais geralmente a tudo o que só pode ser apreendido subjetivamente ou do interior. Assim, em Pascal: "Para saber se é Deus que nos faz agir, é bem melhor nos examinarmos por nossos comportamentos exteriores do que por nossos motivos interiores." Desde Watson e Piéron, chama-se "psicologia do comportamento" (ou às vezes *behaviorismo*, do inglês *behavior*, conduta, comportamento) a que, querendo-se objetiva, se funda apenas em dados observáveis do exterior. Por isso ela se veda todo e qualquer recurso à introspecção, aos sentimentos e até à própria consciência: ela só conhece estímulos e reações. É querer apreender o espírito de fora – pelo corpo.

compossível (*compossible*) – O que é possível com ou junto. Dois acontecimentos são *compossíveis* se podem se produzir num mesmo mundo, mesmo que em momentos diferentes. A noção é importante, especialmente em Leibniz, para compreender a existência do mal. Deus, embora onipotente e soberanamente bom, nem sempre escolhe os acontecimentos que seriam, se considerados separadamente, os melhores possíveis (por exemplo Hitler morrer ao nascer, dedicar-se exclusivamente à pintura, converter-se ao judaísmo...). Isso porque ele está submetido à sua própria razão, que é a razão mesma, logo ao princípio de não-contradição: ele pode escolher apenas os melhores *compossíveis*, em outras palavras, acontecimentos que podem existir num mesmo mundo e formar juntos o melhor dos mundos (o mundo, sendo a totalidade das coisas contingentes, é necessariamente único). Um mundo sem Auschwitz teria sem dúvida sido possível, como um mundo sem câncer, sem guerra, sem imbecis. Mas todos esses mundos teriam sido piores que o nosso. Como podemos saber? É que, senão, Deus teria criado um desses em vez deste. Argumento irrespondível, já que *a priori*. Mas também sem alcance, já que explicaria igualmente qualquer mundo (por exemplo, um mundo em que Hitler teria ganhado a guerra). E obsceno, já que leva a justificar os horrores de detalhe (as doenças, os massacres, os terremotos...) em nome da harmonia insuperável, ou supostamente insuperável, do conjunto. Uma criança morre? É apenas um pouco de escuro, num canto do quadro, para realçar, por contraste, as cores e a perfeita luminosidade do conjunto... A fome? É apenas uma dissonância bem colocada, que dá relevo à harmonia (*Teodicéia*, I, § 12). Por que Deus escolheu este mundo? Porque era, desde toda a eternidade, o melhor arranjo de acontecimentos compossíveis – o melhor mundo. Como sabemos que é o melhor? Porque Deus o escolheu (*ibid.*, §§ 8-10). É uma surpresa sempre renovada ver esse imenso gênio que é Leibniz – talvez o maior que já houve – ficar dando voltas em seu pequeno círculo otimista. É que o gênio nada pode contra a fé, ao passo que a fé, contra o gênio, ainda pode alguma coisa – acalentá-lo docemente, até ele dormir.

compostura (*bienséance*) – A arte ou a capacidade de se portar bem em público, o que não se dá sem coibição nem artifício. A compostura concerne menos à moral do que à polidez, menos ao ser do que ao parecer, menos à virtude do que às conveniências. Trata-se, antes de mais nada, de não chocar. Diógenes, ao se masturbar em público, certamente faltava com a compostura. Era sua maneira de ser virtuoso.

compreender (*comprendre*) – Apreender intelectualmente, ou seja, pelo pensamento: é conhecer como que de dentro, por sua estrutura ou por seu sentido, o objeto que se considera. É, portanto, saber como é feito, como funciona, o que quer dizer, e ser capaz de explicá-lo.

Às vezes distingue-se a *explicação*, que daria as causas e conheceria de fora, da *compreensão*, que daria o sentido e conheceria de dentro ("por interpenetração psicológica", dizia Jaspers). As ciências da natureza pertenceriam, nesse caso, ao âmbito da explicação; as ciências humanas, em todo caso algumas delas, ao da compreensão. Não estou muito certo de que tal distinção possa ser pensada até o fim, mas ela indica pelo menos uma direção, ou antes, duas: compreender um texto é saber o que seu autor queria dizer (seu sentido). Explicá-lo seria saber por que (por que causas) ele foi levado a escrevê-lo, e por que desta maneira e não de outra. Compreender um delírio seria apreender seu sentido. Explicá-lo seria conhecer suas causas. Os dois procedimentos são legítimos, mas não são intercambiáveis. O sentido nunca é causa, é sempre efeito. Explicar pode permitir compreender; compreender nunca basta para explicar.

Aplicada aos comportamentos humanos, a compreensão costuma vir acompanhada da misericórdia: "Julgar é, com toda evidência, não compreender", dizia Malraux, "porque, se compreendêssemos, já não poderíamos julgar." É o espírito de Epinosa, e talvez o espírito pura e simplesmente: "*Non ridere, non lugere, neque detestari, sed intelligere*" (não rir, não deplorar, não detestar, mas compreender).

No entanto, isso não nos dispensa de julgar, para agir. Mas proíbe reduzir o juízo à compreensão. Distinção das ordens: a compreensão depende da verdade; o juízo, do valor. Compreender um louco não é uma razão para desarrazoar com ele, nem para renunciar à saúde, nem para, se for o caso, deixar de se proteger dele ou impedi-lo de causar danos. Compreender um racista não dispensa de combatê-lo; permite combatê-lo de forma mais inteligente, mais eficaz, e com menos ódio.

compreensão (*compréhension*) – O fato de compreender ou de abranger. Especialmente, em lógica ou em lingüística, o conjunto das características comuns aos indivíduos de uma mesma classe, que vão servir para definir o conceito. Opõe-se então a *extensão*. Por exemplo, definir o conceito de "mamífero" *em compreensão* (os lingüistas às vezes dizem *em intenção*) é enumerar as características que justificam a pertinência a esse grupo: animal vertebrado (é o gênero próximo), provido de mamas, com pele macia, coração com quatro cavidades, respirando por pulmões, de reprodução vivípara (salvo os monotremos), temperatura constante... Definir o mesmo conceito *em extensão* seria dar a lista de todas as espécies de mamíferos (que seria necessário definir, então, em compreensão), ou mesmo de todos os mamíferos (se quiséssemos nos ater a uma extensão estrita). A compreensão faz ganhar tempo: somente ela, quase sempre, permite definir.

Note-se que quanto mais a compreensão de um conceito é rica, mais sua extensão é pobre, e vice-versa: há mais no conceito de mamífero do que no de vertebrado, porém há mais vertebrados do que mamíferos.

compulsão (*compulsion*) – Um impulso irresistível, quase sempre patológico.

comunhão (*communion*) – Um compartilhamento sem divisão. Reparte-se um bolo (cada qual terá tanto menos quanto mais numerosos forem os outros ou quanto mais os outros receberem). Comunga-se no prazer que se tem de comer (o prazer dos outros, longe de amputar o meu, o aumentaria, ao invés disso: que tristeza seria comê-lo sozinho!). Compartilha-se um tesouro, um poder, uma sala de trabalho. Comunga-se num conhecimento ou num amor (o fato de sermos vários a conhecer uma mesma verdade ou a amar um mesmo indivíduo não diminui em nada esse conhecimento, nem esse amor). É por isso que se fala da comunhão dos espíritos: porque somente o espírito sabe compartilhar sem dividir.

comunicação (*communication*) – Intercâmbio de signos, de mensagens, de informações, entre dois ou mais indivíduos. Ela nunca vale por si mesma, mas apenas por seu conteúdo ou seu resultado. Uma bobagem difundida em milhares de exemplares continua sendo uma bobagem, e uma idéia verdadeira ou forte, na cabeça de um só, nem por isso deixa de sê-lo. É por isso que a idéia, tão batida, de "sociedade de comunicação" é inquietante: é conceder importância demasiada à mídia e insuficiente às mensagens.

comunidade (*communauté*) – O que é comum, especialmente, em Kant, a ação recíproca entre o agente e o paciente. É uma das três categorias da relação (com a inerência e a causalidade), no caso a que desemboca na terceira "analogia da experiência". Denominada também "princípio da comunidade": "Todas as substâncias, na medida em que são simultâneas, estão numa comunidade universal (isto é, num estado de ação recíproca)."

No seu sentido mais ordinário e mais forte, a palavra pode designar um grupo qualquer, mas considerado no que seus membros têm em comum: é um conjunto de indivíduos que comungam em pelo menos alguma coisa.

comunismo (*communisme*) – Uma sociedade sem classes, sem Estado, sem propriedade privada (ao menos quanto aos meios de produção e de troca), que seria ao mesmo tempo uma sociedade de abundância e de liberdade... Que mais pedir? Nada, a não ser a humanidade adequada a ela.

O comunismo não tem outra escolha senão entre a utopia e o totalitarismo: é preciso sonhar o homem ou transformar a humanidade. Ilusão ou lavagem cerebral. Tolice ou ditadura.

A palavra também designa o movimento político que queria impor essa utopia. Devemos a ele milhões de mortos e milhares de heróis.

conato (*conatus*) – A potência de viver ou de existir. Não é o ser em potência, mas a potência do ser, na medida em que está sempre em ato.

A palavra *conatus*, em latim, significa *esforço*, *tendência*, *impulso* ou *pulsão*. Na língua filosófica (e apesar de também ser encontrada em Hobbes, Descartes ou Leibniz), ela se impôs sobretudo na acepção que lhe deu Espinosa: o conato de um ser qualquer é seu esforço para perseverar em seu ser, em outras palavras, sua potência de existir, de resistir e de agir (*Éti-*

ca, III, prop. 6 e dem.). É sua essência atual (*ibid.*, prop. 7), que toma a forma, para nós, do desejo (*ibid.*, prop. 9 e escólio).

Se tivesse de traduzir conato em grego, hesitaria entre *hormé* (tendência) e *enérgeia* (força em ação, potência em ato). Em francês, entre *esforço*, *pulsão* (até mesmo "pulsão de vida"), *potência* ou *energia*. É por isso que, na França, costuma-se usar a palavra latina – e desta vez o costume se justifica. A palavra, em seu uso filosófico, deixou de ser latim: não é mais que spinozista.

conceito (*concept*) – Se bem me lembro, é Simone de Beauvoir que conta como Sartre e Merleau-Ponty, estudantes, se divertiam inventando temas de dissertação impossíveis ou caricaturais. Um deles, principalmente, quando eu estava no último ano do colegial, me divertiu e, ao mesmo tempo, me assustou: "O conceito de noção e a noção de conceito". É que os dois conceitos são tão próximos que poderíamos tomá-los como uma única noção: seriam sinônimos para designar uma idéia abstrata ou geral.

Se for necessário distingui-los, como a língua nos convida a fazer, dever-se-á levar em conta que noção costuma ser mais vago e mais vasto, e conceito mais preciso ou mais estrito. Fala-se, por exemplo, da noção de animal e do conceito de mamífero. Ou da noção de liberdade e do conceito de livre-arbítrio. O conceito, no sentido em que o entendo, tem uma compreensão mais rica – logo uma extensão menor – do que a noção. É que muitas vezes é uma noção precisada ou retificada.

Outras diferenças decorrem daí. A noção já é dada; o conceito, produzido. A noção é o resultado de certa experiência ou de certa educação (a *prólepsis* dos gregos); o conceito, de certo trabalho. Toda noção é comum (ela pertence apenas à língua ou à humanidade); todo conceito, singular (há sentido apenas no interior de certa teoria). Uma noção é um fato; um conceito, uma obra. Fala-se por exemplo da noção de justiça, e do conceito de justiça em Platão; da noção de força, e do conceito de força na mecânica clássica; da noção de conceito, e do conceito de noção em Kant...

Assim, o conceito – seja ele científico ou filosófico – é uma idéia abstrata, definida e construída com precisão: é o resultado de uma prática e o elemento de uma teoria.

conceitualismo (*conceptualisme*) – Uma das três maneiras tradicionais de resolver o problema dos universais: o conceitualismo afirma que as idéias gerais existem apenas no espírito que as concebe (contra o realismo, que gostaria que elas existissem em si ou em absoluto), mas existem de fato nele a título de entidades mentais, não podendo se reduzir às palavras que servem para designá-las (ao contrário do que pretende o nominalismo). Era, por exemplo, a doutrina de Abelardo e de Locke. Porém muitos nominalistas, desde Guilherme de Ockham, também tomam algo emprestado dela. A partir do momento em que um conceito é *pensado*, já não é mais que uma palavra?

concílio (*concile*) – Uma assembléia geral dos bispos, sob a direção do primeiro deles. Voltaire, no verbete que lhes consagra, evoca ironicamente os mais famosos: os concílios de Nicéia, de Éfeso, de Constantinopla, de Latrão, de Trento... Todos deliberam soberanamente sobre o indeliberável (a consubstancialidade do Pai e do Filho, a divindade do Espírito Santo, a transubstanciação...). É que são infalíveis. Como se sabe? Sabe-se porque assim decidiram, antes de atribuir a infalibilidade também ao papa. O dogmatismo faz sistema. Mesmo o Vaticano II, tão aberto, tão corajoso sob tantos aspectos, não muda isso. "Todos os concílios são infalíveis", dizia Voltaire, "porque são compostos de homens." O fato de essa explicação valer como refutação é algo que todos compreendem. Mas os concílios preferem tratar do que não se compreende.

concórdia (*concorde*) – Uma paz livremente aceita, compartilhada e como que interiorizada: não a simples ausência de guerra, mas a vontade comum de impedi-la.

É como uma paz que fosse uma virtude, como uma virtude que fosse coletiva: é a virtude dos pacíficos, quando estão entre si, ou sua vitória.

É possível impor a paz; a concórdia não. Só é possível prepará-la, mantê-la, preservá-la, e é por isso que é necessária.

concreto (*concret*) – Tudo o que não é separado do real pela abstração: pode ser o próprio real (um corpo é sempre concreto) ou certa maneira de apreendê-lo, seja pelos sentidos (o concreto é então o que se toca, se vê, se sente...), seja até mesmo pelo pensamento, se ele parecer evitar todo recurso a qualquer teoria ou idéia geral. Neste último sentido, é quase inevitavelmente uma ilusão: seria pensar sem palavras, sem conceitos, sem operadores lógicos – sem pensar. Não há pensamento concreto: há apenas boas e más abstrações, conforme permitam ou não compreender e agir.

concupiscência (*concupiscence*) – É um equívoco confundi-la hoje com o desejo sexual, que não passa de um caso particular seu. A tradição chama de *concupiscência*, num sentido ao mesmo tempo mais vasto e mais preciso, todo amor egoísta ou interessado: é amar o outro apenas para nosso próprio bem. A concupiscência é portanto a regra (se gosto de frango, não é pelo bem do frango), tão certamente quanto o amor de benevolência – amar o outro para o bem dele – é a exceção. Às vezes, porém, ambos se misturam, especialmente na família e no casal. Se amo meus filhos, não é apenas para meu próprio bem. E como não querer bem a quem nos faz bem?

A concupiscência é primeira: ela é o amor que "pega", e ninguém aprenderia a dar de outro modo. Mas falta aprender. Tudo começa com a concupiscência, mas é apenas um começo.

condição (*condition*) – Menos que uma causa, mais que uma circunstância. É uma circunstância necessária ou uma causa não suficiente: aquilo sem o que o fenômeno considerado não se produziria, mas que não basta para explicá-lo. Assim, a existência dos nossos pais é condição da nossa (não teríamos podido existir sem eles), mas não sua causa (teriam podido existir sem nós). Note-se que, como nenhuma causa nunca foi estritamente suficiente, na verdade não há senão condições, que são todas condicionadas antes de serem condicionantes.

É o que autoriza a falar de *condição humana*, para designar o conjunto das circunstâncias que se impõem a todo ser humano, sem as quais ele não seria o que é: o corpo, a finitude e a mortalidade fazem parte da condição humana.

condicional (*conditionnel*) – Que depende de uma condição ou a enuncia. Por exemplo, uma proposição condicional ou hipotética: "Se Sócrates é homem, Sócrates é mortal." Note-se que esse tipo de proposição é verdadeiro, ou pode sê-lo, quer a condição se verifique ou não (você pode substituir "Sócrates", na proposição precedente, pelo que você quiser, homem ou não, que a proposição não perderá sua verdade).

confiança (*confiance*) – É como uma esperança bem fundada ou voluntária, voltada menos para o futuro do que para o presente, menos para o que se ignora do que para o que se conhece, menos para o que não depende de nós do que para o que depende (já que somos senhores pelo menos da nossa confiança: escolhemos nossos amigos e nossos combates). Isso não impede nem o erro nem a decepção, mas é melhor do que a esperança cega ou a suspeição generalizada.

É também como que uma fé, mas em ato, e que seria menos relativa a Deus do que a outrem ou a si. Fé no Homem? Seria tolice ou religião. Fé, em vez disso, nesta ou naquela pessoa que conhecemos, e tanto mais quanto mais a conhecemos: já não é fé, é confiança. Seu lugar natural é a amizade.

confidência (*confidence*) – Confidenciar é dizer a alguém, sobre si mesmo (sem o que já não é confidência e sim indiscrição), o que não se diria a qualquer um: sinal de confiança, de amor ou de intimidade. Distingue-se da revelação porque não supõe nenhuma culpa. Da confissão, porque não espera nenhum perdão. É a palavra privilegiada dos amigos, que se amam demais para se julgar.

confissão[1] (*aveu*) – É dizer sobre si mesmo uma verdade culpada, ou antes (porque a verdade, em si, é sempre inocente), é dizer a verdade sobre sua própria culpa ou sobre o que se julga ser sua culpa.

A confissão supõe a consciência de um erro pelo menos possível. Os militantes da Resistência que falaram sob tortura não confessaram: traíram ou cederam, como quase todos nós teríamos feito e como, posteriormente, alguns deles confessarão. Em compensação, é bem possível que certos comunistas tenham confessado, quando dos processos de Moscou, os crimes que lhes eram imputados: é que tinham conseguido convencê-los de que a dissidência era um crime.

Não confundir confissão com confidência: primeiro porque uma confissão pode ser pública, depois porque uma confidência pode ser inocente. Confessar, ao contrário, é reconhecer-se culpado, é dar prova de consciência pesada e boa-fé. Vale mais que a hipocrisia, que dá prova de consciência ligeira e má-fé. Mas às vezes vale menos que o silêncio.

confissão[2] (*confession*) – É a revelação de uma falta por esperar um perdão. Revelação interessada, portanto, e por isso sempre suspeita.

confuso (*confus*) – O que carece de ordem. Não confundir com o obscuro, que carece de clareza, nem com o vago, que carece de precisão. Todavia, os três, em filosofia, costumam andar juntos. É o que torna certas dissertações dos nossos estudantes mais difíceis de compreender, e mais cansativas, do que muitas páginas de Aristóteles ou de Kant.

conhecimento (*connaissance*) – Conhecer é pensar o que é como é: o conhecimento é certa relação de adequação entre o sujeito e o objeto, entre o espírito e o mundo, em suma, entre a *veritas intellectus* (a verdade do entendimento) e a *veritas rei* (a verdade da coisa). O fato de se tratar de duas *verdades* é que distingue o conhecimento do erro ou da ignorância. Mas o fato de se tratar de *duas* verdades, e não de uma só, é o que distingue o conhecimento da própria verdade: o conhecimento é uma relação extrínseca (é a adequação de si ao outro); a verdade, intrínseca (é a adequação de si a si). Assim, tudo é verdadeiro, mesmo um erro (ele é verdadeiramente o que é: verdadeiramente falso). Mas nem tudo é conhecido, nem conhecível.

Por ser uma relação, todo conhecimento é sempre relativo: ele supõe certo ponto de vista, certos instrumentos (os sentidos, as ferramentas, os conceitos...), certos limites (os do sujeito que conhece). Conhecer a si, por exemplo, não é a mesma coisa que ser si: ninguém se conhece totalmente; ninguém existe em parte.

Um conhecimento absoluto já não seria um conhecimento: seria a própria verdade, na identidade do ser e do pensamento. É o que se pode chamar Deus, e que o torna inconhecível.

conjunção (*conjonction*) – Um encontro ou uma ligação. Diz-se especialmente, em lógica, de uma proposição composta de duas ou mais proposições ligadas pelo conectivo "e": "*p e q*" é uma conjunção. Ela será verdadeira apenas se todas as proposições que a compõem também forem.

consciência (*conscience*) – Uma das palavras mais difíceis de definir – talvez porque toda definição se dirija a uma consciência e a suponha. A consciência é certa relação de si a si, mas que não é nem de adequação (nem toda consciência é conhecimento: há consciências falsas), nem de identidade (ter consciência de si não é a mesma coisa que ser si), nem no entanto de pura alteridade (já que só há consciência para si). Digamos que a consciência é presença a si do espírito ou da alma, como um pensamento que se pensa: um saber que se sabe, uma crença que se crê, uma sensação ou um sentimento que se sentem... Toda consciência supõe, desse modo, certa dualidade: "*consciência* quer dizer *ciência com*...", observava Biran, "ciência de si *com a* de alguma coisa". É também o que sugere, nos fenomenologistas, a idéia de intencionalidade, a qual desemboca na celebérrima definição sartriana: "A consciência é um ser para o qual se trata, em seu ser, do seu ser na medida em que esse ser implica um ser outro que não ele" (*O ser e o nada*, Introdução). Não posso ter consciência desta árvore ou desta idéia sem ter consciência também, ainda que obscuramente, da consciência que tenho delas. Isso não quer dizer que toda consciência seja reflexiva, se entendermos por isso que ela própria se tomaria, necessariamente, explicitamente, por objeto. Mas, antes, que nenhum objeto existe para ela a não ser com a condição de que ela mesma exista para si. É como uma janela que só se abriria para o mundo se antes se tornasse um olhar. É por isso que não há consciência absoluta: porque toda consciência é mediação. Quando olho para esta árvore, vejo a árvore ou a visão que tenho da árvore?

constitutivo (*constitutif*) – É *constitutivo*, em Kant, o que determina a experiência objetiva e que, portanto, pode ser afirmado para qualquer objeto da experiência. Opõe-se a *regulador* (v.).

contemplação (*contemplation*) – O olhar atento e desinteressado. Por metáfora, designa a atitude da consciência quando se contenta de conhecer o que é, sem querer possuí-lo, utilizá-lo ou julgá-lo. É o auge da vida espiritual: a pura alegria de conhecer (a *vida teorética* de Aristóteles, o *amor intellectualis* de Espinosa) ou o amor verdadeiro ao verdadeiro. O eu parece dissolver-se na contemplação do seu objeto: já não há ninguém a salvar, e é isso a própria salvação.

continência (*continence*) – A ausência voluntária de todo prazer sexual. Supõe quase sempre que se exagere e se redobre sua importância.

contingência (*contingence*) – Costuma ser definida como o contrário da necessidade: é contingente, explica Leibniz, tudo aquilo cujo contrário é possível, em outras palavras, tudo o que *poderia* ou *teria podido* não ser. Esses condicionais devem ser levados em consideração. Pois que *condição* supõem? Que o real não seja o que é. É por isso que tudo, no tempo, é contingente (o nada também era possível, ou outro real), com tanta certeza quanto tudo, no presente, é necessário (o que é não pode não ser enquanto é). Se o tempo e o presente são uma só e mesma coisa, como creio, temos de concluir que *contingência* e *necessidade* só se opõem para a imaginação: quando se compara o que é, foi ou será (o real) com outra coisa, que poderia ou teria podido ser (o possível, na medida em que *não é real*). No presente, ou *sub specie aeternitatis*, somente o real é possível: todo o contingente é necessário, todo o necessário é contingente. É aí que Espinosa e Lucrécio se encontram.

contradição (*contradiction*) – O fato de contradizer, especialmente, em filosofia, de *se* contradizer (de dizer ao mesmo tempo uma coisa e sua negação: *p* e *não-p*). Isso supõe um *dizer*: a rigor, há contradição apenas no discurso, nunca no real (se o real fosse contraditório, já não seria possível pensá-lo). É esse, em todo caso, o sentido lógico da palavra: uma contradição é a presença, no mesmo enunciado, de dois elementos incompatíveis; "círculo quadrado" é uma contradição.

No sentido ontológico, seria a presença, no mesmo ser, de duas propriedades incompatíveis (nesse caso, o ser em questão não poderia subsistir) ou opostas. Neste último sentido, que é um sentido vago, é melhor falar de ambivalência, de discordância ou de conflito. Isso evitará que se confunda a dialética com uma nova lógica, quando ela é apenas uma nova grade de leitura, se não uma nova retórica.

Por exemplo, o fato de a história de toda sociedade até nossos dias ser a história de lutas de classes, como diz Marx, não tem nada de contraditório; ao contrário, seria contraditório, ao ver de Marx, se assim não fosse.

E o fato de o inconsciente não ser submetido ao princípio de não-contradição, como diz Freud, tampouco é contraditório, nem poderia dispensar a psicanálise (como teoria) de se submeter a ele.

Que toda sociedade é conflitual, que todo afeto é ambivalente, são coisas que podem e devem ser pensadas sem contradição. Pelo que a contradição permanece um critério de falsidade; é o que exclui que a encontremos no real e o que a torna indispensável, no pensamento, a toda busca da verdade.

contradição, princípio de não- (*contradiction, principe de non-*) – O princípio de não-contradição estipula que duas proposições contraditórias não podem ser verdadeiras simultaneamente: a conjunção "*p e não-p*" é uma contradição e, como tal, necessariamente falsa. Resulta daí que a verdade de uma proposição basta para provar a falsidade da sua contraditória. Podemos acrescentar: "e vice-versa". É o que postula o princípio do terceiro excluído (*p ou não-p*: duas proposições contraditórias não podem ser, todas as duas, falsas), que se distingue do princípio de não-contradição mas que lhe é logicamente equivalente.

O princípio de não-contradição é evidentemente indemonstrável, já que toda demonstração o supõe. Mas a mesma razão o torna irrefutável (só se poderia refutá-lo supondo-o antes: se sua refutação o anula, anula-se a si mesma). A verdade, que não é uma prova mas sim uma justificação forte, é que não é possível pensar validamente sem aceitar, pelo menos implicitamente, esse princípio: toda discussão intelectual o supõe, mostra Aristóteles (*Metafísica*, Γ, 3-4), e só pode avançar se se submeter a ele.

contraditória (*contradictoire*) – Que contradiz ou *se* contradiz. Especialmente, em lógica, duas proposições são contraditórias quando uma é a negação da outra (*p* e *não-p* são duas proposições contraditórias), ou quando ela implica essa negação (se *p* implica *não-q*, *p* e *q* podem ser ditas contraditórias). Por exemplo "todos os homens são mortais" tem por contraditória "todos os homens não são mortais", ou antes (porque esta última formulação é equívoca), "algum homem não é mortal". Duas proposições contraditórias não podem nem ser verdadeiras (princípio de não-contradição) nem falsas (princípio do terceiro excluído) ao mesmo tempo. Elas constituem portanto uma alternativa: a falsidade de uma basta para provar a verdade da outra, e vice-versa. Daí, em nossos raciocínios, esse procedimento em ziguezague (senão seríamos prisioneiros da evidência), que prova uma tese pela falsidade da sua contraditória. Nós tropeçamos no falso quase a cada passo: a razão nos guia, como ao cego sua bengala.

contrário (*contraire*) – O extremo oposto. Em lógica, a palavra designa duas proposições universais que comportam os mesmos termos, uma das quais é afirmativa (*todo S é P*) e outra negativa (*nenhum S é P*). Evite-se, portanto, apesar do uso corrente, confundir a relação de *contrariedade* com a de *contradição*. A contraditória de "todos os homens são mortais" é "nem todos os homens são mortais" (existe pelo menos um homem que não é mortal). Seu contrário: "nenhum homem é mortal". A contraditória de "branco" é "não-branco". Seu contrário, conforme o contexto, pode ser preto, vermelho, azul, enfim qualquer cor que se encontre, ou que acreditamos encontrar-se, deste ou daquele ponto de vista, neste ou naquele campo, no extremo oposto.

Note-se que duas proposições contrárias não podem ser verdadeiras juntas (a verdade de uma implica portanto a falsidade da outra), mas podem ser ambas falsas (da falsidade de uma não se pode portanto deduzir a verdade da outra). Sejam, por exemplo, duas proposições contrárias: "todos os cisnes são brancos", "nenhum cisne é branco". Um cisne negro basta para provar a falsidade da primeira, não a verdade da segunda.

A palavra, assinalei de passagem, tem um emprego mais amplo também. Ela designa a oposição absoluta ou, como diria Aristóteles, a *diferença máxima*, num mesmo gênero. O contrário de *grande* é *pequeno*, o contrário de *bonito* é *feio*... A contrariedade também desempenha um papel importante nas definições, na medida em que explicita, para cada palavra, a amplitude da diferença que autoriza, excluindo-a (sua amplitude de sentido). As palavras, como os humanos, só se colocam opondo-se. O que não autoriza a esquecer o entremeio.

contrato (*contrat*) – É um compromisso mútuo, que tem, para as partes contratantes, força de lei. Alguns o consideram a origem do direito: o contrato social seria um contrato de cada cidadão com todos. Mas esse gênero de contrato vale verdadeiramente apenas num Estado de direito. Como poderia explicar o que o permite?

O contrato social não passa de uma ficção útil: ele não indica a origem do Estado de direito, mas seu fundamento ou sua regra; não como ele nasceu, mas como devemos pensá-lo para que cada um seja livre nele, ou possa sê-lo.

conversa (*conversation*) – Conversar é falar sem tentar nem convencer o outro nem o vencer: o objetivo é a compreensão, e não o acordo. Distingue-se com isso da *discussão* (que supõe um desacordo e o desejo de superá-lo) e do *diálogo* (que tende a uma verdade comum). A conversa não tende a nada, ou só tende a ela mesma. Sua gratuidade faz parte do seu encanto. É um dos prazeres da existência, especialmente entre amigos: as próprias diferenças os alegram; por que procurariam suprimi-las?

copernicana, revolução (*copernicienne, révolution*) – Chama-se "revolução copernicana" a que Kant pretende ter efetuado, que ele julga análoga, na metafísica, à de Copérnico em astronomia: onde se acreditava tradicionalmente que o conhecimento devia se pautar pelos objetos, suponhamos ao contrário que os objetos é que devem se pautar por nosso conhecimento. O que há de comum com Copérnico é que este último, de acordo com Kant, buscou "a explicação dos movimentos observados, não nos objetos do céu, mas em seu espectador" (*Crítica da razão pura*, Prefácio da 2ª ed. fr.). Note-se entretanto que se poderia falar igualmente de uma *contra-revolução copernicana*: Kant traz o homem de volta ao centro do conhecimento, ao passo que Copérnico o expulsara do centro do universo.

cópula (*copule*) – Na lógica clássica, é a palavra (na maioria das vezes o verbo ser) que liga o sujeito ao predicado.

coração (*coeur*) – A sede simbólica da vida, especialmente da vida afetiva. O equivalente do *thymós* dos gregos (ver notadamente Platão, *República*, IV). Opõe-se à cabeça, lugar da inteligência, e ao ventre, lugar dos instintos. É a metáfora, indissoluvelmente, do amor e da coragem.

Em Pascal, a ordem do coração ou da caridade se opõe às ordens da carne e do espírito: o coração tem suas razões que nem a razão nem o ventre conhecem.

coragem (*courage*) – A virtude que enfrenta o perigo, o sofrimento, o cansaço, que supera o medo, a queixa ou a preguiça. É a virtude mais universalmente admirada, sem dúvida desde há mais tempo, e aliás (com a prudência) uma das mais necessárias. Todas as outras, sem a coragem, seriam impotentes ou incompletas. Virtude cardeal, portanto, propriamente, o que a etimologia confirma a seu modo (em coragem há coração, em virtude há coragem) e que a experiência não cessa de nos recordar. No entanto, convém elogiá-la de uma maneira demasiado cega. Primeiro porque a coragem também pode estar a serviço do pior; depois porque ela não faz as vezes de nenhuma das virtudes a que serve. O amor pode dar coragem, mas a coragem não pode bastar ao amor.

corpo (*corps*) – Um pouco de matéria organizada, especialmente a que nos constitui: seria o objeto de que sou o sujeito. Mas, se "a alma e o corpo são uma só e mesma coisa", como diz Espinosa, o corpo é o próprio sujeito de si mesmo; o *eu* só o dirige na medida em que dele resulta.

cortesia (*courtoisie*) – É a polidez da corte, assim como a urbanidade é a polidez da cidade. Compreende-se que a cortesia é mais requintada, mais refinada, mais elegante. Demais? Aí já não seria cortesia, e sim esnobismo ou preciosismo.

cosmo (*cosmos*) – Para os antigos, era antes de mais nada a *ordem* (*kósmos*), tal como se oferece a ver e admirar especialmente no céu: a ordem e a beleza (a bela ordem, a beleza ordenada) que nos rodeiam ou nos encimam. É por isso que a palavra não demorou a designar o próprio *mundo*, que, de fato, se supunha ordenado: era o contrário do caos (em Hesíodo) ou da balbúrdia (no Gênese). É o mundo de Aristóteles – finito, finalizado, hierarquizado –, muito mais que o mundo de Epicuro, mas que dominará por mais tempo, durante dois mil anos, por ter sido entrementes adotado pelo cristianismo. Se foi Deus que criou o mundo, como ele não seria ordenado? A revolução científica dos séculos XVI e XVII (Copérnico, Galileu, Newton...) porá fim, Koyré reconstituiu suas etapas, a esse belo edifício: a destruição do cosmo, "concebido como um todo finito e ordenado", e a geometrização do espaço (que supõe, ao contrário, sua "extensão homogênea e necessariamente infinita") nos fizeram passar *do mundo fechado*, como diz ainda Koyré, *ao universo infinito*. Era dar razão a Epicuro e dar novamente sentido à mais difícil sabedoria: em vez de ocupar o lugar que o mundo nos atribui – num universo infinito, todos os lugares se equivalem –, aceitar serenamente estar perdido no todo imenso, sem outra justificativa que não a de gozar, agir e amar. Não há ordem no mundo (não há *cosmo*), e é melhor assim: a natureza é livre, como diz Lucrécio, e nós nela. Trata-se, não de ficar no seu lugar (o que seria apenas polidez ou religião), mas de habitar o infinito.

cosmologia (*cosmologie*) – A cosmologia, que estuda o todo (o *cosmo*: o mundo, o universo), é uma parte da física, mais voltada para o estudo dos elementos – como se o maior, para o conhecimento, estivesse incluído no menor. Essa espécie de paradoxo é um argumento em favor do materialismo: o superior resulta do inferior. De fato, enquanto se conhecia o universo melhor do que os átomos, era difícil não ver nele uma *ordem* (era esse o primeiro sentido, em grego, da palavra *kósmos*), que supunha quase inevitavelmente uma intenção. É por isso que a astronomia, tantas vezes, se fez teologia astral, entre os antigos, ou justificação astronômica da teologia, entre os modernos. Era o universo-relógio de Voltaire, que supunha um Deus relojoeiro. O conhecimento do detalhe das coisas fragilizou essa evidência: o caos parece hoje prevalecer sobre o cosmo, a desordem sobre a ordem, a física do infinitamente pequeno sobre a do infinitamente grande (mesmo a cosmologia, hoje em dia, é quântica), enfim uma espécie de lassidão, como em fim de análise, sobre o entusiasmo dos primeiros tempos. Era só isso então?

Sabedoria desenganada de Cioran: "Depois de ter ouvido um astrônomo falar de milhões de galáxias, renunciei a fazer minha higiene pessoal. De que adianta continuar a se lavar?"

E no entanto a gente se lava. O que não prova nada contra a cosmologia contemporânea, nem contra Cioran.

cosmologia racional (*cosmologie rationnelle*) – É aquela parte da filosofia clássica que tratava do mundo e da sua origem. Kant teve razão de mostrar a ilusão que encerrava, ilusão que a condena a inevitáveis antinomias. O mundo, como conjunto de todos os fenômenos, *não é* um fenômeno. Não é o objeto de experiência possível, de onde nenhum saber, nunca, pode ser tirado. A bola, agora, está com os físicos.

cosmológica, prova (*cosmologique, preuve*) – Uma das três provas tradicionais da existência de Deus, a qual pretende demonstrar sua existência (como ser necessário) a partir da existência do mundo (como ser contingente). Essa prova, que Leibniz chamava de *a contingentia mundi*, pode ser resumida da seguinte maneira: o mundo existe, mas poderia ou teria podido não existir (ele é contingente); para explicar sua existência, é necessário uma causa, portanto; mas, se esta fosse contingente, precisaria por sua vez ter uma causa, e assim ao infinito; ora, para satisfazer ao princípio da razão suficiente, é necessário parar em algum lugar: só é possível escapar da regressão ao infinito supondo, como razão suficiente do mundo, um ser que não necessite de outra razão, em outras palavras, "um ser necessário que traga a razão da sua existência em si próprio", como diz Leibniz. Esta "razão última das coisas" é que seria Deus (*Princípios da natureza e da graça*, §§ 7 e 8).

O que vale essa prova? Ela só vale o que vale o princípio de razão suficiente, que não poderia valer absolutamente. Por que o ser teria necessidade de uma razão, já que toda razão o supõe? De resto, ainda que concedêssemos a Leibniz o que ele pretende ter demonstrado (a existência de um ser absolutamente necessário), não teríamos avançado muito: o que nos prova que esse ser necessário é um Deus, isto é, um sujeito ou uma pessoa? Poderia ser, em vez dele, a natureza, como gostaria Espinosa, em outras palavras um ser necessário, decerto, mas sem consciência, sem vontade, sem amor: não a causa de tudo, mas o todo como causa. Para que orar a ele, se ele não nos ouve? Para que lhe obedecer, se ele não manda? Para que acreditar nele, se ele próprio não acredita?

Assim, essa prova cosmológica não é uma prova; o que dá à fé e ao ateísmo um futuro promissor, como Kant viu tão bem.

cosmopolitismo (*cosmopolitisme*) – "Perguntaram a Sócrates de onde ele era. Ele não respondeu: de Atenas, mas sim: do mundo." É esse, nas palavras de Montaigne (I, 26, p. 157), o enunciado do cosmopolitismo socrático, que já encontrávamos evocado por Cícero, que é sem dúvida uma das fontes de Montaigne: Sócrates se pretendia "habitante e cidadão do mundo inteiro" (*Tusculanas*, V, 37). Vê-se que a palavra cosmopolitismo (de *kósmos*, mundo, e *polítes*, cidadão) nada tem de pejorativa; é antes o enunciado de uma virtude ou de uma exigência. Somente o nacionalismo verá nela um defeito, fato que mais condena o nacionalismo do que atinge o cosmopolitismo, que está acima dessas baixezas. Querer-se cidadão do mundo é simplesmente assumir sua humanidade e fazê-la passar, como de fato tem de ser, antes da pertinência a qualquer nação. Cumpre acrescentar todavia que ser cidadão do mundo nunca dispensou ninguém de assumir também os deveres que a cidadania ordinária impõe. Sócrates, por mais cidadão do mundo que se pretendesse, obedeceu às leis de Atenas até morrer.

costume (*coutume*) – Um hábito, porém mais social do que individual: é um hábito que nos precede, nos constitui ou nos acompanha. Um hábito se adquire; um costume se interioriza, a ponto, às vezes, de não mais o percebermos. "As leis da consciência que dizemos nascer da natureza", escreve Montaigne, "nascem do costume. [...] Donde advém que o que está fora dos gonzos do costume, cremos fora dos gonzos da razão" (*Os ensaios*, I, 23; comparar com Pascal, *Pensamentos*, 125-92 e 126-93).

Também é uma das fontes do direito, ou um dos seus princípios: o costume faz lei, mas apenas na medida em que as leis não o contradizem.

covardia (*lâcheté*) – Falta de coragem: não o fato de ter medo, mas a incapacidade de superar o medo que se tem, ou que se é, e de resistir a ele. É uma complacência com seu próprio temor, como que uma submissão a si: seu gesto de fugir ou de fechar os olhos.

Alain, num *Propos* de 27 de maio de 1909, notava que "a palavra 'covarde' é a mais grave das injúrias". Isso, que parece bem verdadeiro, pelo menos entre os homens, não deixa de ser curioso, já que uma pessoa pode ser covarde sem ser malvada ou cruel, malvada e cruel sem ser covarde, e já que esses dois vícios são, com toda certeza, bem piores que a simples covardia. Quantos canalhas são capazes de coragem? Quanta boa gente, de covardia? E quem não vê que esses milhões de franceses, que se contentaram covardemente com não fazer nada, durante a ocupação nazista, foram porém menos culpados do que os mais corajosos nazistas ou colaboracionistas? Mas, então, por que essa injúria machuca tanto? Porque não há virtude sem coragem, responde Alain: assim, a palavra covarde é a injúria mais grave, porque é a mais global, que não deixa nada a estimar. Que uma boa pessoa possa se acovardar ocasionalmente, é evidente. Mas se fosse sempre acovardada, já não seria boa: o medo sempre a impediria de ser generosa ou justa, e até mesmo de ser sincera ou amante; porque, afinal de contas, tudo isso envolve riscos – nada disso dispensa a coragem. Quem se entrega a seu medo, é incapaz até de ser prudente: fugir sempre, fechar sempre os olhos é carecer de prudência, quase tanto quanto de coragem.

Isso não prova que a coragem seja a maior virtude, mas apenas que é a mais necessária.

credo (*credo*) – *Creio*, em latim. É o nome de uma oração, que enuncia os principais dogmas da fé cristã. Por extensão, pode designar todo conjunto de crenças fundamentais. Mas o fato de serem fundamentais não pode garantir, é claro, que sejam verdadeiras. Se soubéssemos que são, precisaríamos de um credo?

crédulo (*credule*) – Aquele que crê facilmente. Não quer dizer que seja mais dotado do que outros para a crença; quer dizer que o é menos para a dúvida.

crença (*croyance*) – Diz menos que saber, menos que fé, e envolve por isso um e outra. Crer é pensar como verdadeiro, sem poder absolutamente prová-lo. Por exemplo, creio que amanhã vai fazer sol, que a Terra é redonda, que dois e dois são quatro, que Deus não existe... Dirão que pelo menos duas dessas proposições são objeto de uma demonstração possível: já não seria crença, e sim saber. No que só contesto o "*já não...*", que supõe que saber e crença são incompatíveis. Não é assim. Porque essas demonstrações (que a Terra é redonda, que dois e dois são quatro...) só valem absolutamente se houver demonstrações absolutamente válidas, o que não é possível demonstrar. Como demonstrar racionalmente a validade da razão, que toda demonstração supõe? Como verificar empiricamente a validade da experiência? Assim, o ceticismo sempre reaparece, e para ele todo pensamento é crença. Leiam Hume, que despertará vocês do seu sonho dogmático. E evitem, ao ler Kant, de adormecer depressa demais...

criação (*création*) – Criar, no sentido estrito ou absoluto, seria produzir alguma coisa a partir de nada, ou antes, a partir de si mesmo: como Deus, criando o mundo. Num sentido mais amplo, fala-se de *criação* para qualquer produção que parece absolutamente nova e singular, ou na qual novidade e singularidade prevalecem sobre o simples progresso técnico ou sobre a transformação de elementos preexistentes. Assim, fala-se de criação artística, porque nem os materiais utilizados (o mármore, as cores, as notas, a língua...) nem as regras ou procedimentos ordinários bastam para explicá-la. É uma obra sem precedente, sem modelo ou sem igual.

Não confundir a *criação* com a *descoberta*, que supõe um objeto preexistente, nem com a *invenção*, que outro teria podido levar a cabo. Cristóvão Colombo descobriu a América, não a inventou nem criou (ela existia antes dele). Edison inventou a lâmpada incandescente: se tivesse morrido no parto, mesmo assim ela existiria hoje. Mas Beethoven *criou* suas sinfonias: elas não existiam antes dele nem podiam ser criadas por outro.

criação do mundo (*création du monde*) – A passagem da infinita perfeição à imperfeita finitude, pela qual Deus, dizem os teólogos, *condes-*

cende a já não ser tudo. É o que Valéry chamava de *diminuição divina*: passa-se do mais ao menos ("Deus e todas as criaturas são menos que Deus só", escreve Simone Weil), do bem absoluto ao mal relativo. Criar, para Deus, é retirar-se. É a única solução para o problema do mal que me parece teologicamente satisfatória (mesmo que, filosoficamente, não o seja de forma alguma). Deus, sendo todo o Bem possível, podia criar apenas o menos bem que ele – só podia criar o mal. Por que o fez? Por amor, responde Simone Weil: para nos deixar existir. O mundo nada mais é que o vazio que daí resulta, como que o vestígio de um Deus ausente.

O vazio eu enxergo, mas não o vestígio.

crime (*crime*) – Mais que uma falta ou que um delito: primeiro porque é ambos (enquanto nem toda falta é um delito e nem todo delito é uma falta), depois por sua gravidade. O crime é uma violação do direito e da moral, mas num ponto particularmente importante. Assim, o assassinato é o crime por excelência – e o crime contra a humanidade, o crime máximo.

crise (*crise*) – Uma mudança rápida e involuntária, que pode ser favorável ou desfavorável, mas que é sempre difícil e quase sempre dolorosa. Etimologicamente, é o momento da decisão ou do juízo, digamos, o momento decisivo: não é que se decida produzir uma crise, mas é que ela nos obriga a nos decidir, ou decide em nosso lugar. É o caso da adolescência ou da agonia. Fala-se também de crise cardíaca, de crise econômica, de crise política, de crise de nervos... Momentos de desequilíbrio ou de ruptura. Algo está se decidindo sem nós; urge, se pudermos, tomar uma decisão.

Husserl, na década de 1930, falava de uma crise das ciências e da humanidade européias. Mas eram menos as ciências que estavam em crise do que a civilização, e menos a Europa do que o mundo. Como sobreviver à morte de Deus, ao desaparecimento dos fundamentos, à entropia generalizada do sentido – ao niilismo? Não compartilho as soluções de Husserl, que não via saída fora da fenomenologia. Mas repito muitas vezes a justa formulação da sua inquietude, que ainda é a nossa: "O principal perigo que ameaça a Europa é a lassidão", dizia ele em 1935 (*A crise da humanidade européia e a filosofia*, III).

cristão (*chrétien*) – Não é apenas um discípulo de Cristo (senão Espinosa seria cristão). Ser cristão é crer na *divindade* de Cristo. Crença improvável, quase inconcebível (como um homem seria Deus?), e que nada, nem mesmo nos Evangelhos, atesta absolutamente. Jesus era um judeu piedoso. Tenho muita dificuldade para imaginar que ele tenha podido tomar-se por Deus, e, de resto, em nenhum lugar dos Evangelhos, ele pretende tal coisa expressamente. Mas, ainda que assim fosse, o que prova uma crença?

Jesus não era cristão (ele era judeu ou Deus). Por que deveríamos ser? Por não sermos judeus? Por não sermos Deus? Prefiro, em ambos os casos, me consolar de outro modo.

cristianismo (*christianisme*) – Uma das três religiões do livro: é a fé de Abraão, quando ela crê ter encontrado o Messias. O cristianismo é um judaísmo satisfeito, e é isso que o torna insatisfatório.

É também a religião do amor. É o que torna o cristianismo amável e suspeito. Deus é que é amor ou o amor é que é Deus? Transcendência ou sublimação? "Os homens amam tanto a verdade", escrevia santo Agostinho, "que gostariam que o que amam fosse verdadeiro." E o que amamos mais que o amor?

Assim, o sucesso do cristianismo é fácil de explicar. Ainda bem que há a Igreja. Senão a tentação seria forte demais.

crítica (*critique*) – Tudo o que decide ou julga. Especialmente, em filosofia, o que julga o próprio juízo. É submeter nossos conhecimentos, nossos valores e nossas crenças ao tribunal da razão. Nele, portanto, a razão julga a si mesma; é o que torna a crítica necessária (uma razão que não se examina peca contra a razão) e interminável (já que circular): não se pode evitar de entrar nele nem dele sair.

criticismo (*criticisme*) – A filosofia de Kant, ou antes, a solução kantiana para o problema crítico. Antes de tudo é um método: "O método crítico de filosofar, que consiste em pesquisar o procedimento da própria razão, em analisar o conjunto da faculdade humana de conhecimento e em examinar até onde podem se estender seus limites" (*Lógica*, Introd., IV). Mas é também um conjunto de respostas para as principais questões a que se reduz a filosofia. *Que posso conhecer?* Tudo o que entra no âmbito de uma experiência possível, e somente isso: só conhecemos os fenômenos, nunca os númenos ou as coisas em si; o absoluto, por definição, está fora de alcance. *Que devo fazer?* Meu dever; em outras palavras, o que a razão (na medida em que é prática) ou a liberdade (na medida em que é razoável) bastam para me ordenar de maneira universal e incondicional. *O que me é permitido esperar?* Que, fazendo-me digno da felicidade – cumprindo com o meu dever –, eu de fato me aproximarei dela. Isso supõe uma conjunção necessária da felicidade e da virtude (o soberano bem), a qual não é atestada na terra, é o mínimo que se pode dizer, mas que deveremos crer – se quisermos escapar do desespero – que o será numa outra vida, o que supõe que Deus existe e que a alma é imortal. Assim, o criticismo conduz à religião ("abolir o saber, a fim de obter um lugar para a fé"), e a "revolução copernicana" alcança este resultado grandioso: "Tudo permanece no mesmo estado vantajoso de antes" (*Crítica da razão pura*, prefácio da 2ª ed. fr.).

crueldade (*cruauté*) – O gosto ou a vontade de fazer sofrer. Próxima nisso do sadismo, porém mais culpada. O sadismo é uma perversão. A crueldade, um vício. É a meu ver um dos pecados capitais, e o pior de todos.

culpa (*culpabilité*) – Ser culpado é ser responsável por uma falta cometida não apenas voluntária mas deliberadamente, isto é, sabendo que era uma falta. É por isso que a culpa supõe a liberdade (só se é responsável pelo que se fez livremente) e parece atestá-la. Note-se porém que só escolhemos o que fazemos, não o que somos. Assim, cada um é culpado das suas ações, e inocente de si.

cultura (*culture*) – No sentido estrito, a palavra designa o conjunto de conhecimentos que uma sociedade transmite e valoriza, em particular os que se referem ao passado da humanidade (sua história, suas crenças, suas obras). É o contrário da incultura.

No sentido lato, que hoje predomina nas ciências humanas (sem dúvida por influência do alemão *Kultur*), esta palavra se tornou um quase sinônimo de civilização: ela designa tudo o que é produzido ou transformado pela humanidade. É o contrário da natureza.

O primeiro sentido dá o adjetivo *culto*, que se aplica aos indivíduos e serve de elogio, se não sempre como aprovação.

O segundo dá o adjetivo *cultural*, que se aplica mais a produtos ou a práticas, permanecendo em geral privado de qualquer alcance normativo.

Um vestido, uma colheitadeira ou um *rap* são tão culturais, nesse sentido, quanto uma sinfonia de Mahler. Mas as pessoas cultas não os colocam no mesmo plano.

cupidez (*cupidité*) – O amor exagerado ao dinheiro, especialmente o dinheiro que ainda não se tem. É o que distingue a cupidez da avareza: o cupido quer adquirir, o avaro quer conservar. Um psicanalista poderia ver no primeiro o triunfo da oralidade; no segundo, o da analidade. São duas maneiras infantis de desejar (duas regressões), que ameaçam particularmente os velhos.

Na prática, essas duas paixões costumam andar de mãos dadas, quando não constituem uma só, que é a paixão de acumular.

curiosidade (*curiosité*) – O desejo de saber, quando não se tem direito a ele ou a seu uso. É amar a verdade que ignoramos, tanto mais quanto mais ela se esconde – ou a escondem. Daí as ciências e o *voyeurismo*.

Um defeito? Uma virtude? Pode ser uma coisa e outra, e muitas vezes é as duas. É por isso que é tão bom e tão perturbador...

D

dança (*danse*) – É uma espécie de ginástica, mas que seria também uma arte: tende menos à saúde que ao prazer, menos à força que à beleza ou à sedução. A música geralmente a acompanha, às vezes até a suscita. É que o ritmo é rei, e isso faz parte da sua definição: a dança é um movimento ritmado dos corpos, quando ele se basta por si mesmo ou por sua beleza. Daí uma impressão de liberdade paradoxal (já que não há dança sem condicionantes), que os que não dançam invejam e gostariam de imitar. O que lhes falta? Um pouco de talento, de inconsciência ou de abandono.

dandismo (*dandysme*) – É uma estética que é tomada por uma ética, ou que gostaria de fazer as vezes de uma. O dândi sonha fazer da sua vida uma obra de arte. Não consegue e consola-se disso como pode, por meio do coquetismo e da irrisão. A elegância lhe parece uma virtude suficiente; seguir a moda, a única sabedoria necessária. É um virtuose da aparência. Seu corpo, suas roupas, seu modo de falar... Tudo isso são instrumentos que ele utiliza para se valorizar ou chamar a atenção para si. O dandismo, escreve Baudelaire, é "uma espécie de culto de si mesmo". É seu limite. Que deus mais irrisório? O dândi só escapa do ridículo pelo humor. Se o levarmos a sério, já não será um dândi: será um esnobe.

darwinismo (*darwinisme*) – A teoria de Darwin e de seus discípulos: é uma maneira de explicar a aparente finalidade do vivente pela evolução das espécies e pela seleção natural – pelo jogo cego das mutações, da reprodução e da morte. Dela retemos principalmente que o homem descende do macaco, ou que os macacos, pelo menos, são nossos primos. Baixada a poeira, tornou-se uma espécie de evidência, que nos reintroduz de maneira feliz na natureza. Continua sendo um tipo de explicação mais geral, que é hoje o desafio essencial do darwinismo. É uma maneira de explicar a ordem pela desordem, e o sentido, ao menos aparente, pelo acaso. Sobrevém uma mudança, neste ou naquele cromossomo: ele tem uma oportunidade tanto maior de se difundir quanto mais favorável for à espécie (constitui uma vantagem seletiva), tanto menor quanto mais nefasto à espécie ele for (nesse caso, os que o possuem têm a vida ou a fecundidade diminuída). Mesma coisa se é o ambiente que muda: certas espécies desaparecerão, outras se multiplicarão melhor, e os tolos sempre poderão se espantar, antes como depois, com a espantosa harmonia que reina na natureza, apesar dos massacres, ou antes, graças a eles... Alguns enxergarão uma mão invisível. Parece muito mais, porém, com uma loteria paradoxal, na qual os ganhadores seriam o primeiro prêmio. Como, se têm uma metafísica, não acreditariam em Deus? É erigir a loteria em religião. Dessa superstição habitual dos ganhadores, o darwinismo felizmente nos dissuade. A natureza não escolhe, nunca; simplesmente os indivíduos transmitem ou não seus genes, e o fazem, conforme suas aptidões, de forma mais ou menos eficaz, mais ou menos abundante... Isso leva a cabo uma espécie de triagem – pela morte, pela reprodução –, que assume a forma, para nós, de uma finalidade quase providencial, mas que não é senão o jogo do acaso (dos genes, das mutações) normatizado pela necessidade (o combate pela vida e a eliminação dos mais fracos ou dos menos aptos a se reproduzir). Assim, o darwinismo conduz ao ateísmo. A natureza joga dados; é porque ela não é Deus.

Dasein (*Dasein*) – Palavra alemã da linguagem corrente, na qual corresponde aproximadamente à nossa "existência". No uso filosófico, que lhe valeu seus títulos de nobreza internacionais, a palavra pode ser traduzida igualmente por "existência" (notadamente em Kant), por "ser-aí" (notadamente em Hegel) ou por "realidade humana" (em Heidegger, pelo menos em seus primeiros tradutores franceses). Neste último sentido, que é o único usual em francês, o *Dasein* é simplesmente esse ente que somos, mas considerado em sua dimensão existencial (como ser-no-mundo-e-para-a-morte), em vez de antropológica ou psicológica. É o ente para o qual *há* ser e que tem *de* ser. O homem? Se quiserem. Mas como abertura (do ser e ao ser), muito mais que como sujeito ou como interioridade. Nossos heideggerianos tentaram mais recentemente, segundo uma indicação do próprio Heidegger, traduzi-lo por "ser-o-aí" (o homem é o "aí" do ser: a abertura para a qual e pela qual há ser), depois renunciaram a traduzi-lo. É melhor renunciarmos a utilizá-lo.

debate (*débat*) – É uma discussão pública, logo um espetáculo também. É o que torna o debate necessário, especialmente numa democracia, e quase sempre decepcionante. A preocupação em agradar ou em convencer tende a prevalecer sobre as exigências da razão. E o amor ao sucesso, sobre o amor à verdade. Toda democracia, como sabemos desde os gregos, leva à sofística. Isso não condena a democracia, nem desculpa os sofistas.

decadência (*décadence*) – O início do fim, e o contrário, por isso, do progresso: a decadência é uma evolução lenta, que parece irreversível, em direção ao pior ou ao nada. Dela resulta em geral um clima de pessimismo e de langor, que, entre os artistas, é cheio de requintes e artifícios. Os decadentes costumam ser estetas: põem a arte acima do real (Mallarmé: "O mundo é feito para resultar num bonito livro"), acima da vida (Villiers de l'Isle-Adam: "Viver? Os serviçais farão isso por nós"), acima da verdade (Nietzsche: "A arte tem mais valor que a verdade"), acima de tudo. O real se vinga; a decadência soçobra no ridículo ou no tédio. Os bárbaros já se preparam.

decência (*décence*) – É como que um pudor mínimo, que a sociedade nos impõe. Pertence menos à moral que à polidez: a aparência de decência é uma decência suficiente.

decepção (*déception*) – O fim de uma esperança, quando o real mostra que está equivocada – quase sempre. Esperávamos um porvir, descobrimo-nos incapazes de amar o presente: seja porque ele não corresponde à nossa expectativa (sofrimento, frustração), seja porque nosso desejo não sobrevive à sua própria insatisfação (tédio). De ordinário, nos consolamos com uma nova esperança, que por sua vez será desenganada. "Esperamos que nossa expectativa não seja desenganada nesta ocasião, como na outra", explica Pascal, "e assim, como o presente nunca nos satisfaz, a experiência nos tapeia, e de infelicidade em infelicidade nos leva à morte, que é uma culminância eterna" (*Pensamentos*, 148-425).

decisão (*décision*) – O ato da vontade, quando ela escolhe entre várias possibilidades. É passar do condicional ao indicativo, do imaginário ao real, da deliberação à ação. Momento de crise e de resolução.

dedução (*déduction*) – Deduzir é levar de proposições verdadeiras ou supostas (princípios ou premissas) a uma ou várias outras, que delas decorrem necessariamente. "Por dedução", escreve Descartes, "entendemos toda conclusão necessária tirada de outras coisas conhecidas com certeza" ou, acrescentaríamos hoje, formuladas a título de hipóteses. A dedução é portanto um raciocínio, que supõe, como escreve ainda Descartes, "uma espécie de movimento ou de sucessão" (*Regras para a orientação do espírito*, III). Opõe-se nisso à *intuição*, que é a apreensão sem vínculos com uma verdade evidente. Sem a dedução, nunca poderíamos passar de uma verdade a outra: seríamos prisioneiros da evidência atual. Mas sem a intuição, também não: já não haveria nenhuma evidência.

Também se costuma opor a *dedução* à *indução*. A dedução iria do geral ao particular (do princípio às suas conseqüências); a indução, do particular ao geral (do fato à lei). Isso, de fato, indica duas direções e duas fraquezas. A fraqueza da indução é que a particularidade dos fatos, por mais numerosos que sejam, nunca poderá justificar a universalidade de uma lei (mesmo que eu tivesse visto dez mil cisnes brancos, isso nunca me autorizaria a afirmar que todos os cisnes são brancos). A fraqueza da dedução é que ela só é verdadeira se os princípios o forem – o que nem a dedução nem a indução bastam para atestar. Assim, toda indução é abusiva e toda dedução, incerta. À glória do pirronismo.

deferência (*déférence*) – Respeito para com os superiores. Será um sentimento moral apenas se a superioridade também o for. Em relação aos poderosos, não passa de covardia ou baixeza.

defesa (*défense*) – Não há ser invencível. Para toda coisa existente, explica Espinosa, existe outra mais forte pela qual a primeira pode ser destruída (*Ética*, IV, axioma). Isso vale especialmente para os viventes, que só sobrevivem com a condição de sempre se defenderem. Preferiríamos a paz. E com razão. Mas a paz supõe a defesa e não poderia substituí-la.

O que é a defesa? A tendência de todo ser a perseverar em seu ser, na medida em que se choca com um outro que o ameaça ou poderia ameaçá-lo. É o conato em situação de perigo, como sempre está. Assim, as defesas imunitárias de um indivíduo, a defesa nacional, a defesa de um acusado ou, em Freud, os mecanismos de defesa do eu. Note-se que isso não garante de maneira nenhuma, em cada um desses casos, que a defesa escolhida seja boa. Há doenças auto-imunes e neuroses de defesa. O fato de que sempre seja preciso defender-se não prova que toda defesa é oportuna.

Fala-se de legítima defesa quando a salvaguarda de um indivíduo o força a consumar um ato normalmente proibido pela lei. É uma autodefesa justificada e proporcional ao perigo, o que lembra que nem todas elas o são.

Em *As paixões da alma*, Descartes escreve que há "sempre mais segurança na defesa do que na fuga". Isso só é verdade se tivermos meios para nos defender. É uma forte razão para nos dotarmos deles.

definição (*définition*) – Todo enunciado que dá a conhecer o que é uma coisa, dizia Aristóteles, ou o que significa uma palavra. No primeiro caso, fala-se de *definição real*, no segundo de *definição nominal*. Mas só se tem acesso às primeiras pelas segundas.

Definir é estabelecer a compreensão de um conceito (muitas vezes, indicando seu gênero próximo e suas diferenças específicas) e possibilitar, assim, seu entendimento. Convém lembrar porém que os conceitos não são o real e que nenhuma definição poderia, por esse motivo, substituir o conhecimento. "Deus", diz Espinosa, "não conhece nada abstratamente, nem forma definições gerais." Assim, definir é um exercício de humildade: é assumir, sem nos deixarmos enganar, nossa parte de sentido e de abstração.

degeneração (*dégénérescence*) – É como uma decadência natural (assim como a decadência seria uma degeneração cultural). O degenerado é vítima dos seus genes; o decadente, da sua educação ou dos seus gostos.

A palavra, de que os nazistas usaram e abusaram, tornou-se malsoante por isso. Lembremos porém que a degeneração faz parte, sim, das evoluções ou involuções possíveis do vivente. O erro dos nazistas, como de todos os racistas, foi considerar que sua fonte era a mistura das raças, que antes pelo contrário a combateria (a degeneração pode decorrer de um excesso de endogamia). É a repetição do mesmo que faz degenerar, não o encontro do outro. Contra o que a natureza inventou o sexo e a morte; e a cultura, a proibição do incesto. Três maneiras, para combater a degeneração, de sair de si, da sua família e de tudo.

deísmo (*déisme*) – Crença em Deus, sem a pretensão de conhecê-lo. Mas, se não o conhecemos, como saber que é Deus?

delação (*délation*) – Uma denúncia culpada. E há denúncias inocentes? Sim: as que vêm da vítima, quando há uma, ou que são inspiradas unicamente pelas exigências da justiça. Já não é delação, mas queixa ou testemunho. A diferença, muitas vezes tênue ou incerta, é muito mais moral do que jurídica. Uma delação, mesmo interessada ou movida pelo ódio, pode às vezes servir à justiça. O que a torna mais útil. Mas não a faz deixar de ser desprezível.

deleite (*délectation*) – Deleitar-se é mais que gozar ou se regozijar, porque é uma coisa e outra, inseparavelmente: é gozar alegremente, é regozijar-se com seu prazer e gozar a sua alegria. São os melhores momentos de viver. Poussin via no deleite a finalidade da arte. Não é a única, certamente. Mas é a mais deleitável.

deliberação (*délibération*) – O exame antes da decisão ou da ação. Os lingüistas não sabem muito bem se a palavra vem de *libra*, balança, ou de *liber*, livre. Essa hesitação é significativa. Deliberar é pesar o pró e o contra; mas é também o próprio do homem livre. O escravo não tem que deliberar; basta-lhe obedecer ao seu amo ou aos seus impulsos.

O uso moderno e corrente da palavra supõe uma discussão de várias pessoas: toda deliberação, nesse sentido, seria coletiva. Mas na língua filosófica (em que *deliberação* traduz a *boulesis* de Aristóteles), a deliberação muitas vezes é um exame que permanece puramente interior. A palavra, em ambos os casos, evoca porém certa pluralidade conflitual, que é a dos argumentos: não há deliberação, se todos os argumentos vão no mesmo sentido.

Aristóteles, na *Ética a Nicômaco* (III, 5), nota que só deliberamos "sobre as coisas que dependem de nós e que podemos realizar". A deliberação é da ordem da ação. Não se delibera sobre o verdadeiro e o falso, mas somente sobre a decisão que a situação, na medida em que é conhecida, parece justificar ou impor. Não se delibera tampouco sobre os fins, acrescenta Aristóteles, mas sim sobre os meios de alcançá-los. Um médico, por exemplo, não se pergunta se deve curar seu paciente, mas como pode curá-lo. Ou seja, não se delibera nunca sobre o essencial, apenas sobre o importante.

delicadeza (*délicatesse*) – Misto de doçura e de fineza, diante da fragilidade do outro. Uma virtude, portanto, e um talento: exatamente o contrário da brutalidade. Seu perigo seria ela nos tornar incapazes de rudeza quando esta é necessária. Já não seria delicadeza, mas pusilanimidade.

delinqüência (*délinquance*) – O conjunto dos crimes e delitos, considerado mais de um ponto de vista sociológico. Os delinqüentes fazem parte da sociedade; vivem dela, bem ou mal, submetem-se a ela ou se aproveitam dela, como todo o mundo, assemelham-se a ela. São os fora-da-lei de hoje, mas sem outro programa além de ir vivendo ou enriquecer. Culpados? Vítimas? Ambas as coisas, quase sempre. É o que torna a repressão insuficiente e necessária.

Fala-se muito de delinqüência juvenil. É que a maioria acaba se acalmando com o casamento e os filhos. Os verdadeiros delinqüentes são os que não se acalmam. São mandados para a prisão, diria Rousseau, para obrigá-los a ser livres. Mas em geral não leram Rousseau e se sentem mais livres fora dela.

delírio (*délire*) – Desregramento do pensamento, quando ele cessa de se submeter ao verdadeiro. É menos uma perda de razão (o delírio paranóico, por exemplo, costuma ser raciocinativo) do que uma perda, que pode ser provisória, do real ou do bom senso. Quando a razão funciona desengrenada, funciona mal.

Delirare em latim é sair do sulco (*lira*); hoje, dir-se-ia extravagar ou desvairar. Isso sugere que o único sulco, para o pensamento, é o real ou o verdadeiro, digamos, o universo ou o universal, que só é possível testar ou atestar no encontro da alteridade: o mundo, que não raciocina, ou a razão *dos outros*. O delírio é um pensamento singular; é por isso que, às vezes, o gênio se parece com ele. Mas o delírio permanece prisioneiro da sua singularidade, ao passo que o gênio, mesmo louco, é antes abertura ao universal.

Por extensão, pode-se chamar de *delírio* todo pensamento que aprisiona, como no fanatismo, na paixão, na superstição. É colocar o sentido acima do verdadeiro, suas crenças acima da razão, seus desejos acima do real. No fim do percurso, as fogueiras, o hospício ou o casamento.

delito (*délit*) – Violação do direito. Note-se que nem todo delito é uma falta (quando a lei é injusta, pode ser justo violá-la), que nem toda falta é um delito (nenhuma lei impede ninguém de ser egoísta ou mau), enfim que há mais faltas legais do que delitos virtuosos. É que a moral é mais exigente. As faltas são incontáveis; os delitos são sempre a exceção – não é que sejamos bons ou justos, mas é que a lei e a polícia são bem feitas.

demagogo (*démagogue*) – Quem quer guiar o povo seguindo-o. Como o histérico, segundo Lacan, ele busca um amo sobre o qual possa reinar.

As armas costumeiras do demagogo são a lisonja, a mentira, as promessas inconsideradas, o apelo aos sentimentos mais baixos ou mais violentos, especialmente o medo, a inveja, o ódio. Ele nutre as paixões e delas se nutre. Seu contrário seria o estadista, que propõe o raciocínio, a vontade, a ação. Mas, se ele se vedasse toda demagogia, poderia chegar ao poder?

demência (*démence*) – Perda da razão ou incapacidade de utilizá-la. Mais grave nisso do que o delírio, que é uma razão desregulada, mais grave até que a loucura, que pode deixar intactas certas capacidades intelectuais do sujeito. A demência é uma deterioração global – que os psiquiatras consideram na maioria das vezes irreversível – das faculdades cognitivas, afetivas e normativas. É como uma desintegração da pessoa. O demente não apenas perdeu o espírito; perdeu a si mesmo.

demiurgo (*démiurge*) – "Se a idéia de um Deus criador fosse racional", disse-me um dia Marcel Conche, "os gregos a teriam tido..." Os deuses deles, de fato, não criam o mundo, seja porque este é eterno (por exemplo, em Aristóteles), seja porque resulta de uma organização casual (em Epicuro) ou divina (em Platão) de uma matéria preexistente. É aqui que intervém o demiurgo: é esse o nome que Platão, no *Timeu*, dá a esse deus que não cria o mundo sensível a partir de nada, mas que o fabrica ordenando o "receptáculo" (a matéria, o espaço) a partir do modelo que o eterno ordenamento das Idéias lhe oferece. É uma espécie de deus artesão (o "*demiourgos*", etimologicamente, é o artesão que trabalha para o povo), que não cria nem a matéria nem as Idéias, mas que introduz naquela, na medida do possível, algo da perfeição destas... Foi esse sentido que a palavra conservou desde Platão: um demiurgo é muito mais um deus ordenador do que um deus criador, muito mais mediador do que transcendente, muito mais hábil do que perfeito. A idéia é mais racional por causa disso? Não tenho certeza. Ainda que os gregos tivessem tido todas as idéias racionais possíveis, o que seria surpreendente, isso não provaria que só tiveram idéias assim. Às vezes a desrazão também fala grego.

democracia (*démocratie*) – O regime em que o povo é soberano. Isso não significa que ele governe, nem que faça a lei, mas que ninguém pode governar nem legislar sem seu consentimento ou fora do seu controle. Opõe-se à monarquia (soberania de um só), à aristocracia (soberania de alguns), enfim à anarquia ou ao ultraliberalismo (ausência de soberano).

Não confundir a democracia com o respeito das liberdades individuais ou coletivas. Quando a Convenção, em 1793, decretou "o terror até a paz", nem por isso saiu da democracia. Se o povo é soberano, ele pode estabelecer soberanamente limites a essa ou aquela liberdade, e o faz necessariamente, porém mais ou menos. É o que dá sentido à expressão "democracia liberal" – porque nem todas o são.

Não confundir tampouco a democracia com a república, que seria sua forma pura ou absoluta – una e indivisível, laica e mesmo igualitária, nacional e universalista... "A Democracia é o que resta da República quando se apagam as Luzes", escreve lindamente Régis Debray. Digamos que a democracia é um modo de funcionamento; a república, um ideal. Isso confirma que a democracia, mesmo impura, é a condição de qualquer república.

demônio (*démon*) – Um pequeno diabo ou (entre os gregos) um pequeno deus. Os demônios são incontáveis: seu nome é legião. O diabo tende mais à unicidade de um princípio ou de um príncipe.

demônio de Changeux (*démon de Changeux*) – É uma ficção que propus em *Uma educação filosófica*, por analogia com o demônio de Laplace: a de um neurobiólogo superdotado, daqui a dez mil anos, que poderia saber tudo do cérebro dos seus contemporâneos, até ler nele como num livro aberto. Imaginemos que ele estude, graças a um equipamento médico superdesenvolvido, o cérebro de dois indivíduos. No cérebro de X, ele lê que este último está persuadido de que existiu, dez mil anos antes, um horror chamado a Shoah. No cérebro de Y, ele lê, ao contrário, que não é verdade: nada mais é que um mito de eras obscuras... Qual dos dois tem razão? Isso nosso neurobiólogo não pode ler em nenhum dos dois cérebros: para decidir, ele terá de recorrer a outra coisa que não a neurobiologia (no caso, à história). Que diferença há, de um ponto de vista neurobiológico, entre uma idéia verdadeira e uma idéia falsa? Nenhuma, pelo que sei, e é por isso que a neurobiologia não pode fazer as vezes de pensamento: o conhecimento neurobiológico de uma idéia verdadeira pode conhecer tudo dela, menos sua verdade. Conhecer uma idéia (como objeto) não dispensa de pensá-la (como idéia).

Nosso neurobiólogo também poderia ler, no cérebro de X e Y, certo número de valores, às vezes comuns, às vezes opostos. Mas não teria nenhum meio, se praticasse apenas a neurobiologia, de julgar do valor desses valores. Y é mais feliz? Talvez, mas isso prova o quê? X é mais apegado à justiça, à compaixão, ao dever de recordar? Isso tampouco prova que ele tenha razão. Em suma, o demônio de Changeux pode conhecer tudo sobre os nossos valores, salvo seu valor. Conhecer um valor (como objeto) não dispensa de julgá-lo (como valor).

Isso não reduz em nada a importância da neurobiologia, como ciência, mas frisa os limites do neurobiologismo, como ideologia.

demônio de Laplace (*démon de Laplace*) – A expressão faz alusão a um célebre texto do *Ensaio filosófico sobre as probabilidades* de Pierre-Simon Laplace:

> Devemos encarar o estado presente do universo como o efeito do seu estado anterior e como a causa do que virá. Uma inteligência que, para um instante dado, conhecesse todas as forças que animam a natureza e a respectiva situação dos seres que a compõem, se aliás ela fosse vasta o bastante para submeter esses dados à análise, abarcaria na mesma fórmula os movimentos dos maiores corpos do universo e os do mais leve átomo: nada seria incerto para ela, e tanto o futuro como o passado estariam presentes ante seus olhos.

O demônio de Laplace seria essa inteligência hipotética, cujo ponto de vista bastaria para abolir a diferença entre o passado e o futuro, logo a própria idéia de possível e, por conseguinte, o livre-arbítrio. O determinismo, se fosse o caso, levaria necessariamente ao predeterminismo. É como uma personificação do que Epicuro chamava de "o destino dos físicos", para criticá-lo. Costuma-se considerar que ele é refutado pelo indeterminismo da física quântica e pelos processos caóticos (como o era, entre os epicuristas, pelo clinâmen). O futuro não está contido no presente, como tampouco este estava contido no passado. Há o irredutivelmente novo, o imprevisível, o caos: o futuro é aberto. Mesmo uma inteligência infinita não poderia transformar o futuro em passado. É porque o presente, que os separa, é alguma coisa, ou antes, é tudo.

Isso, no entanto, não resolve a questão da liberdade. O fato de o futuro e o passado serem diferentes (aquele é possível, este é necessário) ainda não diz nada do presente. Enquanto não agi, posso sem dúvida agir de outro modo; depois que agi, já não posso fazer que essa ação não tenha sido: a ação futura seria livre, a ação passada não. E a ação presente? Como poderia ela não ser, quando é, ou ser diferente do que é? E que outra ação, senão a presente? Assim, o demônio de Laplace morreu: nem tudo estava escrito por toda a eternidade. Mas isso não basta para salvar o livre-arbítrio.

demônio de Sócrates (*démon de Socrate*) – É um bom demônio, uma espécie de anjo da guarda, mas que só sabe falar e unicamente de forma negativa: ele nunca diz o que se deve fazer, somente o que devemos evitar ou nos proibir (ver por exemplo Platão, *Apologia de Sócrates*, 31 d e 40 a-c). Os que não crêem nem nos demônios nem nos anjos verão nele uma imagem bastante justa da consciência moral. Ela não sabe dizer que não. É o que a opõe aos nossos desejos egoístas. Quanto ao que devemos fazer de positivo, cabe à inteligência, mais que à moral, decidir.

demonstração (*démonstration*) – Um raciocínio probatório. Supõe que a razão pode valer como prova – o que não tem prova, mas que toda prova supõe. "Pode ser que haja verdadeiras demonstrações, mas não é certo", escreve Pascal. De fato, isso não se demonstra.

Toda demonstração é incompleta, portanto (Montaigne: "Nenhuma razão se estabelecerá sem outra razão: eis-nos a recuar até o infinito"). Uma demonstração incompleta é, no entanto, diversa de uma convicção indemonstrável.

denegação (*dénégation*) – Negação do que se sabe ser verdadeiro – mesmo que de modo inconsciente. É uma espécie de mentira ou de erro (negar o verdadeiro é, necessariamente, afirmar o falso), mas uma mentira defensiva e de si para si. A palavra serve principalmente, em psicanálise, para designar um mecanismo de defesa, que consiste em formular um desejo ou um sentimento recalcados ao mesmo tempo que se nega senti-los. "Não é que eu deseje a morte do meu pai, mas..." É abrir a válvula do inconsciente, sem tirar a tampa e para ajudar a mantê-la. O conceito, porém, é passível de uma maior extensão. Uma frase que inicia por "Não sou racista, mas..." muitas vezes é uma denegação.

deontologia (*déontologie*) – É uma espécie de moral profissional: o conjunto dos deveres (*tò déon*, o que se tem de fazer) que só se impõem em certas profissões. Uma deontologia é ao mesmo tempo condicional e particular: é menos uma moral, estritamente falando, do que um código. Por exemplo, a honestidade não faz parte da deontologia médica (não é porque ele é médico que tem de ser honesto); mas a obrigação de tratar e de guardar segredo, sim.

depressão (*dépression*) – Uma perda de energia, de desejo ou de alegria, como um colapso do conato. Distingue-se da infelicidade por suas causas, que são psicológicas ou mórbidas: é uma espécie de tristeza endógena e patológica. A depressão é para ser tratada; a infelicidade, para ser combatida. Isso não quer dizer que não haja, entre ambas, toda sorte de gradações intermediárias e de ações recíprocas (a depressão torna infeliz, a infelicidade deprime), que podem justificar, às vezes, a prescrição de antidepressivos a alguém que é simplesmente infeliz – não porque seu sofrimento seria patológico, mas para evitar, talvez, que se torne patogênico. E há também, de parte do médico, o simples dever de compaixão. Que esta não pode substituir o diagnóstico, nem é preciso dizer. Mas como um diagnóstico poderia dispensá-la?

De um ponto de vista clínico, a depressão costuma ser acompanhada de ansiedade, autodepreciação e inibição psicomotora. Em suas formas graves, ela torna a vida atrozmente dolorosa, a tal ponto que a morte muitas vezes passa a ser desejável. O suicídio constitui o risco maior da depressão, assim como a depressão é uma das causas principais do suicídio. Mais uma razão para tratá-la. O progresso dos antidepressivos e, em menor medida, das psicoterapias, faz parte das boas novas do nosso tempo. Que muita gente abuse de uns e de outras, é provável. Mas, ensinam-nos os psiquiatras, há também muitas depressões não tratadas e, só na França, mais de cem mil tentativas de suicídio por ano, das quais mais ou menos uma em cada dez leva à morte... Nem todos esses suicídios decorrem da depressão, e nem todos os deprimidos se matam. A dimensão desses números deve nos recordar, porém, que a depressão é um problema mais grave, mesmo em nosso país supermedicado, do que o abuso dos psicotrópicos.

derrelição (*déréliction*) – É um estado de extremo abandono, como que uma solidão redobrada. Como Cristo, na cruz: "Senhor, Senhor, por que me abandonastes?" Isso supõe um resto de fé, e é por isso que a palavra quase sempre pertence, ao menos em seu sentido primeiro, ao vocabulário religioso.

No século XX, os existencialistas utilizaram-na para traduzir o *Geworfenheit* de Heidegger, que os heideggerianos franceses costumam traduzir, se é que podemos chamar isso de tradução, por *être-jeté* [ser-jogado]. É ser no mundo sem estar em casa nele, e mesmo sem ter sido convidado a entrar: sem recurso, sem socorro, sem justificação. A derrelição é como que uma solidão metafísica: é a solidão do homem sem Deus e sem lugar atribuído.

desafio (*défi*) – "*Duvido!*" É o primeiro desafio: a criança é intimada a provar do que é capaz. Aqui, somente os atos contam; é preciso aceitar o risco ou a desonra. Essa alternativa, quando é imposta por outrem, é o próprio desafio. O sábio, legitimamente, dele desconfia. Por que deixaria alguém menos sábio que ele lhe impor sua conduta?

desamor (*désamour*) – A palavra fala por si só: o amor se retirou, o que cria como que um grande vazio, em que vemos enfim o outro, assim cremos, como ele é... Como a praia na maré baixa. Mas é esquecer que o mar também é verdadeiro.

Bela fórmula de Marina Tsvetaïeva: "Quando uma mulher olha para um homem pelo qual não está enamorada, ela o vê tal como os pais dele o fizeram. Quando o ama, o vê tal como Deus o fez. Quando não mais o ama, ela vê uma mesa, uma cadeira..."

O desamor tem a ver com a verdade: é um momento de desilusão. O amor verdadeiro, se ele é possível, começa neste ponto. Mas os enamorados não querem saber dele: preferem o amor à verdade.

É a sexta-feira santa da paixão.

desarrazoado (*déraisonnable*) – O que não é conforme à razão prática (o que ela não pode nem aprovar nem justificar) ou a nosso desejo de razão. Não confundir com o irracional (v.): seria irracional que o desarrazoado não existisse, e desarrazoado crer por isso na existência do irracional.

descentramento (*décentrement*) – O fato de mudar de perspectiva, adotando, pelo menos a título provisório ou metódico, outro ponto de vista que não o seu. É pôr-se no lugar de outro, ou num lugar outro que não o seu, o que só se pode fazer, sempre incompletamente, por simpatia ou inteligência. O contrário, por isso, do egocentrismo, do fanatismo e da tolice.

descoberta (*découverte*) – Descobrir é fazer aparecer o que já existia (é o que distingue a descoberta da invenção), mas era desconhecido. Como Cristóvão Colombo descobrindo a América ou Newton, a gravitação universal. Noção quase sempre relativa: a América não era desconhecida de todos, Newton não descobriu a gravitação sozinho. De resto, uma descoberta absoluta deixaria de ser descoberta: seria invenção ou criação.

descomedimento (*démesure*) – O excesso desarrazoado: o *hýbris* dos gregos, sempre prova de arrogância ou de cegueira, sempre fonte de violências ou de injustiças. É algo próprio do homem (os animais são medidos pelo instinto), que faz do comedimento, para nós, uma virtude.

desconfiança[1] (*défiance*) – Uma ocorrência da prudência, nas relações com o outro, quando é uma dúvida prévia: recusar-se a confiar no que não se conhece.

desconfiança[2] (*méfiance*) – Desconfiança generalizada e excessiva (incapacidade de confiar em quem quer que seja, inclusive em quem é digno de confiança). Já não é prudência, mas mesquinharia.

Quanto à distinção entre esses dois sentidos, Littré disse o essencial: no primeiro sentido, é uma confiança precavida, quem desconfia teme ser enganado. No segundo, é uma falta sistemática de confiança, quem desconfia acha que será enganado. No segundo sentido, a desconfiança não permitiria a um homem confiar seus assuntos a quem quer que fosse; no primeiro, ela pode lhe permitir fazer uma escolha certa.

No segundo sentido é um defeito; no primeiro, uma virtude: é querer confiar em (ou se confiar a) alguém conscientemente ou, nas palavras de Littré, "apenas após exame ou reflexão". Virtude pouco simpática, admito, mas necessária. Afinal, as crianças têm de saber que pedófilos e assassinos existem.

desejo[1] (*désir*) – Potência de gozar ou de agir.

Não confundir desejo com carência, que é seu fracasso, seu limite ou sua frustração. O desejo, em si, não carece de nada (a impotência, não a potência, é que carece de algo). Por que precisaríamos carecer de comida para desejar comer? Seria confundir a fome, que é um sofrimento, com o apetite, que é uma força e, já, um prazer. Por que seria preciso "estar necessitado", como se diz, para desejar fazer amor? Seria confundir a frustração, que é uma infelicidade, com a potência ou o amor, que são uma felicidade e uma sorte. O desejo não é carência, não obstante o que diz Platão (*Banquete*, 200), mas potência: é potência de gozar e gozo em potência. O prazer é seu ato; a morte, seu destino. Ele é a força, em cada um de nós, que nos move e nos comove: é nossa potência de existir, como diz Espinosa, de sentir e de agir. O princípio de prazer, como diz Freud, resulta da sua definição.

"São do desejo a coragem e a vontade", escreve Aristóteles. Falta acrescentar o amor e a esperança. O desejo, explica de fato o *De Anima*, é em nós a única força motriz: "O intelecto manifestamente não se move sem o desejo", ao passo que o desejo "pode mover-se fora de qualquer raciocínio" (*Da alma*, II, 3, e III, 10). Ora, quem não vê que o amor e a esperança nos movem? Assim, há "um só princípio motor, a faculdade desejante": é por desejarmos que somos nosso "próprio motor" (*ibid.*, III, 10).

Espinosa, que definia o desejo como "o apetite com consciência de si" (o que supõe que há apetites inconscientes), salientava em seguida que essa definição não dizia o essencial: "De fato, quer o homem tenha ou não consciência do seu apetite, esse apetite apesar disso permanece o mesmo" (*Ética*, III, 9, escólio, e def. 1 dos afetos, explicação). A verdadeira definição, que, conseqüentemente, vale tanto para o desejo como para o apetite, é a seguinte: "O desejo é a própria essência do homem, na medida em que é concebida como determinada a fazer algo por uma afeição qualquer dada nela" (*ibid.*). É a forma humana do conato e, assim sendo, o princípio de "todos os esforços, impulsos, apetites e volições do homem, os quais variam de acordo com a disposição variável de um mesmo homem e se opõem tão bem uns aos outros que o homem é puxado em diversos sentidos e não sabe para onde se virar" (*ibid.*). O desejo, para Espinosa também, é a única força motriz: é a força que somos e de que resultamos, que nos atravessa, que nos constitui, que nos anima. O desejo não é um acidente, nem uma faculdade entre outras. É nosso próprio ser, considerado em "sua potência de agir ou sua força de existir" (*agendi potentia sive existendi vis*, III, def. geral dos afetos). É dizer que seria absurdo ou mortífero querer suprimir o desejo. Só podemos transformá-lo, orientá-lo, sublimá-lo às vezes, e é essa a finalidade da educação. É também, e mais especialmente, a finalidade da ética. Trata-se de desejar um pouco menos o que não é ou que não depende de nós, e um pouco mais o que é ou depende: trata-se de esperar um pouco menos, amar e agir um pouco mais. É libertar o desejo do nada que o assombra, abrindo-o ao real que o porta.

desejo[2] (*souhait*) – Um desejo (*souhait*) também é a formulação de uma esperança. Assim, desejamos apenas o que não depende de nós. É como uma prece, mas sem Deus. Superstição ou polidez. Podemos dispensar a primeira, não a segunda.

desencanto (*désenchantement*) – Uma desilusão lamentável ou que deixa como que um perfume de nostalgia.

A palavra, em seu uso filosófico, faz pensar sobretudo em Max Weber: o mundo é *desencantado* quando aparece sem magia, sem sobrenatural, quase sem mistério. É o mundo dos modernos, nosso mundo, inteirinho oferecido ao conhecimento e à ação racionais. Não se deve no entanto confundir esse desencanto do mundo com sua banalização técnica ou mercantil. A própria existência do mundo já é um mistério suficiente, e um encanto.

desespero (*désespoir*) – O grau zero da esperança e o contrário da fé. No sentido ordinário, a palavra costuma designar o auge da tristeza ou da decepção: quando já não é possível escapar da infelicidade, nem esperar alguma felicidade. Assim, os jornais falam com freqüência de um *desesperado* para designar quem se suicidou. Isso quase sempre supõe uma esperança prévia, que foi desiludida ("a esperança é a principal causa de suicídio", escrevia-me um psicanalista, "as pessoas só se matam por desilusão"), e mesmo uma esperança última (a de morrer). É uma desilusão insuperável e mortífera.

Uso a palavra num sentido diferente: para designar a ausência de qualquer esperar, em outras palavras, de qualquer desejo que tenha como objeto o futuro, o que ignoramos ou o que não depende de nós. É não desejar mais nada (desespero negativo) ou desejar apenas o que é, o que conhecemos ou que depende de nós (desespero positivo: amor, conhecimento, vontade). É o contrário da fé (que deseja o que não é ou o que ela ignora). É o contrário da esperança (que deseja o que não é e que não depende de nós). É por isso que é o contrário da religião. "O contrário de desesperar é crer", escrevia Kierkegaard. O inverso também pode ser dito: o contrário de crer é desesperar.

Foi o que me autorizou a falar de um *alegre desespero*. Por que os crentes teriam o monopólio da alegria? Se Deus não existe, haver algo de desesperador na condição humana é uma espécie de evidência, já que envelhecemos, já que sofremos, já que morremos. Mas essa evidência nunca impediu ninguém de gozar o presente, nem de se regozijar com ele. O contrário é que é verdade. Quantos crentes esperaram a felicidade apenas para depois da morte ou a encontraram neste mundo, como dizia Pascal, apenas "na esperança de outra vida"? E quantos ateus, ao contrário, souberam aproveitar da vida e de seus prazeres, quantos souberam amá-la alegre e desesperadamente, não pelo que ela anunciava, mas pelo que ela era? Sabedoria trágica: sabedoria da felicidade e do desespero. As duas podem andar juntas, devem andar até. Esperamos apenas o que não temos: a esperança da felicidade nos separa dela. Quem é plenamente feliz, ao contrário, não tem mais nada a esperar, nem mesmo que sua felicidade continue (se espera vê-la durar, teme que ela cesse: a felicidade já ficou para trás, então). É a sabedoria do Oriente: "Só o desesperado é feliz", lemos no *Samkhya-Sutra*, "porque a esperança é a maior tortura que há, e o desespero, a maior beatitude." É viver no presente, e é a verdade de viver.

Somos capazes dela? Digamos que acontece, em certos momentos, experimentá-la mais ou menos: por exemplo, na sexualidade, na contemplação ou na ação, quando desejamos apenas o que é, o que fazemos ou que depende de nós. Às vezes, isso é de tamanha plenitude que já não há nada, de fato, a esperar – porque não há senão o presente, o real, o verdadeiro. Porque não há senão tudo. São experiências raras, mas inesquecíveis. Experiências de eternidade, diria Espinosa, dessas que, como dizia Proust, tornam a idéia da morte indiferente.

De fato, às vezes aconteceu-me estar vivo, simplesmente.

desgosto (*dégoût*) – Impotência momentânea de gozar e até de desejar, que leva às vezes à aversão. O desgosto pode nascer de um excesso prévio, mas também de uma doença, de um cansaço, de uma tristeza, de uma angústia... Quando se generaliza, o desgosto se distingue da melancolia apenas pela duração. A melancolia seria um desgosto generalizado ou permanente; o desgosto, uma melancolia pontual ou provisória. É a vazante de viver: o desejo em maré baixa.

desgraça (*disgrâce*) – A perda de uma graça, em outras palavras, de um favor, de uma proteção, de um amor possível ou necessário... A palavra indica que a graça é primeira ou deveria ser. É que a vida é uma graça, como o amor recebido primeiro, quase sempre, antes de ser merecido ou compartilhado. Toda graça é gratuita. Toda desgraça, porém, parece injusta (senão seria um castigo), como se a gratuidade nos fosse devida. É por isso, talvez, que o adjetivo *desgracioso* quase sempre exprime a feiúra: porque a beleza é uma sorte, por natureza, imerecida. Há imagem mais clara da injustiça do que uma moça feia?

designação (*désignation*) – A relação de um signo com seu referente, isto é, com um objeto real ou imaginário que lhe é exterior (os lingüistas também falam de *denotação* ou de *referência*). Não confundir com a *significação*, que é a relação, interna ao signo, entre o significante e o significado.

desinteresse (*désintéressement*) – Um ato é desinteressado quando não visa nenhum fim egoísta ou, em todo caso, quando o egoísmo não basta para explicá-lo. É por isso que o desinteresse, pelo menos desde Kant, é tido como próprio da ação moral: agir moralmente é agir, como diz

Kant, "sem nada esperar em troca". Do que se concluirá que a ação moral tem de ser necessariamente triste ou privada de prazer. Você encontrou uma carteira cheia; devolve-a a seu dono. A ação só é moral se você não a realizou esperando receber uma recompensa (se possível superior ao que a carteira continha...), nem temendo um castigo (divino, por exemplo, caso em que seu comportamento já não seria do âmbito da moral mas da religião e do egoísmo), nem mesmo pelo simples prazer de ter agido bem. Mas isso não lhe veda nem esse prazer nem essa recompensa.

Discute-se para saber se o desinteresse é possível: não seria violar o princípio de prazer? É uma questão sem resposta, mas talvez também seja mal formulada. Gozar o bem que fazemos a outrem não prova que o fizemos *para* gozá-lo. E, mesmo que assim fosse, mais vale esse gozo – o mais desinteressado possível, ainda que nunca o seja totalmente – do que o do canalha, que só sabe gozar o mal ou seu próprio bem.

Enfim, o amor, quando presente, torna a questão irrisória. Nenhuma mãe alimenta o filho de modo desinteressado: toda a felicidade dela depende disso. Quem não vê, porém, que seu amor é superior ao desinteresse? É aqui que se passa da moral à ética, do desinteresse ao amor, de Kant a Espinosa.

desobediência (*désobéissance*) – É a recusa a submeter-se a um poder legítimo. É, por força, uma exceção (se não fosse, não haveria nem poder nem legitimidade), mas uma exceção necessária (se não fosse, já não haveria liberdade).

Se eu me recuso a me submeter ao bandido que me agride ou ao tirano que me oprime, não é desobediência, é combate, revolta, guerra – estado de natureza. Só há desobediência quando transgrido uma lei cuja legitimidade reconheço. Por que, então, transgredi-la? Na maioria das vezes por egoísmo (porque a lei se opõe ao meu interesse), às vezes por dever (porque ela se opõe à minha consciência). Isso coloca o problema da desobediência cívica, ou melhor, é a única coisa que permite resolvê-lo. A questão não está em saber se determinada lei é boa ou não. Se cada cidadão só obedecesse às leis que aprova, já não haveria República, logo já não haveria nem leis nem cidadãos. A verdadeira questão está em saber se podemos obedecer ao Estado, nesta ou naquela circunstância, sem sacrificar algo ainda mais essencial que a República. Se a resposta é não, há que desobedecer. Todos compreendem que, num Estado de direito, essas circunstâncias são necessariamente excepcionais. Formular a regra é fácil, difícil é aplicá-la: *temos o direito de desobedecer, mas somente quando for um dever.*

desonra (*déshonneur*) – Uma ferida de amor-próprio, quando a levamos a sério ou a trágico. É o princípio dos duelos, da vingança, das guerras, às vezes. Alguém chamou você de covarde, ou seduziu sua mulher, ou pôs em dúvida sua honestidade, sua virilidade, sua palavra... Você fica desonrado se não o mata ou, pelo menos, se não provar publicamente – antigamente num duelo, hoje numa briga ou num processo – que ele está errado. Foi assim que vários maridos traídos, condição que não tem nada de indigno, viraram assassinos, condição que não tem nada de respeitável, para escapar da desonra. Ou que vários povos se mataram, indignamente, para que ninguém pudesse suspeitar da sua coragem. É dar importância demais ao olhar dos outros e de menos à vida deles.

desordem (*désordre*) – Atire um punhado de pedras no chão: terá a sensação da desordem. Se, extraordinariamente, as pedras formarem uma figura identificável, por exemplo, um hexágono ou um rosto, você terá a sensação de uma ordem. Para as pedras, no entanto, não há nem ordem nem desordem, num caso ou no outro. Isso explica aproximadamente o que é a desordem: uma ordem que não reconhecemos. E o que é a ordem: uma desordem fácil de imaginar, de memorizar ou de utilizar. O sentido dessas noções é relativo, portanto. "A realidade é ordenada na exata medida em que satisfaz ao nosso pensamento", dizia Bergson, e desordenada quando não consegue nos satisfazer ou, melhor, quando não conseguimos encontrar nenhum ponto de referência nela. A idéia de desordem exprime "a decepção de um espírito que encontra diante dele uma ordem diferente daquela de que necessita, ordem que no momento de nada lhe serve e que, nesse sentido, não existe para ele" (*A evolução criadora*, III; ver também *La pensée et le mouvant*, pp. 108-9). Assim, não há desordem absoluta, porque não há ordem absoluta: há tão-só ordens diferentes, todas elas relativas. É o que impede que a noção de entropia (v.) valha absolutamente. O fato de a desordem, em qualquer sistema isolado, tender ao máximo não impede que essa desordem, considerada em si, continue sendo uma ordem como outra qualquer: é a ordem mais provável, mais estável e menos criadora. Tudo tende a qualquer coisa, isto é, a nada. Mas qualquer coisa ainda é alguma coisa.

despotismo (*despotisme*) – O poder sem limites de um só.

O despotismo pode ser esclarecido e até legítimo (é o que o distingue da tirania); mas é sempre injusto: se ele se submetesse ao direito, seu poder já não seria sem limites. É o que o distingue do regime monárquico, "em que um só governa", observava Montesquieu, "mas por leis fixas e estabelecidas; ao passo que, no despótico, um só, sem lei e sem regra, impõe tudo por sua vontade e seus caprichos" (*O espírito das leis*, II, 1). O déspota coloca-se acima das leis (Rousseau) ou não conhece outras leis fora as suas próprias (Kant). O despotismo é uma monarquia absoluta e autoritária. Seu princípio não é a honra, como numa monarquia bem regulada, nem a virtude, como numa democracia, mas o temor (*O espírito das leis*, III, 9). É também esse o seu limite: o despotismo só pode durar enquanto meter medo.

desprezo (*mépris*) – Desprezar é recusar o respeito ou a atenção. Assim, podemos desprezar o perigo ou as conveniências. Diz-se com mais freqüência em relação a um ser humano: significa, então, recusar a alguém o respeito que se deve de ordinário a seu próximo, seja porque parece não merecê-lo, seja porque somos incapazes, com razão ou não, de considerá-lo como nosso igual. Note-se que, se todos os homens são iguais em direitos *e em dignidade*, o desprezo é sempre injusto e, por isso, desprezível.

destino (*destin*) – O conjunto de tudo o que acontece e que pode não acontecer. A palavra se aplica especialmente ao que não depende de nós. Note-se que todo passado é fatal, portanto (já não depende de mim, hoje, ter ou não ter feito o que dependia), e todo presente também, na medida em que decorre da ordem ou da desordem do mundo. Isso não significa que estava escrito de antemão, superstição nefasta, mas simplesmente que o que é não pode não ser, nem, por conseguinte e para sempre, não ter sido. O destino é o próprio real, portanto: não é uma causa a mais, é o conjunto de todas as causas.

determinismo (*déterminisme*) – Doutrina segundo a qual tudo é determinado, isto é, submetido a condições necessárias e suficientes, que são, elas próprias, determinadas. Nesse sentido, o determinismo nada mais é que uma generalização do princípio de causalidade. É uma ou várias cadeias de causas a que nada escapa, nem ele mesmo: podemos agir sobre ele, modificá-lo, dominá-lo, mas não sair dele. É o labirinto das causas, ou melhor, dos efeitos. Kant percebeu que ele excluía ao mesmo tempo a contingência e a fatalidade (*C. R. Pure* [*C. r. pura*], Analytique des principes, PUF, p. 208, Pléiade, p. 960). A multiplicidade das causas explica tudo, mas não impõe nada.

O determinismo nada mais é que outro nome do acaso (como dualidade de séries causais), na medida em que é conhecível. Não confundi-lo com o predeterminismo, que supõe a existência de uma cadeia *única e contínua* de causas, de tal sorte que o futuro estaria inteiramente inscrito no presente, do mesmo modo que o presente resultaria necessariamente do passado. É dar ao tempo uma eficácia que ele não tem. Nem com a idéia de uma previsão possível: um fenômeno pode ser integralmente determinado, permanecendo porém perfeitamente imprevisível (é o princípio dos jogos de azar e dos sistemas caóticos). O tempo que vai fazer daqui a seis meses não está escrito em lugar nenhum: ele não está determinado *já*; mas estará daqui a seis meses. Assim, o determinismo não é um fatalismo: ele não exclui nem o acaso nem a eficácia da ação. Ao contrário, permite pensá-los. Daí a meteorologia e o guarda-chuva.

Deus (*Dieu*) – Entre os gregos, e no politeísmo em geral, é um ser imortal e bem-aventurado. Essas duas características, embora subsistam no monoteísmo, adquirem nele muito menos importância do que as dimensões ontológicas e morais: Deus é o ser supremo, criador e incriado (ele é causa de si), soberanamente bom e justo, de que tudo depende e que não depende de nada. É o absoluto em ato e em pessoa.

Os crentes em geral costumam reconhecer no seu Deus quatro atributos principais, cada um dos quais seria ilimitado: o ser (Deus é infinito), a potência (é onipotente), o conhecimento (é onisciente), enfim a bondade ou o amor (é perfeitamente bom e infinitamente amante). É nisso que nos parecemos com ele, se ele existe. Não somos dotados de um pouco de ser, de um pouco de potência, de um pouco de conhecimento e de amor? E é nisso que ele se parece conosco, se não existe. O homem é como um Deus finito e mortal; Deus, como um homem infinito e imortal. O antropomorfismo não é o erro das religiões, dizia Alain, é antes sua "verdade viva". Se Deus não se parecesse em nada conosco, como teria podido nos criar *à sua imagem*? E como poderíamos crer nele?

Deus é o ser supremo, tanto de um ponto de vista teórico (é o máximo de verdade possível), como de um ponto de vista prático (é o máximo de valor possível): o *verdadeiro Deus*, o *bom Deus*, é o mesmo, e de outro modo não seria *Deus*. Essa conjunção do verdadeiro e do bem, ambos levados ao infinito, é sem dúvida o que melhor, ou menos mal, o define. Deus é a verdade que faz norma, e a norma, a esse título, de todas as verdades: é aquele que conhece, julga e cria o *verdadeiro valor* de todas as coisas. É o sentido do sentido ou a norma absoluta.

Toda verdade que pretende valer absolutamente é, assim, teológica: daí tantas variedades de religiões (de Deus, da História, da Ciência, do Inconsciente...) e tão poucos ateísmos.

Deus de Espinosa (*Dieu de Espinosa*) – É o contrário do precedente: a verdade eterna e infinita, mas sem valor nem sentido. A verdade, diria eu, *desesperadamente verdadeira* –, o real, sem frases. Ele é reconhecido por seu silêncio.

Como tudo é verdadeiro, o Deus de Espinosa também é o conjunto infinito de tudo o que existe (a natureza). É o que o impede de criá-lo.

dever (*devoir*) – O verbo indica primeiramente uma dívida (*debere*, em latim, vem de *de habere*: é ter algo de alguém). O substantivo, uma obrigação: não mais *ter algo de*, mas *ter de*. A transição, entre os dois, decorre de uma lógica da troca ou do dom: se recebi uma coisa de alguém, devo-lhe em troca outra coisa. Temos aí uma estrutura arcaica, de que o dever, no sentido moral do termo, manifesta a permanência. Na maioria das sociedades primitivas, como mostrou Marcel Mauss, todo dom supõe um contradom: "As trocas e os contratos são feitos na forma de presentes, teoricamente voluntários, na realidade obrigatoriamente dados e retribuídos." O contradom, nessas sociedades, é um dever. O dever, nas nossas, é como uma contradição obrigatória.

O que recebemos, que nos obriga? Recebemos *tudo*: a vida, a humanidade, a civilização... De quem? Talvez de Deus. Certamente dos nossos pais, da sociedade, da humanidade... Como isso não criaria deveres para nós? A moral consiste em saber-se devedor, diria eu à maneira de Alain, e, por isso mesmo, obrigado: porque todo dom obriga. Veja a parábola dos talentos. Não se trata apenas de restituir o que se recebeu, mas de fazê-lo frutificar o melhor possível. Assim, o primeiro dever é não esquecer que temos um dever.

Em Kant, o dever é a necessidade de realizar uma ação por puro respeito à lei moral, isto é, independentemente de qualquer inclinação sensível ou afetiva (se agimos por amor ou por compaixão, já não agimos por dever) e abstraindo-se, inclusive, de todos os objetos da faculdade de desejar, de todo prazer, de todo fim e, especialmente, de toda recompensa ou castigo esperados. O dever, em seu princípio, é desinteressado. Por exemplo, quem só fizesse o bem na esperança de alcançar o paraíso ou por temer o inferno, agiria certamente *de acordo com o dever*, mas não *por dever* (agiria de acordo com o dever, mas *por interesse*), e sua ação seria por isso moralmente sem valor. Mas a ação de quem fizesse o bem pelo simples prazer de fazê-lo, por mais apreciável que ela fosse, tampouco teria "valor moral verdadeiro": mais vale para Kant um misantropo virtuoso, que só age por dever, do que um filantropo simpático, que agiria apenas por inclinação (*Fundamentos*..., I). É aí que o dever e a moral, tal como Kant os concebe, se opõem da maneira mais clara à virtude e à ética, tais como os antigos ou Espinosa nos ajudam a pensá-los. A generosidade, por exemplo, é tanto mais moral, para Kant, quanto menos prazer nos proporciona; tanto mais virtuosa, para Aristóteles e Espinosa, quanto mais nos dá (quem dá sem prazer não é generoso: é um avaro que se violenta). Daí o que poderíamos chamar de um primado da ética, que nem por isso abole a moral (já que a virtude, quase sempre, está faltando) ou faz as vezes dela. A moral é boa apenas para os maus, ou melhor, para os egoístas. É por isso que ela é boa, na prática, para todos nós. É o contrário do egoísmo. É o contrário do mal radical. Agir moralmente é obedecer apenas à lei que a razão, em nós, se dá a si mesma e nos dá; em outras palavras, é obedecer ao universal. Daí por que o dever é obrigatório, nota Alain, "mas não forçado": ninguém pode nos obrigar a agir por dever, ninguém age por dever se não o faz livremente. Isso supõe que nos libertemos de tudo o que não é livre em nós, de tudo o que não é universal, antes de mais nada do "*querido eu*", como diz Kant, dos seus instintos, dos seus pendores, dos seus medos e até das suas esperanças. "A majestade do dever não tem nada a ver com o gozo da vida", escreve tranqüilamente Kant. Não é que seja imoral gozar, a vida não é tão difícil assim, mas é que seria imoral submeter a moral ao prazer, quando é o contrário que se deve fazer (buscar o prazer apenas quando nenhum dever se opõe a essa busca). Os néscios criticam Kant por seu ascetismo. Mas lhe dão razão, cada vez que se vedam o estupro ou o assassinato, não obstante o prazer que imaginem encontrar nesses atos, ou cada vez que se impõem, por razões morais, uma ação desagradável ou arriscada. Assim, o prazer não é tudo, nem a felicidade, nem mesmo a sabedoria, e é isso que o dever significa. Há nele algo de desesperado, com o que ele escapa do *ego*: agir moralmente é fazer o que se deve porque se deve, nem que se sofra com essa ação e "sem nada esperar por ela" (como diz Kant a propósito da beneficência: *Doutrina da virtude*, § 30).

O dever existe? Não, sem dúvida, como uma coisa ou um fato. Mas nem por isso deixa de corresponder à nossa experiência. Se uma criança está se afogando, se um inocente pede socorro, a situação assume para mim a forma de uma obrigação, de um mandamento, de um imperativo: sei perfeitamente que *tenho de* ajudá-los, se puder, mesmo que não tenha nenhum interesse nisso e mesmo que arrisque minha vida. Daí que Kant tem pelo menos fenomenologicamente razão: ele descreve a moral tal como ela nos aparece, como uma livre obrigação, o que é a própria moral.

Sempre sabemos qual é o nosso dever? Digamos que só há *dever*, em todo caso, se o conhecemos mais ou menos. É o caso, de longe, mais freqüente. De minha parte, não me lembro de ter me interrogado muito sobre meu dever. Quase sempre vi claramente qual era ele – o que não quer dizer, longe disso, que sempre o cumpri. "Nunca há no dever outra dificuldade a não ser a de cumprir com ele", dizia Alain. Dificuldade prática, não teórica. Costuma ser considerável; porque é preciso vencer o medo, o egoísmo, o cansaço.

devir (*devenir*) – A mudança, considerada em sua globalidade. Portanto, é o próprio ser, na medida em que não cessa de mudar. "*Panta rhei*", dizia Heráclito: tudo flui, tudo muda, tudo passa, nada fica... Ninguém nunca se banha duas vezes no mesmo rio, nem mesmo, acrescentava Crátilo, uma só vez: entramos na água, e ela já não é a mesma.

Em Hegel, o devir é a unidade do ser e do nada: a passagem de um ao outro, e do outro ao um. É por isso que é o primeiro pensamento concreto (o ser e o nada são apenas abstrações vazias), e nessa medida a primeira verdade. Era permanecer fiel a Heráclito e ao real. "O verdadeiro", escreve Hegel, "é o devir de si mesmo."

diabo (*diable*) – O demônio principal ou principial. Faz o mal pelo mal. Por isso é que é inumano: o homem nunca faz o mal pelo mal, explica Kant, apenas por egoísmo (para o seu próprio bem). O diabo é malvado; o homem é apenas mau (*A religião nos limites da simples razão*, I, 3).

O diabo não é apenas malvado; ele é também tolo ou ininteligível (por que diabo ele faz o mal, se não encontra nele seu bem?). Pode-se dizer dele o que Stendhal dizia de Deus: sua única desculpa é que ele não existe.

dialelo (*diallèle*) – Erro lógico, que consiste em utilizar, para demonstrar uma proposição, outra proposição que a supõe – o que equivale a uma petição de princípio, mas indireta. É o nome grego ou erudito do círculo vicioso.

dialética (*dialectique*) – A arte do diálogo e da contradição, logo da controvérsia. É também uma lógica da aparência (no melhor dos casos) ou a aparência de uma lógica (no pior). Enfim – em Hegel ou Marx –, é certo método intelectual, baseado na unidade dos contrários e em sua superação numa síntese superior.

A palavra vem dos gregos. A *dialektiké*, em Platão, é antes de mais nada a arte do diálogo, tal como Sócrates o praticava, isto é, por perguntas e respostas (ver por exemplo o *Crátilo*, 390 *c*). A partir da *República* (livros VI e VII), é principalmente a própria marcha do pensamento, que parte de hipóteses, mas reconhecidas como tais, para "se elevar ao princípio universal e anipotético" (dialética ascendente), antes de descer de novo, mas recorrendo apenas às idéias, em direção às suas conseqüências ou aplicações (dialética descendente). É, enfim – especialmente no *Fedro* e no *Sofista* –, a arte das sínteses e das divisões, que possibilita passar do múltiplo ao uno e do uno ao múltiplo. Platão via nisso a ciência por excelência, a do inteligível. Essa ciência já não é a nossa, nem essa dialética.

Aristóteles é mais próximo de nós. Nele, a dialética é a lógica do provável: não uma ciência, mas o que faz as vezes dela quando qualquer ciência é impossível (*Tópicos*, I, 1). É a arte de raciocinar sobre opiniões opostas, tais como podem se exprimir num diálogo, a partir de premissas apenas plausíveis e sem que nenhum saber e nenhuma determinação permitam decidir absolutamente ou de maneira apodítica entre essas opiniões. Isso supõe que se pleiteie o pró e o contra, a tese e a antítese, e é por isso que a dialética é universal, quanto a seus objetos possíveis, mantendo-se particular (já que objetivamente insuficiente) quanto ao sujeito que a enuncia. Opõe-se nisso à analítica, que é a ciência demonstrativa, mas também a prepara e a completa. Toda demonstração, por exemplo, supõe o princípio de não-contradição, que é por isso indemonstrável. É possível justificá-lo, já que é necessário fazê-lo, apenas de maneira dialética: não provando que ele é verdadeiro, o que é impossível, mas mostrando que ninguém pode manter um discurso sensato sem pressupor primeiro a verdade desse princípio (*Metafísica*, Γ, 4). Assim, o verdadeiro supõe o provável, e a ciência, o diálogo.

Na Idade Média, sem dúvida seguindo os estóicos, a dialética absorve a lógica, ou melhor, confunde-se com ela: é a arte de raciocinar (em oposição à retórica, que é a arte de falar). Isso já não é verdade hoje: de dialética, nossos lógicos não se ocupam. É que Kant, entrementes, voltando a Aristóteles, restituiu à dialética um sentido específico, que vale nele como condenação. O que é a dialética? É "a lógica da aparência" (em oposição à analítica, que é "a lógica da verdade"): é "a arte sofística de dar à sua ignorância e até às suas ilusões deliberadas o verniz da verdade" (*Crítica da razão pura*, "Da divisão da lógica geral em analítica e dialética"). O dialético gostaria de servir-se da lógica para ampliar seus conhecimentos (quando a lógica ensina apenas as condições formais da coerência desses), o que não pode conduzir "a nada mais que um palavrório pelo qual se afirma, com certa aparência, ou se contesta, conforme o humor, tudo o que se quer". O exemplo mais eloqüente é o das célebres *antinomias* (v.), nas quais a razão enreda – porque pode demonstrar tanto a tese como a antítese – assim que tenta raciocinar sobre o incondicionado. Kant vê aí um impasse. O que nos leva a Hegel, que disso fará seu baluarte.

No vocabulário filosófico contemporâneo, quando utilizada sem outra especificação e se não é um simples efeito da moda ou do esnobismo, a palavra "*dialética*" remete de fato, no mais das vezes, à lógica (ou suposta lógica) de Hegel. De que se trata? Primeiro de um pensamento da complexidade, da interdependência, da não-separação. Para o dialético, tudo está em tudo, e vice-versa: "Chamamos dialética", escreve Hegel, "o movimento racional superior no qual termos que parecem totalmente separados transformam-se um no outro por si mesmos, pelo próprio fato do que são, e no qual a pressuposição da sua separação se suprime" (*Lógica*, I, 1; mesma referência para as citações que seguem). Isso vale especialmente para os contrários. Longe de se opor de forma exterior e estática, como gostaria o entendimento, estes na verdade só existem juntos, no próprio movimento que opõe de dentro um ao outro e os supera. Sejam, por exemplo, o ser e o nada. Se começarmos separando-os, como faz a maioria dos filósofos, nunca poderemos compreender a origem (a passagem do nada ao ser) nem o fim (a passagem do ser ao nada). O que manifesta a primeira antinomia de Kant, salienta Hegel, é antes de mais nada a incapacidade do entendimento pensar o devir: "Enquanto estiver pressuposto o divórcio absoluto do ser em relação ao nada, o começo ou o devir serão, sem contradita, algo incompreensível." Para a razão dialética, é totalmente diferente. Partamos do ser puro. Que é ele? Uma mesa, uma cadeira, uma multiplicação, uma mangueira de jardim? Nada disso, porque então ele já não seria puro, e não poderia valer, como conceito, para todo ser. A verdade do ser, como ser puro, é que ele não é nem isto nem aquilo (não é uma mesa, não é uma multiplicação, não é uma mangueira de jardim...), nem nada determinado: ele é o ser que não é nada, pelo que "ele é de fato nada, e nada mais nada menos que nada". Mas o nada o que é? "Igualdade simples consigo mesmo", responde Hegel, "vacuidade perfeita, ausência de determinação e de conteúdo, estado de não-diferenciação em si mesmo..." Ele é o ser do que não é nada, ou o nada que é. "O nada é, portanto, a mesma determinação, ou melhor, a mesma ausência de determinação e, por conseguinte, *absolutamente a mesma coisa que o ser puro.*" O que se deve pensar, para a dialética, é portanto a unidade entre o ser e o nada. Após a tese e a antítese, como se diz na sala de aula, chegou o momento da síntese, que não é um justo meio mas uma superação:

> O ser puro e o nada puro são a mesma coisa. O que é a verdade não é nem o ser nem o nada, mas o fato de que o ser não se transforma, mas é transformado em nada, e o nada, em ser. No entanto a verdade, do mesmo modo, não é o estado de não-diferenciação deles, mas o fato de que são absolutamente diferentes e que, no entanto, de forma igualmente imediata, cada um desaparece em seu contrário. A verdade deles é, pois, esse movimento do desaparecer imediato de um no outro: *o devir*, um movimento em que os dois são diferentes, mas por intermédio de uma diferença que se dissolveu de forma igualmente imediata.

É apenas um exemplo, que provoca tanto admiração como dúvida. O fato de que o ser e o nada, *como palavras*, se opõem e dão na mesma nos ensina o que sobre o real ou o verdadeiro? E o que isso prova contra o princípio de não-contradição, que toda prova supõe? A verdade é que a dialética nunca prova nada, a não ser, às vezes, o virtuosismo de quem a utiliza. Marx, que a fez sua, que fez dela um uso materialista e revolucionário, teve o mérito, pelo menos uma vez, de reconhecê-lo. É verdade que estamos aqui entre entendidos e entre íntimos, pois se trata de uma carta a Engels de 15 de agosto de 1857: "Pode ser que eu muito me engane, mas com um pouco de dialética a gente sempre conseguirá se safar." A dialética, é sua função, tem uma resposta para tudo. Ela pode pensar tudo, explicar tudo, justificar tudo, tanto o Estado prussiano (em Hegel) como a revolução (em Marx), tanto o stalinismo como o trotskismo, o fim da história (em Kojève) tanto como sua continuação "sem sujeito nem fim" (em Althusser)... É a arte de se dar razão na linguagem, mesmo que todo real nos desdiga. É muito cômodo. É muito inútil. Um dialético um pouco talentoso é sempre invencível, pelo menos intelectualmente, porque pode cada vez integrar a contradição que lhe é oposta ao seu desenvolvimento e, assim, superá-la. Se tudo é contraditório, de que serve uma contradição? Assim, a dialética não tem fim. É a tagarelice da razão, que finge se contradizer sempre para não se calar nunca.

diálogo (*dialogue*) – O fato de dois ou muitos falarem entre si para buscar uma mesma verdade. É portanto um gênero de conversa, porém voltada mais para o universal do que para o singular (como na confidência) ou o particular (como na discussão). Considera-se, geralmente, que o diálogo, pelo menos desde Sócrates, é uma das origens da filosofia. Muitos falarem entre si, se for para buscar o verdadeiro, supõe em todos uma razão comum e a insuficiência, em cada um, dessa razão. Todo diálogo supõe o espírito universal e nossa incapacidade de nos instalar nele. Daí a troca de argumentos e, às vezes, a tentação do silêncio.

dicionário (*dictionnaire*) – É um apanhado de definições, colocadas em ordem ou em desordem alfabética. No dicionário, as palavras se definem mutuamente (cada definição é feita de palavras, que também devem ter a sua), fadando assim todo dicionário à circularidade. Isso possibilita entrar em qualquer ponto dele e veda tomá-lo por um sistema (que se basearia, como queria Descartes, na ordem das razões).

Fazer um dicionário é explorar como for possível a desordem das palavras e das idéias. É levar a linguagem a sério, mas sem acreditar nela. Nenhuma língua pensa, é por isso que todas elas nos permitem pensar.

Um dicionário pode ser lingüístico (nesse caso, ele deveria conter, em princípio, todas as palavras da língua) ou temático. Um dicionário filosófico só reterá as palavras mais importantes, ou que pareçam sê-lo, da linguagem filosófica. A subjetividade da escolha redobra a das definições: um dicionário assim, principalmente se escrito por um só autor, sempre supõe uma filosofia particular. Todo filósofo poderia elaborar o seu, e todos eles seriam diferentes. É estranho que não existam em maior número.

diferença (*différence*) – Lembro-me de uma adivinha que, quando eu era criança, corria o recreio:

"– Sabe qual a diferença entre um corvo?

– ??

– Ele tem duas asas iguais, principalmente a esquerda."

Era uma maneira de lembrar que diferença e não-diferença supõem a pluralidade, seja no espaço (dois corvos diferentes, duas asas iguais), seja no tempo (se se comparar um indivíduo ao que foi ou será). É que ela supõe a alteridade: ninguém, no presente, é diferente do que é; só se é diferente de outro, ou de si em outro momento. O fato de sermos múltiplos, contraditórios, ambivalentes não altera isso. É nossa maneira de ser nós mesmos, e nós o somos muito exatamente (o fato de o inconsciente ignorar o princípio de identidade não faz que deixe de ser submetido a ele).

Mas, embora suponha a alteridade, a diferença não se reduz a ela. Para que seja possível falar de forma pertinente de diferença, tem de haver, entre os objetos outros, pelo menos certa semelhança ou identidade. É o que indica Aristóteles: "*Diferente* se diz de coisas que, sendo outras, têm alguma identidade, não segundo o número, mas segundo a espécie, ou o gênero, ou por analogia" (*Metafísica*, Δ, 9). Não há diferença *entre um corvo* (se há identidade numérica, já não há diferença). Mas tampouco há entre um corvo e uma máquina de lavar roupa (a não ser que classifiquemos os dois num gênero comum: são duas *coisas* diferentes). Em compensação, pode haver diferenças, e certamente há, entre dois corvos (diferença numérica, identidade específica), entre um corvo e um melro (diferença específica, identidade genérica), entre um corvídeo e um caluniador (por analogia). Em poucas palavras, a diferença supõe a comparação e é pertinente apenas na medida em que a própria comparação o é. É por isso que sempre o é, pelo menos de certo ponto de vista. Dizer que duas coisas são incomparáveis supõe que as comparemos, logo que as classifiquemos num mesmo gênero (nem que seja aquele, quase indeterminado, de ser ou de coisa). Assim, tudo é diferente de tudo, exceto de si. Ou antes, *tudo é diferente de todo o resto* (porque o todo, claro, é idêntico a si), *inclusive de si em outro momento* (já que tudo muda): a diferença é a regra, que faz de todo ser uma exceção.

A diferença e a impermanência andam juntas, explica Prajnanpad: tudo é diferente sempre ("cada grão de areia ou de poeira é diferente de todos os outros") e tudo muda sempre ("Nada permanece constante; tudo é mudança contínua"). Mas a diferença é que é o conceito mais fundamental: "O que é a mudança? Outro nome para a diferença. A mudança é a diferença no tempo" (R. Srinivasan, *Entretiens avec Svâmi Prajnânpad*, L'Originel, 2.ª ed., pp. 19-26). Princípio dos indiscerníveis e do devir: nunca houve dois grãos de areia idênticos, nem dois instantes. À glória de Heráclito.

diferença ontológica (*différence ontologique*) – Em Heidegger e dele em diante: a diferença entre o ser e o ente. Para mim, que não sou heideggeriano, é distinguir um ato (o ato de *ser*) do sujeito ou do resultado desse ato (o ente, isto é, aquilo que é: esta mesa, esta cadeira, este passeio...). Diferença por natureza inapreensível, já que nada é fora dos entes, e no entanto irredutível, já que um ente é o que é apenas se, primeiro, *for*. Todavia, essa diferença supõe o tempo: ela é o próprio tempo. Seja, por exemplo, um passeio... Por certo é legítimo distinguir o *passear* do *passeando*, que são de fato diferentes no tempo (já que o passeante nem sempre passeia, já que nem sempre é aquele mesmo passeante que passeia, já que ele nunca faz duas vezes o mesmo passeio...). Mas essa diferença não poderia anular a identidade atual, e em ato, dos dois: quando o *passear*, o *passeando* (o passeante) e o passeio são uma só e mesma coisa... O presente é o lugar do seu encontro. Assim, a diferença ontológica, no tempo, desemboca na indiferença, no presente, do ser e do ente: na sua identidade em ato, que é a identidade de si com o real ou o devir.

différance (*différance*) – Em Jacques Derrida, que inventa essa grafia [diferença, em francês, se escreve *différence*], e em seus discípulos, que reconhecem que essa noção é quase indefinível, a *différance* une os dois sentido do verbo *différer* [diferir]: ser diferente e deixar para mais tarde. Digamos que é a versão derridiana da diferença ontológica. Eu veria nela a confirmação de uma coisa importante: que essa diferença existe apenas de um ponto de vista da temporalidade (como *différance*) e se abole no presente, que é tudo (pelo que a *différance* não é nada).

dignidade (*dignité*) – O valor do que não tem preço, nem mesmo valor quantificável: objeto não de desejo ou de comércio, mas de respeito. "No reino dos fins", escreve Kant, "tudo tem um *preço* ou uma *dignidade*. O que tem um preço pode muito bem ser substituído por alguma outra coisa a título de equivalente; já o que é superior a qualquer preço, o que por conseguinte não admite equivalente, é o que tem uma dignidade" (*Fundamentos da metafísica dos costumes*, II). A dignidade é um valor intrínseco absoluto. É por isso que, escreve ainda Kant, "a própria humanidade é uma dignidade: o homem não pode ser utilizado por nenhum homem (nem por outrem, nem por si mesmo) simplesmente como meio, mas deve ser sempre tratado ao mesmo tempo como fim, e é nisso precisamente que consiste a sua dignidade". A dignidade de um ser humano é a parte dele que não é um meio mas um fim, que não serve para nada mas que tem de servir, que não está à venda e que, por isso, ninguém pode comprar. Se a escravidão e o proxenetismo são indignos, não é porque suprimem a dignidade de um indivíduo, esse é um poder que não têm, mas porque a negam ou lhe faltam ao respeito.

dilema (*dilemme*) – No sentido corrente, é uma opção difícil entre duas possibilidades igualmente insatisfatórias. No sentido estrito, que é o sentido lógico, é uma espécie de alternativa, mas em que os dois termos levam à mesma conclusão. Esta, portanto, se impõe. Os filósofos, escreve por exemplo Montaigne, "têm esse dilema sempre na boca para consolar nossa mortal condição: ou a alma é mortal, ou é imortal. Se mortal, não terá pena; se imortal, irá emendando-se" (*Les essais* [Os ensaios], II, 12, p. 551; ver também Pascal, *Pensamentos*, 409-220). Em nenhum dos dois casos haveria por que temer a morte. Vê-se que um dilema vale apenas o que valem as inferências que o compõem. O que é que nos prova, pergunta Montaigne, que a alma não irá piorando?

dinamismo (*dynamisme*) – No sentido corrente: manifestação de uma força, de uma potência (*dynamis*), de uma energia. É o contrário da moleza ou do langor.

No sentido filosófico: toda doutrina para a qual a natureza, longe de se reduzir à extensão e ao movimento, supõe também a existência de uma força ou de uma energia intrínsecas. Assim é em Leibniz, contra Descartes (ver, por exemplo, o *Discurso de metafísica*, §§ 17 e 18). Note-se que o dinamismo, nesse sentido, se opõe ao mecanicismo, tomado em seu sentido estreito, mas não necessariamente ao materialismo. Nada impede que a matéria seja energia, nem que a energia seja material. O estoicismo, por exemplo, é um materialismo dinamista.

dionisíaco (*dionysiaque*) – Que diz respeito a Dioniso, deus do vinho e da música – da embriaguez. Nietzsche fez dele um dos dois pólos (o outro é Apolo) da sua estética, que também é sua ética. A arte dionisíaca é a arte do descomedimento, do êxtase, do devir instável, criação e destruição mescladas, do trágico, enfim, diria eu, de tudo o que ainda não é eterno –

"o prazer do que deve vir, do que é futuro, do que triunfa do presente, por melhor que seja" (*Vontade de potência*, IV, 563). Opõe-se a Apolo, deus da luz e da beleza, e à arte apolínea, toda feita de medida e de harmonia (o prazer do que *já* é eterno). Nietzsche também o opõe a Jesus Cristo ("Dioniso contra o Crucificado"), como a vida à moral. É sugerir que Apolo e Jesus estão do mesmo lado: do lado da vida eterna, aqui e agora eterna (a vida *sub specie aeternitatis*: do ponto de vista da eternidade ou do verdadeiro). É onde cumpre escolher, apesar de Deleuze, entre Nietzsche e Espinosa – entre a embriaguez e a sabedoria.

direita/esquerda (*droite/gauche*) – Criança, perguntei a meu pai o que significava, na vida política, ser de direita ou de esquerda. Ele me respondeu: "Ser de direita é querer a grandeza da França. Ser de esquerda é querer a felicidade dos franceses." Não sei se essa fórmula era dele. Ele não gostava dos franceses, nem dos humanos em geral. Sempre me repetia que não estamos na Terra para ser felizes. A definição, em sua boca, era de direita. É por isso que lhe agradava. Mas um homem de esquerda também poderia se identificar com ela, por pouco que acreditasse na felicidade. É por isso que não me desagrada. "Porque, afinal de contas", dirá nosso homem de esquerda, "a França e a grandeza são apenas abstrações perigosas. A felicidade dos franceses, isso, sim, vale a pena ser buscado!" O que não prova, entretanto, que essa definição baste, nem mesmo que seja uma. Grandeza e felicidade não pertencem a ninguém.

O tempo passou: meus filhos me interrogaram por sua vez... Respondi como pude, em torno de algumas diferenças que me pareciam essenciais. A ponto de pô-las preto no branco, percebo melhor os limites ou as aproximações. Essa lógica binária, que o princípio majoritário impõe, não corresponde nem à complexidade nem à flutuação das posições políticas efetivas. Uma mesma idéia pode ser sustentada em campos opostos (por exemplo, a idéia de uma Europa federal ou a rejeição soberanista dessa idéia, que encontramos hoje tanto à direita como à esquerda), ou passar de um campo para o outro (como a idéia de Nação, geralmente defendida pela esquerda no século XIX, geralmente pela direita no século XX). Mas deveríamos por isso renunciar às nossas duas categorias, tão fortemente arraigadas na tradição democrática desde 1789 (é sabido que elas nasceram da disposição espacial dos deputados na Assembléia Constituinte, os quais se reuniam, por afinidade política, à direita ou à esquerda do presidente da sessão) e tão onipresentes, ainda hoje, no debate democrático? Deveríamos julgá-las obsoletas? Substituí-las por outras? Alguns tentaram. A oposição já não é entre a direita e a esquerda, dizia De Gaulle em 1948, mas entre os que estão em cima, porque têm uma visão, e os que "estão em baixo e se agitam nos pântanos"... Vejo nessas palavras uma idéia de direita, como em toda tentativa de recusar o que essa oposição, esquemática embora, como necessariamente é, guarda de esclarecedor, de estruturante, de operatório. Que politicólogo poderia prescindir dela? Que militante? De resto, Alain, desde 1930, já havia respondido: "Quando me perguntam se o corte entre partidos de direita e partidos de esquerda, homens de direita e homens de esquerda, ainda tem sentido, a primeira idéia que me vem é que o homem que formula essa pergunta certamente não é um homem de esquerda" (*Propos* de dezembro de 1930). Tenho a mesma reação, e é isso que me obriga a buscar, entre a direita e a esquerda, algumas diferenças, ainda que flutuantes, ainda que relativas, capazes de dar um sentido a essa oposição.

A primeira diferença é sociológica. A esquerda representaria o que os sociólogos chamam de camadas populares, digamos, os indivíduos mais pobres, ou menos ricos, os que não possuem nada, ou quase nada, os proletários, como dizia Marx, que hoje seria melhor chamar de assalariados. A direita, embora também recrute nesses meios (tem de fazê-lo: eles são majoritários), tem mais facilidade com os independentes, sejam rurais ou urbanos, os que possuem sua terra ou seu instrumento de trabalho (sua loja, sua oficina, sua empresa...), os que fazem os outros trabalhar ou que trabalham para si próprios, em vez de para um patrão. Isso delineia como que dois povos, ou antes, como que dois pólos: os camponeses pobres e os assalariados, de um lado; os burgueses, os proprietários de terra, os dirigentes, as profissões liberais, os artesãos e os comerciantes, do outro. Com todos os intermediários que se quiser entre esses dois mundos (a tal "classe média"), todas as interações que se quiser entre os dois campos (os trânsfugas, os indecisos). Que a fronteira é porosa, cada vez mais talvez, nem se discute. Mas nem por isso deixa de ser uma fronteira. Que nenhum dos dois campos detém o monopólio de nenhuma classe, é evidente (lembrem-se de que o Front National*, na época do seu sinistro esplendor, estava a ponto de se tornar o maior partido operário da França). Mas, a meu ver, isso não basta para abolir de todo essa dimensão sociológica da questão. Mesmo carreando votos entre os mais pobres, a direita nunca conseguiu, pelo menos na França, penetrar verdadeiramente o sindicalismo operário.

* Partido francês de extrema direita. (N. do T.)

Entre os empresários e os grandes proprietários de terra, a esquerda obtém menos de 20% dos votos. Não creio que possa se tratar, num caso como no outro, de uma simples coincidência.

A segunda diferença é mais histórica. A esquerda, desde a Revolução francesa, se pronuncia a favor das mudanças mais radicais ou mais ambiciosas. O presente nunca a satisfaz; o passado, ainda menos. Ela se pretende revolucionária ou reformista (e a revolução, é claro, está mais à esquerda que a reforma). É sua maneira de ser progressista. A direita, sem ser contra o progresso (ninguém é), prefere defender o que é, quando não, como já se viu, restaurar o que era. Partido do movimento, de um lado, partido da ordem, da conservação ou da reação, do outro. Com, também aqui, tudo o que se quiser de interações e de nuances entre os dois, principalmente no último período (a defesa dos direitos adquiridos às vezes tende a prevalecer, à esquerda, sobre a vontade reformadora, assim como a vontade de reformas liberais, à direita, sobre o conservadorismo), mas que não bastam para anular a diferença de orientação. A esquerda se pretende essencialmente progressista. O presente a aborrece; o passado lhe pesa: dele faria, com muito gosto, "tábua rasa", como ainda canta a *Internacional*. A direita é, tendencialmente, mais conservadora. O passado é, para ela, um patrimônio que ela quer preservar, e não um peso. O presente lhe parece suportável: tomara que o futuro se pareça com ele! A esquerda vê na política sobretudo a oportunidade para uma mudança possível; a direita, para uma continuidade necessária. Elas não têm a mesma relação com o tempo. É que não têm a mesma relação com o real, nem com o imaginário. A esquerda às vezes pende perigosamente para a utopia. A direita, para o realismo. A esquerda é mais idealista; a direita, mais preocupada com a eficiência. O que não impede um homem de esquerda de ser lúcido ou pretender-se eficiente, nem um homem de direita de ter ideais generosos. Mas, nesse caso, ambos correm o risco de precisar convencer seu próprio campo...

A terceira diferença é propriamente política. A esquerda pretende estar do lado do povo, das suas organizações (os partidos, os sindicatos, as associações), da sua representação (o Parlamento). A direita, sem no entanto desprezar o povo, é mais apegada à Nação, à pátria, ao culto da terra ou do líder. A esquerda tem certa idéia da República. A direita, certa idéia da França. A primeira pende facilmente para a demagogia. A segunda, para o nacionalismo, a xenofobia ou o autoritarismo. O que não impede uns e outros de serem com freqüência perfeitos democratas, nem de caírem às vezes no totalitarismo. Mas não têm os mesmos sonhos, nem os mesmos demônios.

Quarta diferença: uma diferença econômica. A esquerda rejeita o capitalismo, ou se resigna a ele com muita má vontade. Confia mais no Estado do que no mercado. Nacionaliza com entusiasmo, só privatiza a contragosto. A direita é, evidentemente, o contrário (pelo menos hoje): confia mais no mercado do que no Estado, e é por isso que ela é tão favorável ao capitalismo. Só nacionaliza constrangida e forçada, privatiza assim que pode. Também aqui, isso não impede que um homem de esquerda possa ser liberal, inclusive no sentido econômico do termo (veja-se Alain), nem que um homem de direita tenha o sentido do Estado ou do serviço público (veja-se De Gaulle). Ainda assim, a diferença permanece, na escala dos grandes números ou das orientações fundamentais. O Estado-Providência está à esquerda; a concorrência e a competição, à direita.

Note-se que, sobre essas questões econômicas e no último período, a direita prevaleceu claramente, pelo menos do ponto de vista intelectual. O governo Jospin privatizou mais que os de Juppé ou Balladur (é verdade que se gabando menos desse feito), e hoje só mesmo a extrema esquerda propõe nacionalizar qualquer empresa. Nessas condições, causa espécie que a esquerda tenha resistido tão bem, politicamente, e até que tenha levado a melhor várias vezes. É que a sociologia lhe é favorável (há cada vez mais assalariados, cada vez menos independentes). É também porque ela havia levado precedentemente a melhor em outras frentes, o que lhe proporcionou um capital de simpatia. A liberdade de associação, o imposto de renda e as férias remuneradas são invenções da esquerda, que ninguém hoje em dia questiona. O imposto sobre as fortunas, mais recente, é outra invenção da esquerda; a direita, por querer aboli-lo, se arrependeu amargamente. E quem ousará tocar na semana de 35 horas? Mas, se a esquerda se sai tão bem, é também, e talvez principalmente, porque compensou essa derrota intelectual (que, há de se convir, ela soube reconhecer: ser de esquerda, dizia Coluche*, não dispensa ninguém de ser inteligente) por uma espécie de vitória moral ou espiritual. Eu gostaria de escrever que todos os nossos valores atuais são de esquerda, pois se pretendem independentes da riqueza, do mercado, da nação, pois desprezam as fronteiras e as tradições, pois não adoram senão a humanidade e o progresso. Mas seria ir longe demais, é claro. Em todo caso, sobretudo no caso dos intelectuais, quem é de esquerda o é antes de mais nada por razões de ordem moral. E de direita, sobretudo por interesse ou por razões de ordem econômica. "Vocês não têm o monopólio do coração!", lançou certo dia, num debate que ficou célebre,

* Cômico francês. (N. do T.)

um político de direita a seu adversário socialista. O fato de ele ser obrigado a lembrar isso é revelador. Nenhum homem de esquerda teria tido a idéia de tal fórmula, a tal ponto ela lhe parece evidente, ou antes, a tal ponto é indiscutível, do seu ponto de vista, que o coração, também na política, bate à esquerda... Daí, no debate político, em todo caso na França, uma curiosa assimetria. Você nunca verá um homem de esquerda contestar que é de esquerda, nem recusar a pertinência dessa oposição. Mas quantos homens de direita pretendem que essas noções já não têm sentido ou que a França, como dizia um deles, quer ser governada pelo centro? É que ser de esquerda é tido como uma virtude: a esquerda seria generosa, compassiva, desinteressada... Ser de direita, sem chegar a ser um vício, é tido como uma mesquinhez: a direita seria egoísta, dura com os fracos, ávida de ganho... Não há como negar que essa seja uma concepção ingênua da política, mas isso não basta para anular essa assimetria. Um se gaba de ser de esquerda. O outro confessa ser de direita.

Isso nos leva às últimas diferenças que eu queria evocar. Elas são muito mais filosóficas, psicológicas ou culturais: opõem menos forças sociais do que mentalidades; referem-se menos a programas do que a comportamentos, menos a projetos do que a valores. À esquerda, o gosto da igualdade, da liberdade de costumes, da laicidade, da defesa dos mais fracos, mesmo que culpados, do internacionalismo, do lazer, do descanso (as férias remuneradas, a aposentadoria aos 60 anos, a semana de 35 horas...), da compaixão, da solidariedade... À direita, o gosto do sucesso pessoal, da liberdade de empreendimento, da religião, da hierarquia, da segurança, da pátria, da família, do trabalho, do esforço, da competitividade, da responsabilidade... A justiça? Ambas podem reivindicá-la, mas não têm a mesma concepção sobre ela. À esquerda, a justiça é antes de mais nada eqüidade: quer que os homens sejam iguais, não apenas de direito, mas de fato. Por isso, costuma ser reparadora e igualitarista. Sua máxima seria: "A cada um de acordo com suas necessidades." Quem já tem a sorte de ser mais inteligente ou mais culto, de ter um trabalho mais interessante ou mais prestigioso, por que, além disso, deveria ser mais rico? E no entanto é, em qualquer país, e somente a extrema esquerda ainda se indigna com isso hoje em dia. O resto da esquerda, todavia, só se resigna com certa dose de má consciência. Toda desigualdade lhe parece suspeita ou lamentável: só a tolera a contragosto, por não poder ou não querer a fundo impedi-la. À direita, a justiça é concebida muito mais como uma sanção ou uma recompensa. Basta a igualdade dos direitos, que não anularia porém a desigualdade dos talentos e do desempenho. Por que os mais talentosos ou os mais trabalhadores não seriam mais ricos que os outros? Por que não fariam fortuna? Por que seus filhos não poderiam aproveitar o que os pais acumularam? A justiça, para eles, está menos na igualdade do que na proporção. Por isso a direita tende a ser elitista ou seletiva. Sua máxima seria: "A cada um de acordo com seus méritos." Proteger os mais fracos? Seja. Mas não a ponto de estimular a fraqueza, nem de desestimular os mais empreendedores, os mais talentosos ou os mais ricos!

São apenas tendências, que podem atravessar cada um de nós, cada corrente de pensamento (nos Evangelhos, por exemplo, a parábola do jovem rico é de esquerda, a dos talentos, de direita), mas que, no cômputo geral, me parecem nítidas o suficiente para nos servir de referência. A democracia, por necessitar de uma maioria, conduz a essa bipolarização. É melhor reconhecer isso do que fingir ignorá-lo. Não é, claro, que um partido ou que um indivíduo devam necessariamente, para ser de esquerda ou de direita, compartilhar todas as idéias que caracterizam uma ou outra corrente – de um ponto de vista muito mais regulador do que constitutivo. Cabe a cada um inventar, entre esses dois pólos, seu caminho, sua posição própria, seus compromissos, seus equilíbrios. Por que, para ser de esquerda, seria preciso se desinteressar da família, da segurança ou do esforço? Por que, por ser de direita, renunciar às reformas ou à laicidade? Direita e esquerda são apenas pólos, como disse, e ninguém é obrigado a se encerrar num deles. São apenas tendências, e ninguém é obrigado a amputar totalmente a outra. Mais vale ser ambidestro que maneta. É melhor não ter um braço do que não ter nenhum dos dois.

Resta, seja você de direita ou de esquerda, sê-lo inteligentemente. É o mais difícil. É o mais importante. A inteligência não tem partido. É por isso que necessitamos de ambas, e da alternância entre elas.

direito (*droit*) – Uma possibilidade garantida pela lei (o direito à propriedade, à segurança, à informação...) ou exigida pela consciência (os direitos humanos). Considerado em absoluto, o direito é o conjunto das leis que limitam e garantem – uma coisa é inseparável da outra – o que um indivíduo pode fazer, no interior de uma sociedade dada, sem se expor a sanção e sem que ninguém possa impedi-lo de fazer sem, por sua vez, se expor. Isso supõe um sistema de coibições, logo uma repressão pelo menos possível: não há direito, nesse sentido, senão pela força, e é essa a função do Estado. O direito natural é apenas uma abstração; os direitos humanos, apenas um ideal. Somente o direito positivo possibilita passar, graças ao

Estado, do *direito* ao *fato*. É uma forte razão para preferir o estado civil, ainda que injusto, ao estado de natureza: mais vale um direito imperfeito do que direito nenhum.

Todos sabem que não há direitos sem deveres. Mas não, como às vezes se acredita, porque só seria possível beneficiar-se daqueles com a condição de primeiro respeitar estes. Um torturador, nem por isso temos o direito de torturá-lo. Um ladrão, o de roubá-lo. O fato de eles não terem cumprido com seu dever não nos dispensa de maneira nenhuma dos nossos, nem mesmo em relação a eles. Tem mais, porém. Um recém-nascido ou um débil mental profundo não têm nenhum dever e no entanto têm uma profusão de direitos. Isso basta para dizer que meu direito não é definido por meus deveres, mas pelos deveres dos outros a meu respeito. Se também tenho deveres, o que é óbvio, não é porque tenho direitos, mas porque os outros têm. Assim, o direito, considerado em absoluto, fixa os direitos e os deveres de cada um, uns em relação aos outros e a todos. É o que nos permite viver livremente juntos, pela limitação, racionalmente instituída, da nossa liberdade. Minha liberdade, como reza a célebre fórmula, acaba onde começa a dos outros. "O direito", escreve Kant, "é a limitação da liberdade de cada um à condição da sua conformidade com a liberdade de todos, na medida em que esta é possível de acordo com uma lei universal." Mas ele existe apenas – é o que se chama direito positivo – por leis particulares.

direito natural (*droit naturel*) – Seria um direito inscrito na natureza ou na razão, independentemente de qualquer legislação positiva: um direito de antes do direito, que seria universal e serviria de fundamento ou de norma para os diferentes direitos positivos. Na prática, cada qual põe nele um pouco do que quer (por exemplo, em Locke, a liberdade, a igualdade, a propriedade privada, a pena de morte...), o que é muito cômodo, mas não permite resolver nenhum problema efetivo. O que dizem a natureza ou a razão sobre o aborto, a eutanásia, a pena de morte? Sobre o direito trabalhista e empresarial? Sobre a assistência aos viciados e a liberação das drogas leves? Sobre o melhor tipo de regime ou de governo? Foi possível fundar no direito natural, de acordo com a concepção que dele se tinha, tanto a superioridade da monarquia absoluta (em Hobbes), como a da democracia (em Espinosa). O que diz o bastante sobre a maleabilidade da noção. Os direitos humanos? Não é a natureza que os define, mas a humanidade, não a razão mas a vontade. De minha parte, caso fosse necessário falar num direito natural, eu tenderia a dizer que não é de forma alguma um direito, mas o simples reinado dos fatos ou das forças. "O direito natural da natureza inteira e, conseqüentemente, de cada indivíduo se estende até onde vai sua potência", dizia Espinosa, "portanto tudo o que um homem faz segundo as leis da sua natureza própria, fá-lo em virtude de um direito de natureza soberano, e tem sobre a natureza tanto direito quanto tem poder" (*Tratado político*, II, 4). Assim, precisa ele em outra passagem, "os peixes grandes comem os pequenos em virtude de um direito natural soberano" (*Tratado teológico-político*, XVI). É a lei da selva, de que somente o direito positivo nos separa.

direito positivo (*droit positif*) – O conjunto das leis efetivamente instituídas, numa sociedade dada, qualquer que seja o modo (consuetudinário ou escrito, democrático ou monárquico) dessa instituição. É um *direito* que existe *de fato*.

discursivo (*discursif*) – Que se faz por discursos e raciocínios. O conhecimento discursivo se opõe, nisso, ao conhecimento intuitivo ou imediato. Por exemplo, uma filosofia é sempre discursiva. Mas não se pode excluir que ela parta de intuições ou de experiências que não o sejam e desemboque numa sabedoria que não mais o seja.

discurso (*discours*) – Muitas vezes, sinônimo de "fala". Se quisermos distingui-los, podemos dizer que a fala é um ato ou uma faculdade; o discurso, o resultado de uma ou do outro. Ambos são a atualização de uma língua. Mas a fala é sua atualização em potência ou em ato; o discurso, sua entelequia, como diria um aristotélico, ou sua obra. É a fala acabada ou perfeita. É por isso que somos sensíveis principalmente às suas imperfeições. A fala voa. Os discursos pesam.

discussão (*discussion*) – Uma troca contraditória de argumentos entre duas ou várias pessoas. Supõe uma razão comum a todas, uma razão que, pelo menos de direito, permita decidir. É o que aproxima a *discussão* do *diálogo*, a ponto de as duas noções muitas vezes serem intercambiáveis. Mas, se quisermos distingui-las, parece-me que será necessário entender na *dis-*

cussão o choque que a etimologia sugere (*discutere*, em latim, é primeiramente fender, rachar). O diálogo é uma troca de idéias ou de argumentos; a discussão seria seu embate. O diálogo tende a uma verdade comum, que nenhum dos participantes pretende já deter. A discussão, que é como um diálogo contraditório, supõe, ao contrário, que cada um dos participantes creia ter razão, pelo menos neste ou naquele ponto, e procure convencer disso os outros. Os dois supõem o universal. É por isso que se pode falar de uma ética da discussão (em Habermas ou Appel), bem como de uma ética do diálogo (por exemplo, em Marcel Conche): discutir ou dialogar só tem sentido supondo-se a capacidade dos locutores pensarem sob o horizonte de uma verdade ao menos possível, logo supondo-se a igualdade deles, ao menos de direito, diante do verdadeiro. Mas não é a mesma coisa que buscar o universal juntos (no diálogo) ou uns contra os outros (na discussão). Discutir, nesse sentido estrito, é menos buscar o universal com outros do que tentar convencê-los de que o possuímos *em particular*. Está aí todo o paradoxo da discussão.

disjunção (*disjonction*) – Uma separação ou uma dissociação. Diz-se especialmente, em lógica, de uma proposição composta por duas ou várias proposições ligadas pelo conectivo "ou": "*p ou q*" é uma disjunção.

As disjunções podem ser *exclusivas* ou *inclusivas*. Uma disjunção exclusiva liga proposições incompatíveis: "*ou p, ou q*". Ela só será verdadeira se apenas uma das proposições que a compõem o for (se todas ou várias forem verdadeiras, ela será falsa). Uma disjunção inclusiva liga proposições que podem ser, ambas, verdadeiras. Para que ela seja verdadeira, basta que uma só das proposições que a compõem o seja (a conjunção "p ou não-p" é, portanto, uma tautologia), mas também o é se todas o forem.

A linguagem corrente costuma ser equívoca quanto a esses dois tipos de disjunção. Por exemplo, quando Groucho Marx, tirando o pulso de um doente, murmura: "Ou meu relógio parou, ou este homem morreu." A disjunção, que ele apresenta como exclusiva, não o é; as duas posições que ela opõe poderiam ser, ambas, verdadeiras.

dissimulação (*dissimulation*) – Dissimular é esconder o que não deveria ser escondido. É, por isso, o inverso do pudor (esconder o que deve ser escondido) e o contrário da franqueza.

distinção (*distinction*) – Distinguir é fazer uma diferença ou justificar que a façam. Por exemplo, entre duas idéias (v. "distinto") ou entre dois indivíduos. Tomada em absoluto, a palavra indica uma espécie de superioridade, de origem no mais das vezes social ou cultural, mas que acaba parecendo intrínseca: é a elegância nas maneiras, certo modo de ser notável sem procurar fazer-se notar, como uma polidez tão interiorizada que parece natural, como uma homenagem prestada – discretamente – a si mesmo ou à educação que recebemos. Pierre Bourdieu fez dela um conceito sociológico, que aplica em especial aos juízos de gosto (*De la distinction, Critique sociale du jugement*, Minuit, 1979). Numa sociedade dada, o juízo de gosto também julga quem o enuncia: apreciar esta obra de arte em vez daquela, por exemplo gostar mais de ópera do que do teatro musical, é uma maneira de *se distinguir*, isto é, de valorizar-se marcando sua diferença. Seria um erro concluir que Michel Berger é o igual de Mozart.

distinto (*distinct*) – Ao mesmo tempo diferente, separado e preciso. Um dos critérios, em Descartes, da verdade: um conhecimento "claro e distinto" é necessariamente verdadeiro. Desses dois qualificativos, os *Princípios da filosofia* propõem as seguintes definições: "Chamo de claro o que é presente e manifesto a um espírito atento [...]; e distinto o que é tão preciso e diferente de todos os outros que só compreende em si o que aparece manifestamente a quem o considera como convém" (I, 45). Em Leibniz, um conhecimento é distinto quando se pode enumerar ou explicar as marcas que dele temos e que bastam para distingui-lo de todos os outros. Note-se que um conhecimento pode ser claro sem ser distinto, mas não o contrário. O exemplo que Descartes dá é o da dor. Quem sente uma dor sabe claramente que está sofrendo, embora nem sempre saiba distintamente onde dói nem por que ou como. Mas se sabe distintamente, sabe claramente (I, 46). Leibniz dá outro exemplo, que é o do juízo de gosto. Posso ver *claramente* que um poema ou um quadro é bom sem conhecer distintamente os elementos dessa qualidade, que se reduz então, escreve Leibniz, a "um não-sei-quê que nos satisfaz ou que nos choca" (*Discurso de metafísica*, § 24).

O fato de clareza e distinção constituírem um critério de verdade é algo que sempre me pareceu nada claro nem distinto. O que não é um motivo para se entregar ao obscuro ou ao confuso.

ditadura (*dictature*) – No sentido vago e moderno: todo poder imposto pela força. No sentido estrito e primeiro: um poder autoritário ou militar, que suspende as liberdades individuais e coletivas, e até mesmo o funcionamento ordinário do Estado, em princípio a título provisório e tendo em vista o interesse comum. Distingue-se do despotismo por um estatuto menos monárquico (pode haver ditaduras coletivas e até democráticas); da tirania, por um registro menos pejorativo. Uma ditadura pode ser democraticamente instituída, politicamente justificada e moralmente aceitável, o que uma tirania nunca é. Entre os romanos, por exemplo, a ditadura era um governo de exceção, legalmente instituído por seis meses a fim de salvar a República. Em Marx ou Lênin, a ditadura do proletariado devia durar mais tempo, porque o objetivo também era mais elevado: não se tratava de salvar a República, mas a humanidade. Ela descambou em toda parte na tirania ou no despotismo. O uso positivo da sua noção não se recuperou dessa decaída.

diversão (*diversion*) – Divertir é desviar a atenção do outro, especialmente de um inimigo ou de um adversário. Em filosofia, é sobretudo o nome montaigniano do *desenvolvimento*: porque a tristeza também é um adversário, que só pode ser vencido pela astúcia (*Ensaios*, III, 4: "Da diversão"). É menos uma fraqueza do que uma estratégia, menos uma tentativa de esquecer nosso nada, como em Pascal, do que uma recusa legítima de deixar-se abater por ele. Arte de esquiva e de higiene. Digamos que é um divertimento lucidamente assumido: é recusar-se a levar o trágico a sério.

divertimento (*divertissement*) – Uma maneira de ocupar o espírito para esquecer o essencial: o pouco que somos, o nada que nos aguarda. É como um desvio de atenção, uma distração voluntariamente mantida, uma diversão metafísica. Sua idéia já se encontra em Montaigne ("pouca coisa nos diverte e nos desvia, porque pouca coisa nos prende"), mas é sobretudo um dos grandes conceitos pascalianos. O divertimento é o sinal da nossa miséria (basta tão pouco para nos ocupar!), e ao mesmo tempo uma tentativa de mascará-la. Seu contrário não é a seriedade, que na maioria das vezes é um divertimento como outro qualquer ("o chanceler é grave e coberto de ornamentos..."), mas o tédio ou a angústia (*Pensamentos*, 622-131). É por isso que gostamos tanto do "barulho e da agitação", que nos impedem de pensar em nós e na morte. "Assim transcorre toda a vida: procuramos o descanso combatendo alguns obstáculos, e, se os superamos, o descanso torna-se insuportável pelo tédio que gera. É preciso sair dele e mendigar o tumulto" (136-139, "Divertimento"). Divertir-se é desviar-se de si, do seu nada, da sua morte. E isso cria como que um nada redobrado.

Nossa época vê nele apenas uma maneira agradável de relaxar. Cumpre notar, porém, que o divertimento, nesse sentido filosófico, não é necessariamente um repouso, nem mesmo um lazer ou uma distração: podemos nos divertir também, e talvez até mais, matando-nos de trabalho e de preocupações. O importante é esquecer que nada é importante, salvo o essencial, que queremos esquecer.

docimologia (*docimologie*) – A ciência dos exames e das avaliações (de *dokimé*, prova). Serve aos que dão nota, em princípio no interesse dos que a recebem. Na prática, é ignorada de quase todos. Se nos pusermos a avaliar os avaliadores, onde iremos parar?

doçura (*douceur*) – A recusa a fazer sofrer ou a vontade de fazer sofrer, quando for absolutamente necessário, apenas o mínimo possível. Distingue-se nisso da compaixão (que supõe um sofrimento já existente), e a prolonga. Ser compassivo é sofrer com o sofrimento do outro. Ser doce é não fazer nada para aumentá-lo.

A compaixão se opõe ao egoísmo, à indiferença, à dureza. A doçura, à violência, à crueldade, à brutalidade. À cólera? Nem sempre, já que há cóleras justas e necessárias. O doce, nota Aristóteles, é antes aquele que se encoleriza quando é preciso, como é preciso, contra quem é preciso – aquele que não é nem colérico nem impassível, nem selvagem nem complacente ou mole (*Ética a Nicômaco*, IV, 11). É que a doçura é uma força, não uma fraqueza: é a força que renuncia à violência ou que a limita o máximo que pode. Daí ser a mais doce das virtudes, como convém, mas também uma das mais necessárias e mais comoventes. É a virtude dos pacíficos.

dogma (*dogme*) – Uma verdade que nos impomos ou que pretendemos impor aos outros. Distingue-se nisso da evidência (que se impõe por si mesma) e do espírito crítico (que supõe a dúvida). Dupla confissão de fragilidade, ou melhor, dupla denegação. Todo dogma é bobo, e torna bobo.

dogmatismo (*dogmatisme*) – No sentido corrente: um pendor para os dogmas, uma incapacidade de duvidar daquilo em que se acredita. É gostar mais da certeza do que da verdade, a ponto de dar por certo tudo o que se julga verdadeiro.

No sentido filosófico: toda doutrina que afirma a existência de conhecimentos certos. É o contrário do ceticismo. A palavra, nesse sentido técnico, não tem valor pejorativo. Os grandes filósofos, em sua maioria, são dogmáticos (o ceticismo é a exceção), e têm boas razões para tal, a começar pela própria razão. Quem pode duvidar da sua própria existência, da verdade de um teorema matemático (se compreende sua demonstração) ou, hoje em dia, do movimento da Terra em torno do Sol? Cumpre notar, porém, que uma incapacidade de duvidar não prova nada (quem podia duvidar, dez séculos atrás, da imobilidade da Terra ou da verdade universal do postulado de Euclides?). É o que dá razão aos céticos, proibindo-os porém de sê-lo dogmaticamente. A certeza de que nada é certo seria tão duvidosa quanto as outras, ou antes, seria mais – já que se contradiz.

O dogmatismo vincula-se principalmente ao conhecimento; mas às vezes também concerne, por isso mesmo, à moral. Foi o que me levou a distinguir dois dogmatismos diferentes: um *dogmatismo teórico* ou dogmatismo em geral, que diz respeito aos conhecimentos; um *dogmatismo prático*, que diz respeito aos valores. Em que este último é um dogmatismo? Por considerar que os valores são verdades, que podem, como tais, ser conhecidas com certeza. A verdade basta, então, para julgar do valor de uma ação, e só ela o permite. Assim, em Platão ou em Lênin. Se o bem é para ser conhecido, o mal não passa de um erro: ninguém é mau nem reacionário voluntariamente. Para que a democracia? Uma verdade não é coisa que se ponha em votação! Para que as liberdades individuais? Uma verdade não é coisa que se escolha! Daí que o dogmatismo prático conduz naturalmente, em Lênin (na prática), como já em Platão (em teoria), ao que hoje chamamos de totalitarismo. Isso não vale para o dogmatismo que é apenas teórico, e basta para distinguir um dogmatismo do outro. Por que deveríamos nós submeter a uma verdade, mesmo supondo-se que a conheçamos com certeza? Como o conhecimento do que é bastaria para decidir o que deve ser? Por que a verdade deveria comandar? Como poderia ela escolher? A biologia não diz nada sobre o valor da vida, nem sobre o valor do suicídio. O marxismo, se fosse uma ciência, não diria nada, tampouco, sobre o valor respectivo do capitalismo e do comunismo. Nesse caso, cabe aos indivíduos saber o que querem, e não à ciência querer o que ela sabe ou crê saber.

dom (*don*) – O que se dá e se recebe gratuitamente. É a troca primeira, de antes do comércio, ou o primeiro termo de troca. Troca? É que a gratuidade, quase sempre, se acompanha de reciprocidade. Em seu *Essai sur le don* [Ensaio sobre a dádiva], Marcel Mauss mostrou que havia nesse ato todo um sistema de obrigações e de contrapartidas. Na maioria das sociedades arcaicas, explica, todo dom deve ser acompanhado de um contradom, isto é, de um dom em contrapartida: "Essas prestações e contraprestações são feitas de forma voluntária, por presentes, mimos, embora, no fundo, sejam rigorosamente obrigatórias, sob pena de guerra privada ou pública." Ele me deu um presente ou me fez uma delicadeza; sou obrigado a aceitálos e a retribuir com algo equivalente. A ausência de contradom assinalaria a ruptura do contrato social e acarretaria o risco de levar à violência. Já não estamos nesse ponto: inventamos o comércio, que nos dispensa de gratidão. Seja. Mas não inteiramente do contradom: já que o preço pago é um. Na esfera não mercantil das relações humanas, o dom e o contradom continuam a reinar. É mal visto nunca retribuir aos convites, não oferecer um presente a seus anfitriões, não pagar uma rodada, chegada a sua vez... O dom recebido nos obriga: o contradom, ainda hoje, é uma espécie de dever. Quem sabe se todo dever não é, antes de mais nada, um contradom?

Fala-se igualmente de *dom* para uma disposição que recebemos ao nascer, tanto mais quanto mais rara e preciosa ela for: é como um talento natural, ou antes, como a base natural do que, cultivado, trabalhado, poderá tornar-se um talento... Donde uma espécie de desigualdade original, que torna a noção desagradável mas não basta para invalidá-la. "*Os dons não existem*", era o título que se podia ler, alguns anos atrás, num semanário de esquerda; ele via nisso uma lição de justiça. Claro que é uma besteira. Por que a natureza seria justa? Por que Mozart seria de direita? É melhor trabalhar e admirar.

domingo (*dimanche*) – O sétimo dia, o do Senhor ou do nada. Também é o dia do repouso (enquanto o sábado seria o da diversão), o que dá na mesma. Domingo não há nada mais a fazer além de cuidar do essencial, que é talvez esse *nada* mesmo... É o dia da verdade – menos pelo repouso que ele possibilita do que pelo tédio que impõe. Os domingos, eu sentia isso em criança, quando ia à missa, são dias de angústia ou de torpor. Oh, que vazio nas igrejas cheias! Até parece que Deus mesmo, no sétimo dia, perdeu a fé.

dor (*douleur*) – Um dos afetos fundamentais. É o contrário do prazer e, no entanto, bem diferente da sua ausência. O que ela é, o corpo nos diz o bastante, e melhor do que uma definição. Também se sofre da alma? Sem dúvida, e a experiência, aqui também, faz as vezes de definição. A dor é mais que uma sensação penosa e desagradável; é uma sensação que não se pode esquecer, que se impõe absolutamente, que impede qualquer bem-estar, qualquer relaxamento, qualquer repouso, enfim que é possível suportar, quando é viva, apenas no horror ou no heroísmo.

Deve-se distingui-la do sofrimento? Alguns se arriscaram a fazê-lo. Por exemplo, Michel Schneider, em seu belo livro sobre Schumann: "O sofrimento tem um sentido, a dor não. A dor é muito mais física ou metafísica; o sofrimento, moral ou psíquico... Temos este ou aquele sofrimento, mas é a dor que se apossa de nós... Existe um trabalho possível do sofrimento, uma elaboração: o luto. Não há trabalho da dor." Assim, Schumann seria o músico da dor, como Schubert, talvez, o do sofrimento... Isso me tornaria o sofrimento mais simpático, mas não basta para me convencer. Só conheci sofrimentos e dores indistintos.

dualismo (*dualisme*) – Toda doutrina que coloca a existência de dois princípios irredutíveis um ao outro, especialmente de duas substâncias distintas, que seriam a matéria e o espírito. É o contrário do monismo.

Aplica-se em particular ao ser humano, ou melhor, à concepção que dele temos: ser dualista é afirmar que a alma e o corpo são duas coisas diferentes, que podem ou poderiam, ao menos de direito, existir separadamente. Assim é em Descartes, para quem nem o corpo pode pensar, nem a alma tem extensão, o que supõe (já que o corpo é extenso, já que a alma pensa) que são realmente distintos. Ao que geralmente se opõe que a alma e o corpo, longe de serem separados, como gostaria Descartes, estão, ao contrário, em íntima interação, como ensina a experiência comum e confirma, hoje em dia, o progresso da medicina dita "psicossomática"... É desconhecer o pensamento de Descartes e lhe opor, tolamente, o que ele próprio não cessou de repetir e que lhe dá razão: "que não estou apenas alojado no meu corpo, como um piloto em seu navio, mas além disso lhe sou muito estreitamente conjunto, e tão confundido e mesclado que componho com ele como que um só todo" (*Meditações*, VI). Qualquer ação, qualquer paixão, qualquer dor tornam manifesto que a alma age sobre o corpo, que o corpo age sobre a alma, em suma, que as duas substâncias no homem se acham intimamente unidas e mescladas. Mas isso, longe de refutar o dualismo, antes o confirmaria: a alma e o corpo só podem interagir com a condição de serem distintos. É sob esse aspecto que essa crítica tola que se faz a Descartes também manifesta, e mais profundamente, um desconhecimento do próprio psicossomatismo em que pretende se estribar. Pois a alma só poderá agir sobre o corpo, e o corpo sobre a alma, se a alma e o corpo forem duas coisas diferentes: o psicossomatismo, longe de invalidar o dualismo, o supõe. Se a alma e o corpo são uma só e mesma coisa, como diz Espinosa e como creio, a noção de fenômeno psicossomático deixa de ter sentido: seria o mesmo que dizer psicopsíquico ou somatossomático, ou seja, nada. O dualismo ainda tem dias luminosos à sua frente.

duração (*durée*) – Durar é continuar a ser. Assim, em Espinosa: "A duração é uma continuação indefinida da existência", escreve ele na *Ética* (II, def. 5). Assim, em Bergson: "O universo dura", e não haveria tempo se assim não fosse; "a duração imanente ao todo do universo" deve existir primeiro, como nós nela, para que possamos, recortando-a abstratamente, falar de tempo (*A evolução criadora*, I).

Note-se que toda duração efetiva é presente (pois que o passado já não é, pois que o futuro ainda não é) e, portanto, indivisível (como dividir o presente?). A duração se distingue, nisso:

– do tempo abstrato, que seria a soma, indefinidamente divisível, de um passado e de um futuro;

– do tempo vivido ou da temporalidade, que supõem a memória e a antecipação;

– enfim, do instante, que seria um presente descontínuo e sem duração.

A duração é o próprio presente, na medida em que continua. Ela é a perpétua *apresentação* da natureza. É portanto o tempo real: o tempo do ser em via de ser, o tempo do ente – o que chamo de ser-tempo.

dúvida (*doute*) – O contrário da certeza. Duvidar é pensar, mas sem ter certeza da verdade do que se pensa. Os céticos fazem dela o estado último do pensamento. Os dogmáticos, quase sempre, uma passagem obrigatória. Assim, em Descartes: sua dúvida metódica e hiperbólica (isto é, exagerada: tem por falso tudo o que sabe ser duvidoso) é apenas um momento provisório na sua busca da certeza. Descartes sai dele por meio do *cogito*, que não é duvidoso, e de Deus, que não é enganoso. Mas seu Deus é duvidoso, não obstante o que ele diga, e nada exclui que o *cogito* seja enganoso. Assim, a dúvida renasce sempre. Dela só se sai pelo sono ou pela ação.

E

ecletismo (*éclectisme*) – Um pensamento que se constituiria por empréstimos e colagens: um sistema misto, uma doutrina que seria uma mistura de doutrinas, como que uma colcha de retalhos teórica. O ecletismo deve, no entanto, ser coerente: é o que o distingue do sincretismo e o que faz dele uma filosofia possível (por exemplo, em Leibniz, que não utiliza a palavra, ou em Victor Cousin, que batiza assim sua escola). Na filosofia contemporânea, a palavra tende no entanto a valer como condenação. É que os grandes filósofos não tomam emprestado: eles absorvem e recriam, transformam e superam. "As abelhas sugam das flores aqui e ali", notava Montaigne, após tantos outros, "mas depois fazem com isso o mel, que é só delas; já não é tomilho, nem manjerona; assim, as peças tomadas por empréstimo de outrem, ele irá transformar e refundir, para fazer com elas uma obra totalmente sua, a saber, seu juízo" (I, 26, 152). Essa metáfora, embora repisada, diz mais ou menos o essencial. O mel não é uma mistura de flores. Mas isso nunca dispensou as abelhas de colher o pólen e o néctar.

ecologia (*écologie*) – Estudo dos ambientes ou dos hábitats – *oîkos*, em grego, é a casa –, especialmente dos biótopos (os ambientes vivos) e, em geral, da biosfera (o conjunto dos biótopos). Não confundir com o ecologismo, que é a ideologia que a toma como bandeira, nem tampouco com a proteção do meio ambiente, que a utiliza. Nada impede, em teoria, que se utilize a ecologia para poluir da maneira mais eficaz possível... Na prática, entretanto, ninguém deseja tal coisa. É o que faz que a palavra, quase sempre, adquira um sentido normativo, quando não prescritivo. Resta saber se queremos pôr a ecologia a serviço da humanidade (ecologia humanista) ou a humanidade a serviço da ecologia (ecologia radical). As duas posições são respeitáveis. O que não nos dispensará de escolher ou buscar um compromisso entre elas.

economia (*économie*) – Etimologicamente, é a lei ou a administração (*nómos*) da casa (*oîkos*). A primeira economia é doméstica: é a gestão dos bens de uma família, dos seus recursos, das suas despesas, o que Montaigne chamava de *ménage* [cuidados do lar], que considerava uma tarefa "mais absorvente do que difícil". O essencial, aqui, é não gastar mais do que se possui ou do que se ganha: daí o sentido corrente da palavra, que visa principalmente a uma restrição das despesas ("fazer economia"). No sentido moderno, a palavra designa ao mesmo tempo uma ciência humana e o objeto que ela estuda: a economia é tudo o que diz respeito à produção, ao consumo e à troca de bens materiais, mercadorias ou serviços, tanto na escala dos indivíduos e das empresas (microeconomia), como na escala da sociedade ou do planeta (macroeconomia). É menos a arte de reduzir as despesas do que de aumentar as riquezas. Seu lugar predileto é o mercado, onde reina a lei da oferta e da procura. Tudo o que é raro é caro, contanto que seja desejado por muitos (pelo que todo valor, inclusive todo valor econômico, é subjetivo) e possa ser trocado (pelo que a subjetividade do valor, num mercado dado, funciona objetivamente). Se tudo estivesse à venda, a economia reinaria sozinha. Dela só se escapa pelo que não vale nada (a gratuidade) e pelo que não tem preço (a dignidade, a justiça). Dela só se escapa, portanto, e nunca totalmente, por exceção ou por dever. É o que nos lembram a miséria, no caso dos pobres, e a avidez, no caso dos ricos.

educação (*éducation*) – Educar é transformar uma criança – praticamente igual, ao nascer, ao seu ancestral de dez mil anos atrás – em ser humano civilizado. Isso supõe que lhe transmitam, na medida do possível, o que a humanidade fez de melhor ou de mais útil, ou que julga sê-lo: certos saberes e certo *savoir-faire* (a começar pela palavra), certas regras, certos valores, certos ideais, enfim, o acesso a certas obras e a capacidade de desfrutar delas. É reconhecer que não há transmissão hereditária dos caracteres adquiridos e que a humanidade, em cada um, também é uma aquisição: nascemos homem ou mulher, *tornamo-nos* humanos. É reconhecer que a liberdade não é dada previamente, que ela não é possível sem a razão, e a razão, sem aprendizado: não nascemos livres, tornamo-nos livres. Isso não é possível sem amor, na família, mas tampouco sem coibições. E menos ainda, na escola, sem trabalho, sem esforços, sem disciplina. O prazer? Nunca é demais. Mas não é essa a principal função da escola, nem da família. A educação quase toda está do lado do princípio de realidade. Não se trata de substituir o esforço pelo prazer, mas de ajudar a criança a encontrar o prazer, pouco a pouco, no esforço aceito e dominado. Brincar? Nunca brincamos demais. Mas o trabalho é que é grande, e que faz crescer. Aliás, as crianças brincam de trabalhar, desde bem cedo, e isso indica muito bem a direção. A educação não está a serviço das crianças, como sempre se diz, mas a serviço dos adultos que elas querem e devem vir a ser.

Engana-se, portanto, quem acredita que a educação deve inventar o futuro. Com que direito pais e pedagogos, que são os encarregados da educação, escolheriam o futuro das crianças no lugar delas? A verdadeira função da educação, especialmente da escola, não é inventar o futuro, mas transmitir o passado. Foi o que Hannah Arendt já vira nos anos 50: "O conservadorismo, tomado no sentido de conservação [eu preferiria falar em transmissão], é a própria essência da educação", dizia ela. Não, é claro, porque seria necessário renunciar a transformar o mundo, mas, ao contrário, para permitir que as crianças o façam, se quiserem, quando crescerem: "É justamente para preservar o que é novo e revolucionário em cada criança, que a educação deve ser conservadora" (*A crise da cultura*, V). É o que Alain já vira nos anos 20: "O ensino tem de ser absolutamente retardatário. Não quer dizer retrógrado, muito pelo contrário. É para andar no sentido certo que ele toma recuo; porque, se não nos colocarmos no momento superado, como superá-lo?" (*Propos sur l'éducation*, XVII). Podem pôr computadores e jornais em todas as salas de aula. Eles nunca substituirão as obras-primas – literárias, artísticas, científicas – que fizeram da humanidade o que ela é. Aliás, computadores e jornais também são passado (quando se difundem já são obsoletos) e envelhecerão mais depressa do que Pascal ou Newton, Hugo ou Rembrandt. O progresso? Supõe a transmissão e, por conseguinte, não poderia autorizar a renúncia a ela. O futuro? Não é um valor em si (senão a morte, para cada um de nós, o seria). Ele só vale, ou melhor, só valerá, primeiro por fidelidade ao que recebemos e que temos o encargo de transmitir. Do passado, não façamos tábua rasa.

efeito (*effet*) – Um fato qualquer, como resultado de uma ou várias causas. Assim, todo fato é efeito, e é isso que o princípio de causalidade indica.

eficiente, causa (*efficiente, cause*) – Um dos quatro tipos de causas, de acordo com Aristóteles, e o único que a modernidade reteve de fato. Uma causa eficiente é uma causa que não é nem final nem formal (v. "final, causa" e "formal, causa") e que não se reduz tampouco à simples matéria, de que o efeito é constituído (o que Aristóteles chamava de causa material). Isso significa que ela produz seus efeitos por ação própria: é o "motor próximo", como dizia Aristóteles; em outras palavras, o que move ou transforma uma matéria-prima. Por exemplo, o escultor é a causa eficiente da estátua, assim como as intempéries, a poluição e os turistas são as causas eficientes da sua inexorável degradação.

Diz-se às vezes que a causa eficiente é a que precede seu efeito (por oposição à causa final, que o seguiria). Mas não o produziria se não tivesse com ele pelo menos um ponto de tangência no tempo, seja diretamente, seja por alguma das suas conseqüências. Por exemplo, meus falecidos pais não são a causa eficiente da minha existência presente, a não ser por terem sido a da minha concepção: prova disso é que posso hoje existir sem eles, assim como eles sem mim. Não é o passado que age sobre o presente ou que o causa; o presente é que continua o passado agindo sobre si mesmo. Causa eficiente é o nome que se dá tradicionalmente a essa ação e a essa continuação.

ego (*ego*) – O eu, na maioria das vezes considerado como objeto da consciência. É menos o que sou do que o que penso ser, menos o *eu* do que o *me* (por exemplo, quando se diz "eu *me* conheço", "eu *me* sinto triste"...), menos o sujeito transcendental, não obstante Husserl, do que o objeto transcendente de uma consciência impessoal, como diz Sartre (*A transcendência do ego*, Conclusão: "O ego não é dono da consciência, é seu objeto"; ver também *L'être et le néant* [O ser e o nada], p. 147). É o sujeito do pensamento apenas na medida em que ela crê ter um, e é por isso que não é nada.

egocentrismo (*égocentrisme*) – Ser egocêntrico é colocar-se no centro de tudo. Distingue-se do egoísmo por uma dimensão mais intelectual. O egoísmo é uma falta; o egocentrismo seria antes uma ilusão ou um erro de perspectiva. É o ponto de vista espontâneo da criança e do imbecil. Seu remédio é o descentramento; seu contrário, o universal.

egoísmo (*égoïsme*) – Não é o amor a si, é a incapacidade de amar outra pessoa, ou de amá-la de outro modo que não seja para o próprio bem. É por isso que considero o egoísmo um pecado capital (o amor a si seria, ao contrário, uma virtude) e o princípio de todos eles.

É também uma tendência constitutiva da natureza humana. Só é possível superá-la por esforço ou por amor – por virtude ou por graça.

egotismo (*égotisme*) – Não é o culto do eu. Em Stendhal, que popularizou a palavra, é antes seu estudo benevolente e lúcido, sua análise, seu aprofundamento, seu aperfeiçoamento – não seu culto, mas sua cultura.

eidético (*éidétique*) – Que se refere à essência (*eîdos*) ou às essências. A palavra praticamente só é empregada pelos fenomenólogos.

eîdos (*eidos*) – O que se vê, com os olhos ou com o espírito: a forma, a idéia, a essência. Mas por que dizê-lo em grego?

eleatas (*éléates*) – Eléia era uma colônia grega no sul da Itália. Foi lá que nasceram Parmênides e Zenão de Eléia (que não se deve confundir com Zenão de Cício, o fundador do estoicismo), que dominam a escola dita dos eleatas. Se acreditarmos no que a tradição reteve, eles negavam a existência do movimento, do devir, da multiplicidade, só celebrando a unicidade e a imutabilidade do ser. Era considerar falsas as aparências e a opinião: daí os paradoxos de Zenão (Aquiles incapaz de alcançar uma tartaruga, a flecha imóvel em pleno vôo...) e o Ser eterno e absolutamente pleno de Parmênides. O ser é, o não-ser não é. Como o devir (que supõe a passagem do ser ao não-ser, do não-ser ao ser) poderia existir? O eleatismo, nesse sentido, seria o contrário do heraclitismo.

De minha parte, guiado por Marcel Conche (Parmênides, *Le poème: fragments*, PUF, 1996), vejo-o muito mais como um pensamento da eterna presença: não o contrário do heraclitismo, mas sua apreensão *sub specie aeternitatis*. No presente, o ser e o devir são um. Tudo muda (é o que dá razão a Heráclito), mas nada muda, a não ser no presente, que permanece sempre idêntico a si (é o que dá razão a Parmênides: "Não era nem será, pois que é agora"). Assim, a eternidade e o tempo são uma só e mesma coisa.

Que coisa? O presente, que passa e permanece – como uma flecha, de fato, ao mesmo tempo móvel (já não está onde estava, ainda não está onde estará) e imóvel (está aqui e agora) em pleno vôo...

elite (*élite*) – Etimologicamente, é o conjunto dos que foram eleitos; mas o foram pelo acaso ou por si mesmos, em vez de por Deus ou pelo povo. É uma espécie de aristocracia laica e meritocrática: os melhores, quando o devem apenas a seu talento ou a seu trabalho. O erro seria crer nisso totalmente ou em bloco. Há elites diferentes (a do esporte não é a do saber, que não é a dos negócios ou da política), cuja mediocridade, quando nelas penetramos, não cessa de surpreender. A sala dos professores, na mais prestigiosa universidade, não proporciona uma idéia muito elevada da humanidade. Imagino que o mesmo acontece em outros meios, que freqüentei menos. Ninguém é o melhor em tudo e absolutamente. Um sujeito de elite é um indivíduo cuja mediocridade geral, que é a da espécie, comporta pelo menos uma exceção, que é a do talento ou do *savoir-faire*. É melhor que nada. Não é grande coisa.

Espanta-nos que um grande filósofo tenha sido nazista, que um outro tenha sido mesquinho ou covarde... É que eles pertenciam a uma elite, não a todas. É como se espantar que um ministro cometa erros de francês.

elitismo (*élitisme*) – Todo pensamento que reconhece a existência de uma elite ou favorece seu surgimento. Assim, o elitismo republicano, que visa a produzir as elites de que a República necessita, se opõe tanto ao aristocratismo (que gostaria que as elites se reproduzissem pelo sangue) como ao igualitarismo (que gostaria que não houvesse nenhuma elite). É o que o torna duplamente necessário. Por que a igualdade de oportunidades deveria levar a um nivelamento por baixo?

eloqüência (*éloquence*) – A arte da fala (é o que distingue a eloqüência da retórica, que seria a arte do discurso) ou o talento que permite destacar-se nela. Arte menor, talento perigoso.

emoção (*émotion*) – É um afeto momentâneo, que nos move mais do que nos estrutura (como faria um sentimento) ou do que nos arrebata (como faria uma paixão). Por exemplo, a raiva, o medo ou o *coup de foudre* são emoções. Mas que podem desembocar em paixões ou em sentimentos, como são por exemplo o ódio, a ansiedade ou o amor. "Uma seqüência de emoções vivas e ligadas ao mesmo objeto produz a paixão", escrevia Alain; "e o estado de paixão superado se denomina sentimento." Mas o encadeamento também pode ser tomado no outro sentido: toda paixão é fonte de emoções, e só podemos superar as paixões cansadas. As fronteiras entre esses diferentes afetos ou conceitos são vagas, e esse vago é essencial à emoção: se enxergássemos as coisas com total clareza não nos emocionaríamos. Por exemplo, essa perturbação entre dois olhares que se cruzam, essa atração, essa sensualidade leve e alegre, essa inquietação, também, essa aceleração do coração e do pensamento: é um amor que começa ou um desejo que passa? Só dará para saber mais tarde, quando a emoção houver decaído ou tiver se instalado.

empírico (*empirique*) – Que vem da experiência ou dela depende. A palavra, na filosofia continental e desde Kant, costuma ser mal vista. Como toda experiência é particular e contingente, um conhecimento empírico não poderia ser nem universal nem necessário. O fato de as coisas, tais como as pudemos observar, terem ocorrido até aqui desta ou daquela maneira não prova que ocorram e ocorrerão *sempre* assim. Todo conhecimento empírico é, portanto, aproximado e provisório. Mas um conhecimento que não tivesse nada de empírico já não seria conhecimento. Se não tivéssemos a experiência dos signos e das figuras, da evidência e do absurdo, o que restaria da matemática?

empirismo (*empirisme*) – Toda teoria do conhecimento que atribui o primeiro lugar à experiência. É rejeitar as idéias inatas de um Descartes, tanto quanto as formas *a priori* de um Kant. A razão, para o empirista, não é um dado primeiro e absoluto: ela própria é oriunda da experiência, tanto exterior (sensações) como interior (reflexão), e dela depende tanto quanto a conforma (especialmente pelo uso dos signos). O empirismo se opõe, sob esse aspecto, ao racionalismo em seu sentido estrito e gnoseológico. Isso, evidentemente, não o impede de ser racionalista no sentido amplo e normativo: a maioria dos grandes empiristas (Epicuro, Bacon, Hobbes, Locke, Hume...) combateram para que a razão prevalecesse, não, é claro, contra a experiência, o que ela não pode nem deve, mas contra o obscurantismo e a barbárie.

É o que levará o empirismo lógico, no século XX, a se interessar por todas as ciências, a ponto de rejeitar toda e qualquer metafísica: "A análise lógica pronuncia um veredicto de contra-senso", escreve Carnap, "de encontro a qualquer pretenso conhecimento que pretenda valer além e por detrás da experiência." A lógica conhece apenas a si (ela é analítica, e não sintética). Somente a experiência – em especial a experimentação científica – nos permite conhecer o mundo.

Resta todavia pensar aquilo que conhecemos, o que sempre supõe outra coisa, que não conhecemos. É aí que a filosofia intervém, inclusive em sua dimensão especulativa, e é o que lhe veda tomar-se por uma ciência. O empirismo não é necessariamente antimetafísico. Mas é antidogmático, ou deve ser. Se todo conhecimento vem da experiência, como poderíamos conhecer tudo ou conhecer o que quer que seja absolutamente? Como ter certeza de que a experiência diz a verdade, se só podemos determiná-lo por meio de outra experiência? Como ter certeza de que o inexperimentável não existe, se ele estaria, por natureza, fora do nosso alcance? O empirismo, que de início foi dogmático (especialmente em Epicuro e Lucrécio), tem a ver, nos tempos modernos, sobretudo com o ceticismo. Quanto mais a experiência progride, melhor conhecemos seus limites, que são os nossos.

em si (*en soi*) – O que existe em si é o que existe independentemente de outra coisa (a substância) e de nós (a coisa em si, em Kant). Mas é também o que existe sem se pensar, independentemente de qualquer reflexão e de qualquer consciência: é o ser que é o que é, explica Sartre, de maneira opaca ou maciça, sem outra relação consigo além da identidade (*L'être et le néant* [O ser e o nada], pp. 33-4). Distingue-se, com isso, do para si, assim como a matéria se distingue da consciência ou do espírito.

energia (*énergie*) – Uma força em potência (*dynamis*) ou em ato (*enérgeia*): é a capacidade de produzir um esforço ou um trabalho.

Os físicos nos ensinam que a energia pode assumir diferentes formas (cinética, térmica, elétrica...), que ela não se perde nem se cria (sempre se conserva, mesmo quando se degrada em calor), enfim, que ela é equivalente à massa ($E = mc^2$). Filosoficamente, a palavra daria uma ótima tradução para o conato espinosista. Todo ser tende a perseverar em seu ser, e toda energia se conserva: ambas as idéias, por mais diferentes que possam evidentemente ser, pelo menos são compatíveis. O que não impede nem a morte nem o cansaço.

engajamento (*engagement*) – É pôr sua ação ou sua pessoa a serviço de um combate que se acredita justo. A palavra serve principalmente para os intelectuais, chegando até a designar certo tipo deles (o "intelectual engajado"). O risco, para eles, é submeter também seu pensamento às necessidades do combate – quando só deveria submeter-se apenas ao verdadeiro, ou ao que assim parece ser. Melhor seriam, parece-me, os intelectuais cidadãos. Participar do debate público, no limite das suas competências, certamente faz parte da responsabilidade de um intelectual. Mas isso não o obriga a submeter seu pensamento, como alguns fizeram, a uma causa já constituída. A boa-fé é mais importante que a fé. A liberdade do espírito, mais importante que o engajamento.

Faz-nos pensar nos romanos de Asterix: "Engajem-se! Engajem-se!, diziam." A palavra é, de início, militar, e a idéia, em seu emprego intelectual, guardou algo desse aspecto militar. Todo engajamento supõe a obediência. Todo pensamento a rejeita. Chega, caros colegas, de agir com os outros. Isso não poderia nos autorizar a pensar para lhes agradar ou para lhes dar razão.

enigma (*énigme*) – Um problema que não é possível resolver, não porque ele exceda nossos meios de conhecimento (não é um mistério), nem por razões unicamente lógicas (não é uma aporia), mas porque está mal colocado. É por isso que "o enigma não existe", como dizia Wittgenstein, ou existe apenas para os que se deixam enganar por ele: não é senão um jogo ou uma ilusão.

ênstase (*enstase*) – Neologismo forjado tendo como modelo *êxtase* e servindo-lhe de antônimo. É entrar em si, para se fundir com tudo – como um mergulho na imanência (no absoluto em que estamos).

A palavra serve sobretudo para descrever certas experiências místicas, especialmente orientais. Se o atmã e o brâman são uma só coisa, como no hinduísmo, ou se não existem, como no budismo, como seria possível passar de um ao outro? Místicos, não do reencontro mas da unidade ou da imersão.

ente (*étant*) – O ser ao estar sendo: o ser no presente, e o único. Seu uso evita a ambigüidade da palavra *ser*, que designa ao mesmo tempo *o que é* (o *tò ón* dos gregos, o *ens* dos latinos ou dos escolásticos: o ente) e o fato de que o que é *seja* (o ato de ser: *tò eînai* ou *esse*). Ele tende hoje a se generalizar, por influência do *Seiend* alemão. De fato, em Heidegger e nos heideggerianos, o ente (o que é: esta mesa, esta cadeira, você, eu...) se distingue do ser – a célebre "diferença ontológica" – sem, no entanto, ser outra coisa. O fato de que a árvore é uma árvore, e esta árvore precisa, é sua banalidade de ente. Mas o fato de ela *ser* é o advento do ser. Assim, o ente é o próprio ser, quando nos interrogamos sobre o que ele é, em vez de nos espantar com que ele seja. E vice-versa: o ser é o ente, quando nos espantamos que ele *seja*, em vez de procurar apenas *o* que ele é ou a que pode servir.

enteléquia (*entéléchie*) – O ser em ato, em oposição ao ser em potência. Sinônimo, nesse sentido, de *energeia*. Mas a palavra, que pertence ao vocabulário aristotélico, designa o ato consumado (aquele que tem seu fim, *télos*, em si mesmo), em vez do ato que está se realizando (que tende para o seu fim e, portanto, não o atingiu). É o ato perfeitamente acabado, ou a perfeição em ato.

Em Leibniz, a palavra designa as mônadas, na medida em que têm em si "certa perfeição, que as torna fonte das suas ações internas" (*Monadologia*, 18).

entendimento (*entendement*) – A razão modesta e laboriosa, a que rejeita as facilidades da intuição e da dialética tanto quanto as tentações do absoluto e que, assim, se dá os meios de conhecer. É a potência de compreender, na medida em que é sempre finita e determinada – nosso acesso particular (já que humano) ao universal. Seu erro é imaginar em toda parte uma ordem, para não se perder.

entidade (*entité*) – Um ente (*ens*, *entis*) que podemos pensar, mas que não podemos tomar totalmente por uma coisa ou por um indivíduo: é um ser abstrato ou uma abstração de um ser.

entropia (*entropie*) – Qualifica o estado de um sistema físico isolado (ou tido como tal) pela quantidade de transformação espontânea de que é capaz: a entropia é máxima quando o sistema se torna incapaz de se modificar – por ter alcançado seu estado de equilíbrio, que também é, de um ponto de vista estatístico e no nível das partículas que o compõem, seu estado menos ordenado ou mais provável. Como ocorre, é o exemplo tradicional, numa xícara de café: é impossível que o café se aqueça ou se separe sozinho do açúcar posto (ele só pode esfriar e permanecer doce). O segundo princípio da termodinâmica estipula que a entropia, num sistema fechado, necessariamente cresce, o que supõe que, nesse sistema, a desordem tende ao máximo: é o que confirmam a história do universo (salvo a vida) e o quarto de nossos filhos (salvo quando o arrumamos). O sol e os pais pagam a conta.

entusiasmo (*enthousiasme*) – "A palavra grega significa *emoção das entranhas, agitação interior*", escreve Voltaire. Não é o que lemos em nossos dicionários, que ligam a palavra ao verbo *enthousiázein*, "ser inspirado pela divindade", ele mesmo derivado do substantivo *theós*. O entusiasmo é um arroubo divino, ou que assim se crê, ou com ele se assemelha. É bem possível, porém, que Voltaire não esteja de todo equivocado: que as entranhas desempenhem, no entusiasmo, um papel maior que a divindade.

Num sentido mais amplo, a palavra designa uma exaltação alegre ou admirativa. É uma espécie de embriaguez, mas tônica, mas generosa, que a razão no entanto deve aprender a controlar. O perigo está em perder nela todo senso crítico, toda independência, toda lucidez, todo recuo. Isso é verdade principalmente no caso dos entusiasmos coletivos, que fazem a moda e os fanatismos. "O espírito partidário dispõe maravilhosamente para o entusiasmo", notava Voltaire; "não há facção que não tenha seus energúmenos."

epicurismo (*épicurisme*) – A doutrina de Epicuro e de seus discípulos. É um materialismo radical, que prolonga o atomismo de Demócrito: nada existe, salvo os átomos em número infinito no vazio infinito; nada acontece, salvo seus movimentos ou seus encontros. É também um sensualismo paradoxal, já que os átomos e o vazio, que constituem toda a realidade, são insensíveis. É, enfim e sobretudo, um hedonismo exigente: o prazer, que é o único bem, culmina nesses prazeres da alma que são a filosofia, a sabedoria e a amizade. Essa alma, claro está, é uma parte do corpo, composta simplesmente de átomos mais móveis que os outros: ela morrerá com ele. Não há outra vida além desta. Não há outra recompensa além do prazer de vivê-la bem. Nenhuma providência. Nenhum destino. Nenhuma finalidade. Nosso mundo? É apenas um agregado de átomos, que nasceu por acaso, que terá necessariamente fim. Os deuses? São tão materiais quanto o resto, e incapazes de ordenar uma natureza que não criaram e que os contém. De resto, eles não se ocupam dos humanos: sua própria felicidade lhes basta. Cabe a nós, que não somos deuses, tomá-los como modelos. Isso requer um "quádruplo remédio" (o *tetraphármakon*): compreender que a morte não é nada, que não há nada a temer dos deuses, que podemos suportar a dor, que podemos alcançar a felicidade. O remédio é simples. O caminho, porém, não é fácil: ele supõe que renunciemos aos desejos vãos, os que não podem ser satisfeitos (desejos de glória, de poder, de riqueza...), para nos consagrarmos aos desejos naturais e necessários (comer, beber, dormir, filosofar...), que são limitados e fáceis de satisfazer. Muita gente acreditou que o hedonismo epicurista desembocava aqui numa espécie de ascetismo. É um equívoco. Se devemos renunciar a gozar cada vez mais, não é por desdém ao prazer ou por fascínio pelo esforço: é para gozar melhor. "Epicuro estabeleceu os limites do desejo, como do temor", diz-nos Lucrécio. As duas coisas andam juntas. Se desejares algo, terás medo de tudo. Se só desejares o que está ao alcance da mão ou da alma, não terás medo de nada. O epicurismo não é um ascetismo; é um hedonismo *a minima*. No entanto, só o é relativamente aos objetos do gozo. Porque o próprio gozo, libertado da carência e do medo, é um gozo máximo: "Pão de cevada e água proporcionam o prazer extremo, levados à boca quando se tem fome ou sede", escrevia Epicuro. Assim, o prazer é "o começo e o fim da vida feliz", mas apenas para quem sabe escolher entre seus desejos. É a sabedoria mais simples e mais difícil: a arte de gozar (prazeres da alma) serenamente – "como um deus entre os homens". É aqui que o hedonismo conduz ao eudemonismo.

epistemologia (*épistémologie*) – É a parte da filosofia que versa sobre uma ou várias ciências em particular, e não sobre o saber geral (teoria do conhecimento, gnoseologia). Uma teoria do conhecimento se situaria a montante do saber: ela se pergunta em que condições as ciências são possíveis. Uma epistemologia, a jusante: ela se interroga menos sobre as condições das ciências do que sobre sua história, seus métodos, seus conceitos, seus paradigmas. Será quase sempre regional ou plural (a epistemologia da matemática não é a da física, que não é a da biologia...). É filosofia aplicada, como quase sempre é, porém mais no terreno das ciências do que no seu. O epistemólogo acampa em terra estrangeira (em geral, é um cientista que se lançou na filosofia, ou um filósofo que se interessa pelas ciências). Ele despreza um pouco os autóctones, os que falam uma só língua, que conhecem apenas um continente, onde se acreditam em casa. Gostaria de lhes dar lições. Eles o ouvem, quando têm tempo, com a polidez um tanto ou quanto condescendente que se reserva aos turistas estrangeiros.

epokhé (*épochè*) – A palavra, em grego, significa parada ou interrupção. Na linguagem filosófica, em que é comum deixá-la sem traduzir, designa a suspensão do julgamento (especialmente entre os céticos) ou a colocação entre parênteses do mundo objetivo (especialmente entre os fenomenólogos): é, nesse caso, abster-se de toda posição relativa ao mundo, deixando aparecer apenas o absoluto da consciência ou da vida. Sinônimo, neste último sentido, de redução fenomenológica (Husserl, *Meditações cartesianas*, I, 8).

eqüidade (*équïté*) – Virtude que permite aplicar a generalidade da lei à singularidade das situações concretas: é "um corretivo da lei", escreve Aristóteles (*Ética a Nicômaco*, V, 14), que permite salvar o espírito desta quando a letra não basta para tanto. É a justiça aplicada, justiça em situação, justiça viva, e a única verdadeiramente justa.

Num segundo sentido, mais vago, a palavra acaba designando a própria justiça, na medida em que ela não pode se reduzir nem à *igualdade* (dar ou pedir a todos as mesmas coisas não seria justo: eles não têm as mesmas necessidades nem as mesmas capacidades), nem à *legalidade* (já que uma lei pode ser injusta). Digamos que é a justiça no sentido moral do termo, a única que permite julgar a outra. Note-se que ela traz, entretanto, a igualdade em seu nome (*aequus*, igual). Isso diz o essencial, sem dúvida. Ela é a virtude que restaura a igualdade de direito, não apenas contra as desigualdades de fato, que permanecem, mas levando-as em conta. Por exemplo, em matéria de tributação: um imposto progressivo, que taxa mais os mais ricos, é mais eqüitativo que um imposto simplesmente proporcional, que pedisse a cada um a mesma porção da sua renda. É considerar que os homens são iguais em direitos e em dignidade, mesmo quando são desiguais, como quase sempre, em talentos, poderes, riquezas.

equipe (*équipe*) – Um pequeno grupo organizado com vistas a um fim comum. O contrário de uma multidão e, às vezes, o meio para controlá-la ou agradá-la.

equívoco (*équivoque*) – Mais ou menos sinônimo de ambigüidade, com algo de mais inquietante: o equívoco é como que uma ambigüidade voluntária, nefasta ou ameaçadora. Uma situação ambígua, por exemplo, entre um homem e uma mulher, pode ter seu encanto. Já uma situação equívoca será incômoda ou suspeita. É uma ambigüidade mal intencionada ou mal interpretada.

erística (*éristique*) – A arte da controvérsia (*erízein*, discutir) ou o que dela decorre. Mas é menos uma arte do que um artifício. "É erístico", escreve Aristóteles, "o silogismo que parte de opiniões que, embora pareçam prováveis, na realidade não o são" (*Tópicos*, I, 1). O substantivo pode se tornar um sinônimo de sofística. Entretanto, designa, mais especificamente, um tipo de argumentação crítica que tende menos a estabelecer uma verdade do que a refutar a posição de um adversário. Os megáricos fizeram dela uma espécie de especialidade: daí o nome de escola erística, que às vezes lhes é dado.

erotismo (*érotisme*) – A arte de gozar? Mais propriamente a arte de desejar e de fazer desejar, até gozar do desejo mesmo (o seu, o do outro) para obter assim uma satisfação mais refinada ou mais duradoura. O orgasmo está ao alcance de qualquer um: cada um, por si só, basta para alcançá-lo. Mas quem gostaria de se contentar com isso?

erro (*erreur*) – O próprio do erro é que o tomamos por uma verdade. É isso que distingue o erro da simples falsidade (podemos saber que dizemos algo falso, mas não que nos enganamos) e que o impede de ser voluntário. Assim, o erro não é apenas uma idéia falsa: é uma idéia falsa que acreditamos verdadeira. Na medida em que é falsa, seu ser é negativo (v. "falsidade"). Mas na medida em que é idéia, faz parte do real ou do verdadeiro (enganamo-nos realmente: o erro é verdadeiramente falso). Por exemplo, explica Espinosa, "os homens se enganam ao se crerem livres; e essa opinião consiste unicamente em que têm consciência das suas ações e são ignorantes das causas pelas quais são determinados" (*Ética*, II, 35, escólio). Não é por sermos livres que nos enganamos, como queria Descartes; é por nos enganarmos que nos cremos livres, e esse erro mesmo é uma verdade incompleta (já que é verdade que agimos). As pessoas só se enganam por ignorância ou por impotência. O erro não é nada de positivo: só existem conhecimentos parciais ou inacabados. Daí que o pensamento é um trabalho, e o erro, um momento necessário.

escatologia (*eschatologie*) – A doutrina dos fins últimos da humanidade ou do mundo. Tomada a palavra *fim* em dois sentidos, aqui (como *finitude* e como *finalidade*), parece que a escatologia também deve ser dupla: a morte e o fim do mundo seriam por ela contemplados, assim como o juízo final ou a ressurreição. Na prática, porém, fala-se de escatologia apenas no caso dos pensamentos finalistas ou religiosos. É porque o nada não tem sentido. Uma escatologia materialista, como a que se vê em Lucrécio, seria antes uma antiescatologia: primeiro porque o universo não tem fim (*De rerum natura*, I, 1001), depois porque nenhum mundo, no universo, escapa da morte (II, 1144-1174, V, 91-125 e 235-415), nem tampouco nenhuma vida no mundo (III, 417-1094). A salvação não é para ser esperada, é para ser feita.

escola (*école*) – Lugar onde se ensina e onde se aprende. Isso supõe um mestre, aquele que sabe e ensina, e alunos, que não sabem e estão ali para aprender. A própria definição de escola parece retrógrada e antidemocrática. E é. Toda escola representa o passado, que ela deve transmitir aos que, mais tarde, inventarão o futuro. E nenhuma seria capaz de se submeter, sem comprometer sua alma, à exigência democrática, que é a do número e da igualdade. Ninguém vai votar nas salas de aula para saber como se escreve uma palavra, quantos são três vezes oito ou quais as causas da primeira guerra mundial. Nem para saber se é preciso estudar ortografia, aritmética e história. O mestre só pode transmitir seu saber se seu poder for mais ou menos reconhecido por todos. Daí que não há escola sem disciplina, nem disciplina sem sanções. A escola democrática? É a que é submetida à democracia, isto é, ao povo soberano, que decide os orçamentos, os currículos, os objetivos. Não a que seria submetida, absurdamente, aos sufrágios dos alunos ou dos pais. Abrir a escola para a vida? Seria abri-la para o mercado, a violência, os fanatismos de todo tipo. É melhor fechá-la sobre si mesma – lugar de acolhida e de recolhimento – para abri-la aos saberes e a todos.

escolástica (*scolastique*) – A doutrina e os procedimentos da Escola, isto é, segundo a concepção mais corrente, das universidades européias da Idade Média: misto de teologia cristã e filosofia grega (de início platônica, devido à influência de santo Agostinho, depois cada vez mais aristotélica), de lógica e de argumentos de autoridade, de rigor e de monotonia... É um belo momento do espírito, em que o Ocidente se inventa, mas que acaba paralisando o pensamento ao encerrá-lo em querelas tão eruditas quanto estéreis. Já Montaigne só a evoca para debochar ou queixar-se dela. Descartes, só para enterrá-la. Tudo indica, porém, que ela continha tesouros de inteligência. Mas para que um tesouro, quando já não se tem como utilizá-lo?

Num sentido mais amplo e mais pejorativo, costuma-se chamar de *escolástica* a doutrina de uma escola, qualquer que seja, que se encerra numa ortodoxia já constituída (tratando às vezes de complicar indefinidamente seus detalhes), a tal ponto que o pensamento do Mestre – e não mais a concordância com o real ou com a experiência – é que decide da verdade possível de uma proposição. Dogmatismo, psitacismo, maneirismo. Assim, foi possível falar da escolástica freudiana (ou, na França, lacaniana), da escolástica marxista-leninista, da escolástica heideggeriana... Muita inteligência, nos três casos. É o que torna a escolástica tão perigosa. Nada como tal para esterilizar um belo espírito. Conheço vários que, por causa disso, passaram ao largo de uma obra possível.

escolha (*choix*) – É um ato de vontade dirigido a este objeto e não a outro qualquer. É livre essa escolha? Sim, na medida em que depende de nós. Não, na medida em que, precisamente, *depende* de nós. Toda escolha supõe um sujeito que escolhe, e que não escolhemos. Tente, só para experimentar, ser outra pessoa... Assim, nenhuma escolha é absolutamente livre; se fosse, já não poderíamos escolher.

escrita (*écriture*) – É uma técnica, inventada há uns 5 mil anos, que possibilita registrar a palavra ou o pensamento num suporte duradouro, por meio de signos mais ou menos simbólicos (pictogramas, ideogramas) ou convencionais (as letras de um alfabeto). É inscrever o pensamento no espaço, onde ele se fixa e se conserva, e libertá-lo, assim, pelo menos parcialmente, do tempo. Os livros substituem a memória, ou melhor, sustentam-na, multiplicam-na, salvam-na. Numa sociedade sem escrita, costuma-se dizer, "um velho que morre é uma biblioteca que pega fogo". Ora, os velhos morrem todos, sempre. As bibliotecas só pegam fogo excepcionalmente. A acumulação das lembranças, das idéias, dos saberes, se torna, assim, graças à escrita, indefinida. Já não nos contentamos com resistir individualmente ao esquecimento; acrescentamos vestígios aos vestígios, obras às obras. É passar de uma lógica da repetição, que é a do mito, a uma lógica da acumulação e do progresso, que é a da história. Assim, não é por acaso, nem por pura convenção, que a invenção da escrita assinala o fim da pré-história. A conservação do passado subverte nossa relação com o futuro: o presente, que os separa e os liga, entrou para a história.

esforço (*effort*) – Uma força voluntária ou instintiva, quando se opõe a uma resistência. Maine de Biran via o esforço como "o fato primitivo do senso íntimo": aquele pelo qual o eu se descobre ou se constitui "pelo simples fato da distinção que se estabelece entre o sujeito desse esforço livre e o termo que resiste imediatamente por sua inércia própria". Mas como saber se o eu é a causa (como quer Biran) ou o efeito (como eu preferiria dizer) desse esforço? É aí que se deve escolher entre o *conato* espinosista e o *esforço* biraniano, que é sua versão francesa e espiritualista.

esnobismo (*snobisme*) – Ser esnobe é tomar como modelo uma elite, ou uma suposta elite, na impossibilidade de poder pertencer a ela. O esnobe arremeda uma distinção que não tem, que não pode ter. Quer menos se tornar o que imita (já não seria esnobismo, e sim emulação) do que assumir sua aparência. Sua arte é toda de ingenuidade e de artifícios: é um simulador sincero, como bom histérico que às vezes é, e crédulo, como bom supersticioso que muitas vezes é: um idólatra da forma, um adorador dos signos. Muito próximo aqui do dândi, com o humor a menos e o ridículo a mais. É um dândi que se crê, quando o dândi seria, ao contrário, um esnobe que se sabe.

Uma etimologia duvidosa, mas sugestiva, pretende que a palavra *esnobe*, de origem inglesa é claro (*snob*), vem do latim *sine nobilitate*. O esnobe não tem nobreza e tenta mascarar esse fato; ele gostaria de passar pelo nobre que não é, ostentando modos que imagina ser os da aristocracia. É a síndrome de Monsieur Jourdain: um burguês que quer passar por fidalgo. É apenas um esnobismo entre tantos outros, hoje porém um tanto anacrônico. Nossos esnobes têm outros modelos. Mas são esnobes, hoje como no tempo de Molière, pela incapacidade em adotar outra coisa que não as aparências. Seja, por exemplo, a cultura: ostentar a que se tem é ser pretensioso ou pedante; simular a que não se tem é ser esnobe. A riqueza? Exibir a sua é ser vaidoso, vulgar, exibido; querer passar por rico é ser esnobe. As relações, as conquistas? Ostentar verdadeiras é ser mundano ou grosseiro; exagerá-las ou inventar falsas é ser esnobe.

É aqui que o esnobismo coincide com a má-fé: ser esnobe é querer passar pelo que não se é, imitando aqueles que admira, que inveja ou com quem gostaria de se parecer. O esnobe se distingue, assim, do hipócrita, que imita tão-só por interesse, não por inveja, que não quer parecer mas enganar, que não admira mas utiliza. O esnobe geralmente é o primeiro – e às vezes o único – a se deixar enganar por seu personagem. É o que o torna mais simpático, mais ridículo e menos raro. Para um Tartufo, quantos burgueses fidalgos e preciosas ridículas? A hipocrisia é a exceção; o esnobismo, a regra. Quem pode estar certo de sempre lhe escapar? Alguém escreveria, se não quisesse passar por escritor? Alguém leria, se não quisesse que ficassem sabendo das suas leituras? Todos começam por simular, por imitar o que lhes falta, e se assim não fosse não haveria cultura. O esnobismo é apenas um primeiro passo, que gostaria de dar a ilusão do percurso inteiro. O erro não é imitar, mas simular, e é isso o próprio esnobismo: contentar-se com um jogo de aparências, em vez de se impor um trabalho efetivo, a única coisa que possibilita avançar verdadeiramente. Se Monsieur Jourdain toma aulas de música ou de filosofia, não sou eu que vou criticá-lo por isso. Mas ninguém pode fingir que pensa, nem que canta. O esnobe é um mau aluno; ele banca o professor, em vez de fazer o dever de casa.

esotérico (*ésotérique*) – É o que é reservado aos iniciados ou aos especialistas. A palavra, tomada em si, não é pejorativa. Mas passa a ser, legitimamente, se a iniciação mesma for reservada a alguns, especialmente se supõe uma fé prévia: é submeter o universal ao particular, a escola à seita e o espírito ao guru.

esoterismo (*ésotérisme*) – Toda doutrina que reserva a verdade aos iniciados. É o contrário das Luzes e um parente próximo, quase sempre, do ocultismo. É um obscurantismo erudito, ou que gostaria de sê-lo.

espaço (*espace*) – O que resta quando tudo foi retirado: o vazio, mas em três dimensões. Vê-se que é apenas uma abstração (se realmente tudo fosse retirado, não haveria mais nada: não seria o espaço, mas o nada), muito mais concebida do que experimentada. É a extensão, mas considerada independentemente dos corpos que a ocupam ou a delimitam. É o universo, mas considerado independentemente do seu conteúdo (independentemente de si mesmo!).

O espaço é para a extensão o que o tempo é para a duração: sua abstração, que acaba sendo tomada por seu lugar ou por sua condição. Se não houvesse o tempo, pergunta-se, como os corpos poderiam durar? Se não houvesse o espaço, como poderiam estender-se? É submeter o real ao pensamento, quando é o contrário que se deveria fazer. Não é porque há tempo que o ser dura; é porque ele dura que há tempo. Não é porque há espaço que o ser é extenso; é porque é extenso – ou porque se estende – que há espaço. O espaço não é um ser; é o lugar de todos, considerado fazendo-se abstração da existência ou da localização de todos os seres. Não é um ser, portanto, mas um pensamento: é o lugar universal e vazio. Como não seria infinito, contínuo, homogêneo, isotrópico e indefinidamente divisível, se nenhum corpo, por definição, pode limitá-lo, rompê-lo ou orientá-lo? Mas isso nos ensina mais sobre nosso pensamento do que sobre a extensão do real ou do universo.

O espaço é somente uma forma da sensibilidade, como queria Kant? Não é verossímil: se fosse apenas isso, *onde* a sensibilidade poderia ter aparecido? E como pensar a extensão do universo, dos bilhões de anos antes da existência de toda vida e de toda sensibilidade? Concordo: a idealidade transcendental do espaço não é refutável. Mas sua objetividade também não o é (o fato de o espaço ser uma forma da sensibilidade não impede que ele também seja uma forma do ser), tendo a vantagem de ser mais econômica: ela não supõe a existência de um ser não espacial, como Kant é obrigado a fazer, para tornar o espaço pensável.

O espaço, como o tempo, contém tudo, mas na simultaneidade de um mesmo presente: é "a ordem das coexistências", escrevia Leibniz, "assim como o tempo é a ordem das sucessões". Note-se que, no presente, os dois são uma só coisa, que podemos chamar (como fazem os físicos, mas por outras razões) de espaço-tempo. É o lugar das presenças, ou o presente como lugar.

espanto (*étonnement*) – No sentido forte e clássico: uma surpresa fulminante ou que causa estupor. No sentido moderno: toda surpresa que não se explica apenas por seu caráter súbito, mas também pelo aspecto estranho ou misterioso do fenômeno considerado. É nesse sentido que o espanto é essencial à filosofia, que se espanta menos com o que é novo ou inesperado do que com o que resiste à evidência ou à familiaridade. O filósofo se espanta com o que não espanta, ou já não espanta, a maioria dos seus contemporâneos. "Foi o espanto que levou, como hoje, os primeiros pensadores às especulações filosóficas", já notava Aristóteles (*Metafísica*, A, 2), e é o que Jeanne Hersch, revisitando vinte e cinco séculos de filosofia, confirmou brilhantemente (*L'étonnement philosophique, Une histoire de la philosophie*, Gallimard, Folio-Essais, reed. 1993). Por exemplo, a existência do mundo é espantosa: não por ser súbita ou imprevista, mas por mergulhar o espírito, por pouco que ele se interrogue, numa perplexidade que, de fato, pode chegar ao estupor. Por que há algo em vez de nada? O mesmo se dá com nossa própria existência no mundo. "Quando considero", escreve Pascal, "a pequena duração da minha vida, absorvida na eternidade precedente e seguinte, o pequeno espaço que ocupo e, mesmo, que vejo, abismado na infinita imensidão dos espaços que ignoro e que me ignoram, eu me assusto e me espanto ao me ver aqui, e não ali, porque não há razão nenhuma de ser aqui e não ali, de ser agora e não então. Quem me pôs aqui? Por ordem e conduta de quem este lugar e este tempo foram destinados a mim?" Desse espanto só saímos pela explicação racional, quando ela é possível, ou pelo hábito. É por isso que a filosofia nunca sai, e conduz a ele.

espécie (*espèce*) – Um conjunto, quase sempre definido, no interior de um conjunto mais vasto (o gênero próximo), por uma ou várias características comuns (as diferenças específicas). Por exemplo, a esperança e a vontade são duas espécies de desejo, assim como os tigres e os gatos são duas espécies de felinos. Para o biólogo, uma espécie costuma ser reconhecida pela interfecundidade: dois indivíduos de sexos diferentes pertencem a uma mesma espécie se puderem se reproduzir e gerar um ser também fecundo (pelo que o asno e o cavalo são duas espécies diferentes: mulos e mulas são estéreis). É por isso que é preferível falar de *espécie humana* do que de *gênero humano*. O fato de a unidade da humanidade ser um valor moral não impede que ela seja, também e antes de tudo, um fato biológico.

especismo (*spécisme*) – Seria o equivalente do racismo, mas aplicado às relações entre as espécies. Seria *especista* toda pessoa que considerasse que os animais, homens inclusos, não são todos iguais em direitos e em dignidade. Essa noção, que parte de bons sentimentos (respeitar os direitos dos animais), é perigosa porém: é apagar demasiadamente a diferença entre os humanos e os bichos. Diferença de grau, creio eu, muito mais que de natureza, mas que justifica que de fato os tratemos de maneira diferente. "Se não se pusessem animais nos vagões de gado, Hitler não teria posto judeus", disse-me um dia um colega. Sem dúvida. Mas isso não faz do comércio de carne um equivalente do nazismo, nem do nazismo um comércio.

espera (*attente*) – É o que nos separa do futuro. É, portanto, o próprio presente, mas como que esvaziado por dentro pela falta nele – ou em nós – do que desejamos ou tememos. "Só faltam três dias", dizemos. E são como três dias de nada. Ou: "Ainda falta uma hora!", e é uma hora de mais. O que nos separa do futuro, na espera, acaba assim nos separando paradoxalmente do presente. Como se esses três dias ou essa hora, que estão diante de nós, viessem escavar o presente em que estamos, em que nos metemos, em que nos submergimos, em que nos afogamos... É sempre no presente que esperamos, mas é sempre o futuro o que esperamos. A espera é essa ausência do futuro no presente, mas sentida, mas vivida, mas sofrida: é a presença, na alma, dessa ausência, e o principal obstáculo que nos separa da sabedoria, isto é, do real, do presente, de tudo.

Seu remédio é a ação. Seu contrário, a atenção.

esperança[1] (*espérance*) – A esperança é uma certa espécie de desejo: é um desejo pelo que não temos ou pelo que não é (esperar é desejar sem gozar), que se ignora se é ou se será satisfeito (esperar é desejar sem saber), enfim cuja satisfação não depende de nós (esperar é desejar sem poder). Opõe-se por isso à vontade (um desejo cuja satisfação depende de nós), à previsão racional (quando o futuro pode ser objeto de um saber ou de um cálculo de probabilidades), enfim ao amor (quando desejamos o que é ou aquilo de que gozamos). Isso indica suficientemente o caminho: não te proíbas esperar; aprende, ao contrário, a querer, a conhecer, a amar.

A esperança no mais das vezes se refere ao futuro: porque, de todos os nossos objetos de desejo, ele é o que quase sempre se furta a qualquer gozo, a qualquer conhecimento e a qualquer ação possíveis. O passado é mais conhecido. O presente, mais disponível. O que não impede ninguém de esperar o que foi ("espero não o ter magoado") ou o que é ("espero que esteja curado"): basta, para tanto, que o desejemos, que não dependa de nós e que ignoremos em que pé estão as coisas. A orientação temporal é menos essencial à esperança do que a impotência e a ignorância: ninguém espera o que sabe nem o que pode. A esperança, sinal da nossa fraqueza. Como poderia ser uma virtude? É o desejo mais fácil e mais fraco.

esperança[2] (*espoir*) – Com freqüência, sinônimo de *espérance*. Quando se quer distingui-las, a primeira quase sempre leva a melhor: como *espérance*, a esperança seria uma virtude; como *espoir*, seria apenas uma paixão. É o que ocorre especialmente na teologia cristã, em que a esperança (*espérance*) é uma das três virtudes teologais, por ter Deus como objeto. Que se pode concluir daí? Que toda vez que espero outra coisa que não Deus, ou que não em Deus, não é uma esperança virtuosa (*espérance*), é apenas uma esperança passional e vã (*espoir*), como todas as que não têm Deus por objeto. E que tal distinção não tem sentido para um filósofo não religioso: os gregos não a faziam e não vejo nenhum motivo para fazê-la.

Espinosa também não fazia. O que era, para ele, a esperança? "Uma alegria inconstante, nascida da idéia de uma coisa futura ou passada, de cujo desenlace duvidamos em certa medida." É por isso que, de acordo com uma fórmula célebre da *Ética*, "não há esperança sem temor, nem temor sem esperança" (III, 50, escólio, e def. 13 dos afetos, explicação). A mesma dúvida, necessária a uma e ao outro, faz que só possam existir juntos. Esperar é temer decepcionar-se; temer é esperar aquietar-se. A serenidade, se exclui o temor, também exclui, por conseguinte, toda esperança: o que chamei de *alegre desespero* e que Espinosa, mais sábio que eu, chama de sabedoria ou beatitude. O tema é estóico, antes de ser espinosista: "Deixarás de temer", dizia Hecaton, "se deixaste de esperar." E cínico, antes de ser estóico: "Só é livre quem não tem esperança nem temor", dizia Demonax. O sábio não espera nada: ele deixou de ter medo. Não teme nada: ele deixou de esperar o que quer que seja. Porque não teria desejos? Muito pelo contrário: porque só deseja o que é (já não é esperança, e sim amor) ou o que pode (já não é esperança, e sim vontade).

Dirão que essa sabedoria está fora do nosso alcance: a esperança está aí, sempre, já que a fraqueza está, já que a ignorância está, já que a angústia está. Sem dúvida. Por isso, não adianta nada, como eu já disse tantas vezes, querer amputar-se, vivo, de toda esperança (*espérance*): seria fazer da sabedoria uma nova esperança (*espoir*), que dela nos separaria imediatamente. Desenvolvamos, em vez disso, nossa parte de potência, de liberdade, de alegria: aprendamos a conhecer, a agir, a amar. A sabedoria não é um ideal, é um processo. "Quanto mais nos esforçamos para viver sob a égide da razão, mais nos esforçamos para nos tornar menos dependentes da esperança, nos emancipar do temor, encomendar à fortuna tanto quanto pudermos e dirigir nossas ações de acordo com o seguro conselho da razão", escreve Espinosa (*Ética*, IV, escólio da prop. 47).

espiritismo (*spiritisme*) – É a crença nos espíritos, que seriam as almas dos mortos, e a pretensão de fazê-los falar. Espiritualismo supersticioso, ou superstição espiritualista. O espantoso não é tanto que uma mesa possa girar sem motivo aparente (há diversos outros mistérios muito mais surpreendentes), mas que bons espíritos possam levar a sério o que ela teria a nos dizer, e que é, em geral, de uma platitude desoladora. É interessante notar que a mesa, quando era Victor Hugo que a fazia girar, falava em alexandrinos. Mas também que ela não produziu nada que se possa comparar seriamente às *Contemplations* [Contemplações] ou à *Légende des siècles* [Lenda dos séculos].

espírito (*esprit*) – A potência de pensar, na medida em que tem acesso ao verdadeiro, ao universal ou ao riso.

Nesse sentido, esta palavra só é utilizada no singular (falar *de espíritos* é superstição). É que a verdade, na medida em que a ela temos acesso, é a mesma em todos. É por isso que ela é livre (não obedece a ninguém, nem mesmo ao cérebro que a pensa), e que liberta. Essa liberdade em nós, que não é a de um sujeito, mas da razão, é o próprio espírito.

Engana-se quem vê nela uma substância, mas não se engana menos quem nela vê um puro nada. O espírito não é uma hipótese, dizia Alain, já que é incontestável que pensamos. Nem uma substância, já que não pode existir sozinho. Digamos que é o corpo em ato, na medida em que tem a verdade em potência.

Em potência, não em ato. Nenhum espírito é a verdade; nenhuma verdade é o espírito (seria Deus). É por isso que o espírito duvida de si mesmo e de tudo. Ele sabe que não sabe, ou que sabe pouco. Preocupa-se ou diverte-se com isso. Duas maneiras (pela reflexão, pelo riso) de ser fiel a si, sem se crer. O espírito, sob essas duas formas, parece próprio do homem. É também uma virtude: a que supera o fanatismo e a tolice.

espírito, agudeza de (*finesse, esprit de*) – Senso das nuances, do vago, da complexidade inesgotável do real, em poucas palavras, de tudo o que se sente, mais do que se vê ou se demonstra. Opõe-se tradicionalmente, sobretudo depois de Pascal, ao espírito geométrico (*Pensamentos*, 512-1 e 513-4).

espírito falso (*esprit faux*) – Um dom particular para o erro. É a incapacidade de raciocinar corretamente, pelo menos sobre certas questões, e por mais inteligente que se possa ser. É como uma falta de bom senso, que autorizaria a pensar qualquer coisa. Quem mesmo dizia de Sartre que ele era "um grande espírito falso"? Nem por isso ele deixava de ter talento, e muito mais, sem dúvida, que o inventor da fórmula. "Os maiores gênios podem ter o espírito falso sobre um princípio que receberam sem exame", notava Voltaire. "Newton tinha o espírito falso quando comentava o Apocalipse." E Voltaire, por outros motivos, quando fala do Antigo Testamento.

espiritualidade (*spiritualité*) – A vida do espírito. Engana-se quem a confunde com a religião, que nada mais é que uma das maneiras de vivê-la. Ou com o espiritualismo, que nada mais é que uma das maneiras de pensá-la. Por que só os crentes teriam um espírito? Por que seriam os únicos a saber utilizá-lo? A espiritualidade é uma dimensão da condição humana, não o bem exclusivo das Igrejas ou de uma escola.

Uma espiritualidade laica? É melhor que uma espiritualidade clerical ou que uma laicidade sem espírito.

Uma espiritualidade sem Deus? Por que não? É o que tradicionalmente se chama sabedoria, pelo menos é uma das suas formas. Por que seria necessário crer em Deus para que o espírito fosse vivo em nós?

A palavra vem do latim *spiritus*, que os gregos podiam traduzir por *psykhé* (a etimologia, nas duas línguas, faz referência ao sopro vital, à respiração), tanto como por *pneûma*. Isso significa que a fronteira entre o espiritual e o psíquico é porosa. O amor, por exemplo, pode pertencer a ambos. A religião pode pertencer a ambos. A fé é um objeto psíquico como outro qualquer. Mas é também uma experiência espiritual. Digamos que tudo o que é espiritual é psíquico, mas que nem tudo o que é psíquico é espiritual. O psiquismo é o conjunto, de que a espiritualidade seria o ápice ou a ponta. De fato, na prática, fala-se de espiritualidade para a parte da vida psíquica que parece mais elevada: a que nos confronta a Deus ou ao absoluto, ao infinito ou ao todo, ao sentido ou à ausência de sentido da vida, ao tempo ou à eternidade, à prece ou ao silêncio, ao mistério ou ao misticismo, à salvação ou à contemplação. É por isso que os crentes sentem-se tão à vontade nela. É por isso que os ateus tanto a necessitam.

A espiritualidade, para os crentes, tem um objeto claramente definido (conquanto inconhecível), que seria um sujeito, que seria Deus. A espiritualidade é, então, um encontro, um diálogo, uma história de amor ou de família. "Irmão", dizem eles. É espiritualidade ou psicologia? Mística ou afetividade? Religião ou infantilismo?

O ateu é mais desvalido ou mais pueril. Não é um irmão que ele busca, nem que ele acha. Não é um diálogo que ele instaura. Não é um amor que ele encontra. Não é uma família que ele habita. Mas o universo. Mas o infinito. Mas o silêncio. Mas a presença de tudo a tudo. Não uma transcendência, portanto, mas a imanência. Não um Deus mas o universal devir, que o contém e o arrebata. Não um sujeito, mas a universal presença. Não um Verbo ou um sentido, mas a universal verdade. O fato de ele só conhecer uma parte ínfima dela não impede que ela o contenha por inteiro.

Uma espiritualidade sem Deus? Seria muito mais uma espiritualidade da imanência do que da transcendência, muito mais da meditação do que da prece, da unidade do que do encontro, da fidelidade do que da fé, do ênstase do que do êxtase, da contemplação do que da interpretação, do amor do que da esperança, e que mesmo assim desembocaria numa mística, tal como a defini, isto é, numa experiência da eternidade, da plenitude, da simplicidade, da unidade, do silêncio... No que concerne a esses três últimos estados, só os vivi muito excepcionalmente. Mas o bastante, porém, para que minha vida fosse definitivamente transformada. E para que a palavra *espiritualidade* deixasse de me assustar.

espiritualismo (*spiritualisme*) – Toda doutrina que afirma a existência de substâncias pensantes imateriais, em outras palavras, de espíritos irredutíveis a qualquer corpo. O espiritualismo é quase sempre dualista. Ele admite dois tipos de substâncias, o espírito e a matéria, ou a alma e o corpo, que seriam, no homem, ao mesmo tempo ontologicamente distintas e intimamente unidas: é assim em Descartes e em Maine de Biran. Mas pode acontecer que seja monista, se reconhece apenas a existência de substâncias espirituais: é o caso, especialmente, em Leibniz e Berkeley.

espiritualistas (*spiritualistes*) – São pessoas que levam seu espírito ou sua alma a sério: elas crêem trazer o absoluto no aconchego da sua consciência! Isso não as dispensa de ter um corpo. Mas, justamente, elas *têm* um, o que supõe que sejam diferentes desse corpo. É verdade que também poderiam dizer: "Eu tenho uma alma." Mas qual é então esse *eu* que possuiria a alma e o corpo delas? Então esse eu já não seria *uno*. Outra coisa? Então elas já não seriam espiritualistas. O que os espiritualistas pensam, parece-me, é que a alma deles tem um corpo, que o corpo deles tem uma alma e que eles são essa alma ou esse espírito que conhecem de dentro, do qual o corpo deles seria o objeto mais próximo, mais imediato, mais indissociável, mas que nem por isso seria menos *objeto*. Filósofos do sentido íntimo, e do sentido, simplesmente.

espontaneidade (*spontanéité*) – O que acontece por si mesmo (*sponte sua*, por iniciativa própria), e não por obra de uma força externa ou de uma imposição. Sinônimo de voluntário? Não exatamente, já que uma conduta instintiva ou passional pode ser espontânea, sem que a vontade tenha algo a ver com ela – às vezes é até contra ela. E, como um ato voluntário, pode não ser espontâneo (quando cedo à pressão ou à imposição, ajo voluntariamente, e não espontaneamente: por exemplo, quando entrego minha carteira ao indivíduo armado que me ameaça). A espontaneidade é do âmbito da ação ou da reação imediatas, do desejo ou do impulso impensados, sem outra imposição além de si própria, sem outra fonte além de si mesma, haja ou não um controle consciente e deliberado. A vontade pode nascer dela, mas não pode se contentar com ela.

esquecimento (*oubli*) – Não é o contrário da memória, que o esquecimento supõe, mas da lembrança: há esquecimento quando já não me lembro de alguma coisa que, pelo menos por algum tempo, tive na memória. Longe de ser sempre uma deficiência ou um traço patológico, muitas vezes convém considerá-lo uma forma de saúde, ou mesmo de generosidade. Foi o que viu Nietzsche, na segunda das suas *Considerações intempestivas*:

> O homem que é incapaz de sentar-se no limiar do instante, esquecendo todos os acontecimentos passados, o homem que não consegue, sem vertigem e sem medo, pôr-se um instante de pé, como uma vitória, nunca saberá o que é uma felicidade e, o que é pior, não fará nada para proporcionar felicidade aos outros. [...] Todo ato exige o esquecimento. [...] É possível viver quase sem se lembrar, e viver feliz, como demonstra o animal, mas é impossível viver sem es-

quecer. Há um grau de insônia, de ruminação, de sentido histórico que prejudica o vivo e que acaba destruindo-o, quer se trate de um homem, de uma nação ou de uma civilização.

No entanto, tampouco é possível esquecer tudo – para tanto, seria preciso renunciar à sua humanidade. Daí que o esquecimento faz parte, exatamente, do trabalho da memória: é seu pólo negativo, como uma seleção obrigatória, que reteria unicamente o que é útil, agradável ou devido (que só se lembraria por interesse, por gratidão ou por fidelidade).

essência (*essence*) – A palavra, que parece misteriosa, tem no entanto uma etimologia transparente: é forjada a partir do infinitivo do verbo *ser*, em latim (*esse*). No caso, a etimologia engana menos que o mistério: a essência de uma coisa é seu ser verdadeiro e profundo (em oposição às aparências, que podem ser superficiais ou enganosas), em outras palavras, o que ela é (em oposição ao simples fato de ser: sua existência; mas também ao que lhe acontece: seus acidentes). Mais ou menos sinônimo de natureza (a essência de uma coisa é sua natureza verdadeira), mas preferível: porque a palavra pode se aplicar também a objetos culturais. A essência de um homem, por exemplo, é o que ele é. Quem pode crer que a natureza baste para explicar isso?

A essência é, portanto, o que responde às perguntas "o quê?" ou "o que é?" (*quid?*, em latim, daí por que os escolásticos falavam de *qüididade*). Resta saber se o que responde a essa questão é uma definição ou um ser, e se esse ser é individual ou genérico. Seja esta mesa na qual escrevo. Qual é sua essência? Ser uma mesa ou ser esta mesa? Palavras ou o real? Uma idéia ou um processo? Pode ser que não haja essência alguma, mas apenas acidentes, encontros, história – não seres, mas acontecimentos. Dirão que, para que alguma coisa ocorra, é preciso que alguma coisa já exista. Sem dúvida. Mas por que seria outra coisa que não a mesma que acontece?

É aqui que voltamos a encontrar Espinosa. O que é a essência de uma coisa singular? Não, de maneira nenhuma, uma abstração ou uma virtualidade, mas seu próprio ser, considerado em sua dimensão afirmativa, em outras palavras, em sua potência de existir: o que a faz ser (o que a "estabelece", escreve Espinosa), mas de dentro (diferentemente das causas, que a fazem ser do exterior). Por exemplo, esta mesa: que ela tem causas externas, é evidente; mas ela não existiria se não tivesse em si mesma uma essência afirmativa – uma potência de ser – que não pode existir ou ser concebida sem a mesa, do mesmo modo que a mesa não pode existir ou ser concebida sem ela (*Ética*, II, def. 2). Resulta daí que "o esforço pelo qual cada coisa se esforça por perseverar em seu ser não é nada fora da essência atual dessa coisa" (*Ética*, III, prop. 7): a essência de um ser é sua potência de existir; sua existência é sua essência em ato.

Toda a dificuldade está em pensar as duas juntas, em sua simultaneidade necessária – o que rejeita tanto o essencialismo quanto o existencialismo. "A essência é o que foi", escreve Sartre após Hegel (*L'être et le néant* [O ser e o nada], pp. 72 e 577). Mas como, se o passado já não é? O ser e o acontecimento no presente são uma só e mesma coisa. É também o caso da essência e da existência.

essencialismo (*essentialisme*) – O contrário do existencialismo e do nominalismo: é acreditar que a essência precede a existência ou que um ser está contido na sua definição. Confiança exagerada na linguagem ou no pensamento. É o pecadilho dos filósofos. A crítica do essencialismo, bem antes de Popper ou de Sartre, foi enunciada em poucas palavras por Shakespeare: "Há mais coisas no céu e na terra, Horácio, do que sonha tua filosofia." Ou ainda: "O que há num nome? O que chamamos de rosa, com outro nome, teria um cheiro igualmente bom." Não é que devamos dispensar as definições, nem podemos; mas é que nenhuma definição faz as vezes da experiência, nem da existência.

estado (*état*) – Uma maneira de ser. Tomado em absoluto, e com maiúscula, é um corpo político que reúne certo número de indivíduos (o povo) sob um mesmo poder (o soberano). Quando o povo e o soberano são um só, o Estado é uma república.

estado civil (*état civil*) – O contrário de estado de natureza: é a vida em sociedade, na medida em que supõe um poder e leis.

estado de natureza (*état de nature*) – O estado sem Estado: situação dos seres humanos antes da instauração de um poder comum, de regras comuns, ou mesmo da vida em sociedade. Estado puramente hipotético, verossimilmente insatisfatório. "A vida do homem é, então, solitária, necessitosa, árdua, quase animal, e breve", dizia Hobbes (*Leviatã*, I, 13).

esteta (*esthète*) – O que ama o belo – especialmente o belo artístico – mais do que tudo, a ponto de sacrificar ou submeter a ele todo o resto. O verdadeiro? O bem? Para o esteta, só valem se são belos: mais vale uma bela mentira que uma verdade feia; mais vale um belo crime que uma falta de gosto. O esteta nem sempre é um artista, nem na maioria das vezes (a maior parte dos criadores põe o verdadeiro ou o bem acima do belo). É um crente. Faz da arte sua religião: a estética lhe serve de lógica, de moral, de metafísica. Filosoficamente, isso culmina em Nietzsche: "Para nós, somente o juízo estético é lei", escreve. E acrescenta: "A arte, nada mais que a arte! É ela que nos permite viver, que nos persuade a viver, que nos estimula a viver... A arte tem *mais valor* do que a verdade... A arte a serviço da ilusão – eis nosso culto" (*Vontade de potência*, IV, 8 e III, 582). O que, no fundo, resume o essencial pelo que Nietzsche é um esteta, e o que me impede de ser nietzschiano.

estética (*esthétique*) – O estudo ou a teoria do belo. Considera-se habitualmente que é muito mais uma parte da filosofia do que das Belas-Artes. É justo. O conceito de belo não é belo. O conceito de obra de arte não é uma obra de arte. É por isso que os artistas desconfiam dos esteticistas, que tomam o belo por um pensamento.

estética transcendental (*esthétique transcendantale*) – A primeira parte da *Crítica da razão pura* de Kant. Não se refere ao belo, que será estudado na *Crítica da faculdade do juízo*, mas à sensação (*aísthesis*) ou à sensibilidade. É transcendental na medida em que ressalta as condições de possibilidade de toda experiência (o espaço e o tempo como formas *a priori* da sensibilidade). Distingue-se da Lógica transcendental, assim como as formas da sensibilidade se distinguem das formas do pensamento (as categorias e os princípios do entendimento).

estilo (*style*) – Não é o homem, apesar de Buffon, já que um homem notável pode não o ter: conheço alguns que escrevem insipidamente, e vários estilistas talentosos que me pareceram, ao lê-los ou encontrá-los, humanamente medíocres. O estilo é certa maneira de agir, de escrever ou de criar, que manifesta, decerto, uma subjetividade mas tão-somente na medida em que ela dispõe de certo talento, muito específico, e de certo traquejo. Não é o homem, mas a capacidade que ele tem, e nem todos a têm, de inventar uma expressão que a ele se assemelhe ou que o distinga dos outros. É o que há de singular no talento, ou de talentoso na singularidade. O estilo é uma força, portanto, mas também um limite. Os maiores artistas não têm um, ou têm vários, ou não cessam de se libertar do que têm. De modo que "*estilista*" pode ser pejorativo. É dar demasiado importância à forma e à singularidade. Se ele tivesse algo a dizer, daria – ou daríamos – tanta importância à maneira como diz? Esse artista a tal ponto prisioneiro da sua maneira ou da sua singularidade, como poderia ser universal? Compare, por exemplo, Cioran, que tem estilo, com Montaigne, que tem gênio.

Que o estilo é preferível à platitude ou à banalidade, ninguém contesta. Mas como o estilo poderia bastar? Como seria o essencial? Vejo que El Greco tem um estilo, que Renoir tem um estilo, que Picasso tem vários. Não estou certo de que Velázquez, que os supera, tenha um.

estima (*estime*) – É um respeito particular: não o que se deve a qualquer ser humano, mas o que se reserva aos que se considera serem os melhores, enquanto seu valor não ultrapassar a norma comum ou a nossa (nesse caso, já não é estima, e sim admiração). A estima manifesta uma espécie de igualdade positiva, que lhe proporciona seu valor. Ainda não é a amizade, mas quase sempre uma das suas condições. Posso estimar sem amar. Mas como amar aquele ou aquela que desprezo?

estoicismo (*stoïcisme*) – Escola filosófica da Antiguidade, fundada por Zenão de Cício, renovada por Crisipo, prolongada por Sêneca, Epicteto e Marco Aurélio. Seu nome vem do lugar em que Zenão ensinava (um pórtico: *stoa*). Ou seja, o fundador não deu seu nome à escola: os estóicos pretendiam ser, antes de mais nada, discípulos de Sócrates e dos cínicos, cujo ensino sistematizavam. Platão via em Diógenes um "Sócrates que ficou louco"; Zenão seria, ao contrário, um Diógenes que ficou sensato.

O estoicismo é um materialismo voluntário e voluntarista: não reconhece a existência senão dos corpos e não dá valor senão às vontades. Tudo o que não depende de nós é moralmente indiferente; só o que depende de nós pode ser bem ou mal. Portanto, somente a virtude vale absolutamente, e é ela, não o prazer, que faz a felicidade. O moralismo dos estóicos é, assim, o oposto do hedonismo epicurista, assim como sua física continuísta é o oposto do atomismo. São, no entanto, dois racionalismos. Mas a razão estóica não se contenta com explicar, como faz a razão epicuriana: ela julga, ela comanda, ela governa tanto o sábio como o mundo. É porque ela é Deus, ou o que há de divino em tudo. Daí essa piedade estóica, que é um fatalismo, mas libertador, e um panteísmo, mas de propósito humanista. Tudo é racional; cabe a nós nos tornar razoáveis. Tudo é justo; cabe a nós agir com justiça. É também um cosmopolitismo. "A razão, que faz de nós seres razoáveis, nos é comum", escrevia Marco Aurélio: "é ela que ordena o que deve ser feito ou não; por conseguinte, a lei também é comum; se assim é, somos concidadãos: vivemos juntos sob um mesmo governo, o mundo é como uma cidade; pois a que outro governo comum poder-se-ia dizer que todo o gênero humano está submetido?" (*Pensamentos para mim mesmo*, IV, 4). É, enfim, um atualismo: "Somente o presente existe", dizia Crisipo, e ele basta à salvação. Portanto não há nada a esperar: trata-se de querer, no caso de tudo o que depende de nós, e de suportar, no caso de tudo o que não depende. Escola de coragem, de lucidez, de serenidade. Por isso chama-se *estoicismo*, num sentido ampliado, tudo o que parece coincidir com tal atitude. É que podemos ser estóicos (agir estoicamente) sem sermos estóicos (seguidores do estoicismo). Para fazer o que se deve fazer ou suportar o que advém, não é necessário crer em nenhuma providência, nem mesmo em nenhum sistema. Marco Aurélio reconheceu isso: "Se Deus existe, tudo vai bem; se as coisas vão ao acaso, não te deixes ir também ao acaso" (IX, 28).

estóico[1] (*stoïcien*) – Adepto do estoicismo – o que nunca bastou para ser estóico no proceder.

estóico[2] (*stoïque*) – No sentido do que concerne ao estoicismo ou que dele seria digno, designa menos um pensamento que uma atitude. Costuma-se dizer de uma enorme coragem, especialmente contra a dor. Para isso, não há a menor necessidade de ser adepto do estoicismo. Epicuro, ante a doença, mostrou-se estóico, mas nem por isso deixou de ser epicurista.

estrutura (*structure*) – Do latim *structura*, arrumação, disposição, montagem. A palavra designa um conjunto complexo e ordenado, mas em que a organização é mais importante do que o conteúdo: é mais um sistema de relações do que uma soma de elementos, e seus elementos mesmos são menos definidos pelo que são do que pela posição no conjunto e pela função que essa posição lhes atribui. Por isso, há mais num todo estruturado do que na soma das suas partes. Seja uma casa, por exemplo. Se a consideramos apenas do ponto de vista dos seus materiais, ela não é nada além da soma destes: alguns milhares de tijolos, alguns sacos de cimento, algumas centenas de telhas, algumas vigas e caibros, alguns pregos, alguns canos, alguns vidros, um pouco de reboco e tinta... Mas tudo isso, amontoado no canteiro de obras, ainda não constitui uma casa. É que falta a estrutura, tal como é desenhada, por exemplo, no projeto do arquiteto. Note-se que a estrutura, sem seus elementos, tampouco constitui uma casa: você não mora nem num projeto nem numa pilha de tijolos. As duas coisas são necessárias, portanto. Falar da estrutura de uma casa é insistir nas relações entre os elementos, na posição e na função respectiva deles, muito mais do que nesses elementos mesmos, os quais só têm sentido ou utilidade em função da sua posição. É reconhecer que uma casa não é redutível aos materiais que a compõem; e que o fato de ela ser construída de tijolos ou de pedras, sem ser necessariamente indiferente, importa menos que a disposição destas ou daqueles, de que depende também a função desses materiais. É por isso que a noção de estrutura é especialmente importante em lingüística: porque as unidades fônicas que ela encontra são arbitrárias e só se tornam significantes por suas relações com outras; em outras palavras, por seu lugar e sua função num conjunto estruturado (uma língua). Mas é por isso também que ela desempenha um papel de primeira grandeza na maioria das ciências humanas: porque nada do que é propriamente humano (a linguagem, a cultura, a política, a arte, a religião...) é compreensível, independentemente dos sistemas de relações que o tornam possível e o constituem.

estruturalismo (*structuralisme*) – Uma corrente de pensamento, importada da lingüística e das ciências humanas, de que alguns quiseram fazer uma filosofia. Trata-se de privilegiar, nos objetos estudados, a estrutura ou o sistema, em vez dos elementos ou sua soma, e especialmente de pensar os fenômenos humanos e o próprio homem como efeitos de estruturas, em vez de como criação ou subjetividade. Opõe-se desse ponto de vista ao existencialismo, a que sucedeu, na década de 1960, como moda parisiense. Os grandes nomes, na França, eram Lévi-Strauss, Foucault, Lacan, Althusser... Muito talento e trabalho. O conjunto, uma vez desembaraçado dos ouropéis da moda, é estimulante pela ambição intelectual e pela radicalidade anti-humanista (no sentido do anti-humanismo teórico). Cita-se com freqüência, para ilustrá-lo, o tema da *morte do homem*, tal como aparecia, em 1966, na última página do mais célebre livro de Foucault: "O homem é uma invenção de que a arqueologia do nosso pensamento mostra sem dificuldade a data recente. E talvez o fim próximo" (*As palavras e as coisas*, X, 6). Mas o texto, apesar da sua beleza, ou por causa dela, é um tanto equívoco. A máxima do estruturalismo, a meu ver, seria uma fórmula, que creio verdadeira, de Claude Lévi-Strauss: "A finalidade das ciências humanas não é constituir o homem, mas dissolvê-lo" (*O pensamento selvagem*, IX). Devemos então renunciar ao humanismo? Não necessariamente. Mas o humanismo que permanece disponível é um humanismo prático, e não teórico: ele não se refere ao que *sabemos* do homem (que ele faz parte da natureza: anti-humanismo teórico), mas ao que *queremos* para ele (que continue humano, no sentido normativo do termo). As ciências humanas não são humanistas. Cabe portanto a nós sê-lo.

O estruturalismo parece de início afastar-se do materialismo: a posição de um elemento, numa estrutura dada, é mais importante do que a matéria de que é feito. Mas só o faz para desembocar no que Gilles Deleuze chamará de um "novo materialismo". Não basta, salientava Lévi-Strauss, ter "incorporado humanidades particulares numa humanidade geral; essa primeira empresa abre caminho para outras, que incumbem às ciências exatas e naturais: reintegrar a cultura na natureza e, finalmente, a vida no conjunto das suas condições físico-químicas" (*op. cit.*, IX). O homem não é um império num império: é sempre Espinosa que renasce. Se existe sentido apenas "de posição", conforme mostrou Lévi-Strauss, se "o sentido sempre resulta da combinação de elementos que não são, eles próprios, significantes", como ele também diz, já não há *sujeito* do sentido – nem Deus nem homem –, nem *sentido do sentido*: todo sentido é sempre redutível a outra coisa, que não o tem (Lévi-Strauss, "Dialogue avec Ricoeur", *Esprit*, 1963, p. 637). Como observa Deleuze, que cita esse texto, "o sentido, para o estruturalismo, é sempre um resultado, um efeito: não apenas um efeito como produto, mas um efeito de óptica, um efeito de linguagem, um efeito de posição" ("À quoi reconnaît-on le structuralisme?", in F. Châtelet, *Histoire de la philosophie*, t. 8). O estruturalismo é "um kantismo sem sujeito transcendental", dizia Ricoeur, e Lévi-Strauss aceita a fórmula. É que já não há *sujeito* nenhum, a não ser como efeito de estruturas ou de ilusões: Deus está morto, e o homem também, talvez (M. Foucault, *op. cit.*). Isso não dispensa ninguém de ser humano, nem basta para sê-lo.

eternidade (*éternité*) – Se fosse um tempo infinito, que tédio seria! Daria razão a Woody Allen: "A eternidade demora à beça, principalmente no fim..." É que não teria fim: nunca acabaríamos de esperar, e não teríamos nenhuma razão de começar o que quer que seja. Seria como um domingo infinito. Existe imagem melhor do inferno?

Mas a eternidade, no sentido em que a maioria dos filósofos a tomam, é outra coisa. Não é um tempo infinito (porque, nesse caso, ele seria composto apenas de passado e futuro, que não são), nem a ausência de tempo (porque, nesse caso, não seria nada): é um presente que permanece presente, como *um perpétuo hoje*, dizia santo Agostinho, o que é o próprio presente. Quem já viveu um só *ontem*? um só *amanhã*? Quem já viu o presente cessar ou desaparecer? É sempre hoje, é sempre agora: é sempre a eternidade, e é por isso que ela é, de fato, eterna.

Não confundir eternidade com imutabilidade. Que tudo muda, é uma verdade eterna. Mas nada muda, a não ser no presente, o que é a verdadeira eternidade. Não é possível nos banharmos duas vezes no mesmo rio? Sem dúvida. Menos ainda, porém, num rio passado ou futuro. Assim, há apenas o presente: há apenas a eternidade do *há*. Parmênides e Heráclito ombro a ombro.

A eternidade pode ser pensada de duas maneiras, que podemos formular, por comodismo, de acordo com os dois atributos de Espinosa: segundo a extensão ou segundo o pensamento. Segundo a extensão, a eternidade e o futuro são uma só coisa: é o sempre-presente do real (ser é ser agora). Segundo o pensamento, ela e a verdade são uma só coisa: é o sempre-presente do verdadeiro (uma verdade nunca é futura ou passada: o que era verdadeiro continua sendo; o que será já o é). É aqui que o real e o verdadeiro, para o pensamento, se separam: o que era real já não o é, o que era verdadeiro continua sendo. Por exemplo, o passeio que dei ontem: já não é real, é sempre verdadeiro. Ou o que darei amanhã, se der: ainda não é real, já é verdadeiro. Evite-se, porém, absolutizar essa diferença. O real e o verdadeiro só coincidem no presente, por certo; mas coincidem *sempre*, portanto, para todo real dado, e *necessariamente*. Assim, essas duas eternidades são uma só (o presente é o lugar da sua conjunção: o ponto de tangência do real e do verdadeiro). É por isso que sou livre para passear ou não hoje: não é porque já era verdade desde toda a eternidade que o farei no presente; é porque o faço no presente, se faço, que é verdadeiro por toda a eternidade. O real comanda: o presente comanda, já que não há outra coisa, e é por isso que os dois atributos, no presente, constituem uma só coisa. Pluralidade dos atributos, diria Espinosa, unidade da substância ou da natureza. A eternidade não é outro mundo; é a verdade deste.

ética (*éthique*) – Muitas vezes sinônimo de moral, porém mais chique. É preferível portanto, quando não se distingue uma da outra, falar de moral. Mas e se quisermos distinguir? A etimologia não nos ajuda muito. "Moral" e "ética" vêm de duas palavras – *éthos*, em grego, *mos* ou *mores*, em latim – que significavam mais ou menos a mesma coisa (os modos, os caracteres, as maneiras de viver e de agir) e que os antigos consideravam como a tradução uma da outra. Por isso, era uma distinção que não faziam: *moral* e *ética* seriam, para eles, se os interrogássemos em francês, apenas duas maneiras diferentes de dizer a mesma coisa. Entretanto, se quisermos empregar essas duas palavras para pensar duas realidades distintas, como um uso recente nos induz a fazer, sem dúvida o mais operacional será levar a sério o que de mais claro a história da filosofia nos propõe: Kant, entre os modernos, é o grande filósofo da moral; e Espinosa, da ética. Sem retomar em detalhe o que mostrei em outra oportunidade (*Valeur et vérité*, cap. 8), isso nos leva a opor a moral e a ética como o absoluto (ou supostamente tal) e o relativo, como o universal (ou supostamente tal) e o particular, enfim como o incondicional (o imperativo categórico de Kant) e o condicionado (que admite apenas imperativos hipotéticos). Em duas palavras: a moral manda, a ética recomenda. Essas oposições desembocam em duas definições diferentes, que aqui apenas recordo:

Por *moral*, entendo o discurso normativo e imperativo que resulta da oposição entre Bem e Mal, considerados como valores absolutos ou transcendentes. Ela é feita de mandamentos e de proibições: é o conjunto dos nossos deveres. A moral responde à pergunta: "o que devo fazer?" Ela se pretende una e universal. Tende à virtude e culmina na santidade (no sentido de Kant: no sentido em que uma vontade santa é uma vontade conforme em tudo à lei moral).

E entendo por *ética* um discurso normativo mas não imperativo (ou sem outros imperativos que não sejam hipotéticos), que resulta da oposição entre o *bom* e o *mau*, considerados como valores simplesmente relativos. Ela é feita de conhecimentos e opções: é o conjunto pensado e hierarquizado dos nossos desejos. Uma ética responde à pergunta: "como viver?" Ela é sempre particular a um indivíduo ou a um grupo. É uma arte de viver: tende quase sempre à felicidade e culmina na sabedoria.

O erro estaria em querer escolher entre uma e outra. Ninguém pode prescindir da ética, já que a moral responde incompletamente à questão "como viver?", já que não tende nem à felicidade nem à sabedoria. E somente um sábio poderia prescindir da moral: porque o conhecimento e o amor lhe bastariam. Estamos longe disso, e é por isso que necessitamos da moral (v.).

A ética, no entanto, é a noção mais ampla. Ela inclui a moral, ao passo que a recíproca não é verdadeira (responder à pergunta "como viver?" é, entre outras coisas, determinar o lugar dos seus deveres; responder à pergunta "que devo fazer?" não basta para dizer como viver). Ela é também a mais fundamental: ela diz a verdade da moral (que a moral é apenas um desejo que se toma por um absoluto) e a sua mesma (que ela é uma espécie de moral desiludida e livre). Seria a moral de Deus, se ele existisse. Não podemos nem atingi-la totalmente, nem renunciar totalmente a ela.

Assim, a ética é um trabalho, um processo, um caminhar: é o caminho pensado de viver, na medida em que tende para a vida boa, como diziam os gregos, ou para a menos ruim possível, e é essa a única sabedoria verdadeira.

etiologia (*étiologie*) – Estudo das causas. Emprega-se principalmente em medicina, à diferença da semiologia ou da sintomatologia (estudo dos sintomas).

etnia (*ethnie*) – Um povo, mas considerado de um ponto de vista cultural, em vez de biológico (não é uma raça) ou político (não é nem uma nação nem um Estado).

etnocentrismo (*ethnocentrisme*) – Ser etnocêntrico é julgar as culturas dos outros a partir da sua, erigida (no mais das vezes inconscientemente) em absoluto. Tendência espontânea de todo ser humano, de que só se sai, sempre incompletamente, pelo estudo paciente e generoso das outras culturas, o que leva a relativizar aquela em que se foi criado. A dificuldade está, então, em não renunciar por isso a toda exigência de universalidade, nem a toda normatividade. Se todos os pontos de vista se equivalessem, em nome de que se combateria o etnocentrismo?

etnocídio (*ethnocide*) – Destruição deliberada de uma cultura. Não confundir com genocídio, que é suprimir uma raça ou um povo. Por exemplo, no Tibete, ocupado pela China: é o etnocídio a ameaça, e não, ao que parece, o genocídio.

etnografia (*ethnographie*) – Estudo descritivo de uma etnia ou, em geral, de um grupo humano, considerado em suas especificidades culturais ou comportamentais. Distingue-se da etnologia por seu aspecto fundamentalmente empírico: o etnógrafo observa e descreve; o etnólogo compara, classifica, interpreta, teoriza. A etnografia requer uma presença *in loco*, muitas vezes por longos períodos; a etnologia, baseando-se nos trabalhos etnográficos disponíveis, pode ser feita no gabinete ou no anfiteatro, o que, convenhamos, é mais confortável. Na prática, um etnólogo geralmente é um etnógrafo que teve êxito ou que se cansou das viagens.

Fala-se de etnografia sobretudo a propósito de populações ditas primitivas. Mas nada impede, e é algo que se faz cada vez mais, de aplicar as mesmas exigências ao estudo de uma vila operária, de uma empresa ou de um partido político. É, nesse caso, mais uma parte da sociologia do que da antropologia: ela nos ensina menos sobre o homem do que sobre a sociedade.

etnologia (*ethnologie*) – O estudo comparativo das etnias e, em geral, dos grupos humanos. Corresponde aproximadamente ao que os anglo-saxões, que já não falam de etnologia, preferem chamar de antropologia social e cultural. A etnologia faz parte das ciências humanas: ela contribui para nos fazer conhecer melhor a humanidade, pondo em relevo certo número de diferenças, mas também de invariantes estruturais ou comportamentais. Como nota Lévi-Strauss, a etnologia prolonga uma observação de Rousseau: "Quando se quer estudar os homens", escrevia este último, "é preciso olhar perto de si; mas, para estudar o homem, é preciso aprender a levar a vista longe, é preciso, primeiro, observar as diferenças para descobrir as propriedades" (*Ensaio sobre a origem das línguas*, VIII, citado em *O pensamento selvagem*, IX).

Uma das contribuições decisivas da etnologia é operar um descentramento que põe o etnocentrismo à distância (a ponto de fazer dele um objeto de estudo). "É preciso muito egocentrismo e muita ingenuidade", salienta Lévi-Strauss, "para acreditar que o homem está por inteiro refugiado num só dos modos históricos ou geográficos do seu ser, quando a verdade do homem reside no sistema das suas diferenças e das suas propriedades comuns" (*O pensamento selvagem*, IX; v. também *Antropologia estrutural dois*, XVIII, 3). A etnologia tende ao universal, como toda ciência, mas pelo estudo do particular.

etologia (*éthologie*) – Estudo objetivo dos costumes ou dos comportamentos, tanto dos homens como dos animais, sem nenhuma pretensão normativa. É este último ponto que distingue a etologia da ética, mais ou menos como a objetividade da biologia (para a qual a vida é um fato, e não um valor) a distingue da medicina (que supõe a vida e a saúde como normas). Digamos que a etologia é uma ciência, ou tende a ser; a ética seria, por sua vez, uma arte: a arte de viver o melhor possível.

É por isso que a ética de Espinosa, ao contrário do que alguns disseram, não se reduz de maneira nenhuma a uma etologia. O fato de que é necessário conhecer e compreender antes de julgar é evidente. A idéia de que conhecimento e valor são irredutíveis um ao outro é um ponto essencial do espinosismo (toda verdade é objetiva: a verdade não tem nada a ver com nossos desejos; todo valor é subjetivo: só existe na medida em que o desejamos). Mas, como somos essencialmente seres de desejos, e não puros sujeitos cognoscitivos, não podemos nem devemos renunciar a julgar: seria nos tomarmos por Deus e, com isso, nos fadarmos à ilusão, ou então renunciarmos à humanidade, e nos fadarmos com isso à infelicidade ou à barbárie. O que não impede que haja na *Ética* um momento etológico, ou um ponto de vista etológico, que é muito marcante: "Considerarei as ações e os apetites humanos", escreve Espinosa no início do livro III, "como se se tratasse de linhas, de superfícies e de sólidos." Mas os livros IV e V mostram claramente que isso não basta: que também necessitamos de "formar uma idéia do homem, que seja como um modelo da natureza humana colocado diante dos nossos olhos", em referência ao qual julgaremos os homens "mais ou menos perfeitos" e as ações mais ou menos boas ou más (IV, Prefácio). A etologia é necessária, mas não suficiente. A finalidade não é apenas conhecer os homens, mas tornar-se um homem não excessivamente imperfeito, em outras palavras, nos aproximar o mais que podemos da "liberdade da alma, ou beatitude" (V, Prefácio). Para o que a etologia pode e deve contribuir, mas a serviço de um fim normativo ("um bem verdadeiro", diz Espinosa), que ela pode conhecer como fato, mas que não poderia, por si só, justificar como valor. A sabedoria não é nem um absoluto nem uma ciência: ela só vale para quem a deseja ou se esforça para alcançá-la (III, 9, escólio). Não conte com a verdade para ser sábia em seu lugar.

eu[1] (*je*) – O sujeito na primeira pessoa e como tal. Distingue-se assim do *moi*, que seria o sujeito como objeto (inclusive do eu pronome: quando eu *me* conheço, ou creio me conhecer). O *eu* sujeito é por natureza inapreensível (só é possível apreendê-lo, e olhe lá, pelo *me*), raramente apreensor. O mundo ou a verdade são mais interessantes: o *tu* ou o *nós*, mais amáveis. Ao que objetarão que é sempre um *eu* sujeito que conhece ou ama... Sem dúvida. É o que o salva, abolindo-o – quando não há mais que a verdade ou o amor. "O pecado em mim diz 'eu'", escreve Simone Weil, em *A gravidade e a graça*. Depois acrescenta, muito próxima aqui do Vedanta: "Eu sou tudo. Mas esse 'eu' aí é Deus. E não é um eu."

eu² (*moi*) – O sujeito, mas como objeto: é o nome francês ou usual do *ego*. Como tal, é um objeto (ou um processo) que se toma por sujeito. Este *eu* não é uma substância, nem um ser: não existe "nem no corpo nem na alma" (Pascal, *Pensamentos*, 688-323); é tão-só o conjunto das qualidades que lhe são atribuídas ou das ilusões que tece sobre si mesmo.

No vocabulário psicanalítico, o mesmo pronome substantivado designa uma das três instâncias da segunda tópica de Freud: o pólo consciente (embora incompletamente) do aparelho psíquico, que flutua e luta como pode entre as pulsões do id, as exigências do superego e as coerções da realidade. Instância de equilíbrio, mas instável: algo como o flagelo da balança ou como quem paga o pato.

A construção do eu (ego) nem por isso deixa de ser um processo necessário, sempre inacabado. É que o eu é, para si mesmo, sua própria finalidade: "*Wo es war, soll ich werden*", escrevia Freud: onde id estava, *eu* devo advir. Não que o eu deva "desalojar o id", mas no sentido que o eu (ego) não poderia deixar tudo ao id: porque ele só existe, como instância específica, na medida em que se constrói, e só o pode fazer contra o id e o real – totalmente contra. *Vir a ser o que se é*, como dizia Nietzsche? Vir a ser, em vez disso, o que se quer ser, mas que já se é, de fato, por essa vontade mesma, sem que, entretanto, jamais se cesse de vir a ser e sem que se possa tampouco renunciar a tal. Portanto, não se trata de desalojar o id, mas de resistir a ele e superá-lo, pelo menos aqui e ali. "É uma tarefa que incumbe à civilização, tanto quanto a drenagem do Zuyderzee", concluía Freud (*Novas conferências*, III).

eudemonismo (*eudémonisme*) – Toda ética que faz da felicidade (*eudaimonia*) o soberano bem. É o caso, desde Sócrates, da quase totalidade das escolas antigas, que coincidiam em pensar que todo homem quer ser feliz e que é também esse o objetivo da filosofia. Isso não impedia os filósofos de se oporem resolutamente uns aos outros – não sobre esse objetivo, que lhes é comum, mas sobre seu conteúdo ou suas condições. O que proporciona a felicidade? O saber (Sócrates), a justiça (Platão, na *República*), um misto de prazer e de saber (Platão, no *Filebo*), a razão ou a contemplação (Aristóteles), a indiferença (Pirro), o prazer (Epicuro), a virtude (os estóicos)? Esses diferentes eudemonismos muito mais se opõem do que se completam. Buscam, é claro, a mesma coisa – a felicidade –, mas não é a mesma felicidade que encontram. O eudemonismo é um lugar-comum da sabedoria grega. Mas esse lugar é uma arena, onde os filósofos se enfrentavam. Os modernos preferem falar de outra coisa. Não necessariamente porque tenham renunciado à felicidade. Mas porque renunciaram ao soberano bem (v. "bem, soberano").

eugenia (*eugénisme*) – É o desejo de querer melhorar a espécie humana, não pela educação dos indivíduos, mas pela seleção ou pela manipulação dos genes – transformando o patrimônio hereditário da humanidade, em vez de desenvolver seu patrimônio cultural. A idéia, hoje desqualificada pelo uso que dela fizeram os nazistas, podia parecer bonita. Agir sobre os genes? Afinal, faz-se com diversas espécies animais ou com certos seres humanos (as terapias genéticas). Por que não melhorar a própria humanidade? A resposta, difícil de argumentar no detalhe, me parece caber, no essencial, numa frase, que não tem nada a ver com a biologia: *porque todos os seres humanos são iguais em direitos e em dignidade*. Isso, que vale especialmente para o direito de viver e de fazer filhos, torna inaceitável a idéia de uma *triagem* no seio da humanidade: porque é atentatória à igual dignidade de todos. Temos o direito de fazer ou não fazer filhos, mas não o de escolher os filhos que fazemos. Objetarão que, no entanto, essa opção existe, no caso dos abortos terapêuticos... Sem dúvida. Mas para combater um sofrimento, não para fabricar um super-homem. Para poupar um indivíduo, não para melhorar a espécie. Por compaixão, não por eugenia. Isso indica mais ou menos a via, que requer tanto maior vigilância por ser estreita e tortuosa.

Europa (*Europe*) – A Europa não é verdadeiramente um continente: não é mais que um cabo da Ásia. Não é um Estado: é apenas uma comunidade – e mesmo assim de Estados independentes. Quantas guerras entre eles no passado! Quantos, ainda hoje, conflitos de interesses ou de sensibilidades! Nem a geografia nem a história bastam para fazer da Europa outra coisa além de uma abstração ou de um ideal. Ela tem de ser, portanto, um ideal ou não ser nada, em todo caso nada que valha a pena, nada que mereça ser defendido. A Europa não existe; está por fazer. Isso quer dizer que só existe pelos desafios que enfrenta, o primeiro dos quais, sem dúvida, é o da sua própria existência. A Europa só vale na medida em que queremos que valha, na medida em que *a* queremos. Não é nem um continente nem um Estado: é um esforço, é um combate, é uma exigência. A Europa está diante de nós, tanto quanto atrás, pelo menos. Mas ela só vale – e só valerá – pela fidelidade ao que ela foi. Fidelidade crítica, nem é preciso dizer – aliás, a crítica (inclusive a crítica reflexiva) faz parte do seu passado. Fidelidade a Sócrates, a Montaigne, a Hume, a Kant – e a nós mesmos. A Europa é nossa origem e nossa meta, nosso lugar e nosso destino: a Europa é nossa missão.

A verdadeira questão continua sendo a de Rousseau: o que faz um povo ser um povo? Ou, no caso da Europa em construção: o que faz que vários povos, embora permanecendo diferentes, possam tender a tornar-se um só, e em que limites? Isso supõe instituições e a opção entre os dois modelos, federativo ou confederativo, que se oferecem a todos. Reunião de Repúblicas (confederação) ou República reunida (federação)? Soberania nacional, para cada país, ou supranacional, para o conjunto? Nenhum desses dois caminhos é indigno, e nenhum é fácil. Mas recusar-se a optar entre um e outro seria uma maneira segura de fechar ambos.

No entanto, todas as instituições serão vãs se a Europa não souber enfrentar o principal desafio que se apresenta a ela, que é o do seu espírito ou, o que dá na mesma, da sua civilização. A Europa não é uma raça; é um espaço econômico, político e cultural. Mas cumpre acrescentar: cultural, antes de mais nada e principalmente. A economia é apenas um meio. A política é apenas um meio. A serviço de quê? De certos valores, de certas tradições, de certos ideais – a serviço de uma civilização. Esta é um fato da história. A Europa é, antes de mais nada, o Império Romano: o casamento obrigatório de Atenas com Jerusalém, no altar do vencedor de ambas e civilizando-o pouco a pouco... É dele que nos originamos, e só poderemos lhe dar continuidade se não o trairmos. É o que Rémy Brague chama *a via romana*: ser europeu é existir apenas por essa tensão em si "entre um classicismo a assimilar e uma barbárie interior a dominar". A Europa, a verdade da Europa, é o Renascimento, ou melhor, é "essa série ininterrupta de 'Renascimentos' que constitui a história da cultura européia", como diz também Rémy Brague (*Europe, la voie romaine*, p. 165), ou, melhor ainda, é essa hesitação sempre, essa oscilação sempre, essa tensão sempre entre o Renascimento e a decadência, entre as Luzes e o obscurantismo, entre a fidelidade e a barbárie. Fidelidade crítica, aqui também: ser europeu, nesse sentido, é ser fiel à melhor parte da Europa, tal como ela se dá nos cumes insuperados da sua história. "Nossa pátria sagrada, a Europa...", dizia Stefan Zweig. Mas somente se se escolher o que merece, nessa pátria, ser defendido.

Dirão que a civilização européia tornou-se mundial, em todo caso ocidental, e que já não se distingue, ou se distingue cada vez menos, da sua afilhada americana... Sem dúvida, e é mais um perigo a ameaçá-la, essa dissolução no que ela crê ser seu triunfo, que poderia ser sua derrota derradeira. O desenvolvimento sem precedentes dos meios de comunicação e das trocas não pode deixar de acarretar, em escala planetária, uma redução das diferenças. Estamos por isso condenados à uniformidade? À expansão irresistível de uma subcultura *made in USA*, com sua estética de *fast-food* e de *sitcom*? O *showbiz* será o futuro do homem? A americanização, o da Europa? Não é certo, mas não é impossível. É o que dá aos europeus motivos para se preocupar, e lutar. Contra o quê? Contra a barbárie que portam consigo, ou que importam, e que pode vir a arrastá-los. A favor de quê? De um Renascimento da Europa, o que é a própria Europa.

eutanásia (*euthanasie*) – Etimologicamente: boa morte. Na prática, a palavra serve para declarar uma morte deliberadamente aceita ou provocada, com a ajuda da medicina, para abreviar os sofrimentos de uma doença incurável: é uma morte com assistência médica. A palavra, que também se viu comprometida com a abjeção nazista, vem se saindo melhor desse comprometimento, porém, que a eugenia. Sem dúvida porque a eutanásia, contanto que estritamente controlada, levanta menos problemas: primeiro por que concerne apenas a indivíduos, e não à própria espécie; depois e sobretudo, porque só vale para doentes sem cura, que a pediram expressamente (eutanásia voluntária) ou cujos próximos, se o doente não pode se exprimir, pediram-na em seu lugar (eutanásia não voluntária). Considero-a mais um progresso do que um perigo. Quando a medicina não pode nos curar, por que não nos ajudaria a morrer? Há, sem dúvida, o perigo de uma eliminação sistemática dos doentes mais graves. Mais uma razão para que a lei, como convém num Estado de direito, estabeleça limites e imponha controles.

evangelho (*évangile*) – Do grego *euaggélion*, bom mensageiro, o que traz uma boa nova. Com maiúscula e eventualmente no plural, é o nome dado aos quatro livros que narram a vida e o ensinamento de Jesus Cristo.

Voltaire lembra que foram "fabricados cerca de um século depois de Jesus Cristo" e que há vários outros, ditos apócrifos, que mereceriam igual interesse. Isso confirma a singularidade dessa história. Mesmo que não passasse de um romance, o que não creio, e embora às vezes seja um bocado chato, esse *romance* nem assim deixaria de ser, de todos os livros da humanidade, um dos mais esclarecedores. Porque nos fala de Deus? Não. Porque nos fala de nós mesmos. Por causa da ressurreição do seu personagem principal? Também não. Por sua vida.

Se deixamos de lado a incrível exploração teológica que se fará deles, os Evangelhos são o relato de uma existência e o retrato, ainda que aproximado, de um indivíduo. Seria um erro abandoná-los às Igrejas. Jesus, para mim, não é um profeta – não creio nos profetas –, ainda menos o Messias ou Deus. Era um homem, aliás ele próprio nunca pretendeu ser outra coisa. É por isso que ele me interessa. É por isso que ele me comove. Pela simplicidade. Pela fragilidade. Pela idade nua. Quem pode imaginar, lendo os Evangelhos, que esse homem possa ter se tomado por Deus? Por seu filho? Todos nós somos, já que esse Deus, de acordo com a própria prece que Jesus nos deixou, seria Nosso Pai... Em outras palavras, Jesus, tal como o vejo, tal como creio compreendê-lo ao ler os Evangelhos, nunca foi cristão. Por que seríamos? Era um judeu piedoso. Era um homem cheio de sabedoria e de amor. A única maneira de lhe ser verdadeiramente fiel, para os que não são nem judeus nem crentes, é ser um pouco mais sábios, um pouco mais amantes, um pouco mais humanos e, para tanto, antes de mais nada, respeitar a justiça e a caridade, que são toda a lei. É o que Espinosa chamava de "espírito de Cristo", que é o espírito *tout court* e a principal mensagem dos Evangelhos.

evidência (*évidence*) – O que se impõe ao pensamento, o que não pode ser contestado ou negado, aquilo cuja verdade aparece imediatamente e não pode ser colocada em dúvida. De outro modo, não haveria certeza, e é por isso que nunca há certeza absoluta. Por exemplo, o *cogito*, o postulado de Euclides ou a imobilidade da Terra foram por muito tempo tidos como evidências, o que já não são. Isso quer dizer que a evidência depende do estado dos conhecimentos. Como poderia ela fundá-los ou garanti-los?

Se nos remetemos à etimologia (*evidens*, em latim, vem de *videre*, ver), o modelo da evidência é visual: "Eu vi, estou te dizendo, vi com meus próprios olhos, vi muito bem visto", é esse, nas palavras de Molière, o protótipo da evidência. Na vida corrente, é um critério bastante confiável, tanto mais quando atestado por um maior número de indivíduos: se várias testemunhas viram você assassinar alguém, vai ser difícil você fazer acreditar que não tem nada com essa morte... Ressalvada todavia a verossimilhança, o confronto e a crítica dos testemunhos. Os milhares de indivíduos que viram distintamente a Virgem Maria, juntos ou separadamente, só convencem os que, salvo exceção, já acreditavam nela. Há algo mais evidente do que um sonho ou um delírio, enquanto estamos imersos nele?

"Os deuses existem: o conhecimento que deles temos é evidente", dizia Epicuro (*Carta a Meneceu*, 123). Não conheço frase que mais me tenha impelido para o ateísmo.

evolução (*évolution*) – A transformação, freqüentemente lenta e, em todo caso, progressiva, de um ser ou de um sistema: opõe-se à *permanência* (ausência de mudança) e à *revolução* (uma mudança brusca e global).

O vocábulo deve muito do seu sucesso, a partir do século XIX, às diferentes *teorias da evolução* (especialmente a de Darwin, ainda que este último utilize o termo com reticência), que visavam explicar a origem e o desenvolvimento das espécies vivas. Esse exemplo privilegiado mostra que uma evolução pode se dar de maneira descontínua e casual (as mutações); ela supõe, no entanto, a continuidade, ainda que relativa e reconstruída posteriormente, de um processo. "Ninguém chamará de etapas evolutivas as transformações observadas num caleidoscópio", observa o *Lalande*. Não é, porém, que cada um desses movimentos seja irracional ou sem causa; mas é que a série deles parece sem lógica, sem continuidade, sem orientação. Equivale a dizer que as mutações, por si sós, não bastariam para falar de evolução das espécies: são necessárias, além disso, a seleção natural e a aparente finalidade que ela acarreta. Daí que a *evolução*, que avança rumo a etapas cada vez mais complexas ou diferenciadas, se opõe à *involução*, que regride para o mais simples, o mais homogêneo ou o mais pobre. O crescimento, para o indivíduo, é uma evolução; o envelhecimento, uma involução.

exatidão (*exactitude*) – Uma verdade modesta, que caberia inteira na precisão das medidas, das descrições, das constatações, sem pretender com isso alcançar o ser ou o absoluto: é uma adequação superficial, a única talvez que possibilite avançar em profundidade.

A exatidão depende, está claro, da escala considerada. Um erro de um mícron, em biologia ou em física das partículas, pode ser mais inexato do que um erro de vários quilômetros, em astronomia. Não há exatidão senão relativa: é um erro mínimo.

exceção (*exception*) – Um caso singular, que parece violar uma lei e, por isso, a supõe. Diz-se que a exceção confirma a regra; a verdade é que ela a infringe, sem a abolir. Por exemplo, quando a Comissão Nacional Consultiva de Ética sugere uma "exceção de eutanásia": é reconhecer que a regra, para os médicos como para todos, é o respeito à vida humana; mas esse respeito às vezes pode justificar que ela seja interrompida, quando só poderia continuar no horror. Respeitar a vida humana também é permitir que ela permaneça humana até o fim.

exemplo (*exemple*) – Um caso particular, que serve para ilustrar uma lei ou uma verdade geral. Um exemplo nunca prova nada (ao passo que um contra-exemplo pode ser uma refutação suficiente), mas ajuda a compreender, e a fazer compreender. É como uma experiência de pensamento, com pretensão sobretudo pedagógica ou persuasiva. Em filosofia, não é possível prescindir dos exemplos, nem com eles se contentar.

exercício (*exercice*) – Uma ação, no mais das vezes repetitiva, que só se justifica por outras, que ela prepara ou facilita. É se acostumar ao difícil, para que o seja menos.

Os antigos falavam de exercícios (*áskesis*) de sabedoria: porque é difícil ser simples ou livre, e porque só conseguimos sê-lo à custa de muito treinamento. Diógenes, no inverno, abraçando uma estátua gelada: é exercitar-se a querer, para aprender a agir.

Resta que nenhum exercício vale por si. É o que os ascetas às vezes esquecem, e que os sábios lhes lembram. Você vai passar a vida toda fazendo escalas?

exibicionismo (*exhibitionnisme*) – É o fato de uma pessoa gozar o espetáculo que ela oferece ou que ela é, tanto mais quanto mais íntimo ou mais obsceno. O exibicionismo atenta contra o pudor, ou (entre amantes) liberta-se dele.

exigência (*exigence*) – Um desejo confiante e decidido, que não se resigna com o medíocre ou com o pior. É o contrário da indolência (em se tratando de si) ou da complacência (em se tratando de outrem).

existência (*existence*) – Com freqüência sinônimo de ser. A etimologia sugere entretanto uma diferença. Existir é nascer ou se encontrar (*sistere*) *fora* (*ex*), ou seja – pois não há *fora* absoluto –, em outra coisa: é ser no mundo, no universo, no espaço e no tempo. Por exemplo, hesitaremos em dizer que os seres matemáticos *existem*. E ainda que Deus *fosse*, nem por isso, observava Lagneau, seria possível dizer que ele *existe*, nesse sentido. "Existir é depender", escreverá Alain, "é ser batido pela torrente exterior." Se Deus existisse, não seria Deus, pois que seria uma parte do universo, pois que seria um fora, pois que dependeria dele, e é por isso que ele não existe. "A existência sempre supõe a existência, fora dela sempre e outra; e é isso a existência." Sua essência é não ter essência: "A natureza de toda coisa, mesmo a natureza interior, está fora dela... A relação é a lei da existência" (*Entretiens au bord de la mer*, VI). Alain, precursor do existencialismo? É o que Jean Hyppolite se divertia sugerindo, e não é totalmente equivocado (*Figures de la pensée philosophique*, IX e X). Mas com a diferença de que a existência, para Alain, não poderia se referir apenas ao homem. A existência é a lei do mundo, ou o próprio mundo como lei. O homem só se distingue do mundo pela consciência que dele toma e que o separa desse *fora* que o faz existir, e de si mesmo. É por isso que ele *ex-siste* – no sentido heideggeriano ou existencialista do termo, desta vez – sempre fora de si, sempre à frente de si e de tudo, sempre jogado (no mundo) e projetando-se (no futuro), sempre outro que não o que ele é, sempre livre, sempre fadado à preocupação ou à angústia, sempre voltado para a morte ou para o nada. Está se vendo que esses dois sentidos, por mais diferentes que continuem a ser, podem ser tomados juntos. Existir é ser fora: é depender ou separar-se. Opõe-se sob esse aspecto a um Ser absoluto, que seria apenas independência e interioridade. Existir é não ser Deus: é ser no mundo, sempre preso num fora (sempre dentro, portanto, mas *um dentro que não é si*), sempre dependente, sempre lutando ou resistindo. "O que não existe é a inerência", escreve Alain, "é a independência, é a mudança [somente] interna, é o deus; e não é nada."

existencialismo (*existentialisme*) – Toda filosofia que parte da existência individual em vez de partir do ser ou do conceito (é nesse sentido que Pascal e Kierkegaard costumam ser considerados precursores do existencialismo) e, especialmente, conforme uma célebre fórmula de Jean-Paul Sartre, toda doutrina para a qual "*a existência precede a essência*". O que isso quer dizer? Que o homem não tem primeiro uma essência, que lhe preexistiria e de que ele seria prisioneiro, mas que ele existe "antes de poder ser definido por qualquer conceito" e só *será* (quando puder falar da sua essência no passado) o que houver *escolhido* ser. Quer dizer que ele é livre absolutamente: "O que significa aqui que a existência precede a essência? Significa que o homem existe primeiro, se encontra, surge no mundo e se define depois. O homem, tal como o existencialismo o concebe, se não é definível, é porque não é nada, de início. Só será depois, e o será tal como se houver feito. Assim, não há natureza humana, pois que não há Deus para concebê-la. [...] O homem não é nada além do que ele se faz" (*O existencialismo é um humanismo*). Daí que o existencialismo é uma filosofia da liberdade, no sentido metafísico do termo, e uma das mais radicais que já houve.

Resta saber se podemos fazê-la nossa. Como *existir*, como fazer ou escolher o que quer que seja, como se inventar ou se projetar, antes de *ser* primeiro algo ou alguém? Quem diria de um recém-nascido que ele não é *nada*? E como considerar que ser o que somos é apenas uma *situação*, que caberia a nós transcender, e não, ao menos em parte, uma *determinação*, de que jamais poderemos sair (já que mudar é sempre *se* mudar)? "Cada pessoa é uma escolha absoluta de si", escreve Sartre em *O ser e o nada*. Aí está o que nunca pude acreditar nem pensar. Como escolher sem primeiro ser? Ou melhor, que sentido há, no presente, em distinguir o que *faço* ou *quero* do que *sou*? Existir é ser em ato e em situação: a essência e a existência, no presente, são uma só e mesma coisa. Claro, não é assim que vivemos e imaginamos isso; temos a sensação de ser o que o passado fez de nós e de escolher o que faremos do futuro. "A essência é *o que foi*", escreve Sartre em *O ser e o nada*; já a existência é o que ainda não é, o que se projeta para o futuro, o que *será*, se o quero ou o faço. "A liberdade escapa para o futuro, se define pelo fim que projeta, isto é, pelo futuro que ela tem de ser" (*L'être et le néant* [O ser e o nada], p. 577). Mas essa distinção entre a essência e a existência só tem sentido, por conseguinte, para a consciência, que se dá um passado e um futuro, mas não para o próprio real, que só existe no presente – e do qual a consciência, queira ou não, faz parte. Uma lembrança só existe no presente. Um projeto só existe no presente. E como o presente poderia não ser o que é ou ser outro? Sartre, com plena coerência, explica que a liberdade só é possível como nada, não como ser, o que sempre me pareceu uma refutação suficiente: a liberdade, nesse sentido absoluto, só é possível com a condição de não ser. O existencialismo não é senão um humanismo imaginário.

Devemos cair então num *essencialismo* que nos encerraria para sempre no que somos, para o qual a existência não seria mais que um *efeito* da essência? De maneira nenhuma. No presente, a essência e a existência são uma só e mesma coisa, e não poderiam se *preceder* mutuamente. Nem existencialismo, portanto, nem essencialismo: a existência não precede a essência, como tampouco a essência precede a existência. Elas não existem senão juntas, num mesmo mundo, num mesmo presente, e é isso que significa existir.

exotérico (*exotérique*) – Que se dirige a todos, inclusive aos que estão fora (*exo*) da escola ou do grupo. Opõe-se ao ensino esotérico ou acroamático, que se dirige apenas aos iniciados ou aos especialistas. Note-se que a escola pública, contanto que laica, gratuita e obrigatória, tende a relativizar essa oposição: é que ela forma alunos, e não discípulos; cidadãos, e não iniciados.

experiência (*expérience*) – Nossa via de acesso ao real: tudo o que vem a nós de fora (experiência externa), na medida em que nos ensina algo. Opõe-se à razão, mas também a supõe e a inclui. Para um ser totalmente desprovido de inteligência, nenhum fato traria experiência, já que não lhe ensinaria nada. E um raciocínio, para nós, não passa de um fato como outro qualquer. Assim, nunca saímos da experiência; é o que dá razão ao empirismo e lhe veda ser dogmático.

experimentação (*expérimentation*) – Uma experiência ativa e deliberada: é interrogar o real, em vez de se contentar com ouvi-lo (experiência) e, mesmo, escutá-lo (observação). Diz-se especialmente da experimentação científica, que de ordinário visa testar uma hipótese submetendo-a a condições inéditas, artificialmente obtidas (quase sempre em laboratório) e reprodutíveis. Isso supõe que procuramos alguma coisa e até, quase sempre, que sabemos o que procuramos: não há experimentação sem uma hipótese prévia e uma teoria de referência – nem que falsa ou provisória. "Para um espírito científico", escreve Bachelard, "todo conhecimento é uma resposta a uma pergunta. Se não houve pergunta, não pode haver conhecimento científico. Nada é automático. Nada é dado. Tudo é construído" (*A formação do espírito científico*, I). A experimentação é uma experiência que não é automática – uma experiência *construída*.

Nenhuma experimentação jamais basta para provar a verdade de uma hipótese, menos ainda de uma teoria. Busca-se uma prova; só se encontra um exemplo, ou um contra-exemplo: somente este último é probatório. Você pode verificar dez mil vezes que a natureza tem horror ao vazio ou que os corpos mais pesados caem mais depressa que os outros, mas não terá provado com isso que é verdade; uma só experimentação, se bem conduzida e reprodutível, pode bastar para mostrar que está errado. Assim, a experimentação só é decisiva ou crucial pelas teorias que ela permite eliminar. As ciências experimentais avançam por conjeturas e refutações, mostra Popper, e não por indução e verificação: "é a falsificabilidade de um sistema, e não sua verificabilidade, que deve ser tomada como critério de demarcação" de um procedimento experimental (*A lógica da investigação científica*, I). É o que permite que as ciências avancem, sem nunca autorizá-las a parar.

explicação (*explication*) – O fato de explicar, isto é, de dar a causa, o sentido ou a razão. O princípio de razão e o princípio de causalidade acarretam que todo fato, qualquer que seja, tem uma explicação: o inexplicável não existe. Note-se que essa explicação não tem, em si, nenhuma pretensão normativa, portanto não poderia valer como aprovação ou como justificação. O fato de ser possível explicar uma doença não a torna menos patológica, nem menos grave. O fato de ser possível explicar o nazismo não o torna menos ignóbil, nem menos prenhe de conseqüências. Li várias vezes que a Shoah era, por natureza, inexplicável, que se devia declará-la assim, que só seria possível tentar explicá-la, sem nenhum proveito aliás, com a condição de negar primeiramente sua irredutível e atroz singularidade. É dar razão ao irracionalismo nazista e à noite contra as Luzes. Por que o nazismo seria inexplicável? E há algo mais explicável do que o racismo se tornar assassino, quando atinge esse grau de fanatismo e de ódio? Racismo de massa: crime de massa. É melhor tentar compreendê-lo, para combatê-lo. Mas quando se compreende, dirão, já não se pode julgar! É um equívoco. Não é a cancerologia que nos diz que o câncer é um mal; mas ela nos ajuda a combatê-lo. A explicação nunca faz as vezes de juízo de valor; nem o juízo de valor, de explicação.

êxtase (*extase*) – Estar em êxtase é sair de si e de tudo, para se fundir em outra coisa (especialmente em Deus) – como um salto na transcendência ou no absoluto. Opõe-se sob esse aspecto a *ênstase* (v.).

extensão[1] (*étendue*) – A extensão é para o espaço o que a duração é para o tempo: seu conteúdo, sua condição, sua realidade. A extensão de um corpo é a porção de espaço que esse corpo ocupa; o espaço nada mais é que a abstração de uma extensão que existiria independentemente dos corpos que a ocupam ou a atravessam. Portanto, a extensão é que é primeira: não é porque os corpos estão no espaço que são extensos; é porque são extensos, ou porque se estendem, que há espaço.

extensão[2] (*extension*) – O conjunto dos objetos designados por um mesmo signo ou compreendido num mesmo conceito. Definir esse conceito *em extensão* será listar, quando possível, todos os objetos a que ele se aplica. Opõe-se a *compreensão* (v.). A extensão do conceito "homem" é o conjunto de todos os homens. As mulheres fazem parte dele? Depende da *compreensão* do conceito.

extremismo (*extrémisme*) – Propensão a ir até o fim, numa direção dada, esquecendo o que as outras direções também podem ter de legítimo ou de sensato. Se a direita for um erro e nada mais, a extrema esquerda terá razão, contra a esquerda, assim como a extrema direita contra a direita, se a esquerda for o mal. E, senão, para que ser de direita ou de esquerda? Assim, o extremismo é a tentação dos mais convictos ou dos mais cheios de ódio: duplo perigo, dupla força.

"Apenas nos extremos pensa-se bem", dizia Louis Althusser, o que, sem dúvida, não é totalmente errado. Um marxista ou um ultraliberal, falando de economia, serão quase sempre mais interessantes, intelectualmente, do que um centrista ou um social-democrata. Mas o real resiste, e o real não é um pensamento. "O povo se engana", observava Montaigne: "vai-se muito mais facilmente pelas pontas, onde a extremidade serve de baliza e de guia, do que pela via do meio, larga e aberta, e mais pela arte do que pela natureza, porém bem menos nobremente também, e menos recomendavelmente" (*Os ensaios*, III, 13). Que pensador mais radical que este, porém? E que vivente mais moderado? Apenas nos extremos pensa-se bem. Apenas no entremeio vive-se bem.

"A sabedoria é o extremo de viver", escrevi porém em algum lugar. Mas é que ela não é senão uma idéia de filósofo. "A sabedoria tem seus excessos", é de novo Montaigne quem escreve, "e não tem menos necessidade de moderação do que a loucura" (III, 5). Era verdadeiramente sábio este, que nunca acreditou na sabedoria.

F

fábula (*fable*) – Uma história inventada, que não se tenta fazer passar por verdadeira, ou da qual não é possível pensar que o seja: é um mito que faz pensar ou rir, muito mais do que crer.

facticidade (*facticité*) – Na língua filosófica contemporânea, aqui muito influenciada pelo alemão, o substantivo raramente tem o sentido que o adjetivo parece anunciar: a *facticidade* não caracteriza o que é falso ou artificialmente fabricado, mas o que é um fato ao mesmo tempo necessário (já que está aí) e contingente (já que poderia não estar), como todos eles são. Melhor seria, neste sentido, falar de factualidade.

factício (*factice*) – O que é falso ou artificialmente fabricado.

faculdade (*faculté*) – Uma potência inata ou *a priori*: por exemplo, a potência de sentir (a sensibilidade), de pensar (a inteligência, o entendimento), de desejar, de querer, de imaginar, de se lembrar... A dificuldade é ligar a pluralidade dessas faculdades, que parece um fato de experiência, à unidade do espírito ou do cérebro, sem a qual não haveria experiência alguma. A neurobiologia, nesse domínio, tem sem dúvida mais a nos ensinar do que a filosofia. A "doutrina das faculdades", como se dizia, cedeu lugar às ciências cognitivas.

fala (*parole*) – Muito mais o ato do que a faculdade de falar. Distingue-se da linguagem como o atual do virtual; do discurso, como o ato do seu resultado; da língua, como o singular do geral ou como o individual do coletivo (Saussure, *Cours de linguistique générale* [Curso de lingüística geral], Payot, cap. III e nota 63). Toda fala é criação de um discurso pela atualização da linguagem (como faculdade) por meio de uma língua (como sistema convencional e histórico). É o presente do sentido.

falsidade (*fausseté*) – É um pensamento que não corresponde ao real ou ao verdadeiro. Faz parte dele, porém (ela existe realmente: ela é verdadeiramente falsa), e é por isso que sua falsidade é uma determinação extrínseca ou negativa. "Não há nas idéias nada de positivo pelo que elas são ditas falsas", escreve Espinosa, o que significa que nenhuma idéia é falsa em si ou pelo que ela é, mas apenas pelo que ela não é ou pelo que – se comparada a uma idéia verdadeira – lhe falta: "A falsidade consiste numa privação de conhecimento que as idéias inadequadas, isto é, mutiladas e confusas, envolvem" (*Ética*, II, prop. 33 e 35). Assim, tudo é verdadeiro em Deus ou em si, sem que isso nos impeça de mentir ou de nos enganar. É que não somos Deus. A falsidade é a marca, em nós, da finitude: é apenas um primeiro passo na direção do verdadeiro. O erro é querer parar.

Falsidade das virtudes humanas (*Fausseté des vertus humaines*) – É o título de um livro de Jacques Esprit (1611-1678), comparável, com menos talento, às *Máximas* de La Rochefoucauld. Todas as nossas virtudes não passariam de vícios disfarçados, de artimanhas do interesse ou de mentiras do amor-próprio. Voltaire lhe consagra um dos verbetes do seu *Dicionário*. Acusa-o de criticar a moral apenas para fazer a cama para a religião, no caso para a religião católica, e principalmente de colocar Marco Aurélio e Epicteto no mesmo plano que o primeiro vigarista que aparecer. Pois, afinal, se toda virtude é falsa, por que admirar esses dois ou vedar-se parecer com este? Não, porém, que o amor-próprio não tenha, de fato, suas ciladas, seus engodos, suas ilusões. Como a virtude seria transparente, se é humana? No entanto, mesmo opaca, ela continua sendo melhor que sua ausência. Imagino, caros imoralistas, que vocês façam uma distinção entre Cavaillès e seus carrascos. Que vocês ponham um homem corajoso, generoso e direito mais alto que um patife egoísta e covarde. Mas, então, por que a palavra *virtude* os irrita tanto? Porque vocês duvidam que ela seja completamente desinteressada? Essa é boa! O fato de que um herói possa sentir prazer em sê-lo torna-o um mau sujeito? Porque vocês não sabem o que é virtude? Remeto-os à definição que dela eu dou e que retoma as de Aristóteles e de Espinosa. Mas, para abreviar o assunto, respondo-lhes o que Voltaire lançava a Jacques Esprit: "O que é a virtude, meu amigo? É fazer o bem: faz-nos, e basta. Então te dispensaremos do motivo."

falsificabilidade (*falsifiabilité*) – Neologismo proposto por Karl Popper, que a considera como a linha de demarcação entre as ciências empíricas, de um lado, e os enunciados metafísicos, pseudocientíficos ou, ainda, pertencentes unicamente à lógica formal, do outro. Um enunciado só é *falsificável* se puder ser contradito, ao menos em princípio, pela experiência; em outras palavras, apenas se for possível conceber pelo menos um fato capaz de refutá-lo. Por exemplo, os enunciados "vai chover aqui amanhã" ou "todos os cisnes são brancos" são falsificáveis: podemos imaginar um fato que os refute (não chover aqui amanhã ou ver um cisne que não seja branco). São enunciados empíricos. Em compensação, os enunciados "choverá ou não choverá aqui amanhã", "Deus existe" ou "o comunismo é o futuro da humanidade" não são falsificáveis; não é possível conceber nenhum fato que bastaria para provar que são falsos. Não são, portanto, enunciados empíricos. Note-se que esses três enunciados têm, no entanto, um sentido (já que é possível compreendê-los, aprová-los ou criticá-los) e que o primeiro é certamente verdadeiro (é uma tautologia). A falsificabilidade não é nem um critério de significação nem um critério de verdade, mas apenas um critério de empiricidade, logo, tratando-se das ciências experimentais, de cientificidade possível. "Um sistema é empírico ou científico apenas se for capaz de ser submetido a testes experimentais", reconhece classicamente Popper; mas nenhum teste, acrescenta, nunca é suficiente para provar a verdade de uma teoria: ainda que eu tivesse visto cem mil cisnes brancos ou comparado cem mil vezes a velocidade de corpos em queda livre, isso não bastaria para provar que *todos* os cisnes são brancos nem que *todos* os corpos, no vazio, caem com a mesma velocidade. "Assim, as teorias *nunca* são verificáveis empiricamente", conclui Popper; elas podem ser testadas apenas negativamente: "é a falsificabilidade e não a verificabilidade de um sistema que se deve tomar como critério de demarcação" (*A lógica da investigação científica*, I, 6; ver também o cap. IV).

Lamentei por muito tempo que os tradutores franceses tenham se resignado ao neologismo *falsificabilidade* (quando "falsificar", em francês, tem um sentido bem diferente, e quando tinham à disposição a palavra *refutabilidade*). Mas, à parte o fato de que as duas palavras existem em Popper e de que era legítimo traduzi-las em francês por duas palavras diferentes, notemos com Alain Boyer que não são totalmente sinônimas: uma teoria pode ser *refutada* por um argumento simplesmente lógico (por exemplo, em matemática); ela só pode ser *falsificada* por um fato empírico. Assim, *refutabilidade* é o gênero próximo; *falsificabilidade* é uma espécie particular de refutabilidade, cuja diferença específica está na sua empiricidade. O que autoriza uma definição simplificada: é falsificável todo enunciado possivelmente refutável pela experiência.

falta (*faute*) – Um erro prático, que se afasta menos do verdadeiro do que do bem ou do justo. Por exemplo, uma falta gramatical: não é que ela seja *menos verdadeira* que o texto correto, simplesmente não é *a devida forma*. Toda falta supõe uma norma de referência, que ela reconhece (em seu princípio) e desconhece ou transgride (em seu detalhe).

Uma falta geralmente é um erro, mas nem sempre. Às vezes faço o que creio, equivocadamente, ser o certo, mas também o que sei perfeitamente ser errado. É mais ou menos a diferença que há entre uma falta intelectual (um erro de julgamento) e uma falta moral. Sou responsável pela primeira; sou culpado da segunda.

família (*famille*) – Conjunto de indivíduos, ligados pelo sangue, pelo casamento ou pelo amor. Onde termina a família? Depende das épocas, das regiões, dos contextos. Em nossos dias e em nossos países, podemos distinguir a família em sentido estrito (o pai, a mãe, os filhos) e a família em sentido amplo (acrescentem-se os avós, os tios e tias, primos e sobrinhos, sem falar na família dos cônjuges e nas famílias recompostas...). Onde ela começa? Pode-se discutir, notadamente de um ponto de vista jurídico. De minha parte e de um ponto de vista filosófico, responderei simplesmente: a família começa na criança. Um casal sem filhos não é uma família: é um casal apenas. Ao passo que uma mãe solteira, que cria sozinha seu ou seus filhos, é evidentemente uma família. Objetarão que um orfanato, onde há tantas crianças, nem por isso é uma família... Certamente; mas é que, lá, as crianças são consideradas simplesmente como crianças, e não como filhos ou filhas. Isso faz toda a diferença, que também distingue a família da escola. A família é a filiação aceita, assumida, *cultivada*. Porque a família é um fato de cultura, tanto ou mais que um fato biológico. Dois adultos que adotam uma criança são uma família; um casal que abandona o filho não é. A família é a filiação segundo o espírito, ou o vir-a-ser-espírito, da filiação.

A família, sob formas bem diferentes, claro, parece ter existido em todas as épocas e em todos os lugares: "o fato de família é universal", reconhece Claude Lévi-Strauss (*Le regard éloigné* [O olhar distanciado], p. 80). Mas isso levanta um problema. Se admitirmos, com Lévi-Strauss, que o universal é o critério da natureza e a regra particular o critério da cultura, como explicar a existência *universal* de uma instituição evidentemente *regrada*, logo cultural? Reconhecemos aqui a problemática que é a de Lévi-Strauss, quando ele se interroga sobre a proibição do incesto, e não é por acaso: se a família, como a proibição do incesto, apresenta as duas características, em princípio opostas, de duas ordens exclusivas (a universalidade da natureza, a particularidade regrada da cultura), é porque a família realiza concretamente – não de uma vez por todas, mas a cada geração, e para cada indivíduo de cada geração – o que a proibição do incesto apenas institui formalmente: a *passagem* da natureza à cultura, da humanidade biológica à humanidade cultural – da filiação segundo a carne à filiação segundo o espírito, da humanidade como espécie à humanidade como valor.

É sabido que a proibição do incesto, para os etnólogos, vale menos pelo que proíbe do que pelo que impõe: o intercâmbio sexual com um membro de outra família, de que resulta a aliança entre as famílias e, portanto, a sociedade. O que não posso encontrar entre os meus – o gozo sexual do corpo do outro –, tenho de buscar fora, em outra família, e é o que permite, ou impõe, fundar uma terceira... "Em todos os casos", observa ainda Lévi-Strauss, "a palavra da Escritura: 'Deixarás teu pai e tua mãe' fornece ao estado de sociedade sua regra de ouro (ou, se preferirem, sua lei de bronze)." A família não é apenas o elemento primeiro da sociedade, como queria Auguste Comte (várias famílias dispersas ainda não constituem uma sociedade), mas sua condição: ela representa a natureza na cultura, pela filiação, e a cultura na natureza, pela proibição do incesto. Ela é o cadinho em que animalidade e humanidade não cessam de fundir-se: ela realiza a passagem da natureza à cultura, impondo a passagem da família à sociedade.

A família, que dá tudo a seus filhos, acaba assim dando seus próprios filhos. A quem? A outro homem, a outra mulher, claro, mas também – e antes de mais nada, e sobretudo – a eles mesmos. É a este último dom, o mais bonito, o mais difícil, que chamamos *liberdade*. A família dá e perde: ela dá *para perder*, mesmo, para que o filho vá embora, para que ele possa deixar a família, e é isso que se chama criar um filho.

fanatismo (*fanatisme*) – "O fanatismo, este temível amor à verdade...", dizia Alain. Mas ele só gosta da dele. É um dogmatismo rancoroso e violento, seguro demais da sua boa-fé para tolerar a dos outros. O terrorismo está no seu extremo.

Note-se que não há fanatismo nos domínios em que uma prova é possível (não há fanatismo em matemática, em física, quase não há em história, quando os fatos são um tanto antigos e bem estabelecidos), e é isso que irrita os fanáticos: porque eles não podem nem compartilhar sua certeza, nem aceitar que ela não seja uma. O fanatismo tem correspondências com a fé, mas a exacerba. Com o entusiasmo, mas o perverte. Ele está para a superstição, dizia Voltaire, "assim como o delírio está para a febre, assim como a raiva está para a cólera. Quem tem êxtases, visões, quem toma seus sonhos por realidades e suas imaginações por profecias é um entusiasta; quem sustenta sua loucura com o assassinato é um fanático". É deixar-se levar por sua fraqueza, a ponto de tomá-la por uma força.

fantasia[1] (*fantaisie*) – A imaginação, porém mais brincalhona do que visionária, mais agradável do que fascinante, enfim sem demasiadas ilusões sobre si mesma. É a imaginação mais livre e mais simpática: a que não se deixa enganar por seus sonhos, nem por si.

fantasia[2] (*fantasme*) – Uma imagem ou uma história suscitadas pelo desejo, mas que vemos claramente serem imaginárias (é o que distingue a fantasia da ilusão), ou mesmo, às vezes, que assim devem permanecer.

fatalidade (*fatalité*) – O nome supersticioso do destino: tudo estaria escrito previamente, de sorte que o futuro seria tão impossível de modificar quanto o passado. E, claro, era verdade, cem mil anos atrás, que você leria estas linhas hoje. Mas não é porque era verdade que você as lê; é porque você as lê que era verdade. A fatalidade não é senão um contra-senso sobre a eternidade: é submeter o real ao verdadeiro, quando toda ação faz o inverso.

fatalismo (*fatalisme*) – Crença na fatalidade de tudo. Equivale a desestimular a ação: todo fatalismo é preguiçoso ou deveria ser.

fato (*fait*) – Um acontecimento qualquer, desde que constatado ou estabelecido – o que só é possível fazer por experiência. Fala-se de "fato científico", quando ele foi objeto de uma experimentação ou, pelo menos, de uma observação rigorosa, o que quase sempre supõe uma teoria prévia e uma tecnologia adaptada: é muito mais um fato "bem-feito", como diz Bachelard, do que um fato pronto.

Em filosofia, opõe-se tradicionalmente a questão de fato (*quid facti*) à questão de direito (*quid juris*), como o que é ao que deve ou deveria ser. Por exemplo, que há ricos e pobres, é um fato inconteste, mas que não diz nada sobre sua legitimidade. "A igualdade dos bens seria justa, mas...", escreve Pascal. Mas o quê? Mas de fato não é, e até o direito decidiu de outro modo. Porque o próprio direito, tomado no sentido jurídico, não passa de um fato como outro qualquer.

Isso também vale de um ponto de vista gnoseológico ou prático. Se temos, de fato, ciências e uma moral, isso não nos diz o que elas valem, nem em que condições. Fazer-lhes a crítica? É sempre legítimo, mas será mais um fato, que virá se somar aos outros sem poder fundá-los.

Assim, há apenas fatos, e é o que se chama mundo.

favoritismo (*favoritisme*) – Favorecer é faltar com a justiça por amor ou por solidariedade. Como é possível? É que se trata de um amor sempre particular, de uma solidariedade sempre parcial, contra a justiça universal. O amor não desculpa tudo; a solidariedade também não. É o que a palavra favoritismo, que vale universalmente como condenação, nos lembra.

fé (*foi*) – Crença sem prova, como toda crença, mas que a dispensa vantajosamente, por vontade, confiança ou graça. Vantagem equívoca, se não suspeita. É se crer, se fiar ou se submeter. Toda fé peca por suficiência ou por insuficiência.

"A fé", escreve Kant, "é uma crença que é suficiente apenas subjetivamente" (*C. r. pura*, teoria do método, II, 3). Só o é, portanto, para os sujeitos que se contentam com sua subjetividade. Para os outros, a dúvida a acompanha e salva.

No sentido mais corriqueiro, a palavra designa uma crença religiosa e tudo o que a ela se assemelha. É crer numa verdade que seria um valor, num valor que seria uma verdade. Ter fé na justiça, por exemplo, não é apenas amar a justiça, mas crer que ela existe. Ter fé no amor não é apenas amá-lo, mas fazer dele um absoluto, que existiria independentemente de nossos amores muitíssimo relativos. É por isso que a fé é especialmente voltada para Deus: porque ele seria a conjunção absoluta do valor (que se deve amar) e da verdade (que é possível conhecer ou reconhecer). É também seu limite: se conhecêssemos Deus, já não precisaríamos acreditar nele.

A fé também é voltada para o futuro. É como uma utopia metafísica: a esperança inventa um objeto para si, o qual a transforma em verdade. Trata-se de crer, como dizia Kant, que "algo é... já que algo deve acontecer". Essa mentira, em sua sinceridade, é a própria religião.

A fé nutre-se tão-somente da ignorância do seu objeto. "Tive pois de pôr de lado o *saber*", reconhece Kant ainda, "a fim de obter um lugar para a *fé*" (*C. r. pura*, Prefácio da 2ª ed. fr.). Os homens de saber, nos últimos vinte e cinco séculos, têm feito o contrário.

feiúra (*laideur*) – Não é a ausência de beleza, mas seu contrário: não é o que não agrada, mas o que desagrada; não é o que não seduz, mas o que repele.

"A beleza", escrevia Espinosa, "não é tanto uma qualidade do objeto considerado quanto um efeito que se produz na pessoa que o considera"; se tivéssemos outros olhos ou outro cérebro, "as coisas que nos parecem belas nos pareceriam feias e as que nos parecem feias se tornariam belas", assim como "a mais linda mão, vista no microscópio, parecerá horrível" (*Carta 54*, a Hugo Boxel). Assim, toda feiúra é relativa, como também toda beleza. Não há feiúra em si, nem feiúra objetiva: ser feio é desagradar, dizia eu, e só é possível desagradar a um sujeito. Isso não torna a feiúra menos injusta, ou antes, é o que torna sua injustiça mais cruel: porque parece repelir o amor, e até a simpatia, e de fato repele, pelo menos por certo tempo – pois que ela não é nada mais que essa *repulsão* que ela mesma suscita e pela qual a reconhecemos. Na arte, é possível jogar com ela, até levá-la à beleza (as "pinturas negras" de Goya, a *Raia* de Chardin, os retratos de Bacon). Mas e na vida? Na vida, também é preciso arte, e um pouco de talento – inclusive por parte do espectador.

felicidade (*bonheur*) – Acredita-se às vezes que é a satisfação de todos os nossos desejos. Mas, se assim fosse, nunca seríamos felizes, e infelizmente teríamos de acompanhar Kant: a felicidade seria "um ideal, não da razão, mas da imaginação". Como todos os nossos desejos seriam satisfeitos, se o mundo não nos obedece, se só sabemos desejar, quase sempre, o que nos falta? Essa felicidade é somente um sonho, que nos impede de alcançá-la.

Outros pretendem ver nela uma alegria contínua ou constante. Mas como a alegria – que é passagem, golfada, turbulência – poderia sê-lo?

A felicidade não é nem a saciedade (a satisfação de todas as nossas propensões), nem a bem-aventurança (uma alegria permanente), nem a beatitude (uma alegria eterna). Ela supõe a duração, como Aristóteles percebeu ("uma andorinha não faz verão, nem um só dia de felicidade"), logo também as flutuações, os altos e baixos, as intermitências, como no amor, do coração ou da alma... Ser feliz não é ser sempre alegre (quem pode ser?), tampouco nunca o ser: é *poder* sê-lo, sem que, para tanto, seja preciso que algo decisivo ocorra ou mude. O fato de se tratar apenas de *possibilidade* dá margem à esperança e ao temor, à carência, ao indefinido... que a distinguem da beatitude. A felicidade pertence ao tempo: é um estado da vida cotidiana. Estado subjetivo, decerto, relativo, evidentemente, do qual por isso mesmo podemos contestar até mesmo a existência. Mas quem conheceu a infelicidade já não tem essas ingenuidades e sabe, pelo menos por diferença, que a felicidade também existe. Confundi-la com a bem-aventurança é vedá-la a si. Com a beatitude, é renunciar a ela. Pecados de adolescente e de filósofo. O sábio não é tão tolo.

Pode-se chamar de *felicidade*, em todo caso é a definição que proponho, todo lapso de tempo em que a alegria é percebida, ainda que *a posteriori*, como imediatamente possível. E *infelicidade*, inversamente, todo lapso de tempo em que a alegria parece imediatamente impossível (em que só poderíamos ser felizes, pelo menos é o sentimento que temos, se algum acontecimento decisivo mudasse o curso do mundo).

Por se tratar de uma alegria apenas possível, a felicidade é um estado imaginário. É dar razão a Kant? Não necessariamente. Porque isso não impede ninguém de ser feliz (é um estado, não um ideal), nem que a alegria advenha (o real faz parte do possível), e já é até um motivo para ser feliz (o imaginário faz parte do real) e para se regozijar (que felicidade, não ser infeliz!). Assim, a alegria é o conteúdo – ora efetivo, ora imaginário – da felicidade, assim como a felicidade é o lugar natural da alegria. É uma espécie de caixa de jóias: o erro está em procurá-la por ela mesma, quando ela só vale pela pérola.

O erro, aliás, está em *procurá-la*, pura e simplesmente. Porque é esperá-la para amanhã, onde não estamos, e impedir-se de vivê-la hoje. Cuide antes do que verdadeiramente tem importância: o trabalho, a ação, o prazer, o amor – o mundo. A felicidade virá em acréscimo, se vier, e lhe faltará menos, se não vier. É mais fácil alcançá-la quando se deixa de exigi-la. "A felicidade", dizia Alain, "é uma recompensa que premia os que não a buscaram."

feliz (*heureux*) – Ser feliz, etimologicamente, é ter sorte. Isso diz o bastante da felicidade: não é que a sorte baste para alcançá-la, mas é que nenhuma felicidade, sem a sorte, é possível. Você é feliz? Então é, antes de tudo, porque não há nada mais forte que você que o impede de sê-lo. E como você seria mais forte que tudo?

Ser feliz também é ter a sensação de sê-lo. É o que Marcel Conche chama de *cogito eudemonístico* de Montaigne: "Penso ser feliz, logo sou feliz." Em vez de estar sempre lamentando o que não é ("Que infelicidade não ser feliz!"), aprenda a gozar, quando possível, o que é ("Que felicidade não ser infeliz!").

É também uma questão de temperamento. Felizes os dotados para a felicidade!

feminilidade (*féminité*) – Foi na Rue d'Ulm, nos anos 70. Eu batia papo com um amigo, no corredor da École Normale Supérieure. De repente, vejo três moças chegarem, de botas, capacete, cigarro na boca, perguntando num tom arrogante: "Onde fica o cagatório?" Na certa, tinham acabado de apear da moto. Nada tenho contra isso, é claro. Tinham todo o direto de fumar e dizer grosserias. Mas eram surpreendentemente masculinas, no pior sentido do termo: sem doçura, sem fineza, sem poesia. Isso sugere, ao menos por distinção, o que é a feminilidade. Não é uma essência ou um absoluto, por certo (as três motoqueiras, por menos femininas que me parecessem, nem por isso deixavam de ser mulheres), mas certo número de traços ou características encontrados com maior freqüência nas mulheres, sem os quais a humanidade se reduziria à masculinidade, com tudo o que ela comporta de violência e de rudeza, de prosaísmo e de ambição – o que Rilke chamava de "o macho pretensioso e impaciente".

As duas noções, de feminilidade e de masculinidade, só podem se definir uma pela outra. É o que as torna sempre relativas e insatisfatórias, mas também necessárias. Freud, no fim da vida, ainda se interrogava sobre o que as mulheres querem. Talvez ele soubesse melhor o que querem os homens, pois era um deles: poder, sexo, dinheiro, eficiência, glória. Objetarão que as mulheres também não são indiferentes a isso. Sei muito bem. Mas parece-me que elas tendem, com maior freqüência que os homens, a privilegiar certo número de ambições, que pertencem mais ao domínio da vida privada e afetiva: a palavra, o amor, os filhos, a felicidade, a duração, a paz, a vida... Claro, é bom desconfiar dessas categorias, sempre demasiado maciças, sempre demasiado vagas, que podem vir a encerrar cada ser humano num papel convencionado, que ele não terá escolhido. Mas como dispensá-las de todo, a não ser que se recuse à diferença sexual qualquer outra realidade que não seja a realidade fisiológica? Eu até já cheguei a dizer, por *boutade*, que o amor era uma invenção das mulheres, que uma humanidade exclusivamente masculina nunca o teria imaginado – que o sexo e a guerra lhe teriam bastado, sempre. Digamos, mais seriamente, que homens e mulheres tendem a viver de modo diferente a articulação do amor e da sexualidade. A maioria dos homens põe o amor a serviço do sexo, enquanto as mulheres, em todo caso a maioria delas, poriam, ao invés, o sexo a serviço do amor. É apenas uma tendência, que talvez seja mais cultural do que natural. Ainda assim, ela faz parte, parece-me, da nossa experiência. Isso deixa uma oportunidade à sedução e ao casal (já que nós e elas desejamos tanto o amor como o sexo), mas também acarreta, às vezes, em nossas relações, certo número de dificuldades ou de mal-entendidos.

Poderia fazer observações do mesmo gênero sobre a violência e a doçura, sobre a relação com o tempo ou com a ação. Algumas semanas de guerra bastam para destruir tudo: os homens se encarregam disso muito bem. Depois das quais são necessários anos de paciência e de esforços para que a vida recobre seus direitos: não tenho certeza de que seríamos capazes disso sem as mulheres.

Mas voltemos às três motoqueiras. Era a primeira vez, creio eu, que a feminilidade, pouco na moda então, parecia-me ser um valor. Eu tinha vinte anos. Ainda não havia lido Rilke ("a mulher é sem dúvida mais madura, mais próxima do humano do que o homem..."), nem Colette, nem Simone Weil, nem Etty Hillesum... Claro, eu havia feito todo o meu estudo secundário num colégio misto: ao sair da escola primária, então exclusivamente masculina, o colégio me pareceu uma espécie de paraíso, como quando a gente sai de um vagão de recrutas para entrar num lugar civilizado... Mas eu dizia então "as garotas", em vez de as mulheres ou a feminilidade, e, principalmente, não teria ousado extrair disso nenhuma idéia geral. O feminismo, naqueles anos, era uma espécie de obviedade, para qualquer intelectual progressista. Mas a feminilidade não: muitos, tanto entre os homens como entre as mulheres, consideravam-na uma derradeira esparrela ou uma derradeira ilusão, de que urgia libertar-se – em nome do universal ou da Revolução, quando não em nome do próprio feminismo. Vendo as três motoqueiras se afastarem, percebi que não era tão simples assim e que corríamos o risco, nessa vertente, de perder algo importante. Elas não tornaram o feminismo menos simpático para mim. Mas a feminilidade, mais preciosa.

fenômeno (*phénomène*) – O que aparece. Distingue-se porém da aparência, especialmente em Kant e seus sucessores, por seu peso de realidade: não é uma ilusão, é a realidade sensível (em oposição ao númeno, realidade inteligível), a realidade para nós (em oposição à coisa em si), e a única conhecível.

Na filosofia contemporânea, especialmente para os fenomenologistas, esse termo não mais se opõe ao númeno ou à coisa em si. O fenômeno, escreve Sartre, já não indica, "por cima do seu ombro, um ser verdadeiro que seria o absoluto; o que ele é, é absolutamente, porque se revela tal como é"; ele é "o relativo-absoluto", que pode ser "estudado e descrito como tal, por ser absolutamente indicativo de si mesmo" (*O ser e o nada*, Introdução). Não estamos longe, aqui, do que Marcel Conche chamará de *aparência pura*, e que Clément Rosset, mais simplesmente, chama de *o real*.

fenomenologia (*phénoménologie*) – O estudo dos fenômenos, em outras palavras, do que aparece à consciência – e, bons deuses, que mais poderíamos estudar? A fenomenologia nada mais seria, então, que um pleonasmo para pensamento? Não exatamente. Tratava-se, ao descrever o que aparece à consciência (os fenômenos), de descobrir, como dizia Sartre, "algo de sólido, algo enfim que não fosse o espírito". Descrever a consciência, portanto, ou o que aparece a ela, *para dela sair* (já que "toda consciência é consciência de alguma coisa"; ver o verbete "intencionalidade"). Chamavam a isso: *volta às coisas mesmas*. Isso, contudo, nos ensinou mais sobre nós mesmos do que sobre o mundo. A fenomenologia, escreve seriamente Merleau-Ponty, é "um inventário da consciência como meio do universo". Assim, é praticamente o inverso da física, sem no entanto ser uma metafísica nem uma moral. É apenas um começo do pensamento, mas que se esgotaria na repetição – mais ou menos incansável e cansativa – do seu primeiro passo. Restam dela algumas obras-primas absolutas, e também muitos dos livros mais difíceis e mais maçantes que conheço.

férias (*vacance(s)*) – Em francês, no singular significa vazio, ausência, ócio... É preciso que a vida cotidiana seja muito dura, ou muito vã, para que o mesmo termo que a designa (*vacance*), no plural e ao contrário de seu vazio inicial (*vacances*), venha a sugerir a plenitude de uma vida, ao menos uma vez, praticamente intensa e alegre... E muito triste para que para isso seja preciso partir. "Partir é viver muito", parecem crer. É porque habitam apenas a morte ou o trabalho.

As férias remuneradas são prisioneiras das formas modernas de alienação, de que são tanto a expressão como o antídoto. É alienado quem tem a vida em outro lugar – aquele que tem de sair para entrar em si. Uma sociedade injusta mas rica tinha mesmo de secretar esses sucedâneos da utopia. São as bacanais do nosso tempo: Dioniso no Clube Méditerranée. Seria um erro desprezá-las, tanto quanto com elas se contentar.

ferramenta (*outil*) – Um objeto fabricado e útil? Sem dúvida. Mas isso também valeria para uma poltrona ou uma cama, que nem por isso são *ferramentas*. A ferramenta é útil, mas a certo trabalho: é um objeto fabricado, que serve para fabricar – ou transformar – outros objetos. Viu-se nela, por muito tempo, o próprio do homem, definido então como *homo faber* (ver por exemplo Bergson, *L'évolution créatrice* [A evolução criadora], II, pp. 138-40). Paleontólogos e etólogos são, hoje, mais reservados: pode acontecer que um grande símio (e aconteceu com certos hominídeos, bem antes do *homo sapiens*) fabrique uma ferramenta. É que isso é muito mais uma prova de inteligência do que de humanidade. Ora, nada prova que a inteligência começa na humanidade, nem portanto a humanidade na ferramenta. A ferramenta é apenas um meio; somente os fins são humanos.

festa (*fête*) – Um momento privilegiado, muitas vezes inscrito previamente no calendário em lembrança de outro momento, que ele comemora: primeiro, uma ocasião de recolhimento; depois, de regozijo. Em nossos dias, o regozijo tende a prevalecer cada vez mais. É por isso que as festas costumam ser um pouco tristes ou forçadas – ou seriam, não fosse o álcool. "Uma festa é um excesso permitido, se não ordenado", escreve Freud (*Totem e tabu*, IV, 5). E há algo mais opressivo do que um excesso obrigatório? Há algo mais desmoralizante do que uma alegria programada? Ainda bem que a festa nos faz esquecer disso! Mas a festa também é uma oportunidade de rever os amigos, que o acaso e a amizade nem sempre proporcionam.

fetichismo (*fétichisme*) – Ter um fetiche é gostar mais de um objeto do que de um tema, mais de um símbolo do que daquilo que ele simboliza, ou mais da parte que do todo: por exemplo, mais de uma estatueta do que de um deus, mais do valor de troca ou do dinheiro do que do valor de uso ou do trabalho (Marx), mais de uma parte do corpo ou de uma roupa do que do corpo inteiro e sexuado (Freud). É confessar e denegar ao mesmo tempo uma ausência: a do deus, a do trabalho vivo, a (segundo Freud) do falo da mãe.

Num sentido mais amplo, seria possível falar de fetichismo no caso de todo amor que permanece prisioneiro do seu objeto, de que ele crê depender. Se gosto dele por ser a única coisa amável, como poderia gozar ou me regozijar sem ele? Ao que Espinosa objeta que o desejo é primeiro, pois é ele que dá ao objeto seu valor: não é por ser amável que eu o amo, é porque o amo que é amável (para mim), e é por isso que tudo o é ou pode ser. Assim, todo amor é fetichista, enquanto não for universal. É confessar e denegar ao mesmo tempo a ausência em nós do amor por todo o resto. Somente a caridade faz exceção a essa regra. Mas somos capazes de praticá-la?

fideísmo (*fidéisme*) – Toda doutrina, especialmente toda doutrina religiosa, que se funda exclusivamente na fé (*fides*), excluindo qualquer outro conhecimento racional. É o contrário do racionalismo, em matéria de religião. A Igreja vê tradicionalmente aí duas heresias: nem somente a fé, nem somente a razão bastam; a verdadeira religião necessita das duas. Sem dúvida. Mas qual é a verdadeira religião? Somente a fé responde, e é isso que, apesar de tudo, dá razão ao fideísmo – ou ao ateísmo.

fidelidade (*fidelité*) – Não confundir com exclusividade. Ser fiel aos amigos não é ter um só. Ser fiel às suas idéias não é se contentar com uma só. Mesmo em matéria amorosa ou sexual, e não obstante o uso corrente da palavra, a fidelidade não se reduz à exclusividade, nem a supõe necessariamente. Nada impede, ao menos em tese, que dois amantes permaneçam fiéis, mesmo que pratiquem a troca de casais ou que se autorizem mutuamente a aventuras com outros. Inversamente, quantos esposos, sem nunca se enganar um ao outro, no sentido sexual do termo, não cessam de se mentir, de se desprezar, de se odiar até, sendo por isso mais infiéis do que os amantes mais liberados?

Fidelidade não é exclusividade; é constância, é lealdade, é gratidão, mas todas as três voltadas para o futuro, no mínimo tanto quanto para o passado. Virtude de memória, claro, mas também de compromisso: é a lembrança reconhecida do que aconteceu, somada à vontade de manter o acontecido, de protegê-lo, de fazê-lo durar, tanto quanto possível, em suma, de resistir ao esquecimento, à traição, à inconstância, à frivolidade e até à lassidão. É por isso que a fidelidade amorosa quase sempre tem a ver, na prática, com a exclusividade sexual: a partir do momento em que um casal se promete esta, ela passa a fazer parte daquela. Deve-se prometer? Questão de gosto ou de conveniência, creio eu, muito mais do que de moral. A fidelidade, sem essa exclusividade, não perde seu valor. Mas ela me parece mais desconfortável. Mais exposta, mais aleatória, enfim mais difícil e demasiada para mim.

Fala-se também de fidelidade em matéria de religião: é a virtude dos crentes, que permanecem fiéis à sua fé ou à sua Igreja. Seria um equívoco crer que os ateus são dispensados dela. O contrário é que me parece verdadeiro. Enquanto a fé está presente, ela leva à fidelidade. O que quer dizer que a fidelidade nunca é tão necessária como quando a fé está ausente. O fato de as duas palavras terem a mesma origem (o latim *fides*) não significa que sejam sinônimas. A fé é uma crença; a fidelidade, uma vontade. A fé é uma graça ou uma ilusão; a fidelidade, um esforço. A fé é uma esperança; a fidelidade, um compromisso. A pretexto de já não acreditar em Deus, devemos acaso esquecer todos os valores que recebemos, a maioria dos quais são de origem religiosa, por certo, mas que nada prova necessitem de um Deus para subsistir e que tudo prova, ao contrário, que deles necessitamos para sobreviver de uma maneira que nos pareça humanamente aceitável? A pretexto de que Deus está morto, vamos deixar sua herança sem herdeiros? O fato de Deus existir ou não em que altera o valor da sinceridade, da generosidade, da justiça, da misericórdia, da compaixão, do amor? Virtude de memória, dizia eu, que também vale para a memória das civilizações. Em se tratando da nossa, pois uma palavra a seu respeito temos de dizer, a verdadeira questão parece-me ser a seguinte: que resta do Ocidente cristão quando ele já não é cristão? Não vejo senão duas respostas possíveis. Ou você acha que não resta nada, e nesse caso somos uma civilização morta ou agonizante: já não temos nada a opor nem ao fanatismo, fora, nem ao niilismo, dentro (e o niilismo está longe de ser o perigo principal). É melhor, nesse caso, irmos nos deitar e esperar o fim, que não tardará... Ou, segunda possibilidade, você acha que resta alguma coisa; e se o que resta dela já não é uma *fé* comum (já que ela deixou, de fato, de ser comum: um em cada dois franceses se diz ateu ou agnóstico, um em cada catorze é muçulmano...), só pode ser então uma *fidelidade* comum: a recusa a esquecer o que nos fez, a trair o que recebemos, a deixar esse legado acabar ou perecer conosco. A fidelidade é o que resta da fé quando perdemos a fé: um apego compartilhado a esses valores que recebemos e que temos o encargo de transmitir (a única maneira de ser verdadeiramente fiel ao que recebemos é assegurar sua perenidade, na medida em que dependa de nós; em outras palavras, sua transmissão). Do passado, não façamos tábua rasa: seria condenar o porvir à barbárie.

"Quando não sabemos aonde vamos, é bom saber de onde viemos", diz um ditado africano. É a única maneira de saber aonde *queremos* ir. Isso vale tanto para a nossa civilização como para as outras, e para o conjunto delas, que é a própria civilização. Fidelidade à humanidade, quero dizer (porque a fidelidade não é nem complacência nem cegueira) à sua melhor parte: a que a torna humanidade, e nós com ela.

"A fidelidade é a principal virtude do espírito", dizia Alain. É que não há espírito sem memória e, apesar disso, a memória não basta: além dela, é necessário querer não esquecer, não trair, não abandonar, não renunciar, e é isso a própria fidelidade.

filosofia (*philosophie*) – Uma prática teórica (mas não científica), que tem o todo por objeto, a razão por meio e a sabedoria por fim. Trata-se de pensar melhor, para viver melhor.

A filosofia não é uma ciência, nem mesmo um conhecimento (não é um saber a mais, é uma reflexão sobre os saberes disponíveis), e é por isso que, como dizia Kant, não é possível aprender *a filosofia*: só é possível aprender a *filosofar*. O mesmo Kant, num texto famoso, reduzia o domínio da filosofia a quatro questões: *Que posso saber? Que devo fazer? O que me é dado esperar? O que é o homem?* As três primeiras "remetem à última", notava ele (*Lógica*, Introd., III). Mas as quatro desembocam, acrescentaria eu, numa quinta, que é portanto a questão principal da filosofia, a tal ponto que quase poderia bastar para defini-la: *Como viver?* A partir do momento em que você tenta responder de forma inteligente a essa pergunta, você está fazendo filosofia, mais ou menos, bem ou mal. E como não há modo de evitar fazê-la a nós mesmos, cumpre concluir que só se escapa da filosofia por meio da burrice ou do obscurantismo.

Aconteceu-me definir a filosofia, ou o ato de filosofar, de uma forma ainda mais simples: *filosofar é pensar sua vida e viver seu pensamento*. Não é, claro, que devamos nos contentar com a introspecção ou o egocentrismo. Pensar sua vida é pensá-la onde ela é vivida: aqui e agora, claro, mas também na sociedade, na história, no mundo, de que ela não é o centro, mas um efeito. E viver seu pensamento é agir, tanto quanto pudermos, tanto quanto necessário for, já que, de outro modo, só poderíamos nos sujeitar passivamente ou sonhar. Assim, a filosofia é uma atividade no pensamento, que deságua numa vida mais ativa, mais feliz, mais lúcida, mais livre – mais sábia.

filósofo (*philosophe*) – Já não me lembro se é Guitton ou Thibon que conta a anedota, dizendo que aconteceu com ele próprio. A cena se desenrola no início do século XX, num lugarejo da França rural. Um jovem professor de filosofia passeia com um amigo e encontra um camponês, que seu amigo conhece, lhe apresenta e com o qual nosso filósofo troca algumas palavras.

– O que o senhor faz? – indaga o camponês.

– Sou professor de filosofia.

– Isso é profissão?

– Por que não? Acha estranho?

– Um pouco!

– Por quê?

– Um filósofo é uma pessoa que não liga para nada... Não sabia que se aprendia isso na escola.

Esse camponês entendia "filósofo" no sentido corrente, em que a palavra significa mais ou menos, se não alguém que não liga para nada, pelo menos alguém que sabe dar prova de serenidade, de tranqüilidade, de recuo, de descontração... Um sábio? Não necessariamente. Não totalmente. Mas alguém que tende a sê-lo, e é essa também, desde os gregos, a etimologia da palavra (*philósophos*: aquele que aprecia a sabedoria) e seu sentido propriamente filosófico. Dizem-me às vezes que ele só vale no caso dos antigos... Já seria muito. Mas é esquecer Montaigne. Mas é esquecer Espinosa. Mas é esquecer Kant ("A filosofia é a doutrina e o exercício da sabedoria, e não uma simples ciência", escrevia ele em seu *Opus postumum*; "a filosofia é, para o homem, *esforço no sentido da sabedoria*, que é sempre inacabado"). Mas é esquecer Schopenhauer, Nietzsche, Alain... O filósofo, para todos eles, não é alguém mais sapiente ou mais erudito que os outros, nem necessariamente o autor de um sistema; é alguém que vive melhor porque pensa melhor, em todo caso que tenta ("Julgar bem para fazer bem", dizia Descartes: isso é a própria filosofia), e é por isso que o filósofo é sempre esse amante da sabedoria, ou esse aprendiz de sabedoria, que a etimologia designa e cujo modelo ou exigência a tradição, nos últimos vinte e cinco séculos, não cessou de preservar. Não é porque você não gosta disso, que precisa desagradar aos outros.

O que é um filósofo? É alguém que pratica a filosofia, em outras palavras, que se serve da razão para tentar pensar o mundo e sua própria vida, a fim de se aproximar da sabedoria ou da felicidade. E isso se aprende na escola? Tem de ser aprendido, já que ninguém nasce filósofo e já que a filosofia é, antes de mais nada, um trabalho. Tanto melhor, se ele começar na escola. O importante é começar, e não parar mais. Nunca é cedo demais nem tarde demais para filosofar, dizia Epicuro, pois nunca é cedo demais nem tarde demais para ser feliz. Digamos que só é tarde demais quando já não é possível *pensar* de modo algum. Pode acontecer. Mais um motivo para filosofar sem mais tardar.

fim (*fin*) – A palavra tem dois sentidos bem diferentes, que é importante não confundir: pode designar o limite ou a meta, o termo ou o destino, a *finitude* ou a *finalidade*. Por exemplo, o fato de a morte ser o *fim* da vida faz parte da sua definição; mas não nos diz se ela é sua *meta*, como pretendia Platão, ou simplesmente, como dizia Montaigne, seu *extremo* (*Les essais* [Os ensaios], III, 12, 1051). Dirão que as duas coisas podem ser uma só: seria o caso da linha de chegada de uma corrida. Não estou muito certo de que o exemplo seja pertinente (a meta, numa corrida, é menos chegar do que vencer), nem, muito menos, de que se possa generalizá-lo. Não é por causa da palavra final que alguém escreve um livro, por seu último dia que vive todos os outros, por sua cerca que cultiva um jardim.

O que é verdade, em compensação, e que os gregos sabiam melhor do que nós, é que esses dois sentidos são ao mesmo tempo ligados e assimétricos: a finalidade supõe a finitude, e não a finitude, a finalidade. O infinito, por definição, não pode ir a lugar nenhum, nem tender ao que quer que seja. Imagine uma estrada infinita: *aonde* poderia ela ir? Um universo infinito: *a que* poderia tender? Um Deus infinito: *a que* poderia servir? Ao passo que o menor dos nossos atos, por mais finito que seja, sempre tem uma finalidade (a meta a que visamos por meio dela). O infinito não é uma meta plausível, nem pode ter uma. Somente o finito vale a pena ser dado.

final, causa (*finale, cause*) – Uma causa é o que responde à pergunta "*por quê?*"; uma causa final, responde-a mediante o enunciado de um *objetivo*. Por exemplo, explica Aristóteles, a saúde é a *causa final* do passeio se, à pergunta "por que ele passeia?", for possível responder legitimamente "por sua saúde" (*Física*, II, 3). Assim, a causa final é *aquilo em vista do que* algo existe, e que não existiria não fosse isso.

Mas, nesse caso, por que todo o mundo não passeia, nem passeia sempre? A saúde será um fim apenas para alguns, e em certos momentos? Nada disso; mas ela só age, como fim, se um desejo atual e ativo visá-la. É aqui que escapamos do finalismo – e de Aristóteles – por Espinosa: a saúde só é uma causa final se o desejo de saúde for uma causa eficiente (*Ética*, IV, Prefácio).

finalidade (*finalité*) – O fato de tender a um fim ou a um objetivo. É o caso, por exemplo, da maioria das nossas ações e, mesmo, segundo Freud, dos nossos atos falhos. Isso não prova que esse fim é a *causa* do ato. É aqui que a finalidade, que é um dado da consciência ou um fato, se distingue do finalismo, que é uma doutrina e um contra-senso. Agimos *para* alcançar um fim, mas movidos *por* um desejo: a finalidade nada mais é que um efeito da eficiência do desejo.

Poder-se-ia dizer o mesmo da finalidade do vivente, que é um fato de experiência, mas que nada prova seja uma *causa*. É por isso que os biólogos preferem falar, para designá-la, de teleonomia, que é uma finalidade sem finalismo (uma finalidade pensada como efeito, e não como causa).

finalismo (*finalisme*) – Toda doutrina que atribui às causas finais um papel efetivo. Costuma-se ilustrá-la com os exemplos deliciosamente exagerados de Bernardin de Saint-Pierre. Por que os melões têm a casca como que marcada por gomos? Para ficar mais fácil comê-los em família. Por que Deus nos deu nádegas? Para que pudéssemos sentar mais confortavelmente e meditar sobre as maravilhas da sua criação... Mas isso não nos deve fazer esquecer que a maioria dos grandes filósofos – desde Platão e Aristóteles a Bergson e Teilhard de Chardin – foram finalistas. De resto, como escapar disso quem crê num Deus criador e ordenador? Mesmo Descartes, que fez tanto para que os cientistas parassem de procurar as causas finais, não contestava que elas podiam existir em Deus, mas apenas que nós as pudéssemos conhecer (*Princípios*, III, 1-3). Quanto a Leibniz, via no finalismo "o princípio de todas as existências e das leis da natureza, porque Deus se propõe sempre o melhor e o mais perfeito" (*Discurso de metafísica*, 19). Por que teríamos olhos, se não fosse *para ver*?

Este último exemplo, empregado por Leibniz e tantos outros, sugere o essencial. Por que vemos? Porque temos olhos. Por que temos olhos?

para ver. Assim, os olhos são a causa eficiente da visão e a visão, a causa final dos olhos. Mas qual dessas duas causas vem primeiro? É a função que cria o órgão (o que é uma forma de finalismo) ou o órgão que cria a função? Os materialistas, quase todos, quase sozinhos, optam decididamente pelo segundo termo da alternativa. Pensar que temos olhos para ver, explica Lucrécio, "é fazer um raciocínio que inverte a relação das coisas, é colocar em toda parte a causa após o efeito" (IV, 823 ss.). Mas por que, então, temos olhos? Por acaso? Claro que não; mas apenas por causas eficientes, que remetem ao passado da espécie (pela hereditariedade e pela seleção natural), e não ao futuro do indivíduo.

Espinosa, sobre essa questão como sobre tantas outras, está do lado dos materialistas. O finalismo, também para ele, "inverte totalmente a natureza: considera como efeito o que na realidade é causa, e coloca depois o que por natureza é antes" (*Ética*, I, Apêndice). É esse o preconceito fundamental, de que todos os outros derivam: "Os homens geralmente supõem que todas as coisas da natureza agem, como eles próprios, tendo em vista um fim" (*ibid.*). Tratando-se da natureza, é claramente uma ilusão. E tratando-se deles próprios? Também é, pelo menos se considerarmos isso como a causa de seus atos: essa ilusão se chama então livre-arbítrio. Seja, por exemplo, esta casa que estou construindo. Por que o faço? Se respondo "*para morar*", como muitos fariam espontaneamente, significa que o que ainda não é (a casa) explica e produz o que é (o trabalho de construção), que é o fim, como dirá Sartre, que "esclarece o que é": é esse o paradoxo da liberdade (*L'être et le néant* [O ser e o nada], pp. 519-20, 530, 577-8...). Mas como o que ainda não é poderia produzir ou explicar o que quer que seja? O fato de os homens agirem sempre "tendo em vista um fim", como reconhece Espinosa, não prova que o fim é a causa da ação: o que se toma por uma causa final nada mais é que um desejo determinado (no caso, o desejo de morar nessa casa), e esse desejo "é, na realidade, uma causa eficiente" (*Ética*, IV, Prefácio). Os homens se enganam por se imaginarem livres; essa ilusão nada mais é que um finalismo na primeira pessoa: eles têm consciência de visar a um fim, e não das causas eficientes que os determinam a fazê-lo (I, Apêndice).

Assim, não há finalidade alguma: há apenas a força cega da natureza e a força, que pode ser esclarecida, do desejo.

finito (*fini*) – O que, mesmo não terminado, pode vir a sê-lo: o que não é infinito. A *Sinfonia inacabada* é tão finita quanto todas as outras. E estamos destinados à finitude bem antes de morrermos.

finitude (*finitude*) – O fato de ter um ponto extremo, um termo, um limite (*finis*) – de não ser infinito. Os antigos consideravam-na uma felicidade, para quem sabia contentar-se com ela. "Epicuro estabeleceu limites (*finem statuit*) tanto para o desejo como para o temor", regozija-se Lucrécio, e não haveria sabedoria de outro modo. O falso infinito dos desejos nos fada à insatisfação, à infelicidade, ao excesso. Somente quem se aceita finito pode escapar da angústia: a sabedoria é uma finitude feliz, no infinito que nos contém. Que felicidade ser um homem, quando não se aspira a nenhuma outra coisa!

Nos modernos, especialmente nos existencialistas, a finitude adquire tons sombrios: é como uma amputação do infinito, que ficaria, como um membro fantasma, para sempre dolorido. É o infortúnio de não ser Deus. A finitude, nesse sentido, é própria do homem, na medida em que ele está fadado à morte. Não é que somente ele seja finito, nem que o seja apenas pela morte. Mas é que ele é o único a saber claramente que o é (os animais, ao que tudo indica, não têm nenhuma noção do infinito, nem, portanto, da finitude) e que vai morrer. Cuidado, no entanto, para não atribuir um papel exagerado à morte. Sobre a finitude, parece-me que o sexo e o cansaço nos ensinam mais.

físico/física (*physique*) – Tudo o que é do domínio da natureza (*phýsis*, em grego), especialmente a ciência que a estuda (*tà physiká*).

Se a natureza é tudo, como creio, a física tem a vocação de absorver todas as ciências. Mas trata-se apenas de uma vocação, sem dúvida impossível de ser absolutamente realizada. Por exemplo, a matéria obedece às mesmas leis, ao que tudo indica, nos corpos vivos e nos outros. Para compreender um organismo qualquer, a biologia é sempre necessária: porque a vida tem sua racionalidade própria, incluída evidentemente na da matéria inorgânica (os átomos são os mesmos, e submetidos às mesmas leis), o que não quer dizer que ela não existe, a não ser por abstração. Algo de novo surge, fazendo que um corpo vivo não se reduza à simples soma das suas partes. O mesmo vale para o pensamento. Quando estou triste, essa tristeza certamente corresponde a fenômenos neurobiológicos no meu cérebro, logo, em última análise, a fenômenos físicos no mundo. Mas minha tristeza é explicada mais simplesmente pela psicologia (recebi uma má notícia, perdi um ente querido, estou deprimido...) do que pela física. E quem iria querer explicar os resultados de uma eleição pelas leis da mecânica quântica? Tudo é físico, e é por isso que a física é a ciência do todo. Mas com graus diferentes de complexidade, que fazem que a física não seja tudo, nem a ciência de tudo.

fobia (*phobie*) – Um medo patológico, deflagrado pela presença de um objeto ou de uma situação sem outro perigo além do próprio medo. É menos do domínio da coragem que da medicina.

Num sentido mais amplo, toda aversão incontrolável: é menos um medo que um desgosto ou uma repulsão. É menos do domínio da medicina que da esquiva, da coragem ou do hábito.

fonema (*phonème*) – É uma unidade fônica mínima: o elemento da segunda articulação (ver os verbetes "articulação, dupla" e "língua").

força (*force*) – Uma potência em ato (em grego, *enérgeia* seria preferível a *dýnamis*). Diz-se especialmente em mecânica: chama-se *força* o que modifica o movimento (ou o repouso) de um corpo, que de outro modo permaneceria – pelo princípio de inércia – retilíneo e uniforme.

Costuma-se opor a força ao direito, como as leis da natureza às leis dos homens. Com razão. O direito do mais forte não é um direito; o direito do mais fraco não é uma força. É por isso que um Estado é necessário, para que a força e o direito andem juntos.

Fala-se às vezes em *força de ânimo* para designar a coragem. É também, embora num sentido menos metafórico, o contrário da inércia: a potência de modificar seu movimento ou seu repouso próprios. O corpo gostaria de fugir, e não fugimos. Ceder, e não cedemos. Bater, e não batemos. É o que leva a crer na alma (*anima*), e novamente com razão. Mas ela só existe por coragem e vontade: "Esta bela palavra não designa um ser, mas sempre uma ação", dizia Alain. Assim, toda alma é força de ânimo, mas não toda força.

forcluir (*forclore*) – É encerrar fora. Em francês, por exemplo, diz-se de um direito, quando seu prazo de aplicação foi vencido, ou de uma representação, quando há recusa em levá-la em conta. A palavra, que pertencia apenas ao vocabulário dos juristas, ganhou um novo vigor e um novo emprego na psicanálise, especialmente lacaniana, para traduzir a *Verwerfung* de Freud: é repelir uma representação ou um significante para fora do sujeito ou do seu universo simbólico (e não, como no recalque, para dentro do inconsciente), de tal sorte que voltarão de fora, especialmente sob a forma de alucinações: "O que foi abolido dentro retorna de fora", escreve Freud, o que quer dizer, precisa Lacan, que "o que foi forcluído do simbólico reaparece no real". Esse mecanismo estaria na origem das psicoses e as distinguiria das neuroses (que devem mais ao recalque ou ao retorno do recalcado). O neurótico é prisioneiro do passado, que ele recalcou; o psicótico, do presente, que ele forcluiu: ele se encerra fora do real (delírio, alucinação), querendo encerrá-lo fora de si (forclusão). Isso me faz pensar naquela história de um louco cego, que bate numa coluna, a contorna várias vezes, a apalpa, como se procurasse uma saída, e por fim exclama: "Estou trancado!" Assim é o psicótico, encerrado no próprio real que ele rejeita.

forma (*forme*) – Seja, por exemplo, esta estátua de Apolo. Podemos, com Aristóteles, distinguir sua *matéria* (o mármore de que é feita) da sua *forma* (a que o escultor lhe deu). Compreende-se que a forma é o fim, para o qual tende o trabalho do escultor (a matéria é apenas um material: um ponto de partida), e onde ele se detém. Mas a forma também é a essência ou a qüididade. O que é? Uma estátua de Apolo. Com o mesmo bloco de mármore, teria sido possível fazer uma estátua totalmente diferente, do mesmo modo que teria sido possível fazer a mesma, no essencial, com outro bloco, ou mesmo com madeira ou bronze. Assim, a forma é ao mesmo tempo a definição e o definitivo: o que é esta estátua uma vez acabada. Não é, claro, que não se possa quebrá-la (o definitivo não é eterno), mas é que ela atingiu sua perfeição ou sua enteléquia: ela existia unicamente em potência na matéria; existe em ato na sua forma.

Uma forma sem matéria? Já não seria uma *forma*, então, e sim uma *idéia* (em grego, a palavra é uma só: *eîdos*) ou Deus. É aqui que remontamos de Aristóteles a Platão – em todo caso, onde remontaríamos, se uma forma sem matéria fosse outra coisa que não uma abstração.

Em Kant, a forma é o que põe em forma, em outras palavras, o que, vindo do sujeito, organiza a matéria da sensação. Assim, as formas da sensibilidade (o espaço e o tempo) ou do entendimento (as categorias). Resta saber se essas formas existem independentemente da matéria, como pretende Kant, ou se são apenas o efeito em nós da sua potência auto-organizadora. Aqui, cumpre escolher entre o idealismo e o materialismo: entre a transcendência da forma e a imanência da estrutura.

formal, causa (*formelle, cause*) – Uma das quatro causas em Aristóteles: a que responde à pergunta "por quê?" pelo enunciado de uma *forma*. Por exemplo: por que esta casa? Por causa dos tijolos (causa material), do prazer de morar nela (causa final), do pedreiro, do arquiteto, do mestre-de-obras (causas eficientes)? Sem dúvida. Mas nenhuma dessas causas teria feito uma casa sem o projeto que a torna possível e que ela realiza – sem a forma ou idéia (*eîdos*) da casa, não de maneira separada, como gostaria Platão, mas tal como existe primeiramente no espírito dos construtores e, depois, na própria casa (sua forma imanente). Dirão que, assim, a causa da casa... é a casa. Por que não? Nesse sentido, escreve Aristóteles, "entendemos por causa a essência (*ousía*) da coisa, o que faz ela ser o que é" (*Metafísica*, A, 3; Tricot traduz: "a substância formal ou qüididade"). Nenhuma das três outras causas, sem esta, jamais explicará o real. Mas esta acaso faz outra coisa a não ser pressupô-lo?

formalismo (*formalisme*) – Julgamento com base na forma, em vez de no conteúdo material ou afetivo. Assim, em lógica formal ou em matemática: raciocina-se com *x* e *y*, no interior de um sistema de signos regido por uma axiomática e sem se preocupar com o que esses signos podem significar. É substituir a representação pelo cálculo, e de outro modo não haveria ciência. Isso, no entanto, não prova que o mundo é feito de *x* e de *y*.

Em filosofia moral, fala-se de formalismo, especialmente em Kant, para designar uma doutrina moral que faz "da pura forma de uma lei" (logo da exigência de universalização possível) o essencial da moralidade, independentemente dos afetos colocados em jogo, bem como dos efeitos da ação. É colocar o dever acima dos sentimentos, e a intenção acima do êxito.

fortuna (*fortune*) – O acaso ou a riqueza. Como nota Alain, o encontro desses dois sentidos é muito instrutivo: "é reduzir a origem das riquezas ao puro acaso; o que toca no âmago; porque o trabalho não enriquece sem um encontro com a fortuna. Assim, perguntar se a fortuna é justa, é perguntar se a loteria é justa" (*Définitions*, verbete "Fortune"). Ainda bem que existem os impostos e a seguridade social.

fracasso (*échec*) – A defasagem entre o resultado visado e o que foi obtido. É por isso que a história de toda vida, como dizia Sartre, é a história de um fracasso: o real resiste e nos arrasta.

Só escapamos do fracasso deixando de visar a um resultado. Não porque deixaríamos de agir, o que seria apenas mais um fracasso, mas porque só visaríamos à própria ação. É o que se chama sabedoria, que seria a única vida bem-sucedida. A única possibilidade de alcançá-la é deixar de persegui-la.

franqueza (*franchise*) – Uma sinceridade simples e direta. É vedar-se não apenas a mentira, mas também a dissimulação e o cálculo. A franqueza costuma ir contra a polidez, às vezes contra a compaixão. Reservar aos amigos e aos poderosos.

fraude (*fraude*) – Um logro interessado. Voltaire se pergunta "se se deve usar de fraudes pias com o povo" para mantê-lo no bom caminho. Platão respondia que sim. Voltaire se recusa a fazê-lo: a verdadeira religião, a que é "sem superstição", não necessita dessas mentiras; e a "virtude deve ser abraçada por amor, não por temor". Mas para que, então, ela precisa da religião?

frivolidade (*frivolité*) – O contrário da gravidade. Não confundir com a ligeireza. A ligeireza carece de peso; a frivolidade, de profundidade. É menos um gosto pelas pequenas coisas do que uma incapacidade de se interessar pelas grandes. Não é frívolo quem gosta da boa mesa, de jogar com as palavras ou de dançar. Mas é, com toda certeza, quem é incapaz de apreciar outra coisa. Célimène* não é frívola por ser vaidosa, mas por não saber amar.

frustração (*frustration*) – Uma carência, quando somos incapazes de satisfazê-la ou de renunciar a ela. Distingue-se, assim, da esperança (que pode ser satisfeita), do luto (que renuncia a sê-lo) e do prazer (que é a própria satisfação).

A frustração conduz quase sempre a exagerar os prazeres que não temos (obsessão), tanto mais quando outros deles desfrutam (inveja). Contra o que o prazer é um primeiro passo rumo à sabedoria.

---

* Personagem do *Misantropo*, de Molière, é a personificação da coquete fútil e viperina. (N. do T.)

fundamento (*fondement*) – Digamos antes de mais nada, com Marcel Conche, o que não é: um fundamento não é nem um princípio, nem uma causa, nem uma origem. A causa explica um fato; o fundamento estabelece um direito ou um dever. A origem dá a razão de um porvir; o fundamento, de um valor. Enfim, um princípio é tão-só o ponto de partida – que pode ser hipotético ou duvidoso – de um raciocínio; o fundamento seria "a justificação radical do princípio mesmo" (*Le fondement de la morale*, Introduction). O que é um fundamento? A justificação necessária e suficiente de um direito, de um dever, de um valor ou de um princípio, de tal sorte que o espírito possa *e deva* lhes dar seu assentimento. Um fundamento é, pois, o que garante o valor ou a verdade do que ele funda: o que nos permitiria ter certeza (não apenas de fato mas também de direito) de ter razão.

É por isso que não existe fundamento, parece-me, nem pode existir: porque ele próprio teria de ser, antes, racionalmente demonstrado ou estabelecido, o que só é possível fundando-se primeiro o valor da nossa razão, a qual não pode se fundar nem em si mesma (pois nesse caso haveria um círculo vicioso), nem em outra coisa (pois nesse caso haveria uma regressão ao infinito, já que esta outra coisa teria de ser fundada por sua vez e só poderia sê-lo na razão ou em outra coisa). Não, é claro, porque a razão não valha nada, o que não é nem demonstrável nem verossímil, mas porque seu valor, que possibilita nossas demonstrações, não pode ser racionalmente demonstrado. A proposição "existem demonstrações verdadeiras" é indemonstrável – já que toda demonstração a supõe.

Um fundamento da matemática? Não apenas pratica-se a matemática muito antes de se dispor de qualquer fundamento, mas os matemáticos de hoje, tão brilhantes, tão atuantes, praticamente renunciaram a buscar um. De resto, desde que o teorema de Gödel estabeleceu que, num sistema formal que contenha pelo menos a aritmética, não é possível nem demonstrar tudo (há enunciados indecidíveis), nem demonstrar que o sistema não é contraditório (a própria coerência do sistema é indecidível no interior desse sistema), não dá para ver, de um ponto de vista filosófico, que sentido teria pretender *fundar* a matemática: como garantir uma coerência que não se pode demonstrar? A proposição "a matemática é verdadeira" (ou "a matemática é coerente") não é passível de uma demonstração matemática, nem de qualquer outra forma de demonstração. Isso, que impede que a matemática seja fundada, não impede que se pratique a matemática e não lhe retira nada, além da ilusão da absolutidade.

Um fundamento da moral? Só poderia ser a conjunção necessária e absoluta (nem contingente nem dependente) do verdadeiro e do bem, do valor e da verdade: o que só poderia ser Deus, e é por isso que não é. O que valeria uma moral que necessitaria de um Deus para valer? Seria uma moral dependente de uma religião, que precisaria ser fundada, por sua vez: demonstre-me qual é a verdadeira religião, e eu lhe direi qual é a verdadeira moral! Se deixamos de lado esse fundamento teológico, que não seria um, todo fundamento da moral tem de ser, por sua vez, demonstrado (o que nos remete às aporias precedentes), o que é ainda menos possível porque sua verdade, supondo-se que se possa estabelecê-la, não bastaria para tal: pois por que deveria eu me submeter ao verdadeiro? Por que não preferir o falso, o erro, a ilusão? Este indivíduo, por exemplo, que não hesita em assassinar, estuprar, torturar, por que deveria ele se submeter ao princípio de não-contradição? E por que teríamos necessidade de um fundamento para combatê-lo ou para lhe opor resistência? O horror basta. A compaixão basta, e vale mais.

futuro (*futur*) – Outra palavra para o porvir. Se quiséssemos distingui-los, poderíamos dizer que o futuro designa muito mais uma dimensão do tempo do que seu conteúdo. O porvir é o que virá; o futuro, o *tempo* por vir. O porvir é feito de acontecimentos, a maioria dos quais ignoramos. O futuro é feito apenas de si mesmo: é um tempo vazio, certamente imaginário, que o porvir virá preencher. Mas, então, já não será futuro, nem porvir: será presente, que é o único tempo real.

G

genealogia (*généalogie*) – O estudo das origens, da filiação, da gênese. Diz-se principalmente das famílias e, desde Nietzsche, dos valores: é vincular um indivíduo a seus ancestrais, ou um valor a um tipo de vida, para valorizá-los ou, ao contrário, desvalorizá-los. Em *A genealogia da moral*, especialmente, Nietzsche se interroga sobre "a origem dos nossos preconceitos morais" (inclusive sobre o valor da verdade), a fim de se dirigir "para uma verdadeira história da moral". Trabalho de historiador? Se quiserem. Mas é uma história normativa e crítica, que põe a saúde acima do verdadeiro e que deve desembocar, por sua vez, numa nova avaliação. "Necessitamos de uma *crítica* dos valores morais", escreve Nietzsche, "e, antes de mais nada, *o valor desses valores* deve ser colocado em questão." Como? Pelo estudo das "condições e dos meios que lhes deram nascimento, no âmbito dos quais eles se desenvolveram e se deformaram (a moral como conseqüência, sintoma, máscara, hipocrisia, doença ou mal-entendido; mas também a moral como causa, remédio, estimulante, entrave ou veneno)..." Filosofia a marteladas. Mas é o martelo de um arqueólogo, se não o de um médico (para testar os reflexos), antes de ser o de um iconoclasta.

gênero (*genre*) – Um vasto conjunto, que no entanto só se define em relação a outros: mais vasto que a espécie (um gênero comporta várias), mais reduzido que a ordem (no sentido biológico do termo: o gênero *Homo*, de que *Homo sapiens* é a única espécie sobrevivente, faz parte da ordem dos primatas). Noção por natureza relativa. O que é *gênero* para suas espécies pode ser *espécie* para outro gênero, que a inclui. Por exemplo, o quadrilátero, que é um gênero para suas diferentes espécies (trapézio, losango, retângulo...), é, por sua vez, uma espécie do gênero polígono, que pode, por sua vez, ser considerado uma espécie do gênero figura geométrica. Tudo depende da escala e do ponto de vista adotados. É por isso que se fala de *gênero próximo*, desde Aristóteles, para designar o conjunto imediatamente superior (em extensão) ao que se quer definir (em compreensão): bastará para tanto indicar a ou as diferenças específicas deste último. Por exemplo, um quadrilátero é um polígono (gênero próximo) de quatro lados (diferença específica), assim como o trapézio é um quadrilátero (gênero próximo) que tem dois lados paralelos (diferença específica). É uma maneira de ordenar o real, para poder dizê-lo.

generosidade (*générosité*) – É a virtude do dom. Dirão que também se dá por amor. Sem dúvida, e é por isso que o amor é generoso. Mas nem toda generosidade é amante e, aliás, ela só é uma virtude específica com relação àqueles que não amamos. Que pai se julgaria generoso por cobrir seus filhos de presentes? Ele sabe muito bem que se trata de amor, e não de generosidade. A generosidade é a virtude do dom na medida em que excede o amor de que somos capazes. Muito mais virtude clássica do que cristã. Muito mais moral do que ética. Isso estabelece seu limite, ao mesmo tempo que sua grandeza. Não se comanda o amor; a generosidade, sim. O amor não depende de nós (nós é que dependemos dele); a generosidade, sim. Para ser generoso, basta querer; para amar, não. A generosidade é contígua à liberdade, como notou Descartes: é a consciência de ser livre, explicava, somada à decisão de bem usá-la (*As paixões da alma*, III, 153). Isso supõe vencer em si tudo o que não é livre: sua pequenez, sua avidez, seu medo, enfim, a maioria das suas paixões, até desprezar seu próprio interesse, para só se preocupar com o bem que se pode fazer ao outro (III, 156). Não é de espantar que a generosidade seja tão rara! Dar é perder, e gostaríamos de guardar. É assumir um risco, e temos medo. Para ser livre é preciso, primeiro, se superar. Ninguém é generoso por nascimento, apesar da etimologia, mas por educação, mas por opção, mas por vontade. A generosidade é virtude do dom, mas não é, ela própria, um dom; é uma conquista, é uma vitória, que é inseparável da coragem (as duas palavras, em Corneille, são praticamente sinônimas) e que pode chegar ao heroísmo. É dar o que se possui, em vez de ser possuído pelo que se tem. É a liberdade em relação a si e a seu medo: o contrário do egoísmo e da covardia.

gênese (*genèse*) – Um devir primordial, como se a montante do nascimento e do real. É menos uma origem do que o que dela resulta. Menos um começo do que o processo que leva a ele ou o constitui. Toda gênese leva tempo: só pode ser histórica ou mítica.

genética (*génétique*) – Como substantivo, é hoje uma ciência, a da hereditariedade. Já como adjetivo, é um ponto de vista, que pode dizer respeito aos genes ou ao que depende deles (uma doença genética), mas que, em filosofia, geralmente se refere à gênese ou ao devir de um ser qualquer. Uma *definição genética* é a que comporta em si, como queria Espinosa, a origem ou a causa próxima do que ela define (por exemplo, esta definição do círculo, no *Tratado sobre a reforma do entendimento*: "Uma figura descrita por uma linha qualquer, que tem uma extremidade fixa e a outra móvel"). E a *epistemologia genética* é a que estuda o conhecimento científico, como queria Piaget, em seu desenvolvimento, tanto individual (na criança) como coletivo (na história das ciências): é interrogar-se sobre o processo do conhecimento, em vez de sobre sua origem ou seu fundamento.

gênio (*génie*) – No início do século XVIII, o abade Dubos dava dessa palavra a seguinte definição: "Chama-se *gênio* a aptidão que um homem recebeu da natureza para fazer bem e facilmente certas coisas que os outros só conseguiriam fazer muito mal, mesmo dando-se muito trabalho." Nesse sentido geral, é sinônimo de *talento*. Entretanto, generalizou-se o uso de distinguir as duas noções. Primeiro por uma diferença de grau: o gênio é como que um talento extremo; o talento, como que um gênio limitado. Mas também por uma diferença mais misteriosa, que parece de estatuto ou de essência. "O talento faz o que quer; o gênio, o que pode." Essa fórmula, cujo autor já não lembro, indica pelo menos uma direção. O gênio é uma potência criadora, que excede não apenas a potência comum (o que o talento já faz), mas a própria potência do criador, a ponto de escapar, ao menos em parte, do seu controle ou da sua vontade. O gênio é um "dom natural", escreve Kant, em outras palavras, "uma disposição inata do espírito, pela qual a natureza dá à arte suas regras" (*Crítica da faculdade do juízo*, I, § 46). Isso não significa que o gênio não precise ser cultivado, mas que nenhuma cultura poderia, por si, produzir um gênio ou substituí-lo. Mozart, se seu pai não tivesse sido o pedagogo que se sabe, talvez nunca tivesse sido músico. Mas nenhum pedagogo fará de uma criança sem gênio um Mozart. O gênio é como que um deus pessoal (era esse o sentido, em latim, de *genius*), que não escolhemos, mas que nos escolhe. Isso denota suficientemente o que ele deve ao acaso ou à injustiça. Como se consolar de não ser Mozart?

A diferença em relação ao talento não deve ser exagerada, nem, contudo, totalmente abolida, parece-me. Se deixamos de lado a exaltação romântica, vejo no gênio mais uma diferença de grau que de natureza, mais de ponto de vista que de orientação. Todavia, em certas obras, há algo que resiste e que impede que se veja nelas apenas talento e trabalho. Vejam Bach ou Michelangelo, Rembrandt ou Shakespeare, Newton ou Einstein, Espinosa ou Leibniz... Ilusão retrospectiva? Sem dúvida, em parte. Se se faz do gênio uma exceção absoluta, é claro que ele é sempre mítico e que, por isso, convém só falar em gênio a propósito dos mortos. Todo vivente é medíocre sob este ou aquele aspecto. Somente o tempo e a ausência darão a alguns essa estatura descomunal. Mas, enfim, a obra permanece, e é ela que mantém ou restabelece as devidas proporções. "Um livro nunca é uma obra-prima, torna-se uma", observavam perspicazmente os Goncourt: "o gênio é o talento de um homem morto." Entretanto, os dois irmãos Goncourt estão mortos e continuam tendo apenas talento.

genocídio (*génocide*) – O extermínio de um povo. Não é apenas um crime de massa: é um crime contra a humanidade, na medida em que esta é una e plural.

geométrico, espírito (*géométrie, esprit de*) – A arte de raciocinar corretamente, explica Pascal, com base em princípios "palpáveis, mas distantes do uso comum": uma vez percebidos, "seria necessário ter um espírito totalmente falso para raciocinar mal com base em princípios tão avultados que é quase impossível escaparem" (*Pensamentos*, 512-1). Opõe-se à agudeza de espírito (v. "espírito, agudeza de").

geração (*génération*) – O fato de gerar (*generare*), o tempo necessário para tal (do nascimento de um indivíduo ao dos seus filhos: cerca de um quarto de século) ou o conjunto dos indivíduos que foram gerados mais ou menos na mesma época, que têm portanto mais ou menos a mesma idade e, com freqüência, certo número de experiências ou de preocupações comuns ou próximas. Este último sentido levanta, é claro, a questão dos limites, aqui sempre vagos, que devem mais à história do que à genética. A geração a que pertencemos é menos a do nosso nascimento do que da nossa juventude: a geração de 68 nasceu nos anos 40 ou 50, mas não são esses anos que a definem. E a "geração Mitterrand", se é que existe, é o conjunto dos que foram jovens – e não dos que nasceram ou viveram – sob a sua presidência: nem meus amigos, se têm a minha idade, nem meus filhos (que nasceram nos anos 80) fazem parte dela. Uma geração se forja na adolescência: é o conjunto dos que foram jovens no mesmo período histórico. Eles carregarão esse peso ou essa leveza a vida inteira, como uma pátria comum, como um sotaque, como um torrão natal, até já não poder compreender direito os que vêm depois, que tampouco os compreendem. São patrícios, como se dizia outrora, porém mais no tempo que no espaço: são contemporâneos, desde a juventude e graças a ela, da mesma história ou da mesma eternidade. É às vezes uma vantagem, às vezes uma desvantagem, no mais das vezes uma mistura das duas. É aqui que o acaso se transforma em destino; é aqui que o destino, quer o façamos, quer tenhamos de suportá-lo, permanece essencialmente casual. Se houvéssemos nascido vinte anos antes ou depois, que seríamos? Seríamos outra pessoa, e é por isso que não seríamos.

geral (*général*) – Que diz respeito a um vasto conjunto (um gênero) ou à maioria de seus elementos. Opõe-se a *específico* (que diz respeito a um conjunto menos vasto: uma espécie), a *particular* (que vale tão-só para uma parte de um conjunto), enfim e sobretudo a *singular* (que vale para um só indivíduo ou um só grupo). Não confundir com *universal*, que diz respeito a todos os gêneros ou a todos os indivíduos de um mesmo gênero. Por exemplo, a fala é um atributo *geral* da humanidade (há indivíduos que não falam), mas uma característica *universal* dos povos. E a proibição do incesto, que é uma regra universal, é geralmente respeitada.

glória (*gloire*) – Seria a confirmação do nosso valor pelo grande número dos que têm menos valor e reconhecem tê-lo: cúmulo do elitismo (a glória só vai para uns poucos), ao mesmo tempo que da demagogia (ela depende de todos), e que encontra seus limites nessa contradição. O fato de que ela nos tenta é algo que Descartes, Pascal e Espinosa já explicaram o bastante: é o amor a si, mas cumulado pelos elogios de que nos imaginamos objeto. É colocar a humanidade acima de tudo, como convém, e a si mesmo acima de qualquer outro. É um humanismo narcísico.

Grandeza do homem: poder admirar. Miséria do homem: ter necessidade de ser admirado. "A maior baixeza do homem é a busca da glória", escreve Pascal, "mas é isso mesmo que a torna o maior sinal da sua; porque, quaisquer que sejam as posses que ele tenha na terra, quaisquer que sejam a saúde e a comodidade essencial que tenha, ele não está satisfeito se não estiver na estima dos homens" (*Pensamentos*, 470-404). A glória, enquanto sonhamos com ela, é como um simulacro da salvação. Sua única vantagem, para quem a alcançar em vida, seria que ela nos curaria de desejá-la, talvez. Diz-se também que ela salva da morte; mas o contrário é que é verdade.

gnose (*gnose*) – Doutrina religiosa dos primeiros séculos da era cristã, talvez de inspiração platônica (ou mesmo maniqueísta: este mundo é o mal, todo o bem vem de outra parte), que pretenderia garantir a salvação pelo conhecimento (*gnôsis*) de Deus, tal como é transmitido aos iniciados por uma tradição primordial e secreta. O gnosticismo é um esoterismo. É uma superstição do conhecimento.

A Igreja considera o gnosticismo uma heresia. De fato, os comentadores costumam ver nele uma contaminação do cristianismo pelo helenismo. Também pode ser o inverso, e é por isso que Simone Weil, sob muitos aspectos, pertence a essa corrente. O gnosticismo, que é encontrado em outras religiões e em outras épocas, se faz reconhecer quase sempre pelo ódio ao mundo, ao corpo ou a si. O gnóstico só quer salvar seu espírito, e unicamente pelo espírito. Donde o paradoxo da gnose, que é ser uma soteriologia pessimista. O mundo é uma prisão; o gnóstico só encontra salvação na fuga.

gnoseologia (*gnoséologie*) – O estudo ou a filosofia do conhecimento (*gnôsis*). Mais abstrata que a epistemologia (que versa menos sobre o conhecimento em geral do que sobre as ciências em particular). A palavra vale principalmente pelo adjetivo *gnoseológico*, que é cômodo e não tem sinônimo. O substantivo, em francês, é de uso raro: os filósofos preferem falar em teoria do conhecimento.

gosto (*goût*) – É a faculdade de julgar o belo e o feio, o bom e o ruim, como um prazer que seria critério de verdade. O gosto concerne ao corpo, pela sensação, e ao espírito, pela cultura. Ele se educa; não se cria.

O gosto aspira ao universal (tenho a sensação de que todo o mundo deveria achar belo, de direito, o que julgo ser tal), mas permanece subjetivo (não tenho nenhum meio de obter, de fato, a concordância de todos). É o que condena quase inevitavelmente ao conflito ou à polêmica. Não se trata de gostar de tudo, de admirar tudo, menos ainda de fingi-lo. "O verdadeiro gosto", dizia Auguste Comte, "sempre supõe um vivo desgosto." E Kant, mais profundamente: "Uma obrigação de gozar é um absurdo evidente." Não se comanda o gosto, já que é ele que comanda.

Assim, o prazer sempre tem razão, mas não prova nada. Pode-se *discutir* o gosto (aspirar ao assentimento necessário de outrem), observa Kant, mas não *disputar* a seu respeito (decidir com base em provas). É o que quase sempre se esquece, e que nos condena, num outro sentido, às disputas...

governo (*gouvernement*) – Não é o soberano (que faz a lei), mas um "corpo intermediário", como dizia Rousseau, "encarregado da execução das leis e da manutenção da liberdade" (*O contrato social*, III, 1). É, pois, o poder executivo, ou antes, seu ápice. Ele só governa legitimamente sob condição de obedecer. "O governo recebe do soberano as ordens que dá ao povo", escreve excelentemente Rousseau. Numa democracia, isso significa que deve ser submetido, de uma maneira ou de outra, ao sufrágio universal e ao controle do parlamento.

graça (*grâce*) – Um dom sem razão, sem condição, sem mérito. O real é uma, a tal ponto ele nos poupa ou nos sacia, e a única.

grandeza (*grandeur*) – Uma quantidade qualquer, mas percebida positivamente, quando não enfaticamente (é o contrário da pequenez). É por isso que usamos a expressão *grandeza de alma*, para traduzir a *megalopsychía* ou *magnanimitas* dos antigos. É que a quantidade, aqui, parece valer como qualidade. "Não há alma vil", dizia Alain, "apenas carecemos de alma."

gratidão (*gratitude*) – É a lembrança reconhecedora do que ocorreu: lembrança de uma felicidade ou de uma graça, e felicidade ela própria, e graça renovada. É por isso que é uma virtude: porque se rejubila com o que deve, enquanto o amor-próprio preferiria esquecer.

A gratidão tem por objeto o que foi, na medida em que o que foi permanece. É a alegria da memória e o contrário da saudade: trata-se de amar o passado, não na medida em que ele faz falta (saudade), mas em sua verdade sempre presente, que nunca falta. É o tempo reencontrado, e Proust mostrou muito bem o que nele se joga em matéria de alegria ou de eternidade. A memória é como que um porto, na tempestade de viver. Ao contrário, dizia Epicuro, "a vida do insensato é ingrata e inquieta: ela se volta inteira para o porvir". A gratidão é o contrário da saudade e o inverso da esperança.

gratuito (*gratuit*) – Não é o que não tem preço (gratuidade não é dignidade), mas aquilo para o que não se exige pagamento ou recompensa – o que é disponível sem troca ou oferecido sem contrapartida. Fala-se também de *ato gratuito*, desde Gide, para designar um ato sem motivo. Seria, por certo, se enganar ver nele um ato livre: supondo-se que ele de fato não tenha motivo, nem por isso é privado de causas (pois, se fosse, não existiria). E tampouco é necessário trabalhar *gratuitamente* para trabalhar *livremente*... Assim, o gratuito não é o livre, mas o desinteressado: sinal, conforme os casos, de indiferença, de superabundância, de generosidade ou de loucura.

gravidade (*gravité*) – Não gosto muito que falem mal dela. Nem todo o mundo pode ser Mozart, e a leveza nunca bastou para tal. De resto, gravidade, apesar da etimologia, não é peso. Ela é, antes, uma sensibilidade pelo que pesa, pelo pungente das coisas e da vida. "O vício, a morte, a pobreza, as doenças, são temas graves, e que gravam", escreve Montaigne (*Les essais* [Os ensaios], III, 5, p. 841). É como que um trágico cotidiano, mas sem ênfase, sem grandiloqüência, sem *desvario*, como também diz Montaigne – um trágico que não se leva a trágico, mas que tampouco consegue rir do trágico. Não confundir com espírito de seriedade: seu contrário não é o humor, mas a frivolidade.

grupo (*groupe*) – Um conjunto de indivíduos em interação, de tal sorte que há no grupo mais do que a simples adição dos comportamentos individuais. Noção por natureza relativa, e até mesmo vaga, que só pode ser precisada por diferenciação. É ao mesmo tempo menos (de um ponto de vista quantitativo) e mais (de um ponto de vista qualitativo) que uma multidão: é como uma multidão limitada, unificada, quase sempre hierarquizada. Por exemplo, num estádio, durante uma partida de futebol: entre a *multidão* de espectadores, há *grupos* de torcedores e dois grupos de jogadores (os times).

guerra (*guerre*) – "A guerra", escrevia Hobbes, "não consiste num combate efetivo, mas numa disposição patente nesse sentido, enquanto não houver garantia do contrário. Qualquer outro tempo se chama paz" (*Leviatã*, I, 13). Isso, que distingue a guerra da batalha, sugere suficientemente que a guerra, entre os Estados, é a disposição primeira: a guerra é dada; a paz, é necessário *construí-la*. É o que dá razão aos pacifistas, sem tirá-la dos militares.

Note-se que o objetivo de uma guerra é, geralmente, a vitória, que é uma paz vantajosa. Que ela também contemple o direito, nunca é garantido, mas só ele pode justificá-la. Uma guerra justa? Pode sê-lo por seus objetivos, mas nunca totalmente por seus meios. O melhor, quase sempre, é evitá-la: a relação violenta das forças (a guerra) só é legítima quando sua relação não violenta (a política) é suicida ou indigna.

H

hábito (*habitude*) – A facilidade que nasce da repetição. Um ato que consumamos com freqüência torna-se, assim, quase instintivo, já notava Aristóteles (*Retórica*, I, 11), e é por isso que se costuma dizer que o hábito é uma segunda natureza: é como uma natureza adquirida, que viria corrigir a primeira ou tomar seu lugar. Resta saber, observa Pascal, se essa natureza mesma não é um primeiro hábito (*Pensamentos*, 126-93).

O hábito, diminuindo a dificuldade, torna a consciência menos necessária. Pode até dispensá-la totalmente, abandonando o corpo, por assim dizer, a si mesmo. É uma "espontaneidade irrefletida" (Ravaisson, *De l'habitude*), que permite pensar em outra coisa. Assim, o virtuose, libertado das notas, precisa se preocupar apenas com a música.

Cabanis e Destutt de Tracy salientaram que os efeitos do hábito são contrastantes, tanto podem desenvolver uma faculdade como entorpecê-la: um ouvido treinado ouvirá o que nenhum outro ouviria, assim como um nariz treinado perceberá aromas, para outros, imperceptíveis; mas acabamos por já não ouvir um barulho demasiado habitual, por já não sentir um cheiro demasiado constante... "O costume aumenta todos os hábitos ativos e debilita os hábitos passivos", já notava Hume (*Tratado*..., II, 3, 5; parece que a idéia vem de Joseph Butler). É o que justificará sua distinção, em Maine de Biran, entre as impressões passivas (as sensações: ver, escutar, sentir cheiro, tocar...) e as impressões ativas (as percepções: olhar, ouvir, cheirar, apalpar...). O hábito debilita ou obscurece as primeiras, aviva ou precisa as segundas. Ele faz que escutemos menos (por exemplo, o tique-taque do despertador ou o barulho de uma rodovia) e que ouçamos melhor (por exemplo, uma música ou uma respiração). Ele também pode servir de reativo para dissociar em nós o que é passivo (que Maine de Biran vinculará ao corpo) do que é ativo (que vinculará ao eu ou à vontade: *De l'influence de l'habitude*, caps. I e II). É aqui que o tema do hábito, a princípio empirista, em Condillac e Hume, se torna espiritualista. Continuará assim até Ravaisson: "A receptividade diminui, a espontaneidade aumenta; é essa a lei geral do hábito" (Ravaisson, *op. cit.*, II). É o espírito que volta à natureza, ou o vir-a-ser espírito da espontaneidade natural. Dualismo? Não é tão provável. Espiritualismo? É apenas uma possibilidade entre outras. É bem possível, e talvez melhor, que a alma não passe de um hábito do corpo.

habitus (*habitus*) – Uma maneira de ser e de agir (uma disposição), mas adquirida e duradoura. A palavra, reatualizada por Bourdieu, serve principalmente para os sociólogos. Um *habitus*, nesse sentido, é como que uma ideologia encarnada e geradora de práticas: é nossa maneira de ser nós mesmos e de agir como agimos, mas na medida em que resulta da nossa inserção numa sociedade dada, de que incorporamos inconscientemente as estruturas, as clivagens, os valores, as hierarquias... Daí que cada um faz livremente ou, em todo caso, voluntariamente o que é socialmente determinado a querer.

harmonia (*harmonie*) – É um acordo feliz ou agradável, entre vários elementos simultâneos mas independentes uns dos outros: por exemplo, entre vários sons (a harmonia se opõe, então, à melodia, que une sons sucessivos), entre várias cores, entre vários indivíduos... Leibniz falava de *harmonia preestabelecida* entre a alma e o corpo; é que ele não admitia que essas duas substâncias pudessem agir uma sobre a outra e constatava, no entanto, como todo o mundo, seu singular acordo (quero levantar o braço: o braço se levanta)... A alma e o corpo seriam, portanto, como dois relógios, a imagem é de Leibniz, tão bem fabricados e ajustados no começo que sempre estarão acertados depois, sem que, para tanto, seja necessário supor qualquer relação causal entre os dois. Essa teoria, tão difícil de aceitar quanto de refutar, explica por que a expressão adquiriu, posteriormente, um sentido pejorativo: uma harmonia preestabelecida seria uma espécie de milagre original, espantoso demais para que possamos acreditar nele. É reconhecer que a harmonia nunca é o mais provável, o que explica por que raramente é dada de início. É muito mais comum ela resultar de um trabalho ou de uma adaptação do que da sorte.

hedonismo (*hédonisme*) – Toda doutrina que faz do prazer (*hedoné*) o soberano bem ou o princípio da moral: é assim em Aristipo, em Epicuro (embora seu hedonismo se acompanhe de um eudemonismo) ou, hoje, em Michel Onfray. Não é necessariamente um egoísmo, já que se pode levar em conta o prazer dos outros; nem um materialismo, já que podem existir prazeres espirituais. É esse, aliás, o ponto fraco do hedonismo: a doutrina só é aceitável se der à palavra *prazer* uma extensão a tal ponto vasta que já não quer dizer grande coisa. Admitamos que o militante que prefere morrer na tortura a denunciar seus companheiros aja *tendo em vista o prazer* (ou para evitar um sofrimento maior: o de ter traído, o dos seus companheiros, que teriam sido torturados por sua vez, o da derrota...). Mas, nesse caso, o hedonismo nada mais é que uma espécie de teoria onivalente, que perde sua virtude discriminante. Se todo o mundo age em função dela, para que reivindicá-la?

A máxima do hedonismo é bem enunciada por Chamfort: "Desfruta e faz desfrutar, sem causar dano a ti, nem a ninguém; está aí, a meu ver, toda a moral" (*Máximas*..., 319). Fórmula simpática e até verdadeira, em boa parte, mas curta. É erigir o princípio de prazer (que não pretende ser mais que descritivo) em ética (que seria normativa). Mas como esse princípio, em sua universalidade simples, poderia bastar? Resta saber que prazeres, e para quem, podem justificar tais sofrimentos. Portanto cumpre escolher *entre os prazeres*, como dizia Epicuro, e é duvidoso que o prazer, moralmente, baste para tal. Quantos canalhas desfrutadores? Quantos sofrimentos admiráveis? E uma mentira que não faz mal a ninguém, ainda que agradável para todo o mundo (você se gaba de uma façanha que nunca cometeu: seus ouvintes ficam quase tão contentes quanto você), em que é menos desprezível que a mentira que faz? Responderão que o desprezo é uma espécie de desprazer e que meu exemplo confirma, assim, o hedonismo que pretende refutar... Admito, mas isso só redobra minhas reticências. O hedonismo é tão irrefutável quanto insatisfatório: escapa do paradoxo apenas para cair na tautologia.

heraclitismo (*héraclitéisme*) – O pensamento de Heráclito, e todo pensamento que retoma sua tese central, a de que não há seres imutáveis, que tudo muda, tudo flui (“*Pántha rheî*”), que tudo é devir. Assim, é possível falar do heraclitismo de Montaigne. “Não pinto o ser, pinto a passagem”, dizia ele. É o único ser que nos é acessível. “O mundo é um movimento perene. Todas as coisas nele se movem sem cessar: a terra, os rochedos do Cáucaso, as pirâmides do Egito, do movimento público e do delas” (*Os ensaios*, III, 2). É o contrário do eleatismo, ou sua verdade *sub specie temporis*.

hermeneuta (*herméneute*) – No sentido geral: aquele que interpreta, isto é, que busca o sentido de algo (de um signo, de um discurso, de um acontecimento). Num sentido mais restrito, chamo de *hermeneuta* toda pessoa que leva o sentido absolutamente a sério: que quer explicá-lo por si mesmo ou por outro sentido, em vez de explicá-lo por suas causas, que não significam nada. É supor um sentido último ou infinito (um sentido do sentido), que seria a própria verdade. Mas, se a verdade quisesse dizer alguma coisa, seria Deus. Toda hermenêutica, nesse sentido restrito, é ou tende a se tornar religiosa: não é senão uma superstição do sentido.

heroísmo (*heroïsme*) – É uma coragem extrema e desinteressada, diante de todos os males reais ou possíveis.

Essa coragem não resiste apenas ao medo, mas também ao sofrimento, ao cansaço, ao abatimento, ao desgosto, à tentação... Virtude excepcional, para indivíduos excepcionais. Ninguém é obrigado a ser herói, e é isso que torna os heróis admiráveis.

heteronomia (*hétéronomie*) – É a submissão a outra lei que não a sua, e, por isso, o contrário da autonomia (v.). Aplica-se especialmente, em Kant, a toda determinação da vontade por outra coisa que não a lei que ela impõe a si mesma (a lei moral), por exemplo, por este ou aquele objeto da faculdade de desejar (o prazer, a felicidade...) ou por este ou aquele mandamento exterior, mesmo que legítimo. Obedecer às suas propensões é ser escravo. Obedecer ao Estado ou a Deus? Só é possível, de modo autônomo, obedecendo a eles por dever, não por temor ou por esperança. Tem o direito de obedecer (heteronomia) apenas quem se governa (autonomia).

heurística (*heuristique*) – Que diz respeito à busca ou à descoberta (*heurískein*: encontrar). Por exemplo, uma hipótese heurística é uma hipótese que pretende menos resolver um problema do que possibilitar formulá-lo de outro modo, e melhor: ela não propõe uma solução, ajuda a procurá-la.

hic et nunc (*hic et nunc*) – Aqui e agora, em latim. É a situação de todo ser, de todo sujeito, de todo acontecimento: sua ancoragem singular no universal devir. Nem mesmo a memória e a imaginação escapam (lembrar-se de um passado, imaginar um outro lugar ou um porvir, é sempre lembrar-se deles ou imaginá-los *aqui e agora*). Nossas utopias são datadas, tanto quanto nossas emoções, e envelhecem pior.

hierarquia (*hiérarchie*) – É uma classificação normativa, que instaura vínculos de dominação, de dependência ou de subordinação. A norma é, quase sempre, de força ou de dinheiro. É o que se chama hierarquia social, que torna a própria idéia de hierarquia suspeita. Se todos os homens são iguais em direito e em dignidade, como seria possível classificá-los por ordem de importância ou de valor? Mas é que a hierarquia, quando é legítima, concerne menos aos seres que às funções ou às obras. É assim no Estado ou num partido, numa empresa ou numa Igreja, na arte ou no esporte. O fato de todos os homens serem iguais em direito e em dignidade não significa que todos os poderes também o sejam, nem todas as responsabilidades, nem todos os talentos. O erro, a que a etimologia induz, é enxergar na hierarquia o sagrado (*hierós*), quando se trata apenas de organização ou de eficácia. O protocolo, que põe em cena essa hierarquia, mostra-o bem: não é mais que uma aparência regulamentada, que não diz nada sobre o valor dos indivíduos mas que manifesta algo da instituição ou dos poderes. Pascal, como sempre, vai direto ao assunto: "O sr. N... é melhor geômetra que eu; nessa qualidade, ele quer passar à minha frente. Eu lhe direi que ele não entendeu nada. A geometria é uma grandeza natural; ela requer uma preferência de estima; mas os homens não lhe atribuíram nenhuma preferência exterior. Passarei pois à frente dele e o estimarei melhor que eu na qualidade de geômetra" (*Três discursos*..., 2). A hierarquia dos poderes não é a dos talentos, assim como a do nascimento não é a das virtudes. De novo Pascal: "Não é necessário, por seres duque, que eu vos estime; mas é necessário que eu vos saúde." Não há hierarquia absoluta. O que, longe de anular todas, justifica sua pluralidade. Isso é especialmente verdade na democracia: o fato de todos os cidadãos serem iguais não diz nada sobre suas funções ou sobre seus méritos respectivos, nem dispensa de admirar uns e obedecer a outros. Assim, a idéia de hierarquia sempre volta à baila, mas no plural e sem que jamais possamos absolutizar uma.

hipocrisia (*hypocrisie*) – Ser hipócrita é querer passar pelo que não se é, a fim de tirar proveito – não por vaidade, como no esnobismo, mas por cálculo ou interesse; não para imitar os que admiramos ou invejamos, mas para tapear os que desprezamos ou queremos utilizar. O esnobe é um simulador sincero, que se engana a si mesmo; o hipócrita, um simulador mentiroso, que engana os outros. Como Tartufo: se admirasse os devotos, não seria hipócrita; seria esnobe. Mas ele não quer saber de admirar: quer parecer o que não é apenas para enganar e utilizar. A hipocrisia é uma má-fé lúcida e interessada. É por isso que ela é rara (a lucidez sempre o é) e habitualmente eficaz (ela pode contar com o esnobismo dos outros: se Orgon não quisesse fazer-se passar por um homem pio, tanto aos seus próprios olhos como aos dos outros, não teria ficado tão fascinado com Tartufo). Contra ela, a lucidez e o humor: desconfiar dos outros, e de si.

hipóstase (*hypostase*) – O que se encontra sob (é o equivalente grego do latino *substantia*), em outras palavras, o que suporta ou funda. A palavra designa uma realidade existente em si, mas considerada, principalmente desde o neoplatonismo, em sua relação com outras hipóstases, de que procede ou que engendra. Assim, em Plotino, o Um (primeira hipóstase) engendra o Intelecto (segunda hipóstase, que emana do Um), o qual engendra por sua vez a Alma do mundo (terceira hipóstase, que emana do Intelecto). A palavra será retomada pela tradição cristã, para designar as três Pessoas da Trindade – o Pai, o Filho, o Espírito Santo –, consideradas como três hipóstases de um só e mesmo ser (*ousía*), que é Deus. Esses dois usos, neoplatônico depois cristão, fortemente impregnados de misticismo, talvez expliquem por que a palavra tenha acabado por se distinguir marcantemente da palavra substância. Podemos dizer de uma pedra que ela é uma substância (se consideramos que ela existe em si); evitaremos dizer que é uma hipóstase. É que há um certo mistério na hipóstase: é uma substância que não compreendemos, que nos supera, que podemos experimentar, se é que podemos, apenas de maneira sobrenatural ou mística. Daí o sentido pejorativo que a palavra, no período moderno, acaba assumindo: uma hipóstase seria uma substância suposta ou fictícia, uma entidade a que atribuiríamos, equivocadamente, uma realidade independente. Assim, Platão hipostasia suas idéias, como Descartes, seu *cogito*. Um materialista lhes objetará que as Idéias ou a alma não passam de ficções: uma maneira de erigir o pensamento, que nada mais é que um ato do corpo, ao nível de realidade independente ou substancial. A hipóstase, neste último sentido, não é senão uma abstração hipostasiada: primeiro, separa-se o pensamento do que o produz (o corpo, o cérebro), depois faz-se dele uma realidade existente em si. Resta saber, todavia, se a matéria também não é uma hipóstase.

hipostasiar (*hypostasier*) – Considerar como hipóstase ou como substância. A palavra tem geralmente sentido pejorativo: é atribuir uma realidade absoluta ou independente ao que é apenas um processo, um acidente ou uma abstração.

hipótese (*hypothèse*) – É uma suposição que, de ordinário, tem seu lugar num procedimento demonstrativo ou experimental: uma idéia que se admite provisoriamente como verdadeira, a fim de deduzir dela as conseqüências e, se for o caso, confirmar ou infirmar sua verdade. Nas ciências experimentais, é uma "explicação antecipada", dizia Claude Bernard, que se submete à experiência a fim de testar sua validade. Essas ciências, que por muito tempo foram ditas indutivas (porque iriam do fato à lei), são, na verdade, muito mais hipotético-experimentais: suas hipóteses somente são científicas, mostra Popper, na medida em que podem ser submetidas à experiência e, se for o caso, refutadas por ela (v. "falsificabilidade"). Na matemática, as hipóteses são muito mais convenções, que valem menos por si mesmas do que pelo sistema de conseqüências necessárias que delas podemos deduzir (os teoremas): elas formam uma axiomática, que serve de base para um sistema hipotético-dedutivo.

hipotético, juízo (*hypothétique, jugement*) – Não é um juízo que aspiraria apenas ao estatuto de hipótese ou de simples possibilidade (nesse caso, fala-se de juízo *problemático*). Um juízo é *hipotético* quando enuncia uma relação entre uma hipótese e pelo menos uma das suas conseqüências. Por exemplo: "Se Medor é um homem, ele é mortal." Ou: "Se Medor é um triângulo, seus três ângulos são iguais a dois ângulos retos." Vê-se que esse juízo, válido embora, não prova nada sobre a natureza do meu cachorro, nem sobre sua forma ou sua mortalidade. O juízo, considerado como tal, não é menos assertórico: a relação entre a hipótese e sua conseqüência é enunciada como um fato, não como uma hipótese. Nada impede, porém, que um juízo hipotético, do ponto de vista da relação, seja também problemático, quanto à sua modalidade (v.). Por exemplo: "Se Deus existe, é possível que a alma seja imortal." Isso não prova nem que Deus existe, nem que a alma é imortal. Mas reconhece que a existência daquele não poderia garantir a imortalidade desta.

hipotético-dedutivo, método (*hypothético-déductive, méthode*) – Todo método que parte de hipóteses para delas deduzir conseqüências, sejam estas falsificáveis (nas ciências experimentais) ou não. Diz-se especialmente da matemática, que visa menos verificar suas hipóteses (como uma convenção poderia ser demonstrada?) do que produzir, a partir delas, um sistema coerente: a verdade está menos nos teoremas do que no vínculo necessário que os une às hipóteses de partida (princípios, axiomas, postulados...) ou a outros teoremas. É uma das conseqüências epistemológicas da invenção das geometrias não-euclidianas: o postulado de Euclides já não é uma evidência nem uma proposição a demonstrar, mas uma simples convenção, que pode ou não ser adotada e que desemboca tão-somente num sistema geométrico particular (a geometria euclidiana), entre outros possíveis. O mesmo se dá com os outros axiomas ou postulados, de tal sorte que o estatuto dos próprios teoremas é transformado. Já não há, para eles, verdade separada: "sua verdade é apenas sua integração ao sistema" (R. Blanché, *L'axiomatique*, PUF, p. 7). Esse sistema é verdadeiro? Já não é essa a questão: basta-lhe ser coerente. É por isso que a matemática não basta.

histeria (*hystérie*) – É uma neurose, que encerra o histérico na aparência que ele quer assumir: ei-lo como que prisioneiro na superfície de si. O útero, não obstante a etimologia, não tem nada a ver com isso. Há homens histéricos, e certos psiquiatras me dizem que há cada vez mais. É que a noção provém da psicopatologia, e não da fisiologia. E, ao que tudo faz crer, depende da evolução da sociedade, quase tanto quanto das histórias individuais. As grandes crises de histeria, tal como Charcot as descrevia, tornam-se raras (certa vez, porém, assisti a uma). Isso talvez porque nossa sociedade, em que tudo é espetáculo, já não necessita de tais extravasamentos – talvez porque a histeria tenha se banalizado, difundindo-se. Sociedade do espetáculo: histerização da sociedade. Já não é preciso percorrer os hospitais para vê-la. A rua e a televisão bastam.

Freud via na histeria um efeito do recalque. Do ponto de vista filosófico, eu veria, antes (mas as duas coisas não são contraditórias), uma incapacidade de suportar a verdade, uma fuga para a aparência, um encerramento no simulacro. É uma doença da mentira, mas antes de tudo da mentira a si mesmo. O histérico é um simulador sincero, como um comediante que se tomasse por seu personagem. Ele quer iludir, e de fato consegue, até ele próprio crer nessa ilusão. Ele quer seduzir, e muitas vezes consegue. Mas isso apenas o separa um pouco mais do real, o encerra mais na simulação, no factício, na superficialidade. Hiperexpressividade, mas vazia; emotividade à flor da pele, mas sem carne ou sem coração. Volubilidade, sugestionabilidade, mitomania. Muito charme por fora, muito vazio por dentro. O histérico exagera; mas é para mascarar (e *se* mascarar) uma falta de ser. Cintilação na superfície; ausência de profundidade. Multiplicação dos sinais, fuga do sentido. Somatização, teatralização, dom-juanismo. Necessidade desesperada de seduzir, incapacidade de amar e de gozar. É como um narcisismo extrovertido, que só seria capaz de se amar no olhar do outro. Com a idade, isso se torna cada vez mais difícil: a depressão ou a hipocondria ameaçam. Tristeza do comediante, quando o público se afasta.

história (*histoire*) – O conjunto não apenas de tudo o que acontece (o mundo), mas também de tudo o que aconteceu e acontecerá: a totalidade diacrônica dos acontecimentos. É nesse sentido que se fala de uma história do universo, que seria a única história universal. Na prática, a palavra raramente tem uma extensão tão ampla: salvo especificação particular, designa tão-só o passado humano e o conhecimento desse passado. Daí dois sentidos diferentes, que o francês não distingue: há a história real (*Geschichte* em alemão: é o que se chamava, em latim, *res gestas*, fatos consumados, o passado tal como foi, a história dos homens históricos) e a história como disciplina (às vezes chamada de *Historie* em alemão: a *historia rerum gestarum*, o conhecimento do passado, a história dos historiadores). Conhecemos a primeira apenas por intermédio da segunda; mas a segunda existe apenas pela e na primeira.

A história tem um sentido? A ciência histórica tem aquele que lhe atribuímos ou que nela encontramos: praticar história pode visar certo objetivo ou significar alguma coisa, que variará em função dos historiadores. Mas e a história real? Que sentido poderia ter? Quer a tomemos como objetivo, quer como significação, esse sentido teria de ser, necessariamente, algo diferente da história (pois como ir rumo a si? como se significar a si?), algo que seria sua mensagem ou seu fim. Mas a idéia de um fim da história é contraditória e absurda: ele não pode existir nem se a história continuar (porque, nesse caso, não seria um fim), nem se ela parar (porque seu fim não seria então o seu, e não faria sentido). Quanto a pensar uma significação da história, é supor-lhe um sujeito, que queira dizer, através dela, alguma coisa. Mas, se esse sujeito estiver *na* história, como o que ele quer dizer seria o sentido da história, se dela faz parte? E como, se estiver fora, poderia exprimi-la? Dirão que é o que acontece com todos os sentidos. Mas não é verdade, pois o sentido de uma frase, por exemplo, não é nem seu ponto final nem uma parte dessa frase: seu sentido é um fora, que é visado do exterior por aquele que o enuncia (o qual não faz parte da frase). Mas, fora da história, o que, e para que locutor? "O sentido do mundo deve ser encontrado fora do mundo", dizia Wittgenstein. O sentido da história, do mesmo modo, só pode existir fora dela. É o que se chama Deus, quando nele se crê: já não é história, e sim teodicéia. Para os outros, os que não adoram nenhum Deus, é possível dizer da história o que Shakespeare dizia de toda vida: "É uma história cheia de som e fúria, contada por um idiota, e que não significa nada." Nada nos impede de, nela, visar determinado objetivo, nem desenvolver determinado discurso. Mas nos impede de crer que é ela que fala ou visa através de nós. O que significa a Guerra de 1914? Que objetivo visava? Nenhum, claro, já que os indivíduos que a fizeram perseguiam objetivos diferentes, que davam à sua existência, muitas vezes, significações opostas. O mesmo sucede com qualquer acontecimento. A Revolução francesa? A Revolução russa? Os que as fizeram visavam, sem dúvida, um objetivo ou um sentido, mas não mais que os que as combateram. Foi o que Engels percebeu: "A história é feita de tal modo que o resultado final sempre decorre dos conflitos de um grande número de vontades individuais, cada uma das quais, por sua vez, é como é por uma série de condições particulares de existência; agem nela, portanto, um sem-número de forças que se contrapõem umas às outras, um grupo infinito de paralelogramos de forças, de que sai uma resultante – o acontecimento histórico –, que pode ser vista, por sua vez, como o produto de uma força que age como um todo, de forma inconsciente e cega. Pois o que cada indivíduo quer é impedido por cada outro, e o que daí resulta é algo que ninguém quis" (*Carta a Joseph Bloch*, 21 de setembro de 1890). É precisamente porque todos os indivíduos, na história, perseguem um objetivo, ou vários, que a própria história não pode querer ir a algum lugar ou significar alguma coisa. Se todo sujeito é histórico, como a história seria sujeito? Se todo sentido está na história, como a própria história poderia ter sentido? Isso porém não nos impede de perseguir sentidos, repitamos, nem mesmo de, vez ou outra, alcançá-los. Mas o sentido que daí resulta, então, não é o da história; é o da nossa ação. Mais vale um militante que um profeta.

historicismo (*historicisme*) – É a explicação de tudo pela história. Mas, se a história produz tudo, inclusive as explicações que dela são dadas, o que valem tais explicações e o que vale o historicismo?

A história precisa ser racional, ou a razão precisa ser histórica: racionalismo e historicismo. Os dois não podem ser verdadeiros ao mesmo tempo e totalmente. Mas podem sê-lo, ambos, em ordens diferentes: racionalismo na ordem teórica (contra a sofística), historicismo na ordem prática (contra o dogmatismo prático). Todo valor é histórico; toda verdade, eterna. Que não possamos conhecer totalmente esta não é uma objeção contra ela – já que toda objeção a supõe. Que não possamos, nem devamos, nos desfazer totalmente daquela tampouco é uma objeção contra o historicismo: de fato, a história pode explicá-lo, por nossa impossibilidade de sair dela. O historicismo e o racionalismo podem, assim, se articular um com o outro: a história explica tudo, salvo o que há de verdadeiro em nossas explicações.

holismo (*holisme*) – Um pensamento que dá mais importância ao todo (*holos*, inteiro) do que às suas partes, ou que se impede de reduzir um conjunto aos elementos que o compõem. Aplicado à sociedade, o holismo se opõe ao individualismo.

homem (*homme*) – No sentido estrito: membro da espécie humana, de sexo masculino e idade adulta. No sentido amplo ou genérico: todo ser humano, qualquer que seja sua idade ou seu sexo. É nesse sentido que todos os homens são iguais em direitos e dignidade. Isso, está claro, não suprime a diferença sexual, como esta tampouco compromete a unidade da espécie. O fato de a humanidade ser sexuada é, ao contrário, o que lhe permite existir e ser humana. O que é, efetivamente, um ser humano? Um animal que fala, que raciocina, que vive em sociedade, que trabalha, que ri, que cria? Nenhuma dessas coisas, já que a descoberta, na Terra ou em outro planeta, de uma espécie viva dotada de linguagem, de razão, etc., não alteraria os limites da espécie humana; e já que um débil mental profundo, mesmo que incapaz de falar, de raciocinar, de trabalhar, de criar, de rir, e mesmo que fosse, como a criança selvagem de Itard, privado de toda e qualquer sociabilidade, nem por isso deixaria de ser *homem*. A mesma objeção pode ser feita à célebre definição de Lineu: *Animal rationale, loquens, erectum, bimane*. Ela não vale para todos os homens, e nada prova que só valha para eles. Nenhuma definição funcional ou normativa é aceitável aqui, pois equivaleria a excluir da espécie humana os que não estão em condições de *funcionar* normalmente. Impõe-se, portanto, outro critério, não mais funcional, e sim genérico, não mais normativo, e sim específico. A biologia propõe um, para qualquer espécie animal, que é a interfecundidade: um indivíduo pertence a uma espécie se ele pode se reproduzir por cruzamento com outro membro dessa espécie e gerar um ser, ele próprio fecundo. Isso no entanto só vale para a espécie, não para o indivíduo: um homem estéril nem por isso deixa de ser homem. Assim, se quisermos um critério que seja individualmente operacional, deveremos abordar o problema pelo outro lado: não o da geração, mas o da filiação. Chega-se então à definição seguinte, que me parece a única válida para todo o definido e para nenhum outro: *é um ser humano todo ser nascido de dois seres humanos*. Objetar-me-ão que essa definição é circular, pois supõe a humanidade. Mas trata-se menos de uma fragilidade definicional do que um fato da espécie, a qual todo indivíduo de fato supõe, para poder existir e ser definido. Quanto a definir a espécie mesma, cabe aos naturalistas fazê-lo; eles nos ensinam que *Homo sapiens* faz parte da classe dos mamíferos e da ordem dos primatas, de que se distingue especificamente (embora possa haver exceções individuais) por certo número de características genéticas bem conhecidas: cérebro mais volumoso, polegar oponível aos outros dedos, laringe apta à fala... Sem essas características biológicas, a humanidade não seria o que é. Mas não é por ter essas características que um indivíduo é humano: é por ter nascido de dois seres humanos que pode tê-las – e continuaria sendo humano, aliás, mesmo que lhe faltasse uma ou outra dessas características. Se é a filiação que faz o homem, a humanidade não pode ser definida, em cada um deles, por seu desempenho. Como uma deficiência, por mais grave que seja, poderia anular o que ela supõe?

Opor-me-ão também a clonagem reprodutiva, que possibilitaria gerar um ser humano a partir de um só indivíduo. Vejo nisso menos uma objeção do que uma forte razão para rejeitar a clonagem: não porque ela invalidaria minha definição (a qual poderia ser simplesmente modificada: é um ser humano, poderia dizer sem dificuldade, todo ser nascido de ao menos um ser humano), mas porque poria em questão uma das características mais preciosas da humanidade, que é a geração por dois indivíduos diferentes, e por serem diferentes, de um terceiro indivíduo, que por isso mesmo não poderia ser idêntico a nenhum dos dois primeiros. Reproduzir-se, para um homem ou uma mulher, nunca é reproduzir-se de forma idêntica, e é ótimo que assim seja. Um ser humano gerado por clonagem, a partir de um só indivíduo, pertenceria seguramente à espécie (donde a definição modificada que proponho por antecipação); mas a humanidade, se a coisa se generalizasse, seria então menos rica em diferenças e, por isso mesmo, menos humana: não é uma definição que precisa ser salva, mas o que há de infinitamente diversificado e imprevisível na humanidade. Procriar é criar, e não repetir. O direito de ser diferente dos pais faz parte dos direitos humanos.

hominização (*hominisation*) – A humanidade não é uma essência, é uma história, e essa história é, antes de tudo, natural: a hominização é esse processo biológico pelo qual o *Homo sapiens* se distingue progressivamente – por mutações e seleção natural – das espécies de que descende. Falta, depois, tornar-se humano, no sentido normativo do termo: já não é *hominização*, mas *humanização*. A segunda, sem a primeira, seria impossível. Mas a primeira, sem a segunda, seria vã: daria apenas mais um grande macaco.

honestidade (*honnêteté*) – É a justiça na primeira pessoa, tal como ela se impõe principalmente nas relações de propriedade, nas trocas, nos contratos: não apenas o respeito da *legalidade*, num país dado, mas da *igualdade*, ao menos de direito, entre todos os indivíduos envolvidos. Por exemplo, se vendo um apartamento sem indicar ao comprador determinado vício oculto ou mesmo determinado inconveniente da vizinhança. Pode ser que eu nunca tenha violado nenhuma lei (depende do estado da legislação: nenhum vendedor é legalmente obrigado, que eu saiba, a revelar que o vizinho é barulhento ou grosseiro); mas não terei sido totalmente *honesto* com ele, pois aproveitei de uma desigualdade (de conhecimento, de informação) entre nós para tirar partido contra ele. A regra da honestidade é, assim, uma regra de justiça, na medida em que se impõe a cada um em suas relações, especialmente mercantis ou contratuais, com outrem. Ela é bem enunciada por Alain: “Em todo contrato e em toda troca, ponha-se no lugar do outro, mas com tudo o que você sabe e, supondo-se tão livre das necessidades quanto um homem pode ser, veja se, no lugar dele, você aprovaria essa troca ou esse contrato" (*81 chapitres*..., VI, 4). A troca ou o contrato são honestos quando posso responder que sim; desonestos no caso contrário. A honestidade é menos freqüente do que se imagina.

Na prática, a noção vale principalmente com relação à propriedade: ser honesto seria respeitar a propriedade alheia; ser desonesto, apropriar-se indevidamente. É cômodo para os proprietários. E, por certo, o ladrão, mesmo o mais pobre, falta com a honestidade. Toda pessoa que teve a casa assaltada sabe perfeitamente disso: levarem o que lhe pertence, sem sua concordância e sem contrapartida, não é justo. Mas quantos ricos, mesmo nunca tendo roubado ninguém, mesmo sendo honestos nesse sentido, atentam – por excesso de riqueza, por excesso de egoísmo e boa consciência – contra a justiça? É que a igualdade dos homens entre si não poderia se confinar ao mundo do direito, das trocas, dos contratos. A honestidade é uma justiça de proprietários, ou em relação a eles. Mas é a justiça, moralmente, que vale, não a propriedade.

honra (*honneur*) – A dignidade, quando passa pelo olhar dos outros. Ou o amor-próprio, quando ele se leva a sério. Pode levar tanto ao heroísmo quanto à guerra ou ao assassinato (os "crimes de honra"). É um sentimento fundamentalmente equívoco, que não podemos nem admirar nem desprezar totalmente. É uma paixão nobre; mas é apenas uma paixão, não uma virtude. Que possamos socialmente prescindir da honra, concordo. Mais uma razão, individualmente, para dela desconfiar. "A honra nacional é como um fuzil carregado", dizia Alain. E o que dizer da honra desses adolescentes que se matam uns aos outros, na porta do colégio, por causa de um olhar ou de uma injúria? A honra fez mais mortos do que a vergonha, e mais assassinos do que heróis.

humanidade (*humanité*) – A palavra é tomada em dois sentidos, um descritivo, o outro normativo: a humanidade, caso deveras singular, é ao mesmo tempo uma espécie animal e uma virtude. E não por metáfora (como se diz de um homem muito corajoso: "é um leão"), mas por metonímia: é passar do todo (a espécie humana) à parte (já que certos membros da espécie serão ditos inumanos), do dado ao resultado (a humanidade é o que a espécie humana fez de si, que ela deve preservar), da natureza à cultura, do fato ao valor, da existência à exigência, do pertencimento à fidelidade. É por isso que também se fala de *Humanidades*, para designar a cultura, especialmente a cultura literária: porque o passado da humanidade nela se reflete, ensinando-nos o que podemos e devemos vir a ser. "Não há Humanidades modernas", dizia Alain. "É preciso que o passado ilumine o presente, sem o que nossos contemporâneos são apenas, aos nossos olhos, animais enigmáticos." A humanidade está diante de nós, como ideal, apenas porque está, primeiro, atrás de nós, como história, como memória, como fidelidade. O fato de que devemos nos preocupar com nossos descendentes é evidente. Mas essa evidência não vem deles.

humanismo (*humanisme*) – Historicamente, é antes de mais nada uma corrente intelectual do Renascimento (os chamados humanistas: Petrarca, Pico della Mirandola, Erasmo, Budé...), baseada no estudo das humanidades greco-latinas, que desembocou numa certa valorização do indivíduo. Mas a palavra, em filosofia, tem um sentido muito mais amplo: ser humanista é considerar a humanidade um valor, o valor supremo, mesmo. Resta saber se esse valor é um absoluto, que se dá a conhecer, a reconhecer, a contemplar, ou se é relativo à nossa história, a nossos desejos, a certa sociedade ou civilização... No primeiro caso, fala-se de *humanismo teórico*, o qual pode ser metafísico ou transcendental, mas tende sempre a se tornar uma religião do homem (v. *L'homme-Dieu*, de Luc Ferry); no segundo, de *humanismo prático*, que não aspira a nenhum absoluto, a nenhuma religião, a nenhuma transcendência: é tão-somente uma moral ou um guia para a ação. O primeiro é uma fé; o segundo, uma fidelidade. O primeiro faz da humanidade um princípio, uma essência ou um absoluto: o segundo vê nela apenas um resultado, uma história, uma exigência. A verdadeira questão é saber se devemos crer no homem (humanismo teórico) para querer o bem dos indivíduos ou se podemos querer seu bem (humanismo prático) mesmo tendo todas as razões para não nos iludir quanto ao que são. Era esse o humanismo de Montaigne, de que falei em outra oportunidade (*Valeur et vérité*, pp. 94-5 e 238-40). É esse também o de La Mettrie. "Deploro a sorte da humanidade, de estar, por assim dizer, em mãos tão ruins quanto as dela." Não é uma razão para deixá-la entregue à sua sorte, pois essas mãos, precisamente, são as nossas. Como bom materialista, La Mettrie vê os seres humanos como puros produtos da matéria e da história (é a célebre tese do *homem máquina*, que funda um anti-humanismo teórico). Mas o médico que ele também era não renunciou, por isso, a tratá-los, nem o filósofo a compreendê-los e perdoá-los. "Sabem por que ainda faço algum caso dos homens?", perguntava. "Porque creio seriamente que são máquinas. Na hipótese contrária, conheço poucos cuja companhia seja estimável. O materialismo é o antídoto da misantropia." Humanismo sem ilusões, e de salvaguarda. Não é o valor dos homens que funda o respeito que lhes devemos; é esse respeito que lhes dá valor. Não é porque os homens são bons que devemos amá-los; é porque não há bondade sem amor. Enfim, não é porque eles são livres que é preciso educá-los; é para que tenham uma oportunidade, talvez, de vir a sê-lo. É o que chamo de humanismo prático, que vale apenas pelas ações que suscita. Não é uma crença; é uma vontade. Não uma religião; uma moral. Crer no homem? Não vejo o que isso significa, já que sua existência é reconhecida, nem por que seria necessário. Não é preciso crer no homem para querer o bem dos indivíduos e o progresso da humanidade. De resto, partimos de tão baixo que deve ser possível nos *elevar* um pouco. E aqui encontramos o sentido primeiro da palavra *humanismo*, que remete aos estudos, à cultura, ao estudo atento e fiel do passado humano. É o único caminho para o futuro, se quisermos que ele seja aceitável. O homem não é Deus. Pelo menos, tratemos de fazer o que nunca tem fim: que ele seja mais ou menos humano.

humanização (*humanisation*) – Nascemos homem ou mulher; tornamo-nos humanos. Esse processo, que vale tanto para a espécie como para o indivíduo, é o que podemos chamar de humanização: é o devir humano do homem – o prolongamento cultural da hominização.

humildade (*humilité*) – Ser humilde é sentir sua própria insuficiência. É por isso que é uma virtude: ser *suficiente* (presunçoso) é carecer ao mesmo tempo de lucidez e de exigência. Vejam por exemplo a pretensão de Greuze, de Boucher, de Fragonard, e a humildade de Chardin. Não se deve confundir, portanto, humildade com ódio a si, ainda menos com servilismo ou baixeza. O homem humilde não se crê inferior aos outros: ele deixou de se crer superior. Não ignora o que vale, ou pode valer: recusa-se a contentar-se com esse valor. Virtude humilde (quem se gabasse da sua provaria, com isso, que não a tem), mas necessária. É o contrário do orgulho, da vaidade, do amor cego a si mesmo, da complacência, da suficiência (presunção), volto a ela, e é por isso que é tão preciosa: só lhe falta um pouco de simplicidade e de amor para ser absolutamente boa.

humor (*humour*) – É uma forma de graça, mas que faz rir principalmente do que não é engraçado. Por exemplo, o condenado à morte, evocado por Freud, que conduzem numa segunda-feira ao patíbulo: "A semana está começando bem!", murmura ele. Ou Woody Allen: "Não só Deus não existe, mas tentem encontrar um encanador no fim de semana!" Ou Pierre Desproges anunciando sua doença ao público: "Se você for mais canceroso que eu, está morto!" Isso supõe um trabalho, uma elaboração, uma criação. Não é o real que é engraçado, mas o que dele se diz. Não seu sentido, mas sua interpretação – ou sua falta de sentido. Não o prazer que nos oferece, mas o que sentimos ao constatar que ele não propõe nenhum que possa nos satisfazer. Conduta de luto: buscamos um sentido; constatamos que ele falta ou se destrói; rimos do nosso próprio fracasso. E isso, porém, é como um triunfo do espírito.

O humor se distingue da ironia pela reflexividade ou pela universalidade. O ironista ri dos outros. O humorista, de si ou de tudo. Ele se inclui no riso que provoca. É por isso que nos faz bem, ao pôr o ego à distância. A ironia despreza, exclui, condena; o humor perdoa ou compreende. A ironia fere; o humor cura ou aplaca.

Há algo de trágico no humor; mas é um trágico que se recusa a levar-se a sério. Ele trabalha sobre as nossas esperanças, para assinalar seu limite, sobre nossas decepções, para rir delas, sobre nossas angústias, para superá-las. "Não é que eu tenha medo da morte", explica por exemplo Woody Allen, "mas preferiria estar em outro lugar quando ela ocorrer." Defesa derrisória? Sem dúvida. Mas que assim se confessa e que indica muito bem, contra a morte, que todas as defesas o são. Se os fiéis tivessem senso de humor, que restaria da religião?

i

ícone (*icône*) – Uma imagem significante ou um signo imagético. Próximo, nesse sentido, de *símbolo*, mas com algo mais imediatamente figurativo. É que os símbolos, no mais das vezes, relacionam-se a abstrações; os ícones, a objetos ou indivíduos.

id (*ça*) – Uma das três instâncias (com o ego e o superego) da segunda tópica de Freud. É o pólo pulsional do indivíduo: o id ou isso tem, aqui e ali, pontos de contato com a biologia e a hereditariedade (com o que Freud chama de "passado da espécie"), tanto quanto o superego tem com a cultura e a educação (o "passado da sociedade"). É, evidentemente, anterior à consciência, da qual permanece independente. Não é um sujeito nem uma pessoa. É nossa ancoragem na natureza ou a natureza em nós. Antes da consciência, antes mesmo do inconsciente, há o corpo.

Recorde-se *O anti-Édipo* de Deleuze e Guattari: "Isso respira, isso esquenta, isso come. Isso caga, isso fode... Que erro ter dito o isso!" Erro? Não necessariamente. Era marcar a distância entre o que somos, ou queremos ser, e o que nos faz ou nos atravessa.

O id não é uma coisa, mas é ainda menos um indivíduo. "Onde estava o *id*, o *eu* deve advir", escreve Freud. O imperfeito não deve enganar. O id é, sem dúvida, originário, mas igualmente último. Ele vai nos acompanhar até nosso derradeiro suspiro, que será o dele. O sujeito é sempre uma conquista ou uma exigência.

ideal (*idéal*) – É algo que existe apenas como idéia, logo algo que não existe. Assim, o homem ideal, ou a mulher ideal, ou a sociedade ideal... Como nossas idéias correspondem mais facilmente a nossos desejos do que a eles corresponde a realidade, que não os leva em conta, essa palavra também indica uma quase perfeição. O ideal tem um só defeito: não existe.

"Há que acreditar no bem", dizia Alain, "porque ele não existe; por exemplo, na justiça, porque ela não existe" (*81 chapitres*, IV, 7). Equivale a dizer que o bem e a justiça são apenas ideais. Não se deduza daí que não devemos nos preocupar com eles, mas, ao contrário, que eles só existem na medida em que com eles nos preocupamos. Nada é real, no ideal, salvo o valor que lhe atribuímos – salvo o desejo, que nos faz agir.

idealismo (*idéalisme*) – A palavra é usada principalmente em três sentidos, um trivial, os outros dois filosóficos.

No sentido trivial, é o fato de ter ideais, em outras palavras, de não se resignar com a mediocridade ambiente, com os prazeres materiais, com a realidade como ela é. Opõe-se então ao materialismo ou ao cinismo, considerados também num sentido trivial.

Na linguagem filosófica, pode designar certa concepção do ser (uma ontologia) ou certa teoria do conhecimento (uma gnoseologia).

De um ponto de vista ontológico, ele designa um dos dois grandes campos cuja oposição, ao menos desde Demócrito e Platão, atravessa e estrutura a filosofia: é *idealista* toda doutrina para a qual o pensamento existe independentemente da matéria, até mesmo sozinho, seja sob a forma de idéias (idealismo no sentido estrito), seja sob a forma de seres espirituais (nesse caso, fala-se mais em espiritualismo). É o contrário do materialismo no sentido filosófico.

De um ponto de vista gnoseológico, o idealismo designa muito mais um limite do conhecimento: é *idealista* todo pensador para o qual não é possível conhecer nada da realidade em si, seja porque ela não existe, seja porque só é possível reconhecer nossas representações. É o contrário do realismo, no sentido gnoseológico do termo. É essa última acepção que explica por que Kant pôde caracterizar seu sistema ao mesmo tempo como *idealismo transcendental* (só conhecemos fenômenos, nunca as coisas em si) e como *realismo empírico* (conhecemos efetivamente os fenômenos, que não são simples ilusões).

Note-se que é possível ser idealista no sentido ontológico sem o ser no sentido gnoseológico (é o caso, por exemplo, de Descartes); mas que é difícil sê-lo no sentido gnoseológico sem também o ser no sentido ontológico (se conhecemos apenas nossas representações ou nosso espírito, por que pensar que existe outra coisa, que seria de outra ordem?). Enfim, que é possível ser idealista no sentido trivial e materialista no sentido filosófico. É o caso de Marx: o comunismo era seu ideal; o materialismo, sua filosofia.

idéia (*idée*) – É uma representação: as idéias só são visíveis (*ideîn*, em grego, significa ver) para o espírito, e tudo o que o espírito representa pode ser chamado *idéia*. A forma desta árvore, à minha frente, é seu *eidos* (seu aspecto, sua forma visível). Mas, na medida em que a percebo interiormente, é uma idéia. "Costumo chamar pelo nome de idéia", escreve Descartes, "tudo o que existe em nosso espírito quando concebemos uma coisa, como quer que a concebamos" (*Carta a Mersenne*, julho de 1641). Na prática, porém, essa palavra só vale para as representações mais abstratas ou mais elaboradas, excluídas as simples imagens ou percepções: falaremos da idéia de árvore, não tanto da idéia desta árvore precisa, e esta última só será chamada de *idéia* se comportar algo mais que a simples sensação. Nesse sentido, a idéia não é apenas o que existe "no pensamento", como também dizia Descartes, mas o que daí resulta, o que o pensamento produz ou elabora, que é menos seu objeto do que seu efeito. Pensar é ter idéias, mas só podemos tê-las se as produzimos ou reproduzimos – se as pensamos –, o que requer esforço ou trabalho. "Por idéia", escrevia Espinosa, "entendo um conceito do espírito, que o espírito forma por ser uma coisa pensante" (*Ética*, II, def. 3). A idéia não é uma cópia das coisas, mas o resultado de um ato de pensar: não é "algo mudo, como uma pintura em madeira", salienta também Espinosa, "mas um modo de pensar, a saber: o próprio ato de conhecer" (*ibid.*, escólio da prop. 43). Equivale a dizer, contra Platão, que não há idéia à parte ou em si: só há o trabalho do pensamento. Como poderiam existir idéias inatas ou absolutas? Seria um pensamento sem trabalho – pensamento sem pensamento. Uma idéia que não é pensada por ninguém não é uma idéia, e não é nada.

Esse trabalho tem suas exigências próprias, que são muito mais de verdade do que de semelhança. Claro, "uma idéia verdadeira deve concordar com o objeto de que é a idéia" (*Ética*, I, axioma 6). Mas essa concordância não poderia assumir a forma de uma reprodução. O pensamento não é uma arte figurativa: uma idéia não é nem uma pintura nem uma imagem (*Ética*, II, escólio da prop. 48). Trata-se de pensar verdadeiramente, e não de imitar. A idéia de círculo não é redonda, a idéia de cachorro não late (*T.R.E.*, 27), e nenhuma idéia tem idéia.

identidade (*identité*) – O fato de ser o mesmo. Mas o mesmo que o quê? O mesmo que o mesmo: de outro modo, não haveria identidade. Assim, a identidade é, antes de mais nada, uma relação de si consigo (minha identidade é meu próprio ser) ou, quando não se trata de sujeitos, uma relação entre dois objetos idênticos. "Considerado no sentido estrito, esse termo é muito preciso", observa Quine: "uma coisa é idêntica a si mesma e a nenhuma outra, nem mesmo a um duplo gemelar" (*Quiddités*, verbete "Identité"). Dois gêmeos monozigóticos, mesmo supondo-os perfeitamente semelhantes, só são gêmeos na medida em que são dois indivíduos diferentes: se fossem absolutamente o mesmo (no sentido em que o autor de *A cartuxa de Parma* e de *Lucien Lewen* é o mesmo), seriam um só e não haveria gêmeos. Assim, a identidade, tomada nesse sentido estrito, supõe a unicidade: é ser *um e o mesmo*, e ninguém é o mesmo, salvo em relação a si.

Num sentido mais amplo, mas bem reconhecido pela tradição, ocorre falar de identidade a propósito de dois objetos diferentes, para deixar claro que são semelhantes: por exemplo, quando se constata, entre amigos, uma identidade de pontos de vista ou de gosto.

Esses dois sentidos podem ser, ambos, legítimos; ainda assim, convém não confundi-los. É por isso que é costume falar, para designar o primeiro, de *identidade numérica* (ser um e o mesmo: "Moramos no mesmo prédio"), ao passo que se falará de *identidade específica* ou *qualitativa* para designar a perfeita similitude entre vários objetos diferentes ("Temos o mesmo carro", isto é, dois veículos da mesma marca, do mesmo modelo e da mesma cor).

Esta última identidade nunca é absoluta (dois carros idênticos nunca são absolutamente indiscerníveis). Mas a identidade numérica acaso o é? No presente, sem dúvida; mas só no presente. Considerando-a no tempo, é tão relativa quanto a outra – e talvez mais ilusória. O Stendhal que começa *Lucien Lewen* em 1834 tem quatro anos menos que o que escreverá *A cartuxa de Parma*. Como poderia ser idêntico a si? E, se fosse, por que não escreveu o mesmo livro?

O erro seria crer que essa noção, que é puramente formal, possa nos dar a saber algo sobre o real. O fato de que Stendhal, Henri Beyle e o autor de *A vida de Henri Brulard* são uma só pessoa só nos dá a saber algo se soubermos o que essas palavras designam, ou melhor: é por sabermos que podemos afirmar que esses três personagens são um só. A identidade, tanto quanto a carteira de mesmo nome, não se pronuncia sobre o conteúdo do que designa (não é a qüidade), mas apenas sobre a igualdade desse conteúdo em relação a si mesmo. A = A. A identidade não é a essência, mas a essência supõe a identidade.

É bem possível, e é o que creio, que nada, no tempo, permaneça idêntico a si: que tudo seja impermanente, como dizem os budistas, e que nunca nos banhemos duas vezes no mesmo rio. Nem por isso o real deixaria, no presente, de ser idêntico a si. É aqui que Parmênides triunfa sobre Heráclito, mas em vão: pois que triunfa, ainda que Heráclito tenha razão. O mesmo, que existe, é para ser pensado; mas o que ele é, o pensamento pode aprender apenas com o ser, não com o mesmo. Não há ontologia *a priori*. A identidade é um conceito necessário, mas vazio. Ela é o nome que damos à pura presença a si do real, que não tem nome.

É uma dimensão do silêncio, que torna o discurso possível.

identidade, princípio de (*identité, principe d'*) – É o princípio que funda a adequação da verdade a si mesma. Todo ser é o que é: *a* = *a*, *p* = *p*; ou melhor, e como já diziam os estóicos: *se a, então a*; *se p, então p*. Se eu vivo, vivo; se eu faço o que faço, faço. Do que não resulta nada, salvo a necessidade absoluta do presente, que é tudo.

O princípio de identidade é o que faz o pensamento possível, e a verdade, necessária.

ideologia (*idéologie*) – Para aqueles discípulos de Condillac chamados, no início do século XIX, de *ideólogos* – especialmente Destutt de Tracy, que inventou a palavra –, era a ciência das idéias, que seria por isso mesmo a ciência das ciências. Mas tal ciência não existe: só é possível conhecer o cérebro, que pensa as idéias, ou uma teoria particular, que se serve delas ou que as serve. É certamente por isso que esse sentido caiu em desuso. A palavra, faz décadas, é utilizada apenas em seu sentido marxista: a ideologia é um conjunto de idéias ou de representações (valores, princípios, crenças...) que não se explicam por um processo de conhecimento – a ideologia não é uma ciência –, mas pelas condições históricas da sua produção, numa sociedade dada, especialmente pelo jogo conflitual dos interesses, das alianças e das relações de forças. É como um pensamento social, que não seria pensado por ninguém mas que pensaria em todos, ou melhor, dentro do qual todos, necessariamente, pensariam. A ideologia é inconsciente: ela é o lugar, social e historicamente determinado, de toda consciência possível. É a "linguagem da vida real" (Marx e Engels, *A ideologia alemã*, I). Ela é, por natureza, heterônoma: sua história está submetida à da sociedade material, ela própria dominada "em última instância" pela infra-estrutura econômica (forças produtivas e relações de produção). Não se tem as mesmas idéias na idade da pedra talhada e na idade da pedra polida, numa sociedade feudal e numa sociedade capitalista, na época da revolução industrial e na época da revolução informática.

"A ideologia não tem história", escreviam os mesmos autores (*ibid.*). Entenda-se: não tem história autônoma, não tem outra história a não ser a da sociedade de que faz parte, que a determina e sobre a qual age de volta. Pois a ideologia não é um simples reflexo, menos ainda um epifenômeno. É uma força ativa: a função prático-social, salientava Althusser, nela prevalece sobre a função teórica. Ela faz de nós sujeitos, *sujeitando-nos* a ela. Ela constitui "a relação imaginária dos indivíduos com suas condições de existência" (*Positions*, p. 101; v. também *Pour Marx* [A favor de Marx], p. 240). Ela visa menos um efeito de conhecimento do que um efeito de poder ou de sentido.

A ideologia dominante, dizia Marx, é a ideologia da classe dominante: esta faz passar por exigências universais – claro que ela própria acreditando nisso – opiniões que exprimem apenas seus interesses particulares, tais como resultam da sua posição nas relações sociais. Somente lhe escapa a verdade, que não tem nada a ver com nossos interesses. É dizer que tudo o que não é verdadeiro, num pensamento dado, é ideológico. Daí o uso muitas vezes pejorativo da palavra, que assimila a ideologia a uma falsa consciência. Esse uso é, ele próprio, ideológico. O fato de um pensamento não ser verdadeiro não implica, de fato, que seja falso. Seja, por exemplo, a proposição: "Todos os homens são iguais em direito e em dignidade." Que essa afirmação não decorre de uma consciência, é mais que evidente. Mas o que a impede, de fato, de ser verdadeira é precisamente o que a impede também de ser falsa. Isso não significa que ela não tenha alcance ou valor. Uma tese ideológica não é nem verdadeira nem falsa, explica Althusser, mas pode ser justa ou injusta, num combate dado. E não conheço tese mais justa, no combate que é hoje o nosso, do que essa. Assim, nada é falso, na ideologia, a não ser sua pretensão à verdade: não é uma consciência falsa, é uma consciência ilusória, e necessariamente ilusória – não um conjunto de erros, mas um conjunto de ilusões necessárias. O fato de a moral fazer parte dele, por exemplo, não implica que se deva ou se possa prescindir de moral: é isso, ao contrário, que torna impossível dela prescindir. O cientificismo, que gostaria de prescindir de toda ideologia, não passa de uma ideologia entre outras. "Somente uma concepção ideológica da sociedade pôde imaginar sociedades sem ideologias", escreve Althusser (*Pour Marx* [A favor de Marx], Maspero, 1965, p. 238). E somente uma concepção ideológica do marxismo, eu acrescentaria, pôde imaginar que ele escapa da ideologia.

Perguntarão se a filosofia faz parte da ideologia. Cabe responder: sim, salvo naquilo que, numa filosofia dada, pertence à verdade (verdade e ciência, cumpre recordar, não são sinônimos), e ainda que fosse impossível estabelecer um limite seguro entre essas duas partes. É o que explica que os pensamentos de Aristóteles ou de Montaigne, que viviam em sociedades tão diferentes da nossa, ainda nos pareçam tão vivos, tão esclarecedores, tão atuais. Isso não significa que seja possível, no século XXI, ser aristotélico ou reescrever os *Ensaios*, mas sim que seja possível ler Montaigne ou Aristóteles por um interesse que não é tão-só histórico: porque eles nos ajudam, hoje, a pensar. Eles tinham o mesmo corpo que nós, o mesmo cérebro que nós. Como não teriam, em parte, o mesmo espírito? A economia não é tudo. A infra-estrutura biológica também conta, e sem dúvida mais. De resto, se fôssemos incapazes de verdade (se tudo fosse ideologia), o marxismo não teria o menor sentido. Portanto, alguma coisa tem de escapar da ideologia para que a noção de ideologia possa aspirar à verdade. Por ser científica? Não tenho certeza. Mas por ser racional, sim. Poder-se-ia dizer a mesma coisa, tratando-se de Montaigne ou Aristóteles, de toda argumentação rigorosa, e devemos inúmeras a eles. Assim, toda filosofia está *na* ideologia; mas nem tudo, numa filosofia, é necessariamente ideológico.

ideólogo (*idéologue*) – É, antes de mais nada, um praticante da ideologia, no sentido primeiro do termo, isto é, do que, no início do século XIX, passava por ser a ciência das idéias: Cabanis e Destutt de Tracy são os mais célebres; Stendhal e o jovem Maine de Biran se identificarão com eles. Atualmente, esse sentido tem um uso apenas histórico. Hoje, costuma-se chamar de *ideólogo* qualquer um que desenvolva ou represente uma ideologia, no sentido atual e mais ou menos marxista do termo. A palavra, nesta última acepção, é quase sempre pejorativa: um ideólogo é alguém que trabalha na ilusão, mas sem saber, e que pretende por isso erigir em verdade universal seu próprio ponto de vista, o qual nada mais faz que exprimir interesses ou *partis pris* banalmente particulares.

idiossincrasia (*idiosyncrasie*) – É a *mistura* (*sýnkrasis*) *própria* (*ídios*) de um indivíduo dado, em outras palavras, o que ele tem de singular, que resulta do encontro, nele, de elementos que não o são. É apenas uma palavra erudita para designar a banalidade heterogênea de ser si.

idiotia (*idiotie*) – Falta extrema de inteligência. Na psicopatologia tradicional, o idiota é o equivalente do que hoje chamaríamos de débil mental profundo (para diferenciar do imbecil, que corresponderia ao débil mental leve). O idiota é incapaz de falar; o imbecil, de falar inteligentemente. Mas a palavra fez seu ingresso na língua propriamente filosófica, cerca de vinte anos atrás, com um sentido totalmente diferente, que devemos a Clément Rosset e que remete à etimologia. *Idiótes*, em grego, é o simples particular (a palavra deriva de *ídios*, próprio), em oposição aos magistrados ou aos sábios, que supostamente falam do ponto de vista do universo. A idiotice, nesse sentido, é o próprio de todo ser singular, na medida em que ele é somente si e nada mais: é a singularidade bruta, sem frases, sem duplo, sem alternativa. É como um idiotismo ontológico: a pura singularidade de existir. É portanto o próprio de todo ser (a singularidade é uma característica universal), e é isso que indica com plena clareza um dos mais belos títulos de Clément Rosset e da história da filosofia: *Le réel, Traité de l'idiotie* [O real, Tratado da idiotia] (Éditions de Minuit, 1977; sobre o sentido da palavra, v. especialmente pp. 7 e 40-51).

idolatria (*idolâtrie*) – Idolatrar é adorar um ídolo, isto é, uma imagem da divindade, muito mais que o próprio Deus, ou um falso deus, muito mais que o verdadeiro. A idolatria, nesse sentido, é a religião *dos outros*. Dela só seria possível escapar adorando um Deus que não se possa de forma alguma imaginar. Mas como saber, nesse caso, se é Deus?

Pode-se falar de idolatria, num sentido mais amplo, no caso de qualquer adoração de um objeto visível ou sensível, e mesmo de uma entidade qualquer, desde que se suponha que ela exista na terra. Adorar a Natureza, a Força, o Estado, a Sociedade, o Dinheiro, a Ciência, a História ou o Homem, é sempre idolatria. Simone Weil, comentando o começo do Pai Nosso, aparentemente tão irrisório ("Pai Nosso, que estás no céu..."), faz a seguinte observação: "O Pai está no céu. E não em outro lugar. Se cremos ter um Pai na terra, não é ele, é um falso Deus" (*Attente de Dieu* [Espera de Deus], p. 215). Deus só é Deus por sua ausência, e talvez seja esse o segredo da transcendência: enquanto adoramos algo presente, adoramos um falso Deus; mesmo monoteístas ou ateus, somos idólatras. Só escapamos da idolatria adorando a ausência mesma, ou deixando de adorar.

ídolo (*idole*) – Uma imagem (*eídolon*) divina ou um Deus imaginário. Por metáfora, toda pessoa que adoramos como um deus. Resta saber se Deus mesmo não é uma primeira metáfora.

igreja (*église*) – A comunidade dos crentes, de uma religião dada e quando ela atinge certa dimensão: é uma seita demasiado numerosa para que admita ser uma seita.

Quando utilizada sem outra precisão, a palavra designa quase sempre uma das Igrejas cristãs, especialmente a Igreja Católica. É que, como instituições, elas tiveram mais êxito que as outras. O que não basta para lhes dar razão, nem para condená-las.

"Jesus anunciava o Reino, e foi a Igreja que veio", escreve Alfred Loisy. Isso quase podia valer como definição. Uma Igreja é o que vem no lugar do Reino que ela anuncia. Só os verdadeiros místicos e os verdadeiros ateus podem prescindir dela.

igualdade (*égalité*) – Dois seres são iguais quando são de mesma grandeza ou possuem a mesma quantidade de alguma coisa. Portanto, a noção tem um sentido tão-somente relativo: ela supõe uma grandeza de referência. Pode-se falar, por exemplo, da igualdade de duas distâncias, de dois pesos, de duas fortunas, de duas inteligências... Mas uma distância não é igual a um peso, nem uma fortuna a uma inteligência. Uma igualdade absoluta? Seria uma identidade e, nesse sentido, ninguém seria igual, a não ser a si mesmo. Tomada em absoluto, a noção perde seu sentido ou se torna outra. Só poderemos lhe ser absolutamente fiel se aceitarmos que ela seja relativa.

São os homens iguais? Tudo depende do que se fala: questão de fato ou questão de direito? De fato, a desigualdade é que é a regra, evidentemente: os homens não são nem tão fortes, nem tão inteligentes, nem tão generosos uns quanto os outros. Essas diferenças às vezes se equilibram ou se compensam: este será mais forte que aquele, que será mais inteligente ou menos egoísta... Mas também acontece, talvez com maior freqüência até, que elas se somem: uns parecem ter toda a sorte, todos os talentos, todas as virtudes, enquanto outros só têm fraquezas, taras ou desgraças. Se todas as mulheres lindas fossem burras e más, seria menos difícil para as feias. Se todos os campeões fossem idiotas e impotentes, seria menos doloroso para os outros. Mas não é assim, e eles às vezes ficam milionários, o que cria mais uma desigualdade... Na verdade, pois, não há dúvida: qualquer que seja a grandeza considerada, e mesmo que se tente unificar essas grandezas numa média, os seres humanos, quando considerados como indivíduos, são manifestamente desiguais. Um Deus justo, talvez, poderia ou deveria ter evitado isso. Mas e se não houver Deus? Ou se ele tiver julgado de outro modo?

A democracia? Os direitos humanos? Sou apegado àquela e a estes tanto quanto qualquer outra pessoa. Mas por que, para ser democrata, deveria eu pretender que Eichmann é, de fato, igual a Einstein ou a Cavaillès?

É responder de modo insuficiente a Le Pen objetar-lhe, sem explicitar melhor, que todos os homens são iguais. Todos os indivíduos? Seria opor uma mentira pia a uma mentira ímpia. Todas as raças? Se o conceito não tem pertinência, como parecem pensar os geneticistas, esse problema tampouco tem. Se, no entanto, continua-se a empregar essa noção equívoca e desagradável, como fazem muitos anti-racistas ("todas as raças são iguais"), cuidado para não cair na mesma confusão que fazem ou cultivam os que nós combatemos. O fato de os homens serem iguais *em direito e em dignidade* é só o que depende de nós, é só o que, moralmente, politicamente, importa. Eles serem iguais de fato depende da natureza, e nada garante que ela seja democrática, progressista e humanista... Ela ignora nossas leis. Por que deveríamos aceitar cegamente a dela? "A biologia refutou o racismo faz tempo", diz a boa gente. Muito me alegra sabê-lo. Mas deveríamos ser racistas, se assim não fosse? Deveríamos virar racistas se a biologia mudasse de orientação? Devemos submeter nossos princípios aos ditames dos laboratórios? Só ser anti-racista dependendo do inventário genético? Seria confundir o fato e o direito, e é por isso que é essencial distingui-los. Mesmo que os geneticistas nos explicassem amanhã que os negros são, de fato, mais bem-dotados para a corrida do que os brancos, mesmo que descobrissem que não é de forma alguma por acaso (nem por razões apenas culturais) que os judeus têm proporcionalmente mais prêmios Nobel do que os chamados arianos, isso, evidentemente, não daria nenhum direito e nenhuma dignidade suplementares a uns ou a outros. A questão não está em saber se os homens são iguais de fato – o que não depende de nós, e os indivíduos não o são –, mas se queremos que o sejam (e, para tanto, basta querermos que sejam de fato) de direito e em dignidade.

A resposta não está nos laboratórios dos geneticistas, nem nos testes dos psicólogos. Ela está em nosso coração e em nossos parlamentos – em nossos princípios e em nossas leis. Não contemos com a biologia para ser igualitária em nosso lugar. Não renunciemos a sê-lo a pretexto de que a natureza, tratando-se dos indivíduos, não o é.

Não é porque os homens são iguais que têm os mesmos direitos. É por terem os mesmos direitos que são iguais.

ilusão (*illusion*) – Não é a mesma coisa que um erro. É uma representação prisioneira do seu ponto de vista e que resiste até ao conhecimento da própria falsidade: mesmo sabendo que a Terra gira em torno do Sol, vejo o Sol mover-se do leste para o oeste... "É ilusão", escreve Kant, "o engano que subsiste, mesmo quando se sabe que o objeto suposto não existe" ou é outro (*Antropologia...*, § 13). Existe portanto uma positividade da ilusão. Se o erro nada mais é que uma privação de conhecimento (pelo que ele não é nada e se abole no verdadeiro), a ilusão seria antes um excesso de crença, de imaginação ou de subjetividade: é um pensamento que se explica menos pelo real que conheço do que pelo real que sou.

Essa subjetividade pode ser puramente sensorial (as ilusões dos sentidos) ou transcendental (se é que há ilusões da razão, como pretende Kant). Mas ela se expressa na maioria das vezes como subjetividade desejante: iludir-se é confundir seus desejos com a realidade. É esse o sentido da palavra, em Freud: "O que caracteriza a ilusão é ser derivada dos desejos humanos", escreve ele (*O futuro de uma ilusão*, VI). Portanto, nem todo erro é uma ilusão, nem toda ilusão, um erro. Posso me enganar, sem que isso se deva aos meus desejos (nesse caso, é um erro, não uma ilusão), e não me enganar, ainda que meu pensamento deva mais a meus desejos do que a um conhecimento (nesse caso, é uma ilusão, não um erro: por exemplo, a menina pobre que acredita que aparecerá um príncipe para se casar com ela; alguns casos desse gênero, observa Freud, apresentaram-se realmente). A ilusão, muito embora possa ser falsa, e de fato seja no mais das vezes, não é portanto um certo tipo de erro. É um certo tipo de crença: "Chamamos de ilusão uma crença", continua Freud, "quando, na motivação desta, a realização de um desejo é predominante", e não obstante sua relação com a realidade. É uma crença desejante, ou um desejo crédulo.

Se admitirmos, com Espinosa, que todo juízo de valor supõe um desejo e a ele se reduz (*Ética*, III, 9, escólio), resultará que todos os nossos valores são ilusões. Não se conclua daí que deveríamos dispensá-las, mas, ao contrário, que não o podemos (pois que somos seres de desejos) e que não devemos (a humanidade não sobreviveria). Ilusões necessárias: delas só poderíamos escapar para cair em outras. "Somente uma concepção ideológica da sociedade pôde imaginar sociedades sem ideologias", escrevia Althusser. Somente uma concepção ilusória da humanidade pôde imaginar uma humanidade sem ilusões.

imagem (*image*) – Reprodução ou figuração sensível – seja ela material ou mental – de um objeto qualquer. O importante não é que esse objeto exista ou não realmente (podemos imaginar ou pintar tanto uma quimera quanto nosso vizinho), mas que seja figurável. Daí as metáforas, símbolos, alegorias e outras imagens (mas num sentido derivado), que visam representar o que não é imediatamente apresentável: por exemplo, uma balança para a justiça, uma pomba para a paz, um ancião ou um jovem para Deus.

imaginação (*imagination*) – A faculdade de imaginar, em outras palavras, de representar interiormente imagens, inclusive e sobretudo quando o que elas representam está ausente. Essas imagens são atos, notava Sartre, e não coisas: a imaginação é "certa maneira que a consciência tem de se proporcionar um objeto", mas de proporcioná-lo, paradoxalmente, como ausente. É o que a torna útil e perigosa: ela liberta do real, de que no entanto faz parte, mas também nos separa dele. Distingue-se, assim, do conhecimento, que liberta sem separar, e da loucura, que separa sem libertar.

Costuma-se opor os clássicos, que desconfiavam da imaginação ("*la folle du logis*"*), aos românticos e aos modernos, que fazem dela a faculdade criadora por excelência. É claro que as coisas são menos simples do que isso. A imaginação, escrevia por exemplo Pascal, "é essa parte dominante no homem, essa senhora do erro e da falsidade, e tanto mais astuta por nem sempre o ser; pois ela seria uma regra infalível de verdade, se fosse uma regra infalível da mentira". É o que permite que certos romances sejam verdadeiros, e tantos outros sejam falsos. "Não falo dos loucos", acrescenta Pascal, "falo dos mais sensatos, é entre eles que a imaginação tem o grande direito de persuadir os homens. Por mais que grite, a razão não pode pôr preço nas coisas. [...] A imaginação dispõe de tudo: ela faz a beleza, a justiça e a felicidade, que é o todo do mundo" (*Pensamentos*, 44-82). Senhora de erro, criadora de valor. Somente a verdade escapa a ela, mas vale apenas na medida em que a imaginamos.

imanência (*immanence*) – É a presença de tudo em tudo (imanência absoluta) ou em outra coisa (imanência relativa). O contrário, pois, da transcendência. É transcendente o que se eleva (*scandere*) além (*trans*); imanente o que permanece (*manere*) em (*in*). Diz-se especialmente do que existe na natureza e dela depende. Se tudo é material, como creio, se não existe nada, a não ser o universo ou a natureza (nada, a não ser tudo!), forçoso é concluir

* *A louca da casa* era como Malebranche chamava a imaginação. (N. do T.)

que tudo é imanente: a transcendência não é senão uma exterioridade imaginária e, como tal, imanente (a imaginação faz parte do universo).

imanental (*immanental*) – Ocorreu-me chamar de *imanental* tudo o que, no interior da experiência, a torna possível: as condições empíricas da empiricidade, em outras palavras, seu poder ou seu processo de autoconstituição histórica. É o equivalente, para o materialismo, do *transcendental* para o idealismo. É imanental tudo o que constitui uma condição de possibilidade do conhecimento, mas *a posteriori*: o corpo (especialmente o cérebro), a linguagem e a experiência são imanentais.

Dirão que, desse modo, há um círculo vicioso (pois que as condições da experiência resultam da experiência). Mas esse círculo, que é, antes, uma espiral, é o próprio círculo do pensamento. "As coisas que é preciso ter aprendido para fazê-las, é fazendo-as que aprendemos", dizia Aristóteles (*Ética a Nicômaco*, II, 1: é forjando que se forja o forjador). Assim, é preciso aprender a pensar, e só é possível fazê-lo pensando. O imanental indica que a origem desse processo, que torna o pensamento possível, não é um pensamento, mas uma experiência. À glória do empirismo.

imanente (*immanent*) – É imanente, no sentido clássico, o que é interior, o que permanece em (*in-manere*) algo ou alguém. Fala-se, por exemplo, de "justiça imanente" para designar uma recompensa ou uma punição incluídas no próprio ato que sancionam (a satisfação do dever consumado, no homem virtuoso, a solidão do homem mau, a indigestão do glutão...), em oposição a uma justiça transcendente, que supõe uma intervenção exterior, seja ela divina ou humana. Note-se que ambas são duvidosas. Mas isso diz mais sobre a justiça do que sobre a imanência.

Em Kant, tudo o que faz parte da experiência e só se aplica a ela.

Em Husserl e nos fenomenologistas, tudo o que é interior à consciência.

No sentido absoluto, é imanente tudo o que é interior ao todo ou, em todo caso (se quisermos que a noção de transcendência conserve um conteúdo), tudo o que faz parte do universo material, isto é, do universo. O materialismo, nesse sentido, é um imanentismo absoluto: somente Deus, que não existe, seria transcendente.

imanentismo (*immanentisme*) – Doutrina segundo a qual tudo é imanente, no sentido absoluto do termo, o que supõe que não existe nenhuma transcendência. Sinônimo às vezes de materialismo, mas com uma extensão mais ampla: o espinosismo – que não é nem materialista nem idealista – é um imanentismo, e o modelo, desde há trezentos anos, de todos eles.

imaterialismo (*immatérialisme*) – Uma forma extrema e rara de idealismo, que chega a ponto de negar a existência da matéria. A filosofia de Berkeley é sem dúvida o exemplo mais radical que dele já se propôs. "Ser é perceber ou ser percebido"; só há espíritos e idéias. A "matéria" não é senão uma palavra, que não corresponde a nenhuma experiência real (pois que, por definição, podemos experimentar apenas nossas percepções, que existem em nós). O fato de um pensamento tão distante do senso comum ser irrefutável diz muito sobre o pensamento, e sobre o senso comum.

imoral (*immoral*) – Que se opõe à moral, na medida em que esta é tida como legítima. Não confundir com o imoralismo, que contesta essa legitimidade, nem com a amoralidade, que não se vincula a ela.

imoralismo (*immoralisme*) – É opor-se à moral, no mais das vezes porque ela seria apenas uma ilusão nefasta. É o caso de Nietzsche: "A moral é o perigo por excelência", escrevia ele, "o instinto negador da vida: há que destruir a moral para libertar a vida." Por isso, é preciso esforçar-se para viver "além do bem e do mal", fazer-se "mais forte, mais mau, mais profundo". É combater a moral, mas em nome de certa ética: "Além do Bem e do Mal", dizia ainda Nietzsche, "pelo menos não quer dizer: além do bom e do mau." Não se sai dos juízos de valor: o imoralismo é o contrário de um amoralismo. É o que autoriza a maioria dos imoralistas a ser boa gente: o que eles reprovam na moral, quase sempre, é ser imoral.

imortalidade (*immortalité*) – É imortal o que não pode morrer: é o caso da alma, segundo Platão, ou de Deus, segundo os crentes. Note-se que a imortalidade da alma não é uma idéia cristã (se Jesus nos salva da morte e se podemos ressuscitar, é porque podemos morrer), nem uma idéia judaica. Uma idéia grega? Em parte. Se ela não fosse tão difundida,

Epicuro não teria consagrado tanta energia a combatê-la. Nela, via menos uma esperança do que uma fonte inesgotável de temores. Ser imortal seria estar exposto para sempre à infelicidade, aos castigos, à repetição – ao inferno. A mortalidade é melhor, pois nos expõe apenas ao nada.

imperativo (*impératif*) – Um mandamento, mas que seria enunciado na primeira pessoa: não o contrário da liberdade, mas o que ela se impõe a si mesma. Não é a mesma coisa obedecer a um soberano ou a um Deus (mandamento) e obedecer unicamente a si (imperativo). Obedecer a um mandamento é submeter-se, e sem dúvida isso é freqüentemente necessário. Obedecer a um imperativo é se governar, e isso é sempre necessário.

Distinguem-se, desde Kant, dois tipos de imperativos: o imperativo hipotético e o imperativo categórico.

O primeiro está submetido a uma condição, que costuma ser o fim perseguido. Por exemplo: "Se quiser que seus amigos sejam leais com você, seja leal com eles." Ou: "Se não quiser ser preso, seja honesto." São apenas as regras da prudência e da habilidade. Trata-se de escolher meios adequados ao fim perseguido, e eles só valem na medida em que ele é efetivamente perseguido.

O imperativo categórico, ao contrário, é incondicional. Porque não tem nada a ver com nenhum fim. Por exemplo: "Seja leal com seus amigos." Ou: "Não minta." Imperativos morais, que comandam absolutamente: não têm a ver com o êxito nem com a eficácia, como a prudência ou a habilidade, mas com o dever. Assim, explica Kant, quando se trata de depor num tribunal: quem se pergunta com que finalidade deveria dizer a verdade já é um miserável.

Os imperativos hipotéticos permanecem particulares: só valem para os que verificam sua condição, em outras palavras, para os que visam determinado objetivo (amigos leais, a confiança, o sucesso...). O imperativo categórico, por ser incondicional e não visar nenhum objetivo, é universal: vale para todo ser razoável finito, como diz Kant, inclusive para os que não o respeitam. É o universal mesmo, na medida em que a razão o enuncia e o prescreve a si própria – não apenas para o pensamento (razão teórica), mas também para a ação (razão prática). É o que determina sua fórmula, tão conhecida e tão exigente: "Aja unicamente de acordo com a máxima que faz que você possa querer ao mesmo tempo que ela se torne uma lei universal" (*Fundamentos*..., II). É obedecer apenas à razão em si, em outras palavras, à parte de si que é livre (por não ser submetida às propensões ou aos instintos do "caro eu"). É obedecer unicamente a si (autonomia) libertando-se de si (universalidade). Assim, a moral só vale para todos porque vale para cada um ("sozinho, universalmente", dizia Alain), e o único dever é ser livre.

implicação (*implication*) – É uma relação entre duas proposições, de tal modo que a segunda seja uma conseqüência necessária da primeira: *se p, então q*. Se a primeira é verdadeira, a segunda também é. Se a segunda é falsa, a primeira também. Em compensação, se a primeira é falsa, a segunda pode ser verdadeira ou falsa. Considerada em bloco e de um ponto de vista estritamente lógico, portanto, uma implicação só é falsa se, e somente se, ligar um antecedente verdadeiro a um conseqüente falso: "Se Paris é a capital da França, então as galinhas têm dentes" é uma proposição falsa. Já uma implicação que se inicia por uma proposição falsa é necessariamente válida. "Se as galinhas têm dentes, então sou o rei da França" é uma proposição verdadeira, seja ela pronunciada por Luís XIV ou por vosso servidor.

impressão (*impression*) – É uma espécie de percepção, mas que remete mais ao estado do sujeito perceptivo do que ao do objeto percebido. Toda impressão é subjetiva; é sua maneira de ser verdadeira, ou de poder sê-lo. Assim, no impressionismo (que deve seu nome, de início pejorativo, a um célebre quadro de Monet, intitulado *Impressão, sol nascente*): trata-se de pintar, não o que se sabe ou se acredita ser, mas o que se vê. Daí uma nova objetividade, mais fenomenológica do que ontológica. É um realismo na primeira pessoa, que busca menos a verdade das coisas do que sua aparência fugidia, menos a eternidade do que o instante, menos o absoluto do que o movimento ou a luz. É por isso que os maiores, às vezes, encontrarão – como já fazia Corot, como fará Cézanne, em suas melhores telas – a verdade, a eternidade, o absoluto, que são o próprio devir, em sua impermanência desvendada ou reencontrada.

No entanto, em filosofia, a palavra remete menos à estética do que à teoria do conhecimento, especialmente em sua versão empirista e cética. As impressões, escreve Hume, são "as percepções que penetram em nós com mais força e violência" (diferentemente das idéias, que são como que as imagens apagadas ou debilitadas das impressões em nossos pensamentos); "e por esse nome", acrescenta, "compreendo todas as nossas sensações, paixões e emoções, tais como fazem sua primeira aparição na alma" (*Tratado*..., I, I, 1). Resulta daí que só conhecemos impressões ou idéias, sem nunca poder compará-las com um modelo original que seria o próprio objeto (já que este só poderia ser conhecido por intermédio de uma impressão). É aqui que o empirismo leva ao ceticismo.

impulsivo (*impulsif*) – Quem não consegue resistir aos seus impulsos: eles são fortes demais para ele; ele é fraco demais para eles.

impulso (*impulsion*) – Um movimento impensado. Cabe à razão compreendê-lo (ele é impensado, mas não é irracional: tem suas causas); cabe à vontade controlá-lo, se necessário for, ou utilizá-lo, se puder.

inatismo (*innéisme*) – É não acreditar que há algo inato no homem, o que não é contestável, mas que a "inatidade" não se reduz ao corpo: que certas idéias ou condutas são inscritas em nós desde o nascimento. É crer na inatidade não do corpo, mas do espírito.

Para um materialista, um certo inatismo é indiscutível: se o corpo e o espírito são uma só e mesma coisa, a inatidade do corpo acarreta a do espírito. O cérebro, por definição, é inato. Isso não impede que ele se desenvolva e se construa também *depois* do nascimento. O inato só se opõe ao adquirido na medida em que o supõe. Por exemplo, a linguagem, como faculdade, é inata; mas toda língua é adquirida. O erro de Descartes foi ter acreditado que a inatidade do espírito era a de idéias feitas, quando se trata, ao contrário, de funções (indissociavelmente neuronais e lógicas) e de idéias por fazer.

inato (*inné*) – O que é dado ou programado desde o nascimento. Não confundir o inato (que se opõe ao adquirido) com o *a priori* (que se opõe ao empírico). O inato é menos do domínio do transcendental do que do imanental (v. "imanental" e "transcendental"). E evite-se dizer, com excessiva precipitação, que nada é inato no homem: seria fazer como se não tivéssemos corpo (o qual é, por definição, inato) ou como se ele fosse uma quantidade desprezível. A experiência e a genética provam o contrário.

incerteza (*incertitude*) – É incerto tudo aquilo de que podemos ou devemos duvidar. Ou seja, tudo? Sim, em certo sentido, pois pode ser que eu sonhe, que sejamos todos loucos ou que um Deus onipotente se divirta maldosamente nos enganando sempre... Seria, por isso, menos verdadeiro que eu exista? A evidência da nossa existência supõe a validade da nossa razão, que não pode ser provada (já que toda prova a supõe) e, portanto, não é uma. De resto, ainda que admitíssemos que um erro supõe algo que erre, isso no máximo só provaria a existência... de algo. Daí a pretender que esse algo sou eu... Quem sabe não sou o sonho de outro, ou um louco que se toma por André Comte-Sponville, ou ainda um cérebro numa redoma, que um experimentador genial – ou um técnico medíocre, daqui a dez mil anos – programaria permanentemente, com eletrodos e computadores, para que se imagine filósofo em pleno processo de, por exemplo, escrever uma definição da incerteza... Isso é improvável? Sem dúvida. Daí que, como dizia Pascal, não é certo que tudo seja incerto. Mas isso só cria mais uma incerteza.

Essa dúvida, porém, por mais legítima que seja, a rigor, é uma dúvida metafísica: quase todos, como o Descartes da sexta Meditação, tenderemos a achá-la um tanto "hiperbólica e ridícula". Por isso fala-se de incerteza, num sentido mais restrito, apenas com referência ao que pode ser falso, mesmo que nossos sentidos e nossa razão possam ser tidos como mais ou menos confiáveis. O incerto, então, é aquilo de que podemos ou devemos duvidar, não a rigor ou em absoluto, mas nas condições ordinárias da nossa vida e do nosso pensamento – o que é *particularmente* duvidoso. Por exemplo, que Napoleão tenha sido assassinado, é incerto; que tenha morrido, não. A existência de uma vida extraterrestre é incerta; a da vida na Terra, não. Que tenhamos uma alma imaterial é incerto; que tenhamos um corpo material, não. Isso não prova que os céticos estejam errados, mas simplesmente que não precisamos ser dogmáticos para diferenciar entre o que é incerto, nesse sentido restrito, e o que não é. Hume, quando jogava gamão, não duvidava do seu jogo.

incerteza, relações de (*incertitude, relations d'*) – É uma espécie de princípio, às vezes também chamado de "princípio de indeterminação", que devemos a Heisenberg. Ele mostrou que, como as condições da observação modificam, em escala quântica, o que se pode observar (ao iluminar uma partícula, modifica-se sua trajetória), não é possível determinar ao mesmo tempo a posição e a velocidade de uma partícula, não é possível nem mesmo atribuir ao mesmo tempo às partículas essas duas características. Do que alguns concluem que o espírito humano está fadado ao fracasso, que não há verdade, que a própria idéia de um conhecimento científico vem abaixo... O que, certamente, é um contra-senso. A física quântica é, ao contrário, uma das mais formidáveis vitórias do espírito humano, um dos principais progressos científicos de todos os tempos, enfim uma das mais certas (no sentido restrito definido acima) das nossas teorias. Pior para os sofistas. Melhor para os físicos e os racionalistas.

inclinação (*inclination*) – É uma propensão duradoura e agradável, que mais seduz do que coage. Podemos resistir às nossas inclinações (é o que as distingue das compulsões); porém é mais sensato, quando elas não são desonrosas, entregar-se a elas de quando em quando: isso evitará transformá-las em obsessões ou em arrependimentos.

incondicionado (*inconditionné*) – A palavra fala por si mesma: é incondicionado o que não depende de nenhuma condição. É outro nome para o absoluto teórico. Ele é, por natureza, inconhecível. De fato, só seria possível conhecê-lo, mostra Kant (depois de Montaigne e Hume), submetendo-o às *condições* dos nossos sentidos e do nosso espírito. Mas, nesse caso, já não seria o incondicionado: seria tão-só o real, que é o conjunto indefinido de todas as condições. Note-se porém que esse conjunto de todas as condições é, ele próprio, necessariamente incondicionado: assim como não podemos conhecê-lo, também não podemos renunciar a pensá-lo.

incondicional (*inconditionnel*) – Um dos meus filhos, devia estar com sete ou oito anos, me fez um dia a seguinte pergunta: "O que eu poderia fazer, que faria você não mais gostar de mim?" Não achei resposta, melhor dizendo, só pude responder: "nada". O que me surpreendeu. Era a primeira vez que eu compreendia o que é um amor incondicional. Só o vivi, é bom precisar, com meus filhos. Mas me ensinou mais sobre o amor do que todos os livros.

É *incondicional* o que não depende de nenhuma condição, porém mais na ordem prática ou afetiva do que teórica: o que se impõe absolutamente ao coração ou à vontade, não porque existiria de forma incondicionada (infelizmente nossos filhos dependem de tantas coisas!), mas porque não saberíamos viver de outro modo. É o que chamo de absoluto prático: o que queremos e amamos sem reserva e sem condição (de maneira, dir-se-ia hoje, "inegociável"), a ponto de lhe sacrificar, se necessário, todo o resto (em todo caso tudo o que, no resto, não é incondicional).

O incondicional não é, pois, necessariamente incondicionado; aliás, para um materialista como eu, nunca o é. Por exemplo, o repúdio ao racismo: o fato de termos aí um valor incondicional não impede que esse valor apareça sob certas condições. É o que distingue a moral da religião: o absoluto prático, para o ateu, existe apenas *relativamente a nós*.

inconsciente (*inconscient*) – Como adjetivo, é tudo o que não é consciente: por exemplo, a circulação do sangue ou as trocas elétricas entre os neurônios são processos inconscientes, como a quase totalidade do nosso funcionamento orgânico. "Não sabemos o que pode o corpo", dizia Espinosa. É que o essencial do que ele pode é inconsciente.

Como substantivo, é tudo o que *poderia* ser consciente, de direito, mas que não *pode* sê-lo, de fato: o recalque e a resistência se opõem. O inconsciente é, então, um inconsciente *físico*, como diz Freud, e é esse paradoxo que o define: é como um espírito sem espírito, um pensamento sem pensamento, um sujeito sem sujeito. Impossível? Não se pode dizer que sim. Quem sabe o inconsciente não é a verdade do espírito, de que a consciência seria a ponta extrema, sempre ameaçada, ou o pico, sempre a ser conquistado. Se o pensamento se pensasse a si, seria Deus. O inconsciente é o que nos separa disso.

Evitemos pois adorá-lo e, até mesmo, acreditar plenamente nele. O inconsciente tampouco é Deus. A psicanálise, quando erigida em religião, nada mais é que uma superstição como outra qualquer.

indefinido (*indéfini*) – O que não tem definição ou fim determinados. É o caso, em especial, dos termos que são tão-somente a negação de outro. Por exemplo, explicita Aristóteles, "não-homem é apenas um substantivo indefinido, por pertencer igualmente a qualquer coisa, ao que é e ao que não é" (*Da interpretação*, 2). Um gato, uma raiz quadrada, um bicho-papão ou Deus fazem parte do conjunto de tudo o que não é um homem; mas isso não nos diz o que é esse conjunto (a não ser negativamente), nem permite atribuir-lhe um limite (esse conjunto, que inclui, por exemplo, a série dos números, nenhum dos quais é um homem, é evidentemente infinito).

Evite-se portanto confundir o *indefinido* com o *infinito*. Deixando de lado a questão dos termos negativos, o indefinido ocupa uma espécie de entremeio entre o finito e o infinito. O infinito é o que não tem limite. O indefinido, aquilo cujo limite é indeterminado ou indeterminável. Por exemplo, a série dos números inteiros é infinita; a história da humanidade, indefinida. O conjunto das verdades possíveis é infinito; o progresso dos conhecimentos, indefinido.

Note-se que Descartes às vezes chama de *indefinido* o que só é infinito de certo ponto de vista ou em certa ordem, e de *infinito* apenas o que não tem nenhum limite, qualquer que seja o ponto de vista ou a ordem. Nesse sentido, somente Deus é infinito, explica; a extensão dos espaços imaginários ou a multidão dos números são apenas indefinidos. Esse sentido deve ser conhecido, mas não, parece-me, utilizado.

indeterminismo (*indéterminisme*) – Todo pensamento que nega a validade universal do determinismo. Os partidários do indeterminismo sustentam que há fenômenos absolutamente indeterminados, em outras palavras, sem causas necessárias e suficientes: por exemplo, um ato livre, em Sartre, ou a efetuação espaciotemporal do clinâmen em Lucrécio (o clinâmen tem, sim, uma causa, que é o átomo, mas essa causa atua num tempo e num lugar que nada determina). Muitos vêem aí uma condição da liberdade. Mas essa condição não é suficiente. Supondo-se que as partículas que constituem meu cérebro sejam indeterminadas, no nível quântico, nem por isso deixariam de ser determinantes, no nível neurobiológico, ou melhor, seriam ainda mais (se são indeterminadas, está excluído que eu as possa governar, mas não que elas me governem). E essa condição tampouco é necessária. Outra liberdade é possível, mostra Espinosa, mas ela não seria a ausência de determinação, e sim uma determinação própria e por si (*Ética*, I, def. 7: "É dita livre a coisa que existe unicamente pela necessidade da sua natureza e é *determinada por si só a agir*"). Nesse sentido, só Deus é absolutamente livre. Mas a razão, em nós, o é mais do que a loucura, nossas ações mais que nossas paixões, nossas virtudes mais que nossos vícios. Já não é indeterminismo, mas independência ou autonomia. O fato de nunca ser completa é um motivo para intensificá-la, não para renunciar a ela.

Assim, o indeterminismo é do domínio da física, não da moral. Resta saber se ele exprime uma dimensão do real (dos acontecimentos absolutamente indeterminados) ou apenas um limite dos nossos conhecimentos (dos acontecimentos indetermináveis). Parece-me que o segundo termo da alternativa, que é reconhecido, veda tanto excluir o primeiro quanto erigi-lo em certeza.

indício (*indice*) – Um sinal baseado numa relação de causalidade: é um fato perceptível que remete a outro, geralmente imperceptível, que ele implica ou anuncia, a ponto de utilizarmos aquele como sinal deste. Um sintoma é o indício de uma doença, como aquelas grandes nuvens negras podem ser o indício de uma tempestade iminente. No entanto, nem a febre nem as nuvens querem dizer nada: nós é que as fazemos falar, interpretando-as. Assim, um indício é um sinal apenas para nós: ele não quer dizer nada; nós é que o fazemos falar. Digamos que é um fato passível de interpretação: um fato significativo, mas sem vontade de significação.

indiferença (*indifférence*) – Não é a ausência de diferenças (a identidade), mas a recusa ou a incapacidade em estabelecer diferenças afetivamente significativas: não a ausência de diferenças, mas de preferências, de hierarquia ou até de normatividade. Para o indiferente, tudo não é o mesmo (tudo não é idêntico), mas tudo *dá no mesmo*, como se diz, tudo é igual, o que significa que as diferenças, ainda que efetivas, nunca são diferenças de valor. É a versão pirronista da ataraxia (*adiaphoría*: indiferença), tal como resulta do célebre *ou mallon*: uma coisa não é mais (*ou mallon*) do que não é, nem antes isso do que aquilo, nem vale mais ou menos do que uma outra. Não é, repitamos, que todas as aparências sejam idênticas (Pirro, que às vezes às vendia no mercado, certamente fazia distinção entre um porco e um frango), mas é que nenhuma delas se funda nem em verdade nem em valor: porque tudo se equivale, e não vale nada. Objetarão que Pirro, no mercado, devia avaliar diferentemente o que vendia (um porco não vale o mesmo que um frango). Mas era um problema dos fregueses, não dele. Ser indiferente não é ser cego, nem bobo. É ser neutro e sereno.

É possível isso? E por que haveria de ser, se a própria serenidade é indiferente? Pirro é um dos raros filósofos que foi verdadeiramente niilista e que nos dá vontade de sê-lo. Mas essa vontade o refuta ou nos impede de segui-lo. Se nada tem valor, o niilismo não vale nada.

No entanto há indiferenças boas, mas parciais ou específicas: as que se recusam a considerar o que não deve ser considerado ou a dar importância ao que não tem. A justiça, por exemplo, não pode prescindir da imparcialidade, que é como que uma indiferença de princípio. E a caridade se distingue da amizade na medida em que é um amor indiferenciado (o que Fénélon chamava de "santa indiferença"). Mas nem a caridade nem a justiça supõem que sejamos indiferentes a tudo ou a elas mesmas: senão elas deixariam de valer. Ser imparcial não é ser indiferente à justiça. É ser indiferente a todo o resto. Assim, a indiferença tem valor, é esse o seu paradoxo, apenas se for diferenciada. Às vezes, ela é até uma virtude: permanecer indiferente ao medíocre ou ao irrisório não é niilismo, é grandeza de alma.

indiferença, liberdade de (*indifférence, liberté d'*) – O livre-arbítrio, mas na medida em que não fosse submetido a nenhuma inclinação ou preferência: é a liberdade do asno de Buridan, se é que ela existe. Descartes via nela "o mais baixo grau da liberdade, que mais parece um defeito do conhecimento do que uma perfeição da vontade; porque se eu conhecesse sempre claramente o que é verdadeiro e o que é bom, nunca teria dificuldade de deliberar que juízo e que escolha eu deveria fazer, e assim seria inteiramente livre sem nunca ser indiferente" (*Meditações*, IV; v. também a *Carta ao padre Mesland*, de 9 de fevereiro de 1645). Ao invés, quem fosse perfeitamente indiferente, que lhe importaria ser livre? E que uso poderia fazer da sua liberdade?

indiscerníveis, princípio dos (*indiscernables, principe des*) – É um princípio leibniziano, que estipula que todo ser real é intrinsecamente diferente de todos os outros; em outras palavras, que não existem seres absolutamente idênticos ou indiscerníveis (que só se distinguiriam ou numericamente, ou por dados extrínsecos, como sua posição no espaço e no tempo). Duas gotas d'água, duas folhas da mesma árvore ou dois comprimidos de aspirina só parecem indiscerníveis porque nós os observamos mal: examinem cada par num microscópio e verão que não há como confundi-los. O princípio, de acordo com Leibniz, não comporta exceções: todo ser é único; a infinita multiplicidade do real é constituída unicamente de singularidades absolutas (as mônadas).

E se não formos leibnizianos? Resta então que todo ser é diferente de todos os outros – inclusive de si mesmo em outro momento. É por isso que não há seres: só há acontecimentos. Nunca nos banhamos duas vezes no mesmo rio, nem tampouco uma vez. Já não estamos em Leibniz, mas em Heráclito ou Montaigne.

individualismo (*individualisme*) – Ser individualista é pôr o indivíduo acima da espécie ou da sociedade, ou até acima de tudo (por exemplo, acima de Deus ou da justiça). Mas que indivíduo? Se se trata apenas do eu, o individualismo nada mais é que outro nome, menos pejorativo, do egoísmo. Se se trata de todo indivíduo, ou melhor, de todo ser humano, nada mais é que outro nome, menos enfático, do humanismo. A palavra não cessa de flutuar entre esses dois pólos; ela deve o essencial do seu sucesso ao vago que daí resulta.

indivíduo (*individu*) – Um ser vivo qualquer, de uma espécie qualquer, mas na medida em que é diferente de todos os outros. Nada mais banal do que um indivíduo, e nada mais singular: é a banalidade de ser si.

Diz-se especialmente de um ser humano, mas considerado não tanto como objeto, quanto como sujeito, não tanto como resultado, quanto como princípio, não tanto como elemento (de um conjunto dado: uma espécie, uma sociedade, uma classe...), quanto como pessoa. Qualquer um, portanto, na medida em que é um.

Indivisível? É o que sugere a etimologia: *individuum*, em latim, traduz o grego *átomon*. Isso não é probatório, nem num caso nem no outro (sabemos hoje que os átomos são divisíveis), mas coincide com a experiência comum. Não porque não possamos dividir um ser vivo; mas porque o que há de individual nele não é dividido assim. Um perneta não é uma metade de indivíduo.

indizível (*indicible*) – O que não pode ser dito, porque estaria além de todo discurso possível. Faz-nos pensar na última fórmula, tão célebre, do *Tractatus* de Wittgenstein: "Aquilo de que não podemos falar, devemos calar." Mas por que esse "devemos", se não podemos? Para que proibir aquilo de que ninguém é capaz? É que, na verdade, não há indizível: tudo pode ser dito, bem ou mal, mas, de fato, às vezes é melhor o silêncio.

Deus, por exemplo, seria indizível. Os místicos, porém, não cessaram de falar dele, não raro muito bem, do mesmo modo que, com outras palavras, os filósofos e os teólogos. O discurso deles é inadequado ao seu objeto, que o excede em todos os sentido? Sem dúvida. Mas é também esse o caso do Universo, e de tudo o que nele se encontra. Tente definir adequadamente uma pedra: o essencial necessariamente escapa, que é a diferença entre a pedra e o que dela é dito – que é, portanto, muito exatamente, a própria pedra. Quer isso dizer que a pedra é indizível? Claro que não, já que você pode falar dela com pertinência. Simplesmente, esta pedra, apesar de dizível, apesar de dita, é outra coisa que não um discurso. Chamo a isso silêncio, e não indizível. A diferença entre ambos? O silêncio pode ser dito. Aliás, é o que ocorre na maioria dos nossos discursos. A metalinguagem, não obstante os tagarelas e os sofistas, é a exceção: na maioria das vezes, e ainda bem que assim é, falamos de outra coisa que não a linguagem. Por exemplo, estes dois versos de Angelus Silesius: "A rosa não tem porquê, floresce por florescer, / consigo não se preocupa, e vista não almeja ser." Eles falam, mas de algo que não fala. Não é que a rosa seja indizível, mas é que é silenciosa. Não é que ela seja inefável, mas é que é *inefante* (se me permitem este decalque do *infans* latino: aquele que não fala). Realeza do silêncio: realeza de uma criança.

É Hegel, portanto, que tem razão neste ponto: "O que chamamos de indizível, nada mais é que o não-verdadeiro, o não-racional, o apenas visado" (*Fenomenologia do espírito*, "A certeza sensível", III). Não que o verdadeiro seja um discurso, mas porque toda verdade pode ser dita. Nem por isso ela deixará de ser silenciosa: se o real não é um discurso, como é que um discurso, mesmo verdadeiro, poderia contê-lo integralmente ou dissolvê-lo? Toda verdade pode ser dita, mas nenhum discurso *é* a verdade. Aquilo de que podemos falar, mesmo assim continua a se calar. Realeza de uma criança: realeza do silêncio.

indução (*induction*) – É um tipo de raciocínio, que se define classicamente como passagem do particular ao geral, ou dos fatos à lei. Opõe-se, assim, à dedução, que vai do geral ao particular ou de um princípio às suas conseqüências.

Compreende-se que a indução, que é amplificante, levanta mais problemas que a dedução, que seria redutora. Uma vez admitido que todos os homens são mortais, não é de duvidar que este homem o seja: o singular nada mais é que um subconjunto do universal. Mas quantos homens é preciso ter visto morrer para saber que nenhum deles é imortal? Na prática ou psicologicamente, muito menos do que morrem de fato. Mas e de um ponto de vista lógico? Como passar de enunciados singulares em número sempre finito ("Este homem morreu, e este outro, e este outro, e este outro...") a um enunciado universal ("*Todos* os homens são mortais")? É o que se chama, desde Hume, de problema da indução. Quantos cisnes brancos é preciso ter visto para saber que todos o são? Quantos corpos em queda livre é preciso ter observado para saber que, no vazio, todos caem com a mesma velocidade? Teria sido preciso ver todos os cisnes e medir todas as quedas, o que é impossível, claro, ou supor, ao fim de certo número de observações, que os casos por vir se parecerão com os já observados. Mas essa última suposição – de que o futuro se parecerá com o passado – não é inconteste e não pode ser demonstrada nem por dedução (pois se trata de uma questão de fato) nem por indução (pois toda indução o supõe). Toda indução conduz portanto a uma conclusão que excede suas capacidades lógicas: ela é formalmente inválida e empiricamente duvidosa. A confiança que depositamos nesse tipo de raciocínio deve muito mais ao hábito, conclui Hume, do que à lógica (*Tratado*, I, 3; *Investigação*, IV). Ora, tratando-se do conhecimento do mundo, é a indução que, de ordinário, fornece à dedução os princípios gerais, de que esta deduz as conseqüências: se a indução é duvidosa, toda dedução aplicada à experiência também é. À glória de Hume e do ceticismo.

Para esse problema da indução, só conheço uma solução satisfatória. É a de Popper, que resolve o problema, de maneira ao mesmo tempo negativa e radical, mostrando que *não há indução logicamente válida.* Como, então, as ciências experimentais são possíveis? Por dedução: coloca-se um princípio (uma hipótese, uma lei, uma teoria...), de que se deduzem as conseqüências (por exemplo, na forma de previsões). Se essas conseqüências são refutadas pela experiência, o princípio é falso. Se as conseqüências não são refutadas pela experiência, ou enquanto não o forem, o princípio é considerado possivelmente verdadeiro: ele sobreviveu, pelo menos provisoriamente, à prova do real. Resulta daí que "só a falsidade de uma teoria é passível de ser inferida dos dados empíricos e que esse tipo de inferência é puramente dedutivo" (*Conjecturas e refutações*, I, 9; ver também *A lógica da investigação científica*, I).

A argumentação de Popper se baseia, como ele mesmo observa, numa "*assimetria* entre a verificabilidade e a falsificabilidade, assimetria que resulta da forma lógica dos enunciados universais": não é possível concluir, da verdade de enunciados singulares, a verdade de um enunciado universal (dez mil cisnes brancos não provam que todos o são), mas é possível concluir, da verdade deles, a *falsidade* de enunciados universais (basta um cisne negro para provar que nem todos os cisnes são brancos). "Essa maneira de provar a falsidade de enunciados universais", conclui Popper, "constitui a única espécie de inferência estritamente dedutiva que procede, por assim dizer, na 'direção indutiva', isto é, que vai dos enunciados singulares aos enunciados universais." Assim, não há lógica indutiva, nem indução logicamente probatória, mas há o que se poderia chamar de um *efeito de indução* (afinal, passa-se do particular ao geral ou ao universal), que permite enunciar leis científicas – por exemplo, a da queda dos corpos – que são, ao mesmo tempo, possivelmente verdadeiras e empiricamente testáveis. As ciências e a ação não requerem mais que isso.

inefável (*ineffable*) – Sinônimo aproximado de indizível, porém mais suave ou mais misterioso. O indizível o seria por excesso de força, de plenitude ou de simplicidade; o inefável, por excesso de delicadeza, de fineza, de sutileza... Enfim, o inefável só é utilizado positivamente (enquanto podemos falar de um sofrimento indizível, de uma desgraça indizível). Essas nuances, sem ser totalmente indizíveis, permanecem, todavia, um tanto ou quanto inefáveis.

inércia (*inertie*) – É antes de mais nada e paradoxalmente uma força: a força que tem um corpo de perseverar em seu movimento ou em seu repouso. O princípio de inércia estipula, de fato, que um objeto material conserva, por si mesmo, seu estado de repouso ou de movimento retilíneo uniforme: ele só pode ser movido (se estiver em repouso), desviado ou freado (se estiver em movimento) por uma força externa. Assim, a inércia não é a imobilidade (um corpo em movimento retilíneo uniforme manifesta tanta inércia quanto um corpo imóvel), nem tampouco a inação (um corpo inerte pode produzir algum efeito: por exemplo, se cair no meu pé). A inércia é a incapacidade de mudar por conta própria seu movimento, ou de mudar a si mesmo. É por isso que a palavra, aplicada a um ser humano, é sempre pejorativa: suportar-se é fracassar.

inesperança (*inespoir*) – A ausência de esperança, mas considerada como um estado neutro e original: "não o luto da esperança", dizia Mounier, "mas a constatação da sua falta". É o que a distingue do desespero, ou distinguiria, se fosse possível prescindir de esperança sem guardar luto. Assim, a inesperança nada mais é que um desespero que seria perfeitamente consumado. Não um ponto de partida, mas um ponto de chegada. Não um trabalho, mas um repouso. É própria dos sábios e dos deuses. Para todos os outros, não é senão mais uma mentira.

infância (*enfance*) – A primeira idade da vida: os anos que separaram o nascimento da adolescência ou da puberdade. É a idade da maior fragilidade – a criança é praticamente indefesa contra o mal e os infortúnios – e das maiores promessas. É o que nos impõe, em relação às crianças, os maiores deveres (dever de proteção, de respeito, de educação...), sem nenhum direito, jamais, sobre elas. "Essa fraqueza é Deus", dizia Alain. É que ela comanda absolutamente, pela incapacidade que tem tanto de punir como de recompensar. A criança-rainha é sua caricatura: se ela governa, já não reina.

As crianças querem crescer. Nosso dever é ajudá-las nisso, e para tanto é o de crescer nós mesmos. É a única maneira de ser fiel à criança que fomos e que somos. "Empurramos nossa infância à nossa frente", como escreve também Alain, "e é esse o nosso futuro real."

infelicidade (*malheur*) – Vivi bastante para saber o que é: a infelicidade é quando qualquer alegria parece impossível, quando não há mais que horror e angústia, dor, tristeza, quando preferiríamos estar mortos, quando viver nada mais é que sobreviver e agüentar, sofrer e chorar... Lembrar-se, nesses momentos, de que tudo é impermanente: essa infelicidade também passará. E de que sua realidade basta para provar, pelo menos por diferença, pelo menos para os outros, a possibilidade da felicidade. Não é um consolo? Nos piores momentos, pareceu-me que sim. A infelicidade recair sobre mim ou sobre outra pessoa acaso altera alguma coisa essencialmente? Consolo insuficiente? Se não fosse, não seria uma infelicidade.

inferência (*inférence*) – Inferir é passar de uma proposição tida por verdadeira a outra que, em conseqüência disso, considera-se que também o seja, em virtude de um vínculo necessário ou supostamente necessário. Essa passagem pode ser indutiva (se se passa de fatos particulares a uma conclusão mais geral) ou dedutiva (se se passa de uma proposição a uma das suas conseqüências). Considera-se geralmente que a inferência dedutiva só pode levar do verdadeiro ao provável, enquanto a dedução conduz do verdadeiro ao verdadeiro. Não se deve tirar precipitadamente disso um argumento contra os fatos. Basta um só para refutar – por inferência dedutiva, no caso sob a forma do *modus tollens* – a teoria mais ambiciosa. É o que Karl Popper chama de falsificação (*A lógica da investigação científica*, caps. I, III e IV).

inferno (*enfer*) – O lugar da maior infelicidade. As religiões costumam considerá-lo um castigo, que viria punir os maus depois da sua morte. Os materialistas, para quem a morte não é nada, consideram-no, ao contrário, uma metáfora: "É aqui que a vida dos tolos se torna um verdadeiro inferno", escreve Lucrécio. Infelizmente, não só a dos tolos. A morte nos livra dele, certamente mais que a inteligência.

infinito (*infini*) – A etimologia é transparente: o infinito é o que não tem limite, não tem termo (*finis*), não tem fim. Não confundir com o indefinido, que não tem limite conhecido ou conhecível.

As ilustrações mais cômodas são matemáticas. Todos compreendem que a série dos números é infinita, pois sempre é possível acrescentar um número qualquer ao que seria, supostamente, o maior. Note-se que uma parte de um conjunto infinito não é necessariamente infinita (por exemplo, os inteiros situados entre 3 e 12 são em número finito), mas pode sê-lo (a série dos números pares é tão infinita quanto a dos inteiros, de que constitui entretanto uma parte). Assim, um conjunto infinito tem a característica excepcional – que pode servir, matematicamente, para defini-lo – de que pode ser posto em bijeção (em correspondência biunívoca) com pelo menos um dos subconjuntos restritos: todo inteiro pode ser posto em relação biunívoca com seu quadrado, era o exemplo dado por Galileu, apesar da série infinita dos quadrados perfeitos não ser mais que um subconjunto da série dos inteiros. Daí resulta que o todo, tratando-se do infinito, não é necessariamente maior que uma das suas partes (porque esta também pode ser infinita). O que permite definir, por diferença, a finitude: é finito todo conjunto que é necessariamente maior do que um qualquer dos seus subconjuntos restritos (isto é, que são diferentes dele).

Um exemplo não matemático? Logo se pensa em Deus, claro, de que Descartes dizia ser o único infinito propriamente, por não ter limite de nenhum tipo. Se lhe aplicamos a observação que precede, podemos concluir que ele não seria necessariamente maior que uma das suas partes e, por exemplo, que um Deus trinitário não seria maior do que nenhuma das três Pessoas que constituem a unidade da sua essência (pelo menos se cada uma for supostamente infinita). Isso no entanto não prova que ele exista, nem que seja três.

Quanto a encontrar um exemplo empírico, não é possível: a experiência tem acesso apenas ao finito, ou ao indefinido. Recordemos porém a célebre fórmula de Pascal, que às vezes imaginam aplicar-se a Deus, o que não ocorre por acaso, mas que Pascal, que aliás faz sua uma metáfora tradicional, utiliza somente a propósito do universo: "uma esfera infinita cujo centro está em toda parte e a circunferência, em parte alguma" (*Pensamentos*, 199-72). Mas dessa infinidade, duvidosa por sinal, temos apenas uma idéia, não uma experiência.

ingenuidade (*naïveté*) – Não confundir com a tolice. O tolo carece de inteligência ou de lucidez; o ingênuo, de astúcia e de artimanha. Virtude infantil ou natural, que no entanto não poderia justificar a falta de maturidade, de cultura ou de polidez.

injúria (*injure*) – É uma denúncia carregada de ódio, dirigida – é seu paradoxo – à mesma pessoa que ela denuncia. Com que fim? Primeiro, o prazer que ela proporciona e que às vezes é uma questão de higiene: é melhor que um assassinato ou que uma úlcera no estômago. Também certa exigência de verdade, ou mesmo de justiça, que o injuriador impõe pela palavra àquele que ele insulta, como se fosse preciso esclarecer a este o que ele é, ou o que se pensa dele, como se fosse preciso desmascará-lo a seus próprios olhos, enfim, obrigá-lo a se ver, pelo menos uma vez, no espelho do nosso desprezo. Veja-se no meu olhar, julgue-se no meu juízo: você é o que estou dizendo! É como uma verdade performativa, e não é preciso dizer que a lógica está totalmente ausente dela. A injúria pode ser fundada ou não (pode ser maledicência ou calúnia); é sempre injusta, como indica a etimologia, pela recusa de compreender e pela vontade de magoar. Mas essa injustiça acaba corrigindo outra, que nos parece, pelo menos na hora, mais grave ou mais insuportável. A lógica é a do castigo; injuriar é fazer-se juiz, procurador e carrasco. A conjunção desses três papéis basta para colocar a injúria em seu devido lugar: não é justiça, é cólera.

inquietude (*inquiétude*) – É uma relação presente com o futuro, na medida em que o futuro vem perturbar o presente. Oscila entre a preocupação ("que fazer?") e o medo ("como escapar?"). É por isso que não se escapa da inquietude, ou é por isso que, melhor dizendo, dela só se escapa nos raros momentos em que se vive plenamente no presente: na quietude da contemplação ou da ação.

inquisição (*inquisition*) – A palavra significa, primeiramente, pesquisa ou investigação. Mas, com maiúscula, é uma investigação muito particular, muito mais policial do que teórica: os inquisidores não pesquisam a verdade, já que, supõe-se, a conhecem, mas culpados. O fato de poderem ter torturado e massacrado em nome dos Evangelhos diz o bastante sobre a tolice humana e sobre os perigos do fanatismo. É querer iluminar o esplendor da verdade, como diz João Paulo II, acendendo fogueiras. *Veritatis terror!*

insensato (*insensé*) – Que é contrário ao bom senso ou à razão.

Note-se que o que é insensato raramente é insignificante. A loucura é um estado grave, que pode ser rico de sentido; e o bate-papo mais insignificante raramente é insensato.

insignificante (*insignifiant*) – Que não tem sentido, não tem valor ou não tem importância. Essa polissemia diz o bastante sobre os humanos, que em geral só se interessam pelo que *significa*. O dedo aponta a lua. Eles olham para o dedo.

insistência (*insistance*) – É uma palavra que costumo opor a existência, no sentido existencialista do termo, e que permite pensá-la de outro modo. Existir é estar/ser fora (fora de si, fora de tudo). Insistir é estar/ser *dentro*, e esforçar-se por se manter aí. Dentro de quê? Do ser, do presente, de tudo. Como poderíamos *existir* de outro modo? A insistência, no sentido em que emprego a palavra, é outro nome para designar o conato, já que existe apenas no tempo e no espaço, já que é sempre confrontado com outra coisa, à qual resiste. É menos o contrário da existência do que sua verdade. Ninguém se opõe à natureza, a não ser estando dentro dela; ninguém se projeta no futuro, a não ser no presente: existir é insistir e resistir. O homem não é um império num império, nem um nada no ser. Não há transcendência: há apenas a imanência, a impermanência e o *duro desejo de durar*. Há apenas forças e relações de forças. Há apenas a história. Há apenas o ser, e a insistência do ser.

insistencialismo (*insistantialisme*) – Ocorreu-me utilizar essa palavra, por jogo e por oposição ao existencialismo, para caracterizar minha própria posição (*O ser-tempo*, VIII). Existir é estar/ser *fora* – fora de si, fora de tudo. Insistir é estar/ser *dentro*, e se esforçar por ficar aí: filosofia da imanência, da potência, da resistência (a *enérgeia* de Epicuro, a *tendência* ou a *tensão* dos estóicos, o *conato* de Espinosa, a vontade de potência em Nietzsche, o interesse em Marx, a pulsão de vida em Freud...). É que não há *fora* absoluto, não há transcendência, não há além: não há senão o mundo, não há senão tudo. O insistencialismo não é um humanismo: é um pensamento do ser, não do homem. Ele ensina que a essência precede a existência, ou melhor, que nada existe, a não ser o que é (essência e existência, no presente do ser, são evidentemente confundidas; é o que Espinosa chama de *essência atual*, que constitui um só todo com a potência em ato: *Ética*, III, prop. 7 e dem.) e continua a ser: nada *existe* a não ser o que *insiste*. Filosofia não do homem, mas da natureza. Não da transcendência, mas da imanência. Não do nada, mas do ser. Não do sujeito, mas do devir. Não da consciência, mas do ato. Não do livre-arbítrio, mas da necessidade e da libertação.

instante (*instant*) – Seria um ponto de tempo: uma porção de duração que não duraria – não uma duração, dizia Aristóteles, mas um limite entre duas durações. Nada mais é, portanto, que uma abstração. O único instante real é o presente, que não cessa de continuar. Em que é um instante? Pelo fato de ser indivisível (que seria um meio presente?) e sem duração (quanto dura o presente? e como poderia durar sem ser composto de passado e de futuro?). É o instante verdadeiro: não uma porção de duração que não duraria, mas o próprio ato de durar, na medida em que é indivisível e sem duração. É a eternidade em ato.

instinto (*instinct*) – Um *savoir-faire* transmitido biologicamente. O homem quase não tem instintos: só tem pulsões, que precisa educar.

intelectual (*intellectuel*) – É aquele que vive do seu pensamento, ou para o seu pensamento. Não tem escolha, a não ser entre uma pequenez (pensar para viver) e uma ilusão (viver para pensar). Não existe ofício tolo, mas tampouco vaidade inteligente.

inteligência (*intelligence*) – A capacidade, mais ou menos grande, de resolver um problema, em outras palavras, de compreender o complexo ou o novo.

inteligível (*intelligible*) – No sentido lato: o que pode ser compreendido pela inteligência (é o contrário de ininteligível).

No sentido estrito: o que pode ser compreendido ou visado apenas pela inteligência, nunca sentido pelo corpo. É o caso do *mundo inteligível* em Platão. É o contrário do material ou do sensível.

intenção (*intention*) – Uma vontade presente, mas voltada para o futuro ou para o fim perseguido. É o projeto de querer ou a meta da vontade.

É por isso que se fala de uma *moral da intenção*, para designar uma moral, como a de Kant, que mede a moralidade de uma ação não por seus efeitos, e sim pela disposição da vontade que a leva a cabo. A expressão, bizarramente, costuma ter um sentido pejorativo. Vejo nisso um contrasenso relativamente à intenção ou a Kant. Uma moral da intenção não é uma moral que se contentaria com ter boas intenções, como se diz: é uma moral que julga a vontade em ato, não suas eventuais conseqüências, que ninguém, quando age, conhece totalmente. Um homem cai no mar. Um dos marinheiros atira nele um pau, para atordoá-lo; o pau flutua e o salva. Outro marinheiro atira uma bóia, para que ele se agarre: a bóia acerta-o na cabeça e o atordoa; o homem se afoga. Uma moral da intenção é a que julga a atitude do segundo marinheiro, por mais nefasta que se tenha por fim revelado, mais estimável que a do primeiro, por mais salutar que afinal tenha sido. Quem não vê que se trata da própria moral? Ninguém é obrigado a ter êxito, nem dispensado de tentar ter.

intencionalidade (*intentionnalité*) – Nada a ver com o fato de ter uma intenção, no sentido corrente do termo. A intencionalidade, em filosofia, pertence ao vocabulário técnico (a *intentio* dos escolásticos é a aplicação do espírito a seu objeto), especialmente ao vocabulário fenomenológico. "A palavra *intencionalidade*", escreve Husserl, "não significa nada além dessa particularidade profunda e geral que a consciência tem de ser consciência *de* alguma coisa, de trazer em si mesma, na sua qualidade de *cogito*, seu *cogitatum*" (*Meditações cartesianas*, § 14). A consciência não é uma coisa ou uma substância, que se satisfaria consigo mesma; ela é desígnio, relação com, fragmentação na direção de. "Toda consciência é consciência *de* alguma coisa", escreve Husserl. Assim é a intencionalidade. "A consciência", escreverá Sartre, "não tem 'dentro'; ela nada mais é que o fora de si mesma" ("Uma idéia fundamental da fenomenologia de Husserl: a intencionalidade", *Situações*, I). A intencionalidade é essa abertura da consciência para seu exterior (inclusive para o ego, na medida em que ele é objeto para a consciência). É a única interioridade verdadeira: "tudo é fora", escreve Sartre, "tudo, até nós mesmos" (*ibid.*).

interesse (*intérêt*) – Subjetivamente, é uma forma de desejo ou de curiosidade e, com freqüência, é a conjunção dos dois. Mas também podemos ter objetivamente interesse por alguma coisa em relação à qual não experimentamos nem desejo nem curiosidade. Podemos dizer, por exemplo, que é do interesse da criança aprender a lição; ou, com Marx, que os trabalhadores têm interesse na revolução: isso não prova que todos os trabalhadores sejam revolucionários, nem que todos os alunos sejam estudiosos.

O que é então esse interesse pretensamente objetivo? Não o que desejamos, mas o que *deveríamos* desejar, se conhecêssemos de fato nosso bem e o caminho que leva a ele. É o desejo refletido ou inteligente: o desejo que temos com razão ou que outra pessoa julga que deveríamos ter. Interesse objetivo? Somente para quem assim o julga. Interesse subjetivo, pois, ou projetivo. Porque, afinal de contas, ninguém é obrigado a ser marxista, nem estudioso.

A maioria dos materialistas ensina que o interesse move os homens: é o caso de Epicuro, de Hobbes, de Helvétius ("sempre obedecemos ao nosso interesse", *Do espírito*, I, 4 e II, 3), de Holbach ("o interesse é o único móvel das ações humanas", *Sistema da natureza*, I, 15), enfim de Freud (pelos princípios de prazer e de realidade) ou em Marx ("Os indivíduos buscam unicamente seu interesse particular", *A ideologia alemã*, I). Isso também é verdade no caso de Espinosa (sob a denominação de "útil próprio": ver *Ética*, IV, prop. 19 a 25), que não é materialista, e de Hegel, que tampouco o é, ou melhor, o é ainda menos: "É seu próprio bem que os povos e indivíduos buscam e obtêm em sua ativa vitalidade"; toda a "artimanha da razão" consiste em colocar esses interesses particulares a serviço de um fim geral (*Filosofia da história*, Introd., II). Engana-se, evidentemente, quem vê aí uma apologia do egoísmo. Muito pelo contrário: é uma tentativa de superá-lo ou sublimá-lo. É do interesse de cada um, segundo todos esses autores, tender ao interesse geral. Quem pode ser feliz sozinho? Quem pode se amar sem se estimar? É aqui que o amor a si conduz ao amor à justiça ou ao próximo. "Sejam egoístas", disse um dia o dalai-lama: "amem-se uns aos outros!"

interpretação (*interprétation*) – Interpretar é procurar ou revelar o sentido de algo (um signo, um discurso, uma obra, um acontecimento...). Opõe-se com isso à *explicação*, que não oferece o sentido, mas a causa. Os dois procedimentos podem ser legítimos, claro; mas nunca o é confundir ambos. Tudo tem uma causa, e certos fatos têm um sentido. Mas como um fato poderia se explicar pelo que significa? Pensemos nos atos falhos ou nos sintomas, segundo Freud: seu sentido (por exemplo, um desejo recalcado) também não é sua causa? Sem dúvida, mas de dois pontos de vista diferentes. Não é por significar algo que um lapso se produz (pois muitos lapsos, que não se produzem, seriam igualmente significantes); é por ter sido produzido por outra coisa (um desejo, uma resistência, este ou aquele processo psíquico ou neuronal...) que tem um sentido. Assim, a ordem dos signos é submetida à das causas, que não significa nada. É por isso que a sexualidade, como o próprio Freud disse, é "o bloco de granito" da psicanálise. Todo sentido inconsciente remete a ela. Mas ela própria não significa nada.

intersubjetividade (*intersubjectivité*) – O conjunto das relações entre os sujeitos: seus intercâmbios, seus sentimentos mútuos, suas diversões e suas discussões, seus conflitos, suas relações de forças ou de sedução... De outro modo, não haveria sujeito. Cada um se constitui em sua relação com os outros: só nos impomos nos opondo, como dizia Hegel, só se aprende a amar sendo amado primeiro, só se aprende a pensar compreendendo o pensamento de outro, etc. O solipsismo é uma idéia de filósofo, e é uma idéia oca. Isso, no entanto, não suprime a solidão. Só existimos com os outros, mas eles não poderiam existir em nosso lugar.

introspecção (*introspection*) – A observação de si por si, mas voltada para o interior, como uma autocontemplação do espírito. A rigor, esta é impossível de se realizar (seria o mesmo, comentava Auguste Comte, que querer, do alto da sacada do apartamento, se ver passar na rua), e no entanto é necessária: temos de aprender a nos conhecer e a nos reconhecer. O *eu* se mira na consciência; é o que se chama *ego*. Mas nunca é mais que um reflexo, uma imagem sem consistência nem profundidade verdadeira. A memória, o diálogo e a ação nos ensinam mais.

intuição (*intuition*) – *Intueri*, em latim, é ver ou olhar: a intuição seria uma visão do espírito, com tudo o que isso supõe de imediato, de instantâneo, de simples... e de duvidoso. Ter uma intuição é sentir ou pressentir, sem poder demonstrar nem provar. A intuição se situa a montante do raciocínio. Mas um espírito totalmente privado de intuição seria cego. Como poderia raciocinar?

Na língua filosófica, a polissemia da palavra, que é mais ou menos inesgotável, se organiza em torno de três sentidos principais: os de Descartes, Kant e Bergson.

Para Descartes, a intuição é "uma representação que é um fato da inteligência pura e atenta, representação tão fácil e tão distinta, que não subsiste dúvida alguma sobre o que se compreende" (*Regras para a orientação do espírito*, III). É a simples visão intelectual do simples: visão evidente da evidência. "Assim, cada um pode ver por intuição que existe, que pensa, que o triângulo é delimitado por três linhas apenas, e a esfera, por uma só superfície." Opõe-se nesse sentido à dedução ou ao raciocínio, mas também os permite: são como que cadeias de pensamentos, das quais cada elo deve ser visto por intuição para que a própria cadeia seja apreendida ou seguida por "um movimento contínuo e ininterrupto do pensamento, que toma de cada termo uma intuição clara". Para compreender que 2 mais 2 fazem a mesma coisa que 3 mais 1, explica Descartes, "é preciso ver intuitivamente, não só que 2 mais 2 fazem 4 e que 3 mais 1 também, mas além disso que, dessas duas proposições, aquela terceira se conclui necessariamente". Assim, a intuição pode dispensar o raciocínio, mas o raciocínio não pode dispensar a intuição.

Em Kant, a intuição também é uma forma imediata, para o conhecimento, de se referir a um objeto qualquer: ela é aquilo pelo que um objeto nos é dado (*C. r. pura*, "Estética transcendental", § 1). Mas o homem não dispõe de nenhuma intuição intelectual ou criadora. Sua intuição é tão-somente sensível e passiva: a intuição é a receptividade da sensibilidade (ela contém apenas "a maneira como somos afetados pelos objetos"), cujas formas puras são o espaço e o tempo. Opõe-se ao conhecimento por conceitos, que não é intuitivo, mas discursivo: "Pensamentos sem conteúdo são vazios; intuições sem conceitos são cegas" (*C. r. pura*, "Lógica transcendental", Introd., I).

Em Bergson, a intuição é antes de mais nada um método: é encontrar os verdadeiros problemas e as verdadeiras diferenças (as que são de natureza, não de grau), transportando-se "para dentro de um objeto, a fim de coincidir com o que ele tem de único e, por conseguinte, de inexprimível", especialmente com sua duração própria e com sua mobilidade essencial. Pensar intuitivamente é pensar em duração e em movimento. A intuição se opõe, nesse sentido, à análise (que exprime uma coisa "em função do que não é ela") ou à inteligência (que parte do imóvel), assim como a metafísica se opõe à ciência (que só conhece o espaço), e o absoluto ao relativo (*La pensée et le mouvant*, II e VI; v. também Deleuze, *Le bergsonisme* [O bergsonismo], PUF, 1966, cap. I).

Vê-se que a intuição, nos três casos, é definida positivamente, mas de três maneiras diferentes: ela é a condição de todo pensamento (Descartes), de todo conhecimento (Kant), enfim de toda apreensão do absoluto, que é espírito, duração, mudança pura (Bergson). Ela dá ao pensamento sua evidência (em Descartes), seu objeto (em Kant) ou sua absolutidade (em Bergson). Ela só tem em comum, nesses três autores, uma forma de imediatidade, que pode servir, por isso, de definição geral: pode-se chamar de *intuição* todo conhecimento imediato, se é que tal conhecimento existe.

inveja (*envie*) – O desejo do que não temos e que outro possui, somado ao desejo de ser esse outro ou tomar seu lugar. Há ódio na inveja, quase sempre. E inveja no ódio, com freqüência. Como nos perdoam mais nossos pecados do que nossos êxitos! Isso vale especialmente na vida intelectual. O ódio aumenta proporcionalmente ao sucesso.

invenção (*invention*) – Mais que uma descoberta, menos que uma criação. Inventar é fazer ser o que não existia (é o que distingue a invenção da descoberta), mas que teria existido mais cedo ou mais tarde (é o que distingue a invenção da criação). Assim, Cristóvão Colombo *descobriu* a América (não a inventou: ela existia antes dele); Newton *descobriu* a gravitação universal (mesma observação); enquanto Denis Papin *inventou* a máquina a vapor, com outros, assim como Edison, o telégrafo, o fonógrafo e a lâmpada incandescente. Esses quatro instrumentos, antes de serem inventados, não existiam em parte alguma. Mas, mesmo sem Papin ou sem Edison, não há a menor dúvida de que, mais cedo ou mais tarde e sob uma outra forma, teriam acabado por existir: se esses dois inventores houvessem morrido ao nascer, nosso universo técnico talvez fosse diferente do que é, porém mais nos detalhes ou no desenrolar anedótico do seu desenvolvimento do que em seu conteúdo essencial (a revolução industrial e a da comunicação teriam ocorrido de qualquer modo). Ao passo que, se Mozart ou Michelangelo houvessem morrido ao nascer, nunca teríamos tido os *Escravos* do Louvre nem o *Concerto para clarinete*: já não é *invenção*, é criação.

involução (*involution*) – O contrário de uma evolução (v.) ou sua forma regressiva: é evoluir ao revés.

ioga (*yoga*) – Trabalho do corpo, de origem indiana, que tende ao repouso do espírito. Ascese, que tende à libertação. Meditação, que tende ao silêncio. É pôr o animal sob o jugo (as duas palavras têm a mesma raiz indo-européia), mas para libertá-lo, ou se libertar. É formar com seu corpo uma só coisa, para ser uma só coisa com o todo. A ioga é, assim, o homólogo funcional da filosofia, que tende ao mesmo resultado mas trabalha, de seu lado, o espírito ou os conceitos. O iogue acredita mais nas posturas, nos movimentos, na respiração, na concentração, na atenção absolutamente pura... A finalidade é emancipar-se do mental para alcançar a consciência absoluta ou não condicionada. A eficácia dessa prática corporal e espiritual sobre a alma já está suficientemente demonstrada e não é nada misteriosa. Se o corpo e a alma são uma só e mesma coisa, como diz Espinosa, a ioga é apenas uma maneira, historicamente situada, de pensar certo. Parece – grande lição – que o pensador nela se perde, e nela se salva.

ipseidade (*ipséité*) – Do latim *ipse* (mesmo: no sentido de *ele mesmo*, *eu mesmo*, etc.). O fato de ser si. Supõe a unidade, a unicidade, a identidade, enfim a consciência (especialmente nos fenomenólogos: v. *L'être et le néant* [O ser e o nada], pp. 147-9). É a idiotia (v.) em pessoa.

ironia (*ironie*) – Ironizar é zombar dos outros, ou de si como se fosse outro (na autoderrisão). A ironia põe à distância, afasta, repele, rebaixa. Ela visa menos rir do que fazer rir. Menos divertir do que desenganar. Como Sócrates, com relação a todos os saberes, e ao seu próprio. Ele interroga (*eironeia*, em grego, é interrogação), mesmo que, às vezes, tenha de fingir ignorar o que sabe, para tentar descobrir o que ele ignora ou o que não é possível saber. A ironia é o contrário de um jogo: ela pertence menos ao princípio de prazer, diria Freud, do que ao princípio de realidade, menos ao lazer do que ao trabalho, menos à paz do que ao combate. Ela é útil: nisso está sua força, ao mesmo tempo que seu limite. É uma arma, é uma ferramenta, e somente isso. Um meio, nunca um fim. Às vezes indispensável, nunca suficiente. É um meio de se valorizar, ainda que à própria custa. É o momento do negativo, que só é suportável como momento. O espírito sempre nega, mas evita cuidadosamente, na ironia, negar-se a si mesmo: é um riso que se leva a sério. Como alcançaria o essencial, se nos separa dele? "Alcancem as profundezas", aconselhava Rilke: "a ironia não desce até lá." Isso não valeria para o humor, e basta para distingui-los.

irracional (*irrationnel*) – O que não é conforme à razão teórica: o que ela não pode, de direito, nem conhecer nem compreender. Se a razão tem sempre razão, como quer o racionalismo e como creio, o irracional não passa de uma ilusão ou de uma passagem ao limite: julga-se irracional (isto é, incompreensível de direito) apenas o que, de fato, não se consegue compreender. Assim, o irracional não existe. Isso basta para distingui-lo do desarrazoado, que existe, e como!

irreversibilidade (*irréversibilité*) – O fato de não poder voltar atrás: assim, o tempo é irreversível, e só ele, talvez. Mas tudo o que ocorre no tempo – isto é, tudo – também o é, por conseguinte. Projetar um filme de frente para trás, quando se pode fazê-lo sem absurdez (porque os fenômenos filmados são reversíveis), só é possível porque o tempo continua a se desenrolar de trás para a frente: a projeção invertida continua sendo, por isso mesmo, tão irreversível quanto a outra. Eis aí por que toda ação, mesmo fisicamente reversível (ainda que nunca o seja em absoluto: é necessária uma nova energia), é ontologicamente irreversível. O que se fez, geralmente pode ser desfeito, mas não se pode fazer que não tenha acontecido. Penélope, irreversível enamorada.

irrisão (*dérision*) – Misto de ironia e desprezo; o que nos dá duas razões para dela desconfiar. Só é estimável contra alguém mais poderoso. Contra os mais fracos, ela é desprezível. Contra os iguais, irrisória.

irrisório (*dérisoire*) – O que merece irrisão, ou que a mereceria se não fizéssemos parte dela e se fôssemos totalmente responsáveis por ela. Para quem tem consciência, como Montaigne, de que "nossa própria e peculiar condição é tão ridícula quanto risível" (*Os ensaios*, I, 50), salta aos olhos que a compaixão vale mais que o desprezo, e o humor mais que a irrisão.

isolamento (*isolement*) – A ausência de relações com outrem. Não confundir com a solidão, que é uma relação – ao mesmo tempo singular e inalienável – consigo e com tudo.

isonomia (*isonomie*) – Uma lei igual, ou a igualdade diante da lei. A palavra, em grego, vem da terminologia jurídica ou política. Mas é passível de um uso mais amplo, por exemplo médico (para designar o equilíbrio dos humores) ou cosmológico (para designar a igual distribuição dos seres no universo). No atomismo antigo, por exemplo, a noção parece ter desempenhado um papel importante para pensar a repartição dos átomos no vazio (logo, a pluralidade dos mundos), assim como o equilíbrio entre as forças destrutivas e as forças de conservação. Era apostar, não na justiça da natureza, mas na neutralidade do acaso.

J *j* K *k*

jogo/brincadeira (*jeu*) – Uma atividade sem outra finalidade a não ser ela mesma ou o prazer, sem outro impedimento senão suas próprias regras, enfim sem efeito irreversível (o que uma partida faz, outra pode ignorar ou refazer). É por isso que a vida, mesmo visando a si mesma ou ao prazer, não é um jogo: porque, na vida, os impedimentos são numerosos, e são os do real, porque não se pode escolher nem as regras nem o jogo, porque nela vivemos e morremos *de verdade*, sem nunca podermos recomeçar nem jogar (brincar de) outra coisa. A vida, porém, é melhor que todos os jogos. As crianças sabem disso muito bem, tanto que brincam de gente grande. Também o sabem os jogadores, quando jogam a dinheiro. É que o jogo não lhes basta. Eles precisam da aposta, da seriedade, da gravidade. Precisam da mordida do real – não do jogo, mas do trágico. "O contrário da brincadeira não é o sério, mas a realidade", dizia Freud. Isso não impede que o jogo (a brincadeira) também seja real, mas proíbe que nos contentemos com ele(a).

jovem (*jeune*) – Aquele que ainda não começou a declinar, que ainda tem progressos a fazer, que sem dúvida os fará... Noção por natureza relativa. Um desportista de 35 anos é um desportista velho; um filósofo de 35 anos, um jovem filósofo. Ser jovem é ter, neste ou naquele domínio, mais futuro, pelo menos em princípio, do que passado. Quanto ao presente, todos têm o mesmo tanto. É o que torna a juventude impaciente, e os velhos, nostálgicos. O presente não lhes basta.

Isso nos lembra a célebre fórmula de Nizan, em *Áden Arábia*: "Eu tinha vinte anos. Não deixarei ninguém dizer que é a mais bela idade da vida." É que não há bela idade. Uns vão preferir a infância, outros a adolescência, outros os quarenta... Mas, enfim, não conheço quem prefira a velhice. A juventude, difícil embora, é mais desejável. Quanto a isso, o corpo não se engana. Não quer dizer que os velhos devam dar dó. Também já foram jovens. Os jovens não têm certeza de ser velhos um dia, nem mesmo de poder dispor de uma juventude inteira... Quanto a mim, não me conheço melhor do que nos meus 17 anos. Mas, se tivesse morrido aos 20, ainda assim teria perdido o essencial. É melhor viver do que morrer jovem. Essa evidência coloca a juventude em seu devido lugar, que é o primeiro apenas no tempo. Não é um valor; é uma etapa.

judaísmo (*judaïsme*) – Foi no começo dos anos 80. Encontro um ex-colega do curso preparatório para a École Normale Supérieure e, depois, da própria escola, que eu perdera de vista desde nossos anos de estudos. Tomamos um vinho, fazemos um rápido balanço das nossas vidas. A profissão, o casamento, os filhos, os livros projetados ou em curso... Então meu amigo acrescenta:

– Tem outra coisa. Agora, freqüento novamente a sinagoga.

– Você era judeu?

– Continuo sendo! Não sabia?

– Como podia saber? Você nunca disse nada...

– Com o nome que tenho!

– Sabe, quando a gente não é judeu nem anti-semita, um nome, a não ser que seja Levy ou Cohen, não revela muita coisa... Guardei de você a lembrança de um kantiano ateu. O que não é uma filiação étnica ou religiosa!

De fato, meu amigo fazia parte daquela geração de jovens judeus tão integrados, que sua judeidade, para quem dela ficasse sabendo, parecia como que irreal ou puramente reativa. Eles davam razão a Sartre: só se sentiam judeus na medida em que havia anti-semitas. Muitos deles, mais tarde, farão esse caminho de uma reapropriação espiritual, que dará um sentido positivo – o de um vínculo, o de uma fidelidade – ao fato, a princípio contingente, de ser judeu. O amigo de que falo foi, para mim, o primeiro de uma longa série, que me dará muito a refletir. Será que não estávamos errados ao denegrir sistematicamente o passado, a tradição, a transmissão? Mas eu ainda não havia chegado a esse ponto. No caso, era principalmente a questão religiosa que me intrigava. Pergunto a ele:

– Quer dizer que agora... você crê em Deus?

– Sabe – respondeu-me sorrindo –, para um judeu, a existência de Deus não é a questão que importa!

Para alguém que foi criado no catolicismo, como é meu caso, a resposta era surpreendente: crer ou não em Deus era a única coisa, tratando-se de religião, que parecia contar! Ingenuidade de gói. O que eu lia no sorriso do meu amigo era algo bem diferente: que é vão centrar uma existência no que ignoramos, que a questão de pertencer – a uma comunidade, a uma tradição, a uma história – é mais importante do que a da crença; enfim, que o estudo, a observância e a memória – o que mais tarde chamarei de fidelidade – importam mais que a fé.

O judaísmo é a religião do Livro. Sei que o mesmo se pode dizer do catolicismo e do islamismo. Mas não, parece-me, com a mesma pertinência. "O judaísmo", acrescenta meu amigo, "é a única religião em que o primeiro dever dos pais é ensinar os filhos a ler..." É que lá está a Bíblia, que os espera, que os define. Para um cristão e, sem dúvida, também para um muçulmano, é antes de mais nada Deus que conta e que salva: o Livro nada mais é que o caminho que dele vem e a ele conduz, nada mais é que sua chancela, sua palavra, que só vale por causa daquele que a enuncia ou a inspira. Para um judeu, parece-me, é diferente. O Livro vale em si mesmo, por si mesmo, e continuaria a valer se Deus não existisse ou se fosse outro. Aliás, o que é ele? Nenhum profeta judeu pretendeu sabê-lo, mas apenas o que ele queria ou ordenava. O judaísmo é religião do Livro, e esse Livro é uma Lei (uma *Torá*), muito mais que um Credo: ele enuncia o que se deve fazer, muito mais do que o que se deveria crer ou pensar! Aliás, pode-se crer o que se quiser, pensar o que se quiser, e é por isso que o espírito é livre. Mas não se pode fazer o que se quer, pois que somos responsáveis, moralmente, uns pelos outros.

Se Cristo não é Deus, se não ressuscitou, o que resta do cristianismo? Nada de específico, nada de propriamente religioso, e no entanto, a meus olhos de ateu, o essencial: certa fidelidade, certa moral – certa maneira, entre mil outras possíveis, de ser judeu... Ocorreu-me, ao ser interrogado sobre qual a minha religião, definir-me como *gói assimilado*. É que sou judaico-cristão, quer eu queira, quer não, e tanto mais *assimilado*, de fato, por ter perdido a fé. Resta-me apenas a fidelidade, para escapar do niilismo ou da barbárie.

Alguns anos atrás, numa conferência em Reims ou Estrasburgo, não lembro, tive a oportunidade de me explicar sobre essas duas noções, a de *fé* e a de *fidelidade*. Depois da conferência, que se realizava numa faculdade ou num colégio, foi servida uma espécie de coquetel. Apresentaram-me certo número de colegas e de personalidades. Entre elas, um rabino.

– Na sua conferência – disse-me ele –, ocorreu uma coisa divertida...

– O quê?

– O senhor estava falando de fidelidade. Cochichei no ouvido do amigo que me acompanhava: "Isso me faz pensar numa história judaica. Depois eu conto..."

– Qual é?

– Ora, é a história que o senhor mesmo contou, segundos depois!

Eis, pois, essa história, que me parece resumir o espírito do judaísmo, ou pelo menos a parte dele que mais me toca e que me agrada ver assim, de certo modo, autenticada.

É a história de dois rabinos que jantam juntos. Discutem sobre a existência de Deus e concluem de comum acordo que, afinal de contas, Deus não existe. Depois vão se deitar... Nasce o dia. Um dos rabinos acorda, procura o amigo, não o encontra na casa, vai procurá-lo lá fora e, de fato, encontra-o no jardim, fazendo sua oração ritual da manhã. Vai ter com ele, meio sem entender:

– O que está fazendo?

– Não está vendo? Minha oração ritual da manhã...

– E por quê? Ontem, discutimos boa parte da noite, chegamos à conclusão de que Deus não existia e, agora, você faz sua oração ritual da manhã?!

O outro responde, simplesmente:

– E o que é que isso tem a ver com Deus?

Humour judaico: sabedoria judaica. É lá preciso crer em Deus para fazer o que se deve? É lá preciso ter fé para permanecer fiel?

Dostoiévski, comparado, é uma criancinha. Exista Deus ou não, nem tudo é permitido: pois que a Lei permanece, por tanto tempo quanto os homens dela se lembrarem, estudarem-na e transmitirem-na.

O espírito do judaísmo é o espírito, pura e simplesmente, que é humor, conhecimento e fidelidade.

Como os bárbaros não seriam anti-semitas?

juízo (*jugement*) – Um pensamento que vale, ou que pretende valer. É por isso que todo juízo é um juízo de valor, embora o valor em questão não seja outra coisa senão a verdade (e embora a verdade, considerada em si mesma, não seja um valor). Um juízo de realidade, como "a Terra é redonda", sempre pode ser formulado, sem alterar seu conteúdo, na forma "é verdade que a Terra é redonda", em que a idéia de verdade funciona, para nós, de maneira normativa. Do mesmo modo que um juízo normativo pode assumir a forma de um juízo de realidade: "Este homem é um canalha." Assim, a fronteira entre os juízos normativos e os juízos descritivos permanece vaga. Isso não significa que as normas sejam reais, nem que a realidade seja a norma. Mas sim que todo juízo é humano e, por isso, subjetivo. Somente a verdade, que não julga, é objetiva. Mas ninguém a conhece, a não ser por seus juízos, que permanecem subjetivos. É por isso que Deus não julga, diria Espinosa: porque ele é a própria verdade. E é por isso que nós julgamos: porque não somos Deus.

Um juízo, em sua forma elementar, une classicamente um sujeito a um predicado, ou um predicado a um sujeito, pela mediação de uma cópula: "*A é B*" (nos juízos afirmativos) ou "*A não é B*" (nos juízos negativos). Por exemplo: "Sócrates é mortal" ou "Sócrates não é imortal" são juízos. Fala-se de *juízo analítico*, especialmente desde Kant, quando "o predicado B pertence ao sujeito A como algo que está implicitamente contido nesse conceito"; e de *juízo sintético*, "quando B está inteiramente fora do conceito A, embora esteja, na verdade, em conexão com ele" (*C. r. pura*, Introdução, IV). Por exemplo, precisa Kant, "*todos os corpos são extensos*" é um juízo analítico (basta decompor a idéia de corpo, ou mesmo compreendê-la, para nela encontrar a extensão); ao passo que "todos os corpos são pesados" é um juízo sintético: a idéia de peso não está contida na idéia de corpo (a idéia de um corpo sem peso não é contraditória), só está unida a ele do exterior, em função de outra coisa (no caso, em função da experiência).

Daí decorre, segundo Kant:

1 – Que os juízos analíticos não estendem, de modo algum, nossos conhecimentos (não nos ensinam nada de novo), mas os desenvolvem, os precisam ou os explicitam;

2 – Que os juízos empíricos são, todos eles, sintéticos;

3 – Que os juízos sintéticos *a priori*, como se vê nas ciências em geral ("tudo o que acontece tem uma causa") e na matemática em particular ("7 + 5 = 12"), são profundamente misteriosos: em que alguém pode se basear para sair assim do conceito e vincular a ele, de maneira ao mesmo tempo universal e necessária, um predicado que ele não contém? É esse o problema da *Crítica da razão pura*: "Como os juízos sintéticos *a priori* são possíveis?" Kant responderá que tal juízo só é possível na medida em que, para enunciá-lo, nos apoiemos nas formas puras da intuição (o espaço e o tempo) ou do pensamento (as categorias do entendimento). Ele só vale, portanto, para nós, não em si, e nos limites de uma experiência possível, não

no absoluto. É resolver o problema dos juízos sintéticos *a priori*, mas pelo próprio *a priori*, considerado como anterior ao juízo e possibilitando-o; em outras palavras, pelo transcendental. Não é a experiência que permite o conhecimento; ao contrário, as formas *a priori* do sujeito é que tornam a experiência possível e o conhecimento necessário. É essa a revolução coperniciana: é fazer o objeto girar em torno do juízo (ou do sujeito que julga), e não o juízo em torno do objeto.

Outra solução, com a qual me identifico melhor, seria dizer que não há juízo *a priori*: é sair de Kant para voltar a Hume, ao empirismo e à história das ciências. Um passo atrás, dois à frente. É aqui que cumpre optar entre o sujeito transcendental e o processo imanental (v. "imanental"), entre a anistoricidade da consciência e a historicidade dos conhecimentos. Assim, Cavaillès: "Acho desonesto qualquer recurso a um *a priori* qualquer", escrevia ele em 1938 a seu amigo Paul Labérenne, antes de concluir que era preciso, portanto, efetuar uma "ruptura completa com o idealismo, até mesmo com o idealismo brunschvicgiano", considerar a lógica "uma primeira técnica natural", em suma, afirmar a "subordinação completa" do conhecimento, inclusive da matemática, "a uma experiência, que não é, sem dúvida, a experiência histórica, já que permite obter resultados cuja validade está fora do tempo, mas que *nasce* da experiência histórica". Assim, não há *a priori*, e todo juízo, mesmo eternamente verdadeiro, só é possibilitado por uma história que o precede e o contém. Temos acesso ao eterno apenas no tempo; é esse o juízo, quando é verdadeiro.

julgar (*juger*) – É ligar um fato a um valor, ou uma idéia a outra. É por isso que "pensar é julgar", como dizia Kant: porque só se começa a pensar ligando duas idéias diferentes (pelo menos duas!). Isso supõe a unidade do espírito ou do *eu penso* ("a unidade originariamente sintética da apercepção"), como poder de ligação. Resta saber se essa unidade mesma é primeira ou segunda; em outras palavras, se é dada (*a priori*) ou construída (no cérebro, na experiência). É a unidade do sujeito que torna possível o juízo, ou é a unidade do juízo, mesmo progressivamente constituída, que torna o sujeito necessário? É por eu ser um sujeito que eu julgo, ou é por julgar que me torno sujeito? É o transcendental que possibilita a experiência, ou é a experiência que constitui o imanental? Note-se que julgar, em ambos os casos, é o fato de um sujeito: se o real se julgasse a si, seria Deus; se Deus não julga (Espinosa), ele é o próprio real.

justiça (*justice*) – Uma das quatro virtudes cardeais: a que respeita a igualdade e a legalidade, os direitos (dos indivíduos) e o direito (da Cidade). Isso supõe que a lei seja a mesma para todos, que o direito respeite os direitos, enfim que a justiça (no sentido jurídico) seja justa (no sentido moral). Como garanti-lo? Não há como, absolutamente; é por isso que a política, mesmo quando vai nesse sentido, continua sendo conflituosa e falível. No entanto, é o único caminho. Nenhum poder é a justiça; mas não há justiça sem poder.

"Sem dúvida a igualdade dos bens é justa", escreve Pascal, "mas..." Mas o quê? Mas o direito decidiu de outro modo, ele protege a propriedade privada e, assim, a desigualdade dos bens. Devemos lamentar que assim seja? Não é certo (pode ser que uma sociedade não-igualitária seja mais próspera, mesmo para os mais pobres, do que uma sociedade igualitária). Não é impossível (notadamente se a justiça for colocada acima da prosperidade). Quem decidirá? O direito positivo (*jus*, em latim, de onde vem justiça), ou antes, os que o praticam. Os mais justos? Não. Os mais fortes – logo, quase sempre, em nossas sociedades democráticas, os mais numerosos. A propriedade privada faz parte do direito natural? Faz parte dos direitos humanos? São duas questões diferentes, mas ambas insolúveis pelo direito apenas. São questões muito mais filosóficas do que jurídicas e muito mais políticas do que morais. "Não podendo fazer que seja forçoso obedecer à justiça", prossegue Pascal, "fez-se que seja justo obedecer à força. Não podendo fortalecer a justiça, justificou-se a força, a fim de que o justo e o forte ficassem juntos e de que se fizesse a paz, que é o soberano bem" (*Pensamentos*, 81-299; ver também o fr. 103-298).

É onde encontramos a ficção, esclarecedora porém, do contrato social. "A justiça", escrevia Epicuro, "não é um algo em si; ela é apenas, nas reuniões dos homens entre si, quaisquer que sejam seu volume e seu lugar, um certo contrato tendo em vista não causar mal e do mal não ser vítima" (*Máximas capitais*, 33; ver também as máximas 31 a 38). Pouco importa se esse contrato tenha de fato existido ou não; basta à justiça que ele possa existir de direito: ele é "a regra, e não a origem da constituição do Estado, não o princípio da sua fundação mas o da sua administração", salienta Kant (*Refl.*, Ak. XVIII, nº 7734; ver também *Teoria e prática*, II, corolário). Uma decisão é justa quando poderia ser aprovada, de direito, por todos (por todo um povo, diz Kant) e por cada um (se fizer abstração dos seus interesses egoístas ou contingentes: é o que Rawls chama de "posição original" ou "véu de ignorância"). Isso vale para o Estado, mas igualmente para os indivíduos. "O eu é injusto em si", escrevia Pascal, "na medida em que se faz o centro de tudo" (*Pensamentos*, 597-455). Contra o que toda justiça é universal, pelo menos em seu princípio, e age, em cada um, apenas contra o egoísmo ou por descentramento. Isso dita mais ou menos a regra, tal como Alain a formula e que só vale para todos porque vale, primeiro, para cada um: "Em todo contrato e em toda troca, ponha-se no lugar do outro, mas com tudo o que você sabe, e, supondo-se tão livre das necessidades quanto um homem pode ser, veja se, no lugar dele, você aprovaria essa troca ou esse contrato" (*81 chapitres...*, VI, 4, "De la justice"). Isso vale para os indivíduos, mas, portanto, para os cidadãos também. Para a moral, mas, portanto – se os cidadãos cumprem com o seu dever –, para a política também. "É justa toda ação ou toda máxima que permite que a livre vontade de cada um coexista com a liberdade de qualquer outro, de acordo com uma lei universal" (*Doutrina do direito*, § C). Essa coexistência das liberdades sob uma mesma lei supõe a igualdade delas, pelo menos de direito, ou antes, ela, e só ela, a realiza (apesar das desigualdades de fato, que são inúmeras): é a própria justiça, sempre por fazer ou por refazer, sempre por defender ou por conquistar.

justo (*juste*) – Quem respeita a justiça – a legalidade e a igualdade, o direito (*jus*) e os direitos (dos indivíduos) – e que luta por ela; em outras palavras, que luta para que essas duas justiças andem juntas: para que a lei seja a mesma para todos (para que a legalidade respeite a igualdade), para que ela seja aplicada com eqüidade (v.), enfim para que o direito (da Cidade) proteja os direitos (dos indivíduos). É o mais elevado dever; não, porém, a mais elevada virtude. "Amigos", dizia Aristóteles, "não temos que nos preocupar com a justiça; justos, ainda necessitamos da amizade" (*Ética a Nicômaco*, VIII, 1). Assim, o amor, que não é um dever, vale mais que a justiça, que é um. Os justos não ignoram isso; mas não esperam amar para ser justos.

juvenismo (*jeunisme*) – É fazer da juventude um valor, quando não erigi-la em valor supremo, inclusive em domínios (políticos, artísticos, intelectuais, culturais...) em que ela não tem nenhuma legitimidade particular. Um imbecil qualquer, aos 20 anos, geralmente é mais bonito, mais forte, mais ágil, mais desejável que seus pais ou avós. Nem por isso é menos imbecil. Quanto às vantagens da juventude, são principalmente indiretas. Não é a idade em si que vale; é a beleza, a força, a agilidade, a saúde, a eroticidade... Não tenho nada contra se esforçar para conservá-las o mais possível. Isso não é se recusar a envelhecer; é querer envelhecer o melhor possível. Se nossos médicos puderem nos ajudar, ótimo. Mas não lhes peçamos mais que isso. Se a juventude fosse o soberano bem, nossos jovens não teriam mais nada a desejar. Idéia de velho.

kairós (*kairos*) – É uma palavra grega, que podemos, sem passar por pedantes, utilizar em francês, por falta de equivalente plenamente satisfatório. O *kairós* é a ocasião propícia, o momento oportuno ou favorável, em outras palavras, *o bem*, como vemos em Aristóteles, mas *no tempo* (*Ética a Nicômaco*, I, 4). Esse tema, em Aristóteles, é antiplatônico. O bem não é uma essência eterna ou absoluta. Ele é utilizado em vários sentidos, assim como o ser, e ninguém pode fazê-lo, no mundo sublunar, sem levar em conta o devir: fazer o bem é fazê-lo *quando tem de ser feito* (fazê-lo cedo demais ou tarde demais não é fazê-lo, ou é fazê-lo menos bem do que seria necessário ou do que teria sido necessário: como na medicina, na política ou na moral). O *kairós* é como que a justa medida, se quiserem, mas aplicada ao tempo: é "a justa medida do irreversível" (Francis Wolff).

L

lágrimas (*larmes*) – "Não me sacudam; estou cheio de lágrimas." Essa fórmula de Henri Calet sempre me tocou. As lágrimas se parecem com o mar, de que saímos. É água salgada, que vem umidificar a córnea, que a protege com isso. Mas por que elas correm quando estamos tristes? Parece que o coração transborda. Que ele encontra em si, inexaurível, inconsolável, o oceano primordial da infelicidade. Ou será o oceano de viver, que vem arrastar tudo, limpar tudo, até mesmo a vontade de chorar?

laicidade (*laïcité*) – Não é o ateísmo. Não é a irreligião. Ainda menos, mais uma religião. A laicidade não é relativa a Deus, mas à sociedade. Não é uma concepção do mundo; é uma organização da Cidade. Não é uma crença; é um princípio, ou vários: a neutralidade do Estado em relação a toda religião, assim como a toda metafísica, sua independência em relação às Igrejas, assim como a independência das Igrejas em relação a ele, a liberdade de consciência e de culto, de exame e de crítica, a ausência de toda religião oficial, de toda filosofia oficial, por conseguinte o direito, para cada indivíduo, de praticar a religião de sua escolha ou não praticar nenhuma, enfim, o que não é menos importante, o aspecto não confessional e não clerical – mas tampouco anticlerical – da escola pública. O essencial cabe em três palavras: *neutralidade* (do Estado e da escola), *independência* (do Estado em relação às Igrejas, e vice-versa), *liberdade* (de consciência e de culto). É nesse sentido que monsenhor Lustiger pode se dizer laico, e subscrevo de bom grado essa sua afirmação. Ele não quer que o Estado reja a Igreja, nem que a Igreja reja o Estado. Tem razão, evidentemente, até mesmo de seu ponto de vista: ele dá "a César o que é de César, e a Deus o que é de Deus" (Mt 22, 21). Os ateus se equivocariam se fizessem pouco caso dessa posição. O fato de a Igreja católica ter levado tanto tempo para aceitar a laicidade só torna a sua conversão, por assim dizer, ainda mais espetacular. Mas sua vitória, para os laicos, nem por isso é uma derrota da Igreja: é a vitória comum dos espíritos livres e tolerantes. A laicidade permite-nos viver juntos, apesar das nossas diferenças de opiniões e de crenças. É por isso que é boa. É por isso que é necessária. Não é o contrário da religião. É o contrário, indissociavelmente, do clericalismo (que gostaria de submeter o Estado à Igreja) e do totalitarismo (que gostaria de submeter as Igrejas ao Estado).

Compreende-se que Israel, o Irã ou o Vaticano não são Estados laicos, pois se prendem a uma religião oficial ou privilegiada. Mas a Albânia de Enver Hoxha tampouco o era, apesar de professar um ateísmo de Estado. Isso diz bastante bem o que é a verdadeira laicidade: não é uma ideologia de Estado, mas a recusa, pelo Estado, de se submeter a toda e qualquer ideologia.

E os direitos humanos?, indagarão. E a moral? Não é àqueles e a esta que o Estado se submete, mas às suas próprias leis e à sua própria Constituição – ou aos direitos humanos na medida em que a Constituição os enuncie ou garanta. Por que, em nossas democracias, ela o faz? Porque o povo soberano assim decidiu, e não sou eu quem vai criticá-lo por isso. É colocar o Estado a serviço dos humanos, como deve estar, em vez de os humanos a seu serviço; mas a mesma razão impede de erigir os direitos humanos em religião de Estado. Distinção das ordens: o Estado não deve reinar nem sobre os espíritos nem sobre os corações. Ele não diz nem o verdadeiro nem o bem, mas apenas o permitido e o proibido. Ele não tem religião. Ele não tem moral. Ele não tem doutrina. Os cidadãos que as tenham, se quiserem. Isso não quer dizer, no entanto, que o Estado deva tolerar tudo, nem que possa. Mas ele só impede ações, e não pensamentos, e só as impede se elas infringirem a lei. Num Estado verdadeiramente laico, não há delito de opinião. Cada um pensa o que quer, acredita no que quer. Tem de prestar conta dos seus atos, não das suas idéias. Do que faz, não do que crê. Os direitos humanos, para um Estado laico, não são uma ideologia, muito menos uma religião. Não é uma crença, é uma vontade. Não é uma opinião, é uma lei. Tem-se o direito de ser contra eles. Mas não de violá-los.

laico (*laïc*) – Que faz parte do povo (*laos*) e não do clero. Por extensão, a palavra designa tudo o que é independente da religião, ou deve ser.

lamentação (*regret*) – Um desejo presente relativo ao passado, mas como que duplamente em negativo: é a falta em nós do que não foi. Distingue-se com isso da nostalgia (a falta em nós do que foi). "A lamentação, esta outra forma da esperança...", dizia Camus. Mas o contexto – trata-se de Don Juan, no *Mito de Sísifo* – indica que na verdade é no que chamo de nostalgia que ele pensa. De fato, elas são os dois simétricos da esperança: são a falta do passado (na medida em que foi ou não foi), assim como a esperança é a falta do futuro (que talvez venha a ser). Essa assimetria torna a pena mais dolorosa, e a esperança, mais forte.

lapso (*lapsus*) – "Tendo ouvido alguém gritar, outro dia, que sua casa tinha voado para cima da galinha do vizinho, não pensei que essa pessoa se enganava, porque seu pensamento me parecia bastante claro", escreve Espinosa (*Ética*, II, escólio da prop. 47). De fato, era o que chamamos um lapso: menos um erro do pensamento do que um ato falho do discurso. É dizer involuntariamente uma palavra no lugar de outra (*lapsus linguae*) ou escrevê-la (*lapsus calami*). Freud nos acostumou a buscar seu sentido no inconsciente, e seria um erro nosso se nos vedássemos fazê-lo: costuma ser divertido, às vezes é esclarecedor. Resta que um ato falho tem valor de exceção e que sua interpretação mesma só é legítima se não for um desses atos. O inconsciente fala, sem dúvida. Mas a consciência também fala, e o que ela tem a dizer, salvo besteira ou tagarelice, é mais interessante. Os textos de Freud nos dão mais a pensar do que os lapsos dos seus pacientes.

lassidão (*lassitude*) – É um cansaço sentido, voltado para a alma. Deve menos à intensidade do esforço que à sua duração, menos ao trabalho que ao tédio, menos ao excesso que à repetição. É como o cansaço de estar cansado. Seu remédio – as palavras indicam-no com clareza – é menos o descanso que o relaxamento. Mas o homem absolutamente lasso não a cura, e preferiria não ter nascido.

latente (*latent*) – O que existe sem se manifestar ou, se se manifesta, sem ser percebido ou compreendido. Diz-se especialmente, em Freud, do sentido dos sonhos, que nunca aparece imediatamente: o trabalho do sonho transforma – notadamente por deslocamento e condensação – seu conteúdo latente (inconsciente) em conteúdo manifesto (o sonho tal como o sonhador o vive, ou tal como se lembra dele ao despertar). A interpretação tenta, ao contrário, remontar deste àquele. O mais sensato, fora da terapia, é não se preocupar nem com um nem com outro.

lazer (*loisir*) – É uma das traduções para o *otium* dos antigos: o tempo livre, o que só serve para viver, o que não é devorado pelo trabalho. Não é a preguiça, nem o repouso, mas a disponibilidade, como uma abertura para o mundo e para si, no presente e na eternidade: o espaço oferecido à ação, à contemplação, à cidadania, à humanidade. Nesse sentido, é o conjunto dos divertimentos que permitem suportar esse tempo livre, quase sempre pagando para que ele deixe de sê-lo.

legalidade (*légalité*) – A conformidade factual à lei. Não confundir com a *legitimidade*, que supõe um juízo de valor, nem com a *moralidade*, que às vezes pode levar a violar uma lei jurídica e que não poderia se contentar com ser simplesmente conforme à lei moral. Por exemplo, explica Kant, o comerciante que só é honesto para não perder a freguesia: ele age *em conformidade com o dever*, mas não *por dever* (age em conformidade com o dever, mas por interesse); sua ação, por mais *legal* que seja (no caso, no duplo sentido, jurídico e moral, do termo), ainda assim é privada de todo valor propriamente *moral* (pois que uma conduta tem valor moral apenas se for desinteressada). Assim, a legalidade não é senão um fato, que não diz nada sobre a legitimidade de uma ação, nem, menos ainda, sobre sua moralidade. As leis antijudaicas de Vichy, mesmo que fossem consideradas juridicamente impecáveis, nem por isso deixariam de ser ilegítimas: era imoral votá-las, aplicá-las e até (salvo no caso das vítimas, quando não podiam fazer outra coisa) obedecer a elas.

legitimidade (*légitimité*) – A noção se situa na interface entre o direito e a moral, mas também entre o direito e a política. É legítimo o que se faz *a bom direito*, o que supõe que um direito nem sempre é bom. A legitimidade é a conformidade não apenas à lei (legalidade), mas à justiça ou a um interesse superior. Roubar para não morrer de fome, conspirar contra um tirano, desobedecer a um poder totalitário, resistir, armas na mão, contra um ocupante, são comportamentos que, apesar de serem quase sempre ilegais, nem por isso deixam de ser, salvo uma situação muito particular, perfeitamente legítimos. Perguntarão quem decide a esse respeito. Um tribunal pode decidir, se for suficientemente forte e suficientemente justo, mas quase sempre só o fará uma vez consumado o fato – quando já é tarde demais – e não sem risco, muitas vezes, de se enganar. Somente os vencedores, salvo exceção, dispõem de tribunais, e nada impede que a justiça, às vezes, se coloque do lado dos vencidos. É por isso que a única instância de legitimação é a consciência individual. É pouco? Sem dúvida, para os que dela carecem ou que quisessem uma garantia. Mas esse pouco deve bastar – já que não há nada mais. Qual era o representante legítimo da França na última guerra mundial: o marechal Pétain ou o general de Gaulle? A resposta é fácil, hoje. Mas naqueles dias é que ela era importante.

lei (*loi*) – Um enunciado universal e imperativo. Nesse sentido, é claro que não há "leis da natureza": só falamos delas por analogia, para evocar ou explicar certas regularidades observáveis. A racionalidade do universo é, ao contrário, totalmente silenciosa (sem enunciados) e simples (sem imperativos). A identidade é ordem que lhe basta. E sua necessidade, se fosse necessário formulá-la, só se diria no indicativo. As leis humanas tendem para esse modelo ("todo condenado à morte terá a cabeça cortada..."), sem nunca poder atingi-lo de todo. Falta de poder, justamente, ou abuso de vontade. Donde a idéia de Deus, que seria uma vontade onipotente: um indicativo-imperativo. A idéia de silêncio, levada ao limite, nos livra desses dois antropomorfismos.

Uma lei é o que se impõe (a necessidade) ou deveria se impor (a regra, a obrigação). Fala-se, no primeiro caso, de leis da natureza; no segundo, de leis morais ou jurídicas. As primeiras, que não são queridas por ninguém, se impõem a todos. As segundas, que são queridas pela maioria, não se impõem a ninguém: elas só existem, como leis, pelo poder, que apesar delas conservamos, de violá-las. Se o assassinato não fosse possível, nenhuma lei precisaria proibi-lo. Se a gravitação universal pudesse ser violada, já não seria uma lei.

O sentido jurídico é que é primeiro: a lei é, antes de mais nada, uma obrigação imposta pelo soberano. Fala-se de leis da natureza apenas secundariamente, por imaginarmos que a natureza também obedece a alguém, que seria Deus. Mas não é senão uma metáfora. A natureza não é suficientemente livre para poder obedecer. Deus seria livre demais para poder mandar.

Seria uma pena não citar a célebre definição dada por Montesquieu: "As leis, em sua significação mais ampla, são as relações necessárias que derivam da natureza das coisas" (*O espírito das leis*, I, 1). No entanto, não dá para se contentar com ela: pois como, se essa definição fosse adequada, haveria leis *ruins*? É que Montesquieu, como Auguste Comte depois dele, pensa primeiro nas leis da natureza, que não são nem boas nem ruins, que são apenas "relações constantes entre os fenômenos observados" (*Discurso sobre o espírito positivo*, § 12). As leis humanas são de outro tipo: elas só se impõem na medida em que são impostas, o que não garante nem que sejam justas nem que seja necessário obedecê-las. Assim, essa noção de lei é irredutivelmente heterogênea: serve principalmente para mascarar a própria dualidade que a constitui, para que o fato pareça justo ou que a justiça pareça feita. É uma maneira de escapar da desordem e do desespero. A verdade é que só há fatos. Mas quem poderia suportá-la?

letrados/literatos (*lettrés/gens de lettres*) – Um letrado não é apenas alguém que sabe ler e escrever: é uma pessoa de cultura, sobretudo literária, e de pensamento, sobretudo filosófico – o equivalente, em Voltaire, do que hoje chamamos de um *intelectual*. Quanto aos literatos, são aqueles dentre os letrados que fazem das letras um ofício, que escrevem livros, que os publicam, que tentam viver deles... A denominação, nesse pequeno meio, costuma ser pejorativa. É que ela designa, antes de mais nada os colegas, que também são rivais e que, por conseguinte, é natural detestar. Voltaire, que falava com conhecimento de causa, notava entretanto que "a maior desgraça de um homem de letras talvez não seja o fato de ser objeto da inveja dos seus confrades [...]; é a de ser julgado pelos tolos". É preciso ser detestado ou desprezado, incompreendido ou mal amado, não raro ambas as coisas. Duro ofício. "O homem de letras não tem socorro", continua Voltaire; "ele se parece com os peixes voadores: se se eleva um pouco, as aves o devoram; se mergulha, os peixes o comem." Muito poucos, porém, lamentam o anonimato. Eles entraram na arena por prazer, como diz Voltaire, entregaram-se voluntariamente às feras. Isso lhes dá o direito de serem lidos, mas não o de se queixar.

leveza/ligeireza (*légèreté*) – É uma maneira de não pesar sobre nada, que é o próprio do espírito, dos deuses e, às vezes, dos músicos.

"Tudo o que é bom é leve; tudo o que é divino corre em pés delicados", escrevia Nietzsche (*O caso Wagner*, I). Isso, que foi escrito a propósito de Bizet e contra Wagner, poderia quase servir de definição: toda pessoa que conheça a música desses dois compositores pode compreender que é essa *divindade leve, ligeira*, como diz Nietzsche em outra passagem, que ressoa ou dança no primeiro, enquanto, no segundo, diferentemente e salvo exceção (como no *Idílio de Siegfried*), só se ouve o peso esmagador da seriedade, da pretensão, da sublimidade simulada ou afetada... Isso, no entanto, não basta para provar que Bizet é maior músico que Wagner, nem que a leveza seja boa em todas as coisas. Trata-se tão-somente de uma categoria estética, que não poderia valer universalmente. A leveza é o contrário do peso, da seriedade, da gravidade. Ela não exclui o trágico; ela o ignora ou o supera. É como uma graça, mas que seria puramente imanente, como uma elegância, mas que seria da alma, como uma despreocupação, mas que seria sem pequenez. Ela é perturbadora em Mozart; isso não diminui em nada nem Bach nem Beethoven, em quem a leveza não é o forte. Enfim, ela é simplesmente irritante nos espíritos frívolos, nas situações que requerem seriedade ou gravidade. "É uma maneira que não me agrada, essa afetação de ligeireza em relação ao amor", dizia Colette. E olhem que ela sabia o que é a ligeireza dos modos e a leveza da pena. Mas não esquecia com isso a gravidade de amar ou de ser amado. Mais vale a leveza que o pesadume; a gravidade que a frivolidade.

liberal (*libéral*) – Que respeita a liberdade, antes de mais nada a dos outros. Um Estado liberal é, portanto, aquele que respeita as liberdades individuais, ainda que, para tanto, tenha de limitar a sua. Não confundi-lo com a democracia (podem existir democracias autoritárias e monarquias liberais), menos ainda com o *laisser-faire*: as liberdades individuais só existem pela lei, que supõe a coibição.

liberalidade (*libéralité*) – O justo meio nos assuntos de dinheiro: é não ser nem avaro, nem pródigo (Aristóteles, *Ética a Nicômaco*, IV, 1119b-1122a).

É improvável que o homem liberal fique rico, constata Aristóteles, e mais ainda que assim permaneça: pois "ele não aprecia o dinheiro em si, mas sim como meio de dar". Por isso, é improvável, pela mesma razão, que os ricos saibam dar prova de liberalidade: é que não é possível "ter dinheiro, se não nos dermos ao trabalho de adquiri-lo" e guardá-lo. Isso quer dizer que é pequena a chance de ficar rico sem cupidez, assim como de permanecer rico sem avareza. O justo meio é mais exigente do que se imagina.

liberalismo (*libéralisme*) – A doutrina dos liberais, quando têm uma. Em francês, diz-se sobretudo da doutrina econômica: a que pretende que o Estado deve intervir o menos possível na produção e nas trocas, a não ser para garantir, quando necessário, o livre funcionamento do mercado. Doutrina respeitável, mas que, parece-me, valeria apenas no que concerne ao mercado, ou seja, apenas para as mercadorias. Ora, a justiça não é uma mercadoria, nem a liberdade, nem a igualdade, nem a fraternidade... Elas estão portanto a cargo, legitimamente, do Estado e dos cidadãos. É o que permite distinguir o *liberalismo*, para o qual a política mantém seus direitos e suas ambições, do *ultraliberalismo*, que gostaria de confinar o Estado em suas funções soberanas de administração, polícia, justiça e diplomacia. Seria renunciar a agir sobre a própria sociedade, ou mesmo renunciar à República. Quando, nos anos 60, o general De Gaulle dizia que "a política da França não se faz no pregão da Bolsa", não manifestava apenas um traço de temperamento pessoal, nem queria confinar a política em seu terreno diplomático, administrativo e judiciário. Ele recordava um princípio essencial a toda democracia verdadeira. Se o povo é soberano, como o mercado também seria?

liberdade (*liberté*) – Ser livre é fazer o que se quer. Daí três sentidos principais da palavra, conforme o *fazer* de que se trata: liberdade de ação (se fazer é agir), liberdade da vontade (se fazer é querer: veremos que esse sentido se subdivide em dois), enfim liberdade do espírito ou da razão (quando fazer é pensar).

A liberdade de ação não levanta problemas teóricos. Ela nada mais é, dizia Hobbes, que "a ausência de todos os impedimentos que se opõem a um movimento qualquer: assim, a água que está encerrada num jarro não está livre, porque o jarro a impede de se derramar, e, quando o jarro quebra, ela recupera sua liberdade" (*Do cidadão*, IX, 9). Tratando-se dos humanos, é o que se costuma chamar de *liberdade no sentido político*: porque o Estado é a principal força a limitá-la e a única capaz de mais ou menos garanti-la. Sou livre para agir quando nada nem ninguém me impede de fazê-lo: é por isso que sou mais livre numa democracia liberal do que num Estado totalitário, e é por isso que nunca poderei sê-lo absolutamente (há sempre impedimentos, decorrentes em especial, num Estado de direito, da lei: minha liberdade acaba onde a dos outros começa). É a liberdade no sentido de Hobbes, de Locke, de Voltaire. Ela existe, evidentemente, porém *mais ou menos*: liberdade sempre relativa, sempre limitada e, por isso, sempre a defender ou a conquistar.

A liberdade da vontade não parece levantar um maior número de problemas. Posso querer o que quero? Sim, claro, já que ninguém, a não ser em caso de manipulação mental ou neurológica, pode me impedir de querer, nem querer no meu lugar. De resto, como poderia eu querer o que não quero ou não querer o que quero? A liberdade da vontade, nesse sentido, é menos um problema do que uma espécie de pleonasmo: querer é, por definição, querer o que se quer (já que a vontade não poderia escapar do princípio de identidade) e é nisso que consiste ser livre. É o que chamo de espontaneidade do querer, que nada mais é que a vontade em ato: no presente, "livre, espontâneo e voluntário são uma só e mesma coisa" (como já reconhecia Descartes, em relação ao ato em via de se consumar); é por isso que toda vontade é livre, e somente ela (o resto é paixão ou passividade). É a liberdade no sentido de Epicuro e de Epicteto, mas também, no essencial, no sentido de Aristóteles, de Leibniz ou de Bergson. Quero o que quero: logo, quero livremente.

Seja. Mas podemos querer também outra coisa? Outra coisa que não o que queremos? Isso parece violar o princípio de identidade. Mas como, sem esse poder, teríamos modo de escolher? Parece que a vontade só é verdadeiramente livre se ela própria puder se escolher, o que supõe – já que só se escolhe o futuro – que ela ainda não existe. Portanto, para que a vontade seja absolutamente livre, o sujeito tem de preexistir paradoxalmente ao que ele é (já que tem de escolhê-lo): daí o mito de Er, em Platão, o caráter inteligível, em Kant, ou a existência-que-precede-a-essência, em Sartre. Essa liberdade continua sendo uma liberdade da vontade, se quiserem, mas anterior, pelo menos de direito, a toda volição efetiva. Ou ela é absoluta, ou não é. É o que às vezes se chama liberdade no sentido metafísico do termo e, com maior freqüência, livre-arbítrio: já não é espontaneidade mas criação, já não é um ser mas um nada, como diz Sartre, já não é um sujeito que escolhe mas a escolha do sujeito por si mesmo. É a liberdade segundo Descartes (talvez já segundo Platão, pelo menos em certos textos), segundo Kant, segundo Sartre: o poder indeterminado de se determinar a si mesmo, em outras palavras, de se escolher (Sartre: "toda pessoa é uma escolha absoluta de si") ou de se criar (Sartre novamente: "liberdade e criação são uma só coisa"). Mas como, já que ninguém pode se escolher, a não ser que já seja? Essa liberdade só é possível como nada: ela só é possível com a condição de não ser! Eu tenderia a ver nisso uma refutação; sem dúvida porque o nada não é meu forte. "Estou em pleno exercício da minha liberdade, quando, vazio e nada eu mesmo, *nadifico* tudo o que existe", escreve Sartre ("La liberté cartésienne", *Situations* [Situações], I). É uma coisa de que não tenho nenhuma experiência. Só conheço o ser. Só conheço a história em via de se fazer, sempre simultânea a si mesma, sempre determinada e, ao mesmo tempo, determinante. Só conheço, como liberdade da vontade, sua espontaneidade: só o poder *determinado* de se determinar a si mesmo. Sou eu que careço de imaginação ou Sartre, de realismo?

"Os homens se enganam ao se crerem livres", escrevia Espinosa, "e essa opinião consiste unicamente no fato de que eles têm consciência das suas ações e são ignorantes das causas pelas quais são determinados" (*Ética*, II, escólio da prop. 35). Eles têm consciência de seus desejos e volições, mas não das causas que os fazem desejar e querer (*Ética*, I, Apêndice; ver também a *Carta 58*, a Schuller). Como não acreditariam ser livres para querer, já que querem o que querem? E, claro, Espinosa não nega que exista aí uma espontaneidade efetiva (ver por exemplo *Ética*, III, escólio da prop. 2), que é a do conato. O erro deles está em absolutizá-la, como se ela fosse independente da natureza e da história. Como seria, se não tivesse então nenhuma razão de existir e de agir? A vontade não é um império num império. Quero o que quero? Claro, mas não de maneira indeterminada! "Não há na alma nenhuma vontade absoluta ou livre; mas a alma é determinada a querer isto ou aquilo, por uma causa que também é determinada por outra, e essa outra o é, por sua vez, por outra, e assim ao infinito" (*Ética*, II, prop. 48; ver também I, prop. 32 com sua demonstração). Não se sai do real. Não se sai da necessidade. Quer isso dizer que cada um permanece prisioneiro do que é? Não, já que a razão, que existe em todos, não pertence a ninguém. Como poderia ela nos obedecer? "O espírito nunca deve obediência", escrevia Alain. "Uma prova geométrica basta para mostrar isso; pois se você acredita nela cegamente, você é um tolo; você trai o espírito" (*Propos* de 12 de julho de 1930). É por isso que nenhum tirano gosta da verdade. Porque ela não obedece. É por isso que nenhum tirano gosta da razão. Porque ela só obedece a si mesma: porque ela é livre. Não é, claro, que a razão tenha escolha, se entendermos com isso que ela poderia pensar o que quisesse. Mas é que sua necessidade própria é a garantia da sua independência. Não porque a verdade possa ser *escolhida*; mas, ao contrário, porque ela não o é: porque ela se impõe necessariamente a toda pessoa que a conhece, ao menos em parte, e porque basta conhecê-la para ser libertado, ao menos em parte, de si (já que a verdade é a mesma em todo espírito que a percebe; quando um neurótico pratica a matemática, a verdade da matemática nem por isso fica neurótica). É o que poderíamos chamar de liberdade do espírito ou da razão, que nada mais é que a livre necessidade do verdadeiro. É a liberdade segundo Espinosa, segundo Hegel, sem dúvida também segundo Marx e Freud: a liberdade como necessidade compreendida ou, melhor, como compreensão da necessidade. A verdade não obedece a ninguém, nem mesmo ao sujeito que a pensa: é por isso que ela é livre, e liberta.

Três sentidos, pois, o segundo dos quais se subdivide em dois: a liberdade de ação, a liberdade de vontade (que podemos pensar como espontaneidade ou como livre-arbítrio), enfim a liberdade do espírito ou da razão. Somente o livre-arbítrio me parece duvidoso e, na verdade, impensável. Mas nem por isso as três outras liberdades deixam de existir: elas existem e se completam. Para que querer, se não pudéssemos agir livremente? E em nome de quê, se todo pensamento fosse escravo? Mas não é assim. Somos livres para agir, para querer, para pensar, pelo menos podemos ser, e depende de nós – pela razão, pela ação – nos tornarmos mais livres. Quanto a poder fazer, querer ou pensar outra coisa que não o que fazemos, queremos ou pensamos (o que o livre-arbítrio supõe), não tenho nenhuma experiência disso, repito, nem vejo como isso seria possível. Objetar-me-ão que, desse modo, nossa liberdade é apenas relativa, sempre dependente (do corpo ou da razão, da história ou do verdadeiro), sempre determinada, e concordo com isso. É dizer, contra Sartre, que a liberdade nunca é infinita nem absoluta. E como seria, em seres relativos e finitos, como todos nós somos? Ninguém é livre absolutamente, nem totalmente. Somos *mais ou menos* livres: é por isso que podemos filosofar (porque somos um pouco livres) e é por isso que devemos fazê-lo (para nos tornarmos mais livres). A liberdade não é dada, é para ser conquistada. Não estamos "condenados à liberdade", como pretendia Sartre, mas tampouco à escravidão. Não é a liberdade que é "o fundamento do verdadeiro", como dizia também Sartre (se assim fosse, já não haveria verdade); a verdade é que liberta. Assim, a liberdade é menos um mistério do que uma ilusão ou um trabalho. Os ignorantes são tanto menos livres quanto mais imaginam sê-lo. Enquanto o sábio se torna livre compreendendo que não o é.

Cumpre lembrar, ademais, que ninguém é sábio por inteiro – que a liberdade é menos uma faculdade do que um processo. Ninguém nasce livre; tornamo-nos livres, e esse processo nunca cessa. É porque o livre-arbítrio não existe que precisamos nos libertar sempre, e antes de tudo a si. É porque a liberdade nunca é absoluta que a libertação permanece sempre possível, e sempre necessária.

liberdade de pensamento (*liberté de penser*) – É menos uma liberdade a mais do que um caso particular de todas: o direito de pensar o que se quer, sem outra limitação além de si ou da razão. É o próprio pensamento, na medida em que escapa dos preconceitos, dos dogmas, das ideologias, das inquisições. Nunca é dada, é sempre a ser conquistada. Sua fórmula é enunciada por Voltaire, após Horácio, após Montaigne, antes de Kant: "Ouse pensar por si mesmo."

libertação (*libération*) – O fato de tornar-se livre e o processo que a isso conduz. É a liberdade em ato e em trabalho. Opõe-se, assim, ao livre-arbítrio, que seria uma liberdade original e absoluta (uma liberdade sempre já dada: uma liberdade em potência e em repouso!). "Os homens se enganam ao se crerem livres", dizia Espinosa (*Ética*, II, 35, escólio), e essa ilusão é uma das principais causas que os impedem de se tornarem livres. O singular misto de consciência e de inconsciência que os constitui (eles têm consciência de seus desejos e de seus atos, mas não das causas que os fazem desejar e querer) os *sujeita*, como dirá Althusser, fazendo-os *sujeitos*. A suposta liberdade deles nada mais é que uma causalidade que ignora sê-lo. Ao contrário, é porque o livre-arbítrio não existe que é preciso libertar-se sempre – antes de mais nada, de si. Isso somente a verdade, em que toda relatividade se rompe, torna possível. Liberdade, necessidade compreendida (Espinosa, Hegel, Marx, Freud), ou antes, compreensão da necessidade. Não é que a compreensão escape da necessidade (como poderia, se dela faz parte?), mas a razão só obedece a si (*Ética*, I, def. 7). Somente o conhecimento é livre, e liberta. É nisso que a ética, que tende à liberdade, se distingue da moral, que a supõe.

libertinagem (*paillardise*) – É o "desejo alegre", dizia Alain, especialmente em matéria de sexualidade, e como que "uma precaução do riso contra as paixões". Isso não exclui um pouco de vulgaridade deliberada, que é como uma precaução suplementar contra a seriedade ou a hipocrisia. Todavia, isso dura apenas um tempo – como o desejo, como a alegria –, senão já não seria libertinagem mas obsessão (não uma precaução contra as paixões mas uma paixão a mais).

libido (*libido*) – *Libido*, em latim, é o desejo, muitas vezes com um sentido pejorativo (a inveja egoísta, a cobiça, a sensualidade, a depravação...). Pascal, na esteira de são João (1 Jo: 21, 16) e de santo Agostinho (*Confissões*, X, 30-39), vê nela outro nome da concupiscência: "Tudo o que está no mundo é concupiscência da carne, ou concupiscência dos olhos, ou orgulho da vida: *libido sentiendi, libido sciendi, libido dominandi*" (*Pensamentos*,

545-458; ver também os fr. 145-461 e 933-460). Mas a palavra deve seu uso moderno a Freud, que denomina assim a energia sexual, tal como se manifesta na vida psíquica e quaisquer que sejam as formas – inclusive sublimadas ou aparentemente dessexualizadas – que pode assumir. Aqui, já não há nada pejorativo: a libido é "a manifestação dinâmica, na vida psíquica, da pulsão sexual" (*Psychoanalyse und Libidotheorie*, 1922, citado por Laplanche e Pontalis). Freud às vezes a distingue do instinto de conservação (*Introdução à psicanálise*, cap. 26), antes de fundir ambos na pulsão de vida (as pulsões de autoconservação passam a depender agora da libido, que por sua vez se opõe à pulsão de morte: *Ensaios*, "Além do princípio de prazer", 6). Não confundir a libido com o desejo sexual, que é apenas uma das suas expressões, menos ainda com a sexualidade genital, que é apenas uma das suas formas. A libido pode se voltar tanto para o eu como para um objeto exterior, investir-se na sexualidade, no sentido estrito da palavra, assim como nos negócios, na arte, na política ou na filosofia. Sua retração, tal como aparece na melancolia, conduz à "perda da capacidade de amar" (*Metapsicologia*, "Luto e melancolia"), e até ao suicídio. Isso talvez diga o essencial. O que é a libido? É a potência de viver, de amar e de gozar, visto que é de origem sexual e capaz de assumir diferentes formas. É o nome freudiano e sexual do conato.

liceu (*lycée*) – É o nome, em grego, da escola de Aristóteles, porque ele ensinava num ginásio próximo de um templo ou de uma estátua de Apolo Liceal (*lýkeios*, lobo deus). Aristóteles ministrava aí seus ensinamentos, tanto acroamático, pela manhã, como exotérico, à noite, no deambulatório (*perípatos*: donde o nome de escola peripatética que também se dá ao Liceu) do ginásio. À morte de Aristóteles (ou melhor, quando da sua partida para um quase exílio na ilha de Eubéia, onde morrerá meses depois), a escola será dirigida por Teofrasto, depois, quando da morte deste, por Estratão de Lâmpsaco. Depois deste, sofreu um declínio progressivo, o que não impedirá Andrônico de Rodes, seu décimo e último escolarca, de publicar, no século I a.C., as obras esotéricas do Mestre, as quais retomam, no essencial, seu ensino da manhã, e que, graças a essa edição, chegaram até nós. Quanto aos textos exotéricos, que os antigos tanto admiravam (Cícero compara o estilo de Aristóteles a um "rio dourado", Quintiliano elogia sua graça e sua suavidade), não resta quase nada. Daí a imagem de um Aristóteles exclusivamente professoral ou técnico, que teria se esquecido de ser artista: filósofo professor, para os professores de filosofia. A injustiça não é muito grave: mesmo amputado de metade da sua obra, esse filósofo continua sendo o maior de todos – e o Liceu, o modelo, para sempre, de exigência intelectual. Daí certa nostalgia, às vezes, quando pensamos em nossos liceus de hoje em dia. Nova injustiça: a educação de massa é evidentemente um progresso, e não poderíamos exigir que nossos professores se igualem a Aristóteles, assim como não poderíamos cobrar de seus alunos que ponham o saber, numa sociedade que já não crê nele, acima de tudo. Mas não é esse um motivo para substituir a leitura dos grandes autores pela dos jornais, nem o estudo pelo debate, nem o amor à verdade pelo amor à comunicação. O Liceu não era a ágora: era muito mais um lugar de estudo, de ensino, de reflexão, do que de trocas ou de "espontaneidade". Nossos liceus só são dignos do nome se permanecem fiéis, pelo menos desse ponto de vista, ao grande modelo a que devem sua designação e uma parte, apesar dos pesares, do que neles se ensina. É melhor rivalizar com Aristóteles, mesmo de muito longe, do que com a televisão.

limites do espírito humano (*bornes de l'esprit humain*) – É uma expressão tradicional, para dizer que não somos Deus nem temos condição de conhecer absolutamente o absoluto. Concordo com isso, é claro. Mas será que a palavra *limites* [*bornes*] é a mais adequada? Voltaire lhe consagra um verbete, um tanto decepcionante, do seu *Dicionário*. Ele se remete a Montaigne. Mas Montaigne, sobre esse ponto, é mais sutil. É evidente que nosso espírito é limitado; mas essa evidência não nos autoriza a lhe estabelecer um limite: "É difícil estabelecer limite ao nosso espírito; ele é curioso e ávido, e não tem por que parar a mil passos e não a cinqüenta" (*Os ensaios*, II, 12). É a diferença que há entre um ser finito, como todos nós somos, e um ser limitado, o que vale como crítica ou condenação. Um amigo meu, cujo jardim, estreitíssimo, dava diretamente para o precipício de uma falésia, portanto para o mar e para o céu, dizia lindamente que seu jardim era "infinito pelo menos de um lado"; depois acrescentava: "como o espírito, talvez". Isso me fez pensar. Por que um espírito finito não poderia conceber o infinito, mergulhar nele, perder-se nele? A matemática dá o exemplo disso. A filosofia também, talvez. Aos que diziam que ele limitava sua filosofia, Alain respondia simplesmente: "É que eu não enxergo o limite" (*Propos* de 25 de dezembro de 1928).

linfático (*lymphatique*) – Um dos quatro temperamentos da tradição hipocrática. Moleza, lentidão, desatenção.

língua (*langue*) – "A língua é a linguagem menos a fala", dizia Saussure: o que resta, quando nos calamos. É o que condena os tagarelas e dá razão aos lingüistas.

Mas o que é a fala? A utilização, por um indivíduo singular, num momento singular, de uma língua qualquer. Assim, a língua está no que falamos: é um conjunto de signos convencionais, articulados (e, mesmo, duplamente articulados: em monemas e fonemas) e submetidos a certo número de estruturas, tanto semânticas como gramaticais.

Note-se que a pluralidade das línguas, que é um dado de fato, não exclui nem a unidade da linguagem (já que todo discurso numa língua natural pode ser traduzido numa outra), nem a da razão. Parece-me, até mesmo, que ela as supõe. Se não houvesse uma razão antes da linguagem, e uma função simbólica antes das línguas, nenhuma fala jamais teria sido possível. Desse ponto de vista, a conhecida aporia da origem das línguas (é necessária uma língua para raciocinar, e a razão para inventar uma língua) não é exatamente uma: primeiro, porque uma língua não é *inventada* (ela é o resultado de um processo histórico, não de um ato individual), depois porque a inteligência e a função simbólica existem *antes* das línguas: o mesmo processo que permite que os recém-nascidos aprendam a falar deve ter possibilitado que os humanos, ao longo dos milênios, passassem de uma comunicação simplesmente sensório-motora (gritos, gestos, mímicas, como vemos nos animais) a uma comunicação lingüística.

Salientemos, para terminar, a extrema eficácia – em termos de potência e de economia – do que Martinet chama de dupla articulação. Como toda língua se divide em unidades mínimas de significação (os monemas), cada uma das quais pode, por sua vez, se dividir em unidades sonoras mínimas (os fonemas), chega-se a essa espécie de milagre objetivo que é a comunicação humana: o conjunto das nossas experiências, das nossas idéias e dos nossos sentimentos – todos os livros escritos e possíveis, todas as palavras pronunciadas e pronunciáveis – pode ser enunciado por meio de algumas dezenas de gritinhos breves, ou melhor, de sons mínimos, de puras diferenças vocais, sempre as mesmas em cada língua (o francês, por exemplo, conta cerca de quarenta fonemas), ao mesmo tempo privados de significação e capazes de permitir todas as significações. É sempre o mais simples que possibilita o mais complexo: pensamos graças aos átomos que não pensam, falamos graças a sons que não querem dizer nada. É nisso que a lingüística, que parece tão pouco material, pode levar ao materialismo.

linguagem (*langage*) – No sentido lato: toda comunicação por sinais (fala-se, por exemplo, de "linguagem das abelhas"). No sentido estrito, ou especificamente humano: a faculdade de falar (a fala em potência) ou a totalidade das línguas humanas. Note-se que a linguagem não fala, não pensa, não quer dizer nada, e não é uma língua; é por isso que podemos falar e pensar. A linguagem é apenas uma abstração: somente as falas, mas traduzidas em atos, são reais, e elas se atualizam apenas numa língua particular. Assim, a linguagem é mais ou menos para as línguas e para as falas o que a vida é para as espécies e para os indivíduos: sua soma, ou seu resto.

lisonja (*flatterie*) – Lisonjear é dirigir a alguém, para atrair sua simpatia, palavras mais favoráveis do que pensamos que mereça. Quando se faz isso com certa habilidade, quase nunca falha, o que diz muito sobre a humanidade. O amor-próprio, quase inevitavelmente, prevalece sobre o amor à verdade. "Assim", escreve Pascal, "a vida humana é apenas uma ilusão perpétua; não cessamos de nos enganar e de nos lisonjear mutuamente. Ninguém fala de nós na nossa presença como fala na nossa ausência. A união que existe entre os homens baseia-se unicamente nesse engano mútuo; e poucas amizades subsistiriam se cada um soubesse o que o amigo diz a seu respeito quando não está presente, mesmo que, então, fale sinceramente e sem paixão" (*Pensamentos*, 978-100).

livre-arbítrio (*libre arbitre*) – A liberdade da vontade, na medida em que seria absoluta ou indeterminada: é "o poder de se determinar a si mesmo sem ser determinado por nada" (Marcel Conche, *L'aléatoire*, V, 7). Poder misterioso, e metafísico estritamente: se fosse possível explicá-lo (por causas) ou conhecê-lo (por uma ciência), já não seria livre. Só é possível acreditar nele renunciando a compreendê-lo, ou compreendê-lo (como ilusão) cessando de acreditar nele. É aqui que devemos escolher entre Descartes e Espinosa, entre Alain e Freud, entre o existencialismo, especialmente o existencialismo sartriano, e o que chamei, na falta de denominação melhor, de *insistencialismo* – entre o livre-arbítrio e a libertação.

Não confundir o livre-arbítrio com a indeterminação: um elétron, mesmo que o suponhamos absolutamente indeterminado, nem por isso é dotado de livre-arbítrio (que supõe uma vontade), do mesmo modo que um cérebro que dependesse de partículas indeterminadas tampouco seria, graças a isso, livre (já que dependeria de outra coisa que não ele mesmo).

O livre-arbítrio também não é a espontaneidade do querer, que seria antes – como vemos em Lucrécio ou nos estóicos – o poder *determinado* de se determinar a si mesmo. Mas ele toma algo emprestado de uma e de outra: é uma espontaneidade indeterminada, que teria, é seu mistério próprio, a faculdade de se escolher e de se criar a si, o que supõe – já que só é possível escolher o futuro – que ela se precede inexplicavelmente a si mesma (o mito de Er, em Platão, o caráter inteligível, em Kant, o projeto original ou a existência-que-precede-a-essência, em Sartre). Não é o que sou que explicaria minhas escolhas; minhas escolhas, ou uma escolha original, é que explicariam o que sou. Eu não seria nada, de início; e é esse nada que escolheria livremente o que tenho a ser e que terei sido. "Cada pessoa é uma escolha absoluta de si", escreve Sartre em *O ser e o nada*. O livre-arbítrio é essa escolha, ou melhor (já que é preciso primeiro *ser* para poder se escolher), essa impossibilidade.

lógica (*logique*) – Seria a ciência da razão (*lógos*), se tal ciência fosse possível. Não o sendo, é o estudo dos raciocínios e, especialmente, das suas condições formais de validade. Ela aparece, cada vez mais, como uma parte da matemática, o que não autoriza os filósofos a prescindir dela.

lógos (*logos*) – A palavra, em grego, podia significar ao mesmo tempo razão e discurso. Por exemplo, em Heráclito: "É sábio que os que ouviram, não a mim, mas ao *lógos*, convenham que tudo é um." Ou em são João: "No princípio era o *Lógos*, e o *Lógos* estava com Deus, e o *Lógos* era Deus..." Uma palavra, portanto, mas que seria a da verdade: o discurso verdadeiro ou a verdade como discurso. Linguagem? Razão? Antes, unidade indissolúvel de ambas. É o que faz a perenidade, mesmo em francês, da palavra: falar de *logos*, hoje, seria sugerir que não há nem linguagem sem razão nem razão sem linguagem. Essas duas proposições me parecem duvidosas, e a segunda até impensável. Se a razão não existisse antes da linguagem e independentemente dela, como a linguagem teria advindo? Deus, diria Espinosa, não fala nem raciocina (não é um *Lógos*: não é um Verbo). Nada mais racional, porém, que esse Deus. A verdadeira razão – a verdadeira relação entre o verdadeiro e si mesmo – está aquém da linguagem: a idéia verdadeira não consiste "nem na imagem de algo nem em palavras", escreve Espinosa, "porque a essência das palavras e das imagens é constituída apenas de movimentos corporais, que não envolvem de maneira nenhuma o conceito do pensamento" (*Ética*, II, escólio da prop. 49). A verdadeira lógica é muda:

não *lógos*, mas *álogos*. Não um Verbo, mas um ato. Não um discurso, mas um silêncio. Lógica do ser: onto-lógica. No princípio era a ação.

loteria (*loterie*) – Um jogo de azar, ou o azar como jogo. A palavra vem dos lotes que se ganham nele. "É o meio de fazer a fortuna agir sem nenhuma injustiça", escreve Alain. Mas também sem nenhuma justiça. Por isso, é uma imagem da vida, muito mais que da sociedade. "Toda a mecânica da loteria vai no sentido de igualar as oportunidades", escreve ainda Alain. "Assim, as oportunidades são purificadas. Cem mil pobres fazem rico um deles, sem escolha. É o contrário do seguro." É que o seguro é uma coletivização dos riscos. A loteria seria, antes, uma coletivização das chances. O fato de ela ter se transformado num imposto voluntário mostra a inteligência dos nossos fazendistas. Somente o Estado ganha sempre. É colocar o azar a serviço da contabilidade nacional.

loucura (*folie*) – "O louco perdeu tudo, menos a razão", dizia um psiquiatra. Mas ela gira em falso: perdeu os *trilhos* do real. O delírio paranóico, por exemplo, pode ser de uma coerência formidável (não é por acaso que Freud compara os sistemas filosóficos com paranóias bem-sucedidas); mas é fechado sobre si mesmo, em vez de se abrir para o mundo. É uma lição para o filósofo: o pensamento só escapa da loucura pelo seu exterior, que é o real ou o pensamento dos outros. O que é verdade apenas para você, verdade não é.

lucidez (*lucidité*) – É ver o que é como é, em vez de como se gostaria que fosse. Pelo que a lucidez se parece, e muito, com o pessimismo: não porque as coisas vão sempre de mal a pior (por que iriam?), mas porque não é costumeiro que elas vão como gostaríamos que fossem, nem habitual que quiséssemos que vão como de fato vão. Assim, a lucidez assinala antes de tudo a distância entre a ordem do mundo e a ordem dos nossos desejos, ao mesmo tempo que se recusa a renunciar a uma e a outra – pois, nesse caso, já não haveria distância. É o amor à verdade, quando ela não é agradável.

Isso também vale para si mesmo. Pois, afinal, conhecer-nos como somos é quase sempre nos decepcionarmos. Lucidez bem ordenada por nós é começada: é esse o segredo da humildade.

lugar (*lieu*) – A situação no espaço ou o espaço que um corpo ocupa: é o *aí* de um ser, assim como o espaço é o *aí* de todos (a soma de todos os lugares). As duas noções, de *espaço* e de *lugar* são solidárias, ou até se pressupõem mutuamente, a ponto de não ser possível defini-las, talvez, sem cair num círculo. São duas maneiras de pensar a extensão dos corpos – que é um dado da experiência –, inscrevendo-a num limite (o lugar) ou no ilimitado (o espaço). O lugar, dizia Aristóteles, é "o limite imóvel e imediato do continente" (*Física*, IV, 4). O espaço seria, ao contrário, o continente sem limites.

luto (*deuil*) – É a perda de um ser querido e a dor que daí resulta: o amor dilacerado por lhe ter sido tomado seu objeto. Ferida afetiva, como que uma amputação do essencial. Fazemos então o luto do que nos falta, ou seja, aprendemos a viver sem. Aprendizado difícil e doloroso, sempre: estar de luto é estar em sofrimento. É assim após a morte de quem você amava mais que tudo no mundo, quando viver não é mais que essa ausência atroz, insuportável, como que uma chaga aberta, quando temos a sensação de que a alegria tornou-se para sempre impossível... O *trabalho de luto*, como diz Freud, serve para sair desse estado. Trabalho de aceitação, de distanciamento progressivo, de reconciliação. Não contra o amor, mas para amar de outro modo e, depois, outra coisa. Trata-se de fazer a alegria voltar a ser pelo menos possível. O luto é consumado quando isso é conseguido. É o caminho mais difícil a levar de uma verdade a uma felicidade.

Esse conceito é suscetível de uma extensão universal. "Viver é perder", escreve François George, e é por isso que o luto é o estado comum dos viventes. Dele só é possível escapar cessando de amar, o que não se deve, de viver, o que não se quer, de morrer, o que não é possível. É necessário portanto aceitar-se mortal (fazer o luto de si, em vida) e amante de mortais. "Em relação a todas as outras coisas é possível dar-se segurança", dizia Epicuro, "mas, por causa da morte, nós, os homens, habitamos todos uma cidade sem muralhas." Viver é uma cidade aberta, e essa abertura – o amor, a morte – é a única morada. O luto é o horizonte do amor, de qualquer amor, e o único caminho para a sabedoria.

"Doce é a lembrança do amigo desaparecido", dizia também Epicuro, o que exprime bem o que é um luto bem-sucedido. No fim do caminho? Doçura, gratidão, alegria – amor. Primeiro pensávamos: "Que horror ele já não estar aqui!" Depois, pouco a pouco: "Como foi bom ele ter existido!" A vida leva tudo, até mesmo a morte que a leva. O resultado é uma paz suave após a atrocidade da perda. E se não conseguirmos? A morte acabará o trabalho. Toda dor cessa onde todas elas irão parar.

luxo (*luxe*) – É o desfrute do inútil. Por exemplo, uma colher: o fato de ser de ouro não serve para nada, mas é um prazer a mais. Noção por natureza relativa, mas que sempre supõe um quê de excesso, de demasia, de *exagero*, como diz Kant, no conforto, na beleza ou no gasto. É o contrário dos prazeres naturais e necessários de Epicuro: o luxo é feito de prazeres culturais e supérfluos. É por isso que é uma armadilha, se se torna necessário, e um luxo, se continuar sendo supérfluo.

luxúria (*luxure*) – O uso imoderado dos prazeres sexuais. Na maior parte dos casos, é uma falta pequena, mas uma falta: não porque o sexo seja culpado, raramente é, mas porque a intemperança sempre é. Pecado venial, em todo caso entre parceiros consencientes. Mas a obrigação de obter esse consentimento impede o abandono integral à luxúria. Quanto ao mais, o corpo, quase sempre, constitui um limite suficiente. Se Sade não houvesse passado tantos anos na prisão, se tivesse feito mais amor, e de uma maneira mais feliz, o próprio prazer lhe teria ensinado – contra o falso infinito da carência ou do imaginário – seu mui positivo e voluptuoso poder de *moderação*. A luxúria não é um luxo; o erotismo, sim, é.

Luzes (*Lumières*) – A palavra designa um período e, ao mesmo tempo, um ideal. O período é o século XVIII europeu. O ideal é o da razão, que Descartes já chamava de "luz natural", mas libertada de toda teologia, ou mesmo de toda metafísica; é o do conhecimento, o do progresso, da tolerância, da laicidade, da humanidade lúcida e livre. Ser um homem das Luzes, explica Kant, é pensar por si mesmo, é servir-se livremente da sua razão, é libertar-se dos preconceitos e da superstição. É isso que justifica a célebre fórmula: "*Sapere aude!* Tem a coragem de te servir do teu próprio entendimento! Eis a divisa das Luzes" (Kant, *Resposta à pergunta "O que são as Luzes?"*, 1784). A máxima é de Horácio, mas poderia ser de Lucrécio, e Montaigne já a fizera sua (*Os ensaios*, I, 26, 159), assim como Voltaire depois dele e antes de Kant (*Dicionário filosófico*, verbete "Liberdade de pensamento"). Vê-se que as Luzes, como ideal, são de todos os tempos. É que a superstição e o dogmatismo sempre nos precedem, e nos acompanham.

M

mãe (*mère*) – "Como Deus não podia estar em toda parte, inventou as mães", diz um provérbio iídiche. Isso me esclarece tanto sobre a idéia de Deus como sobre a de maternidade.

O que é uma mãe? É a mulher que gerou e pariu. É também aquela que, quase sempre, amou o filho, protegeu-o (inclusive contra o pai), nutriu, acalentou, educou, acariciou, consolou. Sem isso, não haveria amor, nem humanidade.

Fala-se desde há muito de mães adotivas e mães biológicas, com toda a razão, e, desde há não muito, de mães "de aluguel", com certa razão (apesar da expressão ser atroz). É que as duas funções, de geração e de educação, geralmente conjuntas, não o são necessariamente. E, claro, o amor dado importa mais, nesse caso, do que os genes transmitidos. Dirão que, para um materialista, essa é uma idéia bem curiosa. Mas é que o amor não é menos material que o resto.

Discute-se muito para saber se o amor materno é um instinto ou um fato de cultura. Um instinto, certamente não é (pois tem exceções e não acarreta nenhum *savoir-faire*). Um fato de cultura? Tem de ser, ainda que este fato venha se enxertar, ao que tudo indica, em dados biológicos. A língua tampouco é um instinto; o que não impede que a linguagem seja uma faculdade biologicamente determinada – e que também se fale, legitimamente, de língua *materna*. A fala é uma vantagem seletiva evidente. O amor parental, principalmente o amor materno, também. Nas condições, que duraram dezenas de milhares de anos, dos nossos ancestrais pré-históricos, nem ousamos imaginar o que foi preciso em matéria de amor, de inteligência e de ternura, de parte das mães, para que a humanidade pudesse simplesmente sobreviver. Cheguei a dizer que o amor era uma invenção das mulheres. É uma frase de efeito, mas que salienta uma coisa importante, sobre a qual Freud também insistiu, a seu modo. Nossa primeira história de amor, a da quase totalidade de nós, homens e mulheres, começou nos braços da nossa mãe: a mulher que nos amou primeiro, salvo exceção, e nos ensinou a amar.

Isso não quer dizer que os pais não tenham importância, o que seria um absurdo evidente (muito embora, em se tratando da educação dos filhos e em certas culturas, sua importância seja pequena), nem que sejam incapazes de amar, o que seria uma injustiça evidente (mas seriam capazes, se não tivessem sido amados antes?), e sim que seu papel e seu amor, por mais consideráveis que possam ser, são de certa forma secundários, pelo menos cronologicamente, e como que enxertados numa história que os precede e os prepara. Isso vale tanto para a espécie como para os indivíduos. Romain Gary, numa frase, disse o essencial: "O homem – isto é, a civilização – começa nas relações com a mãe."

magia (*magie*) – Uma ação que excederia as leis ordinárias da natureza ou da razão: um sobrenatural eficaz ou uma eficácia sobrenatural, mas que obedeceria à nossa vontade (à diferença da graça e do milagre, que só obedecem a Deus) ou que seria instrumentalizada por ela. Essa eficácia, mesmo quando parece comprovada (por exemplo, no xamanismo: uma palavra que mata, um rito que cura), supõe no entanto a crença, o que é muito natural e razoável: não é magia, mas sugestão. "A eficácia da magia implica a crença na magia", escreve Lévi-Strauss (*Antropologia estrutural*, IX). Mais uma razão para nela não crer.

magnanimidade (*magnanimité*) – A grandeza de alma: julgar-se digno de grandes coisas, explica Aristóteles, é de fato sê-lo (*Ética a Nicômaco*, IV, 7-9). É a virtude dos heróis, assim como a humildade é a dos santos. Virtude grega, contra virtude cristã.

A magnanimidade se opõe ao mesmo tempo à baixeza (ou pusilanimidade: julgar-se incapaz de uma grande ação e, por isso mesmo, sê-lo) e à vaidade (ter os olhos ou o discurso maiores que a alma: acreditar-se ou pretender-se capaz do que, na verdade, é incapaz de realizar). Ela corresponde muito bem à *acquiescencia in se ipso* de Espinosa (a satisfação íntima, o contentamento lúcido, o amor feliz a si mesmo): "uma alegria nascida do fato de que um homem considera ser si mesmo e sua potência de agir" (*Ética*, III, def. 25 dos afetos; ver também IV, 52, demonstr. e escólio). Todavia, a magnanimidade pode prescindir da alegria, como vemos em Athos: já não é sabedoria, continua sendo virtude.

maiêutica (*maïeutique*) – *Maîa*, em grego, é a parteira. É a ela que Sócrates, no *Teeteto*, se compara: a maiêutica é a arte de fazer parir os espíritos; em outras palavras, de fazer sair deles – pelo questionamento e pelo diálogo – uma verdade que eles contêm sem a conhecer. O exemplo clássico é o do jovem escravo do *Mênon*: Sócrates leva-o a descobrir como obter um quadrado duplo a partir de outro (construindo-o sobre a diagonal do primeiro), quando ele ignorava isso e sem precisar, para tal, ensinar-lhe o que quer que seja. É supor que a verdade já está em nós, ou nós nela: reminiscência ou eternidade.

Na prática, a maiêutica logo atinge seus limites. Interrogar um ignorante não basta para educá-lo. O modelo socrático, em nossas classes, geralmente não é senão mais uma utopia.

maior (*majeure*) – Num silogismo, aquela das duas premissas que contém o termo maior. É colocada tradicionalmente em primeiro lugar; mas é seu conteúdo que importa, não sua posição.

majestade (*majesté*) – Uma grandeza visível, que justificaria ao mesmo tempo o respeito e a obediência. É o que levava Alain a dizer que era "inimigo de qualquer espécie de Majestade". E dava esta definição perfeita: "A Majestade é tudo o que, tendo o poder, ainda quer ser respeitado." É querer reinar também sobre os espíritos. Toda majestade é ridícula ou tirânica.

mal (*mal*) – Não desculparemos Deus tão facilmente assim. O mal não é apenas a ausência de um bem (ausência que Deus só toleraria na medida em que fosse necessária, para criar outra coisa que não si), mas seu contrário. Assim, o sofrimento é um mal (que não se reduz à ausência de prazer), e o modelo de todos: o mal é, antes de mais nada, o que *faz* mal. E Deus só é inocente sob a estrita condição de não existir.

O mal existe positivamente: não, é claro, porque seja uma realidade objetiva ou absoluta (só há mal para um sujeito), mas porque ele constitui, para todo sujeito, uma experiência primeira. Não é preciso, para sofrer, ter conhecido o prazer. Ao contrário, é verossímil que o bem só venha depois, e secundariamente, pelo fato de que a própria experiência do mal faz desejar e torna agradável seu desaparecimento. Epicuro é de uma simplicidade sublime, aqui. Não é o mal que é ausência do bem, o bem é que é ausência do mal.

Isso deve ter sido verdade tanto para a humanidade como para o indivíduo. O mal é primeiro. E o medo – nosso pai, o medo – gera em nós a esperança, mas também a coragem.

O mal, dizia eu, é antes de mais nada o que faz mal: o sofrimento é o mal primeiro, e o pior. Mas não é o único: uma baixeza indolor, ou que até fosse agradável a todos, nem por isso deixa de ser, moralmente, má. Portanto, existe outra coisa além do sofrimento. O quê? "Certa idéia do homem", como diz Espinosa, "que seja como que um modelo da natureza humana colocado diante dos nossos olhos"; o mal ou o mau (*malum*) é o que nos afasta desse modelo ou nos impede de reproduzi-lo (*Ética*, IV, Prefácio).

"Podemos considerar o mal metafísica, física e moralmente", escrevia Leibniz: "O *mal metafísico* consiste na simples imperfeição; o *mal físico*, no sofrimento; o *mal moral*, no pecado" (*Teodicéia*, I, 21). E o que resta para o ateu? Os dois primeiros permanecem quase intactos. A imperfeição do mundo e a amplitude do sofrimento até fazem parte das nossas mais fortes razões para não crer em Deus. "*Si Deus est, unde malum? si non est, unde bonum?*", indagava Leibniz (I, 20: "se Deus existe, de onde vem o mal? se não existe, de onde vem o bem?"). A primeira das duas interrogações parece a mais temível. Primeiro, porque o mal prevalece, em força e freqüência; depois, porque a potência indefinida e imperfeita da natureza explica o bem que ela comporta de forma muito mais satisfatória do que a infinita e onipotente bondade de Deus seria capaz de justificar o mal que ela tolera. Seria o sofrimento um castigo? O preço a pagar por nossa liberdade, por nossas faltas? Como aceitá-lo, se o mal é anterior à culpa e até – os animais também sofrem – à humanidade? Mais vale a revolta, ou antes, é melhor perdoar Deus por ele não existir.

E, para concluir, o mal moral? Se ele já não é *pecado*, no sentido religioso do termo, isto é, ofensa feita a Deus ou violação de um dos seus mandamentos, resta pensá-lo, de acordo com a letra e o espírito do espinosismo, como o que nos distancia do nosso ideal de humanidade ou nos impede de reproduzi-lo (*Ética*, IV, Prefácio; ver também as *Cartas* 19, 21 e 23, a

Blyenbergh). Ainda é pecar, mas contra a humanidade ou contra si. O mal é o que nos impede de ser plenamente *humanos*, no sentido normativo do termo, isto é, acessíveis à razão, quando dela somos capazes, ou à compaixão, quando a razão não basta. "Quanto ao que não é levado nem pela razão nem pela compaixão a ser prestativo aos outros, chamamo-lo a justo título de desumano, porque não se parece com um homem" (*Ética*, IV, escólio da prop. 50).

maldade (*méchanceté*) – O fato de ser malvado, ou de agir como se fosse. Na maioria das vezes, é apenas egoísmo: uma pessoa que é tida por malvada não é senão uma pessoa má. Não faz o mal pelo mal, nem mesmo pelo prazer de fazê-lo: faz mal (ao outro) apenas para seu bem (dele), bem do qual o mal que faz é menos a causa ou o objeto do que a condição. Não passa de um canalha ordinário. Se todos os torturadores não passassem de sádicos, a tortura seria menos difundida, e menos difícil de combater. Se somente os malvados fizessem o mal, o bem não tardaria a prevalecer.

maldição (*malédiction*) – É condenar alguém ao mal por meio de palavras. É um erro ver na maldição uma forma de magia, quando só carrega ódio e superstição. O melhor seria rir dela. Dar uma banana, se você não for capaz de indiferença, é um exorcismo suficiente.

Quanto a amaldiçoar os maus, não adianta nada. Mais vale a ação.

maledicência (*médisance*) – Dizer o mal que há, mas pelo prazer de dizê-lo, e não pelo dever de denunciá-lo. É uma sinceridade maldosa (à diferença da calúnia, que seria antes uma maldade mentirosa) e um dos prazeres da existência.

malevolência (*malveillance*) – É querer o mal de alguém, seja por pura maldade, se somos capazes de praticá-la, seja, mais verossimilmente, por ódio ou por interesse (por egoísmo). É querer o mal, se não pelo mal, em todo caso sabendo-o tal. Ninguém é mau voluntariamente, nem malevolente involuntariamente.

maligno, gênio (*génie, malin*) – Em Descartes, é um pequeno deus ou demônio, claro que imaginário, que nos enganaria sempre (*Meditações*, I). A finalidade dessa ficção é exagerar a dúvida (já que se vai considerar falso o que é apenas incerto), para nos desacostumar de nossos preconceitos, de nossas antigas opiniões, enfim, de toda crença. É torcer as coisas no outro sentido, para endireitá-las. A finalidade é alcançar uma certeza absoluta – a que resistiria à hipótese de um gênio maligno. Será o *cogito*, que talvez seja apenas um gênio um pouco mais *malicioso* que os outros.

malvado (*méchant*) – O malvado é um ser paradoxal. Parece, é a definição tradicional da palavra, que ele faz o mal pelo mal; mas isso também supõe nele uma perversidade já realizada (uma natureza má ou diabólica), que o desculpa. Se é malvado por essência, e não por opção, não é culpa sua; por isso ele não é verdadeiramente malvado, mas vítima também (da sua natureza ou da sua história, pouco importa) e, por isso, inocente. Inversamente, como explicar que possa ter *optado* por ser malvado, se não por uma maldade antecedente, que por sua vez precisaria ser explicada? É preciso ser muito malvado para querer vir a sê-lo. E caímos de novo no primeiro caso (a maldade perversa e inocente), em que a maldade se anula em sua factualidade. Ninguém é malvado voluntariamente (pois é preciso já o ser para vir a sê-lo), nem involuntariamente (pois uma maldade involuntária já não seria uma maldade). O malvado, nesse sentido forte, é um ser paradoxal e impossível. O diabo, para falar como Kant, não existe: não há malvados; só há maus ou canalhas.

Daí um sentido fraco, que é o único corrente: o malvado é aquele que faz o mal voluntariamente, não *pelo mal*, é claro, mas *para o seu prazer* (que é um bem). Não é necessariamente um sádico (o sofrimento de outrem é, em geral, muito mais o meio do que o objeto do seu prazer), mas sempre um egoísta.

Não é, porém, que todo egoísta seja malvado (todos nós seríamos). É egoísta quem não faz, por outrem, todo o bem que deveria; é malvado quem lhe faz mais mal do que poderia. O egoísta carece de generosidade; o malvado, de doçura e compaixão. Os malvados, neste último sentido, existem, sim. Mas são exceção: há menos canalhas do que covardes.

maneirismo (*maniérisme*) – É um exagero de estilo, que leva geralmente ao barroco. Formas gráceis ou alongadas, composições requintadas, quando não afetadas, sentimentos delicados ou raros, às vezes evanescentes, às vezes exacerbados, como um refinamento que hesitaria entre a graça e o excesso, entre a poesia e a afetação, entre a preciosidade e o expressionismo. É querer imitar a *maneira* dos mestres, querendo ao mesmo tempo superá-los (indo mais longe que eles, se não mais alto). Isso vale mais que o academismo, que renuncia a superar; mas menos que o classicismo, que imita tão-somente a natureza ou os antigos.

A época maneirista propriamente dita é o século XVI, primeiro na Itália (Pontormo, Giulio Romano, Giambologna, o Parmigiano, Tintoretto...), depois no resto da Europa (especialmente com El Greco, na Espanha, mas também com certo número de artistas, não raro de origem italiana, da escola de Fontainebleau: o Rosso, Primaticcio, Jean Cousin...). É possível, entretanto, falar de maneirismo para outros artistas (há maneirismo, sob certos aspectos, em Botticelli ou em Dürer) ou para outras épocas, como o século IV a.C., na Grécia, ou o início do século XX, na Europa. O maneirismo é a tentação dos que chegam tarde e têm de rivalizar com melhores que eles – por exemplo, com Fídias ou Michelangelo. Safam-se com um excesso de requinte, de virtuosismo, de sofisticação, a serviço de uma sensibilidade "artista" ou mundana. É preferir a graça à beleza, o estilo à verdade, enfim a arte à natureza. Estética *maneirada* e suntuosa. É uma decadência requintada.

maniqueísmo (*manichéisme*) – É, antes de mais nada, uma religião, surgida entre a Mesopotâmia e a Pérsia, no século III da nossa era, sob a dinastia dos sassânidas. Mani, seu fundador, quis inventar ou transmitir uma religião universal. Inspirando-se em suas visões ou revelações, tentou, para tanto, uma espécie de síntese de três religiões já existentes, que lhe pareciam ir no mesmo sentido: a antiga religião persa – a de Zoroastro –, o cristianismo (Mani pretende ser o Paracleto anunciado por Jesus) e o budismo. Sua doutrina, tal como podemos reconstituí-la, era um dualismo gnóstico e soteriológico. De fato, o maniqueísmo opõe dois princípios coeternos – a Luz e as Trevas, o Bem e o Mal, o Espírito e a Matéria –, que não cessam de se chocar e de se combater neste mundo: a alma é o lugar e o motivo, no homem, desse embate. Essa nova religião, que tinha suas Escrituras, sua liturgia, sua Igreja, não demorou a ser combatida com a força bruta (Mani, de início protegido por Shapur I, morreu na prisão, no reinado de Bahram I, que queria restaurar o masdeísmo como religião de Estado). Ela se difundiu, no entanto, por alguns séculos, tanto na direção da África e da Europa, como na da China e da Índia, antes de desaparecer ou de se dissolver, sem que saibamos direito por que ou como, nas religiões mais antigas, em que se inspirava, ou em outras, mais novas (especialmente o islã), que acabaram se sobrepondo a ela. Resta dela uma tentação gnóstica ou dualista, identificável na maioria das grandes religiões, pois que elas satanizam – às vezes oficialmente, no mais das vezes na forma de heresias – o mundo ou o corpo. O próprio santo Agostinho, que combateu tão vigorosamente os maniqueístas do seu tempo, nem sempre foi isento dele: o jansenismo, que se identificará a justo título com as idéias do bispo de Hipona, deve sem dúvida algo da sua bela intransigência ao que poderia ser interpretado, ao menos sob certos aspectos, como um retorno do maniqueísmo recalcado... Mas, no Ocidente, os cátaros é que erguerão mais alto o facho dualista e gnóstico. Serão eliminados, sabe-se com que selvageria. Sem dúvida pensaram, na fogueira, que sua derrota lhes dava razão.

Num segundo sentido, fala-se de maniqueísmo para qualificar um pensamento que opõe o Bem e o Mal de maneira absoluta, como se todo bem estivesse de um lado (por exemplo, em determinado campo político) e todo mal, do outro (por exemplo, no campo oposto). Esse último sentido é sempre pejorativo. Pode acontecer que um campo seja absolutamente ruim (o nazismo é um exemplo cômodo), mas não autoriza a pensar que o outro seja absolutamente bom. Mesmo que Hitler fosse o diabo, isso não faria de Stálin e Roosevelt uns anjos. Daí que todo maniqueísmo aplicado à política é tolo e perigoso: é adorar seu próprio lado, quando se deveria apenas apoiá-lo.

maquiavelismo (*machiavélisme*) – Uma forma de cinismo, mas que sacrifica a moral à política: o oposto, portanto, ou o simétrico do cinismo de Diógenes.

A palavra, que de ordinário tem sentido pejorativo, visa sobretudo certa maneira, que de fato encontramos em Maquiavel, de julgar uma ação mais com base em seus resultados, do que em sua moralidade intrínseca ("Se o fato o acusa, o resultado o escusa", *Discurso*, I, 9), autorizando-se, assim, na ordem política, várias ações que, do ponto de vista da moral corrente, seriam repreensíveis. É considerar que o fim justifica os meios e que a astúcia, quando eficaz, vale mais que uma retidão que não o seria. O maquiavelismo enuncia, assim, a verdade da política: "Há tamanha distância entre a sorte que vivemos e aquela segundo a qual deveríamos viver", escreve Maquiavel, "que quem troca o que se faz pelo que se deveria fazer, mais aprende a se perder do que a se conservar; pois quem quer fazer inteiramente profissão de homem de bem não pode evitar a própria perda, entre tantos outros que não são bons; por isso é necessário que o Príncipe que quiser se manter aprenda a poder não ser bom e a valer-se desse aprendizado ou não, conforme a necessidade" (*O príncipe*, XV). Os medíocres vêem nisso uma justificação da imoralidade, da perfídia, do arrivismo descarado, daquilo que Maquiavel, que não escrevia para os medíocres, chama de *celeradez*. Claro, é um equívoco. Um celerado no poder continua sendo um celerado.

máquina (*machine*) – "Se os teares tecessem por si mesmos", escreveu um dia Aristóteles, "os artesãos não necessitariam de operários, nem os amos de escravos" (*Política*, I, 4). Isso diz mais ou menos o que é uma máquina: um objeto animado, mas sem alma (um autômato), capaz de fornecer certo trabalho; em outras palavras, capaz de utilizar eficazmente a energia que recebe ou de que dispõe. É o caso do tear, da lavadora de roupa, do computador. É nesse sentido que os animais, para Descartes, e o homem, para La Mettrie, são máquinas. Não porque seriam privados de inteligência e de sensibilidade, como o primeiro acreditou serem os bichos, menos ainda porque seriam feitos de porcas e parafusos (por que uma máquina ignoraria as células, os órgãos, os intercâmbios biologicamente organizados de energia e de informações?), mas porque *não têm alma*; em outras palavras, não possuem outra realidade substancial além da realidade material. Nesse sentido, *O homem-máquina*, de La Mettrie, enuncia uma das teses mais radicais do materialismo: não somos mais que "animais e máquinas perpendicularmente rastejantes", como ele diz surpreendentemente, mas vivos (La Mettrie era médico), conscientes (graças ao cérebro, que é como que uma máquina particular na máquina global do organismo) e capazes, por isso, de sofrer e gozar, de conhecer e querer, enfim de agir e amar. "Só pensamos e, até mesmo, só somos honestos quando somos joviais ou valorosos; tudo depende da maneira como nossa máquina é montada" (*L'homme-machine* [O homem-máquina], Ed. Fayard, pp. 70-1).

mártir (*martyr*) – "Só creio nas testemunhas que se deixariam degolar" – é mais ou menos o que diz Pascal (*Pensamentos*, 822-593). Isso quase vale como definição: um mártir – isto é, etimologicamente, uma testemunha – é alguém que se deixa matar para que creiam nele. Mas isso prova o quê? Vários dos seus assassinos também se deixariam matar... Tanto entusiasmo ou fanatismo tornariam seu testemunho suspeito, a meus olhos: se ele põe a fé acima da própria vida, é de temer que também a ponha acima do bom senso e da lucidez. Galileu, salvando sua pele contra a Inquisição, me inspira muito mais confiança: teria sido uma besteira ele se deixar matar, e a Terra nem por isso teria girado mais.

Num outro sentido, o mártir é apenas aquele que é assassinado ou torturado. Já não é uma testemunha, é uma vítima. Já não é necessário concordar com ele; urgente é socorrê-lo. Lógica do humanitário: lógica da compaixão, não da fé.

marxismo (*marxisme*) – A doutrina de Marx e Engels, depois a corrente de pensamento, razoavelmente heterogênea, que se identifica com ela. É um materialismo dialético, aplicado principalmente à história: esta seria submetida a forças exclusivamente materiais (econômicas, sobretudo, mas também sociais, políticas, ideológicas...) e movida por certo número de contradições (entre as forças produtivas e as relações de produção, entre as classes, entre os indivíduos...). A luta de classes é o motor da história, que conduz necessariamente – reconhecemos aqui uma *Aufhebung* bem hegeliana – a uma sociedade sem classes e sem Estado, o comunismo, de que estamos separados por uma derradeira revolução e uma derradeira ditadura (a do proletariado)... Ciência? Filosofia? Seria uma e outra coisa, distinguidas às vezes pelas denominações de *materialismo histórico* e *materialismo dialético*, cuja conjunção seria o próprio marxismo. Tudo isso levará a dezenas de milhares de obras, hoje quase todas ilegíveis, mas que constituem, é o mínimo que se pode dizer, uma massa teórica impressionante. Quanto ao corpo da doutrina, Marx havia dado um resumo célebre, que merece ser amplamente citado:

> O modo de produção da vida material condiciona o processo de vida social, política e intelectual em geral. Não é a consciência dos homens que determina seu ser; ao contrário, é seu ser social que determina sua consciência. Em certo estágio do seu desenvolvimento, as forças produtivas materiais da sociedade entram em contradição com as relações de produção existentes ou, o que nada mais é que a expressão jurídica desse mesmo fato, com as relações de propriedade no seio das quais elas se haviam movido até então. De formas de desenvolvimento das forças produtivas, essas relações se tornam entraves para elas. Abre-se então uma época de revolução social. [...] Em li-

> nhas gerais, os modos de produção asiático, antigo, feudal e burguês moderno podem ser qualificados de épocas progressivas da formação socioeconômica. As relações de produção burguesas são a última forma contraditória do processo de produção social [...]. As forças produtivas que se desenvolvem no âmbito da sociedade burguesa criam, ao mesmo tempo, as condições materiais para resolver essa contradição. Com essa formação social se encerra, portanto, a pré-história da sociedade humana. (*Crítica da economia política*, Prefácio)

Apesar de sentir por Marx muita admiração e simpatia, essa última frase me dá calafrios. Nessa maneira de anular todo o passado, que não passaria de uma pré-história, em nome do futuro, em nome de uma história enfim verdadeira, mas que ainda não haveria verdadeiramente começado, reconheço a estrutura mortífera da utopia, essa vontade de dar o real por errado, de invalidá-lo, de refutá-lo (a utopia como forclusão do real: como psicose histórica), antes de fuzilar, em nome do futuro radioso, o hoje triste e choroso... Dirão que todos temos o direito de sonhar, e até mesmo que sonhar é preciso. Sem dúvida. Mas será preciso pretender, para tanto, que toda vigília, até então, não foi mais que um demorado, um demoradíssimo e mentiroso sono? E com que direito erigir esse sonho em certeza supostamente demonstrada? Que Marx tenha sonhado com outra política, que a tenha desejado, querido, preparado, aí está uma coisa pela qual não o recriminarei. Seu erro foi ter visto nela uma ciência, sem renunciar entretanto à sua virtude prescritiva: o marxismo diria ao mesmo tempo a verdade do que é (o capitalismo) e do que *deve* ser (o comunismo). Daí uma inclinação originalmente dogmática e virtualmente totalitária. Stálin nela fará sua cama, ou seu trono. A verdade não se vota, e se discute validamente apenas entre espíritos competentes. Se existe uma política científica (ora, o marxismo, especialmente em sua versão leninista, pretenderá ser essa ciência), para que a democracia? Seria a mesma coisa que votar para saber se fará sol amanhã... E que cientista aceitaria respeitar as opiniões, numa ciência dada, dos que não sabem nada dela, mesmo que sejam sinceros? Todo o mundo tem o direito de errar, mas o erro pede correção e trabalho, explicação ou reparação – pedagogia ou terapia. Todo desacordo vira indício de um conflito de interesses ou de uma incompreensão: as posições adversárias são sempre ideologicamente suspeitas (mais um lacaio da burguesia) e cientificamente inconsistentes (mais um idealista ou mais um ignorante). Ninguém é reacionário voluntariamente, ou só os ricos o são: eliminemos estes, eduquemos ou reeduquemos os outros, e nada mais separará a humanidade da justiça e da felicidade... Foi assim que uma utopia simpática, conjugada com um pensamento forte, derivou desde o início para uma concepção burocrática da política (o partido comunista como vanguarda científica e revolucionária do proletariado), antes de afundar, quando chegou ao poder, nos horrores totalitários que sabemos. Era evitável? Nunca ninguém saberá, a não ser que se recomece a experiência, o que não parece razoável. Isso tudo não dispensa de ler Marx e Engels, de meditá-los, de utilizá-los, às vezes, por sua virtude explicativa ou crítica; mas deveria dissuadir a todos de se dizerem marxistas. Esse pensamento, que fracassou onde quer que tenha subido ao poder, e quase sempre de forma criminosa, pelo menos em sua versão revolucionária, fez demasiados males para que seja possível reivindicá-lo em bloco. É uma falsa ciência, que só conseguiu levar a verdadeiras ditaduras. Nos leitores de Marx resta um pouco de saudade e de medo, que no entanto não poderiam fazer as vezes de análise. O fato de que uma inteligência tão bela possa ter levado, mesmo indiretamente, a tantos horrores é uma boa razão para desconfiar da inteligência, mas não para dela prescindir.

masculinidade (*masculinité*) – v. "feminilidade".

matemática (*mathématique*) – É antes de mais nada a ciência das grandezas, das figuras e dos números (ver Aristóteles, *Metafísica*, M, 3). Depois, e cada vez mais, a ciência que serve para pensar ou calcular, de forma hipotético-dedutiva, os conjuntos, as estruturas, as funções, as relações. Que o real lhe obedeça, como prova a matematização tão espetacular da física, eis o que nos deixa pasmos. É que o real não lhe obedece. A folha que cai de uma árvore: seu movimento certamente pode ser calculado de forma matemática. Mas não é a matemática que a faz cair, nem rodopiar. É a gravitação, é o vento, é a resistência do ar – que podem ser calculados, mas que não calculam.

Não é o universo que está escrito em linguagem matemática, como queria Galileu; é o cérebro humano que escreve na linguagem do universo, que é sua língua materna.

matéria (*matière*) – Não confundir o conceito científico, que é do domínio da física e evolui ao mesmo tempo que ela, com a noção ou a categoria filosófica de matéria, que também pode evoluir, está claro, em função das teorias utilizadas, mas cujo conteúdo essencial, especialmente nos materialistas, permanece mais ou menos constante. A matéria, para a maioria dos filósofos, é tudo o que existe (ou parece existir) fora do espírito e independentemente do pensamento: é a parte não espiritual e não ideal do real. Definição puramente negativa? Sem dúvida. Mas não é vazia. Pois do espírito ou do pensamento temos uma experiência interior, a qual, mesmo ilusória, nos permite, por diferença, dar também um conteúdo à noção de matéria. Se admitirmos – de acordo com essa experiência e, aliás, de acordo com Bergson e com a maioria dos espiritualistas – que o espírito e o pensamento andam juntos, que eles se caracterizam pela consciência, pela memória, pela antecipação do futuro e pela vontade (ao que eu bem que acrescentaria a inteligência e a afetividade), teremos de concluir que a matéria, ao contrário, não tem consciência nem memória, não tem projeto nem vontade, não tem inteligência nem sentimentos. Isso não nos diz o que ela é (cabe aos físicos nos dizer), mas o que significa a palavra que a designa e como podemos, filosoficamente, pensá-la. O que é a matéria? Tudo o que existe, dizia eu, ou parece existir, fora do espírito e independentemente do pensamento: é tudo o que não tem consciência, tudo o que não pensa (e que não precisa ser pensado para existir), tudo o que é privado de memória, de inteligência, de vontade e de afetividade – tudo o que não é *como nós*, portanto, ou, em todo caso, não como temos a sensação, interiormente, de ser. É uma definição apenas nominal (a definição real é atribuição das ciências), mas a única, filosoficamente, necessária e, por sinal, suficiente. Ondas ou partículas? Massa ou energia? Aqui pouco importa: as ondas, as partículas, a massa ou a energia, a não ser que as suponham espirituais (dotadas de consciência, de pensamento, de afetividade...), são, filosoficamente, formas da matéria. O mesmo vale, notemos de passagem, para o que os físicos desastradamente (eles próprios o confessam) chamaram de *antimatéria*: a partir do momento em que é dada como não-espiritual, é tão material quanto o resto.

Engana-se, pois, quem pretende definir a matéria, no sentido filosófico do termo, por meio de características físicas (a matéria seria o que se conserva, o que podemos tocar, o que é sólido, o que tem uma forma, o que tem uma massa...) – ante essa definição, fica fácil sustentar que o materialismo foi superado pela evolução recente da física! O que não é verdade, claro, e aliás muitos físicos, ainda hoje e talvez mais que nunca, aderem a essa corrente de pensamento que Bernard d'Espagnat e outros pretendem obsoleta. A verdade é que a idéia filosófica de matéria refere-se menos ao que esta última é (problema científico, repitamos, muito mais que filosófico) do que ao que ela não é (o espírito, o pensamento). Problema de definição, se quiserem, não de essência, de consistência ou de estrutura: do mesmo modo que o vento não é menos material que o rochedo, uma onda não é menos material que uma partícula, nem a energia é menos material que a massa. Nem, no cérebro humano, o pensamento é menos material que esse cérebro mesmo. É aqui que o círculo se fecha: a matéria é tudo o que existe independentemente do espírito ou do pensamento, inclusive (para o materialista) o espírito e o pensamento. Contradição? De maneira nenhuma, pois sabemos que o pensamento pode existir sem que pensemos e até, em cada um, contra a nossa vontade mesma (tente parar de pensar). Isso significa que o espírito não é uma substância, mas um ato, que todo pensamento supõe um corpo (por exemplo, um cérebro) que o pense, enfim que este último depende, por sua vez, de uma matéria que o constitui, e que não pensa.

material, causa (*matérielle, cause*) – Uma das quatro causas, segundo Aristóteles e a escolástica: a que explica um ser qualquer (por exemplo, uma estátua) pela matéria que o constitui (por exemplo, o mármore). Explicação sempre insuficiente e sempre necessária. Nenhuma causa age sem transformar uma matéria; mas a partir do momento em que age, por mais material que possa ser, já é eficiente.

materialismo (*matérialisme*) – Toda doutrina ou atitude que privilegia, de uma maneira ou de outra, a matéria. A palavra é usada principalmente em dois sentidos, um trivial, o outro filosófico. Ele se opõe, em ambos os casos, ao idealismo, este também considerado em duas acepções diferentes.

No sentido trivial, o materialismo é certo tipo de comportamento ou de estado de espírito, caracterizado por preocupações "materiais", isto é, neste caso, sensíveis ou baixas. A palavra, nessa acepção, é quase sempre pejorativa. O materialista é, então, aquele que não tem ideal, que não se preocupa nem com a moral nem com a espiritualidade e que, buscando apenas a satisfação das suas pulsões, inclina-se sempre para o seu corpo, poderíamos dizer, em vez de para a sua alma. No melhor dos casos: um *bon-vivant*. No pior: um aproveitador, egoísta e grosseiro.

Mas a palavra *materialismo* também pertence à linguagem filosófica: designa uma das duas correntes antagônicas cuja oposição, desde Platão e Demócrito, atravessa e estrutura a história da filosofia. O materialismo é, então, a concepção do mundo ou do ser que afirma o papel primordial da matéria, quando não sua existência exclusiva. Ser materialista, nesse sentido filosófico, é afirmar que tudo é matéria ou produto da matéria, e que, por conseguinte, não existe nenhuma realidade espiritual ou ideal autônoma – nem Deus criador, nem alma imaterial, nem valores absolutos ou em si. O materialismo se opõe, por isso, ao espiritualismo ou ao idealismo. Ele é incompatível, se não com toda religião (Epicuro não era ateu, os estóicos eram panteístas), pelo menos com toda crença num Deus imaterial ou transcendente. É um monismo físico, um imanentismo absoluto e um naturalismo radical. "O materialismo", escrevia Engels, "considera a natureza a única realidade"; ele nada mais é que "uma simples inteligência da natureza tal como se apresenta, sem adjunção estranha" (*Ludwig Feuerbach e o fim da filosofia clássica alemã*, I).

Objetarão que essa *inteligência*, para a natureza, *já* é uma disjunção estranha: se a natureza não pensa, como poderíamos pensá-la sem dela sair? Mas Lucrécio já havia respondido a essa objeção: do mesmo modo que podemos rir sem ser formados por átomos ridentes, podemos filosofar sem ser formados por átomos filósofos. Assim, a compreensão materialista da natureza é produzida – como todo pensamento, verdadeiro ou falso – por uma matéria que não pensa. É isso que separa os materialistas de Espinosa: a natureza, para eles, não é "coisa pensante" (ao contrário do que supõe a primeira proposição do livro II da *Ética*), e é por isso que não é Deus. Há pensamento – por exemplo, humano – apenas *na* natureza, que não pensa.

Ser materialista não é, portanto, negar a existência do pensamento – porque, nesse caso, o materialismo negaria a si mesmo. É negar sua absolutidade, sua independência ontológica ou sua realidade substancial: é considerar que os fenômenos intelectuais, morais ou espirituais (ou assim supostos) só têm realidade segunda e determinada. É aqui que o materialismo contemporâneo se encontra com a biologia, especialmente com a neurobiologia. Ser materialista, para os modernos, é, antes de mais nada, reconhecer que é o cérebro que pensa, que a "alma" ou o "espírito" são apenas ilusões ou metáforas, enfim que a existência do pensamento (como Hobbes, contra Descartes, havia fortemente assinalado) supõe seguramente a de um ser pensante, mas de maneira nenhuma que esse ser seja, ele próprio, um pensamento ou um espírito: seria o mesmo que dizer que, pois que passeio, sou um passeio (Hobbes, Segunda objeção às *Meditações* de Descartes). "Penso, logo existo"? Sem dúvida. Mas o que sou? Uma "coisa pensante"? Seja. Mas que coisa? Os materialistas respondem: *um corpo*. Talvez seja esse o ponto em que a oposição entre os dois lados é mais nítida. Na ocasião em que o idealista diria "*tenho* um corpo", o que supõe que ele seja outra coisa, o materialista dirá, ao invés: "*sou* meu corpo". Existe aí um pouco de humildade, mas também de desafio e de exigência. Os materialistas não pretendem ser outra coisa senão um organismo vivo e pensante. É por isso que elevam tão alto a vida e o pensamento: porque vêem numa e noutro apenas uma exceção, tanto mais preciosa por ser mais rara e constituí-los. Portanto, eles de fato explicam, como Auguste Comte havia percebido, *o superior* (a vida, a consciência, o espírito) *pelo inferior* (a matéria inorgânica, biologicamente e, depois, culturalmente organizada), mas não renunciam com isso, de um ponto de vista normativo, à sua superioridade. Defendem o *primado da matéria*, como dizia Marx, o que só os torna ainda mais apegados ao que chamo de *primazia do espírito*. O fato de que é o cérebro que pensa não constitui um motivo para renunciar a pensar; ao contrário, é um motivo, e bem forte, para pensar o melhor que podemos (já que todo pensamento depende disso). E do mesmo modo: o fato de a consciência ser governada por processos inconscientes (Freud) ou de a ideologia ser determinada em última instância pela economia (Marx) não é um motivo para renunciar à consciência ou às idéias: ao contrário, é um motivo para defendê-las (já que elas só existem com essa condição) e tentar torná-las – pela razão, pelo conhecimento – mais lúcidas e mais livres. Senão por que fazer psicanálise, política ou escrever livros?

O espírito, longe de ser imortal, é precisamente o que vai morrer. Não é princípio mas resultado, não é sujeito mas efeito, não é substância mas ato, não é essência mas história. Não é absoluto mas relativo (a um corpo, a uma sociedade, a uma época...); não é ser ou verdade mas valor ou sentido, e sempre frágil. A morte dirá a última palavra, ou antes, o último silêncio, pois que somente ela, como dizia Lucrécio, é imortal. Mais um motivo para aproveitar essa vida única e passageira. Só o pior – ou antes, o nada – nos espera; o melhor, sempre, está por inventar. Daí essa constante do materialismo filosófico, de desaguar numa ética da ação ou da felicidade. É o que Epicuro resumia em quatro proposições, que constituíam seu *tetraphármakon* (v.), do qual eu adotaria esta versão ligeiramente modificada:

Não há nada a esperar dos deuses;
Não há nada a esperar da morte;
Podemos combater o sofrimento;
Podemos alcançar a felicidade.

Ou, para dizê-lo mais simplesmente: esta vida é sua única oportunidade; não a desperdice.

materialista (*matérialiste*) – "Notei muitas vezes o contraste entre os materialistas, que são espíritos resolutos, e os espiritualistas, que são espíritos cansados", escrevia Alain (*Propos* de 29 de junho de 1929). E ele não era materialista. Mas tinha compreendido o que é, no fundo, o materialismo filosófico: uma tentativa de *salvar o espírito negando o espírito*, como ele mesmo dizia a propósito de Lucrécio (*ibid.*); em outras palavras, de pensar o espírito como ato, não como substância, como valor, não como ser, como criação, enfim, em vez de como criador ou criatura. E quem poderia agir, avaliar ou criar, senão um corpo? Ser materialista não é afirmar que o espírito não existe (ele existe, já que pensamos); é afirmar que ele só existe de forma secundária e determinada. "O que sou então? Uma coisa que pensa, isto é, um espírito", dizia Descartes (*Meditações*, II). É o que o materialista rejeita. Ele diria, em vez disso: o que sou então? Uma coisa que pensa, isto é, um corpo pensante. É nisso que Epicuro, Hobbes, Diderot, Marx, Freud ou Althusser são materialistas. O que não os impedia de ter idéias, nem ideais, mas lhes vedava (ou deveria ter vedado) erigi-las em absolutos. O materialismo não é uma teoria da matéria; é uma teoria do espírito, mas como efeito e não como ato. Não é por termos um espírito que pensamos; é por pensarmos que temos um espírito.

mau/ruim (*mauvais*) – O que é mau, faz o mal ou faz mal. Usa-se quase sempre num sentido relativo: "Não há *mal* (em si)", escrevia Deleuze a propósito de Espinosa, "mas há o *mau* (para mim)" (*Espinosa, Philosophie pratique*, III). Essa distinção, que o latim de Espinosa não exprime (ele escreveria em ambos os casos *malum*), é, no entanto, fiel ao seu pensamento. "Bom e mau são utilizados num sentido puramente relativo, uma só e mesma coisa podendo ser chamada de boa e má, conforme o aspecto sob o qual seja considerada" (*T.R.E.*, 5) ou a pessoa que a utilize. Por exemplo, especifica a *Ética*, "a música é boa para o melancólico, ruim para o aflito; para o surdo, não é nem boa nem ruim" (IV, Prefácio). O mau, nesse sentido, é a verdade do mal, do mesmo modo que o mal é a hipóstase do mau.

mauvaiseté – *Mauvaiseté* (que poderíamos traduzir por *maudade*) é um neologismo introduzido por certos tradutores franceses de Kant, para designar o fato de ser mau, e não malvado: de fazer o mal *para o seu próprio bem* (por egoísmo) e não *pelo mal* (por maldade). Nesse sentido, os homens nunca são malvados; mas todos eles são maus, ou podem ser (*A religião nos limites da simples razão*, I, 3).

máxima (*maxime*) – Uma fórmula singular, para enunciar uma regra ou uma verdade geral. Mais pessoal que um provérbio, menos que um aforismo: é como um provérbio que teria um autor, como um aforismo que teria feito esquecer o seu.

Em Kant, a palavra designa o princípio subjetivo do querer ou da ação. É o que distingue a máxima (que permanece singular) da lei (que é universal): a máxima é "o princípio segundo o qual o sujeito *age*; ao passo que a lei é o princípio objetivo, válido para todo ser razoável, segundo o qual o sujeito *deve* agir" (*Fundamentos*..., II). É o que justifica a célebre formulação do imperativo categórico: "Age unicamente de acordo com a máxima que faz que possas querer, ao mesmo tempo, que ela se torne uma lei universal" (*ibid.*). É querer singularmente o universal.

mecanicismo (*mécanisme*) – O mecanicismo é a doutrina que considera a natureza e tudo o que nela existe como um mecanismo, ou como um conjunto de mecanismos, a tal ponto que tudo se possa explicar, como pretendia Descartes, por meio de "grandezas, figuras e movimentos". Nesse sentido restrito, o mecanicismo se opõe tradicionalmente ao dinamismo, que afirma, com Leibniz e a justo título, que figuras e movimentos não bastam, que é preciso, além disso, levar em conta certo número de *forças*. Mas nada nos impede de considerar essas forças como fazendo parte das grandezas acima evocadas: daí um mecanicismo, no sentido lato, que menos se opõe ao dinamismo do que o inclui. O mecanicismo é, então, a doutrina que quer explicar tudo – pelo menos, em se tratando da natureza – apenas pela mecânica, no sentido científico do termo, isto é, pelo estudo das forças e dos movimentos (no sentido em que se fala, por exemplo, de mecânica quântica). Nesse sentido lato, o mecanicismo está muito próximo do materialismo, ou o materialismo, melhor dizendo, nada mais é que um mecanicismo generalizado.

mecanismo (*mécanisme*) – Um mecanismo é uma montagem móvel ou motora, capaz de transformar ou transmitir eficazmente um movimento ou uma energia: é uma máquina elementar ou um dos elementos de uma máquina, do mesmo modo que uma máquina é um mecanismo complexo.

medida (*mesure*) – Almoço em família. A mãe aponta para a sobremesa. Pergunta ao menino: "Quer muito ou pouco?" E o menino responde, os olhos brilhantes de cobiça: "Quero *demais*!"

Era colocar o problema da medida pela desmedida. Da regra, pela transgressão. Como a desmedida poderia anular o que ela supõe? É aí, talvez, que o romantismo fracassa. Mas não nos apressemos. Essa resposta infantil, lida há muito tempo, não sei se as crianças de hoje ainda poderiam apreciá-la ou até compreendê-la. "Demais", na linguagem delas, se banalizou a ponto de quase se esvaziar do seu sentido: é comum não ser mais que um sinônimo de "muito (bom)". Como, saindo do cinema: "Este filme é *demais*!" Ou diante de um prato de que gostam: "É bom demais!" Como se somente o excesso pudesse satisfazer. Como se a desmedida fosse a única medida aceitável. É apenas uma moda, que passará como as outras. Ela diz no entanto alguma coisa sobre a infância e sobre a época. O senso de medida se adquire pouco a pouco, e mais ou menos. As crianças e os modernos são pouco propensos a ele. Preferem o infinito. Preferem a desmedida. Vai ser necessário portanto que mudem, pois somente a medida – mesmo para habitar o infinito – está a nosso alcance. Os gregos sabiam disso. O infinito é inacessível, inacabado, imperfeito. Toda perfeição, inversamente, supõe um equilíbrio, uma harmonia, uma proporção. "Nem muito demais, nem pouco demais", como diz Aristóteles com freqüência. É a única perfeição que nos é acessível. Isso também vale em estética: "Não basta que uma coisa seja bela", explicava Pascal, "ela tem de ser apropriada ao tema, não pode haver demasia nem falta." E Poussin: "A medida nos sujeita a não ir além, fazendo-nos obrar em todas as coisas com certa mediocridade e moderação..." Essa *mediocridade*, tanto quanto o *justo meio* de Aristóteles, nada tem de medíocre, no sentido moderno do termo. É, ao contrário, a rejeição de todos os excessos, de todos os defeitos, como um arqueiro mira no centro (*medium*) do alvo, e não na sua periferia ou fora dele. O que devemos compreender? Que a medida é ao mesmo tempo a exceção e a regra. É onde começa, talvez, o classicismo. "Entre duas palavras, há que escolher a menor", escreve Paul Valéry. Estética da medida, da lítotes, como dizia Gide, da finitude feliz. É o contrário do exagero, da ênfase, da grandiloqüência. Apolo contra Dioniso. Sócrates contra Cálicles. É vitória sobre si, sobre a desmedida dos seus desejos, das suas cóleras, dos seus medos. Com o que a medida alcança a ética e se torna uma virtude.

A palavra "medida" é usada em dois sentidos. Ela designa primeiro o fato de medir, isto é, a avaliação ou a determinação de uma grandeza, seja ela intensiva (por graus) ou extensiva (por quantidades). A medida, que pode ser objetiva ou quantificada, opõe-se então ao não-mensurável, ao incomensurável, ao indeterminável, a tudo o que é pequeno demais, grande demais ou flutuante demais para ser medido. É nesse sentido que se fala da medida de uma distância, de uma temperatura, de uma velocidade... Mas a palavra também designa – sem dúvida por abreviação da expressão "justa medida", ou seja, por derivação do sentido primeiro – certa qualidade ou certo ideal, de moderação, de equilíbrio, de proporção, para os quais devem tender tanto nossas obras (de um ponto de vista estético) como nossas ações (de um ponto de vista ético). A medida se opõe então à desmedida, e é nesse sentido que se fala de um homem *(co)medido*: é aquele que recusa todos os excessos, especialmente os do arrebatamento ou do fanatismo. Vê-se que a medida, nesse segundo sentido, é um dado prevalentemente subjetivo, que nenhuma avaliação quantificada bastaria para definir ou caracterizar. É o que também podemos chamar de moderação, que os gregos chamavam de *sophrosýne*, e o contrário da *hýbris* deles (a desmedida, o excesso). A temperança? Digamos que a temperança é uma espécie particular de medida ou de moderação: é a moderação nos prazeres sensuais, em outras palavras, o contrário desses excessos particulares que são a glutonaria, a embriaguez ou a depravação. O homem (co)medido deve ser temperante. Mas, infelizmente, não basta ser temperante para ser (co)medido. Savonarola era temperante. Robespierre era temperante. Que desmedida, porém, na ação, no pensamento, no caráter! A medida é como uma moderação da alma ou de todo o ser, não apenas diante do corpo e dos seus prazeres, mas diante do mundo, do pensamento, de si. É o contrário do fanatismo, do extremismo, do arrebatamento pelas paixões. É por isso que a medida seduz pouco. Preferem-se os passionais, os entusiastas, todos os que se deixam levar por sua fé ou por seus afetos. Preferem-se os profetas, os demagogos, os tiranos, muitas vezes, aos agrimensores do real, aos austeros contabilistas do possível. A história está cheia desses entusiasmos massacrantes, que triunfaram, sob as aclamações da multidão, sobre os espíritos mais (co)medidos. Mas um triunfo não prova nada, ou menos, em todo caso, que um massacre. Há paz sem medida? Há justiça sem medida? Há felicidade sem medida?

Epicuro, dizia Lucrécio, "estabeleceu limites tanto para o desejo como para o temor". É que a desmedida condena os humanos à infelicidade, à insatisfação, à angústia, à violência. Eles sempre querem mais; como poderiam ter o bastante? Querem tudo; como poderiam compartilhar ou se contentar com o que têm? O sábio epicuriano, ao contrário, é um homem (co)medido. Ele sabe limitar seus desejos aos prazeres efetivamente acessíveis, os que podem saciá-lo, os que têm neles mesmos sua própria medida, como é o caso dos prazeres do corpo (quando são naturais e necessários) ou os que nenhuma desmedida ameaça (como é o caso dos prazeres da amizade ou da filosofia). Sobre este último ponto, pode-se discutir. Inventar um sistema, como fez Epicuro, pretender dizer a verdade sobre tudo, já não é desmedida? Pode ser que sim. Montaigne será mais comedido e mais sábio. É por isso que, sem dúvida, ele é mais atual. Os sistemas estão todos mortos, são todos falsos, foram todos abandonados. A desmedida envelhece mal, até mesmo no pensamento. Na arte? Depende do gosto. Há os que preferem Rabelais e os que preferem Montaigne. No entanto, mesmo a bela desmedida, a de Rabelais ou de Shakespeare, só é artística graças à medida que a domina ou a supera. "Tudo aquilo em que há arte participa de algum modo da prática da medida", dizia Platão (*O político*, 285 a). Não há livro infinito, nem pode haver; não há pintura infinita, não há escultura infinita. Uma música infinita? Podemos concebê-la ou programá-la, por computador. Mas ouvi-la, não. Mas tocá-la, não. O homem não é Deus, e é por isso que o humanismo tem a ver, sempre, com a medida.

Foi o que Camus precisou lembrar contra "a desmedida contemporânea" e que devemos lembrar com ele: "Todo pensamento, toda ação que vão além de certo ponto se negam a si mesmos; de fato, há uma medida das coisas e do homem" (*O homem revoltado*, V). É essa medida que os revolucionários, quase todos, esqueceram, e o que os condenou ao terrorismo (enquanto estiveram na oposição) ou ao totalitarismo (onde chegaram ao poder). Romantismo de Marx. Romantismo, quase sempre, dos revolucionários. É o que os torna simpáticos e perigosos. Pois a desmedida seduz, exalta, fascina. A medida entedia. Em todo caso, é esse o preconceito romântico ou moderno que é preciso compreender e vencer. "Não obstante o que façamos", escreve ainda Camus, "a desmedida conservará sempre seu lugar no coração do homem, tomando o da solidão. Todos nós trazemos conosco nossas prisões, nossos crimes, nossos estragos. Mas nossa tarefa não é desencadeá-los mundo afora; é combatê-los em nós mesmos e nos outros." Contra a barbárie, o quê? A ação prudente, refletida, determinada – a medida, mas resoluta.

Objetarão, com razão, que também há coisas que não se medem, ou que se medem mal. É verdade nas ciências: há medidas impossíveis, incertas ou paradoxais, seja por modificarem o que devem medir (relações de incerteza de Heisenberg, redução do pacote de ondas em mecânica quântica...), seja porque variam em função da escala utilizada (por exemplo, se quisermos medir as costas da Bretanha). É verdade na vida das sociedades: como medir a liberdade ou a felicidade de um povo, sua coesão, sua civilização? É verdade, enfim, e talvez sobretudo, na vida dos indivíduos. O sofrimento não se mede. O prazer não se mede. O amor não se mede. O essencial não se mede, e é por isso que a medida não é o essencial.

Não confundamos, todavia, o que não pode ser medido exatamente ou absolutamente com o que não existiria ou que rejeitaria qualquer aproximação quantitativa. O comprimento das costas bretãs varia em função da escala utilizada (conforme ela leve em conta ou não esta ou aquela enseada, este ou aquele rochedo, esta ou aquela anfractuosidade, este ou aquele recorte deste ou daquele rochedo ou anfractuosidade...). Isso não significa que a Bretanha não existe, nem que não tenha litoral, nem que esse litoral seja mais extenso que o da Vendée ou do Contentin... O mesmo vale para os povos: sua liberdade ou sua paz não podem ser medidas com exatidão; o que não quer dizer que elas não existem, nem que sejam constantes ou iguais... Mesma coisa, enfim, para os indivíduos. O prazer não se mede; mas nem todos os prazeres se equivalem. O sofrimento não se mede; mas há uns que são maiores que os outros. O amor não se mede; mas pode ser mais ou menos intenso, mais ou menos grande, mais ou menos profundo... É por isso que, mesmo quando toda medida objetiva ou quantificada é impossível, a medida como virtude continua a ser necessária. Trata-se de proporcionar nossa conduta ao que sentimos efetivamente ou ao que o real requer. Não se fazer de ator trágico, como dizia Marco Aurélio, não arrancar os cabelos por bagatelas, não exagerar, não se deixar levar ou exceder. Resistir, portanto. Mas tampouco viver deficitariamente, *a minima*, tampouco se encerrar na denegação ou na insensibilidade, tampouco se impedir de amar, de sofrer, de gozar... Trata-se de uma arte difícil, que nunca acabamos de aprender e que é a própria medida. Uma arte, mas sem artifício (ou com o mínimo possível de artifícios) e, aliás, sem obra. É o que Pascal chama de "o simples natural" e que eu preferiria chamar de justeza: "Não tornar grande o que é pequeno, nem pequeno o que é grande." É como que uma justiça na primeira pessoa ou de si para si. A balança poderia servir, também a ela, de símbolo. Mas essa balança é a alma ou o coração, como diria Pascal, que mede o que não se mede. É portanto o corpo (o único instrumento de medida de que não podemos prescindir, aquele que todos os outros supõem), mas educado, ao mesmo tempo sensível e razoável, medidor e (co)medido, e é isso que se chama espírito.

mediocridade (*médiocrité*) – A média, mas considerada em sua insuficiência. É nosso estado normal, mas não é a norma. Para o espírito, somente a exceção merece ser a regra.

A mediocridade é o oposto do *justo meio* aristotélico: não é uma linha de crista entre dois abismos, mas uma sarjeta, como as que se faziam nas ruas na Idade Média, entre duas rampas. Basta deixar-se escorregar para nela cair.

medo (*peur*) – A emoção que nasce em nós ao perceber ou mesmo imaginar um perigo. Distingue-se da angústia pelo aspecto determinado deste último. A angústia é como um medo indeterminado ou sem objeto; o medo é como uma angústia determinada, ou mesmo objetivamente justificada. Isso não dispensa de enfrentá-lo, nem de superá-lo, quando possível: o que é a coragem, sempre necessária, nunca suficiente.

meio, justo (*milieu, juste*) – Ver os verbetes "meio-termo", "vício" e "virtude".

meio-termo (*médiété*) – Outra maneira de designar o justo meio (*mesótes*) de Aristóteles. Assim, a virtude é "um meio-termo entre dois vícios, um por excesso, outro por falta". É o contrário de uma mediocridade: uma perfeição e um ápice, como uma linha de crista entre dois abismos, ou entre um abismo e um charco (*Ética a Nicômaco*, II, 5-6, 1106a-1107a).

melancolia (*mélancolie*) – O humor que os antigos chamavam de bílis negra. Hoje, a palavra é usada sobretudo em duas acepções. Na linguagem corrente, é uma tristeza leve e difusa, sem objeto particular e, por isso, quase inconsolável. No vocabulário psiquiátrico, ao contrário, é um desarranjo patológico do humor, caracterizado por uma tristeza extrema, não raro mesclada de ansiedade, autodepreciação, lentidão psicomotora e idéias suicidas. Inconsolável em ambos os casos, portanto, mas por razões opostas: por ser leve ou pesada demais, vaga ou grave demais, "normal" demais (a melancolia ordinária é menos uma perturbação do que um temperamento) ou insuficientemente. A primeira pode ser quase agradável ("a melancolia é a felicidade de ser triste", dizia Victor Hugo); a segunda, nunca é: ela é do âmbito da medicina e pode matar, se não for tratada. Todavia a distinção entre esses dois estados nem sempre é tão nítida: os temperamentos melancólicos não estão ao abrigo de uma psicose ou de uma depressão.

melhor, princípio do (*meilleur, principe du*) – É um princípio leibniziano, segundo o qual Deus, sendo ao mesmo tempo onipotente, onisciente e perfeitamente bom, age sempre de maneira ótima: ele vê todos os possíveis, pode realizar todos os compossíveis (v.) e sempre escolhe, entre eles, o melhor arranjo. Sendo o mundo, por definição, único (já que é a totalidade das coisas contingentes), cumpre concluir que nosso mundo, mesmo imperfeito (se fosse perfeito, já não seria o mundo: seria Deus), é o melhor dos mundos possíveis: senão Deus teria criado outro (*Discurso de metafísica*, §§ 3 e 4; *Teodicéia*, I, §§ 8-19, II, §§ 193-240, §§ 413-6...). É o fundamento do otimismo leibniziano, de que Voltaire zombou no *Cândido* e em seu *Dicionário* (ver o verbete "bem, está tudo"). Dirão que a ironia não serve de refutação. Sem dúvida. Mas uma fé irrefutável tampouco é provada assim.

memória (*mémoire*) – A consciência presente do passado, seja em potência (como faculdade), seja em ato (como memoração ou rememoração). Essa consciência é atual, como toda consciência, mas é memória apenas na medida em que percebe, ou pode perceber, o passado *como passado* – senão já não seria memória, e sim alucinação. É a consciência atual do que já não é atual, tal como foi.

Evite-se dizer que a memória é o *vestígio* do passado. Primeiro, porque uma mancha ou uma dobra, que são tais vestígios, não são atos de memória; depois, porque um vestígio nada mais é que um pedaço do presente, que só evoca o passado para uma consciência. Que há vestígios do passado no cérebro e que eles contribuem para a memória, é verossímil. Mas isso é um fato de memória apenas na medida em que, graças a tais vestígios, o cérebro produz – ou pode produzir – outra coisa além de vestígios: a consciência presente do que já não é presente.

Evite-se também dizer que a memória é uma dimensão da consciência. Ela é, antes, a própria consciência, a qual é consciente apenas na medida em que se lembra continuamente de si ou dos seus objetos. Antecipar? É lembrar-nos de que antecipamos. Imaginar? É lembrar-nos de que imaginamos. Ser atento? É lembrar-nos de que somos atentos, ou de sermos atentos, ou daquilo em que atentamos. Assim, toda consciência é memória: a memória não é apenas "coextensiva à consciência", como dizia Bergson, ela é a própria consciência.

Fala-se de um dever de memória. Nesse nível de generalidade, não tem muito sentido. A memória é uma faculdade, não uma virtude: tudo está em utilizá-la da melhor maneira possível, o que não se faz sem selecionar, nem sem esquecer, portanto. Como a memória poderia bastar para fazê-lo, se ela própria necessita dessa seleção? Não é uma falha esquecer o que não merece ser lembrado, nem mesmo esquecer o que mereceria ser memorizado, mas por motivos que não concernem à moral (por exemplo, o número do cartão de crédito). O verdadeiro dever não é lembrar, é *querer* lembrar. E não de tudo e qualquer coisa, mas do que devemos *a outros*: por causa do bem que esses outros nos fizeram (gratidão), do mal que sofreram ou sofrem (compaixão, justiça) ou que lhes fizemos (arrependimento). Deveres que não são de memória, mas de fidelidade. É também a única maneira de preparar de forma válida o futuro. Do passado, não façamos tábua rasa.

menor (*mineure*) – Num silogismo, aquela das duas premissas que contém o termo menor. De ordinário, é colocada em segundo lugar; mas isso é apenas uma convenção: Sócrates, mesmo que começarmos por ele, não deixará de ser mortal...

mentira (*mensonge*) – Mentir é dizer, com a intenção de enganar (e não por antífrase ou por ironia), o que se sabe ser falso. Toda mentira supõe um saber e, pelo menos, a idéia de verdade. É por isso que a mentira recusa a sofística, que a desculpa. O paradoxo do mentiroso (v. "mentiroso, paradoxo do") mostra suficientemente que a mentira só é possível a título de exceção: assim, ela confirma a própria regra que viola ("a norma da idéia verdadeira dada", diria Espinosa) e que a torna possível. Azar o dos mentirosos e dos sofistas.

mentiroso, paradoxo do (*menteur, paradoxe du*) – Epimênides, que é cretense, diz: "Todos os cretenses são mentirosos." O que ele diz é mentira, portanto, se for verdade (já que ele não mente), e verdade se for mentira (já que ele de fato mente). É um dos paradoxos tradicionais, desde os megáricos, da auto-referência. Só é de fato um paradoxo, e não um simples sofisma, se a expressão "ser mentiroso" é tomada no sentido de "mentir sempre". É por isso que, na prática, não é um. A verdade é que todos são mentirosos, cretenses ou não, e que ninguém mente sempre – pois, nesse caso, já não se poderia mentir. A fórmula verdadeiramente paradoxal ou aporética seria: "Estou mentindo"; ou: "A frase que você está lendo neste momento é falsa". Pois cada uma dessas duas proposições seria verdadeira se fosse falsa, e falsa se fosse verdadeira: seria uma violação do princípio de não-contradição. Note-se que não seria o caso destas outras proposições: "Eu mentia" (que não é auto-referencial); ou: "A frase que você está lendo neste momento é verdadeira", que são banalmente verdadeiras se forem verdadeiras, e falsas se forem falsas. Isso parece indicar que a auto-referência é logicamente válida apenas contanto que, no mínimo, não negue sua própria verdade. Mas é que essas proposições auto-referenciais, mesmo corretamente formuladas, são, no caso, um tanto vazias. Dizer "eu digo a verdade" é dizer nada. Diga-a então, em vez de se contentar com dizer que a diz!

mercado (*marché*) – Pergunta-me um amigo economista:

– Quando você compra pão na padaria, por que a dona lhe vende esse pão?

– Porque é o trabalho dela...

– Porque é do interesse dela! Ela prefere ter 4 F 20 no bolso a ter um pão...

– Natural: o pão lhe custou muito menos.

– Exatamente. E por que você compra o pão que ela vende?

– Porque preciso de pão...

– Sem dúvida. Mas você mesmo poderia fazer seu pão. A verdadeira razão é que você prefere ter um pão a ter 4 F 20 no bolso.

– Claro! Se eu tivesse de fazer meu próprio pão, ele sairia, computando o tempo de trabalho, muito mais caro...

– Você está começando a entender o que é o mercado. A dona da padaria lhe vende o pão por interesse, você compra o pão por interesse, e todos saem satisfeitos. É o triunfo do egoísmo...

– É, principalmente, o triunfo da inteligência! Fazer o próprio pão, vá lá. Mas quem poderia fabricar seu próprio carro ou sua lavadora? É o que Marx chama de divisão do trabalho...

– Adam Smith falou disso antes dele. Ora, nesse ponto, Smith é mais esclarecedor do que Marx.

– Já vi onde você quer chegar: o elogio do liberalismo...

– Olhe, acho melhor tentarmos compreender. Voltemos à dona da padaria. Você poderia perfeitamente ir comprar na concorrência. Por que vai nesta padaria?

– Porque o pão é melhor.

– Ou seja, ela tem interesse em fazer o melhor pão possível. Mas você pagaria qualquer preço por esse pão?

– Claro que não.

– Para manter você como freguês, ela tem todo interesse, numa economia em que reina a concorrência, em oferecer a melhor relação custo-benefício possível. É também o que você deseja. Os interesses de vocês dois não são apenas complementares, mas convergentes também!

– Não é por nada que ela me sorri tão amavelmente...

– E que você é cortês com ela! Os dois agem por egoísmo, mas isso, longe de opor um ao outro, aproxima vocês. Por que ser desagradável com alguém de quem precisamos? Mas, se o pão for mais caro do que na padaria ao lado ou se você já não puder pagá-la, acaba a boa relação entre vocês: você não deve nada a ela, nem ela a você, enquanto os dois saem ganhando com sua relação. É isso que é o mercado: o encontro da oferta com a procura, em outras palavras, a livre convergência – pela mediação da troca e contanto que haja concorrência – dos egoísmos. Cada um é útil ao outro, sem que seja preciso forçar nada. Cada qual só busca seu interesse, mas só podem obtê-lo juntos. É por isso que o pão é melhor e mais abundante numa economia liberal do que numa economia coletivista. A convergência dos egoísmos é mais eficaz do que os controles e o planejamento!

– Você está arrombando uma porta aberta...

– Ela nem sempre esteve!

– Faz décadas que está. Quem gostaria de estabelecer um preço por força ou decreto? Já não se teria o mercado, mas a extorsão ou a polícia. A miséria, em ambos os casos, está no fim do caminho, e as filas intermináveis diante das lojas quase vazias...

– Como você diz! Mas, então, é preciso tirar as conseqüências. O que você chamava de triunfo da inteligência é o triunfo do mercado.

– É antes de tudo o triunfo da solidariedade.

– Lá vem você de novo com sua moral e suas idéias de esquerda...

– Quem é que está falando de moral? Se eu fosse contar com a generosidade da dona da minha padaria para comer meu pão, teria morrido de fome faz tempo! E ela a mesma coisa, se tivesse de contar com minha generosidade para ganhar dinheiro. Ao contrário, se cada um de nós conta com o egoísmo do outro, teremos sempre o que queremos!

– É o que chamo de mercado...

– É o que chamo de solidariedade: não é o contrário do egoísmo, como a generosidade é, mas sua socialização disciplinada. Não é o desinteresse, mas a convergência dos interesses. É por isso que a generosidade, moralmente, vale mais (ela é desinteressada). E é por isso que a solidariedade, socialmente, economicamente, é muito mais eficaz.

– Então é preciso dizer que o mercado é um formidável criador de solidariedade. Seus amigos de esquerda não vão ficar nem um pouco contentes!

– A não ser que eles não estejam compreendendo as coisas. Você conhece muita gente que ainda queira estatizar a economia?

– Talvez não. Mas eles acreditam mais nas leis e nos impostos do que no mercado e na concorrência...

– É que o mercado só vale para as mercadorias!

– Para as mercadorias e os serviços...

– Digamos para tudo o que se vende e se compra. Um serviço, se for para ser vendido, é uma mercadoria como as outras. Mas e a saúde? E a justiça? E a educação? Se você acha que são para ser vendidas, submeta-as ao mercado! O que restará da nossa sociedade, dos nossos ideais e do direito dos mais fracos? Se, ao contrário, como creio, a justiça não é para ser vendida, nem a liberdade, nem a saúde, nem a educação, nem a dignidade..., é forçoso concluir que não são mercadorias. O mercado, sobre elas, não tem pertinência portanto, não tem legitimidade, não tem valor. Podemos ir mais longe. O mundo também não é para ser vendido (o que dá razão aos ecologistas: "O mundo não é uma mercadoria"). O próprio mercado não é para ser vendido: é o que o direito comercial mostra. É por isso que necessitamos da política: porque o mercado é necessário (e ele só pode se desenvolver verdadeiramente num Estado de direito) e porque ele não basta. Que loucura seria confiar ao mercado o que não é para ser vendido! Seria o mesmo que, outra loucura, confiar ao Estado a fabricação do pão e o sorriso da dona da padaria.

– Remédio é para ser vendido!

– Mas não podemos aceitar que sejam reservados aos que têm meios para comprá-los. Foi para isso que a Seguridade Social foi inventada.

– ... E os impostos!

– Você preferiria que se contasse com a caridade dos ricos para os pobres poderem se tratar? Seria o mesmo que contar com a generosidade da dona da padaria para comer pão! Ninguém contribui para a Seguridade Social ou paga os impostos por generosidade. Fazemos tudo por interesse e é preciso que alguns controles nos levem a isso... É por isso que o fisco e a Seguridade Social fizeram muito mais, para a justiça, do que o mercado e a generosidade juntos. Não se trata de moral, mas de política: não se trata de caridade, mas de solidariedade!

– Pode ser. Mas, se não houvesse o mercado para criar riquezas, o Estado não teria nada para distribuir...

– E se não houvesse Estado para garantir o direito de propriedade e a liberdade das trocas, não haveria nenhum mercado.

– Então não peçamos ao Estado que produza riquezas: o mercado as produz, mais e melhor!

– Nem ao mercado que produza justiça: somente o Estado tem a possibilidade de fazê-lo!

– Então sejamos liberais em economia...

– E solidários em política!

mérito (*mérite*) – O que torna digno de elogio ou de recompensa. Costuma-se crer que supõe o livre-arbítrio, mas é um equívoco. Ninguém decide livremente se vai ter talento ou gênio: devemos por isso reservar nossos elogios aos medíocres necessitosos? Não há certeza de que a coragem também se deva ao livre-arbítrio: devemos por isso nos recusar a admirá-la ou recompensá-la? Seria uma curiosa concepção do mérito, que tornaria Mozart menos admirável que Salieri (que talvez tenha precisado se esforçar muito mais) e a santidade ou o heroísmo menos meritórios do que nossos eventuais esforços para não sermos totalmente desprezíveis...

Quem dá sem prazer não é generoso, explicava Aristóteles: é apenas um avaro que se violenta. Será necessário por isso – porque ele teria mais mérito! – admirá-lo mais do que quem dá sem esforço, facilmente, espontaneamente, quase sem pensar, porque o amor ou a generosidade nele se tornaram como que uma segunda natureza?

Não se comanda o amor, observava Kant. No entanto, ninguém poderá me demover da idéia de que o amor (pelo menos o amor que dá: *philia*, *agape*) é um mérito, sim, e o maior de todos. Senão por que os cristãos louvariam seu Deus?

mesmo(a) (*même*) – A expressão da identidade, seja ela numérica ("moramos na mesma rua") ou específica ("usamos a mesma gravata"). Opõe-se tradicionalmente a *outro(a)*, especialmente desde Platão (ver, por exemplo, o *Sofista*, 254-258, e o *Timeu*, 34-36). Todo ser é considerado igual a si mesmo (princípio de identidade) e diferente de todos os outros (princípio dos indiscerníveis). Mas isso não o impede de se tornar diferente de si (impermanência): o mesmo, no tempo, nunca é mais que uma abstração. À glória de Heráclito.

messianismo (*messianisme*) – É esperar sua salvação de um salvador, em vez de você mesmo cuidar dela. O contrário, portanto, da filosofia.

messias (*messie*) – Um salvador, que seria enviado por Deus. É por isso que é esperado, inclusive quando se crê que já veio (espera-se então sua volta). Daí o messianismo, que é uma utopia religiosa ou uma religião da história.

mestre/amo (*maître*) – Aquele que ensina, guia ou manda. Os três ao mesmo tempo? Não necessariamente. Depende em parte dele, do que sabe ou pode, mas também daqueles de quem é mestre ou amo: são alunos, discípulos ou escravos?

metafísica (*métaphysique*) – É uma parte da filosofia, a parte referente às questões mais fundamentais, digamos, às questões primeiras ou últimas: o ser, Deus, a alma ou a morte são problemas metafísicos.

A palavra tem uma origem curiosa, que faz como que um jogo de palavras objetivo. Quando, no século I a.C., quis editar as obras esotéricas de Aristóteles, Andrônico de Rodes agrupou os textos ou tratados de que dispunha em certo número de coletâneas, que organizou como pôde. Em vários deles, o título parecia se impor, em função do conteúdo: a física, a política, a ética, o conhecimento do vivente e dos animais... Numa dessas coletâneas, ele reuniu certo número de textos maiores, que se referiam à ciência do ser como ser, aos princípios primeiros e às causas primeiras, à substância e a Deus, em suma, ao que Aristóteles teria chamado, se ele próprio fosse dar um título, textos de "filosofia primeira" (do mesmo modo que o texto que intitulamos, em francês, *Méditations métaphysiques* [Meditações metafísicas], Descartes chamava em latim de *Meditationes de prima philosophia*). Acontece que, na classificação de Andrônico, essa coletânea vinha depois da física. Tomou-se o costume de chamá-la com um termo que não se encontra em Aristóteles, *Metà tà physiká*: livro que vem *depois da física*, talvez também livro que vai *além* dela (*metá*, em grego, pode ter esses dois sentidos). Impôs-se, pois, ao longo dos séculos, o costume de chamar de *metafísico* tudo o que ia além da física, isto é, mais geralmente, além da experiência e, portanto, do conhecimento científico ou empírico. É o sentido que preservou em Kant, que a rejeita (como metafísica dogmática: como conhecimento do absoluto ou das coisas em si) e quer salvá-la (como metafísica crítica: como o "inventário, sistematicamente ordenado, de tudo o que possuímos pela razão pura"). É o sentido que ela sempre tem, ainda que alguns, tolamente, lhe reservem acentos de ironia ou de desprezo. Praticar a metafísica é pensar mais longe do que se sabe e se pode saber. Logo, é pensar o mais longe que se pode, e se deve. Quem quisesse permanecer nos limites estritos da experiência ou das ciências não poderia responder a nenhuma das questões principais que nos fazemos (sobre a vida e a morte, o ser e o nada, Deus e o homem), nem mesmo às que nos colocam a experiência e as ciências, ou melhor, que nós formulamos ante suas proposições (são verdadeiras, em que condições e em que limites?). É por isso que, como Schopenhauer viu, "o homem é um animal metafísico": porque ele se espanta com sua própria existência, como com a do mundo ou de tudo (*O mundo...*, supl. ao livro I, cap. XVII; o tema do *espanto* é expressamente retomado por Aristóteles: *Metafísica*, A, 2). A maior questão metafísica, desse ponto de vista, é sem dúvida a questão do ser, tal como é colocada, por exemplo, por Leibniz: *Por que há alguma coisa em vez de nada?* O fato de nenhum saber respondê-la não impede de formulá-la, nem nos dispensa de fazê-lo.

metáfora (*métaphore*) – Figura de estilo. É uma comparação implícita, que faz utilizar uma palavra no lugar da outra, em razão de certas analogias ou semelhanças entre os objetos comparados. Por exemplo, mas os exemplos seriam inúmeros, quando Homero evoca "a aurora com dedos de rosa" (ou Baudelaire, homem do norte, "a aurora tiritante de rosa e verde vestida"), ou quando Ésquilo nos dá a ver, não conheço evocação mais sugestiva do Mediterrâneo, "o sorriso incontável do mar". Em francês, é difícil não pensar no fim de *Booz endormi*, de Victor Hugo. É noite. Uma moça deitada contempla a lua e as estrelas. É como um buquê de metáforas:

Tout reposait dans Ur et dans Jérimadeth;
Les astres émaillaient le ciel profond et sombre;
Le croissant fin et clair parmi ces fleurs de l'ombre
Brillait à l'occident, et Ruth se demandait,

Immobile, ouvrant l'oeil à moitié sous ses voiles,
Quel dieu, quel moissonneur de l'éternel été,
Avait, en s'en allant, négligemment jeté
Cette faucille d'or dans le champ des étoiles. *

* Tudo repousava em Ur e em Jerimadeth; / os astros esmaltavam o céu profundo e sombrio; / O crescente fino e claro entre essas flores da sombra / Brilhava no ocidente, e Ruth se perguntava, / Imóvel, entreabrindo os olhos sob seus véus, / Que deus, que segador do eterno verão, / Havia, ao ir embora, jogado negligentemente / Esta foice dourada no campo das estrelas. (N. do T.)

Lacan acreditou reconhecer a metáfora no processo freudiano de *condensação*, tal como aparece ou se mascara nos sonhos e nos sintomas. Há substituição, em ambos os casos, de um significante por outro: "A *Verdichtung*, condensação, é a estrutura de superimposição dos significantes em que a metáfora toma seu campo" ("L'instance de la lettre dans l'inconscient", *Écrits* [Escritos], p. 511; ver também pp. 506-9). Isso não basta para fazer do inconsciente um poeta, mas pode explicar, ao menos em parte, o impacto sobre nós da poesia em geral e da metáfora em particular. Mas é melhor não abusar dela: designar uma coisa pelo que ela não é não bastaria para exprimir o que ela é. É aqui que a prosa e a vigília recobram seus direitos, ou antes, suas exigências.

metamorfose (*métamorphose*) – Mudança completa de forma, quando é bastante rápida para surpreender. Fala-se de metamorfose para a lagarta que vira borboleta, mas não para o recém-nascido que fica velho.

metempsicose (*métempsycose*) – A passagem da alma (*psykhé*) de um corpo a outro. Crença tradicional no Oriente, mais rara no Ocidente (embora a encontremos no orfismo, em Pitágoras e em Platão). É preciso muito apego à vida, e muito pouco às nossas lembranças, para vermos nela um consolo.

método (*méthode*) – Um conjunto, racionalmente ordenado, de regras ou de princípios, tendo em vista obter determinado resultado. Em filosofia, não conheço nenhum que seja verdadeiramente convincente, a não ser a própria marcha do pensamento, que não tem regra, ou que não tem outra regra senão ela própria. O *Tratado sobre a reforma do entendimento* de Espinosa, tão difícil, tão decepcionante sob certos aspectos, parece-me entretanto mais útil e mais verdadeiro do que as *Regras para a orientação do espírito* de Descartes, ou mesmo que o *Discurso do método*, obra-prima evidente, mas que não deve o fato de sê-lo aos quatro preceitos (da evidência, da análise, da síntese e da enumeração) que propõe em sua segunda parte. Se houvesse um método para encontrar a verdade, todos saberiam e já não seria filosofia. Assim, fala-se de *método experimental*, nas ciências, mas ele se reduz a algumas banalidades sobre os respectivos papéis da teoria e da experiência, das hipóteses e da falsificação. Mesmo nas ciências, ele não substitui nem o gênio nem a criatividade. Como poderia bastar, então, à verdade? O verdadeiro método, explica Espinosa, é a própria verdade, mas refletida e ordenada:

> O verdadeiro método não consiste em procurar o sinal pelo qual se reconhece a verdade após a aquisição das idéias; o verdadeiro método é o caminho pelo qual a própria verdade, ou as essências objetivas das coisas, ou suas idéias (todos esses termos têm a mesma significação) são procurados na devida ordem. [...] Donde resulta que o método nada mais é que o conhecimento reflexivo ou a idéia da idéia; e, não havendo idéia de uma idéia se a idéia não é dada antes, não haverá pois método se uma idéia não for dada antes. O bom método é, por conseguinte, aquele que mostra como o espírito deve ser dirigido de acordo com a norma da idéia verdadeira dada. (*T.R.E.*, 27)

metonímia (*métonymie*) – É uma figura de estilo pela qual uma palavra é utilizada no lugar de outra, não em virtude de uma comparação implícita, como na metáfora, mas em razão de uma relação, mais ou menos necessária e constante, de vizinhança ou de interdependência: por exemplo, quando o efeito é designado por sua causa, ou vice-versa ("a pálida morte misturava os sombrios batalhões"), o conteúdo pelo continente ("A rua ensurdecedora em torno de mim urrava") ou o todo pela parte (se a relação for puramente quantitativa, do menos ao mais ou do mais ao menos, trata-se então de uma sinédoque: "trinta velas", no *Cid*, para designar trinta naus). Lacan vê na metonímia o princípio do *deslocamento*, tal como se efetua no trabalho do sonho ou nos sintomas: "A *Verschiebung* ou deslocamento é, mais perto do termo alemão, essa transferência da significação que a metonímia demonstra e que, desde sua aparição em Freud, é apresentada como o meio mais adequado para eludir a censura" ("L'instance de la lettre dans l'inconscient", *Écrits*, p. 511; ver também pp. 505-6).

milagre (*miracle*) – "Para se ver reduzido a andar em cima d'água", disse-me um dia Marcel Conche, "é preciso ter mesmo apenas péssimos argumentos a oferecer!" Essas palavras dizem mais ou menos o que convém pensar dos milagres. São acontecimentos que parecem incompreensíveis e que se pretende explicar por uma intervenção sobrenatural, que é ainda mais incompreensível. Mas o que prova uma dupla incompreensão?

Hume mostrou muito bem (*Investigação acerca do entendimento humano*, cap. X) que um milagre é, por definição, mais incrível do que sua ausência. Alguém diz a você que um homem ressuscitou. A falsidade do testemunho, ainda que você a considere pouquíssimo provável (uma probabilidade em cem? uma em mil?), é de qualquer modo muito menos improvável do que a ressurreição de um morto (não se conhece um só caso em bilhões). Por que você acredita nesta?

E quando não há testemunho, mas experiência direta? O mesmo argumento se aplica. Você vê alguém andando em cima d'água: é mais provável que você esteja tendo uma alucinação, que a pessoa seja um ilusionista, que haja para o fenômeno uma explicação natural que você ignora, do que esteja havendo de fato um milagre, isto é, uma violação, supostamente natural, da causalidade ordinária. Como posso saber? É que, de outro modo, não seria um *milagre*, isto é, um acontecimento por definição totalmente improvável ou excepcional. A tolice e a cegueira o são menos.

Um milagre é um acontecimento incrível, no qual porém as pessoas crêem, que se julga inexplicável, e no entanto se explica. Crer em milagre é não apenas crer sem compreender, o que é o ordinário, mas crer *por não compreender*. Já não é fé, e sim credulidade.

mimética, função (*mimétique, fonction*) – O que nos impele a imitar (*mimeîsthai*) ou passa pela imitação. É uma dimensão essencial do desejo. A relação entre o sujeito e o objeto desejado não é um duelo, mostra René Girard: é uma relação triangular, porque mediatizada pelo desejo do outro (desejo um objeto apenas porque um outro o deseja, um outro que eu imito ou com quem me identifico). É o que Espinosa chamava de "imitação dos afetos": "Se imaginamos que uma coisa semelhante a nós, pela qual não sentimos nenhum afeto, sente porém algum afeto, sentimos por isso mesmo um afeto semelhante" (*Ética*, III, prop. 27 e escólio). Daí a comiseração, que é a imitação de uma tristeza, e a emulação, que é a imitação de um desejo, ou melhor, que "não é nada mais que o desejo, gerado em nós, de uma coisa de que imaginamos que outros seres semelhantes a nós tenham desejo" (*ibid.*). Daí também a inveja, que é a imitação de um amor e leva ao ódio: "Se imaginamos que alguém extrai alegria de uma coisa que um só pode possuir, esforçamo-nos por fazer que ele não mais a possua" (prop. 32). Isso vale especialmente para as crianças (*ibid.*, escólio), mas os adultos não escapam: "Os homens em geral dispõem-se a ter comiseração pelos que são infelizes e a invejar os que são felizes, e seu ódio por estes últimos é tanto maior quanto mais gostam do que imaginam estar em posse de outro" (*ibid.*). Resta gostar do que todos podem possuir: o amor à verdade (ver

Ética, IV, prop. 36 e 37, com as dem. e escólios) nos faz sair, se não da imitação, pelo menos da inveja e do ódio.

mimetismo (*mimétisme*) – O tornar-se o mesmo do outro: é tornarnos semelhantes ao que não somos, mas por uma imitação involuntária, que é mais do domínio da fisiologia ou da impregnação do que de um aprendizado deliberado. É o caso do camaleão, confundindo-se com seu meio, ou da criança, interiorizando o seu.

miragem (*mirage*) – Uma aparência enganadora, devida aos contrastes de temperatura entre diferentes camadas de ar superpostas. Num sentido mais amplo, e por metáfora, é "um erro comprazido", como diz Alain, "que concerne principalmente aos acontecimentos exteriores". Mas se fala de miragem apenas quando se deixa de ser iludido por ela.

misantropia (*misanthropie*) – O ódio ou o desprezo pela humanidade, na medida em que dela fazemos parte. Menos grave, por isso, que um ódio do qual quem odeia se exclui (é o caso da misoginia, num homem, ou do racismo, em quem se crê de uma raça superior). Molière, que escreveu sobre ela uma das suas obras-primas, mostra o que pode haver, na misantropia, de exigência estimável. Mas não passa de um engodo: não é estimável nenhuma exigência relativa a outrem. Alceste pode desprezar quanto quiser, oportunidades é que não faltam. Mas para quê? Por que, em vez disso, não exige de si próprio a compaixão e a misericórdia?

misericórdia (*miséricorde*) – A virtude do perdão: não anulando a falta, o que não é possível nem se deve fazer, mas cessando de odiar. Chega-se a isso pelo conhecimento das causas, e de si. "Não zombar, não chorar, não detestar, mas compreender", dizia Espinosa (*Tratado político*, I, 4). A misericórdia é, assim, o contrário da misantropia, ou antes, seu remédio.

misólogo (*misologue*) – Quem detesta a razão. Em geral, é porque ela o decepcionou, nota Platão (*Fédon*, 89d-91a): o misólogo utiliza-a mal, depois critica-a por não prestar; engana-se, depois critica-a por ser enganadora. É o defeito comum dos sofistas e dos imbecis.

mistério (*mystère*) – Algo que não podemos compreender, mas em que cremos. Distingue-se assim do *problema* (algo que ainda não se compreende) e da *aporia* (em que não é necessário crer). Por exemplo, a origem da vida é um problema. A origem do ser ("Por que há algo, em vez de nada?"), uma aporia. Deus, um mistério.

místico (*mystique*) – A etimologia liga esta palavra aos mistérios. Mas os místicos, em todas as religiões, nos falam, ao contrário, de uma espécie de evidência. É neles que se deve acreditar, e não no passado da língua ou da superstição. O místico é aquele que vê a verdade cara a cara: ele já não está separado do real pelo discurso (é o que chamo de silêncio), nem pela carência (é o que chamo de plenitude), nem pelo tempo (é o que chamo de eternidade), nem enfim por si próprio (é o que chamo de simplicidade: a *anata* dos budistas). Deus mesmo já não lhe faz falta. Ele faz a experiência do absoluto aqui e agora. Esse absoluto ainda é um Deus? Vários místicos, especialmente no Oriente, responderam que não. Daí um "misticismo puro", como dizia o padre Henri de Lubac, que é "a forma mais profunda do ateísmo" (*La mystique et les mystiques*, A. Ravier *et al.*, Prefácio). Esses não crêem em nada: basta-lhes a experiência.

Esse misticismo, que é o máximo de evidência, é, assim, o contrário da religião, que é o máximo de mistério.

mito (*mythe*) – Uma fábula que é levada a sério.

moda (*mode*) – Designa uma maneira coletiva e provisória de se comportar, por exemplo de ver as coisas, de falar, de pensar, de se vestir... Donde a terrível fórmula de Pascal: "Como a moda faz o agrado, também faz a justiça" (*Pensamentos*, 61-309). É que toda justiça, em todo caso toda justiça humana, é coletiva e provisória. Na prática, reserva-se a palavra para o que muda especialmente depressa, sem outra justificação aparente que não essa mudança mesma. É por isso que se diz que "a moda é o que sai de moda": a fugacidade faz parte da sua definição. Daí a surpresa, quando vemos fotos ou revistas de vinte anos atrás. No entanto, Mozart e Molière, que estiveram muito na moda, não saem de moda.

Toda moda é normativa: ela exprime o que se faz, mas é vivida (pelos que a seguem) como indicando o que se *deve* fazer. É uma normatividade fugaz, ou uma fugacidade normativa. O objetivo principal – além da dimensão puramente comercial – é a distinção: "A moda", escreve esplendidamente Edgar Morin, "é o que possibilita à elite diferenciar-se do vulgo, donde seu movimento perpétuo, [mas também] o que possibilita ao vulgo se parecer com a elite, donde sua difusão incessante."

modalidade (*modalité*) – Naquele dia, eu reunia num restaurante, por conta de um número de revista que fazíamos juntos, cinco ou seis amigos. Entre eles, A. e F., que eu conhecera no curso preparatório para a École Normale Supérieure, ambos, vinte anos mais tarde, brilhantes historiadores da filosofia, universitários reputados, pensadores de verdade. Não se viam fazia anos, mas sei que guardavam um pelo outro muita estima e amizade. Começam falando de coisa e outra, mas logo depois: "Gostaria de lhe fazer uma pergunta", anuncia F. "Você acha que podemos nos forjar uma representação coerente do mundo, sem as categorias da modalidade?" Silêncio de vários segundos. A. dá uma tragada em seu cachimbo. Reflete. Depois responde simplesmente: "Não." Reencontro de velhos amigos, já vi mais sentimentais e, creio eu, teria apreciado mais intimidade, confidências, emoção... Mas também admirava, continuo admirando, essa maneira de ir direto ao essencial, em todo caso ao essencial do pensamento, essa intelectualidade verdadeira, que eu sabia não excluía os sentimentos, mas que nem por isso consentia em diferir o debate filosófico... Alguns anos depois, voltarei a conversar com o primeiro sobre a sua pergunta: ele a esquecera, assim como a resposta do outro. *Sic transit gloria mentis*.

O que é a modalidade? Uma modificação do juízo, ou melhor, do seu estatuto. "A modalidade dos juízos", salientava Kant, "é uma função totalmente especial deles, que tem a característica de não contribuir em nada para o conteúdo do juízo, [...] mas de dizer respeito apenas ao valor da cópula em relação ao pensamento em geral. Os juízos são *problemáticos* quando admitimos a afirmação ou a negação como simplesmente *possíveis*; *assertóricos*, quando as consideramos *reais* (verdadeiras); *apodíticos*, quando os vemos como *necessários*" (*C. r. pura*, Analítica dos conceitos, cap. I). Isso desemboca, em Kant, em três categorias, ou antes, nos três pares de categorias da modalidade: *possibilidade e impossibilidade*, *existência e não-existência*, *necessidade e contingência*. Por que podemos pensar em dispensá-las? Porque elas não dizem respeito ao objeto (como as categorias da quantidade ou da qualidade), nem às relações entre os objetos (como as categorias da relação), mas simplesmente à relação entre nosso entendimento e esses objetos. De só pensar o próprio mundo, se é que isso é possível, fica parecendo que o real é tudo – que a existência, como diria Kant, é sua única modalidade a considerar. Mas, nesse caso, todo o possível seria real, todo o real seria necessário, e o impossível e o contingente não seriam nada (ou teriam uma existência apenas imaginária). É o mundo, mais ou menos, de Espinosa. É o mundo, mais ou menos, dos estóicos. É um mundo coerente? Creio que sim. Prescinde das categorias da modalidade? Em parte. Mas ele as coloca em seu devido lugar: umas do lado do ser ou de Deus (realidade, possibilidade, necessidade: somente o real é possível, e ele é sempre necessário, dado o que essas três categorias, no limite, não são mais que uma), outras do lado dos seres de razão ou de imaginação (o impossível, o inexistente, o contingente: são apenas maneiras de pensar o que não é). É o que lhe permite ser coerente. Não é que um mundo não possa existir sem essas categorias, mas nós não poderíamos, sem elas, pensá-lo. Assim, toda representação coerente do mundo deve integrar as categorias da modalidade (já que nosso pensamento faz parte do mundo), sem precisar para tanto fazer que essas categorias se tornem formas do ser. Não posso pensar o mundo sem distinguir o possível do real ou do impossível; mas isso não significa que o mundo os distinga. Meu pensamento faz parte do mundo, não o mundo, do meu pensamento.

moderação (*modération*) – A medida (v.) no pensamento ou na ação. Não confundir com a pequenez. Um republicano moderado não é menos republicano do que os extremistas que o combatem ou o desprezam. Em geral, é até mais. Dirão que um "revolucionário moderado" é uma contradição em termos. Não estou certo (ver Condorcet ou Desmoulins); mas, se de fato assim fosse, forçoso seria concluir que toda revolução é excessiva – o que daria razão aos conservadores ou aos reformistas.

A moderação não é o contrário da força, da grandeza ou da radicalidade; é o contrário do excesso ou do abuso. É por isso que é boa em tudo. "A sabedoria tem seus excessos", dizia Montaigne, "e necessita de moderação tanto quanto a loucura."

modo (*mode*) – Uma maneira, uma forma de ser ou uma modificação, mas não-essenciais (à diferença do atributo). "Entendo por *atributo*", escrevia Espinosa, "o que o entendimento percebe de uma substância como constituinte da sua essência. Entendo por *modo* as afeições de uma substância;

em outras palavras, o que está em outra coisa por meio da qual também é concebida" (*Ética*, I, def. 4 e 5). Um modo, para Espinosa, é portanto um ser qualquer, uma vez que é a modificação, num atributo dado, da substância única. Há modos finitos (esta árvore, esta cadeira, você, eu...) e modos infinitos (o entendimento de Deus, o movimento e o repouso, o universo inteiro...). Os primeiros, por mais finitos que sejam, nem por isso são menos reais: são seres finitos, mas seres verdadeiros, como que fragmentos do infinito ou do absoluto.

modus ponens (*modus ponens*) – É uma inferência válida, que faz passar da verdade de uma proposição à verdade da sua conseqüência necessária, sob a forma "se *p*, então *q*" ou "*p*, logo *q*" (por exemplo: se Sócrates é homem, é mortal; ou: Sócrates é um homem, logo Sócrates é mortal).

modus tollens (*modus tollens*) – Uma inferência válida, que deduz a falsidade de uma proposição pela de ao menos uma das suas conseqüências, sob a forma "se *p*, então *q*" ou "*não-q*, logo *não-p*" (por exemplo: se Sócrates é um deus, ele é imortal; ora, ele não é imortal, logo não é um deus). É essa inferência dedutiva que, segundo Popper, está no cerne da *falsificação* e, portanto, do procedimento das ciências experimentais. Se a previsão *q* é uma conseqüência necessária da teoria (ou da hipótese) *p*, basta um só fato que ateste a falsidade de *q* para acarretar a falsidade de *p*.

moeda (*monnaie*) – Instrumento de pagamento: um pedacinho do real, que pode ser trocado contra a maioria dos outros – com a condição, porém, de que alguém os possua e esteja disposto a vendê-los. É o "equivalente universal", como dizia Marx, que liberta o comércio do escambo e a riqueza do estorvo.

mônada (*monade*) – É uma unidade (*monas*) espiritual. A palavra é utilizada hoje em dia apenas num registro leibniziano. A mônada é "uma substância simples, que entra nos compostos; simples, isto é, sem partes" (*Monadologia*, § 1). Um átomo? Não, se por isso entendermos um ser material. As mônadas são substâncias espirituais, e unicamente espirituais: almas absolutamente simples, logo imperecíveis, que podem ser dotadas ou não de consciência, mas cada uma das quais exprime a seu modo o universo que seu conjunto constitui. O leibnizianismo é um pan-psiquismo pluralista: "tudo vive, tudo é cheio de alma", como dirá Hugo, mas na irredutível multiplicidade de substâncias individuais separadas e totalmente interiores ("sem porta nem janelas"). É por isso que uma monadologia é o homólogo espiritualista do atomismo, logo também seu contrário.

monarquia (*monarchie*) – O poder de um só, mas de acordo com leis (à diferença do despotismo, que não se submete a nenhuma regra). Fala-se de monarquia absoluta quando essas leis mesmas dependem da vontade do monarca (em outras palavras, quando o monarca é soberano); e de monarquia limitada ou constitucional quando, ao contrário, o monarca é submetido às leis (e, especialmente, quando o povo é que é soberano). Vê-se que a monarquia absoluta é muito próxima do despotismo (é um despotismo bem regulamentado), assim como a máquina constitucional pode não ser mais que uma forma de democracia. Na Inglaterra ou na Espanha de hoje, é evidentemente o povo que é soberano: o monarca reina, nesses países, mas não governa nem legisla. O rei, numa monarquia constitucional, não é soberano; é apenas o símbolo, enquanto o povo assim consente, da nação ou da soberania.

monema (*monème*) – Uma unidade mínima de significação. Por exemplo, a palavra *mundo* comporta um só (se a dividirmos, o sentido se perde); a palavra *monismo*, dois: *mon* (que diferencia, por exemplo, *monismo* de *dualismo*) e *ismo* (que o diferencia, por exemplo, de *monarquia*); a frase "você embarcou", quatro. É o elemento da primeira articulação (v. "articulação, dupla"), assim como o fonema é o da segunda.

monismo (*monisme*) – Toda doutrina para a qual existe uma só substância ou um só tipo de substâncias. Um monismo pode ser materialista, se afirma que toda substância é material (como nos estóicos, em Diderot ou em Marx), espiritualista, se considera todas elas espirituais (como em Leibniz ou Berkeley), ou nem uma coisa, nem outra, se matéria e pensamento são, para ele, apenas modos ou atributos de uma substância única, que por conseguinte não poderia se reduzir nem a uma nem a outro (é o caso, especialmente, de Espinosa). Opõe-se em todos os casos ao dualismo, que supõe a existência de dois tipos de substância (Descartes) ou de dois mundos (Platão, Kant). Deveria poder se opor também ao pluralismo, que suporia, considerado no sentido forte, a existência de um número indefinido de substâncias de natureza diferente. Mas a imaginação dos filósofos não chegou até aí. Sabemos, vagamente em todo caso, o que é um corpo e o que é um espírito. Mas não temos experiência de substâncias que não seriam nem uma coisa, nem outra, nem a unidade indissolúvel das duas. Como então poderíamos pensá-las?

monoteísmo (*monothéisme*) – A crença num Deus único. Os modernos têm a sensação de que, se ele não o fosse, seria menos divino, já que seu poder é limitado, no politeísmo, pelo de outros deuses. O fato é que os mais elevados pensamentos do divino, desde a Antiguidade (em Platão, em Aristóteles, em Plotino...), tenderam a pensá-lo como unidade, pelo menos em seu ápice, e como unicidade: o Bem em si, o Primeiro Motor imóvel ou o Uno não são passíveis de existir no plural. Vejo nisso um progresso. Quanto menos deuses, melhor.

No entanto, nestas últimas décadas, o monoteísmo foi acusado de levar diretamente ao monolitismo, ao totalitarismo, à exclusão do outro, da pluralidade, da diferença, do múltiplo... O fato de esse tema ter suscitado tamanho entusiasmo na extrema direita já bastaria para torná-lo suspeito a meus olhos. O de ele ter sido tão desmentido pela história (pois, afinal, quem não percebe que os dois grandes totalitarismos deste século nutriam, pelo monoteísmo, tão-somente ódio ou desprezo?) também não o favorece. Se existe um só Deus, então ele é o mesmo para todos: eis-nos irmãos, todos nós, em todo caso capazes de nos tornarmos irmãos, abertos, todos nós, à mesma verdade, submetidos, todos nós, à mesma lei, pelo menos de direito. Totalitarismo? Nesse caso, haveria também que falar de totalitarismo em relação às ciências, que são as mesmas para todos, à moral, que tende a sê-lo, enfim aos direitos humanos, que só têm sentido se forem universais. E em nome de quê? De Zeus, de Ares ou de Afrodite, de Odin ou de Thor, de todo esse grande circo de horrores do Olimpo ou do Valhala? Mais vale a imensa ausência, como dizia Alain, em toda parte presente. Eis o mundo esvaziado de todos os seus deuses, e em breve devolvido a si mesmo.

moral (*morale*) – O conjunto dos nossos deveres; em outras palavras, das obrigações ou das proibições que impomos a nós mesmos, independentemente de qualquer recompensa ou sanção esperada, e até de toda esperança.

Imaginemos que nos anunciem o fim do mundo, certo, inevitável, para amanhã de manhã. A política, que necessita de um porvir, não sobreviveria ao anúncio. E a moral? Ela permaneceria, no essencial, inalterada. O fim do mundo, mesmo inevitável a curtíssimo prazo, não autorizaria ninguém a debochar dos enfermos, a caluniar, a violar, a torturar, a assassinar, em suma, a ser egoísta ou malvado. É que a moral não necessita de porvir. O presente lhe basta. Não necessita de esperança. A vontade lhe basta. "Uma ação realizada por dever não tira seu valor *do objetivo* a ser alcançado por ela, mas da máxima segundo a qual é decidida", ressalta Kant. Seu valor não depende dos seus efeitos esperados, mas apenas da regra à qual se submete, independentemente de qualquer inclinação, de qualquer cálculo egoísta, enfim "sem levar em conta nenhum dos objetos da faculdade de desejar" e "fazendo-se abstração dos fins que podem ser alcançados por tal ação" (*Fundamentos*..., I). Se você age pela glória, por sua felicidade, por sua salvação, mesmo que agisse em tudo e por tudo de acordo com a moral, ainda assim não agiria moralmente. Uma ação só tem valor moral verdadeiro, explica Kant, na medida em que é desinteressada. Isso supõe que ela não é realizada apenas *de acordo com o dever* (para o que o interesse pode bastar: é o caso do comerciante que só é honesto para não perder a freguesia), mas sim *por dever*, em outras palavras, por puro respeito à lei moral ou, dá na mesma, à humanidade. A proximidade do fim do mundo não alteraria nada de essencial nisso: seríamos sempre obrigados, e até o último instante, a nos submeter ao que nos parece universalmente válido, universalmente exigível, especialmente (mas, de novo, dá na mesma) a respeitar a humanidade em nós e no outro. É por isso que a moral é desesperada, pelo menos em certo sentido, e desesperadora talvez. "Ela não tem a menor necessidade da religião", insiste Kant, nem de um fim ou um objetivo qualquer: "ela se basta a si própria" (*A religião nos limites da simples razão*, Prefácio). É por isso que ela é laica, mesmo entre os crentes, e comanda absolutamente – em todo caso, é esse o sentimento que temos. O fato de Deus existir ou não, em que altera o dever de proteger os mais fracos? Em nada, claro, e é por isso que não precisamos saber dessa existência para agir humanamente.

Imaginemos, ao invés, é um exemplo que se encontra em Kant, que Deus existe e é conhecido de todos. O que aconteceria? "Deus e a eternidade, com sua majestade temível, estariam sem cessar diante dos nossos olhos." Ninguém ousaria mais desobedecer. O medo do inferno e a esperança do paraíso dariam aos mandamentos divinos uma força sem igual. Seria o reinado, em tudo, da submissão interessada ou temerosa, como que uma ordem moral absoluta: "A transgressão da lei seria evitada, está claro, o que é ordenado seria feito." Mas nenhuma *moralidade* sobreviveria então: "A maioria das ações conformes à lei seria produzida pelo temor, só algumas pela esperança e nenhuma pelo dever, de sorte que o valor moral das ações, no qual, e unicamente no qual, repousam o valor da pessoa e até o valor do mundo, aos olhos da suprema sabedoria, já não existiria" (*C. r. prática*, Dialética, II, 9). Não apenas não é necessário ter esperança para cumprir com o seu dever, mas só cumprimos verdadeiramente com ele se não for por esperança.

Aonde quero chegar? Simplesmente ao seguinte: a moral, ao contrário do que se costuma crer, não tem nada a ver com a religião, menos ainda com o medo da polícia ou do escândalo. Ou, se esteve historicamente ligada às Igrejas, aos Estados e à opinião pública, só se torna verdadeiramente moral – esta é uma das contribuições decisivas das Luzes – na medida em que se liberta desses vínculos. Foi o que mostraram, cada qual a seu modo, Espinosa, Bayle e Kant. É o que bastou Brassens*, quando eu tinha quinze anos, para me fazer entender. Reduzida à sua essência, a moral é o contrário do conformismo, do integrismo, da ordem moral, inclusive em suas formas *light*, o hoje chamado "politicamente correto". Ela não é a lei da sociedade, do poder ou de Deus, menos ainda da mídia ou das Igrejas. Ela é a lei que o indivíduo prescreve a si mesmo: é nisso que ela é livre, como diria Rousseau ("a obediência à lei prescrita para si mesmo é liberdade"), ou autônoma, como diria Kant (porque o indivíduo está submetido unicamente à "sua legislação própria e, no entanto, universal"). Que essa liberdade ou essa autonomia são apenas relativas, é o que creio, contra Kant e Rousseau, mas isso não altera nosso sentimento de se tratar de um absoluto prático (que decorre da vontade, não do conhecimento) e de uma exigência, para nós, incondicional. De que toda moral é histórica, estou convencido. Mas isso, longe de suprimir a moral, é, ao contrário, o que a faz existir e que a ela nos submete: pois que estamos *na* história e somos produzidos por ela. Autonomia relativa, portanto, mas que vale mais que a escravidão dos pendores e dos temores. O que é a moral? É o conjunto das regras que eu imponho a mim mesmo, ou deveria impor, não com a espe-

* George Brassens (1921-81), poeta da canção francesa. (N. do T.)

rança de uma recompensa ou o medo de um castigo, o que não passaria de egoísmo, não em função do olhar alheio, o que não passaria de hipocrisia, mas, ao contrário, de maneira desinteressada e livre: porque considero que elas se impõem universalmente (para todo ser razoável) e sem que tenhamos necessidade, para tanto, de esperar ou de temer o que quer que seja. "Sozinho, universalmente", dizia Alain. É a própria moral.

Essa moral é *mesmo* universal? Nunca completamente, sem dúvida: todos sabem que existem morais diferentes, que variam de acordo com os lugares e as épocas. Mas ela é universalizável sem contradição e, aliás, cada vez mais universal, de fato. Se deixarmos de lado alguns arcaísmos dolorosos, que se devem mais a fardos religiosos ou históricos do que a juízos propriamente morais (penso especialmente na questão sexual e no estatuto das mulheres), forçoso será reconhecer que o que entendemos por "*uma pessoa decente*", na França, não é muito diferente – e sem dúvida será cada vez menos – do que as que são assim designadas nas Américas ou na Índia, na Noruega ou na África do Sul, no Japão ou nos países do Magreb. É uma pessoa sincera ao invés de mentirosa, generosa ao invés de egoísta, corajosa ao invés de covarde, honesta ao invés de desonesta, meiga ou compassiva ao invés de violenta ou cruel... Não data de ontem. Já Rousseau, contra o relativismo montaigniano, ou antes, contra a visão que dele tinha, fazia um apelo por uma forma de convergência moral, através das diferentes civilizações: "Ó Montaigne! Tu que fazes alarde de franqueza e verdade, sê sincero e verdadeiro, se um filósofo pode sê-lo, e diz-me se há na terra algum país em que seja crime manter sua fé, ser clemente, benevolente, generoso; em que o homem de bem seja desprezado e o pérfido, honrado." Montaigne não encontrou, nem procurou: releiam o que escreveu sobre os índios da América, que nós tratamos de maneira tão atroz, sobre a coragem, sobre a constância, sobre a "bondade, liberalidade, lealdade, franqueza" deles (*Os ensaios*, III, 6). A humanidade não pertence a ninguém: o relativismo montaigniano também é um universalismo, e isso nada tem de contraditório (já que a moral é relativa a toda a humanidade: "cada homem carrega a forma inteira da humana condição", III, 2). De resto, a história, em todos os continentes, fala bastante claro. Ninguém sabe quando a moral começou; mas faz dois ou três mil anos, segundo as diferentes regiões do globo, que o essencial foi dito: pelos sacerdotes egípcios ou assírios, pelos profetas hebreus, pelos sábios hindus, enfim é a espantosa floração dos séculos VI e V antes da nossa era, por Zaratustra (no Irã), Lao-tsé e Confúcio (na China), o Buda (na Índia) e, na Europa, pelos primeiros filósofos gregos, os chamados pré-socráticos... Quem não vê que suas mensagens morais, para além das inúmeras oposições filosóficas ou teológicas, são fundamentalmente convergentes? Quem não vê que isso é ainda mais verdadeiro hoje em dia? Vejam o abade Pierre e o dalai-lama. Não têm a mesma origem, não têm a mesma cultura, não têm a mesma religião... Mas basta ouvi-los alguns minutos para constatar que as morais que professam vão na mesma direção. A globalização não tem apenas lados ruins, e começou muito antes do que se imagina. Desfrutamos hoje de um lento processo histórico que se desenrolou, com altos e baixos, por uns vinte e cinco séculos e de que somos, ao mesmo tempo, resultado e devedores. Esse processo, se o considerarmos aqui apenas de um ponto de vista moral, e apesar das formas violentas que muitas vezes assumiu, é um processo de convergência das maiores civilizações em torno de certo número de valores comuns ou vizinhos, aqueles mesmos que nos permitem viver juntos sem nos prejudicar ou nos odiar muito. É o que hoje se chamam os direitos humanos, que são sobretudo, moralmente, os deveres humanos.

De onde vem essa moral? De Deus? Não é impossível: ele pode ter colocado em nós, como queria Rousseau, "a imortal e celeste voz" da consciência, que prevaleceria, ou deveria prevalecer, sobre qualquer outra consideração, ainda que fosse esta a da nossa salvação ou da sua própria glória... Mas e se não há Deus? Nesse caso, devemos pensar que a moral é nada mais que humana, que é simplesmente um produto da história, o conjunto das normas que a humanidade, ao longo dos séculos, reteve, selecionou, valorizou. Por que essas? Sem dúvida porque elas eram favoráveis à sobrevivência e ao desenvolvimento da espécie (é o que chamo de moral segundo Darwin), aos interesses da sociedade (é a moral segundo Durkheim), às exigências da razão (é a moral segundo Kant), enfim às recomendações do amor (é a moral segundo Jesus ou Espinosa).

Imagine uma sociedade que pregasse a mentira, o egoísmo, o roubo, o assassinato, a violência, a crueldade, o ódio... Não teria chance de subsistir, menos ainda de se expandir em escala planetária: porque, nela, os homens não cessariam de se enfrentar, de se prejudicar, de se destruir... Por isso, não é um acaso se todas as civilizações que se difundiram no mundo coincidem, ao contrário, em valorizar a sinceridade, a generosidade, o respeito à propriedade e à vida alheia, enfim, a doçura, a compaixão ou a misericórdia. Senão que humanidade poderia haver? Que civilização? Isso diz algo importante sobre a moral: que a moral é aquilo graças ao que a humanidade se torna humana, no sentido normativo do termo (no sentido em que o humano é o contrário do inumano), rejeitando a covardia e a barbárie, que não cessam, juntas, de ameaçá-la, de acompanhá-la, e que a tentam. Somente os humanos, nesta terra, têm deveres. Isso indica claramente a direção, para a qual devemos tender: o único dever, ou aquele que resume todos os outros, é agir humanamente.

Que isso não substitui a felicidade, nem a sabedoria, nem o amor, é óbvio; é por isso que também necessitamos de uma ética (v.). Mas, salvo no caso de alguém absolutamente sábio ou absolutamente inumano, quem poderia prescindir da moral?

morrer (*mourir*) – É a derradeira passagem, em que nada passa. É por isso que não morremos: agonizamos (mas os agonizantes, infelizmente, estão vivos), depois estamos mortos (mas os mortos já não existem). Morrer é um ato sem sujeito, e sem ato: um círculo na água do destino, uma imaginação, uma fantasmagoria, desta vez bem dolorosa, do amor-próprio. O corpo solta sua alma como um peido, é o que temos de dizer, e somente o peido, antecipadamente, se insurge. Por que tens, corpo meu, de te preocupar assim com teus ares?

morte (*mort*) – O nada último. Não é nada, então? Não exatamente, porém, já que esse *nada* nos espera, e nós o esperamos. Digamos que a morte não é nada, mas que morremos: essa verdade pelo menos é algo.

Epicuro e Lucrécio, sobre essa questão, me parecem mais judiciosos do que Espinosa. "Um homem livre em nada pensa menos que na morte", diz uma célebre proposição da *Ética*, "e sua sabedoria não é uma meditação sobre a morte, mas sobre a vida" (IV, 67). Com a segunda afirmação, concordo absolutamente. Mas com a primeira, não, nem vejo como as duas podem ser compatíveis. Como meditar sobre a vida sem pensar na morte, que a termina? Ao contrário, é porque pensamos que a morte não é nada, diria Epicuro (nada para os vivos, pois que estão vivos, nada para os mortos, pois que já não existem), que podemos aproveitar a vida serenamente. Senão para que filosofar? E como fazê-lo deixando a morte de lado? Quem tem medo da morte, tem medo, exatamente, *de nada*. Como não teria medo de tudo? Ao passo que não tem nada a temer na vida, é ainda Epicuro que explica, aquele que compreendeu que o mal mais temido, a morte, não é nada para nós (*Carta a Meneceu*, 125). É preciso, no entanto, pensá-la estritamente – como nada – para deixar de imaginá-la (como inferno ou como falta) e de temê-la. Isso bastará? Não estou certo. E, aliás, não é o mais provável, quando a morte estiver próxima. Mas por que o pensamento deveria bastar? Como poderia? E o que importa que não baste, se essa idéia verdadeira, ou que nos parece sê-lo, nos ajuda, aqui e agora, a viver melhor? Uma filosofia, mesmo insuficiente, é melhor que nenhuma filosofia.

Aprender a morrer? É apenas uma parte, e não a mais importante nem a mais difícil, do aprendizado geral de viver. De resto, e como disse com muita graça Montaigne, mesmo que não soubéssemos morrer, seria um equívoco nos preocupar com isso: "A natureza nos informará imediata, plena e suficientemente" (*Os ensaios*, III, 12). Se é preciso pensar a morte, não é para aprender a morrer – de qualquer modo, chegaremos lá –, mas para aprender a viver. Pensar a morte, portanto, para domesticá-la, para aceitá-la, e para pensar, então, em outra coisa. "Quero que ajamos", escreve maravilhosamente Montaigne, "e que prolonguemos os ofícios da vida tanto quanto pudermos; e que a morte me encontre plantando repolhos, mas despreocupado dela, e mais ainda do meu jardim imperfeito" (*Os ensaios*, I, 20).

movimento (*mouvement*) – Mover-se é mudar de lugar ou de estado, de posição ou de disposição.

Aristóteles (*Física*, III, 1 e VIII, 7) distinguia quatro movimentos – mas, em francês, seria mais adequado dizer quatro mudanças – principais, correspondentes ao mesmo número de categorias: segundo o lugar (movimento local), segundo a substância (geração e destruição), segundo a quantidade (crescimento e diminuição), segundo a qualidade (alteração). Via nisso a passagem da potência ao ato, passagem sempre inacabada (dado que há movimento) e, por isso, indissoluvelmente em potência e em ato: é "o ato do que existe em potência, como tal", isto é, precisa Aubenque, enquanto existe em potência – o ato da potência, ou a potência em ato (III, 1 e 2; ver também P. Aubenque, *Le problème de l'être*..., p. 454). É o que chamamos de mudança ou devir, de que o movimento local é tão-só uma espécie, mas sem dúvida também, no espaço, a condição de todas as outras.

mudança (*changement*) – O devir ou a potência em ato: a passagem de um lugar a outro (o movimento local de Aristóteles), de um estado a outro, de uma forma ou de uma grandeza a outra... Dizer que "tudo passa e nada permanece", como faz Heráclito (fr. A 6), também é dizer que tudo muda (*panta rhei*: tudo flui) e, com isso, constatar a impermanência de tudo. Somente um Deus poderia constituir exceção. Mas se ele nunca mudasse, não seria mais que um Deus morto. Equivale a rezar para um pedaço de pau...

Niilismo? Nada disso. Pois é preciso manter-se firme, aqui, sobre a unidade dos contrários: o que muda é o que permanece. Quem diz mudança diz, na verdade, sucessão de pelo menos dois estados diferentes de um mesmo objeto – o que supõe que o objeto continue a existir. Ou, se ele desaparecer totalmente, já não será ele que mudará (já que não mais existirá), e sim seus elementos ou o mundo (que existirão sempre). Assim, a mudança supõe a identidade, a duração, a manutenção no ser daquilo mesmo que se transforma. Uma substância? Não necessariamente, se se entender por isso algo imutável (é bem possível que *tudo* mude). Mas certamente, se se entender por substância *aquilo* que muda (o sujeito ou o suporte da mudança). Consideremos, por exemplo, este barco cujas partes são todas progressivamente substituídas: não resta um só átomo do conjunto inicial, mas o barco em si só mudou na medida em que se supõe que ele subsiste (por sua estrutura, sua função, seu nome, sua presença continuada...). Isso vale para todo ser, para todo conjunto, para todo processo. Um país, um partido político, uma empresa ou um indivíduo só podem mudar contanto que subsistam, pelo menos parcialmente. Só posso mudar contanto que continue sendo eu. E se tudo muda no universo, é porque o universo continua a existir. À glória de Parmênides.

Logo, é preciso durar para mudar. Mas a recíproca também é verdadeira: é preciso mudar para durar. Num mundo em que tudo muda, a imutabilidade é impossível ou seria mortífera. Um país, um partido ou uma empresa só podem se manter contanto que se adaptem sempre. Um indivíduo só pode continuar sendo ele mesmo contanto que evolua, nem que a contragosto ou o menos possível. Viver é crescer ou envelhecer – duas maneiras de mudar. À glória de Heráclito: tudo muda, tudo flui, nada permanece, salvo o universal devir.

A mudança é mais ou menos perceptível, para nós, em função da sua amplitude e da sua velocidade. Mas a menor e mais lenta mudança nem por isso deixa de ser mudança. Montaigne, magnificamente: "O mundo é um movimento perene. Todas as coisas mudam sem cessar: a terra, os rochedos do Cáucaso, as pirâmides do Egito, tanto da mudança pública como da delas. A própria constância outra coisa não é senão uma mudança mais langorosa" (*Les essais* [Os ensaios], III, 2, pp. 804-5). Assim, a mudança é a lei do ser (devido à qual ele e o devir são uma só e mesma coisa), e é a única coisa talvez que não mude: que tudo muda é uma verdade eterna.

mulher (*femme*) – Um ser humano, do sexo feminino. Dirão que o que importa é a humanidade, não o sexo. Pode ser. Mas tampouco é anedótico o fato de a humanidade ser sexuada.

A diferença sexual é, sem dúvida, uma das mais fortes, das mais constantes, das mais estruturantes que há. Cada um de nós não cessa de se confrontar com ela. E, no entanto, toda tentativa de caracterizar positivamente essa metade da humanidade (portanto de caracterizar também a outra) desemboca apenas em aproximações ou platitudes. Que as mulheres costumam ser menos violentas que os homens, que têm mais senso do concreto, da duração, do cotidiano (certa maneira, nas melhores delas, de ter os pés fincados na vida ou no real), que elas são mais bem dotadas para o amor e para a intimidade, menos propensas à pornografia e ao poder, é o que muitas vezes parece verdadeiro, mas que, nos homens como nas mulheres, não ocorre sem numerosos contra-exemplos, que proíbem de fazer dessas características uma lei ou uma essência. A diferença, entre os dois sexos, permanece vaga e deve tanto ou mais à cultura, ao que tudo indica, do que à natureza. Mas isso não prova que as mulheres não existem, nem que são tendencialmente diferentes dos homens. Por que o vago existiria menos que o nítido, ou o cultural menos que o natural? "Não nascemos mulher", dizia Simone de Beauvoir, "tornamo-nos mulher." Era colocar curiosamente o corpo entre parênteses. A biologia me esclarece mais (uma pessoa nasce mulher ou homem, depois se torna o que é, de maneira mais ou menos feminina ou masculina), mas pouco importa: esse *devir*, ainda que deva tudo à cultura, é um dos mais bonitos presentes que a humanidade deu a si mesma.

multidão[1] (*foule*) – Uma grande quantidade de indivíduos reunidos, considerados de um ponto de vista unicamente quantitativo. Falta nela a qualidade: os corpos se adicionam; os espíritos, não. Daí essa força coletiva das paixões, das emoções, das pulsões... O mais baixo, quase inevitavelmente, prepondera. Às vezes é agradável, às vezes é exaltante, às vezes é assustador, nunca admirável. Toda multidão é derrisória ou perigosa.

multidão[2] (*multitude*) – Um grande número. Quando não se especifica de quê, trata-se quase sempre de seres humanos, considerados em sua junção puramente factual, sem ordem e sem unidade. Opõe-se assim ao Estado, que supõe a ordem, e ao povo, que supõe a unidade. A multidão é "como que uma hidra de cem cabeças", dizia Hobbes, "que, na república, não deve aspirar a nada, salvo à glória da obediência" (*Do cidadão*, VI, 1).

mundo (*monde*) – Na língua filosófica, muitas vezes é um sinônimo de universo: o mundo é "a montagem inteira das coisas contingentes" (Leibniz), o conjunto de "todos os fenômenos" (Kant) ou de "tudo o que acontece" (Wittgenstein). Mas, nesse caso, a idéia de uma pluralidade dos mundos, bem atestada na história da filosofia, se torna ininteligível: como haveria vários *Todos*? Convém, pois, distinguir o mundo (o *kósmos* dos gregos) do Todo (*tò pân*). Para os antigos, o mundo é um todo, mas não *o* Todo. É o conjunto ordenado que nos contém, tal como podemos observá-lo, da Terra ao céu e aos astros. Não é impensável que existam outros, até mesmo um número infinito (é o que Epicuro pensava). Mas não podemos conhecê-los, por não termos deles nenhuma experiência.

Quando se fala do mundo, sem maior precisão, fica entendido que se trata do nosso. É o conjunto, que nos contém, de tudo aquilo com que estamos em relação, de tudo o que podemos constatar ou experimentar – o conjunto dos fatos, muito mais que das coisas ou dos acontecimentos. É o real que nos é acessível: uma pequena porção do ser, valorizada (para nós) por nossa presença. É nosso lugar de coincidência, ou o presente (mimo) do destino. Afinal de contas, poderíamos ter sido pior aquinhoados.

Os cientistas às vezes o chamam de universo, que seria o todo do real. Mas, como só o conhecemos parcialmente e como não conhecemos nada além dele, como saber se ele é tudo?

N *n*

nação (*nation*) – Um povo, mas considerado de um ponto de vista político, em vez de biológico ou cultural (não é nem uma raça nem uma etnia), e como um conjunto de indivíduos, em vez de como instituição (não é, ou não é necessariamente, um Estado). Renan percebeu que a existência e a perenidade de uma nação deve menos à raça, à língua ou à religião do que à memória e à vontade. Duas coisas a constituem, sobretudo: "Uma é a posse em comum de um rico legado de lembranças; outra é o consentimento atual, o desejo de viver juntos, a vontade de continuar a valorizar o patrimônio que se recebeu indiviso. [...] Ter glórias comuns no passado, uma vontade comum no presente; ter feito grandes coisas juntos, querer fazer mais, eis as condições essenciais para ser um povo" ou uma nação (*Qu'est-ce qu'une nation?* [O que é uma nação?], III). Significa que, nação, só há fiel, e é esse o verdadeiro sentido do patriotismo.

nacionalismo (*nationalisme*) – É erigir a nação em absoluto, a que tudo – o direito, a moral, a política – deveria se submeter. Sempre virtualmente antidemocrático (se a nação é mesmo um absoluto, já não depende do povo: ao contrário, ele é que depende dela), quase sempre xenófobo (os que não fazem parte da nação são como que excluídos do absoluto). É um patriotismo exagerado e ridículo: ele erige a política em religião ou em moral. Por isso, tende a ser pagão e é quase inevitavelmente imoral.

nada (*néant*) – O não-ser ou o não-existente, mas considerado positivamente. Não é exatamente um conjunto vazio, nem pura coisa nenhuma: é, antes, um conjunto de que o vazio seria o único elemento ou uma coisa nenhuma que seria tão real, a seu modo, quanto alguma coisa. O nada, observava Hegel, "é igualdade simples consigo mesmo, vacuidade perfeita, ausência de determinação e de conteúdo, estado de não-diferenciação em si mesmo". É por isso que ele não é coisa nenhuma, sem no entanto deixar de ser (já que *é* essa coisa nenhuma): é "a mesma determinação, ou antes, a mesma ausência de determinação e, portanto, absolutamente a mesma coisa que o ser puro" (*Lógica*, I, 1). Bergson, talvez menos enganado pela linguagem ou pela dialética, não via no nada senão uma palavra, uma pseudo-idéia, que seria obtida por negação da idéia de ser, a qual só pode ser pensada positivamente. Ele sem dúvida tinha razão, o que não prova que possamos prescindir totalmente dessa pseudo-idéia.

Em Heidegger e Sartre, o nada se revela na experiência da angústia: seja porque o ser só ocorre sobre um fundo de nada (já que nenhum existente é o ser, já que o ser não é nada existente) e de facticidade (tudo o que é *poderia não ter sido*), seja porque a consciência – não sendo o que é, sendo o que não é – é poder de nadificação. É constatar mais uma vez que o nada existe apenas para o homem: o homem é o ser por meio do qual o nada vem ao mundo. Nesse sentido, o nada é menos o que não é do que o que já não é, ou ainda não é, ou não é totalmente. É o correlato vazio da consciência, pelo que ela nunca é prisioneira dos seus objetos ou do seu ser: o resultado, que seria um erro hipostasiar, do seu poder de nadificação. "Na noite clara do Nada da angústia", escreve Heidegger, "mostra-se enfim a manifestação original do existente como tal: a saber, *que existe o ente – e não o Nada*... O nada é a condição que torna possível a revelação do ente como tal para a realidade humana (*Dasein*). O Nada não forma simplesmente o conceito antitético do existente, senão que a essência do Ser mesmo comporta desde a origem o Nada. É no *ser* do ente que se produz o *nadear* do Nada" (*O que é a metafísica?*). Pelo que o *pastor do ser*, como Heidegger diz do homem em outra passagem, se torna "*a sentinela do Nada*"... Bergson, volte logo: eles endoideceram!

narcisismo (*narcissisme*) – O amor, não a si, mas à sua imagem: Narciso, incapaz de possuí-la, incapaz de amar outra coisa, acaba morrendo por causa disso. É a versão auto-erótica do amor-próprio, e outra armadilha. Dela só se pode escapar pelo amor verdadeiro, que não tem nada a ver com imagens.

natural (*naturel*) – No sentido lato ou clássico: tudo o que não é sobrenatural. No sentido estrito ou moderno: tudo o que não é cultural. Este último sentido é problemático. Se o homem faz parte da natureza, como creio, como a cultura também não faria?

O caso é que, tratando-se especialmente do mundo humano, é cômodo distinguir o que é *natural* (o que é transmitido pelos genes e que se reconhece pela universalidade) do que é *cultural* (o que é transmitido pela educação e que se reconhece por regras particulares). Por exemplo, a pulsão sexual é natural. A maneira de viver essa pulsão, especialmente de satisfazê-la ou não, é cultural. A procriação é natural; a maneira de fazer filhos (e, *a fortiori*, de educá-los), cultural. A fome é natural. A gastronomia e a maneira de comer, culturais. É por isso que a proibição do incesto, nota Lévi-Strauss, levanta um problema: é que ela parece verificar ao mesmo tempo a universalidade da natureza e a particularidade regrada da cultura (não se conhece sociedade humana em que o incesto não seja proibido, mas nem todas o proíbem da mesma maneira, nem nos mesmos limites). A solução do problema, segundo Lévi-Strauss, é que a proibição do incesto decorre de ambas as ordens: porque ela garante a *passagem* da natureza (a procriação) à cultura (o parentesco), da filiação à aliança, da família à sociedade. Assim, a natureza diz sempre a primeira palavra, como também diz, pela morte, a última.

naturalismo (*naturalisme*) – Toda doutrina que considera a natureza, tomada em seu sentido lato, como a única realidade: é considerar que o sobrenatural não existe ou não passa de uma ilusão. Sinônimo de materialismo, portanto? Não exatamente. Todo materialismo é um naturalismo, mas nem todo naturalismo é materialista (como em Espinosa). Digamos que o naturalismo é o gênero próximo, de que o materialismo seria uma espécie: é um naturalismo monista, como também era o espinosismo, que considera, porém, que a natureza é integral e exclusivamente material.

natureza (*nature*) – A *phýsis*, entre os gregos, como a *natura* em Lucrécio ou Espinosa, é o próprio real, considerado em sua independência, em sua espontaneidade, em seu poder de autoprodução ou de autodesenvolvimento. Opõe-se, nisso, à arte ou à técnica (como o que se faz por si só ao que é feito pelo homem) e ao divino (como o que se desenvolve ou muda ao que é imutável). Pode ser utilizada num sentido geral (a natureza é o conjunto dos seres naturais) ou num sentido particular (a natureza de um ser, que às vezes chamamos de sua essência, é então o que há de natural nele: seu "passado de movimento e fixidez", como diz Aristóteles). Opõe-se em ambos os casos ao sobrenatural ou ao cultural: a natureza é tudo o que existe, ou que parece existir, independentemente de Deus – a não ser, claro, que se defina Deus como a própria natureza – ou dos homens.

natureza humana (*nature humaine*) – Era de bom-tom, nos anos 1960, dizer que ela não existe: o homem não seria mais que cultura e liberdade. Mas, se fosse tão simples assim, por que teríamos tanto medo das manipulações genéticas das células germinais, as que transmitem o patrimônio hereditário da humanidade? A verdade, a meu ver, é que há, sim, uma natureza humana ou, em todo caso, uma natureza do homem, que é o resultado, em cada um, do processo natural de hominização: nossa natureza é tudo o que recebemos ao nascer e que transmitimos geneticamente, quando transmitimos, ao menos em parte, a nossos descendentes. Sabe-se cada vez mais a que ponto ela é considerável. Resta humanizá-la, o que só é possível por educação e aprendizado. É por isso que podemos dizer, mas num sentido totalmente diferente, que não há natureza humana: não porque não haveria nada de natural no homem, mas porque o que é natural nele não é humano, no sentido normativo do termo, do mesmo modo que o que é humano não é natural. Nascemos homem ou mulher: essa a nossa natureza. Depois tornamo-nos humanos: essa a nossa cultura e a nossa tarefa.

natureza naturante/natureza naturada (*nature naturante/nature naturée*) – É uma expressão de origem escolástica: a *natura naturans* seria Deus; a *natura naturata*, o conjunto das coisas criadas. Todavia, atualmente essas duas expressões costumam ser tomadas num sentido espinosista, logo panteísta, que faz referência a um famoso escólio da *Ética*. A *natureza naturante* é a natureza na medida em que é Deus, isto é, causa de si e de tudo (não os modos, mas os atributos eternos e infinitos da substância). A *natureza naturada* é o conjunto dos efeitos – cada um dos quais é também uma causa – que dela decorrem necessariamente: a cadeia infinita das causas finitas (não o conjunto dos atributos, mas o conjunto dos modos). Digamos que a natureza naturante é a natureza como causa de si e de tudo; e a natureza naturada, o conjunto dos efeitos, mas nela, dessa causalidade imanente (I, 29, escólio).

navalha de Ockham (*rasoir d'Ockham*) – Guilherme de Ockham, que morreu no meado do século XIV, é um dos maiores pensadores da Idade Média. É um nominalista: reconhece a existência apenas de seres singulares, considera a distinção entre a essência e a existência privada de sentido e não vê no gênero e na espécie, assim como em toda idéia geral, nada além de uma concepção da alma (*intentio animae*, o que pode aproximá-lo do conceitualismo) ou "um signo atribuível a vários sujeitos" (o que faz dele um nominalista). Fora do círculo dos especialistas, não é muito conhecido nem citado, a não ser a propósito dessa *navalha* a que seu nome é tradicionalmente vinculado. De que se trata? De um princípio de economia: não multiplicar inutilmente as entidades, cortar tudo o que extrapola o real ou a experiência, isto é, no caso, toda idéia que não é indispensável ou que pretenderia existir em si ou de forma separada. É um instrumento de higiene intelectual, ao mesmo tempo uma arma contra o platonismo.

necessidade[1] (*besoin*) – Necessidade vital ou vivida. Uma carência? Não necessariamente. Toda planta necessita de água, independentemente de ter ou não ter água suficiente. A criança necessita dos pais. O que não prova que seja órfã. Enfim, nada impede você de cantar "*I need you*" ao homem ou à mulher com quem você compartilha a sua vida, que não lhe falta, mas que é necessário(a) à sua felicidade.

Necessitamos não apenas do que nos falta, mas do que faltaria se não estivesse presente. A necessidade nem sempre é uma ausência; é uma condição, que pode ou não ser satisfeita: ela abrange tudo o que me é necessário, em outras palavras, tudo aquilo sem o que não posso viver ou não posso viver bem. É a condição *sine qua non* da vida ou da felicidade.

Costuma-se distinguir a *necessidade*, que seria objetiva, do *desejo*, que seria subjetivo. Mas o limite entre ambos é vago. O sujeito, por mais ilusório que sempre seja, ainda assim existe objetivamente. É o que explica que sempre necessitemos de amor, tanto, ou quase tanto, quanto de comida.

necessidade[2] (*nécessité*) – O contrário da contingência: é necessário o que não pode não ser, em outras palavras, aquilo cuja negação é impossível. Por exemplo, a soma dos ângulos de um triângulo, num espaço euclidiano, é *necessariamente* 180°, o que significa que é impossível, nesse espaço, ela ser diferente. Necessidade absoluta? Não, já que outro espaço é possível ou concebível (o das geometrias não-euclidianas). Mas que nem por isso deixa de ser necessária, nesse espaço. Assim, toda necessidade é hipotética, como dizia Alain: ela é submetida à condição de um princípio ou de um real. Se nada existisse, nada seria necessário. É por isso que todo necessário, se considerado globalmente ou em detalhe, é contingente. A necessidade da minha morte, por exemplo, está submetida à contingência do meu nascimento, do mesmo modo que a necessidade do meu nascimento (cumpridas as suas condições) está submetida à contingência da minha condição, ou da condição dos meus pais, ou avós, e que a necessidade do universo, uma vez que existe, está submetida à contingência da sua própria existência (pois ele poderia não existir). Isso levanta a questão do tempo, quero dizer do tempo que passa ou que passou. Tomemos por exemplo o tempo que está fazendo. Ele é necessário ou contingente? Depende do ponto de vista cronológico adotado. O tempo que faz, aqui e agora, é seguramente necessário: o que é não pode não ser, salientava com razão Aristóteles, enquanto é. O tempo que vai fazer daqui a seis meses é, verossimilmente, contingente: não apenas imprevisível de fato, mas sem dúvida imprevisível de direito, em razão da complexidade e da aleatoriedade dos fenômenos meteorológicos, na escala macroscópica, ou mesmo do que há de indeterminado neles na escala microscópica ou corpuscular. No entanto, daqui a seis meses, o tempo que fizer será necessário, como todo presente. Ou seja, a necessidade não é um predeterminismo, que pretenderia que o tempo que faz hoje estava inscrito desde sempre no passado do universo, como o que fará daqui a dez mil anos estaria em seu estado atual. A verdade é que todo presente é necessário (sua negação, no presente, é impossível: se chove, aqui e agora, é impossível, aqui e agora, não chover), logo toda verdade também (já que verdade só há eterna: sempre presente), mas *somente ele e ela, e somente no presente*. O tempo que faz, aqui e agora, é necessário; não o era, seis meses atrás. No entanto, era verdade, seis meses atrás, que faria este tempo hoje? Sem dúvida. Mas não é porque era verdade seis meses atrás que faz este tempo agora; é porque faz este tempo agora que era verdade seis meses ou cem mil anos atrás. A eternidade do verdadeiro depende da necessidade do real, não o contrário, assim como o traçado de um rio, em nossos mapas reais ou possíveis, depende do curso efetivo desse rio e, evidentemente, não poderia governá-lo. Assim, tudo é necessário, no presente, e é por isso que tudo o é (já que só o presente existe). Do que não há que concluir que o que é *não poderia* não ser (no irreal do passado: enquanto não era), o que não é verossímil. Mas apenas que o que é *não pode* não ser (no presente: é necessariamente o que é, enquanto é).

A partir do momento em que vivo, é impossível eu não viver. Mas isso não me torna nem imortal nem incriado.

Um ser absolutamente necessário? Seria Deus, e é por isso que nada, no mundo, poderia sê-lo.

necessitarismo (*nécessitarisme*) – Crença na necessidade de tudo. Não confundir com o fatalismo.

negligência (*négligence*) – Uma falta que poderia ter sido facilmente evitada: teria bastado um pouco de atenção ou de exigência. Pequena falta? Na maioria das vezes. Mas que leva aos grandes abandonos, à força de se acostumar com os pequenos. Primeiro omite-se fazer bem feito, depois faz-se mal, ou o mal. É aí que a negligência conduz à tibieza, assim como a tibieza à infâmia.

nepotismo (*népotisme*) – Uma forma de favoritismo, logo de injustiça, voltado para os parentes: é privilegiar os membros da família, em domínios em que os laços de sangue ou de coração não têm pertinência, por exemplo em matéria de emprego ou administração públicos. Quando Le Pen diz que prefere sua filha à sua vizinha, e sua vizinha a uma estranha, estaria apenas enunciando uma platitude se se tratasse de um registro puramente afetivo ou privado. Mas, se pretende basear nisso qualquer política, está apenas justificando o nepotismo. Já não é uma platitude, portanto, mas uma ignomínia.

nervoso (*nerveux*) – Um dos quatro temperamentos da tradição hipocrática e clássica: tez pálida, reações vivas, mobilidade da inteligência e do rosto... Está se reconhecendo? Não precisa correr para o médico. Não é uma doença, e seu médico consideraria essa tipologia superada. Ele tem razão, é claro. O que não prova que a razão que ele utiliza seja insuperável.

neurose/psicose (*névrose/psychose*) – Duas palavras para exprimir os distúrbios do psiquismo ou da vida mental. Etimologicamente, o neurótico seria doente dos nervos; o psicótico, do espírito. Isso não diz nada da respectiva patologia deles, nem da sua etiologia. Aliás, a distinção entre esses dois conceitos é tão difícil, que certos psiquiatras, notadamente os americanos, se recusam hoje a utilizá-los. Apesar disso, ela conserva uma espécie de potência classificadora ou de uso regulador: são categorias que é bom conhecer, sem acreditar totalmente nelas. As psicoses, embora haja exceções e estados intermediários, costumam ser mais sérias: elas perturbam a totalidade da vida psíquica, muitas vezes são acompanhadas de delírios ou alucinações, isolam do mundo e do outro, enfim são mais do âmbito da psiquiatria do que da psicoterapia. As neuroses são menos sérias, pelo menos na maioria dos casos, e de prognóstico geralmente mais favorável: os distúrbios são parciais ou localizados (só atingem uma parte ou um nível da vida psíquica), socialmente menos invalidantes, privados de delírio, passíveis de um tratamento psicoterapêutico ou analítico eficaz, enfim "relativamente superficiais, plásticos e reversíveis" (Henri Ey, *Manual de psiquiatria*). As principais psicoses são a paranóia, a esquizofrenia e a psicose maníaco-depressiva. As principais neuroses são a neurose de angústia, a neurose obsessiva, a neurose fóbica e a histeria. Diz-se às vezes que o neurótico constrói castelos de areia, que o psicótico mora neles e que o psicanalista cobra o aluguel. Digamos, mais seriamente, que é sem dúvida a relação com o real e com os outros que melhor permite distinguir essas duas entidades nosológicas. O psicótico é prisioneiro do seu mundo ou da sua loucura, a ponto de muitas vezes ignorar que está doente. O neurótico habita o mundo comum: seus distúrbios, de que ele normalmente tem consciência, não o impedem nem de agir nem de entrar em relação com outrem *mais ou menos* normalmente. Mas não passam de abstrações. Para os que não são nem doentes nem psiquiatras, servem principalmente para se observar a si mesmo. Não é inútil, mesmo na saúde, saber para que lado pendemos.

niilismo (*nihilisme*) – O niilista é quem não crê em nada (*nihil*), nem mesmo no que existe. O niilismo é como uma religião negativa: Deus morreu, levando consigo tudo o que pretendia fundar, o ser e o valor, o verdadeiro e o bem, o mundo e o homem. Não há nada mais além do nada, em todo caso nada que valha, nada que mereça ser amado ou defendido: tudo se equivale, e não vale nada.

A palavra parece ter sido inventada por Jacobi, para designar a incapacidade da razão em apreender a existência concreta, que se daria apenas na intuição sensível ou mística. A razão, cindida da crença, é incapaz de passar do conceito ao ser (como prova a refutação kantiana da prova ontológica); logo, ela pode pensar apenas essências sem existência (sujeito e objeto dissolvendo-se então numa pura representação), e é nesse sentido que todo racionalismo, para Jacobi, é um niilismo. Em francês, e num uso menos técnico, a palavra foi popularizada por Paul Bourget, que definia o niilismo como "um mortal cansaço de viver, uma morna percepção da vanidade de todo esforço". Mas, é claro, Nietzsche é que, no duplo prolongamento de Jacobi e Bourget, lhe dará seu foro de nobreza filosófico. A razão não suscita nenhuma vontade de viver: ela desemboca apenas em abstrações mortíferas. O racionalismo, para Nietzsche também, é um niilismo. Mas não é uma corrente de pensamento entre outras: é o universo espiritual que nos espera. "O que conto", escreve Nietzsche, "é a história dos próximos dois séculos. Descrevo o que virá, o que não pode deixar de vir: *o advento do niilismo*" (*A vontade de potência*, III, 1, 25). Aí estamos. O problema é sair.

"O que significa o niilismo? Que os valores superiores se depreciam", responde Nietzsche. Faltam os fins. Não há resposta para esta pergunta: "Para quê?" (*ibid.*, af. 100). As ciências, que pretendiam substituir a religião, não oferecem nenhuma razão de viver: seu culto à verdade não passa de um culto da morte. Daí essa "doutrina da grande lassidão: 'Para quê? Nada vale a pena!'" (*ibid.*, af. 99). Nietzsche quis escapar por meio do estetismo, em outras palavras, pelo culto da bela mentira, do erro útil à vida, da ilusão criadora ("a arte a serviço da ilusão, eis nosso culto", III, 5, 582). Isso proporciona apenas mais um nada, que ora reina em nossos museus. "Tudo é falso, tudo é permitido", dizia ainda Nietzsche (III, 1, 108), e é isso o niilismo de hoje. Só podemos sair dele voltando à verdade do ser, como dirá Heidegger, e da vida, como queria Nietzsche, mas que não é a mentira e a ilusão: que é potência e fragilidade, potência e resistência (conato) – desejo, no homem, e verdade. É escolher Espinosa, em vez de Nietzsche, a lucidez em vez da ilusão, a fidelidade em vez da "derrubada de todos os valores", enfim a humanidade em vez do super-homem. "O que é o niilismo, se não é essa lassidão?", pergunta Nietzsche. "Estamos cansados do homem..." (*Genealogia...*, I, 12). Fale por você mesmo. O niilismo é uma filosofia de quem é incapaz de gozar, é incapaz de amar, é incapaz de querer. É a filosofia do cansaço, ou o cansaço como filosofia. Eles perderam a capacidade de amar, como diz Freud dos depressivos, e concluem daí que nada é amável. É um equívoco, claro. Não é porque o mundo e a vida são amáveis que deveríamos amá-los; é porque nós os amamos que são, para nós, amáveis. Os valores se depreciam apenas para os que necessitam de um Deus para amar. Para os outros, os valores continuam a valer, ou antes, valem de maneira mais urgente: porque nenhum Deus os funda nem os garante, porque eles valem apenas proporcionalmente ao amor que temos por eles, porque só valem para nós, por nós, que necessitamos deles. Mais uma razão para servi-los. O relativismo, longe de ser uma forma de niilismo, é seu remédio: o fato de todos os nossos valores serem relativos (a nossos desejos, a nossos interesses, a nossa história) é uma razão forte para não renunciar às *relações* que os fazem ser. Não é porque a justiça existe que temos de nos submeter a ela (dogmatismo), nem porque ela não existe que teríamos de renunciar a ela (niilismo); é porque ela não existe (senão em nós, que a pensamos e queremos) que ela precisa ser feita.

Contra o dogmatismo, o quê? A lucidez, o relativismo, a tolerância. Contra o niilismo? O amor e a coragem.

nirvana (*nirvâna*) – O nome budista do absoluto ou da salvação: é o próprio relativo (o *samsara*), a própria impermanência (*anica*), quando deles já não estamos separados pela falta, pelo mental ou pela espera. O ego se extingue (*nirvana*, em sânscrito, significa extinção): não há mais nada, a não ser tudo. É mais ou menos o equivalente, mas numa problemática totalmente distinta, da ataraxia em Epicuro e da beatitude em Espinosa: a experiência, aqui e agora, da eternidade.

noção (*notion*) – Uma idéia abstrata ou geral, no mais das vezes considerada como já dada na língua ou no espírito. É o que distingue a noção (que, etimologicamente, só necessita ser conhecida ou reconhecida) do conceito (que é preciso, antes de mais nada, conceber). Um conceito é o resultado de um trabalho de pensamento; a noção seria sua condição. Um conceito é uma obra antes de ser uma ferramenta. A noção seria, em vez disso, um material ou um ponto de partida. Um conceito pertence a uma ciência ou a uma filosofia particular; uma noção, ao pensamento comum.

Em Kant, "o conceito puro, na medida em que tem origem unicamente no entendimento (e não numa imagem pura da sensibilidade), chama-se *noção*". Mas esse uso não se impôs. É que o conceito era estreito e dependente demais de uma doutrina particular para se impor como noção.

Chamam-se *noções comuns* as idéias ou princípios que encontramos em "todos os homens" (Espinosa), sem as quais não poderíamos nem raciocinar nem nos compreender. Os empiristas pretendem que resultam da experiência; os racionalistas, que são inatas e tornam a experiência possível.

É por isso que o empirismo sempre me pareceu mais racionalista (no sentido lato) do que o racionalismo (no sentido estrito): ele não renuncia a explicar as noções de que se serve.

nome (*nom*) – Uma palavra, mas designando de ordinário algo mais ou menos estável: uma coisa, um indivíduo, uma substância (donde a palavra, também utilizada, *substantivo*), um estado, uma abstração... As ações, os movimentos ou os processos são mais bem designados por verbos. Objetarão que "ações", "movimentos" ou "processos" são nomes. Mas é que se trata aqui de abstrações: a palavra "ação" não é uma ação (é um nome, que designa uma idéia), mas pronunciá-la ou agir (que são verbos), sim, são ações.

Francis Wolff, num livro magistral (*Dire le monde* [Dizer o mundo], PUF, 1997), imaginou uma linguagem-mundo que seria feita apenas de nomes: mundo de essências separadas e imutáveis, de indivíduos sem mudanças, de substâncias sem acidentes, de coisas sem acontecimentos, de seres sem devir... Seria o mundo de Parmênides, se fosse possível, ou o mundo inteligível de Platão, se fosse real. Mas não é nada, ou quase nada: mundo da abstração, ou abstração de um mundo.

nominalismo (*nominalisme*) – Toda doutrina que considera que as idéias gerais não têm outra realidade além das palavras que servem para designá-las. É afirmar que somente os indivíduos existem e que há generalidades (ou universais, como se dizia na Idade Média) apenas pela e na linguagem. O nominalismo se opõe assim ao *realismo* (no sentido do realismo das idéias, tal como vemos em Platão ou Guillaume de Champeaux), e isso desde a Antiguidade: "Vejo o cavalo, mas não a cavalidade", dizia Antístenes. Distingue-se também do *conceitualismo*, para o qual as idéias gerais só existem em nosso espírito, mas sem se reduzir pura e simplesmente aos signos que servem para designá-las. Esta última distinção, no entanto, é menos fundamental: nominalismo e conceitualismo têm em comum afirmar a existência exclusiva dos indivíduos, em todo caso fora do espírito humano, o que explica por que a fronteira entre essas duas correntes às vezes é tão vaga (os especialistas ainda discutem, por exemplo, para saber se Guilherme de Ockham era nominalista ou conceitualista), enquanto, por outro lado, ambos se opõem frontalmente ao realismo das idéias.

O nominalismo será a doutrina de Roscelin, no século XI, ou de Guilherme de Ockham, no século XIV, mas também de Hobbes, Hume e Condillac, como em geral, até hoje, da maioria dos empiristas. Se as idéias não existem em si, resulta que só é possível conhecer alguma coisa pela experiência, e que a própria lógica não passa de uma língua bem-feita (ela é ordenação de idéias apenas por ser, antes, ordenação de signos). O materialismo, numa outra problemática, também se reconhece aí. Se tudo é matéria, as idéias não poderiam existir em si: elas só existem num cérebro e pela mediação dos signos que permitem designá-las. Desse ponto de vista, o materialismo é um nominalismo radical e monista: só existem indivíduos, e todos eles são materiais.

norma (*norme*) – *Norma*, em latim, é o *esquadro*: uma norma, comenta Canguilhem, "é o que serve para fazer direito, erguer, endireitar" (*Le normal et le pathologique* [O normal e o patológico], p. 177). Ela diz o que deve ser, ou permite julgar o que é.

A palavra pode valer como sinônimo de *regra*, de *ideal*, de *valor*... Se quisermos lhe dar um sentido mais preciso, será sem dúvida sobre a sua generalidade que deveremos insistir: a *norma* é o gênero comum, de que as *regras*, os *ideais* e os *valores* são diferentes espécies. É por isso que a palavra tem algo de vago, que a torna ao mesmo tempo cômoda e embaraçosa. Ela perde em compreensão, necessariamente, o que ganha em extensão.

normal (*normal*) – Que é conforme à norma, mas a uma norma puramente factual, em geral a média ("estatura normal") ou a saúde (o normal oposto ao patológico). É erigir o fato em valor, a estatística em juízo, a média em ideal. É o que torna a noção desagradável, sem permitir contudo prescindir dela. "Se existem normas biológicas" escreve Georges Canguilhem, "é porque a vida, sendo não apenas submissão ao ambiente, mas também instituição do seu ambiente próprio, estabelece com isso valores, não apenas no meio mas também no próprio organismo. É o que chamamos de normatividade biológica" (*Le normal et le pathologique* [O normal e o patológico], PUF, conclusão). É o que explica que a saúde, que é um fato ou uma relação entre fatos, também seja um ideal.

normativo (*normatif*) – Que estabelece uma norma, depende de uma norma ou a supõe; que enuncia um juízo de valor ou dele depende. O ponto de vista *normativo* opõe-se tradicionalmente ao ponto de vista *descritivo*, que se contenta com estabelecer fatos, ou *explicativo*, que dá as causas ou as razões. A diferença entre esses três pontos de vista pode ser vaga, entretanto. Quando digo de alguém "é um imbecil", é claro que emito um juízo de valor. Mas posso também constatar um fato (se a imbecilidade dele fizer parte do real) e explicar certo tipo de comportamento. O politicamente correto gostaria de nos vedar esse tipo de juízo negativo ("já não se diz *cego*, e sim *deficiente visual*", notava um humorista; "daqui a pouco, já não vamos chamar ninguém de *burro*, e sim de *deficiente de compreensão*"). Mas o faz em nome de um ponto de vista que também é normativo, conquanto se pretenda abusivamente descritivo: gostariam, absurdamente, que a igualdade de direitos e de dignidade acarretasse a igualdade de fato e de valor. Por isso eles se impedem de julgar, salvo para condenar os que se arriscam a fazê-lo. É que eles julgaram de antemão, e de uma vez por todas. O politicamente correto nada mais é que um preconceito normativo.

nostalgia/saudade (*nostalgie*) – É a falta do passado, na medida em que houve. Distingue-se da lamentação (falta do que não foi). Opõe-se à gratidão (a lembrança reconhecida do que ocorreu: a alegria presente do que foi) e à esperança (a falta do porvir: do que talvez venha a ser).

Tendo a pensar que a nostalgia, desses quatro sentimentos, é o primeiro, e que toda esperança, especialmente, nada mais é que a expressão – ou o remédio imaginário – de uma nostalgia prévia. Seria preciso reler Platão e santo Agostinho, desse ponto de vista, à luz de Freud. E reler também Epicuro: veríamos neles que a gratidão é o único remédio verdadeiro contra a nostalgia (a saudade).

númeno (*noumène*) – Embora Kant não tenha inventado essa palavra (encontramos *noúmena* em Platão, para designar as Idéias), hoje ela quase sempre se refere à filosofia de Kant. O que é um númeno? Um objeto que só seria objeto para o espírito (*noûs*, em grego), um objeto que não aparece (não é um fenômeno), de que não temos nenhuma experiência, nenhuma intuição (já que só temos intuições sensíveis), que não podemos, por isso, *conhecer*, e sim, no máximo, somente *pensar*. A coisa em si? É, antes, uma maneira de encará-la: na medida em que ela seria um ser puramente inteligível (o que o conceito de coisa em si não impõe), ou o objeto, se fôssemos capazes, de uma intuição intelectual. Conceito *problemático*, reconhece Kant, pois excede por natureza nosso conhecimento. Mas que pretende resolver esse problema (ainda que de forma não dogmática) num sentido idealista. É aqui que Kant coincide com Platão.

O

obediência (*obéissance*) – A submissão a um poder legítimo, ou assim considerado. O que não impede, porém, que às vezes seja necessário desobedecer. A legitimidade não é nem a infalibilidade nem a justiça.

objetividade (*objectivité*) – É visão ou conhecimento das coisas como elas são ou como elas aparecem, independentemente, se possível, da nossa subjetividade e, em todo caso, do que nossa subjetividade pode ter de particular ou de parcial. Na prática, é ver as coisas como pode vê-las qualquer observador de boa-fé, quando não tem paixão nem *parti pris*. O fato de a objetividade nunca ser absoluta, e isso é mais do que evidente (pois que conhecimento só há para um sujeito), não autoriza ninguém a dizer que ela é impossível; pois, nesse caso, as ciências e a justiça também o seriam.

objetivo[1] (*but*) – O que se visa, o que se persegue, o que se quer alcançar ou obter. Os estóicos distinguiam o fim (*télos*) do objetivo (*skopós*). O objetivo é exterior à ação: por exemplo, o alvo que o arqueiro mira. O fim é interior: não se trata de atingir o alvo (isso não depende de nós: uma súbita rajada de vento pode desviar a flecha), mas de mirar bem. O objetivo está sempre por vir; o fim, sempre presente. O objetivo é objeto de uma esperança; o fim, de uma vontade.

Assim, o sábio age sem objetivo (é o que os orientais chamam de "desprendimento em relação ao fruto do ato"), mas não sem fim. E visa melhor o alvo na medida em que não se preocupa com atingi-lo. A ação lhe basta.

objetivo[2] (*objectif*) – Como substantivo, é um fim; seu feminino é um instrumento de óptica: o objeto que se visa ou o objeto que visa o objeto.

Como adjetivo, a palavra pode qualificar tudo o que deve mais ao objeto que ao sujeito: tudo o que existe independentemente de todo e qualquer sujeito ou, se um sujeito intervém (por exemplo, num relato ou num julgamento), tudo o que dá prova de objetividade.

Nem seria preciso dizer isso tudo. Mas devemos assinalar principalmente, e é o que justifica este verbete, um uso muito particular, que encontramos nos escolásticos e nos filósofos do século XVII e que pode, hoje, se prestar a mal-entendidos. É *objetivo*, nesse sentido, tudo o que é um objeto do pensamento ou do entendimento, tenha ou não esse objeto uma realidade exterior que lhe corresponda (quer exista objetivamente, quer não, no sentido moderno do termo). O ser objetivo de uma idéia se opõe, então, ao seu ser formal: seu ser formal é o que ela é em si; seu ser objetivo, o que ela é em nós ou por nós (na medida em que ela é um objeto do nosso pensamento). É o que fazia Descartes dizer, por exemplo, que "a idéia do sol é o próprio sol existindo no entendimento, em verdade não formalmente, como está no céu, mas objetivamente, isto é, da maneira como os objetos costumam existir no entendimento: maneira de ser a qual é, em verdade, muito mais imperfeita do que aquela pela qual as coisas existem fora do entendimento; e no entanto não é um puro nada" (*Réponses aux premières objections*, AT, p. 82). Ou Espinosa afirmar que "a idéia, na medida em que tem uma essência formal, pode ser objeto, por sua vez, de outra essência objetiva", que é a idéia da idéia (*T.R.E.*, 27).

Enfim, em Hegel, o espírito objetivo é o que supera a consciência individual e se encarna em instituições jurídicas, sociais ou políticas (o direito, os costumes, o Estado), em que passa a ser como que um objeto para si mesmo. Esse momento, ainda prisioneiro dos seus limites territoriais, será por sua vez superado no espírito absoluto (a arte, a religião, a filosofia).

objeto (*objet*) – Etimologicamente, é o que está colocado diante. Diante do quê? Diante de um sujeito. É nisso que as duas noções são indissociáveis. Onde não há sujeito, pode haver seres, acontecimentos ou coisas, mas não há objeto. É que todo objeto é construído: seja pelas condições (ao mesmo tempo subjetivas e históricas, sensíveis e intelectuais) da sua percepção, seja pelas condições (tanto experimentais como teóricas) do seu conhecimento científico. O que é um objeto? É o correlato objetivo, ou assim suposto, de um sujeito perceptor ou cognitivo. É por isso que "o objeto não é o ser", como Alquié gostava de repetir, e é por isso que só podemos conhecer, por definição, objetos. À glória do pirronismo.

obra (*oeuvre*) – O produto de uma atividade ou de um trabalho. A palavra supõe quase sempre uma normatividade ao menos implícita: obra diz mais que produção ou resultado. É o fruto de um trabalho, mas considerado em seu valor intrínseco e que vale mais, quase sempre, que o próprio trabalho.

É por isso que se fala tanto, notadamente a propósito das obras de arte, de criação: algo de novo apareceu, que parece exceder os meios utilizados. Digamos que é uma criação humana, assim como a Criação (o universo) seria obra de Deus.

obscuro (*obscur*) – O que não é claro nem luminoso. Não confundir com a profundidade. Uma idéia que não compreendemos, como podemos saber se é profunda? Nem tampouco com a falsidade. Por que a verdade seria sempre clara?

observação (*observation*) – É uma experiência, mas voluntária e atenta. Por exemplo, alguém vive a experiência do luto e observa, se quiser, se puder, o que acontece em si. Ou vive a experiência de uma noite estrelada e observa, se quiser, as estrelas.

Claude Bernard distinguia com toda razão a observação simplesmente empírica, que é feita "sem idéia preconcebida", da observação científica, que supõe uma hipótese prévia, que se trata de verificar. Mas é principalmente da experimentação que a observação, inclusive a observação científica, se distingue: a experimentação é uma "observação provocada", como dizia ainda Claude Bernard; já a observação serve de experimentação quando não é possível nem provocar nem modificar um fenômeno observado. É o que costuma acontecer em filosofia, mas também nas ciências humanas: não dá para provocar um eclipse, nem tampouco – em todo caso, com uma finalidade científica – uma revolução, uma neurose ou um suicídio. A observação não serve apenas para o mais distante, mas também, com freqüência, para o mais próximo. O difícil é que ela pode então modificar involuntariamente aquilo que ela observa: é o que torna a etnografia e a introspecção tão difíceis e incertas. As relações de incerteza, como diz Heisenberg, são válidas não apenas em mecânica quântica.

obstáculo epistemológico (*obstacle épistémologique*) – "Quando pesquisamos as condições psicológicas do progresso da ciência", escreve Bachelard, "logo chegamos à convicção de que é em termos de obstáculos que devemos colocar o problema do conhecimento científico" (*A formação do espírito científico*, I). O conhecimento não é uma tábua rasa: nele, nunca se parte da estaca zero; só se conhece "*contra* um conhecimento anterior", seja ele puramente empírico ou já científico. "Quando se apresenta à cultura científica, o espírito nunca é jovem. É velhíssimo até, porque tem a idade dos seus preconceitos. Alcançar a ciência é, espiritualmente, rejuvenescer, é aceitar uma mutação brusca que deve contradizer um passado" (*ibid.*). Esse passado, mas atual e ativo, é o obstáculo epistemológico. É uma opinião, uma representação ou um hábito intelectual, herdado do passado, que entrava o conhecimento científico ou se opõe, do interior, a seu desenvolvimento. Por exemplo, o obstáculo substancialista, que pretende explicar tudo pela substância, ou o obstáculo animista, que projeta sobre a natureza o que se imagina saber da vida. Todas essas são idéias falsamente claras, e é preciso compreendê-las para delas se libertar. "Desvendar os obstáculos epistemológicos", é ainda Bachelard que escreve, "é contribuir para estabelecer os rudimentos de uma psicanálise da razão" (*ibid.*). É aqui que as duas vertentes do pensamento bachelardiano – filosofia das ciências, filosofia do imaginário – se encontram.

ocultismo (*occultisme*) – Não é a crença em verdades ocultas (quase todas o são: "os olhos não podem conhecer a natureza das coisas", dizia Lucrécio). É, isso sim, a crença em verdades que se escondem, ou que escondemos, porque seriam de uma natureza absolutamente diferente das outras: sobrenaturais, surreais, supra-sensíveis, do além-túmulo ou do outro mundo... Elas só seriam acessíveis às *ciências ocultas*, o que dá um estranho oximoro. Colocar mesas para girar a fim de fazer falar os espíritos, acreditar em fantasmas ou adivinhos, praticar a alquimia ou a magia... O que há de "científico" nisso? Nada mais é que uma superstição do invisível.

ódio (*haine*) – "A única coisa universal é o ódio!", disse-me um dia Bernard Kouchner. Ele voltava de uma das suas expedições humanitárias aos confins do horror e do mundo. A única? Eu não iria tão longe. Mas, que o ódio é de fato universal, presente em toda parte, ativo em toda parte, é o que tantos massacres não cessam de nos confirmar. Resta pensá-lo, para tentar sair ou se proteger dele. O que é o ódio? "Uma tristeza que a idéia de uma causa exterior acompanha", respondia Espinosa (*Ética*, III, 13, escólio e def. 7 dos afetos). Odiar é *entristecer-se com*. Ora, a alegria é que é boa: todo ódio, por definição, é mau. É isso também que o torna mortífero. Quem odeia, acrescenta Espinosa, "se esforça por afastar e destruir a coisa pela qual tem ódio" – porque prefere a alegria, como todo o mundo, em outras palavras, por amor. Mas é um amor infeliz, que tem raiva do outro por causa do seu próprio fracasso. Assim, qualquer ódio, ainda que justificado, é injusto.

oligarquia (*oligarchie*) – É o poder de uma pequena minoria de pessoas (*olígos*, pequeno número), que pretendem muitas vezes ser as melhores e que, na verdade, são as mais poderosas – isto é, quase sempre, as mais ricas. Gostariam de constituir uma aristocracia. De ordinário, não passa de uma plutocracia disfarçada.

ôntico (*ontique*) – Que concerne aos entes (*ta onta*), muito mais que ao ser. Distingue-se nisso de *ontológico* (que concerne ao ser do ente, muito mais do que ao próprio ente). A noção, como você já percebeu, pertence ao vocabulário heideggeriano.

ontologia (*ontologie*) – O discurso sobre "o ser como ser", como dizia Aristóteles, ou sobre o ser do que é (os entes em geral, *ta onta*, e não determinado ente em particular). É uma parte, salvo para os heideggerianos, da metafísica. Mas sobre o ser como ser, o que dizer, a não ser que é? As ciências nos ensinam mais. O ser puro não é senão um sonho de filósofo. Mais vale a impureza do real.

ontológica, prova (*ontologique, preuve*) – Uma das três provas tradicionais da existência de Deus: a que pretende concluir sua existência da sua essência ou definição. Com efeito, o que é Deus? Um ser supremo ("um ser tal, que nada maior possa ser pensado", dizia santo Anselmo), um ser soberanamente perfeito (Descartes), um ser absolutamente infinito (Espinosa,

Hegel). Ora, se ele não existisse, não seria nem o maior, nem perfeito, nem realmente infinito. Ele existe por definição, portanto: pensar Deus (concebê-lo como supremo, perfeito, infinito...) é pensá-lo como existente. O conceito de Deus, dirá Hegel, "inclui nele o ser": Deus é o único ser que existe por essência.

Bela prova, pela simplicidade, mas bela demais ou abstrata demais para ser totalmente convincente: é querer passar do pensamento ao ser, o que só é possível mediante a experiência. Mas, se tivéssemos uma experiência de Deus, já não necessitaríamos prová-la. E, se não temos, toda prova da sua existência é definitivamente impossível. O ser não é um predicado, explica Kant, que se poderia acrescentar a um conceito ou deduzir deste. É por isso que não basta definir Deus para prová-lo, como tampouco basta definir a riqueza para ficar rico. No entanto, em cem euros reais, diria hoje Kant, não há nada além do que existe em cem euros possíveis: o conceito, em ambos os casos, é o mesmo. Mas somos mais ricos com cem euros reais do que com seu simples conceito ou definição. A mesma coisa, tratando-se de Deus: seu conceito é o mesmo, exista ele ou não, e portanto não poderia provar que ele existe.

ontoteologia (*onto-théologie*) – O discurso, não sobre o ser, mas sobre o ente, especialmente sobre o ente supremo: Deus. Seria a forma metafísica do esquecimento do ser, ou antes, a própria metafísica, visto que ela só existiria, segundo Heidegger, mediante esse esquecimento.

opinião (*opinion*) – Todo pensamento que não é um saber. Opõe-se por isso, especialmente, às ciências. É o que fazia Bachelard escrever, num texto célebre: "A opinião pensa mal; ela não *pensa*: ela traduz necessidades em conhecimentos" (*A formação do espírito científico*, I). Todavia, é forçar demasiadamente a opinião, primeiro porque as opiniões também desempenham um papel nas ciências que estão se construindo, e não é apenas o de obstáculo epistemológico (mas também de idéia reguladora, de hipótese vaga, de orientação provisória e hesitante...). Depois porque há opiniões retas, como Platão já ressaltava, as quais, por mais insuficientes que sejam, são legitimamente tidas como verdadeiras. Enfim, e sobretudo, porque uma opinião pensada, refletida, teorizada, nem por isso deixa de ser uma *opinião*: a filosofia está cheia delas. Por exemplo, quando Descartes afirma que a vontade é livre ou quando Espinosa garante que não é: são opiniões, nem mais nem menos, e no entanto peças essenciais, e altamente argumentadas, dos seus sistemas. A mesma coisa, é claro, vale para as "provas" da existência de Deus, da demonstração da imortalidade da alma, ou da sua mortalidade, da crença na infinidade ou na finitude do universo, do estatuto da verdade, do fundamento da moral ou da definição filosófica da opinião... À glória do pirronismo. Não há saber filosófico (há saber apenas sobre a *história* da filosofia); a filosofia não é uma ciência, e é por isso que toda filosofia, inclusive a mais sofisticada, é de opinião.

O que é uma opinião? Kant dava uma definição quase perfeita: "A opinião é uma crença que tem consciência de ser insuficiente, tanto subjetiva quanto objetivamente" (*C. r. pura*, "Da opinião, da ciência e da fé"; ver também *Lógica*, Introd., IX). Por que quase *perfeita*? Porque é definir a opinião lúcida, a que se sabe opinião, não a opinião dogmática, tão freqüente, aquela que se toma pelo saber que ela não é, muito mais que pela fé que ela se recusa a ser. De que Espinosa ou Descartes tenham acreditado em suas demonstrações, estou convencido; mas isso não nos diz qual dos dois, quando se opõem (e eles se opõem quase sempre), tem razão, nem nos autoriza a atribuir às suas filosofias a certeza da matemática, como eles queriam. Daí esta definição retificada que proponho: a opinião é o fato de dar por verdadeira uma coisa qualquer, mas em virtude de um juízo objetivamente insuficiente, tenha-se ou não consciência dessa insuficiência. É uma crença incerta, isto é, uma crença, mas designada (nem que por outrem) como tal: uma crença com que nos recusamos a nos satisfazer.

ordem (*ordre*) – Uma desordem fácil de memorizar, de reconhecer ou de utilizar. É o caso da ordem das letras numa palavra ou da ordem alfabética num dicionário. "A ordem não passa de um caso particular da desordem", escreve Marcel Conche: é uma desordem cômoda, eficaz ou significativa. O que significa que só existe ordem – logo, também desordem – para nós. É o que Espinosa indica claramente, no apêndice do livro I da *Ética*: "Quando as coisas são dispostas de tal modo que, quando as representamos por meio dos sentidos, possamos imaginá-las e, em conseqüência, lembrar-nos facilmente delas, digamos que estão bem ordenadas; no caso oposto, que estão mal ordenadas ou confusas. E, como encontramos mais prazer nas coisas que podemos imaginar com facilidade do que nas outras, os homens preferem a ordem à confusão; como se, salvo em relação à nossa imaginação, a ordem fosse algo na natureza." Mas tudo isso não passa de uma ilusão: a ordem nada mais é que uma desordem que nos é cômoda;

a desordem, uma ordem que nos decepciona. É por isso que o segundo princípio da termodinâmica, com a noção de *entropia* (v.), é essencialmente decepcionante: porque a desordem é sempre mais provável que a ordem e, portanto, num sistema isolado, necessariamente cresce. Isso não reduz em nada a termodinâmica, mas nossas esperanças sim, e muito: no fim das contas, elas só são críveis se o universo *não for* um sistema isolado (só se existir outra coisa, à parte o universo, que pode agir sobre ele: por exemplo, um Deus e uma providência).

A noção de ordem, sem falar da sua acepção imperativa ("dar uma ordem"), tem outro sentido também, por exemplo nas ciências naturais ou em Pascal: ela pode designar um subconjunto ou um domínio, com características ou uma lógica próprias (a ordem dos primatas, a ordem do coração...). Nesse caso, o essencial, filosoficamente, é não confundir ordens diferentes. Explico-me abaixo a esse respeito.

ordem, distinção das (*ordres, distinction des*) – Essa noção, em filosofia, deve-se sobretudo a Pascal. Sabe-se que ele distingue três ordens diferentes: a ordem dos corpos ou da carne, a ordem do espírito ou da razão, enfim a ordem do coração ou da caridade. Cada uma dessas ordens tem sua coerência própria, seus valores próprios, sua eficácia própria, que no entanto nada podem em outra ordem. É o que indica o fim do decisivo fragmento 308-793:

> Todos os corpos, o firmamento, as estrelas, a terra e seus reinos não valem o menor dos espíritos. Pois ele conhece isso tudo, e si; e os corpos, nada.
>
> Todos os corpos juntos e todos os espíritos juntos e todas as suas produções não valem o menor movimento de caridade. Esta é de uma ordem infinitamente mais elevada.
>
> De todos os corpos juntos não se poderia produzir com êxito nem um pequeno pensamento. Isso é impossível e de outra ordem. De todos os corpos e espíritos não se poderia tirar um movimento de verdadeira caridade; isso é impossível, e de outra ordem, sobrenatural.

Seja, por exemplo, o teorema de Pitágoras ou um fato histórico qualquer, bem confirmado. Quantos exércitos seriam necessários para torná-los falsos? Um número infinito não bastaria: todos os exércitos do universo nada podem contra uma verdade, nem o próprio universo.

E quantos teoremas seriam necessários para suscitar um verdadeiro movimento de caridade? O infinito não bastaria: todos os teoremas do universo, mesmo somados a todos os exércitos do mundo, não poderiam suprir as falhas do coração ou a ausência da graça.

Foi pensando em Pascal que retomei essa idéia da distinção das ordens, mas aplicando-a a uma classificação diferente. Em se tratando da sociedade, acostumei-me a distinguir quatro ordens diferentes: a *ordem técnico-científica*, estruturada interiormente pela oposição entre o possível e o impossível (ou, de um ponto de vista científico, entre o possivelmente verdadeiro e o possivelmente falso), mas incapaz de se limitar a si mesma; limitada, pois, do exterior por uma segunda ordem: a *ordem jurídico-política*, a qual é estruturada interiormente pela oposição entre o legal e o ilegal, mas tão incapaz quanto a precedente de se limitar a si mesma; limitada, pois, por sua vez, do exterior, por uma terceira ordem: a *ordem da moral*, a qual é estruturada interiormente pela oposição entre o dever e a proibição, e, muito mais que limitada, completada por ou aberta em cima para uma quarta ordem: a *ordem ética ou ordem do amor*. Minha idéia é que cada uma dessas ordens tem sua coerência própria, suas imposições ou suas exigências próprias, enfim sua autonomia: não se vota sobre o verdadeiro e o falso, nem sobre o bem e o mal; mas a moral ou as ciências não poderiam tampouco reger a política e o direito. É por isso que cada uma dessas ordens é necessária, sem poder contudo funcionar sozinha: ela necessita da ordem imediatamente inferior para existir (é o que chamo de *encadeamento descendente dos primados*, sem o qual nada tem sentido), mas pode ser limitada e julgada apenas por uma ordem superior (é o que chamo de *hierarquia ascendente das primazias*, sem a qual nada tem sentido). Quando se esquece essa distinção das ordens, ou quando se pretende que uma só dessas ordens basta, fica-se fadado ao ridículo ou à tirania, sob duas formas opostas: o angelismo, se for em benefício de uma ordem superior, ou a barbárie, se for em benefício de uma ordem inferior (sobre isso tudo, ver *Valeur et vérité*, pp. 207-26).

A essa quadripartição, que esboça uma espécie de tópica, seria possível acrescentar uma ordem zero, que seria a do real ou da natureza, e uma ordem quinta e última, que seria, para os que nela crêem, a ordem sobrenatural ou divina. No meu espírito, a ordem zero contém todas as outras: é menos uma ordem a mais do que o lugar e a condição de todas. É o que me impede de considerar uma eventual quinta ordem de outro modo que não o prolongamento fantasístico das quatro outras (o Deus onipotente e onisciente, o que comanda e julga, enfim o Deus de amor). No entanto, mesmo para um crente, parece-me que o espírito da laicidade veda submeter pura e simplesmente uma dessas quatro ordens à quinta. Não é porque Deus me ordena algo que é moralmente bom, já explicava Kant, é porque é moralmente bom que posso supor que venha de Deus: "Mesmo o santo do Evangelho tem de ser, primeiramente, comparado com nosso ideal de perfeição moral, antes que seja reconhecido como tal" (*Fundamentos...*, II; ver também, *C. r. prática*, Dialética, II, 9, e *A religião nos limites da simples razão*, Prefácio). Mesma coisa, claro, no caso das ordens 2 e 4: quem quisesse submeter o direito ou o amor à suposta vontade de Deus deveria renunciar à soberania do povo, tanto quanto à sua própria autonomia de ser humano: é o que se chama de integrismo. Contra o que a distinção das ordens, no sentido em que uso a expressão, outra coisa não é senão uma tentativa para pensar a fundo a laicidade.

orgulho[1] (*fierté*) – Contentamento consigo próprio, mas inseparável de um pouco de desprezo pelos outros. É o sentimento, que se crê legítimo, da sua própria superioridade ou, em todo caso, do seu próprio valor, na medida em que excede a média ou que seria *merecido* (mas por quem?). Se a *fierté* se situasse em algum ponto entre a dignidade e o *orgueil*, seria mais próxima deste: é um defeito que se toma por uma virtude, uma pequenez que se crê grande. Falta de humildade, logo de lucidez.

O orgulho vale apenas como defesa contra o desprezo do qual se é objeto. Que haja manifestações pelo "orgulho homossexual" (o *gay pride*), vá lá. Uma manifestação pelo orgulho hétero seria apenas uma manifestação de machistas ou de homófobos.

orgulho[2] (*orgueil*) – Adolescente, eu me submeti, a pedido de uma amiga, ao célebre "Questionário de Proust". Das minhas respostas de então, esqueci tudo, menos o seguinte, que me parecera finamente paradoxal:

"– Defeito principal?
– O orgulho.
– Qualidade principal?
– O orgulho."

Curei-me disso. Não que tenha deixado de ser orgulhoso (embora o seja bem menos, sem dúvida); mas deixei de ver nisso uma virtude.

Todo orgulho é ilusório: é prestar-nos mais méritos do que temos, ou nos gabar, tolamente, dos que podemos ter. Há coisa mais ridícula do que orgulhar-se do seu tamanho, da sua beleza, da sua saúde? E haveria mais razão para se orgulhar da sua inteligência ou da sua força? Por acaso você escolheu ser o que é? Por acaso você tem o poder de continuar sendo o que é? Basta uma pedrinha fora de lugar, e eis você idiota e entrevado. Não haveria de que se envergonhar então; logo, nem de que se orgulhar hoje.

"O orgulho", escrevia Espinosa, "consiste em ter de si, por amor, uma opinião melhor que a devida" (*Ética*, IV, def. 28 dos afetos). Todo orgulho, por definição, é injusto, portanto: sem justiça para com os outros, sem justeza para consigo. É tão-somente uma armadilha do amor-próprio.

origem (*origine*) – É menos o começo do que aquilo que o possibilita, o precede ou o prepara. Por exemplo, o *big bang*, no caso do universo, é um começo plausível. Mas com certeza não é uma origem: pois por que o *big bang*?

A origem seria portanto a causa? Não exatamente ou não somente, já que as causas geralmente são múltiplas, cada uma das quais, por sua vez, deve ter sua própria causa. Uma causa explica um fato ou um acontecimento; a origem explicaria muito mais um ser ou um devir. Se fosse uma causa, seria antes a causa primeira ou última: a que explica todas as outras, ou a série completa destas. De modo que a origem necessariamente nos escapa: é a linha de horizonte da causalidade.

otimismo (*optimisme*) – Um otimista encontra um pessimista. "Tudo vai mal", exclama este último. "Não poderia estar pior!" E o otimista lhe responde: "Que nada, que nada..." Qual otimismo não dá razão, no fim das contas, ao pessimismo?

Optimus, em latim, é o superlativo de *bonus*. A palavra significa "o melhor", e essa etimologia quase poderia servir de definição suficiente. Ser otimista, no sentido filosófico do termo, é pensar, com Leibniz, que tudo vai no melhor dos mundos possíveis (*Teodicéia*, I; ver também III, 413 ss.). Doutrina irrefutável (já que esse mundo é o único conhecido) e, no entanto, incrível (a tal ponto o mal é evidente nele). Voltaire, no *Cândido*, disse a esse respeito quase tudo o que era necessário. Mas não deixa de nos espantar que um gênio como Leibniz, talvez o maior gênio que já existiu, possa ter caído numa tolice dessas. É que ele levava a religião a sério e que a religião, inevitavelmente, é otimista. Se Deus existe, o melhor existe: toda religião é um otimismo metafísico.

No sentido corrente, a palavra otimista designa menos uma doutrina que uma atitude ou uma propensão: ser otimista é encarar as coisas pelo seu lado bom, ou pensar, quando elas são decididamente dolorosas, que elas vão se arranjar. E afinal de contas, por que não? Todavia a morte e a velhice constituem fortes motivos para não acreditar totalmente nisso.

"O pessimismo é de humor, o otimismo é de vontade", dizia Alain; "todo homem que se dá por vencido é triste." Não sei. Que é melhor reerguer-se do que ficar caído, visar à alegria do que à tristeza, enfim, governar-se do que se entregar, concordo, é claro. Mas desde que não se sacrifique, com isso, um só grama de lucidez. A verdade, para um filósofo, vale mais que a felicidade.

Prefiro a fórmula de Gramsci: "Pessimismo da inteligência, otimismo da vontade." Ver as coisas como são, depois dar-se os meios de transformá-las. Considerar o pior, depois agir para evitá-lo. Mesmo assim morreremos? Mesmo assim envelheceremos? Claro. Mas teremos vivido mais.

ousía (*ousia*) – A palavra, que é um substantivo derivado do verbo *einai* (ser), pode ser traduzida, conforme os autores e os contextos, por *ser*, *essência*, *realidade* ou *substância*. É o próprio real, ou a realidade verdadeira (*ousía óntos oûsa*, escreve Platão no *Fedro*, 247 c: a realidade verdadeiramente existente). Mas não basta nomeá-la em grego para saber o que ela é.

outrem (*autrui*) – É o outro em pessoa: não um outro eu mesmo (um alter ego), mas um eu outro (um eu que não sou eu). Qualquer um, portanto, enquanto é alguém.

É o próximo possível e ainda indeterminado: objeto não de amor, o que não é possível (como amar qualquer um?), mas, por antecipação, de respeito. Qualquer um não poderia ser qualquer coisa.

outro (*autre*) – O contrário do mesmo: o que é numérica ou qualitativamente diferente.

Cumpre distinguir portanto o *outro numérico* (se decido comprar outro carro, escolhendo o mesmo, ou seja, no caso, o mesmo modelo da mesma marca), e o *outro qualitativo ou genérico* (quando escolho um carro diferente, por seu modelo ou sua marca, do precedente). Dois gêmeos ou dois clones perfeitamente semelhantes mesmo assim seriam numericamente diferentes: cada um continuaria sendo o outro do outro (seriam dois, e não um), ainda que esse outro, por hipótese ou por impossibilidade, fosse perfeitamente idêntico a ele.

Note-se que o outro humano hesita entre essas duas alteridades: é, ao mesmo tempo, um outro homem (alteridade numérica) e um homem outro (alteridade qualitativa). É o que se chama outrem: um outro indivíduo da mesma humanidade, mas considerado diferente de todos os outros. Donde o direito à diferença, que no entanto não poderia ocultar o direito, ainda mais essencial, à identidade genérica. Um ser humano diferente – e todos o são – é antes de tudo um ser humano.

P

paciência (*patience*) – É a virtude da espera, ou a espera como virtude. A coisa parece misteriosa, já que a espera, por se referir ao futuro, parece nos fadar à impotência e à carência. Como poderia ser uma virtude? É que a espera, mesmo dirigida para o futuro, é presente; portanto, a paciência também é: é fazer o que depende de nós para alcançar da melhor maneira possível o que não depende. É uma disponibilidade ao presente, e à lentidão do presente, muito mais que ao futuro. O paciente, conforme a fórmula bem conhecida, dá tempo ao tempo: ele habita tranqüilamente o presente, ao passo que o impaciente gostaria que já fosse amanhã ou mais tarde. É por isso que "a paciência é tudo", como dizia Rilke: porque nada de importante nasce sem demorar, porque é preciso crescer lentamente, "como a árvore que não apressa sua seiva, que resiste, confiante, aos grandes ventos da primavera, sem temer que o verão possa não chegar. O verão chega, sim. Mas só chega para os que sabem esperá-lo, tão tranqüilos e abertos como se tivessem a eternidade diante de si..." E têm mesmo, e é a isso que chamamos presente. A paciência é a arte de acolhê-lo no seu ritmo.

pacífico (*pacifique*) – Toda guerra é atroz, eis uma banalidade que nunca será suficientemente repetida. Ser pacífico não é uma opinião: é uma virtude, e quem gostaria de não a possuir? Todavia, isso não implica que toda paz seja boa, nem mesmo aceitável. É o que distingue o *pacífico* do *pacifista*. Ser pacífico é desejar a paz, é tentar obtê-la ou defendê-la, mas não a qualquer preço e sem descartar absolutamente a violência ou a guerra. É a posição de Espinosa: a guerra não deve ser empreendida, salvo se visar a paz, e uma paz que não seja a da servidão mas a de uma população livre. É a posição de Simone Weil. Toda violência é má, mas nem por isso é condenável: a não-violência só é boa se for eficaz, e não o é em todas as situações ("depende também do adversário"). Ser pacífico, para dizê-lo numa palavra, é fazer da paz seu objetivo. Isso porém não prova que ela sempre baste como meio.

pacifista (*pacifiste*) – Ser pacifista não é uma virtude, muito menos um vício; é uma opinião, uma doutrina ou uma ideologia, que julga que toda guerra é não somente má, o que é óbvio, mas também nociva ou condenável, que não poderia ser justificada por nada, enfim, que a paz, em qualquer circunstância, é melhor. Era mais ou menos a posição de Alain (se bem que ele aceitasse, no território nacional, guerras puramente defensivas), isto é, mais ou menos a de Marcel Conche hoje, e esses dois nomes bastariam para torná-la respeitável a meus olhos. No entanto ela também fez de Alain um partidário dos acordos de Munique, claro que por motivos estimáveis (por pacifismo, por antimilitarismo, ambos reforçados pelo trauma da primeira guerra mundial), mas sem que eu possa, nesse terreno, acompanhá-lo plenamente. Que não há guerra justa, como Marcel Conche me repetiu tantas vezes, estou de acordo, se se entender como tal uma guerra que só mataria culpados. Mas não será isso confundir a guerra, precisamente, com a justiça? Não se trata de punir, mas de impedir ou de vencer. O fato de toda guerra ser injusta, em seu desenrolar atroz, não prova que toda paz seja suportável, nem mesmo admissível.

padre (*prêtre*) – É uma espécie de funcionário, que serviria à Igreja, em vez de ao Estado, ou Deus, em vez de à nação. Ministro do culto, portanto, em vez de da Cidade. Seria um absurdo julgá-los em bloco. Mesmo Voltaire, que os combate, se recusa a fazê-lo. Um padre deve ser "o médico das almas", escreve ele, mas nem todos se equivalem. "Quando um padre diz: 'Adore a Deus, seja justo, indulgente, compassivo', é um excelente médico. Quando diz: 'Creia-me, ou será queimado', é um assassino".

paixão (*passion*) – Aquilo que experimentamos em nós, sem poder impedi-lo nem superá-lo plenamente. É o contrário ou o simétrico da ação:

a alma se submete ao corpo, diriam os clássicos, isto é, à parte de si que não pensa, ou que pensa mal. Assim, a loucura é o extremo da paixão, do mesmo modo que o pendor ou a inclinação são sua forma benigna. Mas o termo é mais utilizado para o que está entre uma coisa e outra.

A paixão é um estado de espírito, muitas vezes vigoroso, mas heterônomo: é um movimento da alma, diria Descartes, que resulta nela de uma ação do corpo, que ela sofre e sente (*As paixões da alma*, I, §§ 27-9). É um afeto, diria Espinosa, de que não sou a causa adequada (*Ética*, III, def. 3; ver também, *ibid.*, a definição geral dos afetos, a comparar com o texto latino dos *Princípios da filosofia* de Descartes, IV, 190). Daí essa *passividade* que se lhe assemelha, que não é inação (o que a experiência infirmaria) mas sim ação imposta ou sofrida. A paixão é o que, em mim, está além das minhas forças. Uma paixão livre ou voluntária, todo apaixonado pressente isso, já não seria paixão. Ninguém se decide a amar loucamente, nem a não mais amar, nem a ser avaro ou ambicioso... É por isso que a paixão é uma circunstância atenuante, segundo os juízes, e ridícula, segundo os filósofos. Um crime passional não merece nem severidade nem respeito.

Costuma-se dizer que os clássicos condenavam as paixões que os românticos, por sua vez, iriam exaltar... É menos simples que isso. Descartes considerava, ao contrário, que todas elas são "boas por natureza e que não temos nada a evitar, salvo seu mau uso ou seu excesso", a tal ponto que "é só delas que depende todo o bem e o mal desta vida": os homens que elas mais comovem são capazes de sentir nelas o máximo de doçura (*As paixões da alma*, III, §§ 211 e 212, a se matizar porém com os §§ 147 e 148). Precisamos, entretanto, controlá-las, na medida em que pudermos e devermos, dominá-las, quando preciso, utilizá-las, sempre que possível, e é nisso que se reconhece o homem de ação.

Cita-se com freqüência a fórmula de Hegel, na *Filosofia da história*, segundo a qual "nada de importante neste mundo se realizou sem paixão". É, de fato, verossímil. Mas nada tampouco se realizou sem ação, e é isso aliás que Hegel se apressa a precisar nas linhas seguintes: "Paixão não é, aliás, a palavra totalmente exata para o que quero designar aqui, que é a atividade do homem derivada de interesses particulares, de fins especiais ou de intenções egoístas, na medida em que ele põe nesses fins toda a energia do seu querer e do seu caráter, sacrificando por eles outra coisa que também pudesse ser um fim, ou melhor, sacrificando por eles todo o resto" (Introdução, II, b). Há passividade na paixão, e é esse o sentido clássico da palavra. Mas uma paixão que permanece passiva já não é plenamente paixão, no sentido moderno: não é senão tibieza ou fascinação.

Está se vendo que é um erro reduzir a paixão ao estado amoroso, que não é mais que uma das suas formas. Alain, um dia em que dava uma aula sobre a paixão, lembrou a seus alunos que, tradicionalmente, costumava-se distinguir três paixões principais: o amor, a ambição, a avareza. Depois acrescentou simplesmente: "vinte anos, quarenta, sessenta". Era um gracejo, mas que diz uma coisa importante: cada paixão tem sua idade, ou antes, cada idade tem suas paixões, que prevalecem sobre outras. Ser avaro aos vinte anos é tão raro quanto ser apaixonado aos sessenta, e mais grave. A paixão é sempre plural: nem toda paixão é amorosa. Mas toda paixão, assim creio, é amante. O que é a ambição, senão certa maneira – apaixonada, passional – de amar o poder que ainda não se tem? O que é a avareza, senão o amor ao dinheiro que já se tem? A paixão, nesse sentido geral, é a polarização do desejo sobre um só objeto (Tristão) ou sobre um só tipo de objeto (Don Juan), tenha-se ou não medo de perdê-lo. É o triunfo de Eros, ou antes, sua exacerbação. O apaixonado é prisioneiro da falta, mas sob duas formas diferentes: o amor ao que ainda não tem (o ambicioso, o cupido, o Don Juan), o medo de perder o que já tem (o poderoso que se agarra a seu poder, o avaro, o ciumento). Os apaixonados, sob seus ares superiores, são umas criancinhas que ainda não aceitaram o desmame: buscam um seio, ou têm medo de que o retirem deles. Isso significa que eles só amam a si mesmos (só sabem pegar ou conservar), e indica suficientemente o caminho. Sair da paixão é libertar-se da criancinha que chora em cada um de nós. É aprender a dar, a agir – a crescer. Esse aprendizado não acaba nunca. Mais uma razão para iniciá-lo sem mais tardar.

palavra (*mot*) – O elemento de uma língua: elemento não mínimo (não é nem um fonema nem um monema), mas que constitui, numa língua dada, como que uma unidade significante, empiricamente identificável e reconhecível. O erro seria ver na palavra uma cópia das coisas, quando ela é uma cópia – ou uma matriz – unicamente do nosso pensamento. O fato de que a palavra "nada" existe, por exemplo, não prova que o nada existe.

As palavras são ferramentas: pedaços de sentido e de irreal (enquanto são reais, como os barulhos, não significam nada), para enunciar a insignificante ou a insensata realidade. Trata-se de, por meio de um jogo construído de unidades discretas, recortar o real – de *quebrar o silêncio* – e, depois, como se puder, colar novamente seus pedaços. Daí esses pequenos ruídos, essas pequenas idéias, e a grande tagarelice do espírito... Daí também a tentação do silêncio. "O que há numa palavra?", perguntava Shakespeare. "O que chamamos rosa, com outro nome seria igualmente cheiroso."

panenteísmo (*panenthéisme*) – Doutrina segundo a qual tudo está em Deus, sem no entanto ser Deus. Distingue-se, com isso, do panteísmo (v.). Nesse sentido, há um panenteísmo cristão, que pode se filiar a são Paulo ("é em Deus que temos a vida, o movimento e o ser", *Atos*, 17:28) e que Espinosa às vezes reivindica (ver por exemplo a *Carta 73*, a Oldenburg).

panteísmo (*panthéisme*) – É a crença num Deus que seria tudo, ou num tudo que seria Deus. Deus seria, pois, o mundo, como vemos no caso dos estóicos, ou a natureza, como vemos em Espinosa ("*Deus sive Natura*"), e não haveria outra. Isso explica por que o panteísmo foi tantas vezes acusado de ateísmo. Mas ele pode ser igualmente uma religião da imanência.

Os historiadores da filosofia às vezes distinguem o *panteísmo*, que afirma que tudo é Deus, do *panenteísmo*, que afirma que tudo é *em* Deus. É o caso de Guéroult, a propósito de Espinosa (t. 1, p. 223). Isso mantém uma distância entre Deus ou a substância, de um lado, e seus modos, de outro – entre a Natureza naturante, como também se pode dizer, e a Natureza naturada. Sem dúvida, na economia do sistema, isso é legítimo: Espinosa nunca acreditou que as flores ou os pássaros fossem Deus. No entanto, como essa distância só existe em Deus, como, da Natureza naturante à Natureza naturada, não há nenhuma transcendência de nenhum tipo, não estou muito certo de que essa distinção seja verdadeiramente esclarecedora. "Quanto mais conhecemos as coisas singulares, mais conhecemos Deus", escreve Espinosa (*Ética*, V, 24). É mais que um panenteísmo, parece-me. Nem tudo é Deus? Sem dúvida, já que só o todo é Deus. Apesar disso, porém, Deus e a Natureza são uma só e mesma coisa: não somente tudo é em Deus, mas Deus é tudo em tudo (já que não há nada mais além dele). Se isso não é panenteísmo, é o quê?

papismo (*papisme*) – É outro nome para o catolicismo, porque reconhece a autoridade e a infalibilidade do papa. A palavra, inventada pelos protestantes, é obviamente pejorativa. Mas não basta não ter papa para escapar do fanatismo.

paradigma (*paradigme*) – Um exemplo privilegiado ou um modelo, que serve para pensar. A palavra, que encontramos em Platão ou Aristóteles (*parádeigma*), é utilizada hoje principalmente em epistemologia ou em história das ciências. É um dos conceitos maiores de Thomas Kuhn, em *A estrutura das revoluções científicas*. Um paradigma é o conjunto das teorias, das técnicas, dos valores, dos problemas, das metáforas, etc., que, em determinada época, os cientistas de uma disciplina dada compartilham: é a "matriz disciplinar" que lhes possibilita se compreender e progredir. Também é, e por isso mesmo, o que é transmitido aos estudantes, na mesma época, e lhes permite compreender a ciência do seu tempo, identificar-se e trabalhar com ela. O estado normal das ciências (a "ciência normal", diz Kuhn) é aquele em que reina um paradigma. O terreno da pesquisa é balizado então pelas descobertas anteriores, o que cria, entre os pesquisadores, como que um consenso eficaz: eles estão de acordo não apenas sobre as descobertas já feitas, mas sobre o que resta descobrir e sobre os métodos a empregar para tanto. As revoluções científicas, ao contrário, são os períodos em que aparece um novo paradigma, que se opõe ao antigo, resolvendo certos problemas até então insolúveis, fazendo outros desaparecerem, levantando novos... É o que acontece quando se passa da mecânica clássica (a de Newton) à física relativista (a de Einstein e de seus sucessores): não são apenas as soluções que são novas, mas também os problemas, as dificuldades, os procedimentos. Dois paradigmas concorrentes são, por isso mesmo, incomensuráveis, explica Kuhn: só é possível passar de um ao outro por uma espécie de conversão global, que não poderia se reduzir a um progresso puramente racional e que veda julgar uma teoria de acordo com os valores paradigmáticos da outra. Isso não impede que haja progresso, mas veda pensá-lo como um processo linear e contínuo. O progresso, também nas ciências, não é um longo rio tranqüilo.

paradoxo (*paradoxe*) – Um pensamento que vai contra a opinião, ou contra o pensamento.

Temos, assim, dois sentidos diferentes. Ir contra a opinião (*dóxa*) não tem nada de condenável. Isso, é claro, não prova que tenhamos razão (um paradoxo pode ser verdadeiro ou falso), mas pelo menos sugere que não nos contentemos com repetir o que se diz. Por exemplo, quando Oscar Wilde escreve que "a natureza imita a arte": é um paradoxo, já que a maioria das pessoas acredita que a arte imita a natureza, mas que pode ser esclarecedor (ele nos dá a entender que nossa visão da natureza é influenciada pela dos artistas: "Vocês notaram como a natureza, de uns tempos para cá, se parece com uma pintura impressionista?", perguntava Oscar Wilde). Ou quando Talleyrand aconselhava: "Cuidado com o primeiro movimento: é o correto." É um paradoxo (por que tomar cuidado com o que é correto?), mas que nos faz refletir: se o primeiro movimento é o correto, no sentido moral do termo, ele pode se revelar incorretíssimo num outro registro (por exemplo, político ou diplomático). Note-se que a maioria dos paradoxos provém de um duplo sentido atribuído a pelo menos uma das palavras utilizadas: a fórmula, que parece absurda de acordo com um dos sentidos, pode se revelar profunda de acordo com outro. No entanto, há paradoxos verdadeiros, que vão verdadeiramente contra a opinião dominante e não jogam com nenhum duplo sentido. Por exemplo, quando Espinosa escreve que não é porque uma coisa é boa que nós a desejamos; ao contrário, é porque a desejamos que a consideramos boa (*Ética*, III, 9, escólio). Todos nós temos a sensação do contrário. Isso não prova que Espinosa esteja errado, nem que tenha razão.

Mas a palavra *paradoxo* também tem um sentido puramente lógico: é um pensamento que vai contra o pensamento, dizia eu, em outras palavras, é uma contradição ou uma antinomia. Por exemplo, o paradoxo de Russel: a idéia do conjunto de todos os conjuntos que não se contêm é um paradoxo, na teoria clássica dos conjuntos (já que esse conjunto se contém, se não se contiver). Costuma-se considerar que um paradoxo, descoberto numa teoria dada, vale como refutação ou supõe, em todo caso, algum ajuste: foi o que aconteceu, após o paradoxo de Russel, com a teoria dos conjuntos (cuja axiomática hoje exclui que um conjunto possa ser definido pela propriedade de não se conter como elemento). Daí que os paradoxos, quando não são tolices, ajudam o pensamento a avançar.

paraíso (*paradis*) – O lugar da felicidade, que nunca vem. Assim, o paraíso não é nada real: é apenas um mito ou uma tolice.

paralogismo (*paralogisme*) – Um erro num raciocínio, mas um erro involuntário. É o que distingue o paralogismo do sofisma: o sofisma quer enganar; o paralogismo se engana.

Os "paralogismos da razão pura", em Kant, são os raciocínios dialéticos relativos à primeira das três "Idéias da razão" (a alma, o mundo, Deus). São ilusões em que cai inevitavelmente a psicologia racional, a partir do momento em que pretende conhecer a alma (como númeno), quando dela não temos nenhuma experiência. O paralogismo, no caso, está em pretender concluir, da unidade puramente formal da apercepção transcendental (a unidade do "eu penso"), sua existência substancial como sujeito (a alma), sua simplicidade, sua personalidade ou sua imortalidade. É tratar uma idéia como objeto e querer passar (como a prova ontológica faz a propósito de Deus, e tão ilusoriamente quanto) do pensamento à existência.

paranóia (*paranoïa*) – Não se deve confundi-la com o delírio persecutório, que é uma das suas formas. O paranóico, embora às vezes se creia perseguido, muitas vezes é um perseguidor. Mesmo isso, porém, é um sintoma. A paranóia não é um vício; é uma psicose ou um tipo de personalidade. Uma loucura? Pode chegar a isso, sem que o paranóico tenha no entanto perdido a razão. Ao contrário, ele faria desta um uso exagerado, obsessivo, agressivo. A paranóia, dizia Kraepelin, caracteriza-se pelo "desenvolvimento lento e insidioso de um sistema delirante duradouro e impossível de se abalar, e pela conservação absoluta da clareza e da ordem no pensamento, no querer e na ação". Hipertrofia do eu, supervalorização da lógica, delírio de interpretação ou de perseguição, desconfiança, rigidez, inadaptabilidade... É mais freqüente nos homens. É um dos pontos que a opõem à histeria, mais freqüente nas mulheres, mas não é o único. Considerando-as mais como tipos de personalidade do que como patologias, a histeria e a paranóia constituem como que dois pólos opostos: o histérico vive só para os outros, ou melhor, só para si e por eles; o paranóico, só para si e contra os outros. O histérico é influenciável, sedutor, pouco preocupado com a lógica, ávido de amor; o paranóico é inabalável, desconfiado, argumentador, ávido de poder. Um vive para agradar: é um ator ou um histrião. O outro, para dominar: é um chefete ou um tirano. Um multiplica os sinais; o outro, as interpretações. Um gostaria de fazer da sua vida uma obra de arte; o outro, um sistema filosófico. "Quase poderíamos dizer", observa Freud, "que uma histeria é uma obra de arte deformada, que uma neurose obsessiva é uma religião deformada, e um delírio paranóico, um sistema filosófico deformado" (*Totem e tabu*, II). Isso nada prova contra a arte, nem contra a filosofia; mas deveria levar a certa vigilância contra o estetismo e os sistemas.

para si (*pour-soi*) – Existir *para si* é estar em relação consigo num modo diferente do da identidade. Distingue-se, assim, do em si, especialmente em Hegel e Sartre. O em si é o que é; o para si tem de sê-lo, explica Sartre, o que supõe que ele não é o que é e que é o que não é. É o modo de ser da consciência, que a impede de coincidir exatamente consigo mesma (de existir em si): "O para si é um ser para quem seu ser está em questão em seu ser, na medida em que esse ser é essencialmente uma certa maneira de *não ser* um ser que ele coloca, ao mesmo tempo, como diferente dele" (*L'être et le néant* [O ser e o nada], p. 222). Querer ser em si, para um homem, seria fingir não ser livre (má-fé); querer existir em si para si seria querer ser Deus: "Assim, a paixão do homem é o inverso da de Cristo, porque o homem se perde como homem para que Deus nasça. Mas a idéia de Deus é contraditória e nós nos perdemos em vão: o homem é uma paixão inútil" (*ibid.*, p. 708).

particular (*particulier*) – O que vale para uma parte de um conjunto dado, em outras palavras, para um ou vários dos seus elementos. Opõe-se a *universal* (que vale para todos os elementos de um conjunto) e distingue-se de *singular* (que vale para um só), podendo porém incluí-lo. Por exemplo, uma proposição particular concerne a alguns indivíduos de um conjunto ("alguns cisnes são negros" ou, como diriam os lógicos, "algum signo é negro"), ou mesmo um só, se permanecer indeterminado ("um cisne é negro"). Em contrapartida, como uma proposição universal abarca o sujeito em toda a sua extensão, podemos dizer igualmente que uma proposição singular é universal se seu sujeito é determinado, por exemplo por um nome próprio: "Aristóteles é o autor da *Ética a Nicômaco*" é, ao mesmo tempo, uma proposição singular (já que se refere a um só indivíduo) e universal (já que o designa por inteiro). É o que explica que a palavra *particular* também possa designar um universo, mas indeterminado ("um simples particular"): é qualquer um, na medida em que não é todo o mundo.

Páscoa (*Pâques*) – Para os judeus, é uma festa que comemora a saída do Egito. Para os cristãos, é uma festa que comemora a ressurreição de Cristo. Festa pagã, dizia Alain, pois celebra o triunfo da vida sobre a morte. É a festa da primavera, que encontramos em todos os povos, e da ressurreição, que encontramos na maioria deles. A verdadeira festa cristã, para Alain, é o Natal: porque ela celebra a fraqueza em vez da força, o amor em vez da vida ou da vitória. O menino nu e perseguido, entre o boi e o burro, sem outra proteção além de uma jovem mãe, que ora e treme, e de um pai, que se interroga. E a verdadeira festa do espírito, acrescentaria eu, é a Sexta-Feira Santa, porque celebra a justiça ofendida, o amor dilacerado e dilacerante, enfim a coragem pura, sem ódio, sem violência, sem esperança. "Senhor, Senhor, por que me abandonaste?" Festa, não da fé, mas da fidelidade. Que tenha havido ressurreição ou não, em que isso altera a grandeza de Cristo e da sua mensagem? Isso diz, por diferença, o essencial sobre a Páscoa: é a festa da fé, muito mais que da fidelidade, e da esperança, ainda mais que da fé. É a verdadeira festa religiosa, logo a verdadeira festa cristã, não obstante o que diz Alain, na medida em que o cristianismo é uma religião. Gostaria de crer nela, como se crê na primavera. Mas a primavera não é deus. Mas a vida não é Deus. Os ateus, nesse dia, sentem-se mais ateus que nunca: eles crêem unicamente no espírito vivo e mortal. Com o que, amam-no ainda mais.

passado (*passé*) – O que foi e já não é. Todo passado é eternamente verdadeiro (mesmo Deus, reconhecia Descartes, não pode fazer que o que foi não tenha sido), mas sem nenhuma potência, e sem ato. É o já-não-ser-real do verdadeiro, ou antes, o ser-sempre-verdadeiro do que já não é real. A verdade não passa, e é isso que se chama passado.

Ao contrário do que se costuma crer, o passado nunca age: o que age ou pode agir são seus vestígios ou seus efeitos atuais (que não são passado, mas presente). É o caso das seqüelas de um acidente, dos traumas, das lembranças, dos rancores, das promessas, dos documentos, e até das próprias causas, que acreditamos expliquem o presente. Eu não faria o que faço se não tivesse vivido o que vivi; mas também não faria se não restasse nada de presente. Do mesmo modo, a primeira guerra mundial só pode contribuir para explicar a segunda pelo que dela restava, em 1939, de real. Enfim, as estrelas que contemplamos de noite, não é a luz passada delas que age sobre nossos olhos (lá longe, há vários milhares de anos!), mas a que nos chega aqui e agora. É nisso que o real e o verdadeiro, para o pensamento, se separam. Todo passado é verdadeiro (uma mentira ou um erro sobre o passado não é passado: é presente); nenhum é real (se fosse, já não seria passado). Mas, como toda verdade, por definição, é presente, podemos dizer também que o passado não é nada: porque passou e porque a verdade não passa. Assim, só há o presente, e a verdade, nele, do que foi: só há a eternidade.

patológico (*pathologique*) – *Páthos*, em grego, é a paixão, a perturbação, a dor, a doença, enfim tudo o que nos afeta ou que suportamos. É nesse sentido que Kant chamará de *patológico* tudo o que não é livre ou autônomo, especialmente tudo o que é determinado pela sensibilidade. O sentido moderno é muito mais estreito: é patológico tudo o que provém de uma doença, e somente isso. O contrário do normal? Não exatamente, já que é normal ter doenças e já que o estado patológico, como dizia Canguilhem, continua a expressar uma relação com a “normatividade biológica”, que ele modifica sem abolir (*O normal e o patológico*, Conclusão). Digamos que o patológico é a exceção que confirma, no mais das vezes dolorosamente, a regra da saúde, que é ser frágil e provisória.

pátria (*patrie*) – O país de que somos naturais, onde nascemos, onde vivemos, pelo menos no caso da maioria das pessoas, ou com o qual nos sabemos, mais do que com qualquer outro, em dívida. Nem sempre é o mesmo, o que explica que seja possível ter várias pátrias, ou nenhuma. Digamos que nossa pátria, em regra geral, é nosso país de origem ou de adoção, aquele que nos acolheu, ao nascermos ou mais tarde, o país de nossos pais ou de nossos mestres, enfim, aquele que reconhecemos como nosso, não porque nos pertence, mas porque pertencemos a ele, ao menos em parte, ao menos de coração e por fidelidade. É o lugar de que vimos ou que escolhemos, aquele em que nos sentimos em casa, enfim que amamos mais intimamente que os outros países, ainda que estes sejam, e muitas vezes são, mais interessantes ou mais admiráveis. Não é uma noção objetiva, como a nação o é mais, e sim subjetiva e afetiva. Por muito tempo pensei não ter pátria: a França me era quase indiferente, e eu professava que, tal como os proletários, os intelectuais não tinham pátria... Mudei: a França me é cada vez mais cara, e descobri, faz anos já – em Castela, na Toscana, em Amsterdam, em Veneza, em Praga... –, que eu tinha evidentemente uma pátria e que ela se chamava Europa. Não me passaria pela cabeça me gabar disso. Mas também não gosto nem um pouco que me repreendam por senti-lo.

patriotismo (*patriotisme*) – O amor à pátria, mas sem cegueira nem xenofobia. Distingue-se, com isso, do nacionalismo (v.) ou serve para mascará-lo. Em regra geral, o nacionalismo é o patriotismo dos outros; e o patriotismo, muitas vezes, um nacionalismo na primeira pessoa. O próprio da cegueira é não se ver a si. Assim, o patriotismo só é válido se submetido à razão, que é universal, e à justiça, que tende a sê-lo. É esse o sentido, hoje, dos direitos humanos e de nossos tribunais internacionais.

paz (*paix*) – A ausência, não de conflitos, mas de guerras. Ainda não é a concórdia, mas é quase sempre melhor que a violência armada ou militar. Esse *quase* não é tão evidente assim: é o que distingue os pacíficos dos pacifistas (v. esses verbetes). “Se devêssemos chamar de paz a escravidão, a barbárie ou o isolamento”, dizia Espinosa, “não haveria nada mais lamentável para os homens do que a paz” (*Tratado político*, VI, 4; ver também V, 4). E nada melhor, se ela anda par a par com a justiça e a liberdade.

pecado (*péché*) – É o nome religioso da falta: uma ofensa feita a Deus, por se ter violado um dos seus mandamentos. Se Deus não existe, já não há pecado propriamente dito. Restam as faltas, que são inúmeras e que nada impede de chamar de pecado, se bem que num sentido laicizado: é ofender a humanidade em si ou em outrem.

pecado original (*péché originel*) – Seria uma falta, cometida por Adão e Eva, que nos condenaria à culpa. A idéia, praticamente inaceitável pelos modernos, é fortemente expressa por Pascal: “Forçoso é nascermos culpados, senão Deus seria injusto” (*Pensamentos*, 205-489). Há outra possibilidade, porém: Deus não existe.

pecados capitais (*péchés capitaux*) – Os pecados capitais fazem parte da nossa tradição moral e espiritual. Todos sabem que são sete. Mas a maioria de nós teria dificuldade de citar a lista completa... Ei-la, tal como foi fixada pelo papa Gregório, o Grande, no fim do século VI, e tal como, desde então, nossos catecismos não cessaram de nos lembrar: *o orgulho*, *a avareza*, *a luxúria*, *a inveja*, *a gula*, *a cólera*, *a preguiça*. A lista envelheceu mal: faz tempo que não reconhecemos nela nossas faltas mais graves, nem nossas mais aferradas ojerizas! Como me dizia, gracejando, um amigo: “Esses pecados capitais têm um lado caprichoso que os torna meio infantis e quase ridículos.” Pois é: temos outros demônios a exorcizar.

O que é um pecado capital? Não é necessariamente um pecado mais grave que os outros, mas um pecado de que os outros derivam. É um pecado que vem à frente da lista (*capital* vem do latim *caput*, cabeça), um pecado principial, se quiserem, como que uma das fontes do mal. É aqui que a noção de pecado capital, ou de falta capital, poderia encontrar seu sentido e sua utilidade, que seria a de nos ajudar a enxergar melhor o problema. Mas seria preciso atualizar decididamente a lista. Tentemos.

O primeiro é fácil. Por que fazemos o mal? Por pura maldade? Não creio. Na maioria das vezes, só fazemos o mal por um bem. É um dos pontos, e não há muitos, em que me vejo de acordo com Kant: os homens não são *maus* (eles não fazem o mal pelo mal), eles são *malvados* (fazem mal aos outros, para o bem deles). É por isso que o egoísmo é o fundamento de todo mal, como dizia o mesmo Kant, e o primeiro, a meu ver, dos pecados capitais. É a injustiça na primeira pessoa. Pois "o eu é injusto", explicava Pascal, "na medida em que se faz centro de tudo: cada eu é um inimigo e gostaria de ser o tirano de todos os outros". Só fazemos o mal para nosso próprio bem. Só somos malvados por sermos egoístas.

"E o sádico?", muitas vezes me perguntam meus alunos. "Ele não faz o mal pelo mal?" Não: ele faz mal aos outros, para seu próprio prazer; ora, seu prazer, para ele, é um bem... No entanto, a crueldade existe, e ela é sem dúvida a falta mais grave, que poderá por sua vez acarretar várias outras. É por isso que é justo considerá-la um pecado capital. Como defini-la? Como o gosto ou a vontade de fazer sofrer: é pecar contra a compaixão, contra a doçura, contra a humanidade, no sentido em que a humanidade é uma virtude. É o pecado do torturador, mas também do chefete perverso, do sádico ou do canalha, que sente prazer em martirizar suas vítimas.

Terceiro pecado capital: a covardia. Porque nenhuma virtude é possível sem coragem, e nenhum bem. Porque a covardia é uma forma de egoísmo, diante do perigo. Enfim porque a crueldade é uma exceção: a maioria das más ações, mesmo as mais abomináveis, se explicam muito mais pelo medo de sofrer do que pelo desejo de fazer o outro sofrer. Quantos vigias, em Auschwitz, teriam preferido ficar tranqüilamente em casa, a fazer aquele trabalho atroz? Mas não tinham coragem de desertar, nem de desobedecer, nem de se revoltar... Por isso, fizeram o mal covardemente, conscienciosamente, eficazmente. O que não os desculpa. Nenhum pecado é uma desculpa. Mas isso explica que tenham sido tão numerosos. Os verdadeiros canalhas são raros. A maior parte não passa de covardes e de egoístas, que não souberam resistir, nesta ou naquela situação particular, à degradação da espécie ou da época. Banalidade do mal, dizia Hannah Arendt. A crueldade é a exceção; o egoísmo e a covardia, a regra.

Mas é preciso poder se suportar, ser capaz de se olhar, como se diz, no espelho... Num certo grau de ignomínia ou, simplesmente, de mediocridade, isso fica difícil sem se mentir a si mesmo. É o que faz da má-fé um pecado capital: porque ela torna possíveis, mascarando-as ou inventando-lhes falsas justificativas, a maior parte das nossas vigarices. Por exemplo, Eichmann, zeloso funcionário da Shoah, explicando a seus juízes, após a guerra, que apenas cumpria ordens. Ou o estuprador, explicando que apenas obedecia às suas pulsões. Ou o crápula ordinário, explicando que não é culpa dele, mas da sua infância, do seu inconsciente, da sua neurose... Muito cômodo. Cômodo demais. Estar de má-fé, mostrava Sartre, é fazer como se não se fosse livre, como se não se fosse responsável, quando se é, em todo caso por seus atos. É também, num sentido mais banal, mentir a outrem. Mas o princípio, muitas vezes, é o mesmo: mente-se para ocultar sua falta, ou para justificá-la, ou para se atribuir um valor que não tem... Quem renunciasse a mentir – a si e aos outros –, quem parasse de fingir, só teria uma escolha: entre a virtude e a vergonha. Escolha dolorosa, escolha exigente, da qual a má-fé visa nos dispensar: seria autorizar-se o mal, autorizando-se a dissimulá-lo.

Ainda não enumerei nenhum dos sete pecados capitais da tradição. O que gostaria de abordar agora, sem fazer parte da lista canônica, é talvez o que está menos distante dela: o que chamo de *suficiência* não está muito longe do que os padres da Igreja chamavam de orgulho. Mas é um defeito mais geral, mais profundo e, sem dúvida, também menos tônico. Dar mostras de suficiência não é apenas ser orgulhoso; é também ser enfatuado, presunçoso, vaidoso, cheio de arrogância e de auto-satisfação, cheio de si ou da elevada idéia que tem de si... É o pecado do imbecil pretensioso, e não conheço gente mais desagradável, mesmo entre as pessoas inteligentes. Mas é também o pecado que, muitas vezes, está na origem do abuso de poder, da exploração dos outros, da boa consciência iracunda ou desdenhosa, sem falar do racismo e do sexismo. O branco que acredita pertencer a uma raça superior ou o macho vanglorioso daquilo que toma por sua virilidade não são apenas ridículos: são perigosos, e é por isso que convém combatê-los. Um misantropo é menos temível, porque não pretende ser exceção e se sabe igualmente insuficiente...

Em se tratando de idéias, a suficiência torna-se fanatismo. É um dogmatismo carregado de ódio ou de violência, demasiado seguro da sua verdade para tolerar a dos outros. É mais que intolerância: é querer impedir ou suprimir pela força o que se desaprova ou o que o contradiz. Digamos que é uma intolerância exacerbada e virtualmente criminosa. São conhecidos seus efeitos, em todos os tempos e em todos os países: massacres, guerras de religião, inquisição, terrorismo, totalitarismo... Os homens só fazem o mal por um bem, dizia eu, e se permitem fazer tanto mais mal quanto maior parece o bem. A fé fez mais vítimas do que a cupidez. O entusiasmo, mais do que o interesse. É porque se massacra mais por Deus do que por si mesmo, mais pela felicidade da humanidade do que pela própria. "Matem a todos, Deus e a História reconhecerão os seus..." Fanatismo, crime de massa. É o pecado que enche os campos de concentração e acende as fogueiras.

O último pecado capital, pois que optei por também me ater a uma lista de sete, até evoca um dos que a tradição arrola: o que chamo de tibieza é como que uma preguiça generalizada, assim como a preguiça é uma forma de tibieza diante do trabalho.

O que é a tibieza? Um misto de indolência e de complacência, de fraqueza e de narcisismo: é a incapacidade de impor a si mesmo o que quer que seja, de fazer um esforço um pouco duradouro, de se obrigar, de se exceder, de se superar... Ser tíbio não é apenas carecer de energia; é carecer de vontade e de exigência. E por que é um pecado capital? Pelo fato de que a tibieza acarreta vários outros: a vulgaridade, que é tibieza nos modos; a irresponsabilidade, que é tibieza diante de outrem ou de seus deveres; a negligência, que é tibieza na conduta ou na profissão; o servilismo, que é tibieza diante dos poderosos; a demagogia, que é tibieza diante do povo ou da multidão... "Temos de seguir nossa inclinação, mas para cima", dizia Gide. O tíbio é o que prefere segui-la para baixo.

Sete pecados capitais, pois: o egoísmo, a crueldade, a covardia, a má-fé, a suficiência, o fanatismo, a tibieza. Não porque seriam necessariamente os mais graves, repitamos, mas porque governam ou explicam todos os outros. São as fontes do mal, dizia eu, e sem dúvida também as do bem, pelo menos em parte, pelo menos por horror ou pelo desgosto que nos inspiram, pelo desejo de escapar deles, enfim pelo esforço que temos de fazer, quase sempre, para superá-los... Pobres imoralistas, que acreditaram que bastava não mais crer em Deus para se ver livres do mal!

pendor (*penchant*) – Sinônimo aproximado de tendência, porém mais singular, ou de queda, porém menos agradável. É uma orientação duradoura do desejo, que deve menos à espécie que ao indivíduo, e mais, sem dúvida, à sua natureza que à sua cultura ou às suas opções. Digamos que é a inclinação natural de um ser humano, na qual ele pode, ou não, deixar-se escorregar...

pensamento (*pensée*) – Encontramos uma definição por extensão – incompleta, é claro – em Descartes: "O que sou eu, portanto? Uma coisa que pensa. O que é uma coisa que pensa? É uma coisa que duvida, que concebe, que afirma, que nega, que quer, que não quer, que imagina também e que sente" (*Meditações*, II). É definir o pensamento, se não pela consciência, pelo menos a partir dela, como uma experiência ou uma dimensão do sujeito ("o pensamento é um atributo que me pertence", *ibid.*), e sem dúvida não podemos defini-lo de outro modo, pois que toda definição o supõe e se dirige a um sujeito. Quem não pensasse, como lhe dar a entender o que é pensar? "Pensar", dirá Kant, "é unificar representações numa consciência" (*Prolegômenos*, II). É por isso que nenhum computador pensa: o meu, por exemplo, apesar de dispor de um processador de texto particularmente eficiente, é de uma ignorância crassa, que não cessa de me surpreender. Mas não é que ele pense mal; é que ele não pensa.

Devemos dizer então que toda consciência é pensada? Num sentido lato, sim: é esse o sentido de Descartes. Num sentido mais estrito, falar-se-á de pensamento apenas para a dimensão intelectual ou racional da consciência, digamos que para representações logicamente relacionadas, mesmo de maneira imperfeita, e submetidas juntas à idéia de uma verdade pelo menos possível. Pensar, etimologicamente, é pesar: isso supõe a unidade de uma balança ou de uma relação. O pensamento é o que pesa ou sopesa os argumentos, as experiências, as informações, até a própria pesada... Completando Kant com Espinosa, e Espinosa com Montaigne, eu daria com muito gosto a seguinte definição: *Pensar é unificar representações numa consciência, sob a norma da idéia verdadeira dada ou possível*. Assim, o pensamento é de fato esse "diálogo interior e silencioso da alma consigo mesma" que Platão evocava, mas na medida em que ela busca o verdadeiro (pois que é preciso "ir ao verdadeiro com toda a sua alma") e, de antemão, a ele se submete.

pequenez (*petitesse*) – A incapacidade de conceber algo grandioso, logo também de fazê-lo ou admirá-lo. O pequeno vê tudo na sua escala – pequeno, mesquinho, medíocre. Chama isso de "não se deixar fazer de bobo".

percepção (*perception*) – Toda experiência, na medida em que é consciente; toda consciência, na medida em que é empírica. Distingue-se da sensação como o mais do menos, como o conjunto dos seus elementos (uma percepção supõe várias sensações ligadas e organizadas), e é por isso que a sensação, se quisermos pensá-la isoladamente, nada mais é que uma abstração. Você vê umas manchas coloridas, e percebe uma paisagem. "O espírito põe tudo em ordem", como dizia Anaxágoras, em todo caso tenta pôr. Não se contenta com sentir: unifica suas sensações numa consciência, numa experiência, numa forma, não *a posteriori* mas logo de saída, e é isso a própria percepção. Ele transforma manchas luminosas em distâncias ou em espetáculo, ruídos em informações, cheiros em promessas... Perceber é representar-se o que se apresenta: a percepção é nossa abertura para o mundo e para tudo.

perdão (*pardon*) – Não é uma absolvição, que suprimiria ou apagaria a falta, o que ninguém pode nem deve fazer. Não é o esquecimento, que seria infiel ou imprudente. Perdoar não é nem esquecer nem apagar; é renunciar, conforme os casos, a punir ou a odiar, e até, às vezes, a julgar. Virtude de justiça (já que é preciso julgar sem ódio) e de misericórdia.

perfectibilidade (*perfectibilité*) – Não é o poder de se tornar perfeito, mas o de se aperfeiçoar. Portanto, somente o imperfeito é perfectível, mas só o é contanto que possa mudar, e *se* mudar. Rousseau via nela o próprio da humanidade: além da liberdade, explica ele, "há outra qualidade muito específica que distingue o homem do animal, e acerca da qual não pode haver contestação: é a faculdade de se aperfeiçoar, faculdade que, com ajuda das circunstâncias, desenvolve sucessivamente todas as outras e reside entre nós, tanto na espécie como no indivíduo; ao passo que um animal, ao cabo de alguns meses, é o que será o resto da vida, e sua espécie, ao cabo de mil anos, o que era no primeiro ano desses mil anos" (*Discurso sobre a origem da desigualdade*, I; mesma idéia em Pascal, mas sem a palavra perfectibilidade, em seu *Préface au traité du vide* [Prefácio ao tratado do vazio]). A perfectibilidade seria portanto uma evolução, mas histórica e cultural, em vez de natural. É o que torna a noção útil, ao mesmo tempo que relativa: se a história e a cultura fazem parte da natureza, como creio, a perfectibilidade não é mais que uma forma entre outras do universal devir (não uma exceção ao darwinismo, mas uma das suas ocorrências). À glória de Heráclito e dos professores.

perfeição (*perfection*) – O fato de ser perfeito (v.). Costuma-se dizer que a perfeição não existe neste mundo; é que imaginamos outro mundo, ideal, ao qual comparamos este. A noção de perfeição tem um sentido unicamente relativo (Espinosa, *Ética*, IV, Prefácio; ver também I, apêndice). Uma perfeição absoluta é um disparate, ou é o próprio absoluto – não porque não teria defeito, do nosso ponto de vista, mas porque nada lhe falta (é tudo o que é e que pode ser). É o ser de Parmênides e dos místicos.

perfeito (*parfait*) – Aquilo a que nada falta, nem quantitativa (*perfeito*, nesse sentido, significa acabado), nem qualitativamente (é *perfeito*, nesse sentido, o que não pode ser nem melhorado nem superado).

Os dois sentidos se encontram: é perfeito o que não tem defeito. Mas o que é um defeito? Uma falta, isto é, um nada, que só se torna real pela imaginação de outra coisa. De modo que tudo é perfeito, a partir do momento em que paramos de imaginar. É o verdadeiro segredo, o mais difícil, o mais simples, que Espinosa – após santo Tomás e Descartes, mas transformando o sentido que eles davam – resumiu genialmente numa frase: "Por realidade e por perfeição entendo a mesma coisa" (*Ética*, II, def. 6). O que significa que o real é tudo o que é (logo, também, no presente, tudo o que pode ser), sem nenhuma falta.

Ao que se costuma objetar habitualmente a evidência do mal e a vanidade dos nossos esforços, se tudo é perfeito, para mudar o que é. Duplo equívoco. O que chamamos de mal (a dor, a injustiça, o egoísmo...) é tão real quanto o resto, tão verdadeiro, tão perfeito, nesse sentido, como nossos esforços para combatê-lo ou resistir a ele. O tumor que mata, não mata por ser imperfeito; mata por ser perfeitamente tumor e perfeitamente mortal. É a mesma coisa, claro, no caso dos medicamentos com que o combatemos: sejam eles perfeitamente eficazes ou perfeitamente insuficientes, nem por isso são menos perfeitamente o que são. Isso significa que todo juízo de valor é subjetivo, logo tão necessário (para os sujeitos que somos) quanto ilusório (se pretendemos ver nele outra coisa além de um reflexo da nossa subjetividade). É o que Deleuze, lendo Espinosa, soube formular com exatidão: "Se o mal não é nada, de acordo com Espinosa, não é porque somente o Bem é e faz ser, mas, ao contrário, porque o bem não é superior ao mal e porque o Ser está além do bem e do mal" (*Spinoza, Philosophie pratique*, III). Além do bem e do mal? Poderíamos dizer igualmente *aquém*: é o ponto de vista de Deus (como diria Espinosa) ou do verdadeiro (como eu preferiria dizer), que contém todos os outros. Nada falta ao real, é este o ponto, pois que tudo está nele. É a sabedoria de Prajnanpad. É a sabedoria de Etty Hillesum, e é a única sabedoria. Um otimismo? De maneira nenhuma. Um pessimismo? Tampouco. O essencial cabe nestas poucas frases que Etty Hillesum escreveu num campo de trânsito, antes de partir para Auschwitz: "Às vezes me dizem: 'Sim, você sempre vê o lado bom de tudo.' Que platitude! Tudo é perfeitamente bom. E, ao mesmo tempo, perfeitamente ruim. As duas faces das coisas se equilibram, em toda parte e sempre. Nunca tive a impressão de ter de me esforçar para ver o lado bom das coisas: tudo é sempre perfeitamente bom, tal qual. Toda situação, por mais deplorável que seja, é um absoluto e reúne em si o bom e o mau" (*Carta de Westerbork*, 11 de agosto de 1943). Sabedoria trágica: já estamos no Reino, mas seguramente nos enganamos, se nele vemos um paraíso.

performativa, contradição (*performative, contradiction*) – Uma contradição que opõe, em vez de dois enunciados um a um, um enunciado (como proposição) a si mesmo (como um ato). Costuma-se dar o seguinte exemplo: "Eu estava num barco que naufragou; não houve sobreviventes." A frase não é contraditória em si (não é impossível que eu morra num naufrágio), mas o é com o fato de que eu possa pronunciá-la na primeira pessoa. Meu amigo Luc Ferry acusou-me mais de uma vez de cair numa contradição desse gênero, como todo materialista, por eu considerar ilusória uma subjetividade livre que, por outro lado, eu seria obrigado a supor para poder aspirar a qualquer verdade (por exemplo, à verdade do materialismo): a contradição não estaria entre esta e aquela tese minha, mas entre o que eu *faço* (minha atividade de sujeito pensante) e o que eu *digo* (que o sujeito pensante não é senão uma ilusão ou o resultado passivo de determinismos exteriores). Não creio que assim seja, é claro. Primeiro porque a idéia de verdade não necessita da idéia de liberdade, no sentido do livre-arbítrio, e até a exclui (a verdade é exatamente *o que não se escolhe*). Depois porque o sujeito, do meu ponto de vista, mesmo ilusório (na medida em que se crê absolutamente livre ou transparente a si mesmo), é certamente ativo: dizer "eu sou meu corpo" ou "eu sou minha história" não é dizer "eu sou passivo" (porque eu seria determinado por meu corpo, por minha história, por meu inconsciente, etc.); é dizer exatamente o inverso: se eu sou meu corpo, está excluído que eu seja determinado passivamente por ele; muito pelo contrário, sou ativo quando meu corpo é ativo, quando minha história é ação, e é por isso que o sou sempre parcialmente, nunca totalmente. Não convenci Luc Ferry, como ele tampouco me convenceu, pelo menos sobre esse ponto, mas isso nos ajudou a nos compreender melhor, o que não é pouca coisa (ver *A sabedoria dos modernos*, cap. 1 e conclusão).

performativo (*performatif*) – "*Declaro aberta a sessão.*" Se sou o presidente da sessão, ela está aberta por isso mesmo. Assim é o discurso performativo: aquele que faz ser o que ele diz, porque dizer e fazer, no caso, são uma só e mesma coisa. Quando digo, "*eu juro*", eu de fato juro: é uma expressão performativa. Já se eu digo "*ele jura*", não juro nada: a expressão não é performativa. Um enunciado performativo se distingue, por isso, de um enunciado descritivo ou normativo. É menos submetido à exigência de verdade, como o primeiro, ou de justeza, como o segundo, do que às de possibilidade, coerência, êxito..., que dependem do contexto e dos indivíduos. Se você disser "declaro aberta a sessão", sozinho no seu quarto, ou mesmo num congresso, mas sem ter legitimidade para tal, é provável que nenhuma sessão seja aberta com isso. O discurso performativo é um ato: mais do que ser verdadeiro ou falso, ele tem de ser eficaz ou não.

perseguição (*persécution*) – Uma opressão violenta e com alvo certo. É possível oprimir um povo inteiro, mas não é possível perseguir senão uma minoria. Por exemplo, os protestantes, na França católica. Ou os judeus, na Europa cristã. É o braço armado do fanatismo e do racismo.

perseverança (*persévérance*) – Paciência e continuidade no esforço. É uma forma de coragem, não contra o perigo ou o medo, mas contra o cansaço e a renúncia. Em geral, ela requer uma grande paixão, ou um enorme tédio.

Faz-nos pensar na célebre fórmula de Guilherme de Orange: "Não é preciso ter esperança para empreender, nem ter êxito para perseverar." De fato: é preciso apenas coragem e vontade. Mas ambas também são necessárias para mudar de orientação, quando parecer necessário ou desejável. É o que distingue a perseverança da obstinação.

personalidade (*personnalité*) – O que faz uma pessoa ser diferente de outra, e de todas as outras, não apenas numérica mas também qualitativamente. É por isso que uma pessoa pode carecer de personalidade: quando ela é diferente das outras apenas numérica ou fisicamente, e se parece no resto (os sentimentos, os pensamentos, os comportamentos...) com qualquer um, especialmente, por mimetismo ou indolência, com os que a rodeiam.

pessimismo (*pessimisme*) – "– Sabe a diferença entre um otimista e um pessimista?

– ?

– O pessimista é um otimista bem informado."

Essa adivinha, que nos veio da Europa Central, é, ela própria, pessimista. É por isso talvez que nos divirta: porque vemos nela uma espécie de círculo vicioso, sem que isso seja o bastante para refutá-la.

O que é o pessimismo? É ver as coisas pelo pior (*pessimus*) ângulo, seja por considerar que há mais males do que bens, seja por pensar que os males vão se agravar. No sentido filosófico, o pessimismo se inclui na primeira categoria: é muito mais um pessimismo atual do que prospectivo (dado o que Schopenhauer é o grande pensador do pessimismo, assim como Leibniz é do otimismo). No sentido corrente, o pessimismo tem mais a ver com a segunda categoria, isto é, com o futuro, que ele imagina pior que o presente. A velhice e a morte parecem lhe dar razão, pelo menos no caso do indivíduo, assim como o progresso e a religião, de uma maneira diferente, dão-na ao otimismo. Só faltava fazer do progresso uma religião, para que o pessimismo fosse definitivamente derrotado (pelo menos, é o que se podia crer). Daí as utopias e os diferentes messianismos que, desde o século XIX, não cessaram de nos oferecer novas razões para ter esperança... Infelizmente, só nos deram novas razões para desconfiar... dos otimistas.

pessoa (*personne*) – Um indivíduo, mas considerado como sujeito pensante, ao mesmo tempo único (diferente de todos os outros) e uno (através das suas modificações). É o sujeito da ação, que pode portanto lhe ser imputada: a noção aproxima-se da moral, especialmente em Kant, muito mais que da metafísica ou da teoria do conhecimento.

petição de princípio (*pétition de principe*) – Falta lógica, que consiste em adotar como ponto de partida, ainda que sob outra forma, o que se pretende demonstrar. É como um dialelo elementar, do mesmo modo que o dialelo é como uma petição de princípio indireta.

phrónesis (*phronèsis*) – Nome grego da prudência (v.) ou da sabedoria prática. Distingue-se da *sophía*, sabedoria teórica ou contemplativa.

piedade[1] (*piété*) – Misto de amor e de respeito por um ser que está acima de nós. Diz-se geralmente em relação a Deus, às vezes também aos pais (piedade filial), a um herói ou a um mestre.

Em francês *piété* e *pitié* já foram sinônimos: isso ainda ocorre na expressão francesa *Mont-de-piété* [montepio], que gostaríamos de definir como um misto de amor e de respeito por um ser que está abaixo de nós ou de que temos pena. A palavra *pietas*, em latim, não tem esse sentido: é reservada quase exclusivamente para o sentimento que devemos aos deuses, aos pais ou à pátria. Mas a palavra *pietà*, em italiano e na história da arte, reúne ambas as idéias. É o caso, por exemplo, da sublime *Pietà* de Michelangelo. Há mais bela imagem do divino do que aquele jovem morto, nos braços da mãe?

piedade[2] (*pitié*) – É uma forma de compaixão que seria, contudo, mais um sentimento do que uma virtude (a compaixão é ambas as coisas), com um não-sei-quê de condescendente que a torna desagradável. É, portanto, o inverso da piedade[1] (v.): é uma compaixão que é exercida, ou deve ser exercida, de cima para baixo.

pirronismo (*pyrrhonisme*) – A doutrina de Pirro, se é que se pode reconstituí-la e se é que é mesmo uma doutrina (ele não escreveu nada, não afirmou absolutamente nada). Considerava todas as coisas "igualmente indiferentes, incomensuráveis, indetermináveis", diz-nos Aristócles: por isso convém, segundo ele, "ser desprovido de juízo, de inclinação para qualquer lado que seja, inabalável, dizendo de cada coisa que ela não é mais do que ela não é, ou que é e não é, ou que não é nem não é. Para os que se encontram nessas disposições, o que delas resultará é, primeiro, a afasia, depois a ataraxia" (Aristócles, citado por Eusébio, *Prep. Evang.*, XIX, 18; para a interpretação, ver Marcel Conche, *Pyrrhon ou l'apparence*, PUF, 1994). Filosofia do silêncio, que não pode se enunciar sem se destruir. É, talvez, o niilismo mais radical que já foi pensado. Mas podemos habitá-lo?

Nos textos modernos, a palavra costuma ter um sentido muito mais geral: é outro nome, especialmente em Montaigne e Pascal, para o ceticismo. "A profissão dos pirronistas é a de mover, duvidar e inquirir, não se convencer de nada, não garantir nada" (*Os ensaios*, II, 12); é "o mais sábio partido dos filósofos" (II, 15). No entanto, a maioria destes não se identifica com ele. O que dá razão aos pirronistas, pela impossibilidade de prová-lo, em que sabem se encontrar: "Nada fortalece mais o pirronismo do que o fato de haver quem não seja pirronista. Se todos fossem, estariam errados" (*Pensamentos*, 33-374; ver também os fragmentos 131-434 e 521-387).

O problema, então, está em assumir esse ceticismo sem com isso cair no niilismo ou na sofística: Montaigne, Hume, Marcel Conche.

platônico[1] (*platonicien*) – Referente a Platão ou adepto do platonismo. Nem por isso é necessário ser platônico no proceder.

platônico[2] (*platonique*) – Acontece com essa palavra algo semelhante ao que ocorre com *estóico*: uma banalização, uma popularização, como que um pensamento de início irreconhecível, de tanto imergir na multidão, mas em que, apesar de tudo, é possível discernir, por sob as caretas e os contrassensos, como que uma estranha semelhança. *Platônico*, no caso, diz-se principalmente do amor: seria um amor puramente sentimental ou intelectual, sem nada de sensual, de carnal, de sexual. Os que leram o *Banquete* e o *Fedro* ficarão espantados com essa acepção. Os que relerem ficarão menos.

platonismo (*platonisme*) – O sistema de Platão, que não vamos expor aqui, é claro (será que é mesmo um sistema?), e todo pensamento que compartilha sua inspiração principal. Qual? A seguinte: a existência de um mundo puramente inteligível, mais verdadeiro que o nosso, em que as idéias existiriam por si mesmas, em que os valores (o Bem, o Belo, o Justo...) seriam absolutos, que seria necessário conhecer, ou reconhecer, para agir bem. O mundo sensível seria apenas uma cópia imperfeita, que sempre seria preciso corrigir de acordo com a Idéia. O real não seria mais que um ser menor, que só valeria graças ao Ser absoluto, sempre ausente, sempre em outro lugar. Não mais que um devir, que só valeria graças à eternidade, inalcançável neste mundo. Daí esse fascínio pela matemática ("Não entre aqui quem não for geômetra"), pela ditadura do filósofo-rei (ver a *República* e as *Leis*), enfim pela morte ("os filósofos autênticos estão ávidos por morrer", *Fédon*, 64 b). Daí esse desdém pela história ou pela vida. É sempre adorar o pensamento, desprezar o corpo; adorar o saber, desprezar o desejo; adorar o absoluto ou o imutável, desprezar o relativo ou o mutável; adorar a verdade, desprezar o real. O platonismo é o modelo dos idealismos, dos dogmatismos, das utopias – e dos totalitarismos, quando têm pretensões à ciência. Um amava a verdade a ponto de morrer (se bem que quem morreu foi Sócrates). Outros amá-la-ão a ponto de matar... Ainda bem que há Aristóteles, para nos trazer de volta à terra e nos colocar de novo em nosso devido lugar.

plutocracia (*ploutocratie*) – O poder, direto ou indireto, dos mais ricos. A palavra não tem contrário (os mais pobres nunca têm o poder), mas um remédio, que é a democracia. Remédio sempre necessário, raramente suficiente. Os pobres, quase inevitavelmente, votam nos mais ricos que eles.

poder (*pouvoir*) – Definição perfeita em Hobbes: "O poder de um homem consiste em seus meios presentes de obter um bem aparente futuro" (*Leviatã*, cap. 10). Trata-se pois de algo real (já que é presente), mas totalmente voltado para o futuro. Poder é poder fazer. Mas é necessário distinguir o *poder de*, que melhor seria chamado de *potência* (poder de andar, de falar, de comprar, de fazer amor...), do *poder sobre*, que é uma forma do precedente (é o poder de mandar e fazer-se obedecer), mas que se refere a seres humanos e que é o poder em sentido estrito. Não a simples ação possível, mas a ordem possível, a restrição possível, o controle possível, a sanção possível... Visto que a ação possível é ação possível sobre a vontade de outrem (e como tal reconhecida por ambas as partes), passa-se do *poder de* ao *poder sobre* – e a ação possível é, então, imediatamente ação real. Poder punir ou recompensar, poder autorizar ou proibir, essa simples possibilidade (como *poder de*) já é uma realidade (como *poder sobre*). É o segredo do poder: ele se exerce mesmo quando não age; ele governa mesmo quando não ordena. A simples possibilidade de agir (quando é agir sobre alguém) já é uma ação. Na verdade, poder mandar já é mandar.

Dois sentidos, portanto: *poder de* e *poder sobre*. A ação possível ou a dominação real. Podemos, para distingui-los, chamar o primeiro de *potência* (*potentia*, em latim) e reservar para o segundo a palavra *poder*, num sentido estrito (*potestas*). Mas contanto que não esqueçamos que a potência é primeira: a *potestas* não é senão uma *potentia* particular; o poder não é senão a potência de um homem ou de um grupo sobre outros homens ou outros grupos. O poder é a potência humana de que somos objeto ou, mais raramente, que exercemos. A potência, nós compartilhamos com a natureza. Não há poder que não seja humano. É por isso que o poder é tão irritante, quando é o dos outros, e tão delicioso, quando é o nosso... Hobbes, de novo: "Ponho no primeiro plano, a título de inclinação geral de toda a humanidade, um desejo perpétuo e sem trégua de adquirir poder após poder, desejo que não cessa até a morte" (*op. cit.*, cap. 11). No primeiro plano? Eu não chegaria a tanto. Para mim, várias outras inclinações contam mais, nem todas elas estimáveis.

poesia (*poésie*) – A unidade indissociável e quase sempre misteriosa, num discurso dado, da música, do sentido e da verdade, de que nasce a emoção. É uma verdade que canta, e que comove. Não confundir com a versificação, nem mesmo com o poema: é raro que um poema seja, todo ele, poético, e pode acontecer que uma prosa, por momentos, o seja.

poíesis (*poièsis*) – O nome grego da produção, da fabricação, da criação. Reconhece-se a *poíesis* pelo fato de que ela visa sempre um resultado exterior, que lhe dá sentido e valor (é a obra que julga e justifica o operário). Opõe-se, a esse título, à práxis (v.), que só produz a si mesma.

polêmica (*polémique*) – Um combate com palavras: um discurso em estado de guerra. Nem sempre é condenável, já que o conflito é essencial à Cidade, pois que há combates bons e pois que as palavras, quando podem bastar, valem mais que as armas ou os golpes. No entanto o nível intelectual, quase inevitavelmente, sofre com ela. O debate, na polêmica, visa mais à vitória que à verdade ou à justiça. Daí, mesmo para quem acaba triunfando, um pouco de má consciência e como que um gosto de sangue na boca.

polemologia (*polémologie*) – A ciência da guerra (*pólemos*). Nunca dispensou ninguém de travá-la. Nunca bastou para ganhá-la, nem para evitá-la. A estratégia é menos sua aplicação do que um dos seus objetos. A paz, menos sua aparência (já que toda paz supõe uma guerra, em todo caso uma guerra possível) do que um dos seus alvos.

polícia (*police*) – As forças da ordem da Cidade (*pólis*). A ordem republicana, sem a polícia, seria frágil, ou melhor, rapidamente já não haveria ordem nenhuma e, portanto, nem República. Isso não significa que toda polícia seja boa, mas que uma polícia, em qualquer cidade, é necessária. Seus agentes, conforme a bela e vetusta denominação que às vezes lhes é dada na França, são os *guardiães da paz*. Azar o nosso, se esta só pode ser guardada pela força. Melhor seria que o amor, a justiça e até a polidez bastassem para preservá-la. Mas não é assim. É por isso que é preciso uma polícia: para que a lei tenha a força sem a qual a justiça, o amor e a polidez, antes de desaparecerem totalmente, teriam de se inclinar ante os bandidos e os poderosos.

polidez (*politesse*) – Ceder a passagem: nesse ato de polidez, Levinas via o essencial da moral. É fácil entender por quê: é recusar o egoísmo e driblar a violência mediante o respeito. No entanto, é apenas polidez: o egoísmo permanece intacto, o respeito, quase sempre, é apenas simulado. Pouco importa. Ainda assim, a violência é evitada; ou melhor, ela é evitada ainda melhor assim (se fosse de fato necessário respeitar para fazê-la desaparecer, quanta violência haveria em toda parte!). Isso diz o essencial sobre a polidez: não é uma virtude, mas tem a aparência de uma, e é por isso tão socialmente necessária quanto individualmente insuficiente. Eficácia da aparência. Ser polido é agir *como se* se fosse virtuoso: é fingir respeitar ("desculpe", "por favor", "é um prazer"...), interessar-se ("como vai?"), sentir gratidão ("obrigado"), compaixão ("meus pêsames"), misericórdia ("não é nada") ou até ser generoso ou desinteressado ("primeiro o senhor")... Não é inútil. Não é vazio. É assim que as crianças têm uma oportunidade de se tornar virtuosas, imitando as virtudes que não têm. E que os adultos podem se fazer perdoar por sê-lo tão pouco.

A etimologia aproxima a polidez da política. Não sem razão: é a arte de viver juntos, mas cuidando mais das aparências que das relações de força, multiplicando mais as esquivas que os compromissos, enfim superando o egoísmo mais pelos modos do que pelo direito ou pela justiça. É a "arte dos sinais", dizia Alain, e como que uma gramática da vida intersubjetiva. Nela, a intenção não conta nada; o uso é tudo. Seria um equívoco deixar-se enganar por ela, porém mais ainda pretender prescindir dela. Não é senão um semblante de virtude, moralmente sem valor, socialmente inestimável.

politeísmo (*polythéisme*) – A crença em vários deuses. E por que não, afinal de contas? A dificuldade começa na hora de fazer uma lista deles (finita? infinita?) e de acreditar neles. Um só Deus: sua unicidade o designa suficientemente. Mas vários? Como distingui-los? Como reconhecê-los? Por que acreditar neles? No mais das vezes, eles são forças naturais, paixões ou abstrações personificadas, como que um animismo hipostasiado. Por exemplo: um deus do vento, um deus do amor, um deus da guerra, outro para o céu ou o oceano, outros mais para o vinho, a fecundidade ou a ira, sem falar dos deuses profissionais, nacionais ou étnicos... Por que não um deus para a gravidade, os banqueiros ou os moradores do bairro?

É de bom-tom, hoje e em certos meios, ver no politeísmo uma escola de pluralismo e de tolerância. O fato é que os romanos, por exemplo, receberam os deuses estrangeiros até com certa simpatia, com exceção, nada insignificante porém, daquele que se pretendia único, cujos seguidores foram jogados aos leões ou nas fogueiras. Bela tolerância, que só tolera o semelhante! O politeísmo tampouco impediu que os gregos assassinassem Ifigênia e Sócrates, ou melhor, ele os levou à morte com grande eficácia. A religião não esperou o monoteísmo para ser, como dizia Lucrécio, provedora de crimes.

Dirão que o ateísmo também causou mortes, talvez até em maior número. Infelizmente é verdade. Mas apenas na medida em que ele se tomou por uma religião (da História ou do Estado) ou por um messianismo (do proletariado). Não foi por falta de religião, portanto, mas por excesso de fé. É sempre o entusiasmo que acende as fogueiras. O politeísmo se preserva disso, quando se preserva, apenas pela impossibilidade de levar totalmente a sério esses deuses demasiado numerosos e humanos. O politeísmo é os trocados do absoluto. Esvaziem seus bolsos!

política (*politique*) – Tudo o que diz respeito à vida da Cidade (*pólis*), e especialmente à gestão dos conflitos, das relações de forças e do poder. A política seria portanto a guerra? Seria antes o que visa impedi-la, evitá-la, superá-la: é a gestão não guerreira dos antagonismos, das alianças, das relações de dominação, de submissão ou de obediência. É o que a torna necessária: vivemos juntos, num mesmo país (política interna), num mesmo planeta (política internacional), sem ter sempre os mesmos interesses, nem as mesmas opiniões, nem a mesma história. O egoísmo é a regra. O medo é a regra. A incompreensão é a regra. Como não seríamos inimigos ou rivais com maior freqüência do que amigos ou solidários? Daí os conflitos – entre os indivíduos, entre as classes, entre os Estados –, e a ameaça constante de guerra. "Os homens são conduzidos mais pelo desejo cego do que pela razão", dizia Espinosa, por isso eles são "por natureza inimigos uns dos outros" (*Tratado político*, II, 5 e 14). E Epicuro, vinte séculos antes: "O homem não é, por natureza, nem sociável nem possuidor de modos doces" (citado por Temístio, *Discursos*, XXVI). Entrementes, a história não os desmentiu, e a política nunca é nada mais que a história no presente. Quantas injustiças em toda parte! Quantos horrores, em quase toda parte! No entanto, é o interesse de nós todos, a paz tem de advir ou se perpetuar, a solidariedade tem de se organizar ou se desenvolver: elas não são dadas de saída, mas sempre a fazer, a refazer, a preservar, a fortalecer... É para isso que servem os partidos, os sindicatos, as eleições. É para isso que servem os

Estados. É para isso que serve a política. Trata-se de criar convergências de interesses – o que não se dá sem compromissos – para que a paz seja, para que a justiça e a liberdade possam ser. O que é a política? É a vida comum e conflituosa, sob a dominação do Estado e por seu controle (política interna), entre Estados e sob sua proteção (política internacional): é a arte de tomar, manter e utilizar o poder. É também a arte de compartilhá-lo; mas é que não há, na verdade, outra maneira de tomá-lo, nem de mantê-lo.

porvir (*avenir*) – A palavra, em sua etimologia transparente, já vale quase como uma definição: o porvir é o que está por vir. Essa tautologia é mais problemática do que parece. De fato, ela sugere duas questões. Se é *por vir*, de onde virá? Se *é* por vir, em que ainda não é do presente (já que *é*)? As duas questões se conjugam numa mesma aporia: como o porvir poderia existir e onde, já que, se existisse, seria presente? Santo Agostinho é insuperável aqui: o porvir, assim como o passado, só pode existir "como presente". A topologia do porvir (onde está ele?) comanda sua ontologia (o que é ele?). Mas ambas submetidas ao seu conceito, que é paradoxal: onde quer que esteja, e o que quer que seja, o porvir só pode estar lá (como presente) na medida em que ainda não estiver. Isso comanda mais ou menos a resposta às nossas duas perguntas. O porvir só pode estar presente (como por-vir) na alma ou na consciência, as únicas a terem a capacidade de representar-se o que não é. É o que podemos chamar de antecipação, de protensão, futurição ou, mais simplesmente, espera. O que supõe a imaginação. Também supõe, e sem dúvida previamente, a memória. Que porvir pode ser imaginável, para o recém-nascido, senão a repetição ou a ausência do que foi? Sua mãe estava lá, depois não mais; depois está lá de novo, depois não mais, depois lá, não mais... Como não esperar (desejar, ter esperança, prever) que ela volte? Como não temer que ela não volte? Portanto, se assim podemos dizer, ela está presente na medida em que não mais está (memória) ou ainda não está (antecipação). O porvir só tem existência para o espírito, não em si: não é por existir (no mundo) que o esperamos; ao contrário, é porque o esperamos que ele existe (na consciência). Assim, o porvir não é um ser: é um correlato imaginário de uma consciência à espera.

O porvir não existe: só existe a consciência presente que podemos ter, aqui e agora, da sua ausência atual e da sua vinda esperada. É uma visão do espírito, se quiserem, mas sobre si mesmo enquanto espera. Portanto todo porvir é subjetivo: nada nos espera; nós é que esperamos alguma coisa, muitas vezes a ponto de sermos incapazes de vivê-la quando ela advém (v. *A fera na selva*, de Henry James). "Assim, nós nunca vivemos, esperamos viver...", dizia Pascal. É o que nos fada ao tempo, à carência, à impaciência, à angústia. Estamos separados do presente ou da eternidade somente por nós mesmos.

posição (*position*) – Uma das dez categorias de Aristóteles. Não é o lugar em que nos encontramos (a localização), mas certa maneira de ocupá-lo: por exemplo, sentado ou em pé. A palavra *situação*, às vezes utilizada nesse sentido, presta-se ainda mais à confusão: é melhor reservá-la para outro uso.

Leucipo e Demócrito, lembra-se Aristóteles, pensavam que os átomos distinguiam-se uns dos outros apenas por sua "forma, ordem e posição", como as letras de uma palavra: "Assim, *A* difere de *N* pela forma, *AN* de *NA* pela ordem e *Z* de *N* pela posição" (o *Z* é como um *N* deitado, e vice-versa: ver *Metafísica*, A, 4). No entanto, *Z* e *N* são duas letras diferentes, enquanto Sócrates de pé ou deitado é sempre um só e mesmo homem. É que Sócrates não é uma letra: ele pode mudar de posição sem que sua posição o mude.

positivismo (*positivisme*) – É, antes de mais nada, o sistema de Auguste Comte, que pretendia se basear unicamente nos fatos e nas ciências. Para tanto, ele renuncia a buscar o absoluto e até as causas (o *porquê*), para se ater ao relativo e às leis (o *como*). Faz disso uma poderosa síntese, que é o próprio positivismo. Sistema impressionante, tanto em sua massa como em seu detalhe, hoje injustamente desprezado. Cumpre dizer que compromete-o a personalidade do seu autor, cuja saúde mental deixava a desejar, e seu estilo, espantosamente indigesto. Julguem-no por este breve trecho, que no entanto diz o essencial sobre o espírito do positivismo:

> Constatando a inanidade radical das explicações vagas e arbitrárias próprias da filosofia inicial, seja teológica, seja metafísica, o espírito humano renuncia doravante às pesquisas absolutas que convinham apenas à sua infância e circunscreve seus esforços ao domínio, por conseguinte rapidamente progressivo, da verdadeira observação, única base possível dos conhecimentos verdadeiramente acessíveis, sensatamente adaptados a nossas necessidades reais. A lógica [...] reconhece doravante, como *regra fundamental*, que toda proposição que não for estritamente redutível ao simples enunciado de um

fato, ou particular, ou real, não poderá proporcionar nenhum sentido real e inteligível. [...] Numa palavra, a revolução fundamental que caracteriza a virilidade da nossa inteligência consiste essencialmente em substituir, onde quer que seja, a inacessível determinação das causas propriamente ditas pela simples busca das *leis*, isto é, das relações constantes entre os fenômenos observados. (*Discurso sobre o espírito positivo*, III, 12)

Depois de Auguste Comte, o termo banalizou-se. Passou a designar todo pensamento que pretende ater-se aos fatos ou às ciências, excluída toda interpretação metafísica ou religiosa, ou mesmo toda especulação propriamente filosófica. Assim, fala-se de *positivismo jurídico* (uma concepção do direito que reconhece ou estuda apenas o direito positivo) ou de *positivismo lógico* (a doutrina de Carnap e da sua escola), não porque seus partidários tenham o que quer que seja a ver com Auguste Comte, que geralmente nem leram, mas porque também se opõem à metafísica e pretendem se ater exclusivamente ao que pode ser positivamente estabelecido (por exemplo, nos textos das leis ou dos enunciados científicos).

Fora essas acepções históricas precisas, a palavra positivismo é habitualmente tomada num sentido pejorativo, em todo caso hoje em dia. Seria um pensamento curto e como que uma negação da filosofia. Esse uso suscita sobretudo polêmica. Faz-se necessário utilizar a palavra com conhecimento de causa. Evite-se, em particular, confundir o *positivismo*, que renuncia à metafísica, com o *cientificismo*, que gostaria que a ciência fosse uma metafísica.

positivo (*positif*) – Em filosofia, opõe-se menos a *negativo* do que a *natural*, *metafísico* ou *quimérico*. É positivo o que existe de fato (por exemplo, o *direito positivo*, oposto ao *direito natural*) ou se apóia nos fatos (as ciências positivas). Em Auguste Comte, segundo a sua célebre lei dos três estados, "o estado positivo ou real", que é o terceiro, se opõe ao "estado metafísico ou abstrato", a que sucede, assim como este se opõe ao "estado teológico ou fictício" que o precedera.

posse (*possession*) – O fato de possuir uma coisa, isto é, de ter seu gozo ou seu uso. Mas não é senão um fato: é o que distingue a *posse* da *propriedade*, que é um direito.

possível (*possible*) – O que pode ser ou acontecer. Logo o que não é? Não necessariamente, nem a rigor: o que é pode ser, já que é; o que não é, este sim, é que se mostra presentemente impossível (já que não é). Por exemplo, é certamente possível eu estar sentado, já que estou, e presentemente impossível, enquanto estiver, não estar. Mas, nesse caso, só o real seria possível, e seria também necessário, e tudo o mais seria impossível. Só haveria o que há: as categorias da modalidade (v. "modalidade") se aboliriam numa espécie de monismo ontológico. É o próprio mundo. Mas como pensá-lo no futuro, sem distinguir o que pode acontecer (o possível) do que não pode (o impossível) ou do que acontecerá inevitavelmente (o necessário)? É preciso arranjar outra definição, propriamente modal, que não mais defina o possível em relação ao ser, mas sim em relação ao seu contrário: é possível, em sentido lato, tudo o que não é impossível. Portanto, é a modalidade mais vasta, que inclui tudo o que é real, tudo o que pode se tornar real, tudo o que se tornará necessariamente real. Num sentido estrito, em compensação, entende-se por possível tudo o que não é nem real, nem necessário, nem impossível: tudo o que pode ser ou não ser, logo o que ainda não é e talvez nunca virá a ser. Isso existe apenas para o pensamento: é um ser de razão, como diz Espinosa, mas nenhuma razão, fazendo-se prospectiva, pode prescindir dele.

postulado (*postulat*) – Um princípio que formulamos, sem poder demonstrá-lo. Distingue-se do axioma apenas por uma evidência menor. Aliás, os matemáticos modernos renunciaram à distinção. É que renunciaram à evidência dos princípios, para não reconhecer mais que a necessidade das inferências.

postulados da razão prática (*postulats de la raison pratique*) – Em Kant, são proposições teóricas cuja verdade é afirmada – mas em virtude de uma necessidade tão-somente prática e subjetiva, logo sem que se possa ver nelas uma demonstração – a partir das exigências da moralidade. São três esses postulados: a liberdade da vontade, a imortalidade da alma, a existência de Deus (*C. r. prática*, Dialética, IV-VI). Temos de acreditar neles, segundo Kant, para que a experiência moral tenha um sentido. Isso não prova que Deus existe, que somos livres ou que a alma é imortal (já que nada prova que a moral tem um sentido), nem acarreta que é um dever acreditar neles (já que "não pode ser um dever admitir a existência de uma coisa"), mas que é moralmente necessário aceitar esses três postulados, de outro modo não poderíamos escapar do absurdo e do desespero. E por que deveríamos escapar? Para cumprir com o nosso dever? Não, já que este não necessita de esperança. Os postulados da razão prática não respondem à questão "*que devo fazer?*", mas sim à questão "*o que me é permitido esperar?*". É a dimensão de esperança da moral, pela qual ela conduz à religião.

potência (*puissance*) – Uma força que se exerce (potência em ato: *enérgeia*) ou que pode se exercer (potência em potência: *dynamis*). As duas, no presente, são uma só e mesma coisa: "toda potência é ato, ativa e em ato", dizia Deleuze a propósito de Espinosa, e não há nada além da potência. É o próprio ser, na medida em que é potência de ser (conato, força, energia).

Nietzsche vê na *vontade de potência* "a essência mais íntima do ser". É uma força de afirmação, de criação, de diferenciação, que faz do prazer e da dor "como que fatos cardeais" ("todo aumento de potência é prazer, todo sentimento de não poder resistir, de não poder dominar é dor", *La volonté de puissance* [A vontade de potência], ed. Wurzbach-Bianquis, I, 54). Um querer-viver, como em Schopenhauer? Não. "Não há vontade senão na vida", reconhece Nietzsche, "mas essa vontade não é querer viver; na verdade, ela é vontade de dominar", antes de tudo dominar a si mesmo: "Tudo trabalha no sentido de se superar sem cessar" (*Zaratustra*, II, "Do controle de si"). Assim é a vontade de potência. É uma espécie de conato (sabe-se que Nietzsche reconheceu em Espinosa um "predecessor" seu), mas que tenderia menos à conservação do que à superação de si, do que à extensão, ainda que fatal, da sua própria potência: não a tendência de todo ser a perseverar em seu ser, como queria Espinosa, mas a "superá-lo", mas a "manifestar sua potência" e a aumentá-la (*op. cit.*, II, §§ 42-50; *A gaia ciência*, V, 349). Evite-se ver nisso uma apologia da violência ou do expansionismo: a *potência* que Nietzsche evoca é muito mais a do criador do que a do conquistador. Não é um objetivo, é uma força (a potência não é o que a vontade quer, dizia Deleuze, mas *o que* quer nela, *Nietzsche et la philosophie* [Nietzsche e a filosofia], III, 6).

A proximidade com Espinosa é maior do que parece e do que Nietzsche acreditou. Este último não via no conato espinosista mais que uma tendência puramente conservadora e defensiva, contra a qual ele próprio se singularizaria pensando a vontade de potência como positiva, afirmativa e criadora. Era desconhecer que a potência, em Espinosa também, é "afirmação absoluta da existência" (*Ética*, I, 8, escólio); é esse o sentido da *causa sui* (a que estamos sujeitos, pois que fazemos parte da natureza: "a potência do homem é uma parte da potência infinita", IV, 4, dem.) e da vida. A "potência de existir e de agir", para Espinosa, é bem diferente de um simples instinto de conservação. Não se trata apenas de resistir à morte, mas de existir, de agir e de se alegrar o mais possível. A alegria é um *aumento* de potência, e é a alegria que é boa. Apesar disso – esta é uma verdadeira diferença entre esses dois pensadores –, o "esforço para se conservar" é indissociável, para Espinosa, do desejo "de ser feliz, de agir bem e de viver bem" (*Ética*, IV, 21, 22 e dem.). Espinosa, por sua vez, não teria aconselhado a "viver perigosamente"...

povo (*peuple*) – O conjunto dos sujeitos de um mesmo soberano, ou dos cidadãos de um mesmo Estado. Numa República, ele é o próprio soberano, portanto.

Dirão que o povo é apenas uma abstração – que só existem indivíduos. Sem dúvida. Mas o contrato social ou o sufrágio universal realizam essa abstração, dando ao povo, como Hobbes viu, a unidade, certamente artificial mas efetiva, de uma pessoa. É o que distingue o *povo* da *multidão*: "O povo é um certo corpo e uma certa pessoa, à qual se pode atribuir uma só vontade e uma ação própria; ao passo que não é possível dizer nada de parecido da multidão" (Hobbes, *Do cidadão*, XII, 8; ver também VI, 1). Resta saber, era a questão de Rousseau, o que faz que um povo seja um povo. Deve-se responder: o contrato social; em outras palavras, a unidade da vontade geral, quando ela reina. Um povo só é *uno* – logo só é verdadeiramente um povo – pela soberania que ele se dá, exerce ou defende. Ou seja, um povo só é de fato ele mesmo numa democracia, e por meio dela. Os déspotas só reinam sobre uma multidão.

pragmático (*pragmatique*) – Que concerne à ação (*pragma*) e não reconhece outro critério além do êxito ou da eficácia desta. Em filosofia, e contrariamente ao uso político ou jornalístico, a palavra exprime mais uma reserva que uma aprovação. Uma injustiça eficaz nem por isso deixa de ser injusta.

pragmatismo (*pragmatisme*) – Uma atitude ou uma doutrina que privilegia a ação, e o êxito da ação, até fazer disso o único critério legítimo de avaliação. O bem? É o que tem êxito. O verdadeiro? É o que é útil ou eficaz ("o que funciona"). Para dar uma versão curta, que não seria mais que uma forma de sofística: o nazismo seria verdadeiro se Hitler tivesse ganhado a guerra. Mas também podemos, com Charles Sanders Peirce e William James, considerá-lo uma filosofia da ciência e da democracia. O fato de se tratar de dois filósofos americanos não deveria servir de refutação.

O que é o pragmatismo? Uma doutrina, responde Peirce, que identifica a concepção de um objeto à de seus efeitos possíveis. Saber o que é o fogo ou a gravitação é saber que efeitos podem produzir. Assim, uma idéia não é mais que uma hipótese, que tem de ser submetida à experimentação para determinar seu valor; não faz sentido dá-la por verdadeira se nenhum efeito a valida. A verdade é, portanto, para o pragmatismo, o que tem êxito, mas não no sentido mercantil do termo ("o que vale a pena"): é o que resiste eficazmente à prova experimental. A verdade não é um absoluto; é uma hipótese que passou pela experimentação.

O mesmo gênero de idéias pode ser aplicado à política. Uma injustiça eficaz, dizia eu no verbete precedente, nem por isso deixa de ser injusta. Mas uma justiça sem efeito, responderia um pragmático, como poderia ser justa? Por isso temos de submeter nossas idéias à prova do real, em vez de submeter o real a uma idéia preconcebida, como faz o totalitarismo. Não porque seja preciso para tanto prescindir de ideais, nem que tal coisa seja possível. Mas porque um ideal nada mais é que o conjunto das conseqüências previstas de uma autoridade, que a motivam, sem dúvida, mas que devem por sua vez ser submetidas à experiência (um ideal que não pode se realizar é um ideal ruim). A democracia é a concretização dessa experiência comum, que a valida na mesma medida em que se submete a ela.

Esse pragmatismo não é uma sofística; é um empirismo radical (essa expressão é de William James) e uma filosofia da ação.

prática (*pratique*) – A definição elaborada por Althusser me parece exígua demais: "Por *prática* em geral", escrevia ele, "entendemos todo processo de transformação de uma matéria-prima determinada, num produto determinado, transformação efetuada por um trabalho humano determinado, utilizando meios (de 'produção') determinados" (*Pour Marx* [A favor de Marx], p. 167). Era dar demasiado peso à produção e ao trabalho. Eu diria, em vez disso: entendo por prática uma atividade (*práxis*, em grego, ou *enér-*

geia) que transforma uma coisa ou alguém, seja produzindo uma obra externa a essa atividade (Aristóteles falava, nesse caso, de *poíesis*), seja produzindo tão-somente essa atividade mesma (*práxis*, no sentido estrito). É a "atividade humana concreta", como dizia Marx (*Teses sobre Feuerbach*, 1), da qual o trabalho é apenas um caso particular.

prática teórica (*pratique théorique*) – Uma atividade no pensamento, e que o transforma. Sua matéria-prima é feita de representações, de conceitos, de fatos, de teorias, de valores, de conhecimentos (v. Althusser, *Pour Marx* [A favor de Marx], p. 168), que ela trabalha ou critica até obter assim outras representações, outros conceitos, outros fatos, outras teorias, outros valores ou outros conhecimentos... As práticas teóricas são múltiplas, claro, incontáveis até: cada ciência é uma delas, ou antes, cada atividade científica; a filosofia é outra, ou antes, toda atividade filosofante.

práxis (*praxis*) – O nome grego da ação; o nome esnobe ou marxista da prática. A palavra só me parece útil numa oposição, de origem aristotélica, à *poíesis*. São dois tipos de ação, mas que se distinguem pela presença ou não de uma finalidade externa. A práxis é, então, uma ação que não visa nada além do seu bom desenrolar (sua *eupraxía*): ela não tende a nenhum fim externo a ela própria, nem a nenhuma obra externa àquele que age. Não é que ela seja estéril; é que ela se basta a si mesma. Já a *poíesis* é uma produção ou uma criação: ela nunca tem seu fim em si mesma, mas sempre em seu resultado, que permanece externo a ela (o produto da obra: *érgon*). A vida, por exemplo, é uma práxis: viver é criar sem obra. E o trabalho ou a arte, uma *poíesis*. Esta só tem sentido a serviço daquela.

prazer (*plaisir*) – Um dos afetos fundamentais e, como tal, quase impossível de definir. Digamos que é o afeto que se opõe à dor, o afeto que nos agrada, que nos regozija ou nos faz bem: é a satisfação agradável de um desejo.

Note-se que esse desejo não é necessariamente uma carência (por exemplo, no prazer estético) e não precede necessariamente sua satisfação: um aroma agradável, uma bonita paisagem ou uma boa notícia podem me dar prazer, mesmo que eu não os desejasse antes de encontrá-los. Espinosa diria que, ainda assim, eles condizem com minha potência de existir (com meu conato), digamos com minha potência de fruir, de agir e de me regozijar, em outras palavras, com meu desejo, de fato, mas como potência indeterminada. Concordo, e é por isso que todo prazer é relativo: não é porque uma coisa é agradável que a desejamos, é porque a desejamos, ou porque ela condiz com nossos desejos, que ela é agradável para nós. Por que então não definir o prazer, pura e simplesmente, como a satisfação de um desejo? Porque é possível satisfazer um desejo sem entretanto sentir prazer: os fumantes sabem muito bem que o prazer nem sempre é igual, nem mesmo está sempre presente, a cada cigarro ou a cada tragada. E todos sabem que, infelizmente, não basta desejar viver para a vida ser agradável...

"Todo prazer, por ter uma natureza apropriada à nossa, é um bem", observava Epicuro. Depois acrescentava: "no entanto, nem todo prazer deve ser escolhido" (*Carta a Meneceu*, 129). É que alguns trazem mais males, para si ou para outrem, do que bens. É aqui que o hedonismo alcança seu limite. O prazer é "o bem primeiro e conforme à nossa natureza", claro, "o princípio de toda escolha e de toda recusa", enfim "o princípio e o fim da vida feliz" (*ibid.*). Mas nem todo prazer, nem sempre os prazeres mais fortes. É preciso escolher, portanto: é para isso que servem a prudência, no que diz respeito a si, e a moral, no que diz respeito aos outros. Não é que se deva renunciar, por isso, ao prazer, mas é que não é possível "viver com prazer sem viver com prudência, honestidade e justiça" (*ibid.*, 132). O prazer é a meta, mas nem sempre é o caminho.

prazer, princípio de (*plaisir, principe de*) – Aristóteles formula-o assim: "Escolhe-se o que é agradável, evita-se o que é penoso" (*Ética a Nicômaco*, X, 1).

É retomado por Epicuro: "É por isso que fazemos tudo: para não sofrermos e não sermos perturbados. [...] É por isso que dizemos que o prazer é o começo e o fim da vida feliz: é nele que encontramos o princípio de toda opção e de toda recusa" (*Carta a Meneceu*, 128-129).

É cantado por Virgílio, talvez influenciado por Lucrécio: "*Trahit sua quemque voluptas*" (cada um é arrastado por seu próprio prazer, *Bucólicas*, II, 65; comparar com o *De rerum natura*, II, 172 e 258). Será retomado por santo Agostinho e Pascal (foi o que se chamou de pan-hedonismo de Port-Royal: "O homem é escravo do deleite; o que mais o deleita, infalivelmente o atrai: fazemos sempre o que mais agrada, ou seja, queremos sempre o que agrada", Pascal, *Écrits sur la grâce*, p. 332 a), mas também por Montaigne ("O prazer é nosso fim..., na própria virtude, o objetivo último do nosso desígnio é a volúpia", I, 20) e pela maioria dos materialistas do século XVIII... Mas foi sem dúvida Freud, no último período, que lhe deu seu nome e sua formulação canônica. "O conjunto da nossa atividade física tem por fim proporcionar-nos prazer e fazer-nos evitar o desprazer" (*Introdução*..., 22; ver também "Além do princípio de prazer", 1). O *princípio de prazer* é um dos dois grandes princípios que regem, segundo Freud, a totalidade da nossa vida psíquica, ou antes, é o único: todo ser humano (talvez até todo animal) tende a fruir o mais possível e a sofrer o menos possível. O *princípio de realidade* menos se opõe a essa tendência do que a completa, e só a completa se a modifica. Trata-se sempre de fruir o máximo possível, de sofrer o mínimo possível, mas levando em conta, para tanto, os condicionantes do real, o que supõe que às vezes só aceitamos fruir mais tarde ou menos, quando não sofrer um certo tempo, para aumentar a fruição por vir ou evitar uma decepção maior. "O princípio de realidade também tem por fim o prazer", escreve Freud, "mas um prazer que, embora diferido e atenuado, tem a vantagem de oferecer a certeza que o contato com a realidade e a conformidade com as suas exigências proporcionam" (*ibid.*). É apenas um comentário, mas psicanaliticamente fundamentado, dos parágrafos 129 e 130 da *Carta a Meneceu*.

precaução, princípio de (*précaution, principe de*) – Tomar precauções é agir para evitar um mal, ou o que se julga sê-lo. Prudência aplicada em face de um risco real ou suposto. Assim é em matéria de contracepção ou de alpinismo: a prudência não obriga ninguém a renunciar a fazer amor se não quer ter filhos, nem a deixar de escalar montanhas se não quer morrer, mas sim a tomar, para fazê-lo, certo número de precauções (um meio contraceptivo eficaz no primeiro caso, um equipamento e um treinamento adequados no segundo...). Esses exemplos, e poderíamos citar vários outros, justificam duas observações.

A primeira é que a precaução supõe uma avaliação prévia, e não poderia substituí-la. Fazer um filho é um bem ou um mal? As eventuais precauções dependem da resposta, mas não a decidem.

A segunda observação é que a precaução é geralmente bem diferente do evitar. O que você pensaria de alguém que lhe dissesse: "Em matéria de alpinismo e de sexualidade, tomei minhas precauções: escolhi a planície e a castidade"? Já não se trata de precaução, e sim de fuga. Tomar precauções é agir; não para suprimir todo e qualquer risco, o que é impossível, mas para reduzi-lo o mais possível numa situação dada – inclusive quando ela é, como no caso do alpinismo, inevitavelmente perigosa. Não se trata de renunciar, mas de preparar, de prevenir, de garantir – de prestar atenção. Prudência aplicada, dizia eu, e é a própria prudência.

E quanto ao célebre "princípio de precaução", com que tanto nos enchem os ouvidos, no mais das vezes sem se dar ao trabalho de defini-lo, nem mesmo de enunciá-lo? Em que ele se distingue da simples prudência?

Primeiro, parece-me, pelo fato de dizer respeito principalmente aos poderes públicos ou, pelo menos, às coletividades: um governo ou uma empresa podem aplicar o princípio de precaução; um indivíduo se contentará, em sua vida privada, de tomar as suas.

Depois pelo fato de que o princípio de precaução supõe que é impossível medir com precisão os riscos, ou até atestá-los absolutamente. Quando um país determina um limite de velocidade nas estradas, não está aplicando o princípio de precaução: os riscos da velocidade, em matéria de segurança no trânsito, são tristemente comprovados e, de resto, fáceis de medir, estatisticamente, com um grau satisfatório de precisão e certeza. Por isso, trata-se menos de *precaução* do que de *prevenção*. Mas e em matéria de organismos geneticamente modificados? E em matéria de transfusão de sangue? E em matéria de energia nuclear? Que há riscos nesses três casos, é mais que verossímil; mas eles só se enquadram no princípio de precaução – e não da prudência, apenas – na medida em que esses riscos não podem ser determinados com exatidão, nem mesmo de uma maneira que permita compará-los precisamente com as vantagens esperadas das práticas que os fazem surgir (as manipulações genéticas, as perfusões, as centrais nucleares...). É o que distingue a *precaução* da *prevenção*. "A prevenção", observa Catherine Larrère, "tem a ver com os riscos comprovados, cuja existência é certa e cuja probabilidade é mais ou menos bem determinada. A precaução tem a ver com os riscos potenciais, ainda não comprovados" (*Dictionnaire d'éthique et de philosophie morale*, PUF, verbete "Principe de précaution"). O fato de existir, em todas as centrais nucleares, uma prevenção dos riscos não é nada de mais. A questão é se elas devem ou não ser construídas. E isso já não tem a ver com prevenção, e sim com o princípio de precaução: porque se trata de confrontar certas vantagens (de custo, de independência energética, de garantia de fornecimento, de redução do efeito estufa...) com riscos que em boa parte permanecem indeterminados (os riscos de um acidente ou de uma guerra, os que concernem ao armazenamento do lixo atômico por vários milênios...). É também o que distingue o princípio de precaução da simples prudência. "O princípio de precaução", disse-me certo dia Jean-Pierre Dupuis, "é a prudência em situação de incerteza", não no sentido ordinário do termo (porque o preço da prudência é quase sempre ver-se confrontada com o incerto), mas no sentido em que se fala de incerteza em mecânica quântica: quando a determinação dos riscos bate num limite intransponível, que não permite nem verificar nem quantificar a realidade destes.

Portanto, o princípio de precaução tem a ver, sim, com a prudência, de que é uma ocorrência particular: é a prudência em situação de incerteza e de responsabilidade coletiva. O legislador nos dá a seguinte formulação dele: "A ausência de certezas, levados em conta os conhecimentos científicos e técnicos presentes, não deve retardar a adoção de medidas efetivas e equilibradas tendo em vista prevenir um risco de danos graves e irreversíveis ao meio ambiente, a um custo economicamente aceitável" (lei de 2 de fevereiro de 1995, dita "lei Barbier"). Para os que não são juristas, eu proporia uma formulação mais simples, que poderia se dirigir a todos os responsáveis por uma coletividade qualquer, pública ou privada: *Não espere que um risco seja demonstrado ou medido para tentar preveni-lo ou limitar seus efeitos*. Não conheço princípio mais incontestável, nem mais incontestado.

Na prática, todavia, parece-me que esse princípio tende comumente a assumir outra forma, não raro implícita, mas que fica manifesta no uso que dele é feito. Do jeito que ele funciona na nossa imprensa ou nos discursos dos nossos homens políticos, ele poderia ser enunciado da seguinte forma: "Não façamos nada que possa apresentar um risco que não seríamos capazes de avaliar com precisão ou que não teríamos certeza de poder superar." Não parece razoável? O problema é que, se adotássemos esta última formulação, deveríamos concluir que levantar da cama de manhã seria violentar o princípio de precaução: quem pode saber dos riscos possivelmente mortais que isso nos faz correr? Mas ficar na cama o dia inteiro e todos os dias também tem seus perigos. Assim é que o princípio de precaução nos encerra numa contradição insuperável... Estou brincando, porque o princípio de precaução só vale, como assinalei de passagem, nas situações de responsabilidade pública ou coletiva, e porque os riscos, nelas, poderiam ser estatisticamente medidos (as companhias de seguro conseguem fazê-lo muito bem). No entanto, mesmo considerando o princípio de precaução em seu campo legítimo de aplicação, não é difícil encontrar aporias comparáveis. Quando o automóvel foi inventado, quem podia avaliar com precisão os riscos que ele trazia consigo, tanto em matéria de acidentes como de poluição? E quem pode fazê-lo hoje? "Vai causar milhares de mortes!", podia dizer um. E houve milhões. E deveríamos, por causa disso, renunciar ao automóvel? Questão legítima, ainda hoje. Não me parece que o princípio de precaução baste para respondê-la.

Objetarão que a invenção do automóvel não acarretava uma mudança irreversível: não é impossível, pelo menos em tese, voltar atrás. É verdade. E, ainda que essa possibilidade seja puramente teórica (que governo poderia hoje proibir o automóvel?), ela expõe uma coisa importante sobre o princípio de precaução: que ele deve se aplicar tanto mais rigorosamente quanto mais os riscos implícitos puderem ser irreversíveis. É o caso, por exemplo, do debate sobre os organismos geneticamente modificados. Como os genes modificados serão disseminados na natureza, será sem dúvida impossível suprimi-los: a mudança será irreversível e os eventuais riscos serão, portanto, proporcionais a ela. Mais uma razão para sermos vigilantes. Mas será uma razão para abandonar os organismos geneticamente modificados e as eventuais vantagens que deles podem advir (em matéria de rentabilidade, mas também em matéria de proteção ambiental, de luta contra a fome, de pesquisa médica...)? Não sei. Participei de várias mesas-redondas sobre a questão: pude constatar que os próprios especialistas se dividiam vigorosamente sobre a decisão a tomar. Duvido que o princípio de precaução baste para fazê-los chegar a um acordo.

Às vezes imagino um debate, ocorrido centenas de milhares de anos atrás, quando os primeiros hominídeos começaram a dominar o fogo. De um lado, um aprendiz de feiticeiro, que manipula pedaços de sílex e de pau. Do outro, um sábio ecologista, que se preocupa com a natureza e o futuro: "Cuidado!", este último exclama. "Não sabemos onde o fogo pode nos levar! Não dá para avaliar com exatidão os riscos: vai haver com certeza acidentes, incêndios, milhares de mortos, quem sabe..." Houve muito mais. Mas a humanidade dominou o fogo.

Ou outro debate, três séculos atrás, sobre a máquina a vapor. De um lado, um aprendiz de feiticeiro, que se atarefa na caldeira e nos pistões. Do outro, um sábio preocupado com o meio ambiente e com a tradição: "Cuidado!", este se alarma. "Com a máquina a vapor entramos num campo desconhecido, com riscos que não podemos avaliar! Essa nova tecnologia pode subverter toda a nossa economia, comprometer o equilíbrio dos nossos campos e das nossas cidades, ameaçar as florestas, esgotar nossas reservas de carvão, modificar o clima... Pode causar milhares de mortes!" Causou muito mais. Mas a humanidade fez a revolução industrial.

Não digo isso contra os ecologistas, nos quais votei várias vezes, e ainda votarei, mas contra certo uso do princípio de precaução, ou antes, de sua caricatura, que me parece encerrar-nos na inação ou no conservadorismo. Toda novidade apresenta um risco, que é quase sempre impossível avaliar com exatidão. O princípio de precaução, quando bem compreendido, não impõe que se renuncie por ele ao progresso, mas simplesmente que se tenda a observá-lo procurando prevenir ou limitar os riscos, mesmo que apenas possíveis, que esta ou aquela novidade podem acarretar. É sempre culpado não fazer nada contra um perigo possível, é o que o princípio de precaução indica com muita clareza. Mas daí não decorre que seja sempre culposo fazer uma coisa quando ela pode apresentar algum risco. Pois nesse caso não já se faria nada, em todo caso nada de novo: já não seria precaução, e sim imobilismo.

Em suma, o princípio de precaução é um princípio positivo, que *impõe* alguma coisa (uma ação, contra um perigo possível: "Na dúvida, faça algo para limitar os riscos"), e não um princípio negativo, que *impediria* uma ação a partir do momento em que esta pudesse acarretar certo risco (do tipo: "Na dúvida, abstenha-se"). Pois senão, visto que o risco zero não existe, como a justo título não se cessa de repetir, o princípio de precaução, na sua forma abstencionista, nos condenaria à inação – sempre há uma dúvida: teríamos de nos abster sempre! – e desaprovaria toda a história humana, que não cessou de assumir riscos e de superá-los.

Objetarão que a formulação do princípio de precaução, tal como o enuncio, não nos diz o que se deve decidir em matéria de organismos geneticamente modificados, de energia nuclear ou de transfusão de sangue (como hoje no caso, por exemplo, da doença de Creutzfeldt-Jakob, para a qual, neste ano de 2000, os riscos transfusionais são possíveis mas não comprovados). Concordo, mas não vejo nisso uma objeção contra esse princípio, nem contra minha formulação. Nenhum princípio pode decidir em nosso lugar, ainda bem aliás: o princípio de precaução pode esclarecer uma decisão política, mas não poderia substituí-la. É aqui que encontramos a prudência, que não é um princípio mas uma virtude. E a democracia, que não é uma garantia mas uma exigência.

Tudo o que se faz é perigoso, mas desigualmente: seria tão imprudente não fazer nada quanto fazer tudo de qualquer maneira.

prece (*prière*) – Fazer uma prece é falar com Deus, quase sempre para lhe pedir alguma coisa. Mas para que falar com ele, se ele já sabe tudo? E por que pedir, se ele sabe melhor do que nós o que necessitamos? O silêncio seria mais digno, e igualmente eficaz.

Dirão que, no amor, também se fala para dizer a alguém o que este já sabe mas que gosta de ouvir... É que ele precisa de palavras de confirmação, de reconforto, de ternura... Mas prece não é carícia. E quem ousaria acariciar Deus?

preconceito (*préjugé*) – O que foi concebido antes. Antes do quê? Antes de ter pensado verdadeira e adequadamente no assunto. É o nome clássico e pejorativo da opinião, especialmente em Descartes, na medida em que esta é preconcebida.

A força dos preconceitos se deve ao fato de que "todos nós fomos crianças antes de sermos homens" e começamos a pensar muito antes de saber raciocinar (se é que sabemos). O remédio, segundo Descartes, é a dúvida e o método. Mas forçoso é constatar que o cartesianismo dará razão, no fim das contas, à maioria dos preconceitos da sua época. Não é por ser homem, e mesmo um grande homem, que se deixa de ser criança.

pré-consciente (*préconscient*) – Uma das três instâncias da primeira tópica de Freud.

O pré-consciente não é, como alguns crêem, uma espécie de intermediário ou de crivo entre o consciente e o inconsciente (o que seria melhor chamar de subconsciente, conceito não-freudiano). Ele e o consciente constituem um só e mesmo sistema (o sistema Pcs-Cs), o qual está separado do inconsciente (o sistema Ics) pelo recalque e pela resistência. O que é o pré-consciente? É o conjunto de tudo o que pode ser consciente (sem, para tanto, necessitar vencer as defesas do inconsciente), mas que não o é atualmente. O consciente é tão-somente sua ponta extrema e ínfima. Por exemplo, sua data de nascimento, o nome da sua mulher (do seu marido) ou a cor dos seus olhos: é bem verossímil que nenhum desses três dados fizesse, vinte segundos atrás, parte do campo da sua consciência, onde agora estão (eles passaram do pré-consciente ao consciente), sem ter necessitado para tanto de driblar qualquer censura. Assim é o pré-consciente: uma imensa, pelo menos na nossa escala, e monótona sala de espera, antes e depois da passagem do trenzinho da consciência... Foi o inconsciente, se acreditarmos em Freud, que assentou os trilhos. Mas é o mundo que os suporta, e que vemos pela janela. *È pericoloso ma buono sporgersi**.

predestinação (*prédestination*) – Um destino escrito antecipadamente.

A predestinação está para o destino, ou mesmo para a providência, mais ou menos assim como o predeterminismo está para o determinismo:

* É perigoso, mas bom, debruçar-se. [Nas janelas dos trens que circulam na Itália lê-se o aviso: *È pericoloso sporgersi*.] (N. do T.)

sua antecipação retrospectiva e supersticiosa. Mas é difícil, para quem acredita num Deus onisciente e onipotente, escapar a ela. Deus me dá o ser e a vida. Ele sabe, desde toda a eternidade, se serei salvo ou condenado, e até decide o que serei (pela graça): como poderia eu escapar do meu destino? É a luz negra da fé, a de santo Agostinho, de Calvino, de Pascal. Ela assusta nossos crentes modernos, quase todos pelagianos ou jesuítas. Até isso, quem sabe, estava escrito.

predeterminismo (*prédéterminisme*) – Um determinismo fatalista (o que Epicuro chamava de "o destino dos físicos"): o passado seria causa do presente, assim como o presente, do futuro, de sorte que tudo, sempre, estaria escrito antecipadamente. É um determinismo dilatado no tempo – um determinismo obeso. É também, segundo creio, um contra-senso sobre a causalidade. Se somente o presente existe, somente ele (de que fazemos parte) é causa e efeito: como o passado, que já não é, poderia governar o futuro, que ainda não é? Como um ou outro poderiam comandar o presente, que é tudo? O demônio de Laplace não era senão um pesadelo.

predicado (*prédicat*) – Tudo o que é afirmado acerca de um sujeito qualquer. Por exemplo, nas proposições "Sócrates é um homem" ou "Sócrates passeia": "é um homem" e "passeia" são predicados.

predição (*prédiction*) – Predizer é dizer antecipadamente o que acontecerá, quando se crê sabê-lo por vias misteriosas ou sobrenaturais (predição não é previsão). O próprio dos profetas e dos imbecis.

preguiçoso, argumento (*paresseux, argument*) – É um argumento tradicionalmente oposto ao fatalismo, notadamente ao fatalismo estóico. Se tudo é determinado ou submetido ao destino, já não há por que agir nem se empenhar no que quer que seja: o fatalismo poderia levar apenas à preguiça ou à inação. Por exemplo, se está escrito que passarei no exame, para que me preparar? E para quê, se está escrito que serei reprovado? Não haveria portanto por que se preparar em nenhum dos dois casos, que são os únicos possíveis... Claro que se trata de um contra-senso: o que é fatal, para os estóicos, não é este ou aquele acontecimento isolado (por exemplo, o resultado de um exame), mas o encadeamento das causas e dos acontecimentos (sendo pois cada acontecimento, como dizia Crisipo, "co-fatal" de outros: por exemplo, o estudo do aluno e seus resultados no exame). Encontramos em Cícero outro exemplo: "Tenhas chamado um médico ou não, tu vais sarar": é inútil, pois, sugere o argumento preguiçoso, chamá-lo ou seguir seus conselhos... "Trata-se de um sofisma," explica Cícero, "porque está escrito em seu destino tanto chamar um médico como sarar; são duas coisas que Crisipo chama de co-fatais" (*De fato*, XIII, 30). O real deve ser para pegar ou largar em bloco; mas quer você o pegue, quer não, isso faz parte do real.

premeditação (*préméditation*) – Uma vontade antecipada: é querer de antemão, ou melhor (pois só há vontade atual), é projetar e continuar a querer. Costuma-se considerar, especialmente nos tribunais, que uma vontade assim preparada é mais grave, quando culpada, do que outra. Porque ela suprime a desculpa possível da cólera ou da irreflexão.

premissa (*prémisse*) – Uma proposição considerada como primeira (em relação às suas conseqüências), especialmente as duas primeiras proposições – a maior e a menor – de um silogismo.

prenoção (*prénotion*) – Uma das duas traduções usuais do grego *prólepsis* (a outra é "antecipação"). É outro nome para designar as idéias gerais que resultam da repetição de experiências quase idênticas ou das quais só se retém o que é idêntico. Por exemplo, a idéia de árvore, para Epicuro, é uma prenoção: como idéia, ela só existe porque percebi várias árvores diferentes, das quais só retive o que tinham em comum. Ela é posterior à experiência, portanto. Por que é chamada de *pre*noção? Porque é preciso dispor de uma prenoção para poder reconhecer, ao ver uma árvore, que se trata de uma árvore. É o contrário de uma idéia *a priori*: ela precede uma experiência dada apenas na medida em que resulta de outras, que a precedem. Assim, é a experiência que está na base de tudo, inclusive das idéias que a pensam.

A palavra vai adquirir mais tarde, especialmente em Bacon e Durkheim, um sentido pejorativo: a prenoção seria uma idéia preconcebida, anterior a toda reflexão ou a toda pesquisa científica, e que, com isso, poderia nos desviar de ambas. Nesse sentido, opõe-se a conceito. Mas os conceitos de uma época tornam-se rapidamente prenoções de outra. Nunca paramos de pensar, nem de nos libertar das nossas idéias.

Assim, a prenoção é uma idéia com a qual (em Epicuro e nos estóicos) ou contra a qual (em Bacon ou Durkheim) pensamos: é uma ferramenta ou um obstáculo, às vezes ambos.

preocupação (*souci*) – É a memória do porvir, mais inquieta porém do que confiante. Disposição essencial ao homem, uma vez que ele é espírito (logo memória) e fragilidade (logo inquietude). Heidegger tinha razão em fazer da preocupação uma estrutura originária do *Dasein*, sempre projetado à frente de si, sempre preocupado, sempre voltado para o futuro ou para a morte. Mas os gregos não estavam errados por considerar a preocupação o contrário da sabedoria. É essencial aos humanos, e somente a eles, não ser sábios. É por isso que têm de filosofar: para se aproximar da sabedoria, pelo menos um pouco, distanciando-se de si mesmos. Tornando-se menos humanos? De modo algum. Tornando-se menos egoístas, menos inquietos, menos preocupados – abrindo-se mais ao presente, à ação e a tudo.

presente (*présent*) – O que separa o passado do futuro. Mas, se o passado e o futuro não são nada, nada os separa. Só há a eternidade, que é o próprio presente. Entre nada e nada: tudo.

É o lugar de coincidência do real e do verdadeiro, que logo se separam (o passado, que já não é real, permanece verdadeiro) sem se perder (pois que a verdade permanece presente). Talvez seja o próprio espaço, onde o universo eternamente *se presenta*.

Estar presente é ser ou devir. O presente dura, isto é, continua a ser presente, sem cessar de mudar. É por isso que há o tempo, que podemos, pelo pensamento, dividir indefinidamente entre passado e futuro. O presente, para o pensamento, é o que os separa. Mas esse presente abstrato nada mais é então que um instante sem espessura: não é uma duração, dizia Aristóteles, mas o limite entre duas durações. O real continua ainda assim sem limites, e ele é o próprio presente: a continuação indivisível e ilimitada de tudo.

Note-se que a memória e a imaginação fazem parte dele. Viver no presente, como diziam os estóicos, como dizem todos os sábios, não é, portanto, viver no instante. Quem pode amar, sem se lembrar daqueles que ama?

Pensar, sem se lembrar das suas idéias? Agir, sem se lembrar dos seus desejos, dos seus projetos, dos seus sonhos? Não é que exista para tanto outra coisa que não o presente. Quem pode amar, pensar ou agir no passado ou no futuro? Viver no presente é simplesmente viver de verdade: é a vida eterna, e não há outra. Somente nossas ilusões nos separam dela, ou antes, somente nossas ilusões (que dela fazem parte) nos dão a sensação de estarmos separados. "Enquanto você fizer uma diferença entre o nirvana e o samsara, você está no samsara", dizia Nagarjuna. Enquanto você fizer uma diferença entre o tempo e a eternidade, você está no tempo. O presente, que é a verdade conjunta de um e outra, ou sua conjunção verdadeira, é portanto o único lugar da salvação. Já estamos no Reino: a Eternidade é agora.

presságio (*présage*) – O sinal presente de um acontecimento por vir. Na maioria das vezes, não passa de superstição. Mas às vezes uma observação um pouco atenta e regular conduz a um repertório mais ou menos confiável de signos, associados a igual número de previsões. É o caso da medicina, da meteorologia, da economia... O fato de aquelas nuvens pesadas lá longe nos deixarem pressagiar uma tempestade não é nem magia nem mesmo predição. Não é o futuro que vemos, é o presente, cujos efeitos ou conseqüências às vezes aprendemos a prever. Mas, em regra geral, fala-se de presságio apenas no caso dos sinais misteriosos ou irracionais. Estes quase sempre mentem. Mesmo quando acontece de se verificarem, o melhor é esquecê-los em seguida.

previsão (*prévision*) – Prever é ver antes. Porque se veria o futuro? Claro que não (como ver o que não é?); mas porque se vêem os signos ou as causas do futuro, que fazem parte do presente, e se os interpreta. Não confundir com a esperança. O meteorologista anuncia uma tempestade, o que não quer dizer que nutra por ela qualquer esperança. O turista espera que vá fazer bom tempo, o que não quer dizer que ele o preveja. A esperança funda-se num desejo; a previsão, num conhecimento. Este é confiável? Depende dos domínios considerados. A melhor previsão não é necessariamente a mais certa, mas sim a que avalia sua margem de incerteza até, se necessário, prever os meios de superar seu próprio fracasso. É nisso que conhecimento e vontade se encontram: já não é previsão, mas estratégia.

primado/primazia (*primat/primauté*) – As duas palavras, com freqüência, são sinônimas: indicam o que vem em primeiro lugar, o que é mais importante ou tem mais valor. É por isso que costumo distingui-las. A noção de "primeiro lugar" só tem sentido em função de uma ordem que seguimos: se acontece de os primeiros serem os últimos, como está dito nas Escrituras, tal fato em geral se deve menos a uma subversão interna da série (um pobre que enriquece, um rico que se arruína) do que a uma mudança de ponto de vista entre as duas hierarquias. Isso vale especialmente quando se passa da teoria à prática, da verdade ao valor, da ordem das causas à ordem dos fins. O que é mais importante, do ponto de vista do ser ou do conhecimento, não é necessariamente – aliás, parece-me, não é nunca – o que mais vale, do ponto de vista do sujeito ou do juízo. Ser materialista, por exemplo, é afirmar o *primado da matéria*. Mas, na medida em que é uma filosofia, o materialismo não pode renunciar à *primazia do pensamento ou do espírito*. Apesar de ter afirmado o primado da economia, Marx não se achou obrigado a submeter sua vida ao dinheiro: que eu saiba, ele não era nem banqueiro nem venal. E Freud, apesar de ter sustentado o primado da sexualidade e do inconsciente, tampouco resolveu submeter a eles sua existência: não era nem idiota nem depravado, e punha a arte e a lucidez bem acima do sexo e dos atos falhos. De resto, isso é exprimido suficientemente pelas noções de ideologia, no primeiro, e de sublimação, no segundo. O fato de a ideologia ser, como dizia Marx, uma *camera obscura*, que dá uma imagem invertida da realidade (o que está em cima aparece embaixo, o que está embaixo aparece em cima, como na câmara escura das velhas máquinas fotográficas), não é um motivo para pretender prescindir da ideologia. E, se todo valor resulta de uma sublimação, como pretende Freud, seria certamente um erro renunciar para tanto à arte, à moral ou à política. A noção de primado ou de primazia deve, portanto, ser cindida em dois conceitos diferentes, opostos até, que podem ser definidos da seguinte maneira: entendo por *primado* o que é objetivamente mais importante, num encadeamento descendente de determinações; por *primazia*, o que vale mais, subjetivamente, numa hierarquia ascendente de avaliações. O conceito de *primado* é ontológico ou explicativo: é a ordem das causas e do conhecimento, que tende ao mais profundo ou ao mais fundamental; o de *primazia* é normativo ou prático: é a ordem dos valores e dos fins, que tende ao melhor ou ao mais elevado. O primeiro serve para compreender; o segundo, para julgar e agir.

A diferença entre esses dois pontos de vista é essencial ao materialismo filosófico. Ser materialista, Comte tem razão neste ponto, é explicar o superior pelo inferior. Mas não é, por isso, renunciar à superioridade daquele, nem pôr-se a adorar este. O fato, por exemplo, de o pensamento se explicar pelo cérebro não poderia justificar que se renuncie a pensar, nem que se submeta toda verdade à neurobiologia (porque, então, a própria neurobiologia se tornaria impossível ou impensável: uma idéia falsa não é menos real, no cérebro, do que uma idéia verdadeira). O fato de a vida se explicar pela matéria inanimada tampouco é uma razão para renunciar a viver, nem para submeter toda vida à física (porque, nesse caso, a noção de bioética perderia seu sentido, e a própria física não teria valor: um imbecil não é menos material que um físico). Cumpre portanto distinguir o que é pertinente ao conhecimento ou às causas, de um lado, e o que é pertinente ao juízo de valor ou à ação, de outro. Isso define dois pontos de vista diferentes: um, teórico, que tende à objetividade; outro, prático, que tem de se assumir como subjetivo. O que é mais importante no primeiro (a matéria, o encadeamento das causas ou das determinações) nunca é o que mais vale no segundo (o espírito, a hierarquia das finalidades ou dos valores), e vice-versa. Foi isso que me possibilitou, no *Tratado do desespero e da beatitude*, pensar o materialismo como essencialmente *ascendente*: do *primado* (da matéria, da natureza, da economia, da força, da sexualidade, do inconsciente, do corpo, do real, do mundo...) à *primazia* (do pensamento, da cultura, da política, do direito, do amor, da consciência, da alma, do ideal, do sentido...). Quem renuncia ao primado deixa de ser materialista; quem renuncia à primazia deixa de ser filósofo: passa a defender nada mais que um materialismo vulgar ou aviltado. É preferível cair de joelhos, num caso, ou ir para a cama, no outro.

Dado que essas duas lógicas, a do primado e a da primazia, se opõem, estamos diante de uma dialética. Resta pensar – para que haja dialética e não incoerência – sua articulação. Como passar de um desses dois pontos de vista ao outro? Entre o primado e a primazia, o que há? O movimento ascendente do desejo, que nos faz passar de um (primado do primado: tudo parte do corpo, inclusive o próprio desejo) à outra (primazia da primazia: nada tem valor, inclusive o corpo, a não ser para o espírito). Por exemplo, em Epicuro: "o prazer do estômago", dizia ele, "é o fundamento de todo bem" (é a ele que se reduzem, de acordo com a ordem das causas, "os bens espirituais e os valores superiores"); mas os prazeres da alma (a amizade, a filosofia, a sabedoria) lhe são superiores, apesar disso: é muito mais deles que dos prazeres corporais que dependem nossa dignidade, nossa liberdade, nossa felicidade. Por exemplo, em Marx: a economia é determinante "em última instância"; mas os homens só agem em função da representação ideológica que têm da sociedade e de si mesmos (um militante que luta pelo comunismo não é a mesma coisa que um cabo eleitoral que se vende a quem paga mais). Por exemplo, em Freud: a psicanálise, como teoria, ensina o primado do inconsciente e da sexualidade, mas mostra, na prática, como se libertar deles, ao menos parcialmente, em nome de valores superiores (que, por sua vez, resultam da sexualidade pela sublimação, mas a julgam, pelo superego, e tendem a se emancipar dela: nenhuma terapia, insiste Freud, pode ser bem-sucedida sem o "amor à verdade". Que sem dúvida pode se explicar pelo inconsciente mas que visa aumentar, na medida do possível, nossa parte de consciência e de liberdade). Em suma, tudo parte do corpo, da economia ou do *id*, mas o espírito, a ideologia ou a educação é que fixam os valores superiores, para os quais tendemos, pelo menos conscientemente, e que podem – só eles podem – dar um sentido, ainda que relativo e provisório, à nossa vida. É essa *ascensão* que o mito de Ícaro, em meu primeiro livro, pareceu-me capaz de simbolizar: Ícaro, prisioneiro de um labirinto horizontal (objetivamente, tudo se equivale e não vale nada), mas criando ele próprio (primado da ação, primazia da obra), guiado pelo pai (todo desejo é biograficamente determinado: primado da história, primazia da fidelidade), as asas do seu desejo e do seu vôo. "Ao contrário da filosofia idealista alemã, que desce do céu à terra", diziam Marx e Engels, "é da terra ao céu que subimos aqui" (*A ideologia alemã*, I). Só que é de fato preciso *subir*: passar da terra ao céu, digamos do *primado* à *primazia* – do desejo (como potência) ao desejável (como valor).

Esse desejo é um esforço (*conato*), uma tensão, um *ato*. Só se passa do primado à primazia se se tiver vontade de fazê-lo. Se por um instante o esforço relaxa, se o desejo se cansa ou se esquece, não temos mais que um materialismo chão ou tíbio – não temos mais que um materialismo que desce e que, por conseguinte (a sabedoria é um ideal), não poderia ser filosófico.

Essa dialética, que vale na escala mundial, também vale, mais especialmente, na escala social. Já se sabe – expliquei-me a esse respeito em outra oportunidade – que distingo quatro ordens diferentes: a ordem técnico-científica (que inclui a economia), a ordem jurídico-política, a ordem da moral e, enfim, a ordem da ética ou do amor. Cada uma dessas ordens tem sua lógica e sua coerência próprias; mas é condicionada pela ordem que a precede e é limitada e julgada, do exterior, apenas pela ordem que lhe é subseqüente. Assim podemos dispô-las, na forma de uma tópica, de baixo para cima. Reencontramos, então, a dialética do primado e da primazia, não de acordo com uma hierarquia ascendente (seria demasiado simples), mas de acordo com um duplo movimento, ascendente e descendente, que forma como que duas hierarquias cruzadas: o que vale mais, subjetivamente, para o indivíduo nunca é o mais importante, objetivamente, para o grupo; e vice-versa. A hierarquia ascendente das primazias acrescenta-se assim, mas sem anulá-lo, ao encadeamento descendente dos primados. Cada uma dessas ordens é, de fato, determinante para a ordem imediatamente superior, de que cria as condições de possibilidade, mas também é reguladora para a ordem imediatamente inferior, cujos limites fixa e à qual tenta dar uma orientação ou um sentido. Logo, para explicar uma ordem, somos obrigados a levar em conta as ordens inferiores; mas não podemos julgá-la a não ser fazendo referência às ordens superiores. Assim, deve-se enunciar ao mesmo tempo (mas de dois pontos de vista diferentes) o primado da economia e a primazia da política, entre as ordens 1 e 2; o primado da política e a primazia da moral, entre as ordens 2 e 3; enfim, o primado da moral e a primazia do amor, entre as ordens 3 e 4. Qualquer confusão entre essas ordens é ridícula, como diria Pascal, ou tirânica. Mas pode sê-lo de duas maneiras diferentes: submetendo uma ordem dada, com seus valores próprios, a uma ordem inferior (é o que chamo de barbárie, que renuncia à primazia) ou pretendendo anular ou desestruturar uma ordem dada, com suas restrições próprias, em nome de uma ordem superior (é o que chamo de angelismo, que esquece o primado).

Contra o angelismo, o quê? A lucidez.

Contra a barbárie? O amor e a coragem.

Assim, a dialética do primado e da primazia desemboca numa ética, que é ao mesmo tempo intelectual (primazia, para o pensamento, da lucidez: o amor à verdade deve prevalecer, intelectualmente, sobre tudo) e prática (primazia, para a ação, do que amamos e queremos: o amor e a liberdade, para quase todos, serão os valores supremos). Isso não autoriza ninguém a submeter o pensamento ao amor ou à liberdade (nesse caso, já não se trataria de filosofia, e sim de sofística, mesmo que generosa e democrática: é o que hoje se chama de "politicamente correto"), nem o amor ou a vontade ao conhecimento (já não seria moral ou ética, mas cientificismo ou dogmatismo). Ninguém vota numa verdade: seria um angelismo democrático. Nem no bem ou no mal: seria uma barbárie democrática. Mas a verdade ou a moral tampouco poderiam ditar a lei, que, numa democracia, vem unicamente do povo soberano. É o que se chama laicidade: a democracia não substitui a consciência, nem a consciência, a democracia.

A distinção das ordens desemboca assim, filosoficamente, no que chamei de *cinismo*. De que se trata? De certa maneira de pensar a relação entre o valor e a verdade, sem confundi-los (o valor não tem verdade objetiva, a verdade não tem valor intrínseco), mas sem tampouco renunciar a um ou à outra. O cínico, no sentido filosófico do termo, é aquele que se recusa a confundir seus desejos com a realidade, vejam Maquiavel, mas também a ceder quanto à realidade dos seus desejos, vejam Diógenes (e também Maquiavel: é o que ele chama de *virtù*). Resta pensar uma articulação entre essas duas vertentes do cinismo: é o que faz Espinosa, em todo caso o que ele autoriza. Não é porque a verdade é boa que ela é conhecível ou amável; é porque ela é verdadeira que podemos conhecê-la e, se formos capazes, amá-la. Inversamente, não é porque o bem é verdadeiro que devemos amá-lo ou praticá-lo, mas porque o amamos e queremos que ele se torne, para nós, um valor (o qual só funciona como verdade para e por meio de um sujeito). Por exemplo, o egoísmo é no mínimo tão verdadeiro quanto a generosidade e, no que aos fatos se refere, o é muito mais até (ele explica um número bem maior de comportamentos e, quem sabe, até a própria generosidade); por isso, é preciso conhecê-lo e compreendê-lo. Mas isso não impede que a generosidade, moralmente, lhe seja superior. Distinção das ordens: a lógica dos primados explica a das primazias, no caso do conhecimento, mas não poderia anulá-la, no caso da ação, como tampouco esta não poderia, no caso do pensamento, substituir aquela. Resulta daí que nunca podemos viver totalmente o que sabemos, nem saber o que vivemos. "Somos, não sei como, duplos de nós mesmos", dizia Montaigne (*Os ensaios*, II, 16; ver também meu artigo "Montaigne cynique", *Valeur et vérité*, pp. 55-104). Mas Lévi-Strauss, a propósito de Montaigne (e esse encontro não é nem casual nem de pouco peso), é que soube designar da forma mais nítida esse descompasso, em nós, ao mesmo tempo necessário e trágico:

> O conhecimento e a ação estão colocados para sempre numa situação falsa: tomados entre dois sistemas de referência mutuamente exclusivos e que se impõem a eles, muito embora a confiança, ainda que temporária, depositada num deles destrua a validade do outro. Precisamos no entanto domá-los para que coabitem em cada um de nós sem muito drama. A vida é curta: é só questão de um pouco de paciência. O sábio encontra sua higiene intelectual e moral na gestão lúcida dessa esquizofrenia. (*Histoire de Lynx* [História de lince], cap. XVIII, "En relisant Montaigne", p. 288)

Esquizofrenia? Não é a palavra que eu utilizaria, já que esse descompasso não resulta de uma patologia qualquer, mas de uma dualidade constitutiva do ser humano, que é a do desejo e da razão, e já que essa dualidade, que, no caso, é muito mais estruturante do que destrutiva, pode ser tanto pensada como querida (ela é acontecimento racional e razoável): podemos explicar o desejo (senão, para que as ciências humanas?) e desejar a razão (senão, para que a filosofia?)

O essencial, para resumir, cabe pois efetivamente na fórmula que eu utilizava ao começar: primado da matéria e primazia do espírito. Mas isso, em se tratando do ser humano, deve ser precisado numa outra, mais pesada porém mais explícita: primado do corpo e do desejo, primazia (teórica) da razão e (prática) do amor e da liberdade. O desejo, dizia Espinosa, e não a razão ou o amor, é que é a essência do homem (*Ética*, III). Mas é a razão que liberta, e o amor que salva (*Ética*, IV e V). As ciências da natureza e do homem, para dizê-lo com nossas palavras de hoje, nos ensinam mais sobre nós mesmos do que a moral, que elas explicam e que não as explica. Mas conhecer a vida ou a humanidade nunca bastou para amá-las, nem mesmo para amar o conhecimento. À glória do espinosismo. Não é porque uma coisa é boa que gostamos dela ou a desejamos; ao contrário, é porque gostamos dela ou a desejamos que a julgamos boa (*Ética*, III, 9, escólio; ver também, em Freud, as duas últimas páginas de *O mal-estar na civilização*). Não é porque você não gosta disso, que precisa desagradar aos outros. Mas se gosta de ambos, como convém, não se creia autorizado por isso a confundi-los.

princípio (*principe*) – Um começo teórico: o ponto de partida de um raciocínio. É da natureza de um princípio ser indemonstrável (senão já não seria um princípio, e sim um teorema ou uma lei), como é da natureza da demonstração requerer algum princípio indemonstrado. A diferença em relação a um axioma ou um postulado? É que estes são utilizados apenas para sistemas formais ou hipotético-dedutivos. Um princípio é utilizado tanto para o caso das ciências experimentais, como da moral ou da política. Resta saber por que estabelecer determinado princípio, em vez de algum outro. Às vezes, é porque não é possível fazer de outro modo (o princípio de não-contradição) ou porque vemos nele uma espécie de evidência. Outras vezes, é porque precisamos dele para agir ou viver de uma maneira que nos pareça humanamente aceitável. Os princípios da moral são desse tipo: nada óbvios ou logicamente necessários, mas subjetivamente indispensáveis.

privação (*privation*) – A ausência de uma coisa que se deveria ter: o cego, não a pedra, é privado da visão.

probabilidade (*probabilité*) – Um grau de possibilidade, na medida em que pode ser objeto de um cálculo ou de uma previsão. Diz-se sobretudo, na linguagem corrente, quando esse grau é elevado. Mas falar de *probabilidade ínfima* nem por isso é contraditório. Por exemplo, se você joga na loteria: é altamente improvável você ganhar, mas essa probabilidade, que pode ser calculada com muita precisão, não é nula. É simplesmente pequena demais, mesmo em relação ao prêmio, para que o simples cálculo das probabilidades possa justificar sua aposta. Ainda bem, para o Tesouro público, que o desejo entra em jogo.

problema (*problème*) – Uma dificuldade a resolver. Uma questão? Em geral, é essa a forma que um problema assume para nós, ou melhor, a forma que lhe damos. Donde esta célebre passagem de Bachelard: "Antes de mais nada, é preciso saber formular os problemas. E, diga-se o que se disser, na vida científica, os problemas nunca se formulam por si. É precisamente esse *sentido do problema* que distingue o verdadeiro espírito científico. Para um espírito científico, todo conhecimento é uma resposta a uma questão. Se não houve questão, não pode haver conhecimento científico. Nada se explica por si mesmo. Nada é dado. Tudo é construído" (*A formação do espírito científico*, I). Isso também é válido em filosofia, e sem dúvida para todo pensamento digno desse nome. Mas nem toda questão é um problema. Por exemplo, se alguém lhe pergunta as horas: é uma questão, não é um problema. Se você perguntar de volta: "Por que quer saber que horas são?", você transforma – no caso, indevidamente – a questão em problema. O outro poderia repreendê-lo: "Por que você transforma minha pergunta num problema?" Em filosofia é diferente. Somente os problemas contam, e é preciso formulá-los antes de resolvê-los. O que é formular um problema? É explicar *por que* uma questão é formulada, e *tem de* sê-lo, não para este ou aquele indivíduo, mas para todo espírito razoável finito, dotado de uma cultura pelo menos mínima. Esse é o objetivo da introdução, numa dissertação filosófica: trata-se de passar da contingência de uma questão à necessidade de um problema, antes de elaborar, se possível, uma problemática.

problemático(a) (*problématique*) – Como adjetivo, qualifica o que não é nem real (ou, em se tratando de um juízo, assertórico), nem necessário (ou apodítico). "Os juízos são *problemáticos*", escreve Kant, "quando se admite a afirmação ou a negação como simplesmente *possíveis* (há opção), *assertóricos* quando se as considera *reais* (verdadeiras), *apodíticos* quando se as vê como *necessárias*" (*C. r. pura*, Analítica dos conceitos, I, 2, § 9).

Como substantivo, a palavra designa a elaboração de um problema. Construir uma problemática é explicar *como* um problema se formula ou como se decidiu formulá-lo, a fim de se ter uma chance, quem sabe, de resolvê-lo. Numa dissertação filosófica, a problemática deve idealmente aparecer desde o fim da introdução; ela assume geralmente a forma de um sistema ordenado de questões.

profeta (*prophète*) – Aquele que fala (*phánai*) em lugar de, ou precedendo a (*pro*). Parece uma doença. Os crentes vêem isso como um milagre.

"Convenhamos que é uma profissão bem ingrata, a de profeta", escreve Voltaire. O sucesso não é nem um pouco garantido. Esse homem que fala em nome de Deus é um profeta ou um louco? Um visionário ou um fanático? E como saber se ele está dizendo a verdade? "A profecia é uma arte difícil", dirá mais tarde Woody Allen, "principalmente quando se refere ao futuro." É preferível cuidar do presente e preparar o futuro, em vez de profetizá-lo.

profundidade (*profondeur*) – A distância entre a superfície e o fundo. Em filosofia, é sobretudo uma metáfora para indicar a quantidade de pensamento que um discurso pode conter ou suscitar. Mesmo Nietzsche, tão apaixonado pela superfície e pela bela aparência, via legitimamente na profundidade uma virtude intelectual. É que a superficialidade só tem sentido a serviço da profundidade. Assim, no caso dos gregos: "Ah! como esses gregos sabiam viver! Saber viver requer a decisão de permanecer bravamente na superfície, ater-se às roupagens, à epiderme, adorar a aparência e acreditar na forma, nos sons, nas palavras, em todo o Olimpo da aparência! Esses gregos eram superficiais... por profundidade!" (*A gaia ciência*, Preâmbulo). Quantos, hoje, fazendo o caminho inverso, gostariam de parecer profundos à força de superficialidade?

Outros gostariam de obter o mesmo resultado à força de obscuridade. Nietzsche, entretanto, com quem às vezes dizem identificar-se, desautoriza-os. Ele preferia "a bela clareza francesa", a de Pascal ou de Voltaire. *Ser profundo*, explica ele, não é a mesma coisa que *parecer profundo*: "Quem se sabe profundo se esforça para ser claro; quem gostaria de parecer profundo à multidão se esforça para ser obscuro. Pois a multidão acredita ser profundo tudo aquilo de que não pode ver o fundo. Ela tem tanto medo! Gosta tão pouco de entrar na água!" (*op. cit.*, III, 173). Assim, a superficialidade só é boa se for profunda; e a profundidade, se for clara.

progressista (*progressiste*) – Não é alguém favorável ao progresso (ninguém é contra), mas alguém que pensa que o progresso – social, político, econômico – é a tendência normal da história: que o presente é globalmente superior ao passado, assim como o futuro, salvo uma catástrofe, será superior ao presente. Por isso quer ir em frente: é o que se chama "ter idéias avançadas". O progressismo é um otimismo, sem dúvida o mais legítimo de todos: o progresso das sociedades é mais provável, e mais comprovado, que o dos indivíduos ou das civilizações.

progresso (*progrès*) – No meu primeiro livro, *Tratado do desespero e da beatitude*, eu insistia na relatividade da idéia de progresso. Marcel Conche, que fez a gentileza de ler o manuscrito, inscreveu simplesmente à margem: "Que progresso a Seguridade Social!" É claro que ele tinha razão. Um progresso relativo, progresso é, e não há outro.

O que é esse progresso? Uma mudança para melhor. Noção normativa, logo subjetiva. Somente nas ciências o progresso, por mais relativo que seja, é inconteste: porque a ciência de hoje pode explicar a dos séculos passados, ao passo que a recíproca não é verdadeira. É o que faz da história das ciências "uma história julgada", como dizia Bachelard, e julgada pelo seu próprio progresso, o qual é "demonstrável e demonstrado": é "uma história recorrente, uma história que iluminamos pela finalidade do presente, uma história que parte das certezas do presente e descobre, no passado, as formações progressivas da verdade" (*L'activité rationaliste de la physique contemporaine* [A atividade racionalista da física contemporânea], cap. I). Em política, é diferente: julgar o passado em nome do presente não é mais legítimo (o que não quer dizer que seja evitável) do que seria julgar o presente em nome do passado. Relativismo sem apelação, portanto, como diz Lévi-Strauss, e vale tanto para o tempo como para o espaço: não é que não se possa julgar (pode-se, já que se julga e se deve julgar), mas não é possível fazê-lo objetiva ou absolutamente. Um reacionário, por exemplo, não é uma pessoa contrária ao progresso, como os progressistas crêem ingenuamente, mas alguém que considera que seria um progresso, e até o único possível, voltar a determinada situação anterior. E como lhe demonstrar que está errado? Há casos, notadamente em medicina, em que somente uma *involução* seria benéfica. Curar, na maioria dos casos, é voltar à situação anterior ou dela se aproximar. E quem não gostaria de rejuvenescer? Mas não é uma razão para desejar voltar à infância, nem, muito menos, para voltar ao Antigo Regime. O progresso (social, político, econômico...) não é nem linear nem absoluto. Aliás, ele só é progresso relativamente a certos desejos que são os nossos (de bem-estar, de justiça, de liberdade...). Isso, que lhe veda aspirar ao absoluto, não o anula; ao contrário, é isso que faz sua realidade, para os que – quase todos – compartilham esses desejos e constatam, apesar de tantos horrores que permanecem, alguns avanços. O progresso não é uma providência; é uma história, e um ponto de vista sobre essa história. É aí que encontramos a Seguridade Social, as Luzes, os direitos humanos, e até o entusiasmo da nossa juventude, curado porém da utopia: *É só o começo, continuemos o combate!*

projeto (*projet*) – Um desejo presente voltado para o futuro, na medida em que depende de nós. Ainda não é uma vontade (querer é fazer), ou melhor, é apenas a vontade (atual) de querer (mais tarde). Ver num projeto a fonte de uma liberdade absoluta, como faz Sartre, é esquecer que um projeto, na medida em que é atual, é tão real – logo é tão necessário – quanto o resto.

proposição (*proposition*) – Um enunciado elementar, na medida em que pode ser verdadeiro ou falso. "Nem todo discurso, portanto, é uma proposição", ressalta Aristóteles; "apenas o discurso no qual reside o verdadeiro ou o falso, o que não acontece em todos os casos: assim, a prece é um discurso, mas não é nem verdadeira nem falsa" (*Da interpretação*, 4).

propriedade (*propriété*) – O que é próprio de um indivíduo ou de um grupo, em outras palavras, o que lhe pertence. Diz-se especialmente, em direito, de uma posse legítima, em princípio garantida pela lei. Distingue-se, com isso, da *posse*, que é tão-somente um estado de fato. Veja-se Rousseau, *O contrato social*, I, 8-9.

protocolo (*protocole*) – A encenação codificada de uma hierarquia. Pode-se respeitá-lo, o que costuma ser o mais simples, contanto que não se acredite nele. O essencial, por definição, está alhures.

prova (*preuve*) – Um fato ou um pensamento, que basta para atestar a verdade de outro fato ou de outro pensamento. Todavia, a prova mais sólida só vale o que vale o espírito que dela se serve. Seria necessário portanto provar primeiro o valor do espírito, o que é impossível sem cair num círculo vicioso. Assim, não há prova absoluta. Só há experiências ou demonstrações que põem fim à dúvida. É o que se chama de prova, ou outra maneira de defini-la: uma prova é um pensamento ou um fato que torna a dúvida, sobre uma questão dada, impossível, salvo se se duvidar de tudo. Daí que a lógica não tem força contra o ceticismo, nem o ceticismo contra a lógica.

providência (*providence*) – É o nome religioso do destino: a esperança como ordem do mundo.

próximo (*prochain*) – Outrem, tal como se oferece no encontro. Tem direito a mais que ao simples respeito. Senão, para que o encontro?

prudência (*prudence*) – Evite-se reduzi-la ao simples fato de evitar perigos, *a fortiori* a não sei que covardia inteligente ou calculista. E tampouco se deve confundi-la, apesar de Kant, com a simples habilidade egoísta. A prudência, no sentido filosófico do termo, é uma das quatro virtudes cardeais da Antiguidade e da Idade Média, sem a qual as outras três (a coragem, a temperança, a justiça) seriam cegas ou indeterminadas: é a arte de escolher os melhores meios, tendo em vista um fim supostamente bom. Não basta querer a justiça para agir justamente, nem ser corajoso, temperante e justo para agir bem (já que é possível enganar-se quanto à escolha dos meios). Veja-se a política. A maioria dos nossos governantes quer o bem do país e o nosso. Mas *como* realizá-lo? É o que os opõe, e nos opõe. Vejam-se os pais, quase todos querem o bem dos filhos. Mas isso, infelizmente, nunca basta para ser bons pais! É preciso também saber como educar os filhos, como fazer de fato o bem deles ou como ajudá-los a fazer o próprio bem. Querê-lo é o mínimo. Mas por qual caminho chegar lá? A verdadeira questão, quase sempre, concerne aos meios, não ao fim. O que fazer e como? É o que o amor gostaria de saber e não basta para determinar. Amar não dispensa ninguém de ser inteligente. É o que torna a prudência necessária. Virtude intelectual, dizia Aristóteles: é a arte de viver e de agir *da maneira mais inteligente* possível.

É aqui que encontramos o sentido corrente da palavra. A tolice, quase sempre, é perigosa. Nossos políticos sabem disso muito bem. Nossos militares sabem disso muito bem. Todos desejam a vitória; mas tal desejo não serve nem de tática nem de estratégia. Mesma coisa no caso dos industriais e dos comerciantes: todos desejam lucrar, o que não lhes diz como consegui-lo. Mesma coisa no caso dos médicos: todos desejam a cura, o que não lhes diz como lográ-la ou contribuir para ela. A prudência não delibera sobre os fins, observava Aristóteles, mas sobre os meios. Ela não escolhe o objetivo; ela indica o caminho, enquanto nenhuma ciência ou técnica basta para tal. É uma espécie de sabedoria prática (*phrónesis*), sem a qual nenhuma sabedoria verdadeira (*sophía*) seria possível. "A prudência é mais preciosa que a própria filosofia: é dela que provêm todas as outras virtudes", salientava Epicuro (*Carta a Meneceu*, 132); e é isso a própria filosofia. De onde provém a prudência? Da razão (que escolhe os meios), quando esta se põe a serviço do desejo (que estabelece os fins). A prudência não reina (ela só tem sentido a serviço de outra coisa), mas governa. Ela não substitui nenhuma virtude, mas dirige todas elas, na escolha dos meios (ver santo Tomás, *Suma teológica*, Ia-IIæ, quest. 57, art. 5, e 61, art. 2). Não é a virtude mais elevada; mas é (com a coragem) uma das mais necessárias.

psicanálise (*psychanalyse*) – É ao mesmo tempo uma técnica e uma teoria. A técnica baseia-se em certo uso da fala (as associações livres) e da relação dual (a transferência), num dispositivo espaciotemporal particular (o consultório, o sofá, as sessões...). A teoria trata do conjunto da vida psíquica, na medida em que é dominada pelo inconsciente e pela sexualidade. O objetivo é menos a felicidade do que a saúde ou a liberdade: trata-se de restituir ao indivíduo sua história, para libertá-lo dela, pelo menos em parte, ou em todo caso para que ele deixe de ser seu prisioneiro cego. Daí uma terapêutica, para os neuróticos; uma tentação, para os curiosos ou para os narcisistas; e uma profissão, para os psicanalistas. Afinal, todo o mundo precisa viver.

Freud, que fundou a coisa e inventou a palavra, deve ter ficado decepcionado, vez por outra ele dá a entendê-lo, com a repetitividade e a platitude do que a psicanálise descobria, graças a ele, no ser humano. Compreende-se que os psicanalistas às vezes cochilem durante as sessões. A psicanálise é uma ferida narcísica. Nós nos achávamos mais interessantes.

Mas é esse o seu preço, e a grande lição que ela nos dá. Somos o resultado de uma história sem interesse. Quem entende e aceita isso passa para outra coisa. A cura está terminada.

psicologia (*psychologie*) – O estudo do psiquismo, considerado porém como disciplina objetiva e experimental ("na terceira pessoa", como às vezes se diz, à diferença da introspecção, que se faz na primeira, e da psicanálise, que supõe a segunda). No seu topo, é uma ciência humana, plural decerto (há várias escolas, vários métodos, várias doutrinas, às vezes incompatíveis), porém não mais, talvez, que a história ou a sociologia. Resta saber para que serve. Para conhecer ou para manipular? Para libertar ou para instrumentalizar? Daí este conselho de orientação, que Canguilhem, num texto famoso, dava aos psicólogos: "Quando você sai da Sorbonne pela rua Saint-Jacques, você pode subir ou descer; se sobe, se aproxima do Panteão, que é o Conservatório de alguns grandes homens; mas se desce, dirige-se certamente para a Chefatura de Polícia" ("Qu'est-ce que la psychologie?", in *Études d'histoire et de philosophie des sciences*, Vrin, 1970, p. 381). Há uma terceira solução, que é não sair da Sorbonne. É a mais confortável, e a mais chata.

psicologismo (*psychologisme*) – É querer explicar tudo – inclusive a lógica e a razão – pela psicologia. Mas, então, a própria psicologia não seria mais que um efeito, entre outros, do psiquismo: não seria uma ciência mas um sintoma, até mesmo uma doença, como dizia Karl Kraus falando da psicanálise, que se toma por seu próprio remédio... Só se escapa do psicologismo por meio de um racionalismo rigoroso, que se recusa a submeter a verdade a qualquer causalidade externa. Toda mentira é do domínio da psicologia. Todo erro também pode ser. Mas, quando um indivíduo enuncia uma verdade, ele entra, pelo menos desse ponto de vista, em outra ordem: pode-se pedir à psicologia que explique como ele a conhece ou por que sente a necessidade de dizer essa verdade, mas certamente não por que ela é verdadeira. Explicar uma idéia (como fato psíquico) não basta para julgá-la (como verdade). Ou então já não há verdade alguma, nem psicologia portanto.

psicose (*psychose*) – v. "neurose/psicose"

psicossomático (*psychosomatique*) – O que diz respeito ao mesmo tempo ao espírito (*psykhé*) e ao corpo (*sôma*), ou que é do domínio da sua interação. A noção só tem sentido se o espírito e o corpo são duas coisas diferentes. Não é o contrário do dualismo, portanto, como às vezes se pensa, mas sua versão ingenuamente médica e modernista: é um dualismo mole.

pudor (*pudeur*) – A virtude que esconde. O que supõe uma vontade de mostrar tudo (sem a qual o pudor não seria uma virtude), e é isso que torna o pudor particularmente perturbador – pela perturbação que manifesta querendo evitá-la. Littré definiu-o como uma "vergonha honesta"; esse paradoxo (a vergonha do que não é vergonhoso) faz parte do seu encanto. O pudor vai mais longe que a decência, ou mais fundo: ele é menos do domínio das conveniências do que da delicadeza, menos da sociedade do que do indivíduo, menos da polidez do que da moral. É uma maneira de se proteger – e de proteger o outro – contra o desejo suscitado ou sentido. Somente os amantes podem prescindir dele.

pulsão (*pulsion*) – Uma força vital ou inata, mas sem o saber que a acompanha. Distingue-se assim do instinto, que é como que um manual de instruções geneticamente programado. A pulsão sexual, por exemplo, não basta para o erotismo. Nem o erotismo para a pulsão.

pureza (*pureté*) – O que não tem mácula ou misturas. Por exemplo, uma água pura: é uma água que não é misturada a nada, maculada por nada, que não comporta nada além dela mesma, uma água que é tão-somente água. É portanto uma água morta e improvável: a pureza não é nem natural nem humana.

Por metáfora, também se entende por pureza certa disposição do indivíduo, quando dá prova de desinteresse. Por exemplo, um artista, um cientista ou um militante: dizer que são puros é dizer que eles põem sua arte, sua ciência ou sua causa acima da sua carreira ou dos seus interesses egoístas. Isso culmina no *puro amor*, tal como Fénelon o pensou: é o amor desinteressado, o que não espera nada, em todo caso nada para si, aquele em que "nos esquecemos e não nos damos nenhuma importância". É nisso que o prazer às vezes pode ser puro (a *pura voluptas* de Lucrécio: quando não há nada além do prazer), coisa que a frustração nunca é.

Ao norte dos Urais, existe um lago radioativo, esterilizado pelo lixo atômico. Suas águas são de um azul puríssimo, e no entanto não há vida alguma. Mas esse "no entanto" é demais: a limpeza e a morte andam de mãos dadas, e toda vida é impura. Esterilizar é matar; isso fala o bastante sobre a vida.

Passei neste verão uns dias em casa de um amigo, num recanto encantador e perdido dos Alpes. Ele me mostra sua piscina, cheia de água da chuva: a água é de um verde acinzentado, opaco, com suspensões inquietantes... Faço uma careta, e meu amigo percebe que, apesar do calor, hesito em cair n'água. "Não se preocupe", ele explica, "são algas, microorganismos... Espere um pouco, você vai ver!" Derrama na piscina uma boa porção de cloro... Minutos depois, de fato, a água havia clareado. Na manhã seguinte, ela estava como que nova: tomamos alguns banhos alegres e confiantes... A vida tinha recuado, o que nos pareceu um progresso decisivo no sentido da limpeza. Por que não? Não é assim que se limpam os quartos de hospital e, de fato, as piscinas? Mas todos nós sentimos também os limites e os perigos dessa limpeza. Tudo o que vive, suja; tudo o que limpa, mata. Experimente perguntar aos micróbios o que pensam do sabão. E à dona de casa maníaca o que pensa das crianças.

Toda vida é impura, dizia eu, e não poderíamos, sem cair numa ideologia mortífera, preferir a pureza a ela. Um quarto de hospital não é um modelo de sociedade, nem mesmo um modelo de quarto. Aliás, os germes, cada vez mais resistentes, acabam se introduzindo neles apesar de tudo e produzindo tremendos estragos. Quantos doentes não morreram por causa disso? Do que eu tiraria com prazer uma conclusão política. A saúde de um povo nunca dependeu da sua pureza, seja ela étnica ou moral, mas apenas da sua capacidade de absorver as misturas, de manter, entre todos os seus componentes, um equilíbrio instável mas vivo (vivo, logo instável), enfim de administrar, mais ou menos bem, suas diferenças e seus conflitos. Sem dar a essa metáfora biologizante maior valor do que ela merece (um povo não é um organismo, um indivíduo não é um germe), é bom pelo menos refletir sobre esse lago dos Urais, límpido e morto como um sonho de engenheiro ou de tirano. Falou-se de "purificação étnica", na ex-Iugoslávia: que mais era, senão uma justificativa para as deportações ou os massacres? Muita gente sonha com uma França limpa, estéril e pura como um lago atômico – artificial como ele, aliás (*pura*, a França nunca foi), e, como ele, fadada à morte imaculada... Possa essa gente pensar de vez em quando no pequeno lago dos Urais, de um azul tão puro e tão transparente!

Do que poderíamos também tirar uma conclusão moral, quem sabe melhor até que essa, que seria de vigilância contra a moral. Pronto, lá vem ele de novo!, dirão. Ainda bem. Batalhei suficientemente contra o niilismo e a tibieza para não me queixar desses suspiros. Mas a moral é como a higiene: ela está a serviço da vida, ou não é senão uma mania perigosa. É o que distingue a moral do moralismo, e a gente de bem dos censores. O que é a *ordem moral*, senão a vontade de inverter essa hierarquia, de pôr a vida a serviço da moral, de *determinada* moral, e dela expulsar o impuro? Sonho louco: sonho de morte. Se há uma pureza de alma, ela é o oposto disso. Foi o que Simone Weil percebeu: "A pureza", dizia ela, "é o poder de contemplar a sujeira." Eu diria mais: de aceitá-la, de habitá-la, de vivê-la. A alma é o que acolhe o corpo, e nele se recolhe. Sem vergonha. Sem medo. Sem desprezo.

É assim, diante da obscenidade do desejo, a pureza do amor.

pusilanimidade (*pusillanimité*) – Do latim *pusilla anima*, ou *pusillus animus*, pequena alma, espírito estreito ou bitolado. É o contrário da magnanimidade: um nome erudito para designar um misto de baixeza e mediocridade. É reconhecida principalmente pela falta de coragem. É que não há grandeza sem risco.

Q q R r

qualidade (*qualité*) – O que responde à questão *qualis?* (qual é? como é?). Por exemplo: "É grande e forte; é muito amável e um pouco bobo..." São *qualidades*, e vê-se que a palavra, em filosofia, não é necessariamente elogiosa (a qualidade se opõe muito mais à essência ou à quantidade do que à falta, que nada mais é que uma qualidade negativa). A qualidade é o que faz que um ser seja como é (à diferença da essência ou da qüididade, que faz que ele seja *aquilo* que é), ou o fato de ele ser: é uma maneira de ser ou uma propriedade, que vem se somar à substância ou modificá-la. É a terceira categoria de Aristóteles: "Chamo de *qualidade* aquilo em virtude de que se diz que somos de tal modo" (*Categorias*, 8; ver também *Metafísica*, Δ, 14).

Em Kant, as categorias da qualidade são a realidade, a negação e a limitação. Elas correspondem às três qualidades do juízo, que é seja afirmativo, seja negativo, seja indefinido (*C. r. pura*, Analítico, I).

Costuma-se distinguir, especialmente desde Locke, as *qualidades primeiras*, que são indissociáveis da matéria e como que objetivas (solidez, extensão, forma, velocidade...), das *qualidades segundas*, que existem apenas para o e pelo sujeito que as percebe (a cor, o cheiro, o sabor, o som...). Estas se explicam por aquelas (por exemplo, a cor, pela ação de certo comprimento de onda da luz sobre as células nervosas da retina), mas não são menos reais que elas, a seu modo. Quando digo que esta árvore está atualmente coberta de folhas verdes, enuncio uma proposição verdadeira. Só me engano se creio que sua cor é independente da luz e do olhar. Mas me enganaria muito mais se as dissesse vermelhas ou azuis. O sujeito também faz parte do real.

quantidade (*quantité*) – O que responde à questão "quanto?". É uma certa grandeza, que remete a uma escala dada de numeração ou de medida. Por exemplo: quantos são? quanto pesa? quanto custa? Que comprimento, que altura, que superfície? Em Kant e, em geral, de um ponto de vista lógico, a quantidade dos juízos mede sua extensão: eles podem ser universais, particulares ou singulares (v. "universal", "particular" e "singular"). Daí as categorias da quantidade, que são a unidade, a pluralidade e a totalidade (*C. r. pura*, Analítico, I).

quaresma (*carême*) – Um tempo de jejum ou de penitência (especialmente, no cristianismo, os quarenta dias que precedem a sexta-feira santa, em lembrança dos quarenta dias que Cristo teria passado no deserto). Voltaire se pergunta se essa instituição deve mais aos médicos, para tratar das indigestões, ou à tristeza, que corta o apetite. Depois se exalta: "O rico papista que teve na mesa quinhentos francos de peixe será salvo; e o pobre, morrendo de fome, que comeu quatro soldos de charque, será danado! [...] Padres idiotas e cruéis! Para que ordenam a quaresma? Para os ricos? Eles não a observam. Para os pobres? Eles fazem quaresma o ano inteiro." Gosto dessa cólera. Mas gosto também de que certas pessoas sejam capazes de jejuar, ainda hoje, por outros motivos além da higiene ou da afetação.

questão (*question*) – O real não fala de si. Mas às vezes responde, por polidez, quando o homem o interroga. Chama-se *questão* a esse tipo de discurso que solicita outro, de que espera uma informação. Questionar é falar para fazer falar: com o que o sentido, por assim dizer, salta a seu chamado. Atitude propriamente humana, que os animais ignoram (há animais que são dotados de linguagem, mas não há nenhum apto ao diálogo, ao livre jogo das perguntas e respostas) e pela qual os deuses nos invejam. À força de conhecerem todas as respostas, isso produz tal torpor neles, tal incuriosidade em relação a tudo, tal lassidão... O Olimpo não é o que se imagina. O sentido já não salta, e os deuses se aborrecem. Foi por isso que criaram os homens: para se distrair vendo-os formularem-se questões...

qüididade (*quiddité*) – O que responde à pergunta "*quid?*" (o quê?) ou "*quid sit?*" (o que é?). Em geral, responde-se a ela por uma definição. Este livro poderia ter se chamado *Qüididades*, se o título já não tivesse sido utilizado por Quine e se não fosse tão esotérico e arcaizante.

A questão *quid sit?* (o que é?) é tradicionalmente oposta à questão *an sit?* (é?): a *qüididade* é um sinônimo escolástico de *essência*, seja ela genérica ou individual, e se opõe, a esse título, como ela, à *existência*. Definindo-se a felicidade, Sócrates ou Deus, não se responde à questão da existência deles. Mas, para poder responder à questão da existência deles, é preciso antes saber o que são ou seriam. Assim é a qüididade: sempre necessária, nunca suficiente.

quietismo (*quiétisme*) – A Igreja Católica considera-o uma heresia, que seria, na França, a de Madame Guyon e de Fénelon. Já eu tenderia a considerá-lo uma tentação e um perigo: a tentação do repouso, o perigo da inação. Dar prova de quietismo é crer que a quietude basta a tudo, quando ela só basta a si mesma. Seria a mesma coisa que pretender que o misticismo, mesmo o mais puro e mais elevado, poderia fazer as vezes da moral, da política ou da filosofia, o que seria uma tolice evidente. Não esqueçamos porém que a recíproca também é verdadeira: moral, política e filosofia não poderiam fazer as vezes da quietude, nem mesmo conduzir verdadeiramente a ela. Todas as palavras do mundo, mesmo as mais bem escolhidas, nunca farão um silêncio. Todos os combates do mundo, mesmo os mais necessários, nunca farão uma paz. Assim, o quietismo é a verdade do misticismo, e seu limite.

quietude (*quiétude*) – Um repouso sem perturbação, sem temor, sem esperança, sem cansaço: é o nome cristão da ataraxia.

A oração de quietude é a que não pede nada, que não espera nada, nem mesmo a salvação: ela se abandona passivamente a Deus ou ao silêncio, até nele se perder. É a ponta extrema da aquiescência mística, da contemplação, enfim do *puro amor*, aquele que ama a Deus "sem nenhum motivo de interesse pessoal", como dizia Fénelon. No fim, só há Deus, e a questão da salvação já não se coloca.

raça (*race*) – Um grupo, biologicamente definido, no âmbito de uma mesma espécie animal (tratando-se de vegetais, fala-se preferencialmente de diferentes *variedades*). Por exemplo, as diferentes raças de asno ou de cavalo: um jumento de Poitou ou um puro-sangue árabe se distinguem respectivamente de um asno da Núbia ou de um percherão por certo número de caracteres hereditários, que são ao mesmo tempo comuns (à raça) e distintivos (na espécie). O mesmo se dá, pelo menos à primeira vista, com os seres humanos: não é ser racista constatar que os escandinavos geralmente apresentam certo número de caracteres hereditários comuns, que os distinguem, pelo menos superficialmente, dos japoneses ou dos pigmeus.

As raças se distinguem das espécies não apenas por sua menor extensão, mas também pela interfecundidade: um macho e uma fêmea de raças diferentes, mas pertencentes à mesma espécie, são normalmente interfecundos (podem se reproduzir entre si e gerar descendentes também fecundos), enquanto dois indivíduos de espécies diferentes não o são. É verdade que, se as duas espécies são vizinhas, dois dos seus representantes respectivos podem eventualmente se acoplar (embora isso praticamente nunca ocorra no estado selvagem), mas seu descendente, salvo exceções, será estéril: assim, um jumento e uma égua geram um mulo, ou uma jumenta e um cavalo geram um burro; nem o mulo nem o burro terão descendência.

A noção de raça é principalmente descritiva; mas acontece com freqüência, tratando-se das espécies domésticas e num meio dado, que ela adquira um sentido normativo, ou mesmo prescritivo. As noções de puro-sangue ou de *pedigree* indicam-no suficientemente bem. São categorias de criadores e negociantes. Isso significa que a noção, aplicada à humanidade, é sempre suspeita. De resto, hoje se sabe que ela não tem sentido: não apenas porque não há raças puras (os diferentes grupos humanos, que sem dúvida derivam de um tronco único, não cessaram de se misturar desde então), mas também porque as características diferenciais (a cor da pele, a estatura, a forma do nariz...) são, no caso, demasiado superficiais para serem levadas totalmente a sério – salvo pelos racistas ou pelos imbecis. Aliás, os progressos da genética confirmam tanto a unidade da espécie humana (99,99% do genoma é comum) como a não-pertinência biológica do conceito de raça (dois indivíduos da mesma raça podem ser mais distantes um do outro, de um ponto de vista genético, do que dois indivíduos de raças diferentes). Mas isso é apenas um dado de fato, feliz por certo, mas cuja importância seria um equívoco exagerar em matéria de anti-racismo. Mesmo que as raças humanas se distinguissem mais do que se distinguem, chegando a ter (como se vê em certas espécies animais) aptidões diferentes, isso não alteraria em nada o respeito indiferenciado que devemos a todo ser humano. O racismo não é apenas um equívoco intelectual; é também, e acima de tudo, uma falta moral.

raciocínio (*raisonnement*) – Uma inferência ou, mais freqüentemente, uma série contínua de inferências. É estabelecer uma verdade (se o raciocínio for válido) pelo encadeamento ordenado de várias outras. Ao que objetarão que um raciocínio, mesmo válido, pode levar apenas a uma probabilidade, ou mesmo a uma impossibilidade de definir. Mas, responderia eu, ele só é válido se mostrar que essa probabilidade ou essa impossibilidade são verdadeiras. Isso é importante, especialmente, em filosofia. As proposições "é provável que possamos saber alguma coisa" e "é impossível sabermos tudo" são proposições verdadeiras, que um raciocínio pode estabelecer.

racional (*rationnel*) – O que é conforme à razão teórica, em outras palavras, o que a razão pode pensar, calcular (*ratio*, em latim, é primeiramente o cálculo), conhecer e, pelo menos de direito, explicar. A loucura não é menos racional que a saúde mental (senão a psiquiatria seria impossível). Mas é menos razoável (senão a psiquiatria seria inútil).

racionalismo (*rationalisme*) – Eu havia citado, num dos meus livros, a célebre fórmula de Hegel: "O que é racional é real; o que é real é racional." Michel Polac, num artigo crítico, irritou-se com ela: "Já não é possível dizer isso a partir de Freud e da mecânica quântica!", protestava. Era, evidentemente, confundir-se. A mecânica quântica é uma das mais surpreendentes vitórias da razão humana, e não conheço autor mais racionalista do que Freud. O fato de não termos acesso absolutamente ao absoluto (o fato de o real ser "velado") e de não podermos viver de maneira totalmente razoável (o fato de a razão não ser tudo, nem mesmo o essencial), mesmo isso, caro Michel Polac, é plenamente racional. Seria contraditório, sendo o que somos, se assim não fosse. Por exemplo, o inconsciente não se preocupa com o princípio de não-contradição; é sua maneira de permanecer submetido a ele (um inconsciente lógico seria contraditório), e a psicanálise só é possível, como ciência ou como disciplina racional, se o respeitar. Uma contradição, descoberta num texto de Freud, seria uma objeção muito mais forte, contra a psicanálise, do que o mais irracional delírio, que não o é. A loucura é tão racional quanto a saúde mental (de outro modo, a psiquiatria seria impossível), o sonho é tão racional, embora de modo diferente, quanto a consciência desperta: Freud só inventou a psicanálise para compreender racionalmente o que, *antes dele*, parecia irracional, o que deveria nos ajudar, pensava ele, a viver de maneira um pouco mais razoável...

Mas o que é o racionalismo? A palavra é usada principalmente em dois sentidos.

No sentido lato e corrente, que é o que acabo de evocar, o racionalismo exprime primeiro certa confiança na razão: é pensar que ela pode e deve compreender tudo, pelo menos de direito; em outras palavras, que o real é, de fato, racional e que o irracional não existe. O racionalismo se opõe então ao irracionalismo, ao obscurantismo, à superstição. É o espírito das Luzes, e a luz do espírito.

No sentido estrito e técnico, a palavra é do âmbito da teoria do conhecimento: chama-se *racionalismo* a toda doutrina para a qual a razão em nós é independente da experiência (porque seria inata ou *a priori*) e a torna possível; é o contrário do empirismo.

Note-se que um mesmo filósofo pode ser, portanto, racionalista nos dois sentidos do termo (Descartes, Leibniz, Kant), mas também no sentido lato sem o ser no sentido estrito (Epicuro, Diderot, Marx, Cavaillès: nem é preciso dizer que é a corrente com que me identifico), ou mesmo no sentido estrito sem o ser no sentido lato (Heidegger?)

racismo (*racisme*) – "Não sou racista", disse-me um dia minha avó. Depois acrescentou, à guisa de explicação: "Afinal, eles não têm culpa de serem pretos!" Ela tinha mais de oitenta anos, cuidou de nós melhor que nossos pais, nos amava mais do que tudo... Confesso que não tive a coragem de lhe explicar, como deveria ter feito, que sua razão de não ser racista... era racista.

A mesma, num outro dia: "Não gosto dos alemães; todos eles são racistas." Mesma observação: era um racismo antialemão.

O que é o racismo? Toda doutrina que faz o valor dos indivíduos depender do grupo biológico, ou supostamente tal, a que pertencem. É um pensamento prisioneiro do corpo, como que um materialismo bárbaro. Sua lógica é bater.

Materialismo? Que seja. Pois o corpo é pensado muito menos como a *causa* deste ou daquele valor psíquico ou espiritual do que como seu *indício*. Assim, a brancura ou o negror do corpo revelariam a cor da alma... Espiritualismo à flor da pele, isso sim. É uma hermenêutica da epiderme.

É também, quase sempre, um narcisismo coletivo e carregado de ódio. Mais duas razões (o narcisismo, o ódio) para combatê-lo.

rancor[1] (*rancoeur*) – Ranço invejoso por um bem que não nos foi feito.

rancor[2] (*rancune*) – Uma vingança reprimida, que ficou rançosa. Queremos mal a alguém pelo mal que nos fez, mal do qual guardamos a lembrança e, por não lhe podermos dar resposta, o ressaibo. É um ódio presente, por um sofrimento passado. O mal que nos fizeram nos faz mal por muito tempo.

razão (*raison*) – É a relação verdadeira com o verdadeiro, ou do verdadeiro consigo mesmo. Mas o que é o verdadeiro? Não temos acesso a ele, a não ser evidenciando o falso. Daí um sentido mais restrito ou mais específico: a razão é o poder de pensar, no homem, de acordo com as leis imanentes do pensamento, em tudo. Ela é, por isso, sempre necessária (sempre submetida a leis) e sempre livre (não tem outras leis além das suas). Um raciocínio matemático, em sua perfeição, dá uma idéia aproximada dela, que é ser uma liberdade sem sujeito: uma liberdade sem livre-arbítrio. É a liberdade de Deus, diria Espinosa (a necessidade da natureza e do verdadeiro), e a *libertação* do sábio, que se torna Deus na exata medida em que deixa de ser si. É esse o bom uso, não narcísico, do *conhece-te a ti mesmo*: conhecer o eu é dissolvê-lo. A razão, por ser universal, é como que uma catarse do egoísmo. É o que explica por que os sábios, sem se fazer passar por campeões da moral, costumam dar provas da maior generosidade. Onde o *eu* estava, *tudo* (a verdade) deve advir.

A razão é impessoal, universal, objetiva. Nenhum átomo jamais violou a mais ínfima das suas leis, e tampouco nenhum homem: o real é racional; o racional é real. Pelo menos é o que pensam os racionalistas. O fato de eles serem incapazes de provar essa sua posição não os refuta, pois que toda prova e toda refutação a supõem.

Distingue-se às vezes, principalmente a partir de Kant, a *razão prática*, a que comanda, da *razão teórica*, a que conhece. Nunca experimentei a primeira, nem consegui pensá-la. Que uma ação pode ser razoável ou não, é indiscutível. Mas por quê? Porque ela seria conforme ou não à razão? Não (a loucura o é, pois que é racional). Mas porque ela é conforme ou não ao nosso *desejo* de razão (isto é, no caso, de coerência, de lucidez, de eficácia...). Aristóteles, Espinosa, Hume, mais esclarecedores do que Kant. Não é a razão que comanda ou que faz agir. É o desejo: "Há um só princípio motor, a faculdade desejante" (Aristóteles, *De anima*, III, 10). A razão, por si só, não pode reduzir nenhum afeto (Espinosa, *Ética*, IV, prop. 7 e 14), nem produzir nenhuma ação (Hume, *Tratado*..., livro II, III, 3: "Não é contrário à razão preferir a destruição do mundo inteiro a um arranhão no meu dedo"). Assim, não há razão prática; há tão-só ações razoáveis. Elas não são por isso mais racionais; porém mais eficazes, mais livres, mais felizes.

razão suficiente, princípio da (*raison suffisante, principe de*) – "Nossos raciocínios se baseiam em dois grandes princípios", escreve Leibniz: "*o da contradição* [que hoje é mais comumente chamado de princípio de não-contradição], em virtude do qual julgamos falso o que envolve o falso, e verdadeiro o que é oposto ou contraditório ao falso; e *o da razão suficiente*, em virtude do qual consideramos que nenhum fato pode ser dado por verdadeiro ou existente, nenhuma enunciação por verdadeira, sem que haja uma razão suficiente para que seja assim, e não de outro modo. Conquanto, no mais das vezes, essas razões não possam nos ser conhecidas" (*Monadologia*, §§ 31 e 32; ver também *Teodicéia*, I, § 44). É apostar na racionalidade do real, ou melhor, não é uma aposta, mas a condição, para nós, de toda e qualquer racionalidade. A razão suficiente é o que responde de forma suficiente à questão: "por quê?" O princípio estipula que é sempre possível, pelo menos de direito, responder que nada é "sem por quê", apesar do que diz Angelus Silesius, a não ser, talvez, a série inteira das razões ou a razão última (não é impossível, parece-me, apesar de Leibniz, que seja desprovido de razão o fato de existir algo, por exemplo tudo ou Deus, em vez de nada). Uma coisa só pode se explicar por outra: por exemplo, a rosa por sua semente ou o mundo por Deus. Mas como explicar que há alguma coisa, se toda explicação a supõe? Chamemos *Todo*, de acordo com o sentido ordinário da palavra, o conjunto de tudo o que existe ou que acontece, por exemplo a soma de Deus e do mundo. Do fato de que tudo o que existe ou que acontece no Todo pode e deve ser explicado, não decorre necessariamente que o próprio Todo seja explicável, e até torna essa explicabilidade impensável de antemão: pois que a razão que poderíamos dar deveria fazer parte desse Todo e, por conseguinte, não poderia explicá-lo. Alguns objetarão que a soma de Deus e do mundo é um conceito impossível, pois mistura ordens diferentes. Admitamos. Mas o mesmo raciocínio, aplicado a Deus apenas (qual é sua razão suficiente? Nenhuma ou ele próprio: portanto não é possível explicá-lo, já que toda explicação que poderíamos dar para ele o supõe), veda igualmente submetê-lo ao princípio. Equivale a dizer que o princípio da razão suficiente, que afirma que tudo pode ser explicado, não poderia se aplicar validamente ao próprio Todo (a não ser que se suponha outra coisa além de tudo, o que é contraditório), nem à razão suficiente de tudo. Tampouco pode se aplicar a si mesmo (qual é a razão suficiente do princípio da razão suficiente? Não podemos responder, e é por isso, justamente, que é um princípio: ver o grande livro de Francis Wolff, *Dire le monde* [Dizer o mundo], PUF, 1997, pp. 85-7). Com o que o princípio da razão suficiente é sempre metafisicamente insuficiente. Tudo se explica, com exceção do próprio Todo e de que tudo se explica.

razoável (*raisonnable*) – O que é conforme à razão prática, como diria Kant, ou melhor, como eu preferiria dizer, a nosso desejo de viver de acordo com a razão (*homologoúmenos*). Note-se que esse desejo sempre supõe outra coisa afora a razão, que não deseja. É o que impede de confundir o razoável com o racional. É racional o que ela pode justificar, considerando-se certo número de desejos ou de ideais dados por outro lado. Esse *outro lado* é a história; esse *considerando* é o pensamento.

real (*réel*) – O conjunto das coisas (*res*) e dos acontecimentos, conhecidos ou desconhecidos, duradouros ou efêmeros, na medida em que estão presentes: é o conjunto de tudo o que acontece ou continua. Distingue-se assim da verdade, que não acontece nem dura, mas permanece. Por exemplo, o fato de estar eu sentado agora na frente do meu computador, de me interrogar sobre a definição do real, de haver um buquê de flores na mesa, carros na rua, de a Terra girar em torno do Sol, de outras estrelas nascerem ou morrerem, etc., é real. Quando o buquê murchar, quando eu morrer, quando os carros, a Terra e o Sol houverem desaparecido, quando outras estrelas ou nada houverem substituído as que nascem ou se consomem atualmente, já não será real. Mas continuará sendo verdade que tudo isso se produziu, como era verdade, antes disso acontecer, que aconteceria. Eternidade do verdadeiro, impermanência do real. Ambos coincidem apenas no presente; coincidem sempre, portanto, para todo real dado (mas não, é claro, para toda verdade), e é isso o presente: o ponto de tangência do real e do verdadeiro. O que não quer dizer, porém, que ambos estão exatamente no mesmo plano. Não é porque uma coisa era verdade desde toda a eternidade que ela acontece; é porque ela acontece que era, é e será verdade por toda a eternidade. A verdade não tem potência própria, não tem força, não tem realidade: ela não é senão uma sombra do real projetada no pensamento, ou melhor, sua luz, para nós, antecedente e remanescente. Os materialistas não lhe podem conceder totalmente o ser; nem os racionalistas lhe recusar, entretanto, toda consistência (já que a verdade, mesmo considerada independentemente do real, tem suas restrições próprias, que são as da lógica). Daí, para todo materialismo racionalista, uma espécie de tensão, que faz sua dificuldade e seu limite. Um Deus seria mais simples. Um mundo de Idéias seria mais simples. Ou então a sofística e a tolice. Mas por que se ater ao mais simples? O fato de o materialismo ser difícil e limitado não o refuta. Se o real não é um pensamento, como o pensamento poderia apreendê-lo sem dificuldade e sem limites? Assim, o real sempre tem a última palavra, mas não é uma palavra: é o que impede que qualquer discurso jamais o designe adequadamente. Esta pequena palavra – *real* –, tão cômoda, tão pobre, nada mais é que uma etiqueta que colamos, porque nos é útil, no infinito silêncio do que dura e passa. Nossos discursos fazem parte dele, assim como nossos sonhos e nossos erros. É o conjunto mais vasto, mais completo, mais concreto: o diverso do dado e do que poderia sê-lo – o objeto de uma experiência possível ou impossível. Espinosa chamava-o de natureza (*infinita infinitis modis, hoc est omnia...*) ou Deus, que é tudo. A definição da palavra exclui que o que quer que seja lhe escape.

realidade, princípio de (*réalité, principe de*) – Não é o contrário do princípio de prazer, nem mesmo propriamente seu complemento. É, antes, sua forma lúcida e inteligente, que se submete a ele levando em conta – em sua busca do prazer e para alcançá-lo – a realidade. Trata-se sempre de fruir o mais possível, de sofrer o menos possível (princípio de prazer), mas *levando em conta as injunções e os perigos do real* (princípio de realidade). Isso nos leva muitas vezes a diferir o prazer, ou mesmo a renunciar pontualmente a ele, ou a aceitar um desprazer, para fruir, posteriormente, mais ou por mais tempo. Assim, o fumante pára de fumar, quando consegue, pela mesma razão que o fez fumar por tanto tempo (o prazer), mas aplicada de outro modo: por julgar (o princípio de realidade é um princípio intelectual) que o fumo traz, no fim das contas e ao menos estatisticamente, mais desprazeres que prazeres. Não é escapar do princípio de prazer; é submeter-se de outro modo a ele. Assim, vai-se ao dentista pelo prazer, como se vai trabalhar pelo prazer, ainda que esse prazer, na maioria das vezes, não nos espere nem no dentista nem no trabalho. Seria mais agradável ficar em casa? Sem dúvida nenhuma, a curto prazo. Mas o princípio de realidade é justamente o que nos liberta da ditadura do curto prazo:

princípio de prudência (é mais ou menos o equivalente da *phrónesis* dos antigos) e de imaginação.

realismo (*réalisme*) – No sentido corrente: ser realista é ver as coisas como elas são e adaptar-se eficazmente a elas. O contrário, não do idealismo, mas da patetice, da utopia e do angelismo.

No sentido estético: toda corrente artística que submete a arte à observação e à imitação da realidade, mais que à imaginação ou à moral. Historicamente, pode designar uma época em particular: *grosso modo*, a segunda metade do século XIX, que se opõe ao romantismo do mesmo modo que o simbolismo, na virada do século, se oporá por sua vez ao realismo. Mas a palavra pode ser utilizada mais amplamente, é claro: Molière e Philippe de Champaigne são mais realistas do que Corneille ou Poussin; Rembrandt, Caravaggio e Zurbarán, mais que Botticelli ou Boucher. Esses exemplos mostram suficientemente que a palavra, tomada nesse sentido amplo, nada tem de pejorativo. Ela pode conservar, em alguns dos seus empregos, algo de restritivo. O fato de Courbet ou Flaubert serem artistas realistas não diminui em nada seu gênio. Mas o fato de se aplicar mal a Chardin ou a Stendhal, Rembrandt ou Proust (que no entanto vinculam-se ao realismo, mas excedendo-o sob todos os aspectos), parece-me que acrescenta algo ao deles. Talvez porque todo *ismo* restrinja, ou porque a realidade seja mais rica que o realismo. É também porque o realismo, nesse sentido restritivo, seria muito mais um prosaísmo: ele sofre menos de um excesso de observação do que de uma falta de poesia.

No sentido propriamente filosófico, enfim, o realismo é uma doutrina que afirma a existência de uma realidade independente do espírito humano, que este pode conhecer pelo menos em parte. Fala-se, por exemplo, de *realismo moral*, para designar uma doutrina que afirma a objetividade da moral ou a realidade de fatos morais irredutíveis a toda e qualquer ilusão ou crença (ver Ruwen Ogien, *Le réalisme moral*, PUF, 1999). Mas o realismo é evocado sobretudo num sentido mais geral ou mais metafísico. Ele não afirma a existência desta ou daquela realidade (moral, por exemplo), mas de *uma realidade*, qualquer que seja, ou mesmo *da* realidade. A palavra, nesse sentido técnico e embora seja uma só, pode designar então duas correntes muito diferentes, conforme a natureza do real considerado: realismo das Idéias, dos universais ou do inteligível (por exemplo em Platão, santo Anselmo ou Frege), ou realismo do mundo sensível ou material (por exemplo, em Epicuro, Descartes ou Popper). O primeiro se opõe ao nominalismo ou ao conceitualismo; o segundo, a uma forma de idealismo ou de imaterialismo. Note-se que esses dois realismos muitas vezes se opõem um ao outro (Epicuro contra Platão), mas nem sempre: Russel, pelo menos por algum tempo, e Popper sustentaram ambos.

recalque (*refoulement*) – Um dos grandes conceitos da psicanálise. É a rejeição de uma representação no inconsciente, onde ela permanece bloqueada. Trata-se de proteger o ego, especialmente quando ele está dividido entre os desejos do id e as exigências do superego. Mas o remédio, às vezes, é pior do que o mal: o que foi recalcado pode, sob as deformações que a resistência lhe impõe, vir perturbar a vida consciente (retorno do recalcado: atos falhos, sonhos, sintomas). Assim, o recalque pode se tornar patogênico. Seu remédio não é o extravasamento, mas a terapia analítica. Seu contrário não é o retorno do recalcado (que lhe permanece submetido), mas a aceitação. No entanto, não se deve esquecer que aceitar uma representação não é necessariamente satisfazer o desejo que nela se expressa. A verdade, e não a fruição, é que liberta e cura.

recusa (*déni*) – Uma negação que não se refere a um afeto inconsciente (como a denegação), mas ao próprio real. Segundo Freud, mecanismo mais psicótico que neurótico. O inconsciente nem sempre está errado, mas o real sempre tem razão: negá-lo é perdê-lo.

referente (*référent*) – O objeto, real ou imaginário, mas não lingüístico (salvo na metalinguagem), de um signo lingüístico. Seja, por exemplo, a palavra "cão": nem o significante nem o significado latem ou mordem; seu referente pode fazer uma coisa e outra.

reflexão (*réflexion*) – No sentido lato: um esforço de pensamento particular. No sentido estrito: uma concentração do pensamento sobre si mesmo, que se toma então por objeto. Este último movimento seria, com a sensação, um dos dois constituintes da experiência, logo uma das duas fontes, como diz Locke, das nossas idéias: sem ela, não teríamos nenhuma idéia do "que se chama perceber, pensar, duvidar, crer, raciocinar, conhecer, querer e todas as diferentes ações da nossa alma" (*Ensaio*, II, 1, § 4). A reflexão é, portanto, uma espécie de sentido interior, mas intelectual e deliberado: é "o conhecimento que a alma adquire das suas diferentes operações, por cuja via o entendimento vem a formar idéias delas" (*ibid.*). Movimento necessário, mas que não poderia esgotar por si só o campo do pensamento. É preferível filosofar à maneira dos gregos, aconselha Marcel Conche (*Présence de la nature*, II), a se encerrar, como Descartes ou Husserl, na reflexividade ou no sujeito: é preferível pensar o real (refletir, no sentido lato) a se ver pensar (encerrar-se na reflexividade no sentido estrito). O eu, claro, faz parte do real: pensar o mundo, portanto, também é *se* pensar. Mas é apenas uma parte ínfima dele: pensar-se nunca bastou para pensar o que é, nem mesmo o que você é (um ser vivo). A lógica e a neurobiologia nos ensinam mais sobre o pensamento do que a reflexão (no sentido estrito). É preferível pensar o pensamento, como diz Alain, a pensar a si mesmo (*Cahiers de Lorient*, I, p. 72). É preferível conhecer e refletir (no sentido lato) no que sabemos ou imaginamos saber a se encerrar na reflexão (no sentido estrito). "O pensamento", dizia ainda Alain, "não deve ter outra casa que não seja todo o universo; é somente aí que ele é livre e verdadeiro. Fora de si! Do lado de fora!" (*ibid.*). A reflexão leva a tudo, contanto que se saia deste.

reflexo (*réflexe*) – Um movimento involuntário, que responde a um estímulo exterior. Por exemplo, o olho que se fecha, diante do golpe, ou a mão que se retira, diante da dor. Fala-se de *reflexos condicionados* no caso dos que associam artificialmente dois estímulos (por exemplo, uma campainha e um alimento), até que um dos dois baste para produzir um reflexo que não lhe é normalmente associado (por exemplo, a campainha acarretando a salivação). Também é possível falar de reflexo, num sentido mais amplo, no caso de qualquer reação quase automática, resultante de um aprendizado ou um hábito: é o caso do iatista ou do automobilista. Ele se produz sem que eu tenha necessidade de pensar, o que é cômodo e muitas vezes eficaz, mas não basta: o reflexo não dispensa nem a vontade nem a reflexão.

refutação (*réfutation*) – Refutar é demonstrar a falsidade de uma proposição ou de uma teoria. Em geral, consegue-se fazê-lo mostrando que ela é incoerente (refutação lógica) ou desmentida pela experiência (falsificação). Esses dois caminhos, em filosofia, permanecem incertos. A filosofia não é uma ciência: as objeções que nela se fazem, mesmo quando argumentadas racionalmente, sempre podem ser integradas ("superadas") no sistema que elas atacam, ou ser objeto, por sua vez, de certo número de objeções. Ninguém, que eu saiba, jamais refutou de forma válida Malebranche ou Berkeley. Não tem importância: a filosofia deles nem por isso deixou de morrer.

regra (*règle*) – Um enunciado normativo, que serve menos para compreender do que para agir. Um espírito finito não pode dispensá-las (ver por exemplo Espinosa, *Ética*, V, 10, escólio), do mesmo modo que um espírito não pode se contentar com elas.

regulador (*régulateur*) – O que fornece uma regra, um horizonte ou um fio condutor, sem se permitir dizer o que é. Opõe-se, especialmente em Kant, a *constitutivo*. Por exemplo, a idéia de finalidade na natureza é apenas um princípio regulador para a faculdade de julgar reflexiva: é útil buscá-la, impossível prová-la (*C.F.J.*, §§ 67 e 75). Como explicar o olho, sem supor que ele existe *para ver*? Mas como provar que é, de fato, assim? Não é possível: há que fazer *como se fosse*, dizia um dos meus professores, sem nunca poder provar que *é assim*. Um princípio regulador indica uma direção para a qual se deve tender; mas não determina o que é (ele não é constitutivo). Ajuda a pensar; não basta para conhecer.

relativismo (*relativisme*) – Toda doutrina que afirma a impossibilidade de uma doutrina absoluta. Nesse sentido amplo, não é senão um truísmo. Como um espírito finito poderia ter acesso absolutamente ao absoluto, se o absoluto é um espírito infinito ou do contrário não é espírito? O relativismo só adquire seu verdadeiro sentido particularizando-se, sob duas formas principais. De fato, é preciso distinguir, de um lado, um relativismo epistêmico ou gnoseológico e, de outro, um relativismo ético ou normativo. Os dois podem andar juntos (por exemplo, em Montaigne), mas também separados (por exemplo, em Espinosa, que só se prende ao segundo, ou em Kant, que só se prende ao primeiro).

O relativismo epistêmico ou gnoseológico afirma a relatividade de todo conhecimento: não temos acesso a nenhuma verdade absoluta. É o contrário do dogmatismo teórico. Um ceticismo? Não necessariamente, já que um conhecimento relativo nem por isso deixa de ser conhecimento e até pode, pelo menos em sua ordem, ser considerado como certo. Montaigne ou Hume são certamente relativistas, nesse sentido; mas Kant, que não era cético, também o é, como aliás, hoje em dia, a maioria dos nossos cientistas. É um dos resultados paradoxais da física quântica. Quanto mais eles conhecem o mundo, menos têm a sensação de conhecê-lo absolutamente.

Quanto ao relativismo ético ou normativo, ele se refere aos valores, cuja relatividade afirma. Não temos acesso a nenhum valor absoluto; todo juízo de valor é relativo a certo sujeito (relativismo), a certos genes (biologismo), a certa época (historicismo), a certa sociedade ou cultura (sociologismo, culturalismo) – ou mesmo, aliás é o que creio, a tudo isso ao mesmo tempo. É o contrário do dogmatismo prático. Um niilismo? Não necessariamente. Um valor relativo não é menos real por isso, nem deixa por isso de valer. O fato de o valor de uma mercadoria, por exemplo, não ser absoluto (ele depende das condições da sua produção, do mercado, da moeda...) não significa que essa mercadoria não valha nada, nem que seu preço seja arbitrário. O fato de a compaixão, do mesmo modo, ser diversamente apreciada (em função das culturas, das épocas, dos indivíduos...) não implica que ela não tenha valor, nem que não valha mais, por exemplo, que a indiferença ou a crueldade. Eu diria mais, até: é unicamente com a condição de existir como valor, para este ou aquele grupo humano, que um valor pode ser relativo, o que um puro nada não poderia ser. O relativismo, longe de desembocar necessariamente no niilismo (que não é mais que sua forma extrema, um pouco como o ceticismo extremado que Hume denunciava o é em relação ao relativismo gnoseológico ou ao ceticismo moderado que ele professa), é em vez disso uma forte razão para recusá-lo (intelectualmente) e resistir a ele (moralmente) ao mesmo tempo e, no fundo, pela mesma razão que resiste ao dogmatismo prático. De fato, essas duas últimas posições têm em comum não querer reconhecer valores senão absolutos: uns afirmam que tais valores existem (dogmatismo prático), outros negam sua existência (niilismo), mas só se opõem, nisso, com base num acordo primeiro, que podemos chamar de seu absolutismo comum. Os relativistas são menos exigentes e mais lúcidos. Não é o absoluto que eles buscam, nem o nada que eles encontram. Eles se interessam pelas condições reais do mercado (no caso dos valores econômicos), da história, da sociedade e da vida (no caso dos valores morais, políticos ou espirituais) e neles encontram mais que o suficiente para viver e até, se for o caso, para morrer. Aguardo que me expliquem que razões um niilista poderia ter para combater a barbárie pondo em risco a própria vida e por que seria preciso, para combatê-la, reivindicar valores absolutos. "Porque, se assim não for", já me explicaram muitas vezes, "o bárbaro oporá a você os valores dele: por exemplo, se se tratar de um nazista, a pureza da raça, o culto do chefe, da nação e da força, que oporá a seu respeito afeminado ou judaizado dos direitos humanos..." Respondo que, de fato, é o que acontece e que acho curioso me oporem o próprio real que me dá razão. O fato de um nazista ser um nazista em nome de certos valores e de um democrata combatê-lo em nome de outros valores é um dado de fato, que prova que esses valores existem, pelo menos para nós, graças a nós, e bastam. Se, para ser antinazista, você necessitar que o absoluto também o seja, tudo bem. Mas imagine que Deus seja nazista e nos revele isso: você se tornaria nazista por isso? Ou imagine que não haja absoluto: você renunciaria por isso a respeitar os direitos humanos? Curiosa moral, que depende de uma metafísica duvidosa, como todas elas são!

O fato de todo valor ser relativo não prova de maneira nenhuma que nada valha. Até torna isso improvável: como é que um nada seria relativo? O niilismo nada mais é que um relativismo extremado ou condescendente. Já o relativismo é um niilismo ontológico (em se tratando dos valores, que não são seres nem Idéias em si) mas acompanhado de um realismo prático (os valores existem realmente, pelo menos para nós, já que nos fazem agir ou já que agimos por eles). Um valor não é uma verdade: é o objeto de um desejo, não de um conhecimento; pertence à ação, não à contemplação. Mas tampouco é um puro nada, nem uma simples ilusão: vale verdadeiramente, pelo menos para nós, pelo menos graças a nós, já que é verdade que o desejamos. O que há de ilusório, em nossos valores, não é seu valor, mas o sentimento que temos, quase inevitavelmente, da sua absolutidade. Ou, para dizê-lo de outro modo: há absoluto moral apenas para a e pela vontade. É o que chamo de um absoluto prático: o que quero absolutamente, isto é, de maneira incondicional ou não negociável. Porque existiria em si? De maneira nenhuma. Mas porque é indissociável do meu desejo de viver e de agir humanamente. O essencial é expresso por Espinosa, no decisivo escólio da proposição 9 do livro III da *Ética*: "Não fazemos esforço em direção a nada, não apetecemos nem desejamos nenhuma coisa por a julgarmos boa; ao contrário, julgamos que uma coisa é boa porque fazemos um esforço em sua direção, porque a queremos, apetecemos e desejamos." O fato de todo valor ser relativo ao desejo que o visa (logo à vida, à história, ao indivíduo: *ao desejo biológica, histórica e biograficamente determinado*) não é uma razão para deixar de desejá-lo, nem para pretender que esse desejo (que ele próprio pode ser desejado) não tem valor. Quando você tem uma ereção, você necessita que Deus ou a verdade também tenham? Por que seria preciso, para amar a justiça, que ela exista absolutamente? É, antes, o inverso: se ela existisse, não necessitaria de nós e, por conseguinte, seríamos menos obrigados a amá-la. Mas não é assim. Não é porque a justiça é boa que devemos amá-la, nem porque ela existe que devemos nos submeter a ela. É porque nós a amamos que ela é boa (razão a mais para amá-la: ela só vale com essa condição!) e porque ela não existe, como dizia Alain, que é preciso fazê-la. Niilismo, filosofia da preguiça ou do nada. Relativismo, filosofia do desejo e da ação.

relativo (*relatif*) – Já não lembro quem ressaltava com graça a grandeza do povo judeu, ou a importância para nós da sua contribuição, com cinco nomes próprios:

Moisés, que ensina que a Lei é tudo;
Jesus, que ensina que o amor é tudo;
Marx, que ensina que o dinheiro é tudo;
Freud, que ensina que o sexo é tudo;
Einstein, que ensina... que tudo é relativo.

A fórmula é bonita. Evite-se, no entanto, levá-la demasiado a sério. Quanto ao fundo, nada mais é que uma série de contra-sensos. Se a Lei fosse tudo, já não haveria necessidade de Lei. Se o amor fosse tudo, não haveria mundo (já estaríamos no paraíso) e Jesus teria vindo à toa. Se o dinheiro fosse tudo, não haveria marxismo. Se o sexo fosse tudo, não haveria psicanálise. Enfim, se tudo fosse relativo, que sentido teria afirmar a superioridade da Teoria da Relatividade sobre a astronomia ptolomaica ou a mecânica celeste de Newton? Mas procuremos primeiro definir.

O que é o relativo? O contrário do absoluto: é relativo o que não é separado e não-separável (a não ser por abstração), em outras palavras, o que existe em outra coisa (relatividade dos modos ou dos acidentes, absolutidade da substância) ou dela depende (relatividade dos efeitos, absolutidade de uma causa que não seria causada nem influenciada por nada). Nas doutrinas religiosas, costuma-se considerar que só Deus é absoluto: todas as criaturas emanam dele ou dele dependem, logo são relativas; somente ele não depende de nada. Os ateus ou os materialistas dirão, ao contrário, que tudo é relativo (toda causa é, ela própria, efeito de outra causa, e assim ao infinito, todo acontecimento é influenciado por outros acontecimentos), com a única exceção talvez do próprio Todo, que não vemos como poderia resultar ou depender de outra coisa – a não ser de si mesmo ou do seu estado anterior. Assim, estamos no âmago do absoluto, ao mesmo tempo que somos fadados ao relativo.

Haveria que dar razão a Einstein, então? Sem dúvida, mas evitando o contra-senso habitual sobre a Teoria da Relatividade. Esta não indica de maneira nenhuma que tudo é relativo, no sentido trivial do termo, isto é, subjetivo ou variável (relativo a certo sujeito ou a certo ponto de vista). A teoria de Einstein, estabelecendo a relatividade respectiva do espaço e do tempo, desemboca ao contrário em certo número de invariantes, a começar pela velocidade da luz ou pela equivalência da massa e da energia, que não dependem, precisamente, nem do sujeito nem do ponto de vista. Nesse sentido, ela não é *mais relativa*, e sim *mais absoluta* que a de Newton, que ela explica (como um caso particular: para velocidades e distâncias que não são grandes demais) e que não a explica. O fato de tudo ser relativo (no todo, único absoluto) não autoriza a pensar qualquer coisa, nem de qualquer maneira.

relaxamento (*délassement*) – O que descansa ou alivia a tensão, pelo equilíbrio, sempre agradável, de determinada faculdade: é o repouso em ato e em movimento. Próximo do lazer, pelo tempo livre que supõe, dele se distingue por um cansaço prévio e um trabalho previsível. É como um lazer necessário, entre dois cansaços; o verdadeiro lazer seria, em vez disso, um relaxamento supérfluo ou gratuito, entre dois repousos. O lazer tende ao prazer; o relaxamento, ao trabalho ou ao esforço. Portanto o lazer é que é bom; o relaxamento é necessário.

religião (*religion*) – Um conjunto de crenças e de práticas que têm Deus, ou deuses, por objeto. Isso "dá liga" (segundo uma etimologia possível e duvidosa, que vincula a palavra a *religare*: a religião liga os crentes entre si, ligando todos eles a Deus) e sentido (já que existe outra coisa que não este mundo, que pode ser sua finalidade e sua significação). Quem não sonharia com ela? Todavia, nada prova que seja outra coisa que não um sonho.

"Crer num Deus é ver que a vida tem sentido", dizia Wittgenstein. Digamos que é crer que ela tem sentido e levar a sério esse sentido. Pelo que a religião é o contrário do humor e do conhecimento: é o sentido do sentido enfim apreendido, ainda que obscuramente, recolhido (segundo outra etimologia igualmente possível e duvidosa: *religere*, recolher), perpetuamente relido (terceira etimologia: *relegere*, reler), hipostasiado e adorado ao mesmo tempo. Como esse sentido está sempre ausente, a religião se faz esperança e fé. Isso, que nos falta (o sentido), não sente falta de nada – e nos será dado um dia. Resta, daqui até lá, orar, crer, obedecer. Toda religião desemboca numa moral dogmática ou dela procede: o bem erigido em verdade, o dever em lei, a virtude em submissão. Bossuet resumiu o essencial numa frase: "Todo bem vem de Deus, todo mal apenas de nós." A religião é a vergonha do espírito. *Mea culpa, mea maxima culpa*... É também o que a salva, às vezes. Mais vale a vergonha que o impudor (Espinosa, *Ética*, IV, 58, escólio). Mais vale uma virtude submissa do que virtude nenhuma. É melhor amar a Deus que não amar nada ou que amar somente a si. De resto, esse amor, como todo amor, é uma alegria, e fonte de alegrias ("tudo o que dá alegria é bom": *Ética*, IV, Apêndice, 30), logo fonte de amor... É o que há de forte na santidade, e de verdadeiro na religião. Conheci alguns crentes de verdade, cuja evidente superioridade, pelo menos em relação a mim, devia muito à sua fé para que eu me permitisse condená-la. A religião só é odiosa quando desemboca no ódio ou na violência. Nesse caso, já não é religião, e sim fanatismo.

reminiscência (*réminiscence*) – Na linguagem corrente, é uma lembrança involuntária, e mesmo parcialmente inconsciente ou desconhecida como lembrança. Diz-se principalmente de experiências sensoriais ou afetivas (a madalena de Proust); são lembranças que se impõem a nós, mas como que vindas de muito longe, a tal ponto que muitas vezes permanecem misteriosas ou irreconhecíveis. Por exemplo, na arte: fala-se de *reminiscência* quando se imagina reconhecer, numa obra dada, o vestígio, mas involuntário e muitas vezes inconsciente, de um artista anterior. Não é um plágio, não é uma citação. Não é nem sequer uma alusão ou um piscar de olhos. É um eco de outra criação, mas despercebido do criador. Isso fará a felicidade, mais tarde, dos eruditos. Afinal, todo o mundo precisa ganhar a vida. E, sobretudo, dá um pouco de densidade impessoal, ou transpessoal, à arte verdadeira. O gênio é o contrário de uma tábula rasa.

Na linguagem filosófica, a palavra serve principalmente para traduzir a *anámnesis* dos gregos. Pode então designar, ao contrário do sentido precedente, a busca ou a mobilização voluntária de uma lembrança (Aristóteles, *Da memória*, 2; seria preferível, parece-me, traduzir por *rememoração* ou *anamnese*). Na maioria das vezes, porém, ela remete a Platão: a reminiscência é o vestígio, em nós, das Idéias eternas, que nossa alma teria percebido, entre duas encarnações, face a face. É o que nos permite, como o pequeno escravo do *Mênon*, descobrir, sem sair de nós mesmos, verdades que ignorávamos. Conhecer seria tão-somente reconhecer; pensar seria tão-somente relembrar. Se fosse verdade, a história das ciências avançaria de marcha a ré, em direção a uma verdade que a precede. E é, de fato, o que acontece, dirão, pois que toda verdade é eterna... Nada disso. O fato de ela ser eterna é, ao contrário, o que proíbe encerrá-la no passado: ela está em igual medida no futuro, que não é nada, e mais no presente, que a contém inteira. A reminiscência platônica não é senão uma metáfora para pensar a eternidade do verdadeiro, tal como o eterno retorno de Nietzsche.

remorso (*remords*) – Uma tristeza presente, por um erro passado, como que uma vergonha de si para consigo. É um sentimento, que pode ser dilacerante, mas não uma virtude. O remorso, no entanto, tem um ponto de contato com a moral, pelo juízo (a consciência dolorosa de ter agido mal). É como que uma saudade do bem. Transforma-se em arrependimento, quando a ela se soma a vontade de se redimir.

renascimento (*renaissance*) – O fato de renascer. Mas a palavra, em filosofia, é mais comumente utilizada com maiúscula. Designa então uma época, um movimento ou um conceito. A época cobre os séculos XV e XVI. O movimento, que nasce no norte da Itália, estende-se progressivamente por toda a Europa: é o redescobrimento conjunto da Antiguidade e do indivíduo. Nasce dele uma *ars nova*, que é como que a ponta extrema e requintada desse movimento. Mas é apenas sua ponta. O Renascimento também afeta a economia ou é afetado por ela (é a época em que emerge o que hoje chamamos de capitalismo), a política (pelo fortalecimento das Cidades ou dos Estados), o pensamento (pelo progresso das ciências e do humanismo), a espiritualidade (pela Reforma e, depois, pela Contra-Reforma), enfim e em geral a concepção do mundo (tanto pelo descobrimento das Américas como pela passagem, como dirá Koyré, do mundo fechado, o dos antigos e da Idade Média, ao universo infinito, o dos modernos). É a época de Brunelleschi e de Gutenberg, de Donatello e de Van Eyck, de Erasmo e de Rabelais, de Maquiavel e de Montaigne, de Copérnico e de Cristóvão Colombo, mas também de Lutero e Giordano Bruno, de Van der Weyden e Dürer, de Josquin des Prés e de Palestrina, de Leonardo da Vinci e de Michelangelo, de Rafael e Ticiano... Época admirável, mais do que qualquer outra talvez, pelo menos no caso das artes plásticas, e os contemporâneos não se enganaram. Eis, por exemplo, o que Alberti escrevia na dedicatória a Brunelleschi, desculpem se é pouca coisa, do seu tratado *Da pintura*: "Para os antigos, que tinham exemplos a imitar e preceitos a seguir, atingir nas artes supremas esses conhecimentos que exigem de nós tantos esforços hoje em dia era, sem dúvida, menos difícil. E nossa glória, confesso, só é maior com isso, nós que, sem preceptores e sem exemplos, criamos artes e ciências nunca vistas nem ouvidas." Vê-se que a *Rinascita*, como se dizia desde o Quatrocentos, não se encerra em absoluto na nostalgia da Antiguidade: a admiração pelos antigos não exclui uma admiração redobrada pelos contemporâneos, quando eles se mostram, e em condições talvez mais difíceis, à altura dos seus gloriosos e antigos predecessores. O fato é que o Renascimento não é tão-somente um progresso ou uma eclosão; ele só foi o que foi por ter redescoberto alguns dos segredos ou dos ideais da Antiguidade. É o que nos leva ao conceito: é possível falar de Renascimento, num sentido mais geral mas que permanece analógico, no caso de qualquer movimento de renovação que se baseia num retorno – ao menos parcial, ao menos provisório – a uma época mais antiga. A palavra, que continua a valer positivamente, pode adquirir então um sentido prospectivo. Trabalhar por um Renascimento é reconhecer uma decadência prévia, de que se tenta escapar. É voltar às fontes, mas para não renunciar ao oceano. Recuar, pelo menos aparentemente, mas para avançar. É, portanto, o contrário de uma posição reacionária ou conservadora: um progressismo culto e fiel, que quer iluminar o futuro pelo estudo paciente do passado e que prefere rivalizar com os mestres de outrora, como dizia Fromentin, a fazê-lo com os contemporâneos ou com os jornais.

renome (*renomée*) – Menos que a glória, mais que a reputação (que pode ser má) ou a notoriedade (que é neutra). É possível falar de um criminoso notório. Mas hesitar-se-ia em falar de um criminoso renomado. Não, porém, que o renome sirva de juízo de valor – um escritor renomado pode ser medíocre como escritor –, mas na medida em que ele veicula juízos de valor *dos outros*. É por isso que suas trombetas, como dizia Brassens, são mal embocadas. Porque os outros é que as tocam.

representação (*représentation*) – Tudo o que se apresenta ao espírito, ou que o espírito se representa: uma imagem, uma lembrança, uma idéia, uma fantasia... são representações.

Era o que fazia Schopenhauer dizer que "o mundo é minha representação" – porque não sei nada dele, salvo o que percebo ou penso.

Mas, se só houvesse representações, o que elas representariam?

reprovação (*réprobation*) – Um juízo de valor negativo, sobre o ato de outrem. Só concerne à moral pelas conseqüências, que tiramos para nós mesmos. Sem isso, não é senão maledicência ou boa consciência. A misericórdia e o silêncio, quase sempre, valem mais.

república (*république*) – Etimologicamente, é a coisa pública (*res publica*). Mas a palavra designa muito mais: uma forma de organização da sociedade e do Estado, na qual o poder pertence a todos, pelo menos de direito, e se exerce, pelo menos em princípio, em benefício de todos. De acordo com uma fórmula tradicional, é o poder do povo, pelo povo, para o povo – mesmo que esse poder seja quase sempre exercido por intermédio de representantes eleitos. É portanto uma democracia, mas radical. Uma democracia pode ter um rei, se o povo achar bom ou aceitar (a Inglaterra e a Espanha, hoje, são sem dúvida nenhuma democracias: é o povo, não o rei, que decide da política a ser posta em prática, e até mesmo da manutenção ou não da monarquia); mas nesse caso não é uma república (já que uma parte do poder, no caso a escolha do monarca, escapa ao povo). Nesse primeiro sentido, que é constitucional, a república é portanto uma democracia em que todo o poder pertence ao povo e se exerce por seus eleitos: a França, os Estados Unidos ou a Alemanha são repúblicas; a Inglaterra e a Espanha não.

Pode acontecer também, e acontece com freqüência, que o poder, numa democracia, se ponha a serviço dos mais influentes ou dos mais numerosos; nesse caso, mesmo sem rei, já não é totalmente uma república, que supõe que o poder tenha em vista o interesse comum e não a simples soma ou média dos interesses particulares. Vê-se que a palavra, neste último sentido, é menos constitucional do que normativa: ela supõe um juízo de valor e como que uma vontade obstinada de resistir aos egoísmos, aos privilégios, aos corporativismos, às Igrejas e até aos indivíduos. A liberdade? Certamente. Mas não à custa da igualdade, da laicidade, da justiça. A república, nesse sentido, é menos um tipo de governo do que um ideal ou um princípio regulador: ser republicano é querer que a democracia se ponha a serviço do povo, não, como é sua inclinação natural, a serviço da maioria ou da ideologia dominante. Compreende-se que isso não dispensa o respeito à democracia, nem autoriza a violar as liberdades individuais, mesmo que no interesse do povo. Quem pode o máximo, pode o mínimo. A democracia, para um republicano, é o mínimo obrigatório; a república, o máximo desejável.

resignação (*résignation*) – É a renúncia à satisfação de um desejo, que no entanto subsiste. Já não é a revolta, que diz não, nem exatamente a aceitação, que diz sim. A resignação diria antes "*sim, mas*", ou "*sim, apesar de tudo*", ou "*azar*", mas sem acreditar totalmente. É como um trabalho do luto inacabado, talvez inacabável, que se aceita como tal. Não é a sabedoria, por falta de alegria. Não é – ou não mais é – a infelicidade. É uma espécie de meio-termo morno e confortável. Dupla cilada. Duplo fracasso. Confortável demais para que se queira sair dela. Morna demais para que se ache agradável permanecer nela. Muitas vezes, é o estado das pessoas idosas ou das que envelheceram antes da hora. É o que a torna pouco atraente. "Essa palavra, resignação, me irrita", dizia George Sand; "a idéia que tenho dela, com ou sem razão, é de uma espécie de preguiça que quer escapar da inexorável lógica da infelicidade" (*História de minha vida*, X). Mas só consegue escapar, quando consegue, pelo hábito e pela renúncia. Não é uma vitória; é um abandono. É o que a torna necessária, às vezes, e insuficiente, sempre. É como que uma sabedoria mínima, para os que seriam incapazes da verdadeira. Sua fórmula parece estar, surpreendentemente, em *Os frutos da terra* de Gide: "Onde você não pode dizer *melhor assim*, diga *pior assim*. Tem-se aí grandes promessas de felicidade." É sem dúvida um exagero, ou supõe uma felicidade prévia, ou uma sabedoria última, que já não é resignação, e sim aceitação plena e inteira. Perto do que a resignação é tão-só um momento. Ela vale apenas para os que não se resignam a ela, ou a superam. Não é um caminho senão para quem dele sair.

resistência (*résistance*) – Uma força, na medida em que se opõe a outra. É o estado ordinário do conato: todo ser se esforça em perseverar em seu ser e se opõe, com isso, tanto quanto pode, aos que o pressionam, o agridem ou o ameaçam. É o caso da resistência de um corpo a outro, que o comprime. De um organismo, aos micróbios. Da vida, contra a morte. De um homem livre, contra os tiranos.

Destutt de Tracy e Maine de Biran viam na resistência dos corpos exteriores à nossa ação sobre eles uma das fontes da nossa consciência (com o esforço, que é indissociável dela), tanto a consciência de nós mesmos como de alguma coisa (o mundo), que não somos nós. É uma recusa em ato do solipsismo. Mas, para pensar a resistência, é sem dúvida Espinosa o mais precioso. A resistência não é um acidente, nem o sinal de não sei que pensamento reativo. Ela é a verdade do ser, na medida em que este é potência de existir e de agir, desde que essa potência seja una (na substância) e múltipla (pelos modos). Somente o infinito é pura afirmação (*Ética*, I, 8, escólio). Toda coisa finita pode ser limitada (*Ética*, I, def. 2) ou destruída (*Ética*, IV, axioma) por outra de mesma natureza. É o que a condena à resistência. Existir é insistir (esforçar-se por ser e por durar); mas também é, por isso mesmo, resistir: o conato é essa "potência singular de afirmação e de resistência" (Laurent Bove, *La stratégie du conatus, Affirmation et résistance chez Spinoza*, Vrin, 1996, p. 14) pela qual cada ser finito tende a perseverar em seu ser resistindo à destruição ou à opressão. Isso vale em particular para o ser humano (*Ética*, IV, prop. 3), que resiste à tristeza e à morte. A ética espinosista é uma ética da potência e da alegria. Mas também é, por isso mesmo, "uma ética da resistência e do amor" (L. Bove, *op. cit.*, pp. 139 ss.). A política de Espinosa é uma política de potência e de liberdade. É por isso que ela desemboca numa estratégia da resistência e da soberania: se "é a obediência que faz os sujeitos" (*T.T.P.*, XVII), "é a resistência que faz os cidadãos" (L. Bove, *op. cit.*, p. 301). Não é de espantar que Alain tenha sonhado fundar "o partido Espinosa": "Obedecer resistindo, eis todo o segredo", dizia ele. "O que destrói a obediência é anarquia; o que destrói a resistência é tirania" (*Propos* de 14 de abril de 1911; ver também meu artigo sobre a filosofia política de Alain, "Le philosophe contre les pouvoirs", *Revue internationale de philosophie*, n.º 215, 2001, especialmente pp. 150-60). Não é de espantar que Cavaillès, um dos nossos maiores resistentes ao nazismo, sempre tenha se dito espinosista: ele encontrava nesse pensamento material para iluminar seu combate. A Resistência, tal como Cavaillès e outros a praticavam, era a única maneira, ante a barbárie nazista, de perseverar em seu ser de cidadãos e de homens livres, nem que, para tanto, sacrificassem a vida.

Fala-se também de *resistência* em psicanálise. É uma força, explica Freud, que se opõe à consciência e à análise: ela impede que as representações inconscientes aflorem à superfície ou deformem suas manifestações. Essa resistência resulta do recalque, ou antes, é como um recalque contínuo: ela mantém sua eficácia e, com isso, o confirma. É um obstáculo, durante a cura, ao mesmo tempo que um material.

resolução (*résolution*) – "Não há nada mais fácil do que parar de fumar: já parei mais de cem vezes!" Essa *boutade* assinala bastante bem a distância que há entre a *decisão*, que é uma vontade instantânea, e a *resolução*, que seria uma vontade contínua. É querer querer, mas na duração: querer (hoje) querer ainda (amanhã ou daqui a dez anos). Por exemplo, quem pára de fumar, de fato, ou que inicia estudos difíceis: uma decisão não basta; além disso, é preciso manter essa decisão no tempo. Trata-se menos de querer, no caso, do que de querer continuar a querer. Mas como, já que só é possível querer no presente? A resolução gostaria de se armar de antemão contra a lassidão, a renúncia, a versatilidade. Ledo engano. Será preciso querer de novo cada dia, e a cada instante de cada dia. A resolução é simplesmente o estado de uma vontade que sabe disso e se prepara para tal. Não é uma garantia suficiente de sucesso. Mas sua ausência, quase sempre, é garantia de insucesso.

respeito (*respect*) – O sentimento em nós da dignidade de alguma coisa (especialmente da lei moral, em Kant) ou de alguém (uma pessoa). Alguns leitores surpreenderam-se por eu não ter feito dele uma das grandes virtudes do meu *Pequeno tratado*. É que ela me pareceu equívoca. Dizer de alguém que é *respeitoso*, nem sempre nem geralmente é salientar uma das suas virtudes. Já se imaginam os salamaleques, as complacências, as hierarquias, toda a ginástica do interesse e das grandezas institucionais – menos o sentimento da dignidade do outro do que um esquecimento da igual dignidade de todos. Muitas vezes, o desrespeito, especialmente diante dos poderosos, é que seria necessário e meritório. Vejam Diógenes ou Brassens. Quanto ao respeito que devemos aos mais fracos ou a todos, a polidez, a compaixão e a justiça dizem o essencial sobre ele. "O dever de respeitar o próximo", escreve Kant, "está compreendido na máxima de não rebaixar nenhum homem ao nível de puro meio a serviço dos meus fins" (*Doutrina da virtude*, § 25). É o antídoto do egoísmo, e como que o contrapeso do amor (que incita os humanos a se aproximarem uns dos outros, ao passo que o respeito os conduz a manter entre eles certa distância: *ibid*., § 24). É menos uma virtude a mais que uma conjunção de várias. O respeito não é menos necessário por isso, ou melhor, ele o é ainda mais, sem ser no entanto suficiente: ele não dispensa nem do amor nem da generosidade. É verdade que a recíproca também é verdadeira. O amor e a generosidade, sem respeito, não seriam capazes de nos satisfazer: seria tão-só concupiscência ou condescendência.

responsabilidade (*responsabilité*) – "Responsável, mas não culpado." Essa fórmula, na boca de um ministro, chocou. Tomada em si, porém, não tinha nada de absurdo nem de contraditório. Sou responsável por tudo o que faço voluntariamente, ou por tudo o que deixei fazerem e que eu poderia ter impedido. Assim, sou responsável pelos meus erros. Nenhum aluno pedirá que o professor não lhe dê má nota, ou que dê a nota ruim a outro aluno, a pretexto de não ter errado de propósito. Nenhum homem político sério pedirá que não levem em conta seus fracassos. Isso não significa que eles se sintam culpados, nem que o sejam. Sou responsável pelos meus erros e pelos meus fracassos. Mas sou culpado apenas pelos erros que cometi deliberadamente, sabendo que se tratava de erros. É a diferença que há, ao dirigir um carro, entre furar um sinal que você não viu e jogar o carro deliberadamente contra alguém. Se houver mortos, você sem dúvida vai se sentir culpado em ambos os casos. Mas só será culpado, pelo menos desta morte, no segundo caso (o que não exclui que foi culpado, no primeiro, de desatenção, excesso de velocidade ou imprudência). Os tribunais levam isso em consideração, ao não punir os alcoolizados homicidas das estradas com tanta severidade quanta alguns desejariam: é que eles são culpados por ter dirigido embriagados, porém não mais do que todos os que o fazem tendo a sorte de não matar ninguém. Que se deva condenar estes últimos, quando são pegos, muito mais severamente do que se faz, parece-me urgente. Mas deve-se, por isso, tratar os primeiros – que não beberam mais, mas que tiveram menos sorte – como assassinos? Já não seria justiça, e sim vingança. São maus motoristas? Sem dúvida, e por isso merecem ser punidos. Mas não são assassinos: são culpados de dirigir embriagados; são responsáveis, mas não culpados, pela morte de um indivíduo. Não digo isso, como meus exemplos indicam muito claramente, para isentar nossos ministros. A responsabilidade, tanto em política como em qualquer outro campo, basta para justificar uma punição política (a renúncia, a demissão, a não reeleição...). Somente a culpa merece uma sanção penal. O ministro em apreço era culpado? Não cabe a mim decidir: não tenho para tanto nem competência nem gosto. Mas ele ter sido responsável, com outros, pela morte de várias centenas de hemofílicos e de pacientes de transfusão de sangue é uma acusação bastante pesada, que era legítimo levar em conta. Nosso ministro, aliás, levou, pelo menos em parte. Havia certa dose de injustiça, a meu ver, em condenar sua fórmula como se ela fosse intrinsecamente absurda ou covarde.

Ser responsável é poder e dever responder a seus atos. É, portanto, assumir o poder que se tem, inclusive nos fracassos, e aceitar arcar com as conseqüências dele. Somente as crianças pequenas e os dementes estão isentos disso, o que talvez realce o essencial: a responsabilidade é o preço a pagar por ser livre.

ressentimento (*ressentiment*) – O rancor dos fracos. A palavra, na língua filosófica, foi definitivamente marcada por Nietzsche: o ressentimento é uma "vingança imaginária", pela qual os escravos, incapazes de agir, tentam compensar sua inferioridade real condenando fantasticamente – pela moral e pela religião – os bárbaros ou os aristocratas que os oprimem e dos quais não podem triunfar de outro modo. Esse movimento assinala "a revolta dos escravos na moral" (*Genealogia*..., I, 10), e é por isso que os judeus foram "o povo sacerdotal do ressentimento por excelência" (I, 16). O ressentimento efetua uma inversão de valores (o "bom" dos amos, isto é, do aristocrata, torna-se o "mau" dos escravos), que Nietzsche quer inverter por sua vez. O paradoxo da história, explica Nietzsche, é que os fracos ganharam. Por serem muito mais numerosos, muito mais sorrateiros, muito mais pacientes, muito mais prudentes... O tempo, o número e o cansaço trabalham a favor deles. Na Europa, especialmente, os judeus não cessaram de ganhar: na Grécia, com "este judeu do Sócrates" (e com Platão, talvez formado "pelos judeus do Egito"), na "Roma judaizada", a da Igreja, na Reforma ("a Judéia triunfou de novo"), enfim, "num sentido mais decisivo, mais radical ainda, a Judéia obteve uma nova vitória sobre o ideal clássico com a Revolução francesa: foi então que a última nobreza política que ainda subsistia na Europa, a dos séculos XVII e XVIII francês, ruiu sob o golpe dos instintos populares do ressentimento" (I, 16). Essas linhas, que são desagradáveis (mas eu poderia citar muito pior), não poderiam todavia invalidar o conceito de ressentimento, que continua sendo esclarecedor. Elas devem no entanto levar a certa vigilância. O contrário do ressentimento, ou antes, seu simétrico, é o desprezo, que não é menos desagradável. O ressentimento é a força dos fracos; o desprezo, a fraqueza dos fortes. Conceitos úteis, afetos perigosos. A misericórdia, em ambos os casos, é mais estimável.

ressurreição (*résurrection*) – O fato de ressuscitar, em outras palavras, de viver novamente quando se estava morto (distingue-se, assim, da imortalidade), continuando a ser o mesmo indivíduo, em outras palavras, o mesmo composto alma-corpo (distingue-se, assim, da reencarnação). É o caso de Lázaro ou de Jesus. O Antigo Testamento é vago a esse respeito. A crença na ressurreição aparece bastante tardiamente no judaísmo, e mais como tema de discórdia: os saduceus, a crer em são Paulo, recusavam-se a acompanhar os fariseus nesse ponto (*Atos*, 23). No entanto, como todos sabem, ela é uma das pedras angulares do cristianismo. Cristo morreu, ressuscitou, e é também essa a sorte que nos aguarda. De que forma? Não se sabe ao certo. O *Credo* anuncia "a ressurreição da carne", o que é bem embaraçoso. A carne, isto é, um corpo, mesmo espiritual, deve ter uma idade, uma forma, um certo aspecto... Mas qual? É o corpo do velhote, que ressuscita, ou o do adolescente? Terá sexo e estômago? Terá desejos que se adequam a estes? Os prazeres que se adequam a estes? Será bonito ou feio, gordo ou magro, grande ou pequeno? Senão, como seria um *corpo*? A maioria dos cristãos considera essas questões tolas: eles preferem crer na imortalidade da alma, como Platão, o que, de fato, é muito mais cômodo. Mas, nesse caso, não venham mais falar de ressurreição.

retidão (*droiture*) – A qualidade do que é reto, mas num sentido moral e metafórico: é de uma honestidade sem meandros.

retórica (*rhétorique*) – A arte do discurso (à diferença da eloqüência, que é a arte da fala), na medida em que visa à persuasão. É pôr a forma, com sua eficácia própria, a serviço do pensamento. Por exemplo, um quiasma, uma antítese ou uma metáfora: não prova nada, não é nem sequer um argumento, mas pode ajudar a convencer... Convém portanto não abusar. Uma retórica que se pretenderia suficiente já não seria retórica, e sim sofística. Ela é necessária mesmo assim, ou seria muita pretensão pretender dispensá-la. Os melhores a utilizam. Vejam Pascal e Rousseau: o fato de terem sido retóricos extraordinários não os impediu de ser escritores e filósofos geniais. É verdade que Montaigne acabou seduzindo mais, por ter mais liberdade, invenção, espontaneidade... É que ele se preocupa menos em convencer. A verdade lhe basta. A liberdade lhe basta. Isso não significa porém que ele tenha dispensado inteiramente a retórica, mas simplesmente que soube, melhor do que outros, libertar-se dela. Aprenda primeiro seu ofício. Depois, esqueça-o.

reversibilidade (*réversibilité*) – A faculdade de virar ao contrário sem perder suas propriedades; por exemplo, um capote, se a parte de dentro puder virar parte de fora, ou um filme, se puder ser projetado indiferentemente em ambos os sentidos. A noção é utilizada principalmente em física: as equações microscópicas são reversíveis; as macroscópicas não. É que o acaso e a entropia, para todo fenômeno complexo, vedam o retorno ao ponto de partida. A xícara de café não volta a se aquecer sozinha; os rios não sobem para a nascente; a desordem, num sistema isolado, não pode senão aumentar. É a chamada flecha do tempo, devida à qual é a irreversibilidade que é o verdadeiro. "Nem o tempo passado / Nem os amores voltam / Sob a ponte Mirabeau corre o Sena..."

revolta (*révolte*) – Uma oposição resoluta e violenta: é a recusa a obedecer, a se submeter e até a aceitar. A palavra serve sobretudo, e cada vez mais, para designar uma atitude individual (no caso das revoltas coletivas, costuma-se falar de rebelião, levante, revolução...). É que Camus passou por aqui: "O que é um homem revoltado? Um homem que diz não. Mas, se bem que recuse, não renuncia: é também um homem que diz sim, desde o seu primeiro movimento" (*O homem revoltado*, I). Sim a quê? À sua revolta, ao seu combate, aos valores que o fundam ou dele nascem. "O revoltado, no sentido etimológico, dá meia-volta. Ele caminhava sob o chicote do amo. Agora o encara. Opõe o que é preferível ao que não é. Nem todo valor acarreta a revolta, mas todo movimento de revolta invoca tacitamente um valor" (*ibid.*). Essa "afirmação apaixonada" é o que distingue a revolta do ressentimento: "Aparentemente negativa, pois não cria nada, a revolta é profundamente positiva, pois revela o que, no homem, deve ser sempre defendido" (*ibid.*). É aqui que se sai da solidão: a revolta é "um lugar-comum que funda sobre todos os homens o primeiro valor. Revolto-me, logo somos" (*ibid.*). É aqui que se sai do niilismo. É aqui que se sai, inclusive, da revolta, ou melhor, é aqui que, sem dela sair, inclui-se a revolta num conjunto mais vasto, que é a vida, num valor mais elevado, que é a humanidade. A revolta é "o próprio movimento da vida"; ela é "amor e fecundidade, ou não é nada" (*op. cit.*, V). "O homem é a única criatura que se recusa a ser o que é" (*op. cit.*, Introdução). Mas pelo menos isso temos de aceitar. Assim, a revolta não é mais que uma passagem entre o absurdo e o amor, entre o *não* e o *sim*. É por isso que é preciso entrar por ela, já que "o absurdo nada mais é que um ponto de partida" (*ibid.*). É por isso que não temos o direito de sair inteiramente dela. É como que um ritmo ternário. Primeiro o *não* do mundo ao homem (o absurdo); depois o *não* do homem ao mundo (a revolta); enfim o grande *sim* da sabedoria ou do amor (o "tudo está bem" de Sísifo). Mas esse *sim* não anula nenhum dos dois *nãos* que o precedem e o preparam. Ele os prolonga. Ele os aceita. Isso vale para o absurdo, que é tão-somente um ponto de partida mas que permanece intacto (a sabedoria não é nem uma justificativa nem uma hermenêutica). Isso vale ainda mais para a revolta. Dizer *sim* a tudo, o que é a única sabedoria, é dizer *sim* também a esse *não* da revolta e do homem.

revolução (*révolution*) – Uma revolta coletiva e triunfante: é uma rebelião bem-sucedida, pelo menos por algum tempo, que consegue subverter as estruturas da sociedade ou do Estado. Os exemplos arquetípicos são a Revolução Francesa de 1789 e a Revolução soviética de 1917. Muitas boas razões em ambos os casos. Muitos horrores em ambos os casos. Mas uma enorme diferença: nunca se voltou atrás na primeira (Napoleão a instala pelo menos tanto quanto a encerra), enquanto a segunda, no fim das contas, só chegou a um capitalismo subdesenvolvido, mais selvagem e mais mafioso que o nosso... Sem dúvida porque é menos difícil transformar o Estado do que a sociedade (o feudalismo, no essencial, já estava morto *antes* de 1789), mais fácil fazer novas leis do que uma humanidade nova. Os funcionários sempre acabam obedecendo. A economia e a humanidade, não.

ridículo (*ridicule*) – "Ninguém prova que deve ser amado expondo ordenadamente as causas do amor; seria ridículo", escreve Pascal (*Pensamentos*, 298-283). Pascal nunca explica. Isso faz parte do seu charme. Tentemos portanto compreender. O que é ridículo é confundir ordens diferentes, no caso a ordem do coração e a ordem do espírito ou da razão. Era o início do fragmento: "O coração tem sua ordem, o espírito tem a dele, que é por princípio e demonstração. O coração tem outra." Tente demonstrar racionalmente a alguém que ele deve amar você: o riso ou o desdém dessa pessoa darão razão a Pascal, e quem sabe ela até o cite: "O coração tem suas razões, que a razão não conhece" (*Pensamentos*, 423-277; ver também o fragmento 110-282). Mesma coisa para o rei que diz: "Sou forte, logo todos devem me amar." Seu discurso é falso e tirânico, nota Pascal (*Pensamentos*, 58-332): ele confunde a ordem da carne, em que o rei reina e em que a força prevalece, com as ordens do coração e do espírito, em que nem a realeza nem a força são nada. Mesma coisa enfim – mas poderíamos multiplicar os exemplos – no caso de quem se espantasse com a baixa extração social de Jesus Cristo: "É ridículo escandalizar-se com a baixeza de Jesus Cristo, como se essa baixeza fosse da mesma ordem da grandeza que ele vinha trazer à luz" (*Pensamentos*, 308-793). É sempre confundir as ordens. É como se espantar com que nossos poderosos não sejam santos.

Assim, o ridículo não é apenas o que presta ao riso (nem todo cômico é ridículo): é o que presta ao riso confundindo ordens diferentes, ou por confundi-las. Isso vai ao encontro do sentido corrente da palavra. Alguém tropeça e cai: se eu o julgo ridículo por isso, ou se ele teme ter sido, é que ele ou eu confundimos a ordem da carne, em que reina a gravidade, com a do espírito, em que ela não é nada. Daí que toda tirania é ridícula, porque pretende fazer adorar a força ou forçar o pensamento a obedecer; e todo riso, contra os tiranos, libertador.

riso (*rire*) – Movimento involuntário e alegre do rosto e do tórax, ante o cômico ou o ridículo. É uma espécie de reflexo, mas que requer um mínimo de reflexão: só se ri, quase sempre, quando se entendeu alguma coisa – mesmo que, no cômico do absurdo, não haja nada a entender. Bergson queria ver no riso algo "mecânico amoldado ao vivo": rimos, dizia ele, todas as vezes que uma pessoa nos dá a impressão de uma máquina ou de uma coisa (*O riso*, I). Eu tenderia, com Clément Rosset, a inverter a fórmula: a ver no que nos faz rir algo "vivo amoldado ao mecânico (...) e volatilizando ao seu contato" (*Lógica do pior*, IV, 4). Um autômato que imita um homem quase nunca é engraçado; um homem que se parece com uma máquina é quase sempre ridículo ou cômico, e tanto mais quanto menos se dá conta disso ou menos decidiu fazê-lo. Como aquele orador – é um exemplo encontrado em Bergson – "que espirra na hora mais patética do seu discurso". O corpo se vinga das momices do espírito. O real, das pretensões do sentido. Pelo que o espírito se desprende de si mesmo e de tudo. É o espírito verdadeiro: sentido amoldado a um *nonsense*, e fazendo-se em estilhaços. É por isso que, como Bergson notava, "não há cômico fora do que é propriamente humano" ou dotado de inteligência. Porque não há cômico a não ser pelo sentido, e não há sentido a não ser para o espírito – mas que só se diverte com ele na medida em que cessa de nele acreditar. Rimos quando o sentido se choca gostosamente contra o real, até se pulverizar em contato com ele. Riso: explosão de sentido. Assim, é possível rir de tudo (todo sentido é frágil, toda seriedade, ridícula); é o que o humor prova, e o que o torna necessário.

Voltam-me à memória duas fórmulas que guiaram minha juventude, como duas balizas do espírito. A de Epicuro, baliza sorridente: "Deve-se rir, mas sem parar de filosofar" (*S.V.*, 41). E a de Espinosa, que parece dizer o contrário: "*Non ridere, non lugere, neque detestari, sed intelligere*" (*T.P.*, I, 4: "Não rir, não chorar, não detestar, mas compreender"). A oposição entre as duas é apenas superficial, porém. Epicuro nunca acreditou que o riso pudesse bastar (a filosofia, antes como depois, continua necessária); nem Espinosa, que devêssemos renunciar a ele. A célebre fórmula do *Tratado político* não é, de maneira nenhuma, uma condenação do riso; é uma condenação apenas do escárnio da derrisão, do riso carregado de ódio ou desprezo. Espinosa explica-se a esse respeito na *Ética*: não é o riso que é ruim no escárnio, é o ódio (IV, 45, corolário 1). Quanto ao riso considerado em si, é, ao contrário, "pura alegria", de que seria um erro privar-se. Por que seria mais legítimo aplacar a fome e a sede do que combater a melancolia (*ibid.*, escólio; ver também *C.T.*, II, 11)? Às vezes a gente ri de felicidade, mais freqüentemente para superar a angústia ou a tristeza. Não é por acaso que tantos dos nossos humoristas se confessam, em particular, de humor sombrio. Riamos, antes de ser felizes, aconselhava La Bruyère, com medo de morrer sem ter rido.

romance (*roman*) – Um gênero literário, sem outras injunções além da narratividade e da ficção. Conta uma história inventada como se fosse verdadeira, ou uma história verdadeira como se fosse inventada. A mentira é seu princípio, mas também, muitas vezes, sua mola propulsora. Trata-se de tornar interessante o que não é, de dar sentido ao que não tem, de fazer mais sonhar que pensar, comover mais que esclarecer, apaixonar mais que educar. O romance, quase inevitavelmente, exagera a vida, como diria meu amigo Marc, e só vale, salvo nos maiores, por esse exagero. Isso explica o sucesso que tem, entre a maioria das pessoas, e a terrível tentação que às vezes exerce, mesmo entre as melhores, quando o espírito afrouxa seu controle. É a mentira erigida em estética ou em diversão.

Às vezes, porém, a verdade aflora (o *mentir-verdadeiro* de Aragon) e serve-se dessa máscara para se confessar. O romance é um desvio pela ficção, que pode levar ao verdadeiro: nós lhe devemos algumas das maiores obras-primas da literatura universal. Mas devo reconhecer que leio cada vez menos romances e com cada vez menos prazer. Chego às vezes a pensar que o romance é um gênero menor, cujos limites são confirmados, ao serem superados, por cada sucesso: Proust, Céline ou Joyce são grandes *apesar* do ou *contra* o romance, parece-me, muito mais do que graças a ele. Isso poderia parecer justificar antecipadamente o *nouveau-roman*, que não é senão um anti-romance (não tem personagens, não tem enredo, não tem aventura, não tem nada de romanesco...). Mas o tédio não justifica nada. É o que salva o romance, ou que o salvará. Nunca se pára de inventar histórias.

romantismo (*romantisme*) – O oposto do classicismo, mas a jusante e quanto ao fundo (ao contrário do barroco, que, pelo menos na França, seria a montante e quanto à forma). Os românticos necessitam de regras para violá-las, de tradições às quais se opor, de amos de que se libertar, de motivos enfim para querer se emancipar disso tudo ou preferir a tudo isso os sentimentos... Como tal, é um movimento segundo, e no mais das vezes secundário. Mas também expressa algo de essencial à alma humana, que é a arrebatada infelicidade de durar, de não ser Deus, de ter de acabar... O tempo é seu mal e sua razão de ser. Donde a nostalgia, sempre, que é o sentimento romântico por excelência: cinzas, para o poeta, fogo que o consuma! A verdadeira vida está em outro lugar – e nós estamos aqui. O romantismo é condenado por isso à dupla linguagem ou aos mundos ocultos, ao idealismo ou à decepção. Ele aspira ao infinito, encontra apenas o finito. Busca o absoluto, encontra apenas o eu. Gostaria de fundir-se na unidade, choca-se em toda parte com o múltiplo ou a dualidade. Gostaria de se entregar à inspiração, só alcança sucesso pelo trabalho. Exalta a paixão, o imaginário, a sensibilidade... Desemboca na lassidão ou no tédio. A fuga é sua tentação; o sonho, sua desculpa. É uma arte passional, que pode optar apenas entre o onirismo e a religião: estética do exílio ou da evasão, do mistério ou do dilaceramento. Isso não diminui em nada os grandes (Novalis e Hölderlin, Byron e Keats, Delacroix, Berlioz, Nerval...), mas me impede de segui-los plenamente. Somente Hugo, a meu gosto, é exceção. Mas é que ele é a exceção absoluta: ele excede o romantismo tanto quanto Bach, o barroco. Ele repele por si só a fórmula injusta e profunda de Goethe: "Chamo de clássico o que é sadio, de romântico o que é doentio." Ou melhor, ele a recusaria, se uma exceção, por mais gloriosa que fosse, pudesse invalidar... uma definição.

rumor (*rumeur*) – Um murmúrio anônimo, mas carregado de sentido. Se assim é, é porque alguém fala. Quem? Ninguém, todo o mundo: o sujeito do rumor é o sujeito indefinido, que é menos um sujeito do que uma multidão impessoal e indeterminável. O rumor é como que um discurso sem sujeito, a que ninguém precisa responder. É o que o torna particularmente propício às notícias falsas, às bobagens, às calúnias. Somente quem o põe em circulação, se é que existe esse alguém, é verdadeiramente responsável por ele. Somente os que se calam ou o combatem são verdadeiramente inocentes. O ideal seria não prestar nenhuma atenção neles. O mínimo a fazer é não alimentá-los. Não passam de disse-me-disse, que nem sempre é possível ignorar mas que deveríamos nos negar a propagar.

S

sabedoria (*sagesse*) – O ideal de uma vida bem-sucedida – não por ter sido bem-sucedido *na* vida, o que não passaria de carreirismo, mas pelo fato de a própria vida ter sido bem-sucedida. É a meta, desde os gregos, da filosofia. Porém não é senão um ideal, de que também é importante libertar-se. O verdadeiro sábio não precisa ser bem-sucedido em nada: para ele, sua vida não tem mais nem menos importância do que a de outrem. Ele se contenta com vivê-la e encontra nisso um *contentamento* suficiente, que na verdade é a única sabedoria. "Quanto a mim, amo a vida", dizia Montaigne. É por isso que ele era sábio: porque não esperava que a vida fosse amável (fácil, agradável, bem-sucedida...) para amá-la. Questão de temperamento? Questão de doutrina? Certamente um pouco das duas. Somos mais ou menos bem dotados para a vida, mais ou menos sábios; os que o são menos, portanto, precisam filosofar mais – falo com conhecimento de causa. Mas ninguém é absolutamente sábio, nem sábio por inteiro: todos precisam filosofar, nem que seja para se livrar da própria filosofia. Da sabedoria? Claro: só a alcançamos cessando de nela crer. O homem mais sábio do mundo, basta um coágulo ou um vírus para enlouquecê-lo. Ou uma tristeza mais forte que as outras e que a sabedoria. Ele sabe disso, e aceita-o de antemão. Seus fracassos não são menos verdadeiros do que seus sucessos. Por que seriam menos sábios? A sabedoria, a verdadeira sabedoria, não é um seguro total, nem uma panacéia, nem uma obra de arte. É o repouso, mas alegre e livre, na verdade. Um saber? É esse de fato o sentido da palavra, tanto nos gregos (*sophía*) como nos latinos (*sapientia*). Mas é um saber muito particular. "A sabedoria não pode ser nem uma ciência nem uma técnica", dizia Aristóteles: ela diz menos respeito ao que é verdadeiro ou eficaz do que ao que é bom, para si e para os outros. Um saber? Certamente. Mas um saber viver.

Os gregos distinguiam a sabedoria teórica ou contemplativa (*sophía*) da sabedoria prática (*phrónesis*). Mas uma é inseparável da outra, ou melhor, a verdadeira sabedoria seria a conjunção das duas. Ela é reconhecida por certa serenidade, porém mais ainda por certa alegria, por certa liberdade, por certa eternidade (o sábio vive no presente: ele sente e experimenta que é eterno, como dizia Espinosa), por certo amor... "De todos os bens que a sabedoria nos proporciona para a felicidade de uma vida inteira", ressaltava Epicuro, "a amizade é de longe o maior" (*Máximas capitais*, XXVII). É que o amor-próprio deixou de ser um obstáculo. É que o medo deixou de ser um obstáculo. É que a carência deixou de ser um obstáculo. É que a mentira deixou de ser um obstáculo. Agora há apenas a alegria de conhecer: há apenas o amor e a verdade. É por isso que todos nós temos nossos momentos de sabedoria, quando o amor e a verdade nos bastam. E de loucura, quando eles nos dilaceram ou estão ausentes. A verdadeira sabedoria não é um ideal; é um estado, sempre aproximado, sempre instável (como o amor, só é eterno enquanto dura), é uma experiência, um ato. Não é um absoluto, apesar dos estóicos (somos *mais ou menos sábios*), mas um máximo (como tal, relativo): é o máximo de felicidade, no máximo de lucidez. Depende da situação deste ou daquele, das capacidades deste ou daquele (a sabedoria não é a mesma em Auschwitz e em Paris, para Etty Hillesum e para Cavaillès), em suma, do estado do mundo e de si. Não é um absoluto; é a maneira, sempre relativa, de habitar o real, que é o único absoluto de verdade. Essa sabedoria vale mais que todos os livros escritos a seu respeito e que podem acabar nos separando dela. Cabe a cada um inventar a sua. "Mesmo que pudéssemos ser sapientes do saber alheio", dizia Montaigne, "sábios só podemos ser da nossa sabedoria" (*Os ensaios*, I, 25).

saber (*savoir*) – Como substantivo, é sinônimo aproximado de conhecimento. Se quiséssemos distingui-los, poderíamos dizer que o conhecimento seria um ato, do qual o saber seria o resultado. Ou que os conhecimentos são múltiplos; o saber seria sua soma ou sua síntese. Essas diferenças são entretanto aproximadas e flutuantes: o uso não as impõe nem as veda.

Já como verbo, a diferença é mais nítida: sei ler e escrever; conheço (mais ou menos) o vocabulário, a gramática, a ortografia. Sei dirigir; conheço as regras do trânsito. Conheço a música para piano de Schubert; não sei tocá-la, nem a ler. Conheço mais ou menos a vida; sei viver mais ou menos. Parece-me que todas essas expressões vão mais ou menos no mesmo sentido, que indica pelo menos uma direção. O *conhecer* refere-se a um objeto ou a uma disciplina; o *saber* refere-se muito mais a uma prática ou a um comportamento. Conhecer é ter uma idéia verdadeira; saber é poder fazer. É por isso que não basta saber pensar para conhecer, nem conhecer para saber pensar.

sábio (*sage*) – Quem não necessita, para ser feliz, de se mentir, nem de se iludir a si mesmo, nem mesmo de ter sorte. Dir-se-ia que o sábio se basta a si mesmo. É por isso que é livre. Mas a verdade é que ele se basta com tudo, ou que tudo lhe basta. É o suficiente para distingui-lo do ignorante, para o qual *tudo* nunca é o bastante. É que o ignorante quer tomar, possuir, guardar, enquanto o sábio se contenta com conhecer, provar (*sapere*, saber, de onde vem *sapiens*, é ter sabor), regozijar-se. É menos um sábio que um conhecedor. Menos um *expert* do que um amador (no duplo sentido do termo: o que ama, o que não é profissional). Menos um proprietário do que um homem livre (o *jivan mukta* dos orientais: o liberto vivo). O sábio não tem quem o domine, mas também não tem domínio, a não ser de si, não tem Igreja, não tem pertinência, não tem vínculos, não tem apegos (o que ele ama, ele não possui, nem o possui). Nem sua felicidade lhe pertence: ela é apenas um pouco de alegria no grande vento do mundo. Ele é desprendido de si mesmo e de tudo. É por isso, talvez, que ele é feliz: porque já não precisa sê-lo. E sábio: porque já não crê na sabedoria.

sacramento (*sacrement*) – Um rito que torna sagrado, ou pelo qual o sagrado age: é como que um milagre institucional. Se o casamento é um sacramento, por exemplo, ele se torna sagrado: ninguém pode se libertar dele sem sacrilégio, nem mesmo de comum acordo. O divórcio prova o contrário, ou antes, é somente supondo-se o contrário que o divórcio se torna admissível. Como a Igreja poderia aceitá-lo? Mais uma razão para não deixar a Igreja decidir dos nossos amores.

Note-se que o nascimento não é um sacramento, enquanto o batismo é. Isso não quer dizer, está claro, que um membro da Igreja seja mais sagrado, mesmo aos olhos dos crentes (pelo menos hoje em dia), do que outro ser humano, mas sim que o nascimento não supõe nenhuma intervenção sobrenatural. Ora, há coisa mais comovente do que um nascimento?

Há coisa mais *kitsch*, quase sempre, do que um batismo? A vida é mais preciosa que os sacramentos, e não necessita deles.

sacrifício (*sacrifice*) – Uma oferenda feita ao sagrado, no mais das vezes na forma da imolação de um animal ou de um ser humano. A maioria das religiões considera hoje que os sacrifícios humanos são sacrílegos, ou melhor, que ninguém tem o direito de sacrificar ninguém, a não ser a si mesmo. É submeter a religião à moral, como de fato se deve fazer, e um dos sinais mais seguros da modernidade. Dirão que, se assim é, a modernidade começaria com Abraão. Por que não? Mas é só de Kant para cá, provavelmente, que começamos a compreendê-lo.

Num sentido mais geral, o sacrifício é um dom feito por algo ou alguém que amamos ou respeitamos. O sacrifício extremo é o da própria vida – não porque a julguemos privada de valor, mas porque consideramos que ela só vale a serviço de outra coisa, maior que ela, ou de alguém, que não podemos abandonar sem nos trair. Assim fazem os heróis, e é por isso que, após a sua morte, nós os reconhecemos.

sacrilégio (*sacrilège*) – Uma ofensa feita ao sagrado. Por exemplo, no sentido estrito, cuspir num crucifixo (como Giordano Bruno na fogueira). Ou, no sentido lato: o estupro, a tortura, o assassinato (o sagrado é o que pode ser profanado: o corpo humano é sagrado). Está se vendo que esses sacrilégios todos não se equivalem. O de Giordano Bruno é um dos atos mais admiráveis que conheço.

sadismo (*sadisme*) – Uma perversão, que consiste em ter prazer, como vemos em Sade, com o sofrimento alheio. Distingue-se da crueldade por uma carga erótica mais forte. O que, no entanto, não desculpa nada, a não ser que haja consentimento explícito do parceiro.

sagrado (*sacré*) – O que vale absolutamente, a ponto de não poder ser tocado sem sacrilégio, salvo com precauções particulares. O sagrado é um mundo à parte, como o representante, neste, do outro. É separado, ou deve sê-lo, do cotidiano, do leigo, do simplesmente humano. É por isso que a palavra diz mais do que *dignidade* – e diz sem dúvida demais. O sagrado merece mais que o simples respeito: ele merece, ou antes, requer veneração, adoração, "temor e tremor", como um misto de pavor e de fascínio. A palavra, nesse sentido estrito, pertence ao vocabulário religioso: o sagrado se opõe ao profano, como o divino ao humano ou como o sobrenatural à natureza. Se não há nem deuses nem sobrenatural, como creio, esse sagrado não é senão uma palavra, que aplicamos a sentimentos arcaicos ou ilusórios.

Num sentido mais geral e mais vago, às vezes chama-se de *sagrado* o que parece ter um valor absoluto, merecendo por isso um respeito incondicional. Assim, fala-se do caráter sagrado da pessoa humana e até (na declaração dos direitos do homem de 1789) da propriedade privada como "um direito inviolável e sagrado"... O sagrado, nesse sentido lato, é o que pode ser profanado mas não deve sê-lo, merecendo por isso que nos *sacrifiquemos* por ele. É o que leva meu amigo Luc Ferry a dizer que todo ser humano é sagrado, e eu mesmo, embora raramente, também já o disse. Resta saber se ele o é no sentido estrito (nesse caso, o humanismo é uma religião: ver *L'homme-Dieu* de Luc Ferry) ou no sentido lato (nesse caso, o humanismo é tão-só uma moral). Inclino-me demasiado decididamente para o segundo termo da alternativa para não julgar a palavra *sagrado*, aplicada ao humano, um tanto ou quanto excessiva. É menos um conceito, em todo caso na minha boca, do que uma metáfora. Às vezes essa metáfora é esclarecedora, o que não é uma razão para acreditar totalmente nela. O respeito basta, e é mais estimável.

salvação (*salut*) – O fato de ser salvo: "Ele deveu sua salvação à fuga." Em filosofia, e tomada em absoluto, a palavra indica entretanto mais que uma sobrevivência, sempre provisória. A verdadeira salvação seria completa e definitiva. Seria uma existência libertada do sofrimento e da morte: a vida eterna e perfeita. É um mito, portanto, que pertence, como tal, ao vocabulário religioso. Ou deve-se considerar que a eternidade não é outra coisa senão o presente, nem a perfeição outra coisa senão a realidade. É o que me fez dizer às vezes que já estamos salvos. Não porque cessaríamos com isso de estar perdidos, mas porque a salvação e a perda são uma só e mesma coisa. É o que chamo de trágico, e a única sabedoria que não mente. A eternidade é agora: a salvação não é outra vida, mas a verdade desta. Já estamos no Reino. Por isso é inútil estar à sua espera, e até mesmo ter esperança nele. É o espírito de Nagarjuna: "Enquanto fizeres uma diferença entre o nirvana e o samsara, estás no samsara." Enquanto você fizer uma diferença entre sua vida, como ela é, e a salvação, você está na vida como ela é. É o espírito de Prajnanpad: "A verdade não virá; ela está aqui e agora." Já não é religião, e sim sabedoria. Já não é promessa, e sim dom. Já não é esperança, e sim experiência. "A beatitude é eterna", escreve Espinosa, "e só ficticiamente se pode dizer que ela começa" (*Ética*, V, 33, escólio). A salvação é essa ficção, ou essa eternidade.

sanguíneo (*sanguin*) – Um dos quatro temperamentos segundo Hipócrates e Galeno. Gordura, tez avermelhada, irritabilidade, violência... Hoje, sabe-se que o sangue não tem nada a ver com isso. O que não acalmou nem emagreceu os sanguíneos.

santidade (*sainteté*) – A perfeição moral ou religiosa. Só pertence absolutamente a Deus, se ele existe, mas pode ser dita, por extensão, sobre os que estão unidos a ele ou que respeitam em tudo a lei moral. É apenas um ideal, como sabedoria: ninguém poderia aspirar a ela sem dela se afastar. Mas os dois ideais são muito diferentes: ideal de submissão num caso (submissão a Deus, submissão à lei moral: os santos são *muslims*, como se diria em árabe, isto é, etimologicamente, submissos); ideal de liberdade no outro (o sábio é um *jivan mukta*, como se diz na Índia, um liberto vivo). Mas essa oposição ainda é abstrata, como esses ideais mesmos. Como se libertar sem se submeter à necessidade? Como obedecer à lei moral (isto é, à liberdade em si: autonomia) sem ser livre? Sábios e santos, quando se encontram, preferem falar de outra coisa ou sorrir em silêncio.

santo (*saint*) – A palavra é empregada em dois sentidos principais, um religioso, outro moral.

Para a religião, o santo é aquele que é unido a Deus (o único que é santo absolutamente) pela fé, pela esperança e pela caridade: ele ama a Deus mais que a tudo e que a si mesmo. Por isso já está salvo, por esse amor mesmo, já é bem-aventurado, já está no Reino, que não mais deixará. Age moralmente, claro, porém muito mais por amor e fé do que por dever.

Do ponto de vista moral, o santo é aquele cuja vontade se conforma em tudo à lei moral, a tal ponto que esta, para ele, já não vale como obrigação ou dever (o que supõe a coação), mas como liberdade (como autonomia em ato). Isso só é verdadeiramente possível, segundo Kant, em Deus (*C. r. prática*, I, Analítico, § 7, escólio) ou depois da morte (*op. cit.*, Dialética, IV). Mas ninguém é obrigado a ser kantiano, nem dispensado, já nesta vida, de cumprir com seu dever: poder-se-ia chamar de *santo*, num sentido mais geral, quem sempre agisse assim.

Nada impede, neste último sentido, que um santo seja ateu ou que um ateu seja santo. Mas não é a regra. Não só porque a mediocridade seja sempre o mais provável, tanto entre os crentes como entre os incréus, mas também porque a maioria dos santos (se é que existem, ou na medida em que o são) tenderão a achar verdadeiro o que amam ou o que os move. Têm razão, pois que essa verdade está neles, ou pois que eles são essa verdade. Mas talvez estejam equivocados por acreditarem que ela também existe fora deles mesmos, fora do mundo e absolutamente. O fato de que às vezes fazemos o bem é dificilmente contestável, mesmo no caso dos pecadores que somos. Mas por que o Bem teria de existir independentemente de nós, e nos fazer bem?

No sentido moral como no sentido religioso, o santo se distingue do sábio, que não precisa crer, nem esperar, nem obedecer. Um Deus? A salvação? A Lei? Faz muito que o sábio já não se preocupa com essas abstrações! Ele as deixa aos filósofos, que delas necessitam.

O sábio e o santo são vizinhos, como diria Heidegger, em montes separados.

O santo, cume da fé ou da moral.

O sábio, cume da ética.

Do exterior, eles se parecem tanto que poderíamos confundi-los, e de resto nada impede, pelo menos de direito, que um mesmo indivíduo seja as duas coisas ao mesmo tempo. Mas o santo não tem por que ser sábio, nem o sábio por que ser santo.

Que nem um nem outro existe absolutamente, é evidente (como um cume seria absoluto?), mas essa evidência não os refuta. O que daria razão ao santo, pela humildade. E ao sábio, pelo humor.

saúde (*santé*) – "A saúde é um estado precário, que não pressagia nada de bom." O doutor Knock tinha evidentemente razão. Quem não está doente sempre pode ficar e até, salvo acidente mortal, ficará inevitavelmente. Não existe saúde absoluta, não existe saúde definitiva: existe apenas o combate contra a doença, contra a morte, contra o desgaste, e é isso mesmo a saúde. Ela não é só a ausência de doenças (já que podemos ter *péssima saúde*), mas a força em nós que resiste a elas, em outras palavras, a própria vida, em seu equilíbrio funcional e eficaz. "A vida é uma vitória duradoura", dizia Jean Barois, e todos sabem muito bem que ela não durará para sempre. A saúde não é seu triunfo, mas seu combate contínuo.

Convém citar, por ser absurda, a definição dada pela Organização Mundial da Saúde: "A saúde não é apenas a ausência de doença ou enfermidade. É um estado de completo bem-estar físico, psíquico e social." A União Soviética tinha toda razão, portanto, quando internava seus dissidentes num hospital psiquiátrico: eram doentes, já que o bem-estar deles, especialmente o bem-estar psíquico e social, não era completo... Quanto a mim, desde que nasci devo ter tido, no máximo, uns três dias de saúde, no sentido da O.M.S. Os momentos de bem-estar são freqüentes. Mas completos, aí já é outra história. "Sempre há uma agudeza incomodando", como dizia Montaigne, sempre há uma preocupação, uma dor, uma angústia... "Doutor, hoje de manhã pensei na morte. Estou preocupado. Meu estado de bem-estar não é completo: o senhor não poderia me receitar alguma coisa?" É confundir saúde e salvação, logo medicina e religião. Deus está morto: viva o INSS!

No entanto, é bem verdade, como eu dizia de início, que a saúde não é apenas a ausência de doenças. Pois nesse caso os mortos e as pedras estariam em perfeita saúde. Não a ausência de doenças, portanto, mas a potência em nós, sempre finita, sempre variável, sempre *precária*, de fato, que resiste a elas ou as supera. É por isso que ela é o bem mais precioso. Mais que a sabedoria? Claro, porque nenhuma sabedoria é possível sem uma saúde (notadamente mental) mínima. A saúde não é o soberano bem (ela não faz as vezes nem da felicidade nem da virtude); mas ela é o bem mais importante – pois que é a condição de todos. Não é uma salvação; é um combate. Não é um fim, é um meio. Não é uma vitória, é uma força. É o conato de um ser vivo, já que ele tem certo êxito.

sectarismo (*sectarisme*) – Certo tipo de comportamento intelectual, digno de uma seita, indigno de um espírito livre. É um misto de estreiteza, de intolerância e de convicção: certeza de ter razão, mesmo contra todos, desprezo ou rejeição das outras posições, sempre suspeitas de cegueira ou de má-fé, culto do chefe, da doutrina ou da organização... É o dogmatismo dos imbecis.

segurança/seguro (*assurance*) – Em francês, *assurance* é ao mesmo tempo uma disposição da alma (segurança) e uma técnica (seguro), ambas diante do perigo: trata-se de enfrentá-lo com confiança, seja por acharmos que podemos triunfar (a segurança como disposição da alma: "andar com segurança nesta vida", dizia Descartes), seja por dispormos dos meios para reduzir sua gravidade ou seus efeitos, por meio do rateio dos riscos (o seguro como técnica: "fazer um seguro"). Em ambos os casos, é fazer o que depende de nós para enfrentar o que não depende; e agir no presente para preparar o futuro.

A segurança tem a ver sobretudo com a coragem e a prudência. O seguro, com o cálculo e a solidariedade. A primeira é uma virtude. O segundo, um negócio. Seria abusar daquela querer prescindir deste.

seita (*secte*) – "Toda seita é a aliança da dúvida com o erro", dizia Voltaire. É que se discute sobre o que não se é capaz de conhecer. Não há seita em geometria, continuava Voltaire: "não se diz um euclidiano, um arquimediano"... Nem a invenção das geometrias não-euclidianas altera essa ponderação. As ciências não necessitam do absoluto. O universal lhes basta. Toda religião, ao contrário, é particular: "Você é maometano, logo há gente que não é, logo você bem poderia estar equivocado" (Voltaire, *Dicionário filosófico*, verbete "Seita"). É o que irrita os sectários. Eles sentem que a pluralidade das seitas, que faz parte do conceito, é um argumento formidável contra cada uma delas. Você é cristão, logo nem todos o são. Por que você teria mais razão que os outros?

O que é uma seita? É uma Igreja, vista pelos que dela não fazem parte e que a julgam sectária. A palavra, em seu sentido moderno, vale portanto como rejeição ou condenação: a seita é a Igreja do outro. Não é uma razão para proibi-las, se elas respeitam as leis. Melhor seria proibir a burrice ou a superstição.

Muitos se perguntam qual a diferença entre uma seita e uma Igreja. Eu respondia com uma fórmula, que não é minha: "Uma Igreja é uma seita que teve sucesso." Isso diz, por diferença, o que é uma seita: uma Igreja em gestação ou em fracasso. Seus membros estão convencidos de que o tempo trabalha por eles, irritam-se com que as coisas evoluam tão lentamente, têm raiva de nós por não fazermos nada no sentido de acelerar o processo... São carregados de impaciência, de desprezo, de raiva, de certeza... É o que os torna sectários. Laia temível.

seleção (*sélection*) – Uma escolha por eliminação. Por exemplo, a seleção natural das espécies, segundo Darwin, por eliminação dos menos aptos.

Ou a seleção dos melhores, na Universidade, pela eliminação dos menos preparados, dos mais pobres ou dos menos estudiosos. Nossos estudantes são contra, como manifestaram vigorosamente em múltiplas oportunidades, e nossos políticos, que são pessoas prudentes, renunciaram a falar no assunto. Isso nunca impediu que a seleção se fizesse, claro que com base no fracasso (e há outra seleção?), mas não contribui para fazê-la em boas condições – com base em critérios puramente escolares, como deveria ser, e não em função dos meios financeiros dos pais de aluno. Eu preferiria exames mais severos e bolsas de estudo mais generosas. Seria menos injusto e mais eficaz.

selvageria (*sauvagerie*) – É como uma barbárie individual ou nativa, que por isso inquieta menos. Pode haver bons selvagens; não há bons bárbaros.

A selvageria é proximidade com a natureza ("na minha terra, no país selvagem", escreve Montaigne: isso quer praticamente dizer que ele vive no campo). A barbárie é distância da civilização. O selvagem ainda não é civilizado. O bárbaro não mais o é. O selvagem está atrás de nós. O bárbaro, na frente.

sensação (*sensation*) – Uma percepção elementar, ou o elemento de uma percepção possível. Há sensação quando uma modificação fisiológica, de origem no mais das vezes externa, excita um dos nossos sentidos. Por exemplo, a ação da luz sobre a retina ou vibrações do ar sobre o tímpano levam modificações ao cérebro, via sistema nervoso: é isso que nos permite tomar consciência do que vemos ou ouvimos.

A percepção é mais relativa à consciência; a sensação, ao corpo: ela proporciona a matéria a que a percepção dará forma. É por isso que é uma abstração, que nunca existe sozinha. Lidamos tão-somente com sensações plurais, ligadas, organizadas – tão-somente com percepções. Estas estão, de certa forma, além do corpo. A sensação, aquém do espírito. É o que fazia Lagneau dizer que "a sensação não é um dado da consciência". Mas não haveria consciência sem ela, ou seria tão-só uma consciência vazia.

A percepção supõe a sensação; não se reduz a ela. Não podemos perceber sem sentir; mas é possível sentir sem perceber. Por exemplo, o contato do chão com meus pés: é verossímil que eu sempre o sinta, pelo menos quando estou de pé ou sentado; eu o noto apenas raramente. Ou o barulho da rua ao longe: é verossímil que eu sempre o ouça; só o percebo (só me apercebo quando o ouço) quando é especialmente forte ou quando o escuto. É que a percepção supõe uma atividade ou uma atenção, mínima que seja, do espírito; a sensação se contenta com um espírito passivo ou com a atividade do corpo. Assim ocorre quando durmo: ouço, pois que um barulho pode me despertar. Mas não percebo nenhum som. Isso explica, por diferença, o que é a percepção: não é necessariamente uma sensação ativa (perceber um som não é necessariamente escutá-lo), mas uma sensação ou, com maior freqüência, um conjunto de sensações, de que tomo consciência ou nas quais presto atenção. A sensação é a mesma coisa, feita abstração dessa atenção e até dessa consciência. Mas é verossímil que essa *abstração* exista primeira e muito concretamente: é a abertura do corpo para o mundo, do mesmo modo que a percepção é a abertura do espírito para o corpo e para tudo.

sensibilidade (*sensibilité*) – A faculdade de sentir. A palavra pode designar a condição, em nós, de um fenômeno físico (a sensação), afetivo (o sentimento) ou mesmo intelectual (o bom senso, como sensibilidade ao verdadeiro ou ao real). Kant nos acostumou a considerar a sensibilidade como puramente receptiva ou passiva. "A capacidade de receber (receptividade) representações graças à maneira como somos afetados pelos objetos chama-se *sensibilidade*. Assim, é por meio da sensibilidade que os objetos nos são *dados*, somente ela nos fornece *intuições*; mas é o entendimento que *pensa* esses objetos, e é dele que nascem os *conceitos*" (*C. r. pura*, Estética transcendental, § 1). Mas só é passividade para o espírito; o corpo, por sua vez, desempenha ativamente seu trabalho, que é o de reagir às excitações exteriores ou interiores. É por isso que um barulho, uma luz ou uma dor podem nos despertar. Porque a sensibilidade não dorme nunca. É o trabalho do corpo, e o repouso do espírito.

sensível (*sensible*) – Que é dotado de sensibilidade ou que pode ser percebido pelos sentidos. Em filosofia, essa segunda acepção é mais freqüente: o mundo sensível se opõe ao mundo inteligível, desde Platão, assim como o que é percebido pelos sentidos ao que é conhecido pelo espírito. Mas nosso mundo, o único que podemos experimentar e conhecer, é a unidade de ambos.

senso comum (*sens commun*) – É o bom senso instalado: é menos uma potência de julgar do que seu resultado socialmente disponível e reconhecido, em outras palavras, um conjunto de opiniões ou de evidências que seria insensato, acredita-se, contestar. A expressão, que de início tinha um valor positivo (veja-se o *Lalande*), tende a se tornar cada vez mais suspeita, se não pejorativa. Aprendemos a desconfiar das evidências: a suspeita, em face da unanimidade, é nossa primeira reação. É o senso comum de todos nós.

sensualismo (*sensualisme*) – Doutrina que pretende reduzir todos os nossos conhecimentos às sensações. A palavra costuma ser usada pejorativamente, mas por equívoco. O epicurismo, por exemplo, é um sensualismo: os três critérios da verdade – as sensações, as antecipações e as afeições – se reduzem ao primeiro deles (Diógenes Laércio, X, 31-34), de tal modo que os sentidos, como se vê em Lucrécio, são a fonte, o fundamento e a garantia de todo conhecimento verdadeiro (*De rerum*, IV, 479-521). Só resta não transformar esse sensualismo em bobagem. Nem Epicuro nem Lucrécio jamais disseram que era possível sentir a verdade mesma, nem que bastava olhar para compreender. Até disseram, e muito claramente, o contrário: os olhos não podem conhecer a natureza das coisas (IV, 385), do mesmo modo que nenhum sentido pode perceber os átomos ou o vazio, que no entanto são sua única realidade. Sensualismo paradoxal, portanto, mas sensualismo: toda verdade é insensível, mas toda verdade vem das sensações. Não basta sentir para conhecer: o sensualismo de Epicuro também é um racionalismo (no sentido lato); mas nenhum conhecimento seria possível sem a sensação: é por isso que o racionalismo de Epicuro é, antes de mais nada, um sensualismo. Conhecer é mais que sentir; mas até esse *mais* (a razão, as antecipações...) é oriundo das sensações e depende delas (D.L., X, 32; *De rerum*, IV, 484). Sensualismo racionalista, portanto, que supõe uma teoria sensualista da razão.

sentido (*sens*) – *Sentido* é usado principalmente em três sentidos: como sensibilidade (o sentido do olfato), como direção (o sentido de um rio), como significação (o sentido de uma frase). Um sentido é o que você sente, segue ou persegue, enfim o que você compreende.

O primeiro desses sentidos, já definimos (ver os verbetes "sensação" e "sensibilidade"). Os dois outros são ligados, pelo menos para nós: o objetivo de uma ação também lhe dá um significado (se você corre para ir mais depressa, isso geralmente significa que você está apressado); e o significado de uma frase é o que ela quer dizer ou obter, em outras palavras, o fim perseguido por aquele que a enuncia ou para o qual tende, mesmo que inconscientemente. Ter um sentido é *querer dizer* ou *querer fazer*. Essa vontade pode ser explícita ou implícita, consciente ou inconsciente. Pode até ser apenas uma aparência de vontade. Isso matiza, mas não anula, esta característica geral: só há sentido onde intervém uma vontade ou algo que se assemelhe a ela (um desejo, uma tendência, uma pulsão). As esferas do sentido e da ação se confundem: toda palavra é um ato; todo ato é um signo ou como tal pode ser interpretado.

Resulta daí que só há sentido para um sujeito (para um ser capaz de desejar ou de querer), e por meio dele. Um sentido objetivo? É uma contradição em termos. Um sentido absoluto? Ele suporia um Sujeito absoluto, que seria Deus. Fala-se, porém, como eu assinalava no início, do sentido de um rio. Mas, precisamente, é só uma maneira de falar. Se digo, por exemplo, que o Loire corre do leste para o oeste, ou que se dirige para o oceano, isso não basta para lhe dar um sentido: não apenas porque o Loire não quer dizer nada (não tem ação), mas também porque na verdade não se dirige para nada: apenas segue seu curso. É a mesma coisa quando se diz que uma flor se dirige para o Sol. Tal afirmação só tem sentido para nós, não para ela: seu fototropismo deve tudo à natureza, nada à finalidade nem à hermenêutica.

Deve-se dizer então que só há sentido se for humano? Não estou muito certo. Os animais também podem perseguir um fim e interpretar, mesmo no estado selvagem, o comportamento de um dos seus congêneres. Os etólogos nos informam suficientemente a esse respeito. Deve-se dizer que não há sentido senão para uma consciência? Também não: a psicanálise nos esclareceu suficientemente sobre o significado inconsciente dos nossos atos, dos nossos sonhos ou dos nossos sintomas. Eu diria, antes, que não há sentido senão para um ser capaz de desejar, logo sem dúvida capaz também de sofrer e de fruir. Aqui encontramos a palavra "sentido" em sua primeira acepção: não há sentido (como significado ou direção) senão para um ser dotado de sentido (como sensibilidade) e, sem dúvida, proporcionalmente a essa faculdade. A fronteira é vaga? Por que não seria? O homem não é um império num império. O sentido também não.

Note-se que, nessas três acepções principais, especialmente nas duas que nos ocupam (como direção e como significado), o sentido supõe uma exterioridade, uma alteridade, digamos uma relação com outra coisa que não si mesmo. Pegar a auto-estrada em direção a Paris é possível apenas para quem *não está* em Paris. E um signo só tem sentido na medida em que remeta a outra coisa que não esse signo mesmo. Que palavra se significa a si mesma? Que ato se significa a si mesmo? Toda palavra significa outra coisa que não si mesma (uma idéia: seu significado; ou um objeto: seu referente). Todo ato significa outra coisa que não si mesmo (seu fim, consciente ou inconsciente, ou o desejo que o visa). Não há sentido que seja puramente intrínseco: querer dizer ou querer fazer é sempre querer outra coisa que não si. Foi o que Merleau-Ponty percebeu: "Em todas as acepções da palavra *sentido*, encontramos a mesma noção fundamental de um ser orientado ou polarizado para o que não é" (*Fenomenologia da percepção*, III, 2). O sentido de um ato não é esse ato. O sentido de um signo não é esse signo. É o que podemos chamar de estrutura extática do sentido (ele está sempre em outro lugar). Ninguém pode ir aonde já está, nem significar a si mesmo. É o que nos veda o conforto, a auto-referência satisfeita, talvez até o repouso. Ninguém se instala no sentido como numa poltrona. Ninguém o possui como um bibelô ou uma conta bancária. Nós o buscamos, perseguimos, perdemos, antecipamos... O sentido nunca está diante de nós, nunca está presente, nunca é dado. Ele não está onde estou, mas aonde vou; não é o que somos ou fazemos, mas o que queremos fazer ou que nos faz. Não há sentido, jamais, senão do outro.

O sentido da vida? Só poderia ser outra coisa que não a própria vida: só poderia ser outra vida ou a morte. É o que nos condena ao absurdo ou à religião. O sentido do presente? Só pode ser o passado ou o futuro. É o que nos condena ao tempo. Um fato qualquer tem sentido, aqui e agora, apenas na medida em que anuncie certo porvir (é a lógica da ação, inteiramente voltada para seu resultado) ou resulte de certo passado (é a lógica da interpretação, por exemplo em arqueologia ou em psicanálise). O sentido do que é, é o que já não é ou que ainda não é: o sentido do ser é o tempo. É o que justifica a bela fórmula de Claudel, em *L'art poétique*: "O tempo é o sentido da vida (*sentido*: do mesmo modo que se fala do sentido de um rio, do sentido de uma frase, do sentido de um tecido, do sentido do olfato)." Mas é também porque o sentido, como o tempo, não cessa de fugir de nós, e tanto mais quanto mais o buscamos: o sentido do presente nunca está presente. Por isso o sentido, como o tempo, não cessa de nos separar de nós mesmos, do real, de tudo. Às vezes nós o encontramos, mas o sentido que encontramos, como diz Lévi-Strauss, "nunca é o bom sentido" (*O pensamento selvagem*, IX), ou só tem sentido graças a outra coisa, que não o tem ou que buscamos. A busca do sentido é, por natureza, infinita.

É o que nos condena à insatisfação: sempre buscando outra coisa, que seria o sentido, sempre buscando o sentido, que só pode ser outra coisa. Mas como outra coisa além do real (seu sentido) seria real? "O sentido do mundo deve ser encontrado fora do mundo", dizia com razão Wittgenstein. Mas o que há fora do mundo, senão Deus? O sentido do presente, do mesmo modo, deve ser encontrado fora do presente. Mas fora do presente o que há, senão o passado ou o futuro, que não são? Sentido é ausência: ele só está presente (para nós) na medida em que não está (em si). Portanto há um sentido na minha vida, já que eu me projeto para o futuro, já que fico marcado por meu passado, já que tento agir e compreender. Mas como minha vida mesma teria um sentido, se só pode ter o sentido que já não tem ou que ainda não tem?

"Quando o dedo aponta a Lua, o imbecil olha para o dedo." Esse provérbio oriental vai mais longe do que parece. Esse imbecil se parece conosco ou, muitas vezes, nós é que nos parecemos com ele. Que faz ele? Olha para o que tem sentido (o dedo), em vez de olhar para o que o sentido designa e que não tem sentido (a Lua). Ele se engana sobre o sentido, que o fascina, e desconhece o real. É o que fazemos, cada vez que sacrificamos o que é ao que isso que é poderia significar ou anunciar. É melhor inverter as prioridades. O sentido só vale a serviço de outra coisa, que não tem sentido. Como seria ele o Todo (pois que o Todo, por definição, não tem outro)? Como seria ele o essencial? Nada do que verdadeiramente importa tem sentido. O que significam nossos filhos? O que significa o mundo? O que significa a humanidade? O que significa a justiça? Não é por terem sentido que os amamos; é porque os amamos que nossa vida, para nós, adquire sentido. Uma ilusão? Não, pois que é verdade que amamos a tudo isso. Ilusão seria hipostasiar esse sentido, transformá-lo em absoluto, crer que ele existe fora de nós e da sua busca. Seria Deus – e aí se colocaria a questão de saber o que ele poderia *significar*. Mas para quê? A ação basta. O desejo basta. Não há sentido do sentido, nem sentido absoluto, nem sentido em si. Todo sentido, por natureza, é relativo: não é uma substância nem um ser, é uma relação. É sempre a lógica da alteridade: tudo o que fazemos, que tem sentido, só vale a serviço de outra coisa, que não tem. Não é o sentido que devemos perseguir, é o que se persegue que faz sentido.

Lembremo-nos do Lavrador e de seus filhos... Não há tesouro oculto, mostra La Fontaine, mas o trabalho é um tesouro, e o único. Eu diria de bom grado a mesma coisa do sentido: não há sentido oculto, mas a vida, e somente a vida, produz sentido. O sentido não é para ser buscado, nem encontrado, como se já existisse em outro lugar, como se nos aguardasse.

Não é um tesouro; é um trabalho. Não está todo pronto: tem de ser feito (mas sempre fazendo-se outra coisa), inventado, criado. É a função da arte. É a função do pensamento. É a função do amor. O sentido é menos a fonte de uma finalidade do que o resultado ou o vestígio de um desejo (o desejo, lembra Espinosa, é causa eficiente). Menos o objeto de uma hermenêutica do que de uma poesia – ou melhor, pode haver hermenêutica apenas onde primeiro houve *poíesis*, como diríamos em grego, isto é, criação: em nossas obras, em nossos atos, em nossos discursos. O sentido não é um segredo, que deveríamos descobrir, nem um graal, que deveríamos alcançar. É certa relação, mas em nós, entre o que somos e o que fomos, entre o que somos e queremos ser, entre o que desejamos e fazemos. Não é porque a vida tem um sentido que devemos amá-la; é por amá-la, ou na medida em que a amamos, que ela adquire, para nós, um sentido.

A vida tem um sentido? Nenhum que a preceda ou a justifique absolutamente. "Ela deve ser sua própria meta", como diz Montaigne (III, 12, 1052). Ela não é um enigma a resolver. Nem uma corrida a ganhar. Nem um sintoma a interpretar. É uma aventura, um risco, um combate – que vale a pena, se dele gostamos.

É o que temos de recordar a nossos filhos, antes que morram de tédio ou de violência.

Não é o sentido que é amável; é o amor que faz sentido.

sentimento (*sentiment*) – O que se sente, isto é, a consciência que se toma de alguma coisa que acontece no corpo, que modifica nossa potência de existir e de agir, como diz Espinosa, especialmente nossa alegria ou nossa tristeza. É o nome corrente dos afetos (v.), uma vez que são duradouros (à diferença das emoções) e concernem mais ao espírito e ao coração do que ao corpo ou aos sentidos (à diferença das sensações).

O corpo sente, o espírito experimenta o sentimento. É mais ou menos a diferença que há entre uma sensação e um sentimento. A sensação é uma modificação (*affectio*) do corpo; o sentimento, um afeto (*affectus*) da alma. Evite-se no entanto forçar demais a oposição. Se a alma e o corpo são uma só e mesma coisa, como diz Espinosa e como creio, a diferença entre os sentimentos e as sensações é mais de ponto de vista do que de essência: ponto de vista orgânico ou fisiológico num caso, afetivo ou psicológico no outro. Subjetivamente, porém, essa diferença é importante: não é a mesma coisa sentir uma dor e sentir tristeza, ir de encontro a uma parede ou a suas angústias, ver um rosto ou apaixonar-se por ele. A sensação é uma relação com o corpo e com o mundo; o sentimento, uma relação consigo e com outrem.

ser (*être*) – "Não é possível empreender a definição do ser", observava Pascal, "sem cair neste absurdo [o de explicar uma palavra por essa palavra mesma]: porque não é possível definir uma palavra sem começar por esta – *é* –, venha ela expressa, venha ela subentendida. Logo, para definir o ser, seria necessário dizer *é* e, assim, empregar a palavra definida na definição" (*Do espírito geométrico*, I). O que o *Vocabulário* de Lalande, sem citar Pascal, confirmará: *ser* é "um termo simples, impossível de se definir". Não é que não saibamos o que significa a palavra, mas não podemos defini-la sem pressupor esse saber, ainda que vago, que dela temos. Se "o ser é utilizado em vários sentidos", como observava Aristóteles (no qual cada um desses sentidos desemboca numa *categoria*: o ser é empregado como substância, como quantidade, como qualidade, como relação...), ainda não nos diz o que é ser, nem o que esses diferentes sentidos podem ter em comum.

Para tentar enxergar o problema com maior clareza, note-se antes de mais nada que *ser* é, ao mesmo tempo, verbo e substantivo, e que o verbo é primeiro (o substantivo, uma vez supostamente definido o verbo, traria menos problemas: o *ser* – também poderíamos dizer o *ente* – *é o que é*). Tratando-se do verbo, distinguem-se tradicionalmente dois usos principais: um uso absoluto ("esta mesa *é*") e um uso relativo, lógico ou copulativo (que liga um sujeito e um predicado: "esta mesa *é* retangular"). "O verbo *ser* é empregado em dois sentidos", observa, por exemplo, santo Tomás: "de um lado, ele designa o ato de existir, de outro indica a estrutura de uma proposição que o espírito forma, unindo um predicado a um sujeito." Esses dois sentidos são de fato diferentes? Não seria possível, por exemplo, dar à proposição "Esta mesa é", a forma copulativa "Esta mesa é um ser"? Claro, mas isso não nos ensinaria mais nada sobre a mesa. No primeiro sentido, nota Kant, "*ser* não é, evidentemente, um predicado real, isto é, um conceito de algo que possa se acrescentar ao conceito de uma coisa. É simplesmente a posição de uma coisa ou de certas determinações em si". No segundo sentido, ou seja, "no uso lógico, não é senão a cópula de um juízo" (*Crítica da razão pura*, "O ideal da razão pura", 4). Metafisicamente, é claro que é sobretudo o primeiro sentido que levanta um problema. Por que o ser não é um predicado real? Porque não acrescenta nada ao sujeito suposto. Por exemplo, explica Kant, exista Deus ou não, nem por isso o conceito de Deus se altera: daí por que não é possível passar do conceito à existência, nem portanto demonstrar (como pretendia fazê-lo a prova ontológica) a existência de Deus a partir da sua simples definição.

Note-se que, nesse uso absoluto e salvo distinção particular a este ou aquele filósofo, *ser* significa aproximadamente *existir*: é o contrário de não ser, do mesmo modo que o ser é o contrário do nada. É aqui que voltamos a encontrar Parmênides. "O ser é": há ser, em vez de nada. Eis o que toda experiência e todo pensamento nos ensinam ou supõem. Ser é fazer parte desse *há*: é ser presente no espaço e no tempo (o que chamo de *existir*), é perseverar na presença (o que chamo de *insistir*), ou simplesmente ser presente (o que chamo de *ser*, propriamente). Que isso não vale como definição, é evidente – já que todas essas expressões supõem o ser –, mas nos remete de novo a Pascal. Só é possível definir o que é (os entes), mas não o próprio ser, que todo discurso supõe. Espinosa, que nos *Pensamentos metafísicos* arriscava porém uma definição (ele entende por *ser* "tudo o que achamos que exista necessariamente ou, em todo caso, possa existir, quando temos uma percepção clara e distinta dele"), evita, na *Ética*, retomá-la ou propor outra. Belo exemplo, que podemos seguir. O ser não é, antes de tudo, um conceito que se poderia definir; é uma experiência, uma presença, um ato, que toda definição supõe e que nenhuma definição poderia conter. Daí que o ser é silêncio, e condição do discurso.

ser-aí (*être-là*) – v. "*Dasein*".

seriedade, espírito de (*sérieux, esprit de*) – Ter espírito de seriedade é atribuir a si mesmo demasiada importância, ou erigir em absoluto os valores de que se acredita ser o portador. É esquecer o nada que somos e que nos espera, mas também nossa própria liberdade (segundo Sartre), nossa própria fragilidade, nossa própria dependência, nossa própria contingência. Ausência de lucidez e de humor: é pecar, duplamente, contra o espírito.

sério/seriedade (*sérieux*) – O que merece atenção e aplicação, ou quem disso dá mostras. Não confundir com a dignidade, que merece respeito, nem com a gravidade, que se confronta mais com o trágico. O sério é aquilo com que não se deve brincar, ou quem não brinca. É por isso que a palavra costuma ser pejorativa, seja porque a confundem com a rigidez, seja porque a seriedade é vista como falta de humor ou de leveza. Pode acontecer. Mas a seriedade também pode assinalar os limites do humor, que o separam da frivolidade: o fato de que seja possível rir de tudo, como de fato é possível, não basta para dispensar ninguém de cumprir com os seus deveres. A seriedade, em certas circunstâncias, é uma exigência ética:

a da responsabilidade, da constância, do "engajamento sem logro e sem avareza", como dizia Mounier. Os pais sabem muito bem como ficaram sérios desde o primeiro filho! O que não os impede de rir, até da sua própria seriedade. Mas sabem perfeitamente que dali em diante nenhum riso pode isentá-los das suas responsabilidades. Isso vale, mais geralmente, em toda situação que nos põe diante dos nossos deveres. Ninguém é obrigado a ser herói; ninguém é dispensado de assumir suas responsabilidades. "Não se trata de ser sublime", dizia Jankélévitch, "basta ser fiel e sério" (*L'imprescriptible*, p. 55).

servidão (*servitude*) – Submissão de fato, sem escolha e sem limites, a um poder exterior. É o contrário da liberdade, da independência, da autonomia, mas também da cidadania (que é submissão de direito a um soberano legítimo, de que se participa) e até da simples obediência a uma autoridade escolhida ou aceita, nos limites que são os da dignidade e da responsabilidade.

La Boétie, tratando-se de política, fala de *servidão voluntária*: não que alguém opte por ser escravo, mas porque nenhum tirano poderia reinar sem o apoio, em todo caso sem a aceitação, da maioria. Mas essa vontade deve menos a uma livre escolha do que a um sistema de crenças e de ilusões. Foi o que Espinosa percebeu: "O grande segredo do regime monárquico e seu interesse maior é enganar os homens e colorir com o nome de religião o temor que os deve dominar, para que combatam por sua servidão como se se tratasse da sua salvação. Em contrapartida, não é possível conceber nem tentar nada mais deplorável numa república livre, pois é inteiramente contrário à liberdade comum que o livre juízo próprio seja submetido aos preconceitos ou sofra qualquer coibição" (*T.T.-P.*, Prefácio).

No campo da filosofia ética, também se fala de servidão para designar a submissão de um indivíduo às suas paixões: é obedecer ao seu corpo ou aos seus afetos, em vez de comandá-los ou tentar libertar-se deles (compreendendo-os). É por isso que Espinosa intitula a quarta parte da sua *Ética* "Da servidão humana ou da força dos afetos": "Chamo de *servidão*", explica ele no prefácio, "a impotência do homem em governar seus afetos. De fato, enquanto permanecer submetido a eles, o homem não pertence a si mesmo mas à fortuna, cujo poder é tamanho sobre ele que muitas vezes, ao ver o melhor, é obrigado a fazer o pior." Sabe-se que a quinta parte se intitulará "Da potência do entendimento ou da liberdade humana". Seja ela política ou moral, só se sai da servidão pela razão, que não obedece a ninguém.

servilismo (*servilité*) – A atitude de um escravo (*servus*) ou de um inferior, quando interiorizou sua submissão a ponto de crê-la legítima. "É uma lisonja em ação", dizia Alain. "Tudo indica que ele executará e aprovará. O servilismo não aguarda ordens, ele conta com elas, precipita-se para antecipá-las" (*Définitions*). É uma obediência sem resistência, sem revolta, sem dignidade. Má obediência. É indigno manifestá-la, mais ainda porém suscitá-la ou incentivá-la. O servilismo é uma submissão que se pretenderia lisonjeira e que, na verdade, é insultante. Com que direito eu o trataria como escravo? Com que direito ele me trata como um escravocrata?

sexismo (*sexisme*) – Uma forma de racismo, baseada na diferença sexual. Mais tolerado que o racismo comum. Por ser mais freqüente.

sexo (*sexe*) – É uma parte do corpo (os órgãos genitais) ao mesmo tempo que uma função, múltipla por sua vez (de excitação, de prazer, de copulação, de reprodução...), ambas dividindo a maioria das espécies animais em dois gêneros – também se diz em dois sexos –, que são as fêmeas e os machos. É nossa maneira de pertencer à espécie (ser humano é ser mulher ou homem), de poder desfrutar disso (pelo orgasmo) e de prolongá-la (pela reprodução). Muitos prazeres e preocupações em perspectiva.

"O baixo-ventre faz que o homem tenha certa dificuldade para se considerar um Deus", dizia Nietzsche (*Além do bem e do mal*, IV, 141). É que um Deus tem de ser livre e que ninguém é livre quanto ao seu sexo: não escolhemos ter sexo, nem qual, como tampouco decidimos sobre a força ou a debilidade dos nossos desejos, nem da nossa potência ou da nossa impotência em resistir a eles ou em satisfazê-los... Por esse motivo, os filósofos muitas vezes falaram do sexo com desconfiança ou desdém, quando não com tolice ou pudor. Azar o deles. A meu saber, Montaigne foi o único que falou como convém do sexo, com prazer e humor, simplicidade e verdade (ver especialmente o admirável capítulo 5 do livro III, "Sobre uns versos de Virgílio"). "Cada uma das minhas partes me faz igualmente eu mesmo e qualquer outro", dizia ele. "E nenhum outro me faz mais propriamente homem [ou mulher] do que esta." É que é o desejo, e não a liberdade ou a razão, a essência da humanidade, e esse desejo, sem ser unicamente sexual, é sempre e inteiramente sexuado. A mesma coisa que nos impede de nos considerarmos um Deus nos obriga a nos reconhecermos animais e a *nos tornarmos* humanos. Gozar do outro, se ele consentir, ou fazê-lo gozar, se formos capazes, não nos autoriza a subjugá-lo. Desejá-lo não nos dispensa de amá-lo e respeitá-lo.

sexualidade (*sexualité*) – Tudo o que diz respeito ao sexo, especialmente aos prazeres que nele são encontrados ou que nele são procurados. É menos um instinto do que uma função, menos uma função do que uma potência: potência de gozar, e de fazer gozar. É o próprio desejo, na medida em que é sexuado. A essência do homem, portanto, e da mulher, na medida em que não têm a mesma.

si (*soi*) – O sujeito, considerado em sua objetividade. Essa contradição torna-o inapreensível, ou mesmo impossível. O budismo ensina que não há si, nem em mim (não há *atmã*) nem em tudo (não há *brâman*). O que há ẽ tão-somente agregados e processos, que são todos condicionados e impermanentes. O que significa que o sujeito não é uma substância, mas uma história. Não é uma essência, mas um acidente. Não é um princípio, mas um resultado, sempre efêmero. É esse também, parece-me, o espírito das nossas ciências humanas. Isso põe o amor a si em seu devido lugar, que não é o primeiro.

significação (*signification*) – É uma relação, interna ao signo, entre um significante e um significado. A distinguir da *designação* (ou denotação), que é uma relação entre o signo e aquilo a que ele remete no exterior de si mesmo (seu referente). Por exemplo, quando digo: "Tem um passarinho no galho." A relação entre o significante (a realidade sonora e sensorial da palavra "passarinho", o que Saussure chama de sua imagem acústica) e o significado (o conceito de passarinho) permanece interna ao signo, que é a unidade indissociável dos dois: é essa relação que se chama *significação*. A relação de *designação*, ao contrário, ao mesmo tempo que permanece intralingüística (só vale no interior de uma língua dada), une um signo a um objeto que existe fora da linguagem e, no mais das vezes, independentemente dela: o passarinho não é um signo, e só habita o silêncio.

significante/significado (*signifiant/signifié*) – As duas faces do signo, especialmente do signo lingüístico: aspecto som, aspecto sentido. O *significante* é a realidade material, ou antes, sensorial, do signo (o som que emitimos quando o pronunciamos). O *significado* é sua realidade intelectual ou mental: o conceito ou a representação que o significante veicula (o que se quer dizer ou o que se compreende graças a ele). O signo é a unidade indissolúvel de ambos (Saussure, *Curso de lingüística geral*, I, cap. 1). Note-se que a relação entre o significante e o significado, que é arbitrária, permanece interna ao signo; é o que distingue o *significado* do *referente*, e a *significação* da *designação*.

signo (*signe*) – Todo objeto capaz de representar outro, ao qual é vinculado por semelhança ou por analogia (fala-se, então, de ícone ou de símbolo), por uma relação causal (fala-se, então, de indício ou de sintoma), ou também e sobretudo por convenção (os anglo-saxões falam então de *symbol*; melhor seria falar, em nossa língua, de signo convencional ou de signo estritamente dito). O signo lingüístico, é claro, entra nessa última categoria. Ele não une uma coisa e um nome, mostra Saussure, mas um conceito (o significado) e uma imagem acústica (o significante). O signo é a unidade dos dois; e é essa unidade intralingüística que pode eventualmente designar outra coisa no exterior da linguagem (o referente). O vínculo que une o significante ao significado é puramente convencional: é o que Saussure chama de "arbitrariedade do signo" (*Curso de lingüística geral*, I, cap. 1). E este, ao unir o signo a seu referente, salvo exceção (as onomatopéias), o é igualmente. Isso não significa que se possa utilizar qualquer significante para significar qualquer idéia, nem qualquer signo para designar qualquer coisa, mas que essa relação é estabelecida por uma regra, e não imposta pela natureza ou sugerida por uma semelhança.

silêncio (*silence*) – No sentido em que emprego a palavra, não é a ausência de sons mas de sentido. Um barulho pode portanto ser silencioso, assim como um silêncio pode ser sonoro. É o caso do barulho do vento ou do silêncio do mar.

O silêncio é o que resta quando nos calamos – isto é, tudo, menos o sentido que lhe emprestamos (inclusive, portanto, esse sentido mesmo, quando cessamos de lhe procurar outro). É tão-somente outro nome para o real, na medida em que o real não é um nome.

Também é o estado ordinário do ser vivo. "A saúde é o silêncio dos órgãos" (Paul Valéry). A sabedoria, o silêncio do espírito.

Para que interpretar sempre, falar sempre, significar sempre? Escute, em vez disso, o silêncio do vento.

silogismo (*syllogisme*) – Um tipo de raciocínio dedutivo, formalizado por Aristóteles, que une três termos, ligados dois a dois, cada um dos quais aparece duas vezes, em três proposições. Pode assumir várias formas ou figuras diferentes. Mas o exemplo canônico, que não se encontra em Aristóteles, é o seguinte:

Todo homem é mortal;
Sócrates é um homem;
logo Sócrates é mortal.

As duas primeiras proposições são as premissas (maior e menor); a terceira, a conclusão. Os três termos (mortal, homem, Sócrates) são chamados, respectivamente, termo maior, termo médio e termo menor. Note-se que a ordem das premissas não tem importância, e sua extensão nem sempre a tem tampouco. O termo maior é o que serve de predicado na conclusão; a premissa maior é aquela que contém o termo maior. O termo menor é o que serve de sujeito na conclusão; a premissa menor é aquela que contém o termo menor. Enfim, o termo médio é o único que aparece nas duas premissas: é ele que as coloca em relação e possibilita a conclusão, em que não figura.

O silogismo é válido? Depende, é claro, das premissas. Da verdade delas? Não. Por certo, a conclusão só é necessariamente verdadeira se as premissas o forem; mas isso envolve menos a validade do raciocínio do que o conteúdo das três proposições. Seja, por exemplo, este silogismo, que se encontra em Lewis Carroll:

Todos os gatos sabem francês;
algumas galinhas são gatos;
logo algumas galinhas sabem francês.

O fato de a inferência ser formalmente válida não garante a verdade da conclusão. Mas o inverso também é verdade: o fato de a conclusão poder ser falsa (já que as premissas o são) não anula a validade do raciocínio, pelo menos sua validade formal. É fácil perceber isso dando ao silogismo, à maneira de Aristóteles, a forma de uma implicação. A proposição "Se todos os gatos sabem francês e se algumas galinhas são gatos, então algumas galinhas sabem francês" é uma proposição verdadeira. O essencial, de um ponto de vista lógico, não está no conteúdo das proposições, mas na legitimidade da inferência. Duas premissas falsas, como no exemplo de Lewis Carroll, podem justificar essa inferência, ao passo que duas premissas, mesmo verdadeiras, não autorizam necessariamente a conclusão. Primeiro porque elas precisam ter um termo médio comum, de um mesmo gênero: dizer que todos os homens são mortais e que Milu é um cachorrinho, pode ser objeto de duas proposições, mas não pode constituir as duas premissas de um silogismo. Depois porque as duas premissas também devem respeitar certo número de regras, que se encontram nos manuais. Por exemplo: "De duas proposições particulares, não é possível concluir nada" (dizer que certos homens são mortais e que certos filósofos são homens, é certamente verdade, mas não permite saber se os filósofos são mortais, nem quais). Ou ainda: "De duas proposições negativas, não é possível concluir nada" (dizer que nenhum homem é imortal e que Sócrates não é um cachorro, é muito plausível, mas não nos diz nada sobre a mortalidade de Sócrates). Essas regras, que são numerosas, estão também razoavelmente esquecidas. Não conheço filósofo que as utilize. Mas conheço ainda menos, em todo caso entre os bons, que as transgrida.

símbolo (*symbole*) – Às vezes sinônimo de signo, e até (por influência do anglo-americano, principalmente depois de Peirce) de signo convencional: é nesse sentido, por exemplo, que se fala de símbolos matemáticos.

Mas a língua resiste. Um sinal vermelho não é um símbolo. Uma palavra não é um símbolo. A pomba é um, da paz, assim como a balança, da justiça. Os sinais matemáticos? Depende de quais. Os sinais +, – ou $\sqrt{\ }$ não são símbolos; os sinais > ou < são, embora pobres e pelo menos parcialmente.

O que é um símbolo? É um signo não arbitrário e não exclusivamente convencional, no qual o significante (por exemplo, a imagem de uma pomba ou a imagem de uma balança) e o significado (por exemplo a idéia de paz ou a idéia de justiça) são unidos por uma relação de semelhança ou de analogia. Um gavião não serviria tão bem, ou simbolizaria outra coisa. É que, no aspecto ou no comportamento das pombas, há de fato um quê de plácido, ou que julgamos sê-lo. E a balança deve ser *justa*, isto é, respeitar uma forma de igualdade ou de proporção entre seus dois pratos. É por isso que os símbolos costumam ser sugestivos: eles unem o sensível e o inteligível, o imaginário e o pensamento. Por isso convém, em filosofia, desconfiar deles. O melhor símbolo nunca será capaz de substituir um argumento.

simpatia (*sympathie*) – É sentir com, junto ou da mesma maneira. A palavra diz a mesma coisa, em grego, que *compaixão* em latim. Mas, em francês, não são sinônimas. É que a simpatia é afetivamente neutra: podemos simpatizar tanto na alegria como na tristeza. Ao passo que a compaixão, em francês, só se utiliza negativamente: nós nos compadecemos do sofrimento ou da desgraça alheia, mas não da sua alegria ou da sua felicidade. É o que torna a simpatia mais simpática, mais agradável e mais equívoca. Quem gostaria de compartilhar a alegria do homem mau ou o prazer do torturador? Todo sofrimento merece compaixão. Nem toda alegria merece simpatia.

simples (*simple*) – O que é indivisível ou indecomponível ("simples, isto é, sem partes", diz Leibniz). Também se diz, mas por abuso de linguagem, do que é fácil de compreender ou de fazer. Daí talvez um terceiro sentido, que designa uma espécie de virtude, como que uma facilidade de viver e ser si. Ser simples, neste último sentido, é existir de um só bloco, sem duplicidade, sem cálculo, sem composição: é ser o que se é, sem se preocupar em parecê-lo, sem se esforçar em ser outra coisa, é não fingir, é não ser nem esnobe nem interessado, nem histérico nem manipulador... Não conheço virtude mais agradável, e talvez seja por isso que melhor se reconhecem os simples: são fáceis de conviver, de compreender, de amar.

sina (*destinée*) – Uma fatalidade que teria um sentido. Seu contrário é o acaso, que é uma necessidade insensata (um nó insignificante de causas).

sinal (*signal*) – Definição perfeita de Prieto: "Um sinal é um fato que foi produzido artificialmente para servir de indício." Anuncia um fato ou ordena uma ação. Diz-se principalmente, na prática, dos signos não lingüísticos.

sinceridade (*sincérité*) – O fato de não mentir. Nem sempre é uma virtude (às vezes, mais vale a mentira), mas é uma virtude tender a ela.

sincretismo (*syncrétisme*) – É como que um ecletismo sem escolha ou sem rigor: a justaposição de várias teses mal coordenadas, tomadas de empréstimo a doutrinas incompatíveis ou disparatadas.

Piaget e Wallon chamaram de *sincretismo* uma tendência da percepção e do pensamento da criança, que percebe mais o conjunto que os detalhes:

ela liga tudo a tudo de forma global e confusa. A precisão e o rigor só virão mais tarde.

síndrome (*syndrome*) – Conjunto de sintomas. Uma doença? Não necessariamente. Nem sempre. Poderiam ser várias doenças diferentes. O diagnóstico é que decidirá. A síndrome é seu ponto de partida, que é do domínio da observação. A doença, ao contrário, como conceito, seria seu ponto de chegada, que é do domínio da explicação. A cura? Já não é diagnóstico, e sim prognóstico ou terapia.

singular (*singulier*) – Que vale para um só elemento de um conjunto dado. Opõe-se, sob esse aspecto, a *universal* (que vale para todos), a *geral* (que vale para a maioria) e a *particular* (que vale para alguns).

Na linguagem corrente, a palavra costuma ser um sinônimo de raro ou estranho. Esse uso, em filosofia, deve ser evitado. O indivíduo mais banal nem por isso é menos *singular*: a singularidade é uma característica universal dos indivíduos.

síntese (*synthèse*) – *Sýnthesis*, em grego, é a reunião, a composição, a junção: sintetizar é colocar (*tithénai*) junto (*sýn*). A síntese se opõe, assim, à análise, que separa ou decompõe.

A síntese vai do simples ao composto, dizia Leibniz. Ela constitui ou reconstitui um todo a partir de elementos já dados. A análise vai do composto ao simples. Ela decompõe um todo em seus elementos. É possível entender isso quimicamente: pode-se produzir uma água de síntese, juntando átomos de oxigênio e de hidrogênio. E obter por análise, a partir de uma água qualquer, átomos de oxigênio e de hidrogênio.

Mas a palavra "síntese", em filosofia, serve principalmente para designar um processo intelectual, que compõe tão-somente idéias. É o caso, especialmente, em Descartes. A síntese constitui a terceira regra do seu método, depois da evidência e da análise: "Conduzir ordenadamente meus pensamentos, começando pelos objetos mais simples e mais fáceis de conhecer, para subir pouco a pouco, como que por degraus, até o conhecimento dos mais compostos" (*Discurso do método*, II). Daí resulta que a análise é primeira (o simples não é dado de início: é preciso conquistá-lo) e mais próxima "do verdadeiro caminho pelo qual uma coisa foi metodicamente inventada" (*Réponses aux IIe objections*, AT, 121). A síntese serve principalmente para demonstrar o que já se conhece: é mais um método de exposição do que de descoberta. Comparem-se, por exemplo, em Descartes, as *Meditações*, que são escritas segundo a ordem analítica, com os *Princípios da filosofia*, que seguem a ordem sintética.

Mas a síntese não é apenas uma ordem ou um método. É também um momento, em Hegel ou em Marx, da dialética: o momento em que os dois contrários são reunidos num terceiro termo, que os supera (isto é, os suprime, ao mesmo tempo que os conserva). É o caso do devir, após o ser e o nada (Hegel, *Lógica*, I, 1). Do fruto, após a semente e a planta (Engels, *Anti-Dühring*, XIII). Ou do comunismo, depois da luta de classes (o proletariado "só vence abolindo a si mesmo e abolindo seu contrário", que é a propriedade privada: Marx e Engels, *A sagrada família*, IV; ver também *O capital*, I, 8ª seção, cap. 32). Negação da negação: nova afirmação. É um belo momento, no trabalho do negativo: o momento do repouso, mas em movimento, e da fecundidade. Bonito demais para ser verdade? É o que se pode pensar. Só se é fiel a ele, em todo caso, reduzindo-o, como muitas vezes fazem os estudantes em suas dissertações, a uma apologia do justo meio, da tibieza ou da indecisão. Penso, deu para perceber, no célebre plano "tese, antítese, síntese". É um plano como outro qualquer, que não é nem obrigatório nem proibido. Mas é preciso compreendê-lo dialeticamente. *Tese, antítese, síntese* não poderia significar: *branco, preto, cinzento*. Nem tampouco: *sim, não, talvez*. Ou então já não é uma síntese, mas uma escapatória ou um compromisso. Já não é dialética, mas chiclete.

sintéticos, juízos (*synthétiques, jugements*) – São os juízos que "acrescentam ao conceito do sujeito um predicado que não era de forma alguma pensado no sujeito e que nenhuma análise poderia ter extraído deste" (*C. r. pura*, Introd., IV). Opõem-se aos juízos analíticos. Por exemplo, explica Kant, "todos os corpos são extensos" é um juízo analítico (a noção de extensão está incluída na de corpo: um corpo sem extensão seria contraditório); ao passo que "todos os corpos são pesados" é um juízo sintético (a noção de peso não está compreendida na de corpo: a idéia de um corpo sem peso não é intrinsecamente contraditória; só a experiência nos ensina que todos os corpos têm peso). Os juízos de experiência são todos sintéticos, ressalta Kant, mas nem todos os juízos sintéticos são de experiência. Há, claro, alguns que são *a posteriori* (é o caso de "todos os corpos são pesados"), mas outros que são *a priori* ("tudo o que acontece tem uma causa").

Explicar a possibilidade destes últimos – logo a possibilidade das ciências – é um dos principais desafios da *Crítica da razão pura.*

sintoma (*symptôme*) – É um efeito que designa sua causa. Donde a ilusão de que se trata de um sentido, quando se deveria enxergar neles apenas a causalidade. Uma febre não quer dizer nada. Mas ela tem uma causa, que podemos conhecer e combater.

A palavra serve sobretudo para designar os signos – isto é, os efeitos observáveis e reconhecíveis – das doenças. Mas, especialmente desde Freud, pode se prestar a um uso mais vasto. Você bocejou? É um sintoma de cansaço, de tédio, ou de depressão... Você esqueceu o guarda-chuva? Sintoma. Está atrasado? Sintoma. Adiantado? Sintoma. Na hora exata? Sintoma. É a forma moderna do hermeneutismo ou da superstição. Tudo é sintoma em nós, ou pode ser, sintoma que, na falta do conhecimento das suas causas, é interpretado para compreender seu sentido. E, de fato, isso é sempre possível. Mas para quê? Se tudo é sintoma, inclusive a própria interpretação, é porque tudo tem uma causa, na maioria das vezes ignorada e que, por conseguinte, só se pode imaginar... Labirinto do imaginário, para o qual só há uma cura, a verdade, diria Espinosa. A saúde é o silêncio dos órgãos. A sabedoria, o silêncio do espírito. Tudo pode ter um sentido, mas o sentido não tem um sentido. Tudo pode ser interpretado, mas só proporcionalmente à ignorância que temos do que interpretamos.

sistema (*système*) – Um conjunto ordenado, em que cada elemento é necessário à coesão do todo e dela depende. Assim, fala-se do sistema nervoso, do sistema solar, de um sistema informático... Em filosofia, diz-se com maior freqüência de um conjunto de idéias, "mas enquanto consideradas na sua coerência mais do que na sua verdade", como diz Lalande. É que a própria pluralidade dos sistemas, que são incompatíveis (pois cada um pretende dizer a verdade sobre o todo), impede tanto de aceitar todos eles como de se satisfazer com um deles. Os sistemas são todos falsos, dizia Alain, e o sistema dos sistemas, que seria o hegelianismo (porque faz da contradição *entre* os sistemas o motor do seu próprio desenvolvimento), o é tanto quanto os outros. A coerência não é uma prova. Não é nem sequer um argumento. Quantos delírios coerentes! A paranóia, dizia Freud, é "um sistema filosófico deformado"; e um sistema filosófico, acrescentaria eu com muito gosto, é uma paranóia bem-sucedida. Prefiro as contradições da vida e as asperezas do real.

Que, no entanto, muitas grandes filosofias são sistemas, não se pode negar. Quase todas tendem ao sistema, e por razões necessárias. Afinal, há que juntar o que se crê verdadeiro. Há que pensar tudo, ou o todo. O sistema é o horizonte da filosofia: é um pensamento em que tudo se sustenta, como uma síntese superior, como um todo orgânico, e isso é melhor do que um pensamento que se desagrega ou se contradiz. É só não se deixar enganar por ele, não tomar essa coerência por prova, não se encerrar nele. Por que você deveria se submeter ao que você *já* pensou? O que importa é a verdade, não a coerência. O pensamento de hoje, não o de ontem. O real, não o sistema. Que tristeza só pensar para se dar razão! Que loucura pretender possuir o horizonte! As ciências dão um melhor exemplo, ao fazerem tudo para serem contraditas e, assim, avançarem. Platão dá um melhor exemplo, e Montaigne, e Pascal. O horizonte está diante de nós; portanto temos de avançar. O sistema seria a filosofia de Deus. Mas Deus não é filósofo.

Há algo patético nos autores de sistema. Eles crêem pensar em tudo; na verdade, apenas mexem e remexem as suas ideiazinhas. Como poderiam conter o universo, se fazem parte dele? Sem eles o mundo continua. Sem eles a filosofia continua, e é melhor assim. Se um sistema tivesse êxito, seria o fim da filosofia. Mas todos fracassaram, mesmo os maiores. O cartesianismo morreu. O leibnizianismo morreu. O espinosismo morreu. Mais uma razão para ler Descartes, Leibniz ou Espinosa, que são melhores que seus sistemas. Embaralhem as cartas e as idéias. O jogo não acabou; está apenas começando.

Um sistema filosófico é como um castelo de cartas: se você tirar uma, todo o resto desmorona. É que cada carta só se sustenta no lugar graças ao conjunto, e o sustenta. Prefiro o jogo aberto e vivo, as cartas que voam, os jogadores que se enfrentam, as mãos que se fazem e se desfazem, até a vitória, até a derrota, até a próxima partida. Gosto que as cartas sejam embaralhadas cada vez. Que as jogadas sejam inventadas cada vez, em função do jogo e dos adversários. Que cada partida seja nova e incerta. O infinito está aí, e não no castelo de cartas irrisório e estático.

situação (*situation*) – Às vezes é considerada como uma das dez categorias de Aristóteles, aliás nem sempre a mesma: para evitar essa ambigüidade, é preferível falar de *lugar* ou de *posição* (ver esses verbetes).

A situação de um ser, no sentido corrente do termo, é a porção de espaço-tempo que ele ocupa (seu aqui-e-agora próprio), logo também seu entorno e, se for o caso, sua colocação numa hierarquia. Também é, em se tratando de um ser humano, o que ele faz. Por exemplo, quando se diz de alguém que ele tem "uma excelente situação": isso designa menos um lugar do que uma profissão, uma função, certo *nível* na hierarquia social ou profissional. Todavia, o uso filosófico da palavra tende cada vez mais a se concentrar em sua acepção sartriana: estar *em situação* é estar submetido a certo número de dados e de condicionantes que não escolhemos (ser homem ou mulher, alto ou baixo, de origem burguesa ou proletária, neste ou naquele país, nesta ou naquela época...), mas que temos a liberdade de assumir ou não. A situação, escreve Sartre, é um fenômeno ambíguo: é o "produto comum da contingência do em si e da liberdade". É portanto nosso quinhão, definitivamente. Sempre há um mundo, um entorno, condicionantes, obstáculos. Sempre a possibilidade de enfrentá-los ou fugir deles. É o que Sartre chama de "o paradoxo da liberdade: não há liberdade a não ser em situação, e não há situação a não ser pela liberdade" (*L'être et le néant* [O ser e o nada], IV, I, 2, pp. 568-9). Mas, então, e quanto a essa liberdade? Ela não é o efeito do dado, nem condicionada por ele (já que o dado "pode produzir apenas o dado"). Ela não é um ser; como seria determinada pelo que é? Ela não é senão nada e poder de nadificação: ela escapa ao ser pela consciência que toma e pelo fim que projeta. Muito cômodo. Basta chamar de "situação" tudo o que as ciências humanas consideram determinismos (o corpo, o inconsciente, a educação, o meio social...) para que o livre-arbítrio seja salvo. Resta saber, porém, o que faz que eu escolha o que escolho. Se for o que eu sou (já que um outro escolheria de outro modo), toda escolha é determinada então por alguma coisa que não escolhi. Assim, para salvar a liberdade, minha escolha tem de se explicar, não pelo que sou, mas *pelo que não sou*: é aqui que a liberdade se põe sobre seus pés ou sobre seu nada. O que é estar em situação? É ser confrontado, como nada, a um ser determinado mas não determinante (já que uma determinação só pode se referir ao ser, nunca ao nada), que por isso temos a liberdade de assumir ou não. A situação é, portanto, o correlato objetivo (determinado, não determinante) da minha subjetividade: é o ser próprio do meu nada.

A noção salva a liberdade, como se vê, somente para quem não é o que é e é o que não é, em outras palavras, para quem escapa, ou crê escapar, do princípio de identidade. Para quem é o que é e não é o que não é (não um nada, portanto, mas um ser), a situação não é senão uma maneira de falar: é um determinismo que não ousa dizer seu nome.

soberano (*souverain*) – O maior: o que prevalece, ou deve prevalecer, sobre todos os outros. Por exemplo, o soberano bem: seria o bem maior ou o bem último (com relação ao qual os outros bens seriam apenas meios). Assim, a felicidade, segundo Aristóteles, o prazer, segundo Epicuro, ou a virtude, segundo os estóicos. O soberano bem verdadeiro, se fosse possível, seria antes a conjunção dos três.

Quando é utilizada sozinha e como substantivo, a palavra quase sempre remete à política: designa o maior de todos os poderes, num território dado, o poder primeiro (do qual os outros procedem) ou último (o que tem os meios, pelo menos de direito, de se impor a todos os outros). Concretamente, o soberano é aquele que *faz a lei*, como se diz, ou que designa os que a fazem. É esse o sentido da palavra em Hobbes: o soberano é o depositário da autoridade pública, à qual todos, pelo pacto social, concordaram em se submeter; é nele que reside "a essência da República" (*Leviatã*, XVII e XVIII). É esse o sentido da palavra em Rousseau: o soberano é a República mesma, na medida em que é ativa (*O contrato social*, I, 7), e essa soberania "consiste essencialmente na vontade geral", que se exprime pela lei (*ibid.*, III, 15).

O soberano pode adquirir formas diferentes: pode ser Deus ou o clero, numa teocracia, um rei, numa monarquia absoluta, um grupo, na aristocracia, ou, o que é obviamente preferível, o povo inteiro, numa democracia – mesmo que ele exerça essa soberania, como quase sempre e apesar de Rousseau, pela mediação dos seus representantes. É claramente o espírito das nossas instituições, tal como é enunciado no artigo 3 da Constituição de 1958: "A soberania nacional pertence ao povo, que a exerce por seus representantes e pela via do referendo." Mas Hobbes, partidário da monarquia absoluta, mostrou muito bem que só há monarquia ou aristocracia (e até, acrescentaria eu, teocracia) se o povo inicialmente consentir; de modo que "é o povo que reina", ele precisa, "qualquer que seja a forma de Estado" (*Do cidadão*, XII, 8; ver também VII, 11). É o que dá razão aos democratas ("a democracia é a essência de toda constituição política", dirá Marx na *Crítica da filosofia política de Hegel*, I, a), mas que não basta para garantir seu triunfo. Quantos povos preferiram sujeitar-se ou entregar-se?

A soberania, de direito, só pode ser absoluta. Senão ela deixaria de ser soberana. Não é, claro, que o povo, numa democracia, tenha todos os direitos. Mas ele é o único capaz de delimitá-los (pela constituição, pela lei) e é senhor de modificar essa delimitação (toda constituição democrática prevê as modalidades democráticas de mudança da constituição, sem o que já não seria o povo o soberano, mas a constituição: já não se estaria na democracia mas numa *nomocracia*). É por isso que a democracia nunca é uma garantia, nem mesmo contra o pior; a história mostra isso suficientemente.

Mas toda soberania é, na realidade, relativa: é aqui que saímos do direito para entrar na política, de que o direito sai. Foi o que Maquiavel e Espinosa compreenderam. A soberania não passa de uma abstração, necessária decerto, mas que nem por isso deixa de ser abstrata. A verdade é que há apenas poderes, sempre finitos, sempre múltiplos, que se contrabalançam mutuamente – há apenas forças e relações de forças.

Daí a idéia, em Montesquieu e nos liberais, da separação dos poderes. Idéia legítima. Mas que não é capaz de anular nem a unicidade da soberania (a República una e indivisível) nem a multiplicidade movediça das relações de forças. Entre uma e outra, o sufrágio universal, que é a soberania em ato. É a medida, ao mesmo tempo que a efetivação sempre recomeçada, de uma relação de forças. Nenhuma soberania poderia dispensar os democratas de ganhar as eleições. À glória dos partidos e dos militantes.

sobre-humano (*surhumain*) – O que excede a medida humana. Nietzsche via no sobre-humano um objetivo e um sentido ("o sentido da terra"): o homem só existiria para ser superado; o super-homem estaria para o homem assim como o homem está para o macaco (*Zaratustra*, I, Prólogo). Montaigne, contra os estóicos e mais sensatamente, considerava que essa idéia não passava de tolice: "Ó coisa vil e abjeta é o homem, diz Sêneca, se não se eleva acima da humanidade! Eis uma bela frase e um útil desejo, mas igualmente absurdo. Porque fazer o punhado maior que o punho, a braçada maior que o braço e esperar dar uma passada maior que a extensão das nossas pernas, é impossível e monstruoso. Ou que o homem se erga acima de si e da humanidade" (II, 12, p. 604). Ser plenamente humano já é uma tarefa suficiente.

sobrenatural (*surnaturel*) – Que excederia a potência da natureza. Só pode ser magia, superstição ou religião, e é por isso que, para um materialista, não é nada.

socialismo (*socialisme*) – É primeiramente uma concepção da sociedade e da política, que visa pôr esta a serviço daquela. Nesse sentido, é quase um pleonasmo, pelo que todo o mundo pode reivindicá-lo (inclusive, na Alemanha dos anos 1930, o partido nacional-socialista). Que política pretenderia ir de encontro ao interesse da sociedade? Mas a palavra, quando aparece no início do século XIX, está longe de conquistar a unânime simpatia. Pierre Leroux, que talvez a tenha inventado, pelo menos em francês, a opunha ao individualismo. Para ele era um perigo, pelo menos tanto quanto uma promessa. O socialismo quer o bem da sociedade. Mas a que preço? Seria uma política coletiva, se não coletivista, que serviria mais ao grupo do que aos indivíduos. Como não temer que ela os sufoque?

Num sentido mais estrito e mais rigoroso, chama-se *socialismo* todo sistema baseado na propriedade coletiva dos meios de produção e de troca: é o contrário do capitalismo. Marx considerava-o um período de transição, que levaria ao comunismo. Alguns dos seus discípulos, no século XX, quiseram impô-lo pela revolução e pela ditadura do proletariado. Outros, por reformas e pela democracia. Essa oposição entre os revolucionários e os reformistas concernia menos ao fim que aos meios: tratava-se, em ambos os casos, de romper com o capitalismo.

O trágico fracasso do marxismo-leninismo, em todos os países em que chegou ao poder, mas também a incapacidade dos social-democratas triunfarem, mesmo gradualmente, sobre o capitalismo, torna este segundo sentido quase obsoleto. Os socialistas de hoje renunciaram a sair do capitalismo. Querem apenas administrá-lo de uma maneira mais social, isto é, no interesse do conjunto da sociedade e, especialmente, dos mais pobres. Acabaram aceitando a economia de mercado, sem renunciar todavia a enquadrá-la: acreditam menos no "livre jogo das iniciativas e dos interesses individuais", como diz Lalande, do que na organização do Estado e da sociedade. Esse socialismo renunciou a toda e qualquer ambição coletivista. Já não é o contrário do capitalismo: é seu regulador, e o contrário do ultra-liberalismo.

sociedade (*société*) – *Socius*, em latim, é o companheiro, o sócio, o aliado: viver em sociedade é viver em companhia, mas também num sistema estruturado de associações e de alianças.

"Humana ou animal, uma sociedade é uma organização", notava Bergson: "ela implica uma coordenação e, geralmente, também uma subordinação de elementos uns aos outros" (*As duas fontes*..., I). É o contrário da solidão, ou melhor, do isolamento, da dispersão, da guerra, como dizia Hobbes, de cada um contra cada um. É por isso que os humanos necessitam de uma sociedade. Porque não podem viver sozinhos, nem apenas uns contra os outros. Porque não podem se isolar, como dizia Marx, a não ser no seio da sociedade. Mas suas sociedades são muito mais frágeis que as dos insetos. É que, nelas, as regras são culturais. É que, nelas, os indivíduos são livres para violá-las ou não. É onde começa a política. É onde começa a moral. Pode haver sociedades sem Estado, sem poder, sem hierarquia. Mas não há sociedade sem solidariedade, nem aliás solidariedade sem sociedade.

sociobiologia (*sociobiologie*) – A ciência, ou suposta ciência, que pretende explicar os fatos sociais por fatos biológicos. É uma espécie de darwinismo social, mas revisto à luz dos progressos da genética e da etologia.

Que tal explicação seja às vezes possível ou necessária, especialmente entre os animais, ninguém contesta. A seleção natural retém os genes mais eficazes, por serem os mais capazes de se transmitir. Como é que isso não teria repercussão sobre os comportamentos sociais, sejam eles individuais ou coletivos? Mas, então, é apenas uma parte da biologia, legítima por certo, que nos ensina mais sobre a espécie do que sobre a sociedade. Por exemplo, que o egoísmo e o altruísmo sejam comportamentos geneticamente determinados, é algo que seguramente podemos admitir. Mas isso não poderia explicar seu funcionamento diferenciado, nesta ou naquela sociedade, nem, muito menos, permitir optar entre um e outro. A sociobiologia não poderia portanto substituir nem a sociologia nem a moral.

Alguns viram na sociobiologia uma possível caução para certas teses da extrema direita. Se a sociedade é submetida à seleção natural, isto é, à eliminação dos mais fracos em benefício dos mais fortes ou dos mais aptos, seria um equívoco, dizem-nos, queixar-se por ser injusta: a desigualdade seria uma vantagem seletiva, que deveria ser preservada cuidadosamente. Não se escapa desse argumento contestando qualquer determinação biológica da humanidade, o que seria dar um belo presente à extrema direita, mas recusando a essa determinação qualquer pertinência política e moral. Que somos animais, não é nenhuma descoberta, ou não é uma descoberta recente. O que não nos dispensa de nos tornarmos humanos, nem de humanos continuarmos a ser.

sociologia (*sociologie*) – A ciência da sociedade ou *das* sociedades. A palavra foi cunhada por Auguste Comte. Mas quem de fato fundou a disciplina foi Durkheim. Trata-se de estudar os fatos sociais como coisas, explica ele, em outras palavras, como exteriores à nossa inteligência e independentes da nossa vontade. É por isso que a introspecção não basta, nem a observação dos comportamentos individuais. "O grupo pensa, sente, age de uma maneira totalmente diferente de como seus membros agiriam se estivessem isolados. Portanto se se partir destes últimos, não se poderá compreender o que acontece no grupo" (*As regras do método sociológico*, V, 2). Isso quer dizer que a sociologia não se reduz à psicologia, nem mesmo depende dela. Um fato social não pode nem deve ser explicado, a não ser por outro fato social: a sociedade é "uma realidade *sui generis*", explica Durkheim, com suas características e seus determinismos próprios, que não "encontramos sob a mesma forma no resto do universo". A sociologia é a ciência que leva em conta essa realidade, o que só é possível com a condição de constituí-la primeiro como objeto. Não basta observar a sociedade real para fazer sociologia. Pois essa observação, fazendo parte da sociedade, corre o risco de reproduzir seus preconceitos, suas ilusões, suas evidências. É mais ou menos o que distingue a sociologia do jornalismo.

sociologismo (*sociologisme*) – É querer explicar tudo pela sociologia. O que parece ter certa pertinência. O neurologista, o físico e o filósofo vivem numa sociedade, dirão: o sociólogo tem portanto a vocação de estudá-los e explicar o trabalho deles. Afinal, por que não? Uma sociologia das ciências ou da filosofia é certamente possível. Mas a sociologia nem por isso poderia nos ensinar o que são o cérebro ou o universo, nem qual filosofia é melhor ou mais verdadeira. Aliás, o argumento também valeria no outro sentido. O sociólogo tem um cérebro e faz parte do universo: logo cabe aos neurobiólogos e aos físicos, poderia alguém sugerir, nos explicar a sociedade e a sociologia. Todos esses *ismos* são ridículos e se destroem mutuamente.

De resto, o sociologismo, mesmo considerado isoladamente, se encerra numa aporia comparável às do biologismo ou do psicologismo. Se tudo é determinado socialmente, a sociologia também o é: ela não passa de um fato social como outro qualquer e não tem mais valor do que qualquer ideologia. Que resta do sociologismo? Para que a sociologia possa aspirar à verdade, a razão, que ela aciona, tem de lhe escapar – a verdade tem de *não ser* um fato social. À glória do racionalismo, que é a única doutrina com que Durkheim aceitou se identificar (*As regras do método sociológico*, Prefácio da 1ª ed. francesa).

sofista (*sophiste*) – Quem faz profissão de sabedoria (*sophía*) ou de sofismas. Duplo erro: a sabedoria não é um ofício; um sofisma não é nem uma prova nem uma desculpa. A palavra, nesse sentido, é sempre pejorativa: o sofista é alguém que busca menos a verdade do que o poder, o sucesso ou o dinheiro. Foi contra eles que Sócrates inventou, ou reinventou, a filosofia.

Num outro sentido, mais amplo e mais neutro, pode-se chamar de *sofista* toda pessoa que reivindica a sofística (v.) ou a ela se vincula, a começar por seus fundadores (Protágoras, Górgias, Pródicos, Antifonte...). Então, é uma categoria histórica, e não polêmica. Mas ela não pode nos isentar, filosoficamente, de nos situar em relação a eles. Que eles fazem parte da filosofia, é evidente. Mas essa história nunca dispensou ninguém de filosofar. Desde há várias décadas, está na moda reabilitar os sofistas. Reabilitação sem dúvida legítima. Mas, para tanto, precisa-se infirmar Sócrates, como fazia Nietzsche?

sofística (*sophistique*) – Todo pensamento que se submete a outra coisa que não a verdade, ou que submete a verdade a outra coisa que não ela mesma. É considerar que a verdade não passa de um valor como outro qualquer, redutível como tal ao ponto de vista, à avaliação ou aos desejos que a governam. Nesse sentido, a palavra pertence à linguagem técnica: não tem intenção pejorativa. O fato de Protágoras e Nietzsche serem sofistas não impede que também sejam gênios. Mas me impede de segui-los sempre. "O fato de um juízo ser falso", escreve Nietzsche, "não é, a nosso ver, uma objeção contra esse juízo. [...] Tudo está em saber em que medida esse juízo está apto a promover a vida, a mantê-la, a conservar a espécie e até a aprimorá-la" (*Além do bem e do mal*, I, 4). Sofística vitalista. Para mim, ao contrário, o fato de um juízo ser falso é uma objeção fortíssima contra esse juízo; e o fato de ele ser favorável à espécie não altera em nada essa objeção.

sofisma (*sophisme*) – Foi em Montpellier, uns quinze anos atrás, no pátio interno, transformado em anfiteatro, de um belo palacete do século XVIII. Naquele verão, eu participava, no âmbito da programação de um festival organizado pela estação France-Culture, de um debate sobre religião transmitido ao vivo pelo rádio. Minhas palavras ou meu ateísmo irritam um dos participantes: "Eu me pergunto com que direito o senhor fala de religião, se não crê em Deus!", ele me lança.

O argumento, que me parece sofístico, me irrita por minha vez. Respondo-lhe: "É a mesma coisa que dizer que, para poder falar com legitimidade da música de Beethoven, é preciso ser surdo, a pretexto de que Beethoven o era!" Risos na platéia: eu tinha marcado um ponto. Mas eu via que minha resposta era sofística, pelo menos tanto quanto o ataque do outro, ou antes, mais ainda (na boca dele, ao que tudo indicava, era apenas um paralogismo). Minha desculpa, além da eventual graça da coisa, era não me deixar enganar, nem tentar verdadeiramente enganar: era mais polêmica do que argumentação, mais defesa do que ataque, mais ironia do que pensamento. Enfim, o dia era lindo e estávamos de férias: um sofisma, entre intelectuais, pode às vezes, em certas circunstâncias, ser um divertimento aceitável. No entanto convém não abusar deles, senão deixa de ser um debate para ser um combate, deixa de ser um pensamento para ser um espetáculo circense. Voltei logo a coisas mais sérias. Se somente os crentes podiam falar de religião, como um ateu poderia justificar seu ateísmo, e por que organizar um debate entre crentes e não-crentes?

O que é um sofisma? É um erro voluntário, num raciocínio (à diferença do paralogismo, erro involuntário), que tem por finalidade enganar ou embaraçar. Não tem valor quanto ao fundo, a não ser, algumas vezes, pelas dificuldades que faz surgir. É mais uma arma que um pensamento, e de dois gumes: é jogar com a verdade, ou antes, com sua aparência, em vez de servir a ela. Peço desculpas, pois, caro colega, por esse sofisma de quinze anos atrás.

solidão (*solitude*) – Não é a mesma coisa que o isolamento. Estar isolado é estar separado dos outros: sem relações, sem amigos, sem amores. Estado anormal, para o homem, e quase sempre doloroso ou mortífero. Ao passo que a solidão é nossa condição ordinária: não por não termos relações com outros, mas porque essas relações não poderiam abolir nossa solidão essencial, que decorre do fato de sermos os únicos a ser o que somos e a viver o que vivemos. "Na medida em que somos sós, o amor e a morte se aproximam", escreve Rilke. Não é que não haja amor, ou que sejamos os únicos a morrer; mas é que ninguém pode morrer ou amar em nosso lugar. É por isso que "morreremos sós", dizia Pascal: não porque devêssemos morrer isolados (na época de Pascal, era coisa que quase nunca acontecia: em geral havia um padre, a família, amigos...), mas porque ninguém pode morrer em nosso lugar. É por isso que vivemos sós, sempre: porque ninguém pode viver em nosso lugar. Assim, o isolamento é a exceção; a solidão, a regra. É o preço a pagar por ser si mesmo.

solidariedade (*solidarité*) – O abuso da palavra, de alguns anos para cá, tende a fazê-la perder qualquer significado rigoroso. No mais das vezes, não passa de uma generosidade que não ousa dizer seu nome (por exemplo, quando se dá dinheiro a uma organização humanitária) ou que só sabe se manifestar por obrigação (por exemplo, quando se cria um Imposto de Solidariedade sobre a Fortuna). Mas por que ter vergonha de ser generoso, quando se é, e é tão raro sê-lo? E como a obrigação poderia bastar para a solidariedade?

De tanto falar de solidariedade, nossos políticos e nossas boas almas esvaziam-na de qualquer conteúdo. Com a tolerância, ela é a virtude *politicamente correta* por excelência. O que não a condena, mas torna seu uso incômodo. Já não é um conceito, é um bordão. Já não é uma idéia, é um ideal. Já não é uma ferramenta, é uma palavra mágica. Muitos gostariam de abandoná-la aos comícios ou aos jornais. Seria um erro, a confusão da linguagem, mesmo em se tratando de uma linguagem politicamente correta, é sempre politicamente perigosa.

Melhor seria voltar ao sentido preciso da palavra, tal como a etimologia o sugere. *Solidário* vem do latim *solidus*. Num corpo sólido, as diferentes partes são solidárias, no sentido de que não é possível agir sobre uma sem agir também sobre as outras. Por exemplo, uma bola de bilhar: um choque num só dos seus pontos faz a bola toda rolar. Ou num motor: duas peças, mesmo separadas uma da outra, são solidárias se só se movimentam juntas. A solidariedade não é, primeiramente, um sentimento, muito menos uma virtude. É uma coesão interna ou uma dependência recíproca, ambas objetivas e privadas, pelo menos neste último sentido, de qualquer finalidade normativa. Uma bola de bilhar oval seria, sem dúvida, menos cômoda, mas nem por isso seria menos sólida.

É o que dá sentido, no latim jurídico, à expressão "*in solido*", que significa em bloco ou pelo todo. Os devedores são solidários quando cada um pode ser responsabilizado pela totalidade do empréstimo (se os outros ficarem inadimplentes). Claro, é uma garantia para quem empresta e um risco para cada um dos que toma o empréstimo. Por exemplo, num casal casado sob o regime da comunhão de bens: cada um dos cônjuges pode se ver arruinado, sem querer, pelas dívidas do outro, mesmo que elas tenham sido contraídas sem que ele soubesse ou contra a sua vontade. Portanto os cônjuges são financeiramente solidários: responsáveis, juntos e pelo todo, do que vier a lhes acontecer, mesmo separadamente, ou do que um deles, mesmo sozinho, possa vir a fazer.

Mas a palavra vai bem além dessa acepção puramente jurídica. Dois indivíduos são objetivamente solidários se o que se faz a um deles também afeta, inevitavelmente, o outro (por exemplo, por terem os mesmos interesses), ou se o que um faz compromete igualmente o segundo. É o que funda o sindicalismo: nele, cada um defende seus interesses, mas defendendo também os dos outros. É o que funda o mutualismo, especialmente diante do perigo, e portanto todas as companhias de seguros (cada uma se baseia, mesmo quando é puramente capitalista, na mutualidade dos riscos). Um mau motorista, numa sociedade mútua, faz todos os associados perderem dinheiro; porém mesmo os melhores estão protegidos pelas contribuições de todos: se roubam o carro de um, os outros pagam, ou melhor, já pagaram, para ressarci-lo.

É aqui que aparece melhor a diferença entre a *generosidade* e a *solidariedade*. Dar mostras de generosidade é agir em favor de alguém *cujos interesses não compartilhamos*: você lhe faz um bem sem que isso reverta em nenhum bem a você, ou até o faz à sua própria custa; você serve a ele sem que isso sirva a você. Por exemplo, quando você dá dez francos a um sem-teto que faz uma coleta de donativos (dez francos? tudo isso?): ele tem mais dez francos, você menos dez francos. Não é solidariedade, é generosidade. Seria um erro você se envergonhar do seu donativo, mas um erro também contentar-se com ele. Pois o sem-teto não deixa de ser sem-teto com o que você deu. E quem seria tão generoso a ponto de hospedá-lo ou lhe pagar um aluguel?

Dar mostras de solidariedade, ao contrário, é agir a favor de alguém *cujos interesses compartilhamos*: defendendo os dele, você também defende os seus; defendendo os seus, defende os dele. Por exemplo, quando os assalariados fazem greve para pedir aumento de salário: eles pedem para todos, mas cada um sabe perfeitamente que também luta para si. A mesma coisa se dá quando você adere a um sindicato, quando contrata uma apólice de seguro ou quando recolhe seu imposto de renda. Você sabe que está sendo beneficiado (mesmo que, tratando-se de impostos, seja necessário todo um sistema de controles e sanções possíveis para persuadi-lo que é seu interesse pagá-los...). Não é generosidade, é solidariedade. Seria um equívoco, aqui também, ter vergonha, mas igualmente contentar-se com fazê-lo. Pois, afinal de contas, você ainda não saiu do egoísmo. Quantos patifes são sindicalizados, quantos têm seguro, quantos pagam seus impostos em dia?

A generosidade, em seu princípio, é desinteressada. Nenhuma solidariedade o é. Ser generoso é renunciar, ao menos em parte, a seus interesses. Ser solidário é defendê-los com outros. Ser generoso é libertar-se, ao menos parcialmente, do egoísmo. Ser solidários é ser egoístas juntos e inteligentemente (em vez de, estupidamente, cada um por si ou uns contra os outros). A generosidade é o contrário do egoísmo. A solidariedade seria sua socialização eficaz. É por isso que a generosidade, moralmente, vale mais. E é por isso que a solidariedade, social, política e economicamente, é muito mais importante. Quem não colocaria o abade Pierre acima da média dos sindicalizados, dos segurados, dos contribuintes? E quem não conta, para defender seus interesses, com o Estado, com os sindicatos e com as seguradoras, muito mais do que com a santidade ou a generosidade do próximo? Isso não impede que o abade Pierre, é bom precisar, tenha seguro, sindicato e pague imposto, mesmo que seja o imposto sobre o consumo, do qual ninguém escapa – como tampouco dispensa um contribuinte segurado e sindicalizado de dar mostras, às vezes, de generosidade... Mas os dois conceitos, apesar de não serem em nada incompatíveis, nem por isso deixam de ser diferentes.

Se fosse preciso contar com a generosidade de uns e outros para que todos os doentes pudessem se tratar, milhões deles morreriam sem tratamento. Em vez disso, inventou-se uma coisa simplíssima, pelo menos moralmente, muito mais modesta que a generosidade e muito mais eficiente: a Seguridade Social, especialmente no campo da saúde. Não somos menos egoístas por isso, mas temos melhores cuidados médicos.

Ninguém paga a Seguridade Social por generosidade. Paga por interesse, ainda que seja obrigado a fazê-lo, mas não pode defender seus interesses de maneira eficaz, numa sociedade solidária, senão defendendo também, e com isso mesmo, os dos outros.

Ninguém paga um seguro por generosidade. Ninguém paga imposto por generosidade. E que estranho sindicalista seria aquele que só se sindicalizasse por generosidade! No entanto a Seguridade Social, as seguradoras, os sindicatos e o fisco fizeram muito mais, para a justiça e a proteção dos mais fracos, do que o pouco de generosidade de que, de vez em quando, somos capazes.

Primazia da generosidade; primado da solidariedade. A generosidade, para o indivíduo, é uma virtude moral; a solidariedade, para o grupo, é uma necessidade econômica, social, política. A primeira, subjetivamente, vale mais. A segunda, moralmente, não vale nada; mas é, objetivamente, muito mais eficaz.

É onde moral e política divergem. A moral nos diz mais ou menos: como somos todos egoístas, tentemos sê-lo um pouco menos. Já a política diria: como somos todos egoístas, tentemos sê-lo juntos e inteligentemente; tentemos desenvolver entre nós convergências objetivas de interesses, que também possam, subjetivamente, nos unir (com o que a solidariedade, de necessidade que é inicialmente, também pode se tornar uma virtude cívica ou política). A moral preconiza a generosidade. A política impõe e justifica a solidariedade. É por isso que necessitamos das duas, claro, porém *ainda mais da política*. O que é preferível? Viver numa sociedade em que todos os indivíduos são egoístas, embora desigualmente, ou viver numa sociedade sem Estado, sem seguros, sem sindicatos, sem Seguridade Social? É a mesma coisa que se perguntar se a civilização é preferível ao estado de natureza, o progresso à barbárie ou a solidariedade à guerra civil.

Volto aos sem-teto. Muitos deles vendem jornais no metrô. Quando você compra um exemplar, é por generosidade ou por solidariedade? Depende das suas motivações, que podem ser variadas. Mas, para simplificar, podemos dizer que é principalmente por solidariedade, se você satisfizer seu interesse. Por que satisfaria? Porque você se coloca no lugar do sem-teto? Nesse caso, seria muito mais compaixão do que solidariedade. Porque você se diz que a existência desses jornais permite que, se perder o emprego, você também possa vir a vendê-los? É duvidoso, pois essa possibilidade praticamente não depende do fato de você comprar ou não esse jornal hoje. O mais verossímil é que você só terá seu interesse satisfeito se o jornal em questão for... interessante. Se você acha que é, porque, por exemplo, você tem o costume de lê-lo e acha que é bem-feito, você o compra por interesse: é solidariedade, e não generosidade. Se não é assim, se você sabe de antemão que esse jornal não lhe interessará, se você só compra para agradar o sem-teto ou ajudá-lo, é generosidade e não mais solidariedade. O que vale mais? Moralmente, a generosidade, é claro. Mas esta não resolve a questão da exclusão ou da precariedade. O sem-teto tem uns trocados a mais, você uns trocados a menos; nem por isso ele deixou de ser um excluído ou a sociedade, menos injusta. Melhor seria se esses jornais se tornassem bons jornais, que milhões de leitores comprariam por interesse, como quando compramos nossos jornais ou nossas revistas costumeiras, em outras palavras, por egoísmo. Moralmente, seria menos meritório. Mas socialmente, muito mais eficaz: o vendedor já não seria um excluído, seria um jornaleiro.

É o que mais nos surpreende ao pensarmos no assunto. Quando compro meu jornal no jornaleiro, nem ele nem eu agimos por generosidade – como tampouco os jornalistas ou os donos do jornal. Todos nós buscamos nele nosso interesse, mas só o podemos encontrar na medida em que esses interesses convirjam, ao menos em parte, e é o que de fato ocorre (se assim não fosse, o jornal já teria desaparecido). É por isso que a imprensa também é um mercado (v. "mercado"), e isso, longe de condená-la, é o que a salva. Todo mercado funciona com base no egoísmo. Mas só pode funcionar de forma eficaz e duradoura criando ou mantendo convergências objetivas (que também podem, eventualmente, se tornar subjetivas). O egoísmo é o motor, em cada um. A solidariedade é a regulação, para todos.

Liberalismo? Por que ter medo da palavra? Numa sociedade de mercado, os jornais são sempre mais interessantes do que numa sociedade coletivista. O mesmo vale, como a experiência prova, para toda mercadoria. As roupas são sempre de melhor qualidade quando comerciantes e fabricantes têm seu ganho. Eles precisam tê-lo, portanto, e o mercado, nesse domínio, se revelou muito mais eficaz do que o planejamento e os controles (que, quase inevitavelmente, desembocam no mercado negro). Mas seria evidentemente um erro acreditar que o mercado baste para tudo: primeiro porque ele só vale para as mercadorias (ora, a liberdade não é uma, nem a justiça, nem a saúde, nem a dignidade...); depois porque não basta para sua própria regulação. O que seria do comércio, sem um direito comercial? E como esse direito poderia ser uma mercadoria? Como poderia ser comprado e vendido? E como poderia bastar, no que concerne ao que não se compra? Vemos a mesma coisa, aqui também, no caso da imprensa. Confiá-la pura e simplesmente às leis do mercado seria pôr em risco sua independência (ante o poder do dinheiro), sua qualidade, sua diversidade, seu pluralismo. Foi portanto inventado certo número de salvaguardas, assim como de subsídios, que não suprimem os fenômenos de mercado (um jornal sem leitores sempre terá dificuldades para sobreviver, e é muito bom que seja assim), mas que os moderam ou limitam seus efeitos. A informação também é uma mercadoria. Mas a liberdade de informação não. Um jornal se compra. A liberdade dos jornalistas e dos leitores não.

Isso também vale para a saúde, para a justiça, para a educação e até, pelo menos em parte, para a alimentação e para a habitação. Nenhum desses fenômenos escapa totalmente do mercado. Nenhum deles pode ser totalmente confiado ao mercado, a não ser que se renuncie à proteção dos mais fracos. O mercado cria solidariedade, mas também cria desigualdade, precariedade, exclusão. É por isso que precisamos de um Estado, de um direito comercial, de um direito social, de um direito da imprensa, etc., mas também de sindicatos, de associações, de organismos paritários de controle e de gestão... O mercado é mais eficaz do que uma economia administrada. Mas a lei de todos (a democracia) é melhor que a lei da selva. A Seguridade Social é mais eficaz, socialmente, do que a generosidade. Mas é também mais justa, politicamente, do que simples seguros privados. É aqui que os ultra-liberais se equivocam. O fato de o mercado criar a solidariedade não implica que ele baste para tal. É aqui que o coletivismo se engana. O fato de o mercado não bastar à solidariedade não significa que esta possa prescindir dele. À glória da política, dos sindicatos e da Seguridade Social.

solipsismo (*solipsisme*) – É acreditar unicamente em sua própria existência: considerar-se a si mesmo (*ipse*) o único (*solus*) existente... O fato é que tudo o mais, sendo conhecido apenas por sensações, fica sendo algo duvidoso, enquanto o *eu* parece poder invocar a certeza imediata do *cogito*. Essa doutrina, por mais impossível de refutar que seja, não deixa de ser inverossímil: como explicar a existência do eu, se nada mais existe? Por isso o solipsismo não tem partidários. É menos uma doutrina do que um problema, para os filósofos idealistas. Se se parte do sujeito, como sair dele?

sonho[1] (*rêve*) – É como que uma alucinação, mas que só teria sentido próprio durante o sono. Isso entretanto basta para fazer uma dúvida pesar sobre nosso estado de vigília. É o argumento de Descartes, na primeira Meditação: "Vejo tão manifestamente que não há indícios concludentes, nem sinais suficientemente certos pelos quais se possa distinguir nitidamente a vigília do sono, que fico espantado; e meu espanto é tal, que é quase capaz de me persuadir de que durmo." É a interrogação de Pascal (*Pensamentos*, 131-434): "Quem sabe se essa outra metade da vida, em que pensamos velar, não é outro sono, um pouco diferente do primeiro?" Diferente por quê? Pela continuidade, que nos permite reconhecer o real, ou o que tomamos por real. "Se sonhássemos todas as noites a mesma coisa", escreve também Pascal, "ela nos afetaria tanto quanto os objetos que vemos todos os dias. E, se um artesão tivesse certeza de sonhar doze horas a fio que é rei, creio que seria quase tão feliz quanto um rei que sonhasse todas as noites, doze horas a fio, que é um artesão" (802-122). Gosto muito desse *quase*, como do *um pouco* do fragmento precedente, que aliás encontramos no alexandrino perfeito que o encerra: "*Car la vie est un songe un peu moins inconstant*" [Porque a vida é um sonho um pouco menos inconstante].

sonho[2] (*songe*) – Em francês, *songe* é uma outra palavra, mais literária, para designar o sonho. Nele a alma se vê em liberdade, como nota Voltaire, e enlouquecida. É porque ela saiu dos trilhos do real. Felizmente o despertador nos restitui a razão ao nos reconduzir ao mundo.

sono (*sommeil*) – É como que uma suspensão periódica da vigilância e da atividade: o corpo torna-se quase imóvel, o espírito fica lento, a consciência se esquece ou se observa sonhar... A vida cansa e mata; somente o sono nos permite sobreviver, pelo menos por um tempo. Por isso ele é "a primeira necessidade do homem", dizia Alain, "mais premente até que a fome, e que supõe sociedade e vigilantes por turnos, donde todas as instituições de polícia". É preciso que uns fiquem de guarda enquanto os outros dormem: a sociedade é muito mais filha do medo, dizia também Alain, do que da fome; e muito mais do sono, acrescentaria eu, do que da ambição.

sonolência (*somnolence*) – Um estado intermediário entre a vigília e o sono, que pode preparar, indiferentemente, este ou aquela, mas também, às vezes, nos separar tanto de uma quanto do outro. Pode ser deliciosa ou insuportável, conforme as exigências do momento: é o que distingue a noite insone da manhã na cama, e o cansaço extremo do descanso. "A sonolência às vezes é voluntária", observava Alain; "trata-se então de um meio de descansar permanecendo aberto aos sinais." Mas às vezes ela também se impõe a nós, e nos aprisiona.

sophía (*sophia*) – A sabedoria teórica ou contemplativa. Distingue-se assim da *phrónesis* (a prudência, a sabedoria prática). É uma diferença que o francês não faz, e tem razão: a verdadeira sabedoria seria a conjunção de ambas.

sorte (*chance*) – É o que o destino nos traz, quando é favorável. Viver é uma, e a primeira.

O erro está em acreditar ser possível possuir a sorte (quando é ela que nos possui) ou merecê-la (quando todo mérito a supõe). É inútil até mesmo agradecer. A sorte nada mais é que um acaso que dá certo, e que dá certo por acaso.

Mas nenhuma felicidade seria possível sem ela: o destino é o mais forte, sempre, e somente a sorte às vezes nos dá a sensação do contrário. Tenha pois uma felicidade modesta ou uma infelicidade serena. Nem uma nem outra são merecidas.

sublimação (*sublimation*) – Uma mudança de estado (do mais pesado ao mais leve), ou de orientação (do mais baixo ao mais alto). A palavra, que designa inicialmente uma elevação moral, é logo utilizada pelos alquimistas, depois pelos químicos, para designar a passagem de um corpo do estado sólido ao estado gasoso. Já na filosofia contemporânea, é a aceitação freudiana que domina. A sublimação é o processo pelo qual a pulsão sexual muda de objeto e de nível, encontrando assim o meio de se exprimir, indiretamente embora, de forma socialmente valorizada e fora de qualquer satisfação propriamente erótica. É, em especial, o que ocorre na arte, no pensamento, na espiritualidade e, sem dúvida, também em todo amor que não se reduza apenas à atração sexual. Na sublimação, escreve Freud, "as emoções são desviadas do seu objetivo sexual e orientadas para objetivos socialmente superiores, que já não têm nada de sexual" (*Introdução à psicanálise*, 1). É colocar as energias do id a serviço de outra coisa, que vale mais. A serviço de quê? Da civilização: "É ao enriquecimento psíquico resultante desse processo de sublimação que devemos as mais nobres aquisições do espírito humano", escreve Freud (*Cinco lições*..., V). Os desejos infantis podem assim "manifestar toda a sua energia e substituir a inclinação irrealizável do indivíduo por um objetivo superior, [...] um objetivo mais elevado e de maior valia social" (*ibid.*), proporcionando ao mesmo tempo ao indivíduo satisfações "mais delicadas e mais elevadas" (*Mal-estar na civilização*, II). Antes isso que a neurose (que permanece prisioneira dos desejos infantis que reprime). Antes isso que a perversão (que os satisfaz). Antes isso que uma sexualidade simplesmente animal (que os ignora). É onde a humanidade se inventa, talvez, inventando deuses. Não é o sentimento do sublime; é o devir sublime do sentimento.

sublime (*sublime*) – O que há de mais elevado (*sublimis*), de mais impressionante, de mais admirável. Diz-se principalmente de um ponto de vista estético: é uma beleza que prevalece ou esmaga, como se um pouco de medo se mesclasse com o prazer. É que nos sentimos pequenos, diante de tanta grandeza. É que a admiração abala o funcionamento habitual das nossas faculdades ou das nossas categorias. É que tanta elevação nos eleva, pelo menos em parte, até nos fazer sentir dolorosamente o que em nós permanece baixo ou medíocre.

"Chamamos *sublime* o que é absolutamente grande", escreve Kant, "aquilo em comparação com o que todo o resto é pequeno." Por isso, ele pretendia que a sensação do sublime, mesmo diante da natureza, exprimia apenas a grandeza do espírito (*C.F.J.*, §§ 23-9). Eu diria, ao contrário, que o sublime é a sensação, no espírito humano, daquilo que o supera, natureza ou gênio, e o arrebata. É por isso que ele costuma ser associado ao belo, sem no entanto o ser necessariamente. Uma tempestade é bela? Depende dos gostos (Kant a considerava horrorosa). Mesmo assim ela proporcionará a sensação do sublime, por sua descomunalidade, pelo excesso de grandeza ou de força, pela evidência, ante ela, da nossa pequenez, da nossa impotência, da nossa fragilidade... É sublime o que parece absolutamente grande: aquilo em comparação com o que não sou nada, ou quase nada. E que causa em mim como que uma morte feliz.

Quando da sua primeira viagem à Grécia, que empreendeu já tarde na vida, Marcel Conche mandou-me um cartão postal de Atenas, representando o Partenon. No verso, esta frase: "Se Kant tivesse conhecido o Partenon, não teria oposto o belo ao sublime." É que mesmo a admiração, que me esmaga, me regozija.

substância (*substance*) – Etimologicamente, é *o que está sob*. Sob o quê? Sob a aparência, sob a mudança, sob os predicados: a substância é outra palavra para designar a essência, a permanência, o sujeito ou a conjunção dos três.

A *substância* é a *essência*, isto é, o *ser*: *ousía*, em grego, pode ser traduzido, conforme o autor e o contexto, por qualquer uma dessas três palavras. Nesse sentido, somente o ser individual é verdadeiramente substância: só ele é um ser, propriamente dito. É o caso de Sócrates, desta pedra ou de Deus. A humanidade, a mineralidade ou a divindade são apenas abstrações.

A substância é o que permanece idêntico a si sob a multiplicidade dos acidentes ou das mudanças. E alguma coisa tem de permanecer, senão qualquer mudança e qualquer acidente seriam ininteligíveis (já que não haveria nada que pudesse mudar, nem a que algo pudesse acontecer). Por exemplo, quando digo que Sócrates envelheceu: isso supõe que ele continua a ser Sócrates. A substância, nesse sentido, é o sujeito da mudança, já que esse sujeito subsiste ou persiste.

É também o sujeito de uma proposição: "aquilo de que todo o resto é afirmado, mas que não é afirmado por outra coisa", como diz Aristóteles (*Metafísica*, Z, 3). O sujeito de todos os predicados, portanto, que não é predicado de nenhum sujeito. Por exemplo, quando digo que Sócrates é justo ou passeia. Nem a justiça nem o passeio são substâncias: são apenas predicados, atribuídos a uma substância (no caso, Sócrates), a qual não poderia ser predicado de nenhuma substância. É essa acepção lógica da palavra que explica por que Aristóteles, a propósito dos termos gerais, às vezes fala de "substâncias segundas": o homem ou a humanidade podem ser o sujeito de uma proposição, que lhes atribui este ou aquele predicado. Mas são substâncias apenas por analogia: somente os indivíduos são "substâncias primeiras", isto é, substâncias propriamente ditas. É aqui que Aristóteles se afasta de Platão, e talvez seja esse o ponto principal dessa noção, hoje envelhecida, de substância.

Em Kant, a substância é uma das três categorias da relação. Ela é o que não muda no que muda. Seu esquema é "a permanência do real no tempo". Seu princípio, a "primeira analogia da experiência": "Todos os fenômenos contêm algo permanente (*substância*) considerado como o próprio objeto, e algo mutável, considerado como uma simples determinação desse objeto, isto é, um modo da sua existência" (*C. r. pura*, Analítica dos princípios). Ou, na segunda edição francesa: "A substância persiste em toda mudança dos fenômenos, e sua quantidade não aumenta nem diminui na natureza." Faz tempo que, para nossos físicos, essa permanência deixou de ser uma evidência. Se algo se conserva, é a energia. Mas não é uma coisa, nem um ser individual, nem um sujeito (a não ser no sentido puramente lógico do termo). Que sentido teria em ver nela uma substância?

subsumir (*subsumer*) – Pôr sob ou em. É inscrever um ser ou uma categoria num conjunto mais vasto. Por exemplo, Sócrates pode ser subsumido no conceito de homem, que por sua vez pode ser subsumido no de mamífero, que por sua vez pode sê-lo no de animal... Em geral, não se ganha grande coisa com isso: "Troca-se uma palavra por outra", como diz Montaigne, "e muitas vezes mais desconhecida. Sei melhor o que é homem do que sei o que é animal, ou mortal, ou racional. Para solver uma dúvida, dão-me três: é a cabeça da hidra" (III, 13, p. 1069). Isso significa que nenhuma subsunção bastaria para definir: o encaixe das generalidades importa menos do que o encadeamento das causas, das idéias ou das experiências.

subsunção (*subsomption*) – O fato de subsumir, em outras palavras, de pensar o particular compreendido no geral: por exemplo, um objeto compreendido num conceito ou uma ação compreendida numa regra.

sugestão (*suggestion*) – Sugerir é agir sobre alguém por meio de sinais, sem ter necessidade para tanto de convencê-lo. É uma espécie de magia, ou antes, a magia quase sempre não é senão uma espécie de sugestão.

A sugestão culmina na histeria e na hipnose, mas se manifesta, em diversos graus, em todo grupo humano. Este homem que boceja me faz bocejar. Este outro que acha que estou com má aparência ou que anuncia minha morte me deixa quase doente, ou doente mesmo. É que estou sob a sua influência, sem querer, às vezes sem saber. Isso é a própria sugestão: uma influência que a gente sofre involuntariamente e que passa menos pela razão ou pela vontade do que pela imitação e pela submissão. Os indivíduos são mais ou menos sensíveis a ela. É por isso que "se pode falar livremente apenas àquele que prevemos que resistirá livremente", dizia Alain. É rejeitar a magia ou a manipulação.

suicídio (*suicide*) – O homicídio de si. É por isso que alguns o consideram um crime. É por isso que o considero um direito. "Como não ofendo as leis que são feitas contra os assaltantes ao levar minhas coisas e cortar minha bolsa", escreve Montaigne, "nem contra os incendiários ao queimar minha lenha, tampouco sou submetido às leis feitas contra os assassinos se tiro minha vida" (*Os ensaios*, II, 3). Cuidado porém para não dar ao suicídio mais importância do que convém. Ele não é nem uma sagração nem um sacramento. Nem uma moral nem uma metafísica. Suicidar-se não é escolher a morte (esta é uma escolha que não temos: de qualquer maneira, teremos de morrer), mas o *momento* da morte. É um ato de oportunidade, e de maneira nenhuma o absoluto que às vezes pretendem ver nele. Trata-se, nem mais nem menos, de ganhar tempo em relação ao inevitável, de antecipar o nada, de pegar o destino de surpresa, por assim dizer. É o atalho definitivo.

É também um direito, para cada um, tanto mais absoluto por desprezar o direito. "O presente mais favorável que a natureza nos deu", escreve novamente Montaigne, "é ter-nos deixado a chave da porta" (*ibid.*). É a liberdade mínima e máxima.

sujeito (*sujet*) – O que está *posto sob* ou é *subjacente*. É um equivalente, pelo menos quanto à etimologia, de "substância" ou "hipóstase". Mas a etimologia nunca bastou para dar uma definição.

O que é um sujeito? Para a lógica, é um ser qualquer, a partir do momento em que lhe é atribuído um predicado. Por exemplo, quando digo "a Terra é redonda": *Terra* é o sujeito; *redonda*, o predicado. Vê-se que a palavra, nessa acepção, não diz nada sobre a natureza do sujeito, a não ser que ele é um ser (uma substância) ou é considerado como tal (uma entidade).

Para a filosofia política, o *sujeito* se opõe ao *soberano*, como o que obedece ao que manda, e ao *cidadão*, como o que não é livre ao que é. Isso não exclui que os mesmos indivíduos sejam ao mesmo tempo sujeitos (membros do povo) e cidadãos (membros do soberano); mas tampouco o assegura.

Na filosofia moderna, a palavra é mais do âmbito da teoria do conhecimento e da moral, quando não da metafísica: o sujeito se opõe ao objeto como o que conhece ao que é conhecido, ou como o que quer e age ao que é feito. Seria o ser humano, ou antes, certa maneira de pensá-lo: como o sujeito (no sentido ao mesmo tempo gramatical e ontológico) do seu pensamento e da sua vida. É nesse sentido que se fala – a propósito de Descartes, de Kant, de Sartre... – de uma "filosofia do sujeito". O sujeito é aquele que diz *eu*, na medida em que se designa legitimamente assim: é aquele que pensa ou age, mas na medida em que seria o princípio dos seus pensamentos ou dos seus atos, muito mais que a soma, o fluxo ou o resultado deles. Por exemplo, em Descartes: "Penso, logo existo." É que *pensar* é um verbo, que supõe um sujeito. Metafísica de gramático, que toma a linguagem por prova ou a gramática por metafísica. É como dizer: "Chove, logo existe." Isso não faria da chuva um sujeito.

Hume, antes de Nietzsche, mostrou, num capítulo genial do seu *Tratado*, que não temos nenhuma experiência, nem portanto nenhum conhecimento, de tal *sujeito*: que conhecemos de nós mesmos apenas "um feixe ou uma coleção de percepções diferentes que se sucedem umas às outras com uma rapidez incrível", sem que nada nos autorize a pensar que somos outra coisa que não o fluxo delas nem, portanto, que somos sua causa, sua substância ou seu princípio subjacentes (*Tratado da natureza humana*, I, IV, 6, "A identidade pessoal"). É um dos raros textos em que a filosofia ocidental, sem saber, se aproxima do budismo. Não há sujeito, não há eu que não seja ilusório, não há si (*anata*): tudo não passa de fluxo e de agregados, de impermanência e processo (*patica-samupada*: produção condicionada). "Somente o sofrimento existe, mas não encontramos nenhum sofredor; os atos são; mas não encontramos ator. Não há motor imóvel por trás do movimento. Não há pensador por trás do pensamento" (W. Rahula, *L'enseignement du Bouddha*, 2; ver também o cap. 6). O sujeito ainda assim permanece, como crença, como ilusão, como *palavra*; mas não explica nada. Ele não é o que somos, mas o que cremos ser. Não uma substância, mas uma hipóstase. Não nossa verdade, mas nosso desconhecimento (o conjunto das ilusões que temos sobre nós mesmos). Não o princípio dos nossos atos ou dos nossos pensamentos, mas seu encadeamento, que nos encadeia. Não um princípio, mas uma história. Não nossa liberdade de sujeito, mas nossa *sujeição*.

Não se vá concluir daí que deveríamos por isso renunciar à liberdade. Mas que a subjetividade não poderia bastar para alcançá-la: somente a verdade liberta, e a verdade não é um sujeito.

Filosofia não mais do sujeito mas do conhecimento. Não mais da liberdade mas da libertação.

superação (*dépassement*) – O fato de ir mais longe, adiante ou além. Em filosofia, é sobretudo o equivalente usual para traduzir a *Aufhebung* hegeliana, que suprime e ao mesmo tempo conserva o que supera. Assim, o carvalho supera a bolota (suprime-a como bolota, conserva-a como árvore), como o devir supera a oposição entre o ser e o nada. É um processo de negação e de síntese: o *happy end* da dialética, que não tem fim.

superego (*surmoi*) – Uma das três instâncias (com o *ego* e o *id*) da segunda tópica de Freud: é a instância da moralidade, dos ideais, da Lei. Ela resulta da interiorização das proibições e das valorizações parentais. O que eles nos proibiram é o que proibimos a nós mesmos; o que eles nos impuseram é o que nos impomos; do que eles gostam é o que consideramos amável. Nem sempre é assim? Claro que não, já que essa interiorização não se faz nem sempre nem completamente. É por isso que não temos exatamente a mesma moral dos nossos pais. Apesar disso, o fato é que cada geração educa a geração seguinte, e que toda moral, por isso mesmo, vem do passado. Não há moral do futuro: não há moral senão presente – não há moral senão fiel e crítica. Seria um erro fazer desse processo um absoluto, ou mesmo acreditar totalmente nele. Mas um erro também pretender isentar-se dele. Não é proibido proibir, é até mesmo proibido não se proibir nada.

O *superego* representa o passado da sociedade, explica Freud, assim como o *id* representa o passado da espécie. Não é um motivo para considerar tanto um como o outro reacionários. Sem o id, não há futuro. Sem o superego, não há progresso.

superstição (*superstition*) – Ser supersticioso é dar sentido ao que não tem. Por exemplo, um gato preto, um sonho, um eclipse. Noção polêmica, logo relativa: sempre somos o supersticioso de alguém, que se pretende o único hermeneuta legítimo. É nisso que a superstição se distingue da religião, pelo menos para os crentes (porque ela inventa falsos signos ou falsos deuses), e tende a absorvê-la, para os ateus (já que nenhum Deus é o verdadeiro, nem nenhum sentido).

Dirão que a psicanálise dá um sentido aos sonhos ou aos sintomas, sem com isso pertencer ao campo da superstição... Sem dúvida. Mas é que esse sentido nada mais é que o revés de um processo causal: sonhos e sintomas são *símbolos* unicamente na medida em que são, primeiro, *indícios* ou *efeitos*. Assim, nada têm de sobrenatural: a interpretação deles acaba desembocando em algo – a sexualidade, o inconsciente – que é privado de qualquer significação transcendental e até imanente. A semiologia remete a uma etiologia, que a explica e a limita. Não há sentido do sentido, nem sentido absoluto, nem sentido último: só há o real e a pulsão, que não significam nada. É nisso que Freud é o contrário de um supersticioso, e a psicanálise, o contrário de uma religião. Toda superstição submete o real ao sentido: ela explica o que é (um sonho, um eclipse, um gato preto) pelo que quer dizer (por exemplo, uma desgraça por vir). A análise faz o inverso. Ela submete o sentido ao real: ela explica o que quer dizer (o sentido de um sonho, de um ato falho, de um sintoma) pelo que é (um desejo reprimido, um trauma, uma neurose). A superstição dá sentido ao que não tem sentido; a psicanálise reduz o sentido a outra coisa, que o dissolve. É por isso que é um equívoco pedir que a psicanálise aponte o sentido da vida. Ela pode apontar apenas o sentido dos nossos sintomas ou dos nossos sonhos. Senão deixa de ser análise para ser superstição. Deixa de ser conhecimento (da minha história) para ser religião (do meu inconsciente). Pobres analisandos, que buscam um sentido! Freud só buscava a verdade. Dirão que as duas coisas estão ligadas, que é esse o *caminho real* da psicanálise... Resta, todavia, não tomá-lo na contramão. Freud é o contrário de um profeta. Ele não anuncia, explica. Ele não fala, escuta. Nele, o sentido é apenas um caminho que conduz à verdade. É sempre superstição, ao contrário, ver na verdade tão-só um caminho que conduz ao sentido. O inconsciente fala, sem dúvida; mas não tem nada a dizer. A terapia é feita de palavras (é uma "*talking cure*"); mas a saúde é feita de silêncio.

Notemos, para terminar, que toda superstição tende a se verificar. Quem quebra um espelho e se assusta com isso, seu temor já confirma o presságio que o inspira. A superstição dá azar.

T

t

tabu (*tabou*) – É como uma proibição sagrada. Daí a vontade de violá-la, por curiosidade, por desafio, por bravata. Mais vale uma lei clara, livremente aceita e discutida.

tagarelice (*bavardage*) – A palavra desvalorizada pelo excesso ou pela superficialidade. É ter medo do silêncio ou do verdadeiro.

talento (*talent*) – Mais que um dom, menos que gênio. De uma criança dotada para a matemática ou para o desenho, não se dirá necessariamente que tem talento. E um artista talentoso ou genial, como Cézanne, pode ser apenas medianamente dotado. O dom é uma facilidade para aprender. O talento, uma potência de criar. O dom é dado ao nascer: tem a ver com a genética. O talento se conquista mais durante a infância e a adolescência: ele tem a ver com a história, a psicologia, a aventura de ser ou tornar-se si mesmo. O dom é impessoal. O talento seria, ao contrário, a própria pessoa, quando consegue se expressar de maneira criativa e singular.

É sabido que a palavra vem de uma metáfora. Na célebre *parábola dos talentos*, Jesus compara implicitamente com moedas (os "talentos") as capacidades que cada um recebeu, e que tem de fazer dar frutos. É menos importante o talento do que o que se faz com ele. Já não se trata de talento, mas de obra ou desperdício.

tautologia (*tautologie*) – Uma proposição que é sempre verdadeira, seja porque o predicado se limita a repetir o sujeito ("Deus é Deus"), seja porque é válida independentemente do seu conteúdo e, até, do valor de verdade dos elementos que ela utiliza. A lógica formal é feita de tautologias: "Se *p* implica *q*, e se *não-q*, então *não-p*" (é o que se chama de *modus tollens*) é sempre verdadeiro, quaisquer que sejam o conteúdo e o valor de verdade de *p* e de *q*.

Note-se que a palavra tautologia, empregada nesse sentido, não tem nada de pejorativo. Mas, mesmo empregada no sentido de repetição, também não o é necessariamente. Quando Parmênides nos diz que o ser é, ele comete uma tautologia. Isso porém, longe de refutá-lo, o torna irrefutável.

técnica (*technique*) – Um conjunto de instrumentos (ferramentas, máquinas, *softwares*...) e de competências que permite obter certo resultado.

A palavra vem do grego *tékhne*, que é a equivalente da latina *ars*. Mas os dois vocábulos, em francês, evoluíram em sentidos opostos. A técnica se distingue da arte, e até do artesanato, por sua eficácia impessoal: um objeto técnico pode ser fabricado identicamente por todos os indivíduos competentes e adequadamente equipados; um produto artesanal ou uma obra de arte, não. É por isso que a arte é mais singular, mais contrastante, mais preciosa. E a técnica, mais eficaz.

As técnicas constituem um elemento essencial do progresso, tanto para o indivíduo ("sem técnica, um dom não é mais que uma mania besta", cantava Brassens) como para a sociedade (é a elas que devemos o desenvolvimento das forças produtivas, como dizia Marx, de que todo o resto decorre). Elas trazem consigo seus perigos, mas, quase todas, são preferíveis a seu contrário, que é a submissão cega à natureza. Cortar um sílex, mesmo que seja para fazer uma arma, é preferível a se deixar devorar ou massacrar.

Descartes foi muito criticado por ter querido, segundo a célebre expressão do *Discurso do método*, nos tornar "como que amos e possuidores da natureza". Daí viria todo o mal, a exploração desenfreada da natureza, sua pilhagem, sua devastação (sua *interceptação*, diz Heidegger), o trabalho em cadeia, a bomba atômica, a degradação irreversível do meio ambiente... O esquecimento do ser desaguaria no culto do útil e do rendimento, o humanismo no maquinismo, o racionalismo na barbárie e na desrazão... É esquecer o "como", que manteria certa distância (se se trata de nos tornar *como que* em amos e possuidores da natureza, é que não o somos e nunca seremos). É esquecer, sobretudo, de onde viemos. Um dos meus amigos, ecologista radical, é fã incondicional do paleolítico: a revolução neolítica seria o erro inicial, do qual todos os outros decorrem. Os homens, ele me explica, deixam então de viver em harmonia com a natureza, começam a transformá-la, a pressioná-la, a desfigurá-la... Para outros, seria a revolução industrial, as tecnociências, a revolução informática... Não me farão chorar a pré-história, nem a Idade Média, nem mesmo o século XIX. Uma gráfica vale mais que um estilo. Um computador, mais que um ábaco. Uma máquina de lavar roupa, mais que um tanque. Uma vacina, mais que um amuleto.

Há sempre, porém, o risco – melhor dizendo, é um risco que só pode se agravar – de uma civilização tecnicista, que confundiria os meios com os fins. Nossas técnicas, hoje em dia, são muito mais do que ferramentas. São pensamentos, mas objetivados, mas instrumentalizados. São ciências, mas aplicadas. Ora, o que há de mais normal do que se submeter ao verdadeiro? E o que há de mais verdadeiro que as ciências? Duplo contra-senso: dupla idolatria. A verdade sem a caridade não é Deus, dizia Pascal. As ciências sem a humanidade são inumanas.

As técnicas, historicamente, são anteriores às ciências, mas desde há muito tempo são transformadas por elas: as nossas dependem cada vez mais das ciências, a tal ponto que são praticamente indissociáveis delas (são as chamadas tecnociências). Daí a potência multiplicada, que de fato se torna inquietante, tanto mais quanto mais autônoma fica: os meios tendem a nos impor seus fins, ou melhor, a valer como tais (a eficácia se torna um valor em si). Nossas técnicas nos governam, pelo menos tanto quanto nós as governamos. Com um martelo, costuma-se dizer, é possível fazer o que se quiser, cravar um prego ou arrebentar um crânio. Sem dúvida. Mas também pode não se fazer nada, e é esse o caso mais freqüente. Já não vale para as nossas máquinas, muitas das quais funcionam dia e noite, que precisam ser amortizadas, rentabilizadas, que fabricam outras máquinas, que até criam as necessidades que vêm satisfazer, que nos fazem viver e que, muitas vezes, já não podemos parar, sem questionar a própria existência das nossas sociedades. Nossos carros ameaçam o meio ambiente, melhor dizendo, mais que o ameaçam. Mas nem por isso voltaremos à tração animal. Nossas televisões ameaçam a inteligência. Mas nem por isso voltaremos ao reinado exclusivo da escrita. Temos de ir sempre em frente, como numa bicicleta, mas tentando pelo menos controlar sua velocidade e sua direção. Ninguém decidiu fazer a revolução industrial, nem a revolução informática e comunicacional. Como é que alguém poderia detê-las ou aboli-las? A história das técnicas é irreversível, assim como a história das ciências, e pela mesma razão. Não há como voltar atrás, e é melhor assim. Mas tampouco se deve deixar o mercado e as máquinas decidirem por nós. Que as técnicas criam necessidades, é evidente. Mas como poderiam substituir nossa vontade? A saída, não obstante o que diga Heidegger, não está nem na tecnofobia nem na contemplação fascinada do ser ou das origens, mas na submissão resoluta dos meios que nos proporcionamos aos fins que estabelecemos – e isso é a moral, para o indivíduo, e a política, para os cidadãos. Se o povo é soberano, está excluído que as máquinas ou os tecnocratas o sejam também.

tecnocracia (*technocratie*) – O poder da técnica, ou melhor, dos técnicos. É uma forma de barbárie, que gostaria de submeter a política e o direito à ordem tecnocientífica: tirania dos especialistas. É para onde caminhamos insensivelmente, a partir do momento em que queremos que os mais competentes governem ou decidam. Contra o que cumpre recordar que a democracia não apenas não precisa como exclui essa solução: não é por ser competente que o povo é soberano, é por ele ser soberano que nenhuma competência poderia, politicamente, valer sem ele ou contra ele. Os especialistas existem para esclarecê-lo, não para decidir por ele.

tédio (*ennui*) – "O tempo é o que passa quando nada se passa." Essa fórmula, cujo autor ignoro, diz a verdade do tédio: é uma experiência do tempo, mas reduzido absurdamente a si mesmo, como se fosse algo fora do que dura e muda. Entediamo-nos quando o tempo parece vazio: porque nada acontece, porque não temos o que fazer ou porque não conseguimos nos interessar pelo que há a fazer. Muitas vezes, isso acontece porque esperamos um porvir que não vem, ou que vem devagar demais para nosso gosto, em suma, que nos impede de desejar o presente: entediamo-nos quando estamos separados da felicidade por sua espera, sem poder agir para acelerar sua vinda. Mas também nos entediamos, muitas vezes, quando não esperamos mais nada, quando já não estamos separados da felicidade por nenhuma carência, sem conseguir no entanto ser felizes. É o tédio segundo Schopenhauer: a ausência da felicidade no próprio lugar da sua presença esperada. Só escapamos do tédio pelo sofrimento, do mesmo modo que só escapamos do sofrimento pelo tédio:

> Querer, esforçar-se, é isso todo o ser deles; é como uma sede insaciável. Ora, todo querer tem por princípio uma necessidade, uma carência, logo uma dor... Mas, se a vontade vem a carecer de objeto, se uma pronta satisfação vem a lhe tirar qualquer motivo de desejar, eles caem num vazio pavoroso, no tédio; a natureza deles, sua existência, pesa-lhes com um peso intolerável. A vida oscila, portanto, como um pêndulo, da direita para a esquerda, do sofrimento ao tédio; são esses os dois elementos de que ela é feita, em suma. Daí este fato bem significativo, por sua estranheza mesma: os homens, tendo posto no inferno todas as dores, todos os sofrimentos, encontraram apenas o tédio para encher o céu. (*O mundo*..., IV, 57)

O tédio, entretanto, tem sua utilidade, que é de desilusão. Alguém que nunca se entediasse, o que saberia de si e da sua vida? Lembrem-se de Pascal:

> Tédio.
>
> Nada é tão insuportável ao homem quanto estar em pleno repouso, sem paixões, sem afazeres, sem diversão, sem aplicação.
>
> Então ele sente seu nada, seu abandono, sua insuficiência, sua dependência, sua impotência, seu vazio.
>
> Incontinenti, ele tirará do fundo da alma o tédio, a melancolia, a tristeza, a mágoa, o despeito, o desespero.

É tocar o fundo, ou constatar que não há fundo. Boa ocasião para se ocupar finalmente de outra coisa que não si mesmo.

teísmo (*théisme*) – Toda doutrina que afirma a existência de um Deus pessoal, transcendente e criador. É o contrário do ateísmo. Como a palavra não faz referência a nenhuma religião particular, podemos dizer que contém todas elas (o cristianismo ou o islamismo são dois teísmos, nesse sentido) ou que não se reduz a nenhuma delas. É o que explica que a palavra, na prática, adquira com freqüência um sentido mais determinado ou mais polêmico, que é uma crença em Deus independente de qualquer religião positiva, ou mesmo rejeitando todas elas. É a posição de Voltaire ou do vigário saboiano de Rousseau.

À diferença do ateísmo, o teísmo supõe ser possível conhecer – seja por analogia, seja por raciocínio ou por revelação – pelo menos alguns dos atributos de Deus (por exemplo, que ele é onipotente, onisciente, criador, perfeitamente bom e justo, amante e misericordioso...). O deísmo afirma uma só existência; o teísmo também crê conhecer, ou reconhecer, parcialmente é claro, uma essência. A diferença entre os dois permanece flutuante, porém, e não impede os graus intermediários. O deísmo é um teísmo vago. O teísmo, um deísmo determinado.

teísta (*théiste*) – Quem crê em Deus, especialmente se não se identifica com nenhuma religião estabelecida. O teísta, explica Voltaire, "não abraça nenhuma das seitas que, todas, se contradizem". É um crente sem ritos, sem Igreja, sem teologia. "Fazer o bem, eis o seu culto; ser submisso a Deus, eis sua doutrina. O maometano lhe grita: 'Ai de ti, se não fizeres a peregrinação a Meca!' 'Ai de ti', diz-lhe um franciscano, 'se não fizeres uma viagem a Nossa Senhora de Loreto!' Ele ri de Loreto e de Meca; mas socorre o indigente e defende o oprimido" (*Dicionário...*, verbete "Teísta"). Sua fé seria uma moral, então? Não só, pois que um ateu pode dispensar aquela sem renunciar a esta. O teísta não se contenta com fazer o bem; ele acredita que o Bem é que o fez e que, no fim das contas, deve julgá-lo. É por isso que ele se submete a Deus, como diz Voltaire. Mas por que deveria se submeter ao que não compreende?

teleologia (*téléologie*) – O estudo das finalidades (*télos*, em grego, é o fim). Esse estudo pode ser útil e legítimo, mostra Kant, mas contanto que se considere o conceito de finalidade apenas como um conceito regulador, válido apenas para a faculdade de julgar reflexiva: trata-se de fazer *como se* a natureza perseguisse um objetivo, sabendo que nunca será possível mostrar que é de fato o que acontece (*Crítica da faculdade do juízo*, II, 2, §§ 75 e 76), ou até pensando que não é assim. A teleologia não vai desaguar numa teologia senão subjetivamente, diz Kant, e somente no caso dos que, acrescentaria eu, se deixam enganar por ela.

teleonomia (*téléonomie*) – Uma finalidade sem finalismo, logo sem causas finais: uma finalidade pensada como efeito de causas eficientes (por exemplo, no darwinismo, como efeito da evolução das espécies e da seleção natural).

temeridade (*témérité*) – Uma coragem desproporcional diante do perigo: o temerário assume riscos exagerados, por um objetivo que não os justifica. É menos um excesso de coragem do que uma falta de prudência.

temor (*crainte*) – O medo presente de um mal por vir (tenho medo do cachorro que me ameaça, temo que ele me morda) quando concerne a um objeto real (ao contrário da angústia). É um medo justificado, ou que cremos ser, e como que antecipado em relação ao perigo que o suscita. Por isso ele tem sua função vital, que é de precaução.

Costuma-se dizer que o temor é o contrário da esperança. Não está errado, se não esquecermos que se trata de um dos casos mais evidentes da unidade dos contrários. "Não há esperança sem temor", dizia Espinosa, "nem temor sem esperança" (*Ética*, III, 50, escólio e explicação da def. 13 dos afetos).

Como se libertar do temor, indagarão, sem renunciar à prudência? Por conhecimento e vontade. O sábio, diante do perigo por vir, não é temeroso, diziam os estóicos. É vigilante e circunspecto. Ele não o teme; ele o limita ou se prepara para ele.

temperamento (*tempérament*) – Etimologicamente, é uma mistura, um equilíbrio, uma proporção. Diz-se em música do sistema que identifica duas notas próximas (por exemplo, um dó sustenido e um ré bemol) a fim de dividir a oitava, para adaptá-la aos instrumentos de som fixo, em doze semitons iguais: é nesse sentido que Bach chama uma das suas obras-primas de *O cravo bem temperado*. Mas a palavra designa principalmente certo tipo de constituição individual, ao mesmo tempo física e psicológica, que por muito tempo, desde Hipócrates e Galeno, pensou-se que dependia da mistura, mais ou menos equilibrada ou desequilibrada, de quatro humores: a linfa, o sangue, a bílis, a atrabílis (ou bílis negra). Daí quatro temperamentos tradicionais, baseados na predominância de um dos quatro: o linfático, o sanguíneo, o bilioso e, por fim, o atrabiliário ou melancólico. Essa classificação já não é usada atualmente, mas a idéia de temperamento, sim. Ela supõe uma tipologia das individualidades: é, como diz Lalande, "o conjunto dos traços gerais que caracterizam a constituição fisiológica individual de um ser", mas, acrescentaria eu, na medida em que tenha conseqüências psicológicas e possa entrar em certa classificação. É uma maneira particular, mas comum a milhões de pessoas, de ser seu corpo.

Distingue-se, assim, do caráter, mais individual, menos fisiológico. E contribui para moldá-lo.

temperança (*tempérance*) – A moderação nos prazeres sensuais. É uma exigência da prudência, mas também da dignidade. O intemperante é um escravo, e a liberdade é que é boa.

Não se trata de não gozar (temperança não é ascetismo), mas de gozar melhor – o que supõe ser senhor dos seus desejos. É o caso do *gourmet* contra o guloso que ele traz dentro de si. O apreciador de vinhos contra o bêbado. O amante contra o estuprador ou o grosseirão.

A tradição a considera uma virtude cardeal. É que não há virtude sem domínio de si, nem domínio de si sem temperança.

tempo (*temps*) – "O tempo", dizia Crisipo, "é usado em duas acepções." Costuma-se confundi-las, e é essa confusão, quase sempre, que chamamos tempo.

O tempo é, antes de mais nada, a duração, mas considerada independentemente do que dura, ou seja, abstratamente. Não um ser, portanto, mas um pensamento. É como que a continuação indefinida e indeterminada de uma inexistência: o que ainda continuaria, em todo caso é nossa sensação, se mais nada existisse.

Esse tempo abstrato – o *aión* dos estóicos – pode ser concebido, e costuma sê-lo, como a soma do passado, do presente e do futuro. Mas esse presente, então, é apenas um instante sem espessura, sem duração, sem tempo (se durasse, seria preciso dividi-lo em passado e futuro), e é por isso que não é nada, ou quase nada. Nesse sentido, e como também dizia Crisipo, "nenhum tempo é rigorosamente presente". É o que o distingue da duração. Considerado abstratamente, o tempo é constituído essencialmente de passado e futuro (enquanto só podemos durar no presente) e, por isso, infinitamente divisível (o que o presente nunca é) e mensurável (o que o presente também não é). É o tempo dos cientistas e dos relógios. "Para determinar a duração", escreve Espinosa, "nós a comparamos à duração das coisas que têm um movimento invariável e determinado, e essa comparação chama-se tempo." Comparação não é razão: o presente, incomparável e indivisível, continua mesmo assim.

Quanto ao tempo concreto ou real – o *khrónos* dos estóicos –, é a duração de tudo, em outras palavras, a continuação indefinida do universo, que permanece sempre o mesmo, como dizia mais ou menos Espinosa, muito embora não cesse de mudar de uma infinidade de maneiras. É a segunda acepção da palavra: já não um pensamento, mas o próprio ser do que dura e passa. Não a soma de um passado e de um futuro, mas a perduração do presente. É o tempo da natureza ou do ser: o devir em via de devir, a mudança contínua dos entes. O passado? Não é nada real, pois já não é. O futuro? Não é nada real, pois ainda não é. Na natureza, só há o presente. Foi o que Crisipo percebeu ("somente o presente existe"), e é o que Hegel, a seu modo, confirmará: "A natureza, onde o tempo é o *agora*, não consegue diferenciar de maneira duradoura essas dimensões do passado e do futuro: elas só são necessárias para a representação subjetiva, a lembrança, o medo ou a esperança" (*Resumo da enciclopédia*, § 259). Como dizer melhor que elas são necessárias unicamente para o espírito, não para o mundo? O tempo da alma é apenas uma *distensão*, como dizia santo Agostinho, entre o passado e o futuro (é o que se chama temporalidade). O tempo da natureza, apenas uma tensão (*tónos*), um esforço (*conatus*) ou um ato (*enérgeia*) no presente. No entanto, esses dois tempos não se situam no mesmo plano: a alma faz parte do mundo, assim como a memória e a espera fazem parte do presente. O tempo, em sua verdade, é portanto o tempo da natureza: nada mais é que um perpétuo, embora múltiplo e mutável, *agora*. É por isso que se confunde com a eternidade.

Dois sentidos, portanto: uma abstração ou um ato. A duração, fazendo-se abstração do que dura, ou o próprio ser, na medida em que continua. Um pensamento ou um devir. A soma do passado e do futuro, que não são nada, ou a continuação do presente, que é tudo. Um não-ser ou o ser-tempo. O que nos separa da eternidade ou a própria eternidade.

tempo perdido (*temps perdu*) – É o passado, na medida em que dele não resta nada, ou o presente, enquanto não é mais que espera do futuro. É, por isso, o contrário da eternidade. Miséria do homem. O tempo perdido é o próprio tempo.

temporalidade (*temporalité*) – É uma dimensão da consciência: sua maneira de habitar o presente retendo o passado e antecipando o futuro. Ela não é a verdade do tempo, mostra Marcel Conche, mas sua negação (ela faz existir junto, como "unidade ek-stática do passado, do presente e do futuro", o que na verdade não poderia coexistir). Não é o tempo real, mas nossa maneira de vivê-lo ou de imaginá-lo.

tempo reencontrado (*temps retrouvé*) – É uma espécie de eternidade da memória, em que o tempo repentinamente se revela ("um pouco de tempo no estado puro", diz Proust), em sua verdade, e com isso (neste instante "emancipado da ordem do tempo") se abole. Eis que o presente e o passado se confundem, ou melhor, por mais diferentes que continuem sendo (a madalena no chá e a madalena na infusão são duas), eis que se reencontram num mesmo presente, que é o do espírito, que é o da arte, eis que libertam "a essência permanente e habitualmente oculta das coisas", que é simplesmente sua verdade, sempre presente, ou sua eternidade. Pois a verdade não passa, este o ponto, pois o tempo não passa (nós, diria Proust como Ronsard, é que passamos nele), e essa contemplação, fugidia embora, é de eternidade. O tempo reencontrado é, assim, a mesma coisa que o tempo perdido ("a verdadeira vida, a vida enfim descoberta e esclarecida, a única vida por conseguinte realmente vivida..."), e no entanto seu contrário.

tendência (*tendance*) – A direção de um ser ou de um processo qualquer. Diz-se especialmente da orientação do desejo, mas na medida em que é natural (à diferença da inclinação) e coletiva (à diferença do pendor). Digamos que é a propensão natural da espécie, assim como o pendor é a do indivíduo. É o equivalente aproximado da *hormé* dos estóicos (a tendência, a pulsão), que é como que um conato biológico ("a *hormé* fundamental de todo ser vivo é a de se conservar": Crisipo, citado por Diógenes Laércio, VII, 85).

teodicéia (*théodicée*) – É uma palavra forjada por Leibniz, que a colocou como título de um dos seus livros (*Ensaios de teodicéia: sobre a bondade de Deus, a liberdade do homem e a origem do mal*). Ela exprime menos a justiça de Deus, apesar da etimologia (*díke*, em grego, é a justiça), do que sua justificação por nós. É como defender uma causa: trata-se de mostrar que Deus é inocente, como dizia Platão, e que a existência do mal não é um argumento insuperável contra sua existência e sua bondade. Esse livro, embora menos deslumbrante que o *Discurso de metafísica*, é uma obra-prima. Mas uma obra-prima irritante, pela vontade de justificar o injustificável. Não o leia se estiver sofrendo muito. Seria injusto para com Leibniz.

teologais, virtudes (*théologales, vertus*) – São as três virtudes principais da tradição cristã, que concernem menos à moral que à religião: a fé, a esperança, a caridade. São denominadas *teologais* porque teriam o próprio Deus por objeto. Note-se, com são Paulo, que não as chama assim, que a "maior das três" e a única que "jamais acaba" é a caridade (1 Cor 13). É sugerir o que santo Agostinho e santo Tomás dirão expressamente: que a fé e a esperança têm um sentido provisório e somente enquanto estivermos separados do Reino. No paraíso, elas serão obsoletas. Já não haverá motivo para crer em Deus, pois nós O veremos cara a cara, e mais nada haverá a esperar. Aliás, nota santo Tomás, "houve em Cristo uma caridade perfeita, e não houve porém nem fé nem esperança" (*Suma teológica*, Ia IIæ, quest. 65, 5). É que ele era Deus, claro, e que Deus não tem por que crer nem esperar o que quer que seja (pois que ele é, ao mesmo tempo, onisciente e onipotente). Dá um sentido singular, e singularmente forte, ao que um livro célebre chamava – é seu título – de "a imitação de Cristo". Como imitar nele o que ele não tinha? Eis o que dá uma chance aos ateus. É o amor que salva, e não a fé, e não a esperança. É o que podemos chamar de Reino, onde nada é para crer, pois tudo é para conhecer, onde nada é para esperar, pois tudo é para fazer ou amar. Em suma: o Reino está em nós, como diz Jesus, ou nós nele, e não há outro.

teologia (*théologie*) – A "ciência" de Deus? Mesmo com as aspas, a expressão seria contraditória. A teologia é menos uma ciência do que um estudo: é um discurso divino racional (um *lógos*), feito por homens mas referente ao divino. No mais das vezes, apóia-se, pelo menos nas religiões reveladas, no que Deus teria dito de si mesmo. Se ele tivesse sido mais claro, a teologia não existiria ou seria inútil.

Fala-se de teologia apofática, ou negativa, quando ela procede por negações: não dizendo o que Deus é (o que seria reduzi-lo a nossas categorias humanas), mas dizendo o que ele não é. É um antídoto contra o antropomorfismo. O ateísmo é outro, mais simples e mais eficaz.

teólogo (*théologien*) – Quem dedica a vida ao estudo de Deus, isto é, na prática, ao estudo do que os homens disseram de Deus ou, se ele crê na Revelação, do que Deus mesmo teria dito. Os resultados são impressionantes pela massa, pela inteligência, pela erudição, às vezes pela profundidade. No entanto, Deus, após essas dezenas de milhares de páginas, continua incerto e incompreensível. "Conheci um teólogo de verdade", conta Voltaire: "quanto mais sábio ele se tornava, mais desconfiava de tudo o que sabia. [...] Ao morrer, confessou que tinha consumido inutilmente sua vida."

Anticlericalismo? Pode ser. Mas o próprio santo Tomás, no fim da vida, escrevia ao amigo Reginaldo, que indagava sobre seus trabalhos, o seguinte: "Já não posso escrever. Vi coisas perto das quais meus escritos são palha." O que ele tinha visto, ninguém sabe. Resta a palha.

teorema (*théorème*) – Uma proposição demonstrada, no interior de um sistema hipotético-dedutivo. Portanto, em filosofia, é coisa que não existe: fala-se, em vez disso, de *teses* (v.).

teorético (*théorétique*) – A palavra, calcada no grego, quase sempre faz referência a seu uso aristotélico. É *teorético* o que pertence à *theoría*, isto é, ao conhecimento puro ou desinteressado. As *ciências teoréticas* – matemática, física, teologia – são as que se contentam de conhecer (à diferença das ciências práticas ou poiéticas, que servem para a ação ou para a produção: *Metafísica*, E, 1). O *intelecto teorético* é aquele que conhece ou contempla, independentemente de toda e qualquer ação; ele "não pensa nada que se relacione à prática, e não enuncia nada sobre o que se deve evitar ou levar adiante" (*De anima*, III, 9). A *vida teorética*, que é o auge da sabedoria e da felicidade (*Ética a Nicômaco*, X, 7-8), é a vida contemplativa: é ao mesmo tempo uma atividade (a "atividade do intelecto") e uma alegria ("a alegria de conhecer", X, 7).

teoria (*théorie*) – A palavra, em francês, distanciou-se da sua etimologia grega (v. o verbete "*theoría*"). A teoria, para nós, é menos do âmbito da contemplação do que do trabalho, menos da alegria do que do esforço de pensar. O que é uma teoria? Um conjunto, em princípio coerente, de conceitos e de proposições, que visa produzir um efeito de conhecimento ou explicar ao menos uma parte do real. Se as proposições que a compõem são axiomas e teoremas, trata-se de uma teoria hipotético-dedutiva. Se são hipóteses verificadas ou falsificáveis, de uma teoria indutiva ou experimental. Não é menos abstrata em ambos os casos. Isso, é claro, não quer dizer que seja desvinculada de qualquer prática. Ao contrário, é preciso ver nela, ressaltava Althusser, "uma forma específica da prática, também pertencente à unidade complexa da 'prática social' de uma sociedade humana determinada". É por isso que podemos falar de *prática teórica*: "A prática teórica entra na definição geral da prática [como processo de transformação]. Ela trabalha uma matéria-prima (representações, conceitos, fatos) que lhe é dada por outras práticas" (sejam elas empíricas, técnicas ou ideológicas) e as transforma (*Pour Marx* [A favor de Marx], VI, 1).

teorismo (*théoricisme*) – É dar demasiado crédito ao pensamento teórico ou abstrato: por exemplo, crer que ele bastará para mudar o mundo, a vida, os homens. É o inverso do ativismo, e outro erro.

ter (*avoir*) – A palavra é vaga, tanto mais quanto mais serve: ela pode designar uma posse ("tenho um carro"), um afeto ("tenho amor por ele"), uma representação ("tenho uma idéia"), uma sensação ("tenho fome"), uma propriedade ("o triângulo tem três lados"), em poucas palavras, qualquer relação, mas interna ou interiorizada, entre um indivíduo e o que não é ele, ou que é apenas uma parte dele. Se "tenho um corpo", por exemplo, é porque não sou *apenas* meu corpo. É nisso que o ter se opõe ao ser, e o supõe.

terceiro excluído, princípio do (*tiers exclu, principe du*) – Estipula que, de duas proposições contraditórias, uma é verdadeira e outra falsa, necessariamente, o que exclui qualquer outra possibilidade. P ou *não-P*. Deus é um regador ou Deus não é um regador. Isso não exclui que seja outra coisa, mas sim que essa *outra coisa* possa oferecer uma terceira saída para a questão de saber se ele é ou não é um regador. O princípio do terceiro excluído, ao contrário do que às vezes se imagina, não impede nem a fineza, nem a sutileza, nem os compromissos, nem a complexidade... Ele impede a confusão e a tolice.

O princípio do terceiro excluído acarreta que duas proposições contraditórias não podem ser, ambas, falsas (enquanto o princípio de não-contradição acarreta que as duas não podem ser verdadeiras ao mesmo tempo), de tal sorte que a falsidade de uma basta para provar a verdade da outra. É o que funda os raciocínios por absurdo, em que o verdadeiro ainda brilha, inclusive em sua ausência. *Verum index sui*, dizia Espinosa, *et falsi*. O falso, espelho do verdadeiro.

terceiro homem, argumento do (*troisième homme, argument du*) – É um argumento de Aristóteles contra Platão, ou já de Platão contra si mesmo. Aparece no *Parmênides* (132 a-b). Uma idéia é o que há de comum entre vários indivíduos (por exemplo, a grandeza, entre vários objetos grandes). Mas, se ela existe em si mesma (o grande em si), ela é por sua vez um ser individual; por conseguinte, para pensar a relação entre os objetos grandes e o Grande em si, é necessário alguma coisa em comum, que seria uma terceira entidade. Depois, para garantir a unidade entre essa terceira e as duas outras, uma quarta, e assim ao infinito: a unidade não cessa de fugir e as Idéias vão se multiplicar ao infinito. Como Platão se safa dessa objeção? Sem dúvida pela unicidade de cada Idéia, mas postulada em vez de demonstrada (ver *República*, X, 597 c). Era preciso mais que isso para impressionar o Estagirita, que retoma o argumento em sua *Metafísica* (A 9, Z 7, M 4). Se nos valemos de um Homem em si para pensar o que é comum aos diferentes homens, necessitamos de um *terceiro homem* para pensar a unidade entre os homens e o Homem em si, depois de um quarto para pensar a unidade entre esses três tipos de seres, e assim ao infinito: atribuir à idéia de homem uma existência separada (o Homem inteligível, o Homem em si) não é se dar os meios de pensar a unidade dos homens sensíveis (a do gênero humano); é ao contrário perdê-la numa multiplicação indefinida de abstrações hipostasiadas. Portanto é preciso renunciar a substancializar o universal, o que equivale a romper com o platonismo. "Sou amigo de Platão, porém ainda mais da verdade", dizia Aristóteles (ver *Ética a Nicômaco*, I, 4 1096 a).

termo (maior, médio ou menor) (*terme, grand, moyen ou petit*) – São assim chamados os três elementos, unidos dois a dois e intervindo cada um duas vezes, de um silogismo. No exemplo canônico, "mortais" é o termo maior, "Sócrates" é o termo menor e "homens", o termo médio. Ao contrário do que esse exemplo poderia dar a entender, não é a extensão deles que os define (o que só seria pertinente em certos modos do silogismo). O termo maior, que é o predicado da conclusão, figura na maior; o termo menor, que é o sujeito da conclusão, na menor; enfim, o termo médio figura nas duas premissas, mas não na conclusão.

ternura (*tendresse*) – A doçura para com quem se ama, e o amor dessa doçura.

terrorismo (*terrorisme*) – Não é reinar pelo terror, como faz o despotismo, mas combater, pelo terror que se causa, o reinado de outro. É utilizar a violência para fins políticos, contra um poder que não se pode vencer democrática ou militarmente.

O terrorismo é a arma dos fracos. É o que às vezes pode justificá-lo, mas apenas a serviço de uma causa justa e contra um adversário que não seria possível enfrentar de outro modo. Os nazistas chamavam nossos resistentes de "terroristas", e por que não? Eles combatiam sem farda, explodiam bombas, que podiam matar civis, e muitos deles não teriam hesitado, se pudessem, em semear o terror em Berlim ou Viena... Mas o que pode ser legítimo contra Hitler e em tempo de guerra não o é contra um Estado democrático e em tempo de paz. Isso dá uma margem de apreciação (onde começa a democracia? onde termina a paz?), e é por isso que a denúncia do terrorismo não pode substituir a análise política. Mas a política, contra o terrorismo, tampouco basta. Os terroristas são combatentes da sombra, que não respeitam as leis da guerra e não hesitam em atacar, se for o caso, civis ou inocentes. É um motivo suficiente, em todo Estado democrático, para rejeitá-lo e para combatê-lo, inclusive militarmente. Contra o fanatismo, a razão. Contra a violência cega, a força lúcida.

tese (*thèse*) – Uma proposição indemonstrável, mas que pode ser objeto de uma argumentação. Diz-se especialmente, num procedimento dialético, de uma proposição considerada primeira, em relação e por oposição a uma segunda (a antítese), à espera de uma terceira (a síntese) vir superar sua contradição.

A palavra, no uso filosófico contemporâneo, deve muito a Louis Althusser. Uma tese, explica ele, não é uma proposição científica: ela não pertence ao campo do conhecimento, mas da prática; tem menos um *objeto* que um *objetivo*; não é nem verdadeira nem falsa (eu preferiria dizer: nem demonstrável nem falsificável), mas pode ser *justa* ou não. Por corresponder à justiça? Não, mas por dar prova de *justeza* (isto é, de uma relação operatória com a prática, ainda que com a prática teórica) e poder ser objeto de "justificações racionais" (*Philosophie et philosophie spontanée des savants* [Filosofia e filosofia espontânea dos cientistas], I e II). É o elemento básico de uma filosofia: uma posição prática (uma tese deve transformar alguma coisa ou produzir algum efeito) na teoria.

testemunho (*témoignage*) – Dar um testemunho é dizer o que se sabe ou o que se acredita ser, quando não se tem meio de provar. Em certas questões de fato, serve de prova, quando os testemunhos são múltiplos e quando faltam provas.

tetraphármakon (*tetrapharmakon*) – Palavra grega que significa, literalmente, "quádruplo remédio" ou "remédio com quatro ingredientes". Em filosofia, trata-se de quatro máximas que um epicuriano do século II d.C. – Diógenes de Enoanda – mandou gravar, para a edificação dos passantes e da posteridade, numa parede, onde foram de fato redescobertas no século XIX. Elas são citadas com freqüência desde então, a justo título, como um dos melhores resumos do pensamento de Epicuro, tal como este é expresso tanto na *Carta a Meneceu* (cuja ordem sigo aqui) como nas quatro primeiras *Máximas capitais*:

> Não há nada a temer dos deuses;
> não há nada a temer da morte;
> pode-se suportar a dor;
> pode-se alcançar a felicidade.

Não esquecer que se trata de um remédio filosófico, ou da filosofia como remédio: o importante não é repeti-lo (não é um mantra), mas *meditá-lo*, como diz Epicuro (*Carta a Meneceu*, § 135); em outras palavras, tentar compreendê-lo e vivê-lo.

theoría (*théôria*) – Palavra grega, que significa *visão* ou *contemplação*. Ao contrário do que às vezes se pensa, a etimologia não remete à visão que se teria de Deus (*theós*), mas simplesmente à contemplação (*óros*, o que observa) de um espetáculo (*théa*, que apresentará nosso teatro). Não obstante, o espetáculo em questão é, primeiramente, um oráculo ou uma festa religiosa, e a palavra, na sua origem, é associada por esse motivo – ou pode sê-lo – à religião. Platão assim nomeará a contemplação das Idéias. Mas a sorte da palavra se deve principalmente a Aristóteles, que verá na *theoría* a atividade própria do intelecto, logo o ápice da felicidade e da virtude: a atividade contemplativa, isto é, a "alegria de conhecer", é "a perfeita felicidade do homem" (*Ética a Nicômaco*, X, 7) e a única atividade de Deus (*ibid.*, X, 8).

tibieza (*veulerie*) – Complacência de si para consigo. É a resignação demasiado apressada à própria mediocridade, a ponto de não mais a ver, a ponto de tomá-la por uma espécie de virtude. É melhor que a vergonha? Não sei, ou melhor, não creio. A vergonha é um sofrimento, mas que pode fazer a pessoa progredir (Espinosa, *Ética*, IV, 58, escólio). A tibieza seria, em vez disso, um conforto, que freia e aprisiona. O tíbio é incapaz de se dominar, de se comandar, de se superar. Ele gosta de si tal qual é, mas esquecendo essa potência nele – a vontade – que ele também é, e que deve ser. "Onde estava o id", dizia Freud, "eu devo advir." O tíbio acha que já adveio, como outros acham que já chegaram. Ele toma seu *ego* por um destino, em vez de ver nele uma aposta, um combate, uma tarefa. Narcisismo frouxo, ou frouxidão narcísica. Considero-a um dos pecados capitais, e o contrário da exigência.

timidez (*timidité*) – É uma sensibilidade exagerada ao olhar do outro, como que um medo de ser julgado, como que uma vergonha de ser si, mas sem culpa e sem outro motivo de enrubescer ou de gaguejar além desse rubor mesmo ou desse embaraço da palavra... Uns o sentem principalmente diante de uma multidão; outros, eu entre eles, no *tête-à-tête*. Talvez porque os primeiros temam sobretudo ser vistos e os segundos, adivinhados.

tirania (*tyrannie*) – É exercer o poder além do seu domínio legítimo (Locke), especialmente numa ordem em que não se tem nenhum título legítimo para tanto (Pascal): é o caso do rei que quer ser amado ou digno de crédito, quando, como rei, só merece ser obedecido (*Pensamentos*, 58-332). É querer reinar sobre os espíritos pela força (barbárie) ou sobre a força pelo espírito (angelismo), e é por isso que toda tirania, mesmo aterrorizante, é ridícula (v. "ridículo"): é o ridículo no poder, ou a confusão das ordens erigida em sistema de governo. O erro do tirano é "querer reinar em toda parte", o que ninguém pode, e "fora da sua ordem", o que ninguém deve (*ibid.*).

Num sentido mais geral, designa-se por tirania o poder absoluto de um só, quando é ilegítimo, violento ou arbitrário. A palavra, em seu uso moderno, vale sempre como condenação. É que vemos nela, a justo título, o contrário do Estado de direito: "Onde o direito termina, a tirania começa" (Locke, *Segundo tratado sobre o governo civil*, cap. XVIII).

todo (*tout*) – O sentido do substantivo muda em função do artigo. *Um* todo é um conjunto unificado ou ordenado. *O* Todo, principalmente quando escrito com maiúscula, é o conjunto de todos os conjuntos. Pode-se dizer, por exemplo, que um mundo é um todo, que pode existir uma infinidade de todos, cujo conjunto seria o Todo. Neste último sentido, que corresponde ao *tò pân* de Epicuro ou à *summa summarum* de Lucrécio (a soma das somas), é sinônimo de universo, no sentido filosófico do termo. A idéia de que existem vários todos seria contraditória.

tolerância (*tolérance*) – Tolerar é deixar fazer o que se poderia impedir ou punir. Não vale como aprovação, nem mesmo como neutralidade. O comportamento que tolero (o sectarismo, a superstição, a tolice...), também posso combatê-lo, em mim ou em outrem. Mas eu me proíbo de proibir: combato apenas por meio de idéias, não da lei ou da força. Isso é amar a liberdade mais que sua própria corrente, o debate mais que a coerção, a paz mais que a vitória.

Deve-se tolerar tudo? Claro que não, pois para tanto seria preciso tolerar o intolerável, inclusive quando ameaça a liberdade, e deixar os mais fracos sem defesa: seria abandonar o terreno aos fanáticos e aos assassinos!

O intolerável existe: é tudo o que tornaria a tolerância suicida ou culpada.

Tolerância não é nem laxismo nem fraqueza. Não é proibido proibir, é apenas proibido proibir o que deve ser protegido (a liberdade de consciência e de expressão, o livre choque dos argumentos e das idéias...) ou o que seria possível combater de outro modo que não pela proibição, sem risco para a liberdade. Dirão que, na prática, essa atitude deixa uma margem considerável de apreciação. Até isso deve ser tolerado. Em que limites? Os do Estado de direito. Por que proibir um grupo totalitário, enquanto ele só agita idéias ou imbecis? Mas se ele viola a lei ou descamba para o terrorismo, a sanção deve ser imediata. Tolerar, então, seria ser cúmplice.

tolice (*sottise*) – "O mal mais contrário à sabedoria é exatamente a tolice, quero dizer o erro por precipitação ou prevenção", dizia Alain (*Éléments de philosophie* [Elementos de filosofia], VI, 8). A tolice se distingue, com isso, da burrice (v.), que seria o contrário da inteligência e se engana por lentidão ou incapacidade.

tópico(a) (*topique*) – Que concerne aos lugares (*topoi*), notadamente aos lugares-comuns (no sentido não pejorativo do termo: é nesse sentido que se fala dos *Tópicos* de Aristóteles, para designar um dos seis tratados da sua lógica ou do seu *Organon*, no caso o que é consagrado aos lugares-comuns da argumentação dialética). Essa acepção já não tem uso, salvo o uso histórico. No sentido moderno do termo, um *tópico* é uma espécie de esquema, ou antes, de modelo esquematizável, que serve para representar no espaço, como diferentes lugares, o que existe ou é conhecido apenas de maneira não espacial. Althusser chegou a utilizar a palavra em relação a Marx (sobre a distinção entre a infra-estrutura e a superestrutura, assim como os diferentes níveis de uma e de outra), e eu também a propósito das quatro ordens (ver o verbete "ordens, distinção das") que me parecem estruturar toda vida social. Mas, no feminino, a palavra, em seu uso corrente, é quase sempre de inspiração psicanalítica. De fato, Freud propôs, com uns vinte anos de intervalo, dois modelos diferentes para pensar os diferentes "lugares" do aparelho psíquico. A primeira tópica distingue o *consciente*, o *pré-consciente* e o *inconsciente*; a segunda, que não se superpõe à primeira nem é incompatível com ela, distingue o *id*, o *ego* e o *superego* (ver esses verbetes). A primeira é sobretudo descritiva; a segunda, mais explicativa.

tortura (*torture*) – Torturar é impor a alguém, voluntariamente, um sofrimento extremo, às vezes por pura crueldade, na maioria das vezes para arrancar uma confissão ou denúncia. Comportamento especificamente humano, que diz muito sobre nossa espécie. Evite-se porém fazer dessa constatação um argumento em favor da misantropia. Seria dar razão aos torturadores, contra suas vítimas, e desprezar o heroísmo dos que, mesmo que sejam poucos, morreram sem falar.

totalidade (*totalité*) – Todos os elementos de um conjunto, mas na medida em que este constitua uma unidade. A totalidade, que é em Kant uma das três categorias da quantidade, é definida por ele a partir das duas outras, cuja conjunção realiza: uma *totalidade* é a *unidade* de uma *pluralidade*. É o que nos autoriza a falar *da* totalidade como de um absoluto: seria a unidade de todas as pluralidades (o conjunto de todos os conjuntos: a *summa summarum* de Lucrécio). Mas só a experimentamos, por definição, de forma parcial.

totalitarismo (*totalitarisme*) – Poder total (de um partido ou do Estado) sobre o todo (de uma sociedade): é a forma moderna e burocrática da tirania. O totalitarismo constitui um sistema político em que todos os poderes pertencem de fato a um mesmo clã, que impõe em toda parte sua ideologia, sua organização, seus homens. Reina geralmente em nome do bem e da verdade; governa pela mentira e pelo terror.

A palavra, que surgiu nos anos 20, serve principalmente para designar o que as ditaduras fascistas e comunistas podiam ter em comum: um partido de massa, uma ideologia de Estado, um controle absoluto dos meios de informação e de propaganda, a supressão das liberdades individuais, a ausência de uma separação verdadeira entre os poderes, um regime inquisitorial e policial, que desemboca no terror e culmina nos campos de concentração... Essas características comuns, que são incontestáveis, não significam que os dois regimes são substancialmente idênticos, do mesmo modo que suas diferenças, que são igualmente incontestáveis, não anulam essas convergências objetivas. Nazismo e stalinismo são comparáveis? Claro que sim, já que têm traços comuns e já que não seria possível responder à pergunta sem antes compará-los! São idênticos? Claro que não, já que, se fossem, deixariam de ser dois e de poder ser comparados! Mediante o que o debate, sobre suas semelhanças e diferenças, pode durar sempre.

As convergências são principalmente objetivas e organizativas; as diferenças, principalmente subjetivas e ideológicas. Os dois sistemas se impõem mais ou menos da mesma maneira, mas em nome de ideologias opostas. Não, é claro, que um teria feito o mal pelo mal, como crêem os ingênuos, enquanto o outro o teria feito em nome do bem, ou mesmo por acidente ou erro. O nazismo, para um nazista, é um bem, e o inferno totalitário, seja ele de direita ou de esquerda, está cheio de boas intenções, como diz Todorov. Se esses dois sistemas se opõem, não é como o bem e o mal, mas como duas concepções opostas do bem, que desembocam em dois males paralelos. Um quer impor o poder de uma raça ou de um povo, sobre outras raças ou outros povos. O outro, o poder de uma classe sobre outras classes, mas para abolir todas elas: para que não haja mais que a humanidade feliz e livre. O pensamento do primeiro é essencialmente biológico, hierárquico, guerreiro; o do segundo, essencialmente histórico, igualitário, universalista. É o que torna o comunismo mais simpático, mais enganador (a distância entre seu discurso e seus atos é maior), e mais perigoso, talvez. Pelo menos é o que pode parecer, uma vez que o nazismo foi vencido pela força. O comunismo só o será pelo cansaço, pela impotência e pelo ridículo – só por ele mesmo.

trabalho (*travail*) – É uma atividade cansativa ou aborrecida, que realizamos tendo em vista outra coisa. Que seja possível gostar de trabalhar ou sentir prazer em fazê-lo, entende-se. Mas ele é um trabalho, e não um jogo, apenas porque não vale por si mesmo, nem pelo prazer que nos proporciona, mas sim em função de um resultado que dele esperamos (um salário, uma obra, uma melhoria...) e que justifica os esforços que lhe consagramos. Não é um fim em si: é tão-só um meio, que só vale a serviço de outra coisa. É o que provam as férias e o salário. Trabalhar? É preciso. Mas quem o faria de graça? Quem não deseja o descanso, o lazer, a liberdade? O trabalho, em si mesmo, não vale nada. É por isso que é pago. Não é um valor. É por isso que tem um preço.

Um valor é o que vale de per si. É o caso do amor, da generosidade, da justiça, da liberdade... Para amar, quanto você pede? Já não seria amor, e sim prostituição. Para ser generoso, livre, têm de lhe pagar? Já não seria generosidade, e sim egoísmo, já não seria justiça, e sim comércio, já não seria liberdade, e sim escravidão. Para trabalhar? Você pede algo em troca, tem evidentemente razão, e muitas vezes até esperneia por não conseguir mais.

Um valor é o que não está à venda. Como poderia ter preço? É um fim, e não um meio. Para que amar? Para que ser generoso, justo, livre? Não há resposta. Não pode haver. Para que trabalhar? Há uma resposta, ou melhor, há várias respostas excelentes: para ganhar a vida, para ser útil, para ocupar o tempo, para se desenvolver, para se integrar à sociedade, para mostrar de que se é capaz... Nem mesmo quem faz trabalho benévolo escapa. Se ele trabalha é por outra coisa que não o trabalho (pelo prazer, pelo grupo, por certa idéia da humanidade ou de si...). Isso põe o trabalho em seu devido lugar, que não é o primeiro.

Objetarão lembrando-me o desemprego de longa duração, e não contesto, é claro, que se trata de uma tragédia. Mas não, como às vezes se diz, porque o desempregado perderia sua dignidade. Onde já se viu a dignidade de um homem depender do seu trabalho? E por que, se assim fosse, não lamentar também o milionário, que, coitado, já não precisa trabalhar? Não é assim. Se todos os homens são iguais em direitos e em dignidade, como queremos, como temos razão de querer, está excluído que a dignidade de uns e outros seja proporcional à quantidade de trabalho que eles fornecem e que é necessariamente desigual. Se o desemprego é uma desgraça, e evidentemente é, não é por causa da ausência de trabalho. É por causa da ausência de dinheiro, é pela miséria, pelo isolamento ou pela exclusão... É melhor viver de renda do que do salário mínimo, e isso diz o bastante sobre o trabalho.

Aristóteles, com seu genial bom senso, disse o essencial a esse respeito: "O trabalho tende ao repouso, e não o repouso ao trabalho." Não é verdade que descansamos no fim de semana para poder trabalhar a semana inteira, nem que tiramos férias para trabalhar melhor o ano inteiro, como os patrões gostariam que fosse. É o contrário. Trabalhamos para ganhar a vida e o descanso, para poder aproveitar as noites, os fins de semana, as férias; resumindo, trabalhamos para viver, e seria loucura viver para trabalhar!

"Nunca vi ninguém, no seu leito de morte, lamentar não ter trabalhado mais uma hora", dizia-me uma enfermeira. Mas não ter visto os filhos bastante, mas não ter vivido bastante, pensado, amado, quantos, em seu leito de morte, não lamentam amargamente?

Fala-se de "sala de trabalho", em nossas maternidades. Porque a palavra, inicialmente, designava um sofrimento, um tormento, uma dor.

Na Bíblia, o trabalho é um castigo, do mesmo modo que é essa a etimologia da palavra (*trepalium*, de onde vem *trabalho*, era um instrumento de tortura) e seu sentido ainda em Montaigne. Hoje em dia, não é tão verdade. É um dos progressos que devemos ao maquinismo e às lutas sindicais. Mas isso não é um motivo, torcendo a coisa no sentido oposto, para fazer do trabalho uma recompensa ou um valor. O trabalho é apenas um meio, insisto nisso, que só vale proporcionalmente ao resultado que obtém ou visa. Dinheiro? Nem sempre. Não só. O trabalho apareceu bem antes da moeda. E quantos trabalhos não remunerados? A humanidade deve produzir primeiro os meios de sua própria existência, como dizia Marx, o que não se dá sem transformação da natureza e de si – sem trabalho. "Ao mesmo tempo que age por esse trabalho sobre a natureza exterior e a modifica", salientava Marx, "o homem modifica sua própria natureza e as faculdades que nela estão adormecidas" (*O capital*, I, cap. 7). É humanizar o homem humanizando o mundo. Mas é a humanidade que vale, não o trabalho. Por isso o trabalho se torna desumano, ou desumanizador, quando o meio que ele é tende a prevalecer sobre o fim que ele visa, ou deve visar. É o que Marx chama de alienação: quando o trabalhador se nega em seu trabalho, em vez de se realizar.

trágico (*tragique*) – Não é a infelicidade ou o drama. Não é a catástrofe – ou é a catástrofe humana, a de ser si mesmo, a de se saber mortal. O trágico é tudo o que resiste à reconciliação, aos bons sentimentos, ao otimismo beato ou choramingão. É a contradição insolúvel, mais existencial do que lógica, porém (por exemplo, entre nossa finitude e nosso desejo de infinito). É uma espécie de dialética, se quiserem, mas sem síntese e sem superação – uma dialética sem perdão. É o divórcio, mas sem reconciliação. É o conflito sem saída, em todo caso sem saída satisfatória, entre dois pontos de vista, ambos legítimos, pelo menos em sua ordem, e mais opostos ainda por isso. Por exemplo, o conflito entre as leis do Estado e as da consciência (Antígona), entre o destino e a vontade (Édipo), entre os deuses e os homens (Prometeu), entre a paixão e o dever (especialmente em Corneille) ou entre duas paixões (especialmente em Racine)... Tomo esses exemplos literários por comodidade. A tragédia, como gênero literário, se nutre do trágico; ela não o esgota. É que o trágico é uma dimensão da condição humana e da história: a incapacidade em que estamos de encontrar, mesmo intelectualmente, uma solução plenamente satisfatória para o problema que, ao menos a nosso ver, é nossa existência. É por isso que a morte é trágica. É por isso que a vida é trágica. Porque ambas nos confrontam com o impossível ou com o absurdo, o inaceitável, o inconsolável. Porque toda vida é a história de um fracasso, como diz Sartre, e porque a morte é outra história. Porque toda vida é um combate, mas sem vitória nem repouso.

Isso também vale para os povos. "O trágico", dizia um homem político, "é quando todo o mundo tem razão: a situação do Oriente Médio é trágica." Os palestinos têm razão de querer viver em sua terra, de querer sua independência, sua soberania, seu Estado. Os israelitas têm razão de querer sua segurança. Mas não dá para ver como essas duas legitimidades poderiam tornar-se uma só, nem mesmo coabitar sem renunciar ambas a uma parte – pelo menos uma parte – do seu direito. Será necessário um compromisso, portanto: será necessário aceitar uma solução que não será plenamente satisfatória para ninguém, que não será justa, mas que, apesar de tudo, será melhor que a guerra e o terrorismo. Será sair da tragédia, não do trágico. Da guerra, não do conflito. Do ódio, não do amargor. O trágico é o próprio gosto do real – porque não nos obedece, porque nunca é totalmente do nosso gosto.

Note-se que a catástrofe nazista não era *trágica*, nesse sentido. Só poderia parecê-lo aos que julgassem o nazismo legítimo ou negassem que era viável uma saída perfeitamente satisfatória, pelo menos em tese, pelo menos de direito, saída essa que era a derrota, o mais rápido possível, do nazismo. Mas, se a razão e o direito não bastaram, eis o que confirma o que há de irredutivelmente trágico na história humana: que não basta ter razão para vencer, que o direito nada pode sem a força, que, quase sempre, só se pode combater o mal com outro mal (a violência, a guerra, a repressão), menor decerto, mas que tampouco poderia nos satisfazer plenamente. Hitler não é um personagem trágico. Nem os que ao nazismo só opuseram seus bons sentimentos, se é que existiram. Mas Churchill é. Mas Cavaillès é. O trágico não é o conflito entre o bem e o mal: é o conflito entre dois bens ou entre dois males.

Fala-se de *filosofia trágica* quando um pensamento, longe de querer nos satisfazer totalmente, nos confronta com o inaceitável, com o injustificável, com o que Clément Rosset chama de *lógica do pior* (contra a lógica do melhor de Leibniz), e nos condena, assim, à insatisfação ou ao combate. Assim, Pascal e Nietzsche. A fronteira pode atravessar uma mesma escola e até um mesmo indivíduo. Por exemplo, Lucrécio é um pensador trágico; Epicuro não. Marco Aurélio é um pensador trágico; Epicteto não. Espinosa e Kant o são às vezes, mas nem sempre. Cabe a cada um encontrar seus mestres, em função do trágico que aceita ou requer.

O grande teórico do trágico, e um dos seus mais ilustres representantes, é evidentemente Nietzsche. O que é o trágico? É a vida como ela é, sem justificação, sem providência, sem perdão, é a vontade de afirmá-la por inteiro, de aceitá-la por inteiro, com o sofrimento que ela implica, com a alegria que ela implica, sem ressentimento, sem má consciência, sem niilismo, é o amor ao destino ou ao acaso, ao devir e à destruição, é "o sim por excelência", sem religião, sem "moralina", é o sentimento de que o real é para pegar ou largar, somado à vontade alegre de pegá-lo. "O artista trágico não é um pessimista, ele diz *sim* a tudo o que é problemático e terrível, ele é *dionisíaco*" (*O crepúsculo dos ídolos*, III, 6). É que ele ama a vida como ela é, como ela vem, como ela passa (*amor fati*). É que ele não precisa de outra coisa, nem esperança nem consolo. É que ele nem sequer precisa de acreditar totalmente nela. O contrário do trágico não é o cômico, é a seriedade.

transcendência (*transcendance*) – É a exterioridade e a superioridade absolutas: o outro lugar de todos os aquis (e até de todos os outros lugares), e sua superação. A ausência suprema portanto, que seria também o auge da presença – o ponto de fuga do sentido. Pois "o sentido do mundo deve ser encontrado fora do mundo", escreve Wittgenstein. A transcendência é esse *fora* ou o supõe. É o Reino ausente, que nos condena ao exílio.

Esse sentido primeiro ou geral pode ter suas variações. É transcendente tudo o que se encontra *além de*. Mas além do quê? Além da consciência (é o sentido fenomenológico: a árvore que avisto não está *na* consciência, é um objeto transcendente *para* a consciência); além da experiência possível (é o sentido kantiano); além do mundo ou de tudo (é o sentido clássico).

Pode designar também o movimento que leva até aí, como que uma superação de todo dado ou de todo limite, reservada contudo ao *Dasein*. A liberdade, especialmente, seria esse poder de *transcender* toda situação, todo condicionamento, todo determinismo. Seria uma maneira de ser exterior à sua própria história, a seu próprio corpo, à sua própria situação, ou de poder sair deles. Há algo de milagroso na transcendência, uma vez que ela pretende se experimentar de dentro ou neste mundo.

transcendental (*transcendantal*) – Não é um sinônimo de transcendente.

A palavra é de origem escolástica: designa os atributos que *transcendem* os gêneros do ser ou as categorias de Aristóteles, isto é, que os superam e podem, por isso, convir a todo ser: o Um, o Verdadeiro, o Bem e o próprio Ser são transcendentais.

Mas hoje, e faz séculos, a palavra é quase sempre usada num sentido kantiano: é *transcendental* tudo o que diz respeito às condições *a priori* da experiência, assim como aos conhecimentos que, supostamente, dela decorrem. É o não-empírico da empiricidade. "Chamo *transcendental*", escreve Kant, "todo conhecimento que, em geral, trata menos dos objetos do que dos nossos conceitos *a priori* dos objetos" ou, precisa a segunda edição francesa, "da nossa maneira de conhecê-los, na medida em que esse modo de conhecimento deve ser possível *a priori*" (*C. r. pura*, Introd., VII). Nada a ver portanto com o transcendente, a que o transcendental, ao contrário, se oporia. De fato, é transcendente tudo o que está *além* da experiência; transcendental, tudo o que está *aquém* e a permite. "A palavra *transcendental*", insiste Kant, "não significa algo que se eleva acima de toda experiência, mas o que a precede (*a priori*) sem ser no entanto destinado a outra coisa senão a tornar possível unicamente um conhecimento empírico. Se esses conceitos superam a experiência, o uso deles se chama transcendente e se distingue do uso imanente, isto é, limitado à experiência" (*Prolegômenos*..., Apêndice). Transcendente se opõe a imanente, mas de fora: o que é transcendente não é imanente, o que é imanente não é transcendente. Transcendental se opõe a empírico, mas de dentro. Num conhecimento empírico, na medida em que seja necessário e universal, há necessariamente o transcendental, isto é, o não-empírico. "Do fato de todo conhecimento começar *com* a experiência não decorre que ele provém inteiramente *da* experiência" (*C. r. pura*, Introd., I). Por exemplo, quando digo que 7 + 5 = 12 ou que todo fato tem uma causa. Enquanto esses conhecimentos são universais e necessários, não podem derivar inteiramente da experiência: têm de ter uma fonte *a priori* (o entendimento, suas categorias, seus princípios). Mesma coisa no caso do espaço e do tempo: são formas *a priori* da sensibilidade, que tornam a experiência possível e, por isso, dela não podem resultar. Sua *idealidade transcendental* (o fato de só existirem como condições subjetivas da intuição sensível) é a garantia da sua *realidade empírica* (para todo objeto de uma experiência possível), mas não decorre dela: as condições *a priori* da experiência não podem, por definição, ser objeto de experiência. É por isso que o transcendental é como uma transcendência paradoxal, no próprio interior da imanência – do que alguns quererão tirar uma religião do homem ou do espírito (é o que Luc Ferry, retomando uma expressão de Husserl, chama de "a transcendência na imanência"). Mas isso Kant nunca fez, que eu saiba. O verdadeiro Deus, para ele, é transcendente, o que exclui que seja possível possa conhecê-lo, claro, mas também que o transcendental seja Deus.

transcendente (*transcendant*) – No sentido clássico: o que é exterior e superior ao mundo. Deus, nesse sentido, seria transcendente, e só ele talvez.

Em Kant, o que é exterior à experiência, e fora do seu alcance.

Em Husserl e nos fenomenologistas, o que é exterior à consciência e em cuja direção ela se projeta ou "se estoura". É nesse sentido que Sartre fala de uma *transcendência do ego*: o Eu não faz parte da consciência, ele não é mais que um dos seus objetos; ele não é *da* consciência, mas *para* a consciência; ele não está "na consciência", mas "fora, no mundo".

Na filosofia contemporânea, também se fala de *transcendência* para designar tudo o que é irredutível à matéria, à natureza ou à história. Para Luc Ferry, por exemplo, o homem é um ser transcendente, não porque seria exterior ao mundo ou à sociedade, mas porque não pode ser reduzido totalmente a um e outra: há nele uma capacidade de excesso, de desarraigamento, de liberdade absoluta, e essa "transcendência na imanência" (a expressão é de Husserl) faz dele uma espécie de Deus, de que o humanismo seria a religião.

Para o materialista, ao contrário, nada é transcendente: só existe a natureza, só existe a história, só existe tudo, de que o homem faz parte e não pode se libertar totalmente.

transferência (*transfert*) – É um deslocamento: uma mudança de lugar ou de objeto. Diz-se especialmente, em psicanálise, da transposição de certo número de afetos inconscientes (desejo ou rejeição, amor ou ódio) para outra pessoa que não a que os suscitou originalmente, em especial durante a pequena infância. Esse processo, que é onipresente ("ele se estabelece espontaneamente em todas as relações humanas", escreve Freud), age entretanto de maneira mais espetacular durante o tratamento analítico: o paciente despeja no analista "um excesso de excitações afetuosas, muitas vezes mescladas de hostilidade, que não têm sua fonte ou sua razão de ser em nenhuma experiência real; a maneira como elas aparecem e suas particularidades mostram que derivam de antigos desejos do doente, que se tornaram inconscientes" (*Cinco lições...*, V). Daí uma espécie de aceleração do trabalho psíquico, no qual o psicanalista, graças à transferência, faz o papel de um "fermento catalítico, que atrai temporariamente sobre si os afetos que acabam de ser libertados" (*ibid.*). Isso quer dizer que os pacientes quase sempre atribuem demasiado interesse a seu analista, a ponto de ser, quando falam dele, meio ridículos ou cansativos. Mas essa supervalorização faz parte do tratamento (eles lhe dão importância demais, mas o próprio tratamento lhe dá), assim como a volta à lucidez, quando ocorre, faz parte da cura.

transubstanciação (*transsubstantiation*) – É a primeira vez, se bem me lembro, que escrevo esta palavra. O fato de Voltaire ter achado conveniente colocá-la no seu dicionário diz o bastante sobre as preocupações da sua época e sobre o que dela nos separa. *Sic transit gloria Dei...*

O que é a transubstanciação? A transformação de uma substância em outra, especialmente a transformação do pão e do vinho, na eucaristia, em corpo e sangue de Cristo. Crença absurda? É o que pensava Voltaire, que se espantava com "esse vinho transformado em sangue, e que tem gosto de vinho, com esse pão transformado em carne, e que tem gosto de pão", enfim com aqueles crentes que "comem e bebem seu deus, que cagam e mijam seu deus"... Espanto compreensível diante do incompreensível. Mas o que seria uma religião, responderia Pascal, que não espantasse e que pudesse ser compreendida? É que se trata menos de um absurdo, para os católicos, do que de um mistério ou de um milagre. E, afinal de contas, por que não? Se Deus pôde criar o mundo, seria bobagem prender-se aos detalhes. O que espanta é ver Voltaire, que acha a criação tão plausível, ficar assim chocado com a presença real de Cristo no pão e no vinho. Criar alguma coisa a partir de nada, parece-me, é uma transubstanciação muito mais espantosa.

tristeza (*tristesse*) – Um dos afetos fundamentais: o contrário da alegria, tão difícil de definir. É como um sofrimento, mas que seria da alma. É como uma diminuição do ser, da potência, da vitalidade. Como um cansaço, mas que nenhum descanso bastaria para abolir. "A tristeza é a passagem do homem de uma perfeição maior a uma perfeição menor", escreve Espinosa; em outras palavras, uma redução da sua potência de agir (*Ética*, III, def. 3 dos afetos). É existir menos, e senti-lo, e sofrer com isso. Distingue-se porém da infelicidade pela inconstância ou pela mobilidade: a tristeza é, de fato, menos um estado que uma *passagem*; a infelicidade, menos uma passagem que um estado. As tristezas vão e vêm, como as alegrias; a infelicidade é o que fica, quando toda alegria parece impossível. A infelicidade é uma tristeza que se instala. A tristeza, uma infelicidade que passa.

troca (*échange*) – Mudança simultânea de proprietário e de propriedade, no mais das vezes sob a forma de uma cessão mútua: o que pertencia a um agora pertence a outro, e vice-versa.

Tomando a palavra em sentido lato, os etnólogos distinguem três trocas fundamentais: a troca de bens, que é escambo ou comércio; a troca de signos, que é linguagem; a troca de mulheres, que é aliança. Esta última troca, que nos choca (porque são trocados sujeitos, e não objetos), tende a desaparecer: já não se trocam as mulheres, homens e mulheres se dão ou se emprestam, sem que ninguém, no entanto, possa possuí-los. É libertar o casal das relações mercantis e, talvez, a única forma realizável do comunismo – não pela propriedade comum, que seria apenas coletivismo, mas pela abolição da propriedade. Assim o amor e o respeito, enquanto duram, são a única utopia verdadeira.

tropo (*trope*) – Uma figura de estilo ou de lógica: é um jogo com as palavras ou com as idéias.

Toda figura de estilo é um tropo? Não. O tropo joga mais com o sentido do que com sua posição ou sua ordem: é uma figura semântica. Por exemplo, a metáfora e a metonímia são tropos; o quiasma e a acumulação não.

Em filosofia, a palavra é usada mais num sentido lógico do que retórico. O tropo é um tipo de argumento (ele joga com as idéias, não com as palavras), como uma figura do pensamento, como um raciocínio pré-recortado ou em kit. A palavra pode designar, por exemplo, este ou aquele modo ou figura do silogismo. Mas os tropos mais célebres são os de Enesidemo e de Agripa, que pertencem à tradição cética e tendem a impor a suspensão do juízo. É uma espécie de máquina de guerra contra todo dogmatismo. Sua lista está em Diógenes Laércio (*Vidas e doutrinas*..., IX) e Sexto Empírico (*Hipotiposes pirrônicas*, I). Os de Enesidemo são dez, e visam mostrar que todas as nossas representações são relativas: elas variam em função do sujeito que percebe (homem ou animal, este homem ou aquele, com este ou com aquele órgão sensorial, etc.), mas também em função das circunstâncias (posição, distância, mistura, quantidade...), das relações, das freqüências e dos modos de vida. Os de Agripa, mais condensados, mais percucientes, são cinco: há o tropo da discordância (as opiniões se opõem, tanto nos filósofos como nos profanos: por que privilegiar uma delas?), o da regressão ao infinito (como toda prova precisa ser provada por outra, e assim ao infinito, nunca se acabará de provar o que quer que seja: portanto tudo é duvidoso), o da relação (nada pode ser apreendido em si: toda representação é relativa ao sujeito e às circunstâncias), o dos princípios (que não passam de hipóteses não-demonstráveis: como é preciso formulá-las para demonstrar qualquer coisa, toda demonstração é incerta), enfim o do dialelo ou círculo vicioso (que pretende demonstrar uma proposição a partir de outra que dela depende: portanto as duas não têm valor). Esses cinco tropos, como os dez de Enesidemo, levam à suspensão do juízo: o melhor, já que não há solução possível, é vedar-se toda e qualquer asserção dogmática.

truísmo (*truisme*) – Uma verdade evidente e sem alcance. Não confundir com a tautologia, que nem sempre é evidente e raramente sem alcance.

U*u*

ubiqüidade (*ubiquité*) – A faculdade de estar presente em toda parte ao mesmo tempo. Seria o próprio de Deus, se é que ele existe. Mas então por que se diz que ele está no céu? Porque não está presente na terra, responderia Simone Weil, a não ser no modo da ausência ou do retiro (só está na medida em que não está). É um Deus oculto: sua ubiqüidade nos ensina menos sobre ele do que sua transcendência.

um/uno (*un*) – O primeiro elemento de uma numeração (o zero, que foi inventado muito depois, serve menos para numerar do que para calcular). Pode designar, a esse título, tanto a *unidade* (um dos elementos de uma pluralidade possível: um dentre outros) quanto a *unicidade* (quando não há pluralidade: um só). Esses dois sentidos não são incompatíveis, visto que o segundo supõe o primeiro. Por exemplo, ouço, acordando no meio da noite, um relógio dar uma badalada; quando ela ressoa, nada me permite saber se é uma hora ou mais: só outras badaladas ou o silêncio me revelarão. A unicidade nada mais é que uma unidade sem seqüência; a pluralidade, nada mais é que um conjunto de unidades. Isso significa portanto que a unidade é primeira e que a unicidade e a pluralidade são apenas ocorrências dela. Isso parece dar razão a Parmênides ou a Plotino. Mas não, porque nada prova que essa unidade primeira seja única (isso pode dar razão igualmente a Demócrito: os átomos são unidades em número infinito), nem mesmo que ela *seja* primeira: ela só o é para o pensamento; por que a matéria, que não pensa, deveria se submeter a ela? Não é impossível que, no início, só haja uma multiplicidade indefinida, sem unidades, sem seres, sem substâncias: que só haja fluxos e processos. O Uno seria, então, menos o princípio do que o conjunto deles: é o que chamamos universo.

união (*union*) – O tornar-se um de uma multiplicidade, que entretanto parece heterogênea ou "plural", como se diz hoje em dia. É o que distingue a *união* (o fato de estar unidos) da *unidade* (o fato de ser um). Os militantes progressistas, na minha juventude, distinguiam tradicionalmente a união da esquerda (que supunha uma aliança de classes e de partidos) e a unidade da classe operária (que supunha, ou suporia, voltar à situação anterior à cisão de 1920*). Não sei se os militantes de hoje ainda fazem essas distinções. Filosoficamente, deve-se reter sobretudo que a união é um processo ou um combate; a unidade, um estado ou um ideal.

unicidade (*unicité*) – O fato de ser único. Podemos admitir, com Leibniz, que é o próprio de todo ser (princípio dos indiscerníveis), mas desigualmente: duas folhas de uma mesma árvore, embora diferentes uma da outra, são menos únicas porém do que um ser que não se parece com nenhum outro nem entra, como elemento, em nenhuma multiplicidade. Deus ou o Todo são mais únicos, nesse sentido, do que o que criam ou contêm, e somente eles talvez o sejam absolutamente.

unidade (*unité*) – O fato de ser uno. Não confundir com a unicidade (o fato de ser um), nem com a união (o fato de estar unidos), que, ambas, a supõem. Não haveria *um único*, ou este não poderia ser pensado, se primeiro não houvesse *um*. Mas tampouco haveria pluralidade, nem portanto união: não haveria *vários* se primeiro não houvesse *um*, e mais *um*, e mais *um*... É por isso que podemos contar nos dedos: porque cada dedo é um. "O plural supõe o singular", escrevia Leibniz: não haveria vários seres se não houvesse várias vezes um ser. E "o que não é verdadeiramente *um* ser", ele prosseguia, "tampouco é verdadeiramente um *ser*". Assim, a unidade é primeira, ao menos para o pensamento. Daí, sem dúvida, o privilégio metafísico do Uno. Mas se a natureza não pensa?

* Que separou comunistas de socialistas, com a fundação do Partido Comunista Francês (PCF). (N. do T.)

universais, querela dos (*universaux, querelle des*) – É um debate que atravessa e estrutura todo o pensamento da Idade Média. Trata-se de saber que tipo de realidade se deve conceder às idéias gerais ou universais. São seres reais, como pretendia Platão (realismo), ou simples concepções do nosso espírito (conceitualismo), ou mesmo simples palavras (nominalismo)? O materialismo, é evidente, só pode optar entre essas duas últimas soluções, que se opõem talvez menos do que se completam.

universal (*universel*) – Que vale para todo o universo ou para a totalidade de um conjunto dado. É neste último sentido que os direitos humanos são universais: não porque o universo os reconheceria (por que o universo seria humanista?), mas porque valem, de direito, para todo ser humano. Vê-se que se *universal* se opõe a *particular*, não é de maneira simples. Os direitos humanos são uma particularidade humana (só valem para a humanidade), mas nem por isso deixam de ser universais (devem se aplicar a todo ser humano, inclusive se ele não os respeitar).

O universal, nota Alain, é o lugar dos pensamentos. Uma verdade que não seria verdadeira, de direito, para todos, não seria uma verdade. Isso, notemos, não depende do grau de generalidade do pensamento considerado. Você estar lendo este verbete é um fato singular. Mas não há um só ponto do universo em que se possa negar essa verdade sem dar prova de ignorância ou de má-fé. E como tudo é verdadeiro sempre, tudo é universal: a menor das nossas mentiras é universalmente mentirosa.

"O pensamento", é também Alain que diz, "não deve ter outra morada senão todo o universo; é somente aí que ele é livre e verdadeiro. Fora de si! Do lado de fora!" O universal, para o espírito, é a única interioridade verdadeira.

universo (*univers*) – Para a maioria dos filósofos, é o conjunto de tudo o que existe ou acontece. Portanto, está excluído que haja vários: se assim fosse, o universo seria sua soma.

O que pensar então da hipótese, às vezes evocada pelos físicos contemporâneos, de uma pluralidade de universos? Que ela corresponde à idéia filosófica de uma pluralidade de *mundos*, e torna as duas palavras mais ou menos sinônimas. Quando se quer evitar a ambigüidade, é melhor, filosoficamente, distinguir o mundo e o Todo (ver esses verbetes) e deixar o universo aos físicos.

unívoco (*univoque*) – Que só é tomado num sentido, qualquer que seja o emprego ou o contexto, inclusive quando aplicado a objetos diferentes. Tendo saído da linguagem científica, e olhe lá, é muito menos a regra do que a exceção. Opõe-se a equívoco (que tem pelo menos dois significados diferentes) e, às vezes, a plurívoco (que tem vários).

urbanidade (*urbanité*) – A polidez das cidades. É supor que também há uma polidez nos campos, que não seria a mesma. Quando se cruza cada dia com milhares de desconhecidos, a polidez se torna inevitavelmente mais necessária, mais superficial, mais sistemática. A multidão impõe sua lei, que é de anonimato e de prudência.

usar/usar-se (*usage/usure*) – Usar é, antes de mais nada, servir-se de. Usar-se é desgastar-se, deteriorar-se pouco a pouco. O uso é anterior ao desgaste, e o acarreta. Tomemos um par de sapatos: não se pode usá-lo sem que ele se use. O vínculo entre essas duas noções tem no entanto algumas exceções notáveis. Podemos nos servir do nosso corpo e do nosso cérebro sem os desgastar, e eles se deterioram – se usam – tanto mais, parece, quanto menos os usamos. É que estamos, aqui, na ordem do vivo, que resiste ao desgaste pelo exercício e pela regeneração (como uma máquina, dizia Leibniz, que reparasse por si mesma suas engrenagens). Mas isso só dura um tempo. A matéria ou a entropia impõem sua lei, pouco a pouco, que é de degradação e de morte. É o que se chama envelhecimento, desgaste biológico. "Tudo se debilita pouco a pouco", escreve Lucrécio, "tudo caminha para a morte, usado pela longuidão do caminho da vida" (*De rerum natura*, II, 1173-1174). Isso infirma os otimistas, não os vivos.

usos (*moeurs*) – As ações humanas, principalmente as mais difundidas, consideradas como objetos de conhecimento ou de juízo. Melhor, claro, é o conhecimento, que dissuade de julgar. É por isso que nossos maiores moralistas são um tanto moralizadores.

útil (*utile*) – O que serve para outra coisa, contanto que essa outra coisa seja boa ou assim considerada. Noção relativa, portanto: o que é útil a uns pode ser nocivo aos outros, ou até útil e nocivo, a um só tempo, para os mesmos (por exemplo, o carro, útil para movimentar-se, nocivo para o meio ambiente). Não existe utilidade absoluta: o útil não é um fim em si; é apenas um meio eficaz para alcançar um fim desejado. É por isso que o utilitarismo precisará definir um fim último, que será quase sempre a felicidade da maioria: é útil o que a beneficia, nocivo o que lhe é um obstáculo. Mas esse fim mesmo está sujeito à caução. Se você puser a verdade ou a justiça acima da felicidade, as fronteiras do útil e do inútil vão se deslocar. Mas nem por isso deixarão de existir.

utilitarismo (*utilitarisme*) – Toda doutrina que baseia seus juízos de valor na utilidade. Um egoísmo? Não, pois a utilidade é definida, pela maioria dos utilitaristas (especialmente Bentham e John Stuart Mill), como o que contribui para a felicidade da maioria. Nada exclui, portanto, que um utilitarista se sacrifique pelos outros, se considerar que a quantidade global de felicidade aumenta com isso (se, o que dá na mesma, julgar que seu sacrifício é útil). E é difícil, para um utilitarista ou não, sacrificar-se inutilmente (seria ainda um sacrifício?) ou até, salvo rigorismo particular, sem ter o sentimento de que a felicidade da humanidade aumenta, ou pelo menos pode aumentar, com esse sacrifício. De modo que o utilitarismo é menos uma moral particular do que uma filosofia particular da moral: os comportamentos, na prática, muitas vezes são os mesmos, mas pensados ou justificados de maneira diferente.

Jean-Marie Guyau mostrou que Epicuro era uma espécie de precursor do utilitarismo, assim como Espinosa (quanto a este último, ver por exemplo *Ética*, IV, props. 20 e 24), ou melhor, que "é o epicurismo, unido ao naturalismo de Espinosa, que renasce em Helvétius e Holbach", antes de "suscitar na pátria de Hobbes partidários mais numerosos ainda" e assumir "sua forma definitiva" em Bentham e Mill (*La morale d'Épicure et ses rapports avec les doctrines contemporaines* [A moral de Epicuro e suas relações com as doutrinas contemporâneas], 1878, Introdução). Julgue você mesmo:

> A doutrina que dá como fundamento à moral a utilidade ou o princípio da maior felicidade afirma que as ações são boas ou são más na medida em que tendam a aumentar a felicidade ou a produzir o contrário da felicidade. Por 'felicidade', entenda-se o prazer e a ausência da dor; por 'infelicidade', a dor e a privação de prazer. [...] Essa teoria da moralidade é baseada numa concepção da vida segundo a qual o prazer e a ausência de dor são as únicas coisas desejáveis

> como fins, e todas as coisas desejáveis só o são pelo prazer que elas próprias proporcionam ou como meios de proporcionar o prazer e evitar a dor. (John Stuart Mill, *Utilitarismo*, II)

Devemos então renunciar a toda elevação, a toda espiritualidade? De maneira nenhuma, pois que podem ser (como diz Mill da virtude) um meio ou uma parte da felicidade. É que a felicidade (*happiness*) é bem diferente da satisfação (*content*) dos instintos e dos apetites. Cada qual tem os prazeres que merece, os quais também fundam a felicidade que se ambiciona. Para um indivíduo de aspirações elevadas, nota Mill, nem todas as satisfações se equivalem. Daí essa fórmula vigorosa, que sempre fez seu autor me ser extremamente simpático: "É melhor ser um homem insatisfeito do que um porco satisfeito; é melhor ser Sócrates insatisfeito do que um imbecil satisfeito. E, se o imbecil ou o porco são de opinião diferente, é porque só conhecem um lado da questão: o lado deles. A outra parte, para fazer a comparação, conhece ambos" (*ibid.*).

Note-se porém que a utilidade pode ser um critério de valor, mas não de verdade. É o que distingue, ou que pode distinguir, o utilitarismo do pragmatismo e mesmo da sofística. Uma verdade inútil e até nociva (uma verdade que não seria "vantajosa para o pensamento", como dizia William James) não seria menos verdadeira por isso. E uma mentira útil ou um erro vantajoso não seriam menos falsos. É por isso que o utilitarismo, mesmo moralmente justificado, não poderia servir de filosofia: não é porque uma idéia é favorável à felicidade da maioria que devemos pensá-la (isso já não seria filosofia, e sim sofística, já não seria utilitarismo, e sim auto-sugestão), mas porque parece verdadeira. Um utilitarista poderia objetar que a verdade, mesmo desagradável, é mais útil no fim das contas do que uma ilusão, mesmo confortável, e que o utilitarismo é salvo assim da sofística. Anote-se. Mas não escapa do círculo vicioso, a não ser aceitando que a verdade desta última idéia não depende da sua utilidade (pois sua utilidade, se for verdadeira, dela depende). A verdade só pode ser útil se o que fizer sua verdade não for sua utilidade. Ela só pode ser um valor se não necessitar de valor para ser verdadeira. Daí que o utilitarismo é aceitável apenas no interior do racionalismo, e não contra ele.

Mas o fato é que o utilitarismo, mesmo em se tratando das ações, peca talvez por otimismo. "Se os homens só tivessem em vista o útil, tudo se arranjaria", escreve Alain. "Mas não é assim." É que eles agem muito mais por paixão do que por interesse. Daí as guerras, nocivas para quase todos. O amor-próprio é um motor mais poderoso do que o egoísmo, e mais perigoso.

utopia (*utopie*) – O que não existe em parte alguma (em lugar nenhum: *oú-topos*). Um ideal? Se quiserem, mas programado, mas organizado, mas planejado, muitas vezes com uma preocupação maníaca com os detalhes: é um ideal que não se resigna a ser um ideal, que se toma por uma profecia ou um modo de uso. Diz-se especialmente das sociedades ideais. A utopia é, então, uma ficção política, que serve menos para condenar a sociedade existente (para isso, não é necessária uma utopia) do que para propor outra, já concebida em seus detalhes, que só precisaria ser realizada. É o caso de Platão, Thomas More (que inventou a palavra) ou Fourier.

A palavra pode ser tomada positiva ou negativamente: pode designar o que ainda não existe mas existirá um dia; ou o que não existe e não existirá nunca. No primeiro caso, é um objetivo, para o qual se deve tender; no segundo, uma ilusão, à qual é preferível renunciar. No uso corrente, é o segundo sentido que tende a prevalecer: uma utopia é um objetivo ou um programa que se considera irrealizável. Por falta de imaginação, de audácia, de confiança? É o que alguns sugerem: a utopia de hoje seria a realidade de amanhã. E evocam as férias, a Seguridade Social, a televisão, a internet, que há alguns séculos teriam sido consideradas utópicas... Mas isso é confundir utopia com ficção científica, Thomas More com Júlio Verne. As grandes utopias do passado (da República de Platão aos socialismos utópicos do século XIX) nos parecem tão irrealizáveis hoje quanto ontem, e mais perigosas. É que dá para ver tudo o que suporiam em matéria de injunções e lavagem cerebral (de totalitarismo). Uma utopia não é apenas um projeto de sociedade que parece impossível atualmente; é uma sociedade perfeita, que não deixaria nada a ser transformado. Seria o fim da história, o fim dos conflitos, como que uma espécie de paraíso coletivo. Parece um Clube Méditerranée definitivo, isto é, a morte.

V W X Z

vaidade (*vanité*) – A primeira coisa em que pensamos é no Eclesiastes: "Vaidade das vaidades, tudo é vaidade..." Quer dizer que tudo é vazio ou vão (*vanus*: vazio, oco, sem substância), que nada tem valor ou importância, salvo ilusórios, salvo fugazes, que o nada valeria mais ou tanto quanto, enfim que nada vale a pena de ser vivido nem desejado. Será verdade? Não há resposta absoluta; só há o desejo que temos ou não temos desses quase nadas que fazem nossa vida, felicidade e infelicidade, que vão desaparecer, claro, que já desaparecem, mas que ainda assim são verdadeiros e deleitáveis, para quem se deleita com eles, ou dolorosos, para quem com eles sofre. Montaigne, que é nosso Eclesiastes, consagrou a essa noção o mais bonito dos seus *Ensaios* (III, 9, "Da vaidade"). Mas não tirava daí nenhuma lição niilista. É que ele amava a vida, enquanto o Eclesiastes, como ele próprio confessa, a detestava. Por exemplo, Montaigne gosta de viajar. "Há vaidade, dizem, nessa distração. – E onde não há? E esses belos preceitos são vaidade, e vaidade toda a sabedoria" (III, 9, 988). O mestre de Montaigne é o vento, que não vai a lugar nenhum, que nada tem a provar, mas que "gosta de se fazer ouvir e de se agitar". Vento: vaidade. "O vento parte do sul, vira no norte, dizia o Eclesiastes, vira, vira e vai, e sobre sua trajetória volta o vento..." Assim faz Montaigne: "Se está feio à direita, viro à esquerda. Deixei algo atrás de mim? Volto lá; é sempre meu caminho." Contrapõem-lhe sua idade: "O senhor nunca voltará de um caminho tão longo. – Que me importa? Não o tomo nem para voltar, nem para terminá-lo; tomo-o apenas para me movimentar enquanto o movimento me apraz. E passeio por passear..."

Vaidade da sabedoria, constatava o Eclesiastes, e Montaigne concorda. Mas acrescenta, com o vento: sabedoria da vaidade.

Num outro sentido, a vaidade é uma forma, particularmente ridícula, do amor-próprio. É o ser cheio do vazio de si: é glorificar-se do que se imagina ser, é admirar em si o que se imagina que os outros admirem (a vaidade, escreve Bergson, é "uma admiração de si fundada na admiração que se crê inspirar nos outros"), ou querer que eles admirem o que se admira em si mesmo. Ninguém escapa totalmente dela. Foi o que Pascal percebeu: "A vaidade está tão ancorada no coração do homem que um soldado, um lacaio, um cozinheiro, um carregador se gaba e quer ter seus admiradores, e os próprios filósofos os querem, e os que escrevem contra querem ter a glória de ter escrito bem, e os que os lêem querem ter a glória de tê-los lido, e eu que escrevo isto tenho talvez essa vontade, e talvez os que o lerem..." (*Pensamentos*, 627-150). Saber-se vaidoso, no entanto, já é sê-lo menos. "A única cura contra a vaidade é o riso" dizia também Bergson; mas contanto que se saiba rir de si.

Enfim, chamam-se *vaidades*, na história da pintura, certas naturezas-mortas que evocam – por uma flor murcha, um crânio, uma vela consumida... – o pouco que somos e que duramos. É voltar ao sentido do Eclesiastes, que é o sentido existencial, tentando porém nos curar da vaidade no sentido psicológico ou moral. Dir-se-ia que esses pintores querem nos fazer perder o gosto pela vida, para que nos interessemos apenas pela morte ou pela religião. No entanto os mais talentosos não conseguem nem sequer nos fazer perder o gosto pela pintura. Será que somos demasiado vãos, ou a pintura é que é demasiado bela?

validade (*validité*) – É o nome lógico da verdade, ou antes, seu equivalente formal. Uma inferência é válida quando permite passar do verdadeiro ao verdadeiro (da verdade das premissas à verdade da conclusão) ou quando é verdadeira qualquer que seja a interpretação que dela pudermos dar. Note-se que a validade de um raciocínio não depende da verdade das suas conclusões, assim como esta, aliás, tampouco depende necessariamente daquela. Um raciocínio válido pode levar a uma conclusão falsa (se pelo menos uma das premissas for falsa). É o caso, por exemplo, do célebre sofisma do chifrudo: "Você tem tudo o que não perdeu; você não perdeu seus chifres; logo você tem chifres." O raciocínio é válido, a conclusão é falsa (porque a maior, embora possamos não perceber imediatamente, também o é). Inversamente, um raciocínio inválido pode levar a uma conclusão verdadeira: "Todos os homens são mortais; Sócrates é mortal; logo Sócrates é um homem" é um raciocínio inválido.

valor (*valeur*) – O que vale e o fato de valer. Um preço? Só para o que tem um, para o que está à venda. Por exemplo, o valor de uma mercadoria: seu preço indica seu valor de troca, num mercado dado, tal como resulta do tempo de trabalho médio socialmente necessário à sua produção (segundo Marx) ou da lei da oferta e da procura (segundo a maioria dos economistas liberais). Mas e a justiça? E a liberdade? E a verdade? Elas podem ter um custo, em determinada circunstância. Mas não têm preço: não estão à venda. Por isso, é preciso distinguir o que *tem* um valor (o que um preço, numa lógica de troca, pode medir aproximadamente) e o que *é* um valor, que não tem preço e não poderia ser trocado validamente por dinheiro, nem por outro valor. Trocar a justiça pela liberdade? Seria faltar com a justiça. Trocar a verdade pela justiça? Seria faltar com a verdade. Assim, os valores não têm preço: têm uma *dignidade*, como dizia Kant, que não admite equivalente e não pode ser trocada por outra coisa. Devemos considerá-lo um absoluto, então? De maneira nenhuma, parece-me, pois resta compreender de onde vem esse valor que lhe prestamos ou que ele é. Um valor é o que vale, dizia eu; mas o que é valer? É ser desejável ou desejado. É verdade no caso das mercadorias: elas só possuem valor de troca, salientava Marx, caso tenham antes um valor de uso. Ora, este não é um absoluto. "A mercadoria é, antes de tudo, um objeto exterior, que, por suas propriedades, satisfaz necessidades humanas de qualquer espécie. Tenham essas necessidades por origem o estômago ou a fantasia, sua natureza não muda em nada o problema" (*O capital*, I, 1). Como dizer melhor que se trata menos de *necessidade* do que de *desejo*, menos de utilidade do que de *uso*, de fato? Um objeto, mesmo aparentemente inútil, pode ter um grande valor se for fortemente desejado por muitos: é o caso de uma pedra preciosa ou de uma obra de arte (não é por serem úteis que são desejadas, é por serem desejadas que parecem úteis, e de fato são). Um objeto manifestamente útil, ao contrário, não tem valor senão proporcionalmente ao desejo que dele temos. Os comerciantes sabem disso muito bem. Não é a utilidade que faz o valor de uso, é o valor de uso, tal como resulta do desejo, que faz a utilidade. Se uma mercadoria só possui valor de troca se tiver um valor de uso, forçoso é concluir que ela só tem valor, não à proporção de não sei que utilidade objetiva ou absoluta, se é que essa noção tem algum sentido, mas do desejo, historicamente determinado, que a visa. Isso, parece-me, dá muito mais razão à lei da oferta e da procura do que à teoria marxista do valor (uma roupa na moda pode requerer menos tempo de trabalho que outra, e no entanto ser muito mais cara), mas não é o que me importa aqui. Filosoficamente, se não economicamente, as duas teorias coincidem ao sustentarem que, num mercado dado, só há valores relativos: só há valores pelo e para o desejo. É aqui que encontramos os valores morais ou espirituais. Que eles estão fora de qualquer mercado – sem equivalente, sem preço, sem troca possível –, já indiquei ao começar. Mas isso não prova que estejam fora de qualquer desejo! Como a justiça seria um valor, se ninguém desejasse a justiça? Como a verdade poderia valer, se ninguém a apreciasse ou a desejasse? É o que Espinosa, num escólio abissal da *Ética*, nos convida a pensar: "Não nos esforçamos por nada, não queremos, não apetecemos nem desejamos coisa alguma porque a julgamos boa; ao contrário, julgamos que uma coisa é boa porque nos esforçamos por ela, a queremos, apetecemos e desejamos" (III, 9, escólio). Todos sentem o contrário. Se gosto da riqueza ou da justiça, não é porque são boas? Se desejo esta mulher, não é porque ela é bonita? Não, responderia Espinosa: é porque você gosta da riqueza e da justiça que elas lhe parecem boas; é porque você deseja esta mulher que ela lhe parece bonita. O fato é que riqueza e justiça são indiferentes a alguns. E que um macaco preferiria, àquela que consideramos a mais linda das mulheres, uma macaca. Porque ele tem mau gosto? Só sendo muito ingênuo para pensar assim. É porque ele não tem o mesmo desejo. Relativismo sem apelação: um valor é o que é desejável, e ele só é desejável porque é desejado. O que vale é o que agrada ou regozija, para um indivíduo e numa sociedade dada. É por isso que o dinheiro, para alguns, vale mais que a justiça. E é por isso que a justiça, para outros, vale mais que o dinheiro. Não há valores absolutos. Só há desejos e conflitos de desejos, afetos e hierarquias entre afetos. É o que Espinosa, a propósito do bem e do mal, mas também do dinheiro e da glória, explica com nitidez:

> Por *bem*, entendo aqui todo gênero de alegria e tudo o que leva a ela, principalmente o que satisfaz um desejo, qualquer que seja. Por *mal*, entendo todo gênero de tristeza, principalmente o que frustra um desejo. De fato, mostramos acima (no escólio da prop. 9) que não desejamos nenhuma coisa porque a julgamos boa, mas que, ao contrário, chamamos de boa a coisa que desejamos; conseqüentemente, chamamos de ruim a coisa pela qual temos aversão. Cada um julga assim ou estima, segundo seu afeto, qual coisa é boa, qual é ruim, qual é melhor, qual é pior, qual enfim é a melhor ou a pior. Assim, o avaro julga que a abundância de dinheiro é o que há de me-

lhor, a pobreza o que há de pior. O ambicioso não deseja nada tanto quanto a glória e não teme nada tanto quanto a vergonha. Ao invejoso, nada é mais agradável que a desgraça alheia, e nada mais insuportável que a felicidade alheia. Assim, cada qual julga, de acordo com seus próprios afetos, que uma coisa é boa ou ruim, útil ou inútil. (*Ética*, III, 39, escólio)

É esse também o espírito de Nietzsche: "Avaliar é criar... É sua avaliação que faz tesouros e jóias de todas as coisas avaliadas" (*Zaratustra*, I, "Das mil e uma finalidades"). Avaliar não é medir um valor que preexistiria à avaliação; é medir o valor que se dá ao que se avalia ou criar valor medindo-o. Espinosa e Nietzsche lado a lado? Sim, certamente, em se tratando do relativismo. E em se tratando dos valores mesmos? Depende de quais (Espinosa nunca pretendeu destronar todos). Mas a verdadeira questão, sobre a qual eles se opõem, é a da verdade. Nietzsche, principalmente em suas últimas obras, tende a considerá-la um valor entre outros, o que Espinosa não poderia aceitar. Que determinada coisa me pareça boa ou ruim, depende do desejo que dela tenho. Mas ela ser verdadeira, não. Eles coincidem no relativismo (tratando-se de valores), opõem-se no racionalismo (tratando-se da verdade ou da razão). Foi aqui que escolhi Espinosa contra Nietzsche, e o cinismo contra a sofística. A verdade é um valor? Sim, se a julgamos boa ou útil, ou simplesmente se a amamos ou desejamos. Ela é um valor, portanto, para quase todos: todos os homens amam a verdade, dizia santo Agostinho, pois nenhum deles, nem mesmo os mentirosos, gosta de ser enganado. Mas não é por ser verdadeira que ela vale, é menos ainda por valer que ela é verdadeira. Disjunção das ordens: o valor é subjetivo (inclusive a verdade como valor); nenhuma verdade o é. Todo valor é relativo; toda verdade (uma vez que é verdadeira, uma vez que é a mesma em nós e em Deus, como diz Espinosa) é absoluta. Todo valor é do homem. Toda verdade, de Deus. É por isso que estamos sempre no verdadeiro, e no entanto sem condições de possuí-lo absolutamente. É por isso que o buscamos. É por isso que o desejamos. É por isso que o verdadeiro vale, pelo menos para nós, pelo menos por nós. O dia em que mais ninguém amar a verdade, ela terá por isso mesmo deixado de ser um valor. Mas nem por isso será menos verdadeira.

Não é porque você não gosta disso, que precisa desagradar aos outros. E, se a ama, não considere esse amor uma prova.

veleidade (*velléité*) – Uma volição sem força, sem continuidade, sem constância. É querer sem agir, ou sem agir de verdade (na duração). Não é querer, portanto: é desejar querer ou imaginar que se quer.

velhice (*vieillesse*) – O envelhecimento é o desgaste de um ser vivo, desgaste esse que diminui seu desempenho (sua potência de existir, de pensar, de agir...) e o aproxima da morte. É, portanto, um processo, a cujo respeito convém notar que se trata menos de uma evolução do que de uma involução, menos de um progresso do que de uma degradação, menos de um avanço do que de um recuo. A velhice é o estado que resulta desse processo: estado por definição pouco invejável (quem não preferiria continuar jovem?) e, no entanto, para quase todo o mundo, preferível à morte. É que a morte não é nada, enquanto a velhice ainda é alguma coisa.

Não creio nem um pouco nas vantagens da velhice, muito menos no seu valor ou na sua grandeza intrínsecos (apesar de Victor Hugo). Que é possível progredir envelhecendo, todos podemos constatar à nossa volta, assim como podemos constatar que isso, todavia, é a exceção. Aliás, mesmo quando acontece, não é graças à velhice que progredimos, mas a despeito dela, e não raro contra ela. Um ganho de experiência, de maturidade, de cultura? Devemo-lo menos à velhice do que à vida, que continua apesar dos pesares, menos ao desgaste do que à resistência, menos à idade do que aos anos que levaram a ela, quando não a tínhamos. A vida é uma riqueza. O tempo é uma riqueza. Ser velho não: é tão-somente o tempo que falta e a vida que se vai. Que se tenha mais experiência aos setenta que aos vinte anos, é um dado de fato que a aritmética basta para explicar, mas que não está diretamente ligado à velhice: se fôssemos programados de outro modo por nossos genes, poderíamos ter setenta anos sem entretanto ser velhos, assim como poderíamos ser velhos, como em muitas espécies animais, aos quinze ou vinte anos. Equivocamo-nos quando reduzimos a velhice a uma idade: o fato de as duas quase sempre andarem juntas não impede que se trate, de direito, de duas realidades diferentes. É sabido que existem algumas patologias raríssimas que acarretam uma aceleração do envelhecimento, até fazer de um homem de trinta anos um velhote. E ninguém ignora que há octogenários quase intactos, mais vivos e abertos do que muitos jovens. É que ainda não são velhos, ou o são menos do que sua idade deixaria supor. Mas essas felizes exceções não devem ocultar a regra que elas confirmam: em quase todos, o tempo, a partir de uma certa idade, acarreta uma degradação irreversível, que às vezes é possível tornar mais lenta, mas que é impossível impedir. Tanto física quanto intelectualmente, a maioria tem um desempenho pior aos quarenta que aos vinte, aos sessenta que aos quarenta, aos oitenta que aos sessenta... É uma espécie de entropia na primeira pessoa: num organismo vivo, dobrado o cabo da maturidade, a desordem e a fadiga tendem ao máximo. O envelhecimento é essa tendência; a velhice, seu resultado. O que não impediu Kant de escrever a *Crítica da faculdade do juízo* com mais de sessenta anos, nem Victor Hugo, aos oitenta, de manter o gênio e a vitalidade que se sabe. Mas eles devem isso muito mais à sua saúde do que à sua velhice. E mais à sorte que ao gênio. Montaigne, que viveu bastante para sua época, que só começou a escrever bem tarde, nunca se iludiu quanto aos benefícios da velhice:

> Odeio esse acidental arrependimento que a idade traz consigo. Quem dizia antigamente ser obrigado aos anos por o terem desfeito da volúpia, tinha uma opinião diferente da minha; eu nunca serei grato à impotência de bem que ela me causa. [...] Eu teria vergonha e inveja se a miséria e a desfortuna da minha decrepitude fossem preferidas a meus bons anos, sadios, vivos, vigorosos; e se me estimassem não pelo que fui, mas pelo que deixei de ser. [...] A velhice nos dá mais rugas no espírito do que no rosto; e não se vêem almas, ou são raríssimas, que ao envelhecer não recendam ao acre e ao embolorado. O homem caminha inteiro para o seu crescimento e decrescimento. (*Os ensaios*, III, 2)

Ele amava demais a vida e a verdade para falar bem da velhice. Contentava-se em aceitá-la serenamente. Isso me parece, no que concerne à velhice, uma ambição suficiente. A morte recolhe os exercícios, mas não lhes dá nota.

veracidade (*véracité*) – Não é a mesma coisa que a verdade. A veracidade é a qualidade de quem diz a verdade, que não engana nem se engana. É portanto uma disposição, mas objetiva (é possível ser sincero sem ser veraz), do sujeito. A verdade seria a própria objetividade. A verdade, para dizê-lo de outro modo, é o próprio do que é verdadeiro; a veracidade, do que é verídico. Assim, o Deus verdadeiro, em Descartes, é um Deus veraz. Mas não é por ser veraz que é o Deus verdadeiro; é por ser o Deus verdadeiro (ou por ser *verdadeiramente* Deus) que é veraz.

verbo (*verbe*) – Às vezes sinônimo, sobretudo com uma maiúscula, de Palavra ou de Lógos: seria o ato de Deus, ou Deus em ato, na medida em que ele faz sentido. É tradicionalmente identificado com a segunda pessoa da Trindade: "o Verbo se fez carne e habitou entre nós...", podemos ler no prólogo de João.

No sentido corrente, um verbo é uma palavra que, no mais das vezes, designa um movimento, um acontecimento ou um ato (à diferença dos *nomes*, que designam coisas, entidades ou indivíduos). Daí essa *linguagem-mundo* que Francis Wolff imaginou (*Dire le monde* [Dizer o mundo], PUF, 1997), que seria feita apenas de verbos: mundo do devir puro, sem nada que permaneça nem que mude, mundo de acidentes sem substâncias, de ações sem sujeitos, de acontecimentos sem essências e sem coisas... É mais ou menos o mundo de Heráclito ou do Buda, e talvez seja o verdadeiro. Mas nossa linguagem – "esse estranho entrelaçado de nomes e verbos" que Platão evocava – é incapaz de dizê-lo, tanto quanto nosso espírito é incapaz de pensá-lo. É que, para nós, todo verbo necessita de um sujeito. Daí o célebre "penso, logo existo" de Descartes, o qual, como Nietzsche percebeu, tirava sua evidência unicamente da crença... na gramática. Às vezes penso que o "real velado" da mecânica quântica deve se parecer com esse mundo de verbos sem sujeitos e de acontecimentos sem coisas. É por isso que nossos físicos não o podem enunciar exatamente, nem nos fazer compreendê-lo inteiramente. Não temos a língua que seria necessária para tanto.

verdade (*vérité*) – O que é verdadeiro, ou o fato de sê-lo, ou o caráter do que o é. Trata-se, pois, de uma abstração (a verdade não existe: só há fatos ou enunciados verdadeiros). Mas somente essa abstração nos permite pensá-la. Se não houvesse nada em comum, pelo menos para o pensamento, entre duas proposições verdadeiras, não teria nenhum sentido dizer que elas o são, nem portanto, intelectualmente, dizer o que quer que seja: todos os discursos se equivaleriam e não valeriam nada (já que seria possível dizer, com igual propriedade ou impropriedade, o contrário do que se diz). Não haveria nenhuma diferença entre um delírio e uma demonstração, entre uma alucinação e uma percepção, entre um conhecimento e uma ignorância, entre um falso testemunho e um testemunho verídico, entre um sábio e um ignorante, entre um historiador e um mitômano. Seria o fim da razão, e da desrazão. *Veritas norma sui et falsi*, dizia Espinosa: a verdade é norma de si mesma e do falso (*Ética*, II, 43, escólio). Sem essa normatividade imanente, não haveria nenhum meio de se enganar, nem de não se enganar, nenhum meio de mentir nem de não mentir. Com o que um só erro reconhecido, e não é o que falta, uma só mentira desmascarada, e são legião, bastam para atestar pelo menos a idéia de verdade. Abstração, portanto, mas necessária. Mesmo o silêncio, para o espírito, é do seu domínio. Se for verdadeiramente silencioso, é uma verdade. Se não for, é outra.

Em que pé estamos com relação à verdade? A questão é tão antiga quanto a filosofia (mais antiga? Não, já que essa questão já é filosófica, já que, talvez, ela é a própria filosofia), mas volta a se colocar hoje em dia. Tudo acontece como se os progressos mesmos do conhecimento tornassem a noção de verdade mais problemática. Temos aqui um paradoxo, que diz muito sobre nossa modernidade. Nenhuma época dispôs de tantos conhecimentos, nem tão precisos, nem tão confiáveis. Um bom aluno dos nossos colégios sabe muito mais – sobre o mundo, sobre a história, sobre quase tudo – do que sabiam Aristóteles ou Descartes. Nossos cientistas, que são sem dúvida a principal glória da nossa triste época, multiplicam como nunca descobertas e experimentações. A biologia ou a física do nosso tempo teriam deixado boquiabertos um Buffon ou um Laplace – se é que eles seriam capazes de compreendê-las. Até nossa mídia, na sua mediocridade essencial, contém uma multidão de informações sem comparação com aquelas de que dispunham os espíritos mais avançados dos séculos passados. Em suma, sabemos muito mais do que jamais se soube, em quase todos os domínios, e poderíamos pensar que a noção de verdade se veria igualmente fortalecida. Sabe-se que não é assim, e talvez seja essa, filosoficamente, a principal característica do século que vem de terminar. A verdade? Que cientista, hoje, pretenderia conhecê-la? Que artista ainda se preocupa com ela? E quantos filósofos chegam ao ponto de dizer que ela não existe, que nunca existiu, que é a última ilusão de que temos de nos libertar?

Há para tanto várias razões, tanto teóricas quanto práticas. As razões teóricas podem ser vinculadas, por comodidade, à revolução kantiana ou ao que ela manifesta. Uma vez que estamos separados do real pelos próprios meios que nos servem para conhecê-lo, fica claro que nunca poderemos conhecê-lo tal como ele é em si mesmo ou absolutamente. Não conhecemos o ser: só conhecemos fenômenos, só conhecemos o mundo tal como aparece através das formas da nossa sensibilidade e do nosso entendimento, só conhecemos os objetos que construímos (por nossa percepção, por nossa linguagem, por nossas ciências), que não têm relação assinalável com as coisas em si. Dirão que isso não anula nossos conhecimentos, que isso possibilita, ao contrário, pensá-los como possíveis e necessários... Claro. Mas um conhecimento que já não se refere ao ser ainda é uma verdade? "É o mesmo pensar e ser", dizia Parmênides, e é o que fica cada vez menos concebível para nós. "A verdade consiste no ser", dizia Descartes, "a verdade e o ser são uma só coisa", e foi isso mesmo – o ser, a verdade, a feliz indistinção dos dois – que perdemos e que nos separa, filosoficamente, da felicidade. Eis-nos banidos do país da verdade, banidos do país do ser, pois que são os mesmos, e é esse exílio que chamamos mundo.

O esquecimento do ser se fez às vezes, lembra-nos Heidegger, em nome da verdade – porque ela só era verdade do sujeito. Mas quão mais temível é o esquecimento conjunto de ambos, como que um lento mergulho no fenomenismo ou na sofística! Se nada é verdadeiro, como queria Nietzsche, que resta a viver e a pensar? Nossos sonhos, nossos desejos, nossas interpretações, nossas fantasias, nossas ilusões? Seja, mas então todos eles se equivalem – já que nenhuma verdade entre eles se distingue – e não valem nada. É aqui que a sofística conduz ao niilismo, e Nietzsche à nossa modernidade. Se não há fatos, se só há interpretações, conforme a célebre fórmula de *A vontade de potência*, o próprio mundo escapole: não há mais que discursos sobre o mundo. É como um mundo virtual, que teria absorvido o verdadeiro até dissolvê-lo. Que possamos viver nele, pode ser. Mas para que, então, querer vivê-lo e pensá-lo *em verdade*? Por que não se contentar com uma bela mentira, com um discurso hábil ou com uma ilusão confortável? Filosofia de tagarelas e de sofistas, em que a filosofia morre. Se não há verdade, pode-se pensar qualquer coisa, mas também já não é possível pensar nada. Se nada é verdadeiro, não é verdadeiro que nada não é verdadeiro. Se tudo é falso, o falso também tem de sê-lo. Essa autocontradição, longe de refutar a sofística, torna-a irrefutável: já que só poderíamos refutá-la em nome de uma verdade pelo menos possível, que ela recusa. E então? Então só restam relações de força e o conflito – tão inesgotável quanto esgotante – das interpretações. É o mundo da guerra, do mercado e da mídia. É nosso mundo. Melhor dizendo, é o que alguns gostariam que fosse, um mundo sem ser, sem realidade, sem verdade, um mundo sem consistência, um mundo virtual, repitamos, em que só haveria signos e trocas, simulacros e mercadores, um mundo para rir, como um jogo do espírito, e isso me dava muitas vezes, quando estudante, como que uma vontade de chorar...

É preciso sair disso. Como? Por uma volta decidida à idéia de verdade. Que não possamos jamais conhecê-la por inteiro, nem absolutamente, é hoje uma evidência, com a qual não pretendo de forma alguma romper. De resto, já o era para Montaigne, Pascal ou Hume. Mas eles nunca pretenderam que ela não existia, nem que fosse impossível ter acesso a ela! Simplesmente contestaram, o que é muito diferente, que fosse possível fazê-lo com certeza. É o que distingue o cético (para o qual nada é certo) do sofista (para o qual nada é verdadeiro). As duas posições não são nem idênticas nem convergentes. O fato de nada ser certo não prova que tudo é errado. O fato de tudo ser duvidoso não prova que nada é verdadeiro. Ao contrário até, pois uma proposição qualquer, mesmo uma proposição cética, só é pensável sob a idéia de verdade (é o que chamo, corrigindo Espinosa com Montaigne, *a norma da idéia verdadeira dada ou possível*), o que veda, ou deveria vedar, qualquer pretensão sua a se libertar dela. Que atrevimento o de Nietzsche: "O fato de um juízo ser falso não é, a nosso ver, uma objeção contra esse juízo" (*Além do bem e do mal*, I, 4)! Penso exatamente o contrário, como a quase totalidade dos cientistas de hoje, e é o que nos liga, todos juntos e apesar de Nietzsche, às Luzes. É aqui que Popper, digamos de passagem, nos possibilita escapar do relativismo integral. O fato de nenhuma teoria jamais poder ser, a rigor, verificada experimentalmente não quer dizer que todas as teorias se equivalem – visto que podem pelo menos ser refutadas ou falsificadas, visto que o são de fato, é só ver a história das ciências, e se sucedem assim numa ordem totalmente irreversível e normativa que é a do próprio progresso dos nossos conhecimentos. Isso vai ao encontro de uma das fulgurâncias de Pascal: nunca conhecemos a verdade diretamente, mas devemos "considerar verdadeiras as coisas cujo contrário nos parece falso" (*De l'esprit géométrique* [Do espírito geométrico], p. 352 b; ver também o pensamento 905-385). É a verdadeira ordem, que se faz "por aprofundamento e rasuras", como dizia Cavaillès, e ainda assim instaura – ou antes, instaura melhor ainda – "resultados cuja validade está fora do tempo" (Cavaillès, *Sur la logique*, III; *Lettre à P. Labérenne*, 1938). É por haver uma história das ciências (e não apesar dessa história) que as ciências não se reduzem à sua historicidade, ao contrário do que Montaigne acreditava, e nos abrem – na história, pela história – a algo que a supera. O quê? A eternidade. Primeiro houve Ptolomeu, decerto, depois Newton, depois Einstein... Mas essa sucessão, por não ser nem contingente nem reversível, nos abre para um universo em que a própria idéia de sucessão perde algo da sua pertinência ou, em todo caso, do seu alcance. Entre Ptolomeu e Einstein não foi a verdade que mudou; foi o conhecimento que dela temos. A verdade não muda, mesmo quando é a verdade de um universo em que tudo muda. Foi o que Espinosa percebeu: toda verdade é eterna, e somente ela. Foi o que Pascal percebeu: qualquer que seja o respeito que tenhamos pelos antigos, explicava, "a verdade deve sempre levar vantagem, mesmo que recentemente descoberta, pois ela é sempre mais antiga do que todas as opiniões que tivemos dela, e seria ignorar sua natureza imaginar que ela tenha começado a ser na época em que começou a ser conhecida" (*Sur le traité du vide*, p. 232 b). É também o que Frege viu, por outros caminhos. A verdade não precisa ser conhecida para ser verdadeira ("ela não necessita de nenhum portador") e é por isso que "o ser verdadeiro de um pensamento é independente do tempo" (*Écrits logiques*, pp. 184 e 191). Seja um fato efêmero qualquer: escrevo o verbete "verdade" do meu *Dicionário filosófico*; ou, era o exemplo de Frege, há diante da minha janela uma árvore coberta de folhagem verde. Nada disso vai durar muito tempo. Mas nunca a verdade que aí se revela se tornará falsa ou mentirosa. Uma vez que é verdadeiro que esta árvore, aqui e agora, é verde, essa verdade é eterna: o fato de essa árvore ser verde, neste momento em que falo, ainda será verdadeiro quando ela tiver perdido suas folhas ou tiver morrido. É por isso que o presente, em "*é verdade*", não indica "o presente de quem fala", nota Frege, "mas, se me permitem a expressão, um *tempus* da intemporalidade" (*ibid.*, p. 193). Resumindo, toda verdade é eterna, embora nenhum conhecimento o seja, e é isso que nos proíbe de confundir os conhecimentos (sempre históricos) com as verdades (sempre eternas) às quais concernem.

Aonde quero chegar? Ao seguinte: renunciar à verdade é renunciar à eternidade ao mesmo tempo que ao ser, o que nos separa do próprio mundo em que existimos e do único lugar possível da salvação. À glória de Epicuro e de Espinosa: a eternidade é agora, a salvação é o mundo, mas somente na medida em que nós o habitemos em verdade.

Quanto às razões prática do descrédito atual da idéia de verdade, elas estão, a meu ver, na impossibilidade em que nos encontramos, desde Hume, de superar a distância que separa o ser do dever-ser, o verdadeiro do bem, digamos as verdades dos valores. Sobre esse ponto, não transijo. Se a verdade é o ser (*alétheia*) ou a adequação ao ser (*veritas*), não vejo como ela poderia julgá-lo ou concernir ao que deve ser. É nisso que Hume e Espinosa se encontram, apesar de tudo o que os opõe, e eu nunca pude, sobre esse ponto maior, distanciar-me deles. Uma verdade é o objeto ao menos possível de um conhecimento; um valor, o objeto ao menos imaginário de um desejo. Isso nos introduz em duas ordens diferentes – a ordem teórica, a ordem prática –, que só poderiam ser conjuntas em Deus ou num sujeito transcendental. Mas não creio nem em um nem no outro. Quer isso dizer que somos fadados à esquizofrenia? De jeito nenhum, pois que podemos desejar o verdadeiro e conhecer nossos desejos, ao menos em parte, pois que não cessamos de tender a isso – ainda que para constatar, como quase sempre, o abismo que os separa. É o que nos faz homens e que nos condena à filosofia. O contrário dessa esquizofrenia, que de outro modo seria o fardo da nossa época, é o amor à verdade, que é ao mesmo tempo uma virtude moral e uma exigência intelectual.

verdade eterna (*vérité éternelle*) – Todas são. É um pleonasmo, portanto, mas útil pelo que ressalta. O que é verdade hoje continuará a sê-lo amanhã, senão não o seria hoje. Há três árvores no campo: verdade eterna. Daqui a dez mil anos, essas árvores já não estarão lá, nem o campo, provavelmente; mas continuará sendo verdade que estiveram. Assim, a eternidade é o que distingue o *verdadeiro* do *real* (ou o tempo, o que distingue o *real* do *verdadeiro*). Pois o real muda, no tempo: três árvores, um campo; depois mais nenhuma árvore, mais nenhum campo... Nunca nos banhamos duas vezes no mesmo rio real. Mas que uma vez nos banhamos, será eternamente verdade. Os homens passam, e os rios, e o real... A verdade não passará. O verdadeiro é, assim, a eternidade do real (é por isso que coincidem no presente): é o real *sub specie aeternitatis*. Até dá vontade de dizer: e o real, *a imagem móvel* do verdadeiro. Mas já seria encerrar-se no platonismo. O que cumpre entender aqui, e que é a grande dificuldade, é que o verdadeiro e o real são, na realidade (na verdade), a mesma coisa: porque o tempo nada mais é que o presente, que é a própria eternidade.

verdadeiro (*vrai*) – O que é ou que é conforme ao que é. Podemos distinguir dois sentidos, falando respectivamente de *veritas rei* e de *veritas intellectus*, como faziam os escolásticos (a verdade da coisa, a verdade do entendimento), ou distinguindo, com Heidegger, a *alétheia* (a verdade como desvendamento do ente, o que eu prefiro chamar de a pura *apresentação* do real) e a *veritas* (a verdade como acordo ou correspondência entre o pensamento e o real: a *adæquatio rei et intellectus* dos escolásticos, que só é verdade tratando-se de uma *representação*). A *alétheia* seria a verdade originária, tal como a encontramos entre os pré-socráticos. A *veritas* só apareceria, inclusive em grego, com Platão: seria a forma, ao mesmo tempo lógica e metafísica, do esquecimento do ser, em benefício do humanismo (o verdadeiro já não sendo verdade do ente, mas verdade do homem). Essas duas concepções ainda assim são solidárias, e até indissociáveis. Seja, por exemplo, a mesa na qual escrevo. Não posso pensar nada da sua *alétheia* sem passar pela *veritas* de um discurso. Mas tampouco posso dizer sua *veritas* sem supor sua *alétheia*. Suponhamos que enuncie sobre ela certo número de proposições verdadeiras, ainda que aproximativas, relativas por exemplo à sua forma, à sua superfície ou a seu peso. Essas proposições serão verdadeiras (no sentido da *veritas*) se, e somente se, corresponderem à realidade (à *alétheia*). É o que Tarski chama de concepção semântica da verdade: a proposição "a neve é branca" será verdadeira se, e somente se, a neve for branca; a proposição "esta mesa é retangular" será verdadeira se, e somente se, essa mesa for retangular. Mas, se a neve e esta mesa não fossem *verdadeiramente* o que são, essa adequação mesma não teria nem sentido nem verdade. Um pensamento só pode ser conforme ao que é (isto é, verdadeiro no sentido da *veritas*) se o que é for verdadeiramente o que ele é (isto é, verdadeiro no sentido da *alétheia*). As duas noções, ou as duas faces da noção, permanecem problemáticas, ambas, mas por razões diferentes. A *alétheia*, porque não é possível dizer nada sobre ela que não decorra da *veritas*. A *veritas*, porque toda conformidade entre o pensamento e o real é, por definição, indemonstrável, já que só se conhece do real o que dele se pensa. Isso não prova que tudo o que pensamos é falso, mas nos impede de provar absolutamente que este ou aquele dos nossos pensamentos é verdadeiro. À glória do pirronismo.

vergonha (*honte*) – Não é o sentimento de culpa, já que podemos ter vergonha sabendo-nos inocentes. Por exemplo, porque sofremos, ante o olhar alheio, ao nos sentir ridículos ou lamentáveis. Um passo em falso, uma desgraça física, uma mancha no rosto ou na roupa podem bastar. E quantas mulheres estupradas contam a vergonha que sentiram, não por se julgarem culpadas, claro, mas por se terem sentido humilhadas, desprezadas, aviltadas, enfim por terem sido de algum modo atingidas em sua honra ou em sua dignidade. O juízo, aqui, conta menos que a sensibilidade, a moral menos que o sofrimento, a culpa menos que o amor-próprio. Assim, não podemos aceitar plenamente, pelo menos em francês, a definição que Espinosa propunha: "A vergonha é uma tristeza acompanhada pela idéia de uma ação que imaginamos criticada por outros" (*Ética*, III, def. 31 dos Afetos). O fato de que possa ser assim, em certa vergonha particular, não autoriza a pensar que seja assim no caso de todas as vergonhas. Podemos ter vergonha mesmo não tendo agido, mesmo que nenhuma censura seja imaginável, simplesmente porque a imagem que temos de nós, ou que os outros têm, não corresponde à que gostaríamos de apresentar. Alguns podem ter vergonha do seu corpo, da sua miséria, da sua incultura, às vezes dos seus pais, não por se sentirem responsáveis por aquilo de que se envergonham, mas por se sentirem diminuídos ou humilhados, ante o olhar alheio, por estarem neste corpo, nesta situação ou nesta família... Descartes percebeu com clareza que a vergonha tinha a ver com o amor a si e que isso, longe de condená-la, podia, às vezes, constituir sua utilidade (*Paixões*, III, 205 e 206). É só não ser prisioneiro dela. É um amor infeliz ou ferido, que é preciso curar.

Note-se que ninguém tem vergonha diante dos animais, nem plenamente na solidão (nesse caso, não seria vergonha, mas remorso ou arrependimento). A vergonha é um sentimento de si para consigo, mas por mediação de um ou vários outros. A vergonha, salienta Jean-Paul Sartre, é "uma apreensão unitária de três dimensões". Tenho vergonha quando o sujeito que sou sente-se objeto, para outro sujeito: "*Eu* tenho vergonha de *mim* diante de *outrem*" (*L'être et le néant* [O ser e o nada], p. 350). Só escapamos dela escapando aos olhares, pela solidão, ou do estatuto de objeto, pelo amor ou pelo respeito. Nietzsche, em três aforismos, talvez tenha dito o essencial:

"*Quem você chama de mau?* – Quem quer sempre envergonhar.

O que você considera o que há de mais humano? – Poupar a vergonha a alguém.

Qual a chancela da liberdade conquistada? – Já não ter vergonha de si" (*A gaia ciência*, III, 273-275).

verificação (*vérification*) – Verificar é testar a verdade de um enunciado, a fim de atestá-lo. Pode-se, assim, verificar um cálculo, refazendo-o ou fazendo outro, ou uma hipótese, submetendo-a à experiência. Resta saber o que valem esse novo cálculo ou essa experiência. Em se tratando do cálculo, considera-se que a probabilidade de um erro decresce rapidamente, proporcionalmente ao número de verificações efetuadas, se possível por vários indivíduos e de acordo com diferentes procedimentos. Todavia esse procedimento permanece submetido à confiabilidade da nossa razão, que não tem verificação possível (já que toda verificação a supõe). Em se tratando da experiência ou da experimentação, tropeça-se no problema da indução (v.). Como verificar um enunciado universal ("todos os cisnes são brancos") adicionando constatações singulares (este cisne é branco, e este, e este...), estando entendido que não é possível fazer uma lista exaustiva e que uma só exceção bastaria para invalidar o enunciado? Portanto, a rigor não há verificação. Em compensação, mostra Popper, há falsificações suficientes: um só cisne negro ou colorido basta para provar que nem todos são brancos. Essa assimetria entre verificabilidade e falsificabilidade está no âmago do procedimento experimental. Verificar uma teoria ou uma hipótese nunca é provar, com todo rigor, que ela é verdadeira, é tentar mostrar que é falsa. Dá-se a hipótese por verdadeira – pelo menos relativa e provisoriamente – enquanto ela resistir a todas as tentativas de falsificação. Note-se que essa solução popperiana ou darwiniana (as teorias mais fracas são eliminadas, só as melhores subsistem) do problema da indução é mais epistemológica do que metafísica. Ela explica o funcionamento das ciências; não diz nada sobre a sua verdade global: não só porque é possível que todo pensamento seja apenas um sonho, como Popper reconhece, mas porque o próprio teste experimental deveria ser verificado, e não pode sê-lo absolutamente. Basta um cisne negro para provar que nem todos são brancos. Mas como provar que um cisne negro é verdadeiramente negro? Toda verificação e toda falsificação supõem uma verdade antecedente – a verdade do mundo, a verdade da experiência, a verdade da razão – que é inverificável e infalsificável. Se não estivéssemos no verdadeiro, não teríamos a menor possibilidade de encontrar o falso. Se a verdade não fosse anterior a toda verificação, não haveria nada a verificar. É onde encontramos Espinosa: "*Habemus enim ideam veram*" (porque temos uma idéia verdadeira, *T.R.E.*, 27). Isso não tem prova, mas não haveria prova de outro modo, nem nada a provar.

veritas (*veritas*) – O nome latino e escolástico da verdade, que se distingue a esse título da *alétheia*, que é seu nome grego. Desde Heidegger, costuma-se usar as duas palavras para designar duas concepções ou duas acepções diferentes da verdade: a verdade como adequação entre o pensamento e o real (a *adæquatio rei et intellectus* dos escolásticos: *veritas*), de um lado, e, de outro, a verdade como não velamento do próprio ser (a verdade intrínseca da coisa, seja ela conhecida ou não, o que eu chamaria de bom grado sua apresentação silenciosa: *alétheia*). A *alétheia* é do ser ou do silêncio; a *veritas*, do pensamento ou do discurso. Alguns concluirão que a *alétheia* é menos uma *verdade* que uma *realidade*. Mas, se o real não fosse verdadeiro também e antes de tudo, que pensamento poderia ser?

vício (*vice*) – O contrário da virtude, que ela supera e contra o qual se define: é uma disposição para o mal, assim como a virtude é uma disposição para o bem.

Aristóteles nos acostumou a pensar que os vícios iam aos pares, que se opunham um ao outro e ambos – um por excesso, o outro por falta – à mesma virtude. Assim, a temeridade e a covardia, a vaidade e a baixeza, a prodigalidade e a avareza: é contra ambos esses vícios opostos que a coragem, a grandeza de alma e a liberalidade instauram um justo meio (um meio-termo: *mesotes*), que também é um ápice.

É somente por um triste contra-senso, que tem menos a ver com a moral do que com a religião ou a pudicícia, que se pôde fazer do vício uma espécie de sinônimo pejorativo da sexualidade, ou considerar a sexualidade, o que dá na mesma, intrinsecamente viciosa. Os gregos, que amavam o corpo e o prazer, não tinham a menor razão para demonizar o sexo. Eles simplesmente não podiam cogitar que se submetesse ao sexo o todo de uma existência ou que se fizesse dele, como certas pessoas hoje em dia e de forma igualmente absurda, uma excelência suprema. Nem o obcecado sexual nem o pudico, nem o depravado nem o reprimido são invejáveis ou admiráveis. Uns pecam por excesso, os outros por falta de sensualidade. Entre esses dois abismos ou esses dois charcos, resta inventar a linha de crista do prazer cultivado, dominado, compartilhado – a virtude dos amantes.

vida (*vie*) – A mais bonita definição que conheço é a de Bichat: "A vida é o conjunto das funções que resistem à morte" (*Recherches physiologiques*, I, 1). É uma ocorrência do conato, mas específica: certa maneira, para um ser dado, de perseverar no seu ser desenvolvendo-o (crescimento), reconstituindo-o (por trocas com o meio ambiente: nutrição, respiração, fotossíntese...), adaptando-se; enfim, tendendo a se reproduzir (geração). Viver é fazer o esforço de viver: *o duro desejo de durar* é o verdadeiro gosto em nós da vida, e o princípio, mostra Espinosa, de toda virtude (*Ética*, IV, prop. 21, 22 e corolário).

A palavra designa também a duração desse esforço – o que separa a concepção da morte. Uma vida vale menos por essa duração, porém, do que pelo que dela se faz. Pelo menos é assim no caso da maioria dos humanos: a felicidade, não a longevidade, é a meta; a humanidade, não a saúde, é a norma. É aqui que nos afastamos de Bichat ou da biologia para encontrar Montaigne e a filosofia. "A morte é o fim, e não a finalidade da vida; é seu termo, sua extremidade, mas não seu objeto. Ela deve ser dela própria seu intuito: seu desígnio, seu reto esforço é regular-se, portar-se, suportar-se" (*Os ensaios*, III, 12). Aprender a morrer? Para quê, se morreremos de qualquer modo? Mas aprender a viver: é isso a própria filosofia.

violência (*violence*) – É o uso imoderado da força. Às vezes é necessária (a moderação nem sempre é possível), nunca é boa. Sempre lamentável, nem sempre condenável. Seu contrário é a doçura (não confundi-la com a fraqueza, contrário da força). A doçura é uma virtude; a fraqueza, uma fraqueza; a violência, um erro – salvo quando é indispensável e legítima. Contra os fracos ou os doces, a violência é imperdoável: é covardia, crueldade, bestialidade. Contra os violentos, em compensação, não pode ser absolutamente vedada: seria dar livre curso aos bárbaros ou aos bandidos. A não-violência? Só é boa, ressalta Simone Weil, se for eficaz. Isso indica suficientemente a meta e a via: "Esforçar-se para substituir cada vez mais no mundo a violência pela não-violência *eficaz*" (*La pesanteur et la grâce* [*A gravidade e a graça*], "Violence"). Isso supõe muito controle, coragem, inteligência, mas "também depende do adversário" (*ibid.*). Gandhi, contra os ingleses, é admirável. Mas isso não desaprova os combatentes da Resistência contra os nazistas, nem os Aliados contra a Wehrmacht. A violência só é aceitável quando sua ausência seria pior. Logo, às vezes ela o é. Resta limitá-la, controlá-la, disciplina-la. É por isso que um Estado é necessário, para exercer, como dizia Max Weber, "o monopólio da violência legítima": é preciso dispor de forças armadas (para se defender contra a violência externa), de uma polícia (contra a violência interna), de leis, tribunais, prisões... E é necessário também, entre os indivíduos, um mínimo de paz. O contrário da violência é a doçura; mas seu antídoto, na escala da Cidade, é a arte de administrar os conflitos com o mínimo de violência possível: polícia, polidez, política.

virtual (*virtuel*) – É o que só existe em potência (neste caso é melhor dizer *potencial*) ou em simulação. A palavra, com que nos entopem os ouvidos, vem de *virtus*: é como que um duplo de *virtude*, e não por acaso. Há potência em ambos os casos. Mas a virtude é uma potência em ato. A virtualidade, uma potência que permanece em potência. A virtude é potência encarnada, enquanto o virtual, no mais das vezes, se contenta com imagens. A virtude é do homem, enquanto o virtual, cada vez mais, pertence às máquinas. A virtude é coragem, enquanto o virtual, na melhor das hipóteses, só é capaz de ser sem perigo. A virtude é justiça, enquanto o virtual, na melhor das hipóteses, só conhece a justeza. A virtude é amante, enquanto o virtual, na melhor das hipóteses, só sabe ser amável.

Portanto é a virtude que é boa, e que importa. Como seria triste e culpado só viver virtualmente!

virtude (*vertu*) – A virtude é o esforço para se portar bem, que define o bem por esse esforço mesmo. Não é a aplicação de uma regra que preexistiria, menos ainda o respeito de um interdito transcendente: é a realização, ao mesmo tempo normatizada e normativa, de um indivíduo que se torna sua própria regra, vedando-se o que considera indigno do que ele é ou quer ser.

A palavra *areté*, que os latinos traduziam por *virtus*, significa antes de mais nada uma potência ou uma excelência. Por exemplo, a virtude de uma faca é cortar, a virtude de um remédio é curar e a virtude do ser humano é viver e agir humanamente. É aqui que encontramos a virtude moral ou ética. É uma potência, mas normativa. É uma excelência, mas em ato. É uma disposição adquirida (ninguém nasce virtuoso, mas se torna) a fazer o bem, dizia Aristóteles, isto é, a fazer o que deve ser feito, quando deve, como deve, mas sem outro guia, e quase sem outra regra, além da sua virtude mesma. Isso não é possível sem razão, mas tampouco sem vontade. Não é possível sem esforço, mas tampouco sem prazer ou sem alegria. Quem dá sem prazer não é generoso: é tão-somente um avaro que se violenta. Quem resiste à depravação sem prazer não é temperante: é apenas contido e frustrado.

Sabe-se que Aristóteles definia a virtude como o justo meio (ou meio-termo) entre dois extremos opostos mas ambos viciosos (embora possam sê-lo desigualmente), "um por excesso, o outro por falta" (*Ética a Nicômaco*, II, 5-6, 1106 b-1107 a). É o caso da coragem, entre a temeridade e a covardia: o temerário assume riscos inconsiderados (peca por excesso), o covarde não assume riscos suficientes (peca por falta); o homem corajoso assume os riscos que tem de assumir, como tem, quando tem. Engana-se obviamente quem vê nisso uma apologia da tepidez, do centrismo ou da mediocridade. O justo meio também é um extremo, só que para cima: é um ápice, é uma perfeição (*ibid.*), como uma linha de crista entre dois abismos, ou entre dois pântanos...

"Por virtude e potência entendo a mesma coisa", escreve Espinosa. "A virtude, na medida em que se refere ao homem, é a própria essência ou a natureza do homem na medida em que tem o poder de fazer certas coisas que podem ser conhecidas nada mais que pelas simples leis da sua natureza" (*Ética*, IV, def. 8; ver também a demonstração da prop. 20). É uma ocorrência do conato, e sua forma especificamente humana. A virtude é uma potência de viver e de agir humanamente, no sentido normativo do termo, isto é, "sob a conduta da razão" (IV, 37, escólio) e de acordo com o "modelo da natureza humana" (IV, prefácio) que estabelecemos para nós.

A razão não basta para tanto: não é ela que faz agir, mas o desejo. O desejo não basta para tanto: além dele, é preciso desejar a razão ou (dá na mesma) a liberdade, e ser capaz de tanto. Assim, o desejo de virtude (como potência, não como carência) é a própria virtude, mas somente na medida em que esse desejo age. O conato é "a primeira e única origem da virtude" (IV, 22, corolário): é tender para o seu bem (IV, 18, escólio), que também é o da humanidade (IV, 36-37) e realizá-lo por isso (IV, 73, escólio). A virtude é um esforço bem-sucedido: é a potência em ato, em verdade e em alegria.

vitalismo (*vitalisme*) – É explicar a vida por ela mesma (ou por um "princípio vital"), logo renunciar a explicá-la. Opõe-se, sob esse aspecto, ao materialismo, que explica a vida pela matéria inanimada, e se distingue do animismo, que a explica por uma alma imaterial.

vivência (*vécu*) – A própria vida, mas no passado (nem que um décimo de segundo antes) e em sua singularidade individual e imediata, ou supostamente imediata (a consciência é uma mediação suficiente). É a vida na primeira pessoa, tal como foi experimentada, tal como dela nos lembramos, tal como dela trazemos o testemunho. Opõe-se muitas vezes ao pensamento, à teoria, à abstração. Mas não passa de mais uma abstração. Uma vivência que não fosse pensada, não se poderia dizer nada dela. Valeria a pena, inclusive, ser vivida?

A vivência não é a vida: ela é tão-só a consciência que tomamos e conservamos da vida – apenas sua lembrança ou seu vestígio. "Nossa vida é tão vã, que não é senão um reflexo da nossa memória", dizia Chateaubriand. A vivência é esse reflexo, e essa vaidade.

volição (*volition*) – O ato de querer. O que supõe um desejo, mas não se reduz a ele (toda volição é desejo, nem todo desejo é volição): querer é desejar em ato. É por isso que só podemos querer o que depende de nós, e somente contanto que façamos o que queremos. Experimente querer se levantar sem de fato se levantar... Só sendo paralítico ou estando amarrado; mas levantar-se, então, já não seria uma volição para você, mas um simples desejo, se não uma insatisfação ou uma esperança... Querer é fazer. Uma vontade que não age já não é uma volição, nem mesmo totalmente uma vontade: é um projeto, um voto ou uma covardia.

vontade (*volonté*) – A faculdade de querer: o ato em potência ou a potência em ato.

Não a confundir com o desejo, que é seu gênero próximo. Podemos desejar simultaneamente várias coisas contraditórias (por exemplo, fumar e não fumar), mas não podemos querê-las: porque só podemos verdadeiramente o que fazemos e porque ninguém pode, no mesmo momento, fazer e não fazer a mesma coisa. A vontade é certa espécie de desejo: é um desejo cuja satisfação depende de nós. "E se eu fracassar?" Não muda nada: a vontade se referia à ação, e não ao êxito (que era objeto tão-só de uma esperança). Toda vontade é potência de escolha: é o poder determinado de se determinar a si mesmo. Isso distingue suficientemente a vontade do livre-arbítrio (que seria o poder *determinado* de se determinar), da esperança, que deseja mais do que pode, enfim da tibieza, que renuncia a escolher. Pelo que a vontade não é apenas uma faculdade; é também uma virtude.

vulgaridade (*vulgarité*) – Uma baixeza comum e de mau gosto.

Vulgus, em latim, é a multidão, o homem comum, os homens do comum. *Vulgar* seria portanto um sinônimo aproximado de *popular*, e de fato o foi por muito tempo. Mas o povo é soberano; a multidão não. Daí talvez, num universo democrático, a evolução cada vez mais divergente das duas palavras. Ser vulgar não é ser do povo, nem apreciado por ele; é carecer de elevação, de elegância, de distinção, de nobreza. A popularidade é uma sorte ou um risco. A vulgaridade, um conforto e uma tara. É um equívoco confundi-la com a grosseria (é possível dizer palavrões sem ser vulgar, e ser vulgar sem dizer palavrões). Mas é um equívoco ainda maior ver nela uma audácia ou uma força. Seria apenas descer a ladeira, indo sempre na direção do mais fácil, do mais baixo, do mais sedutor: é agradar apenas à parte desagradável de si, e de todos. No entanto, a noção pertence mais ao campo da estética do que da moral. Um bom sujeito pode ser vulgar; um canalha pode não o ser. É que a vulgaridade concerne menos aos atos que aos modos, menos aos sentimentos que à sensibilidade. Ser vulgar é quase sempre ignorar que se é. É ser prisioneiro da própria baixeza, a ponto de já não a perceber. É ser por si só uma multidão. Seria um pecado capital, se fosse um pecado. Mas não passa de uma falta de gosto.

wagneriano (*wagnérien*) – Discípulo ou partidário de Wagner. É uma forma temível de melômano, que toma a música por uma concepção do mundo, a ópera por uma religião e Wagner por um Deus. Esses três erros constituem uma espécie de sistema, que os torna surdos. A não ser que seja o inverso.

Nietzsche escreveu contra essa *doença*, como ele diz, e contra o gênio sutil e perigoso de Wagner algumas das suas mais belas páginas, que prestam a Mozart ("o gênio alegre, entusiasta, terno e amoroso de Mozart") a homenagem que ele merece – e a Bizet, muito mais do que mereceria.

Weltanschauung (*Weltanschauung*) – Visão do mundo, em alemão. É uma espécie de filosofia espontânea ou implícita: um conjunto de intuições, de crenças, de idéias vagas, com, na boca de um francês, um não-sei-quê de pretensioso e obscuro, que está ligado à língua utilizada, como se bastasse falar alemão para ser mais inteligente. Filosofia do pobre? É muito mais a ideologia do rico, ou do esnobe.

xenofobia (*xénophobie*) – Ódio ao estrangeiro. É uma forma de tolice que consiste em se imaginar em casa. A coisa parece instintiva nos bichos, e natural nos homens. A filosofia, que faz de todos nós uns estrangeiros, combate essa ilusão. E a sabedoria, que supõe a superação do *si*, a dissolve. O ódio então se apaga, junto com o medo.

zelo (*zèle*) – É um cuidado cioso ou fervoroso pela causa alheia, como que temendo nunca fazer o bastante – a ponto de às vezes fazer demais. "O zelo consiste em fazer mais do que o estritamente devido", como dizia Alain, ou mesmo mais do que se deveria fazer. É que a fronteira entre o zelo e o excesso de zelo é vaga. Fazer tanto já não é fazer demais? E por que razão? Por generosidade? Por devoção? Por consciência profissional? Na maioria das vezes é um medo de ser censurado ou um desejo de agradar, que tornam o zelo, mesmo quando eficaz, um tanto ou quanto suspeito. Os patrões não se iludem com ele. Os colegas, menos ainda.

zen (*zen*) – É uma forma de budismo, pertencente ao Grande Veículo e derivada do *ch'an* chinês, que se desenvolveu no Japão. Nele, busca-se a iluminação (*satori*) pela meditação sentada e sem objeto (*zazen*), a qual pode por sua vez ser preparada, ou acompanhada, por certo número de exercícios (os *koans*, o arco-e-flexa, a arte floral, as artes marciais...). A finalidade é atingir uma atenção absolutamente pura, que cria, ou antes, que deixa se desenvolver, um estado de paz e de vazio interior. Os que o viveram falam de uma experiência de plenitude. Trata-se de observar, de maneira neutra e tranqüila, seu próprio funcionamento, por mais perturbado que seja, até experimentar que não há nada de substancial a observar aí (que todos os processos são impermanentes e vazios). O real ainda assim continua, ou antes, continua melhor ainda – porque já não estamos separados pelo ego. É se esvaziar de si para que não haja mais nada, senão o todo.

zetética (*zététique*) – Do grego *zetetikós*, que busca ou gosta de buscar. É outro nome para designar o ceticismo, ou melhor, o método deste, que consiste em buscar sempre a verdade, sem nada afirmar, inclusive pela própria impossibilidade de alcançá-la (ver Sexto Empírico, *Hipotiposes pirrônicas*, I e III). Distingue-se com isso do dogmatismo, que crê haver encontrado, mas também da sofística, que renuncia a buscar.

Para que buscar, perguntarão, se não é possível encontrar? É que não podemos saber, de outro modo, se podemos e o que buscamos.

E como dizê-lo, se não o encontramos? Dizendo pelo menos o movimento da busca, sem detê-lo e sem acreditar totalmente nele. Pirro, que é o mestre da escola zetética, foi levado por isso a falar apenas de modo irônico, ou melhor (pois que se trata, nota Marcel Conche, de uma "ironia com respeito a si mesmo"), apenas com humor. As palavras não são senão um momento da aparência pura e universal, como diz Marcel Conche, um momento do devir, como eu preferiria dizer, que elas não poderiam nem conter por inteiro nem transformar – a não ser ilusoriamente – em essências fixas ou imutáveis. Por isso a *ataraxia* (a sabedoria, a paz da alma) era inseparável, para Pirro, da *aphasía* (o não-discurso, o silêncio). Não é que não se possa falar (a *aphasía* não é nossa afasia), nem que não se deva falar, mas "as palavras nunca poderiam anular o silêncio" (M. Conche, *Pyrrhon ou l'apparence*, X, 1).

É justo terminar com ele uma coletânea de definições. Pois só ele merece ser dito, que não necessita sê-lo. É nisso que a filosofia, que é certo tipo de discurso, conduz à sabedoria, que é uma certa qualidade de silêncio. Aquilo de que podemos falar, e só isso, também podemos calar.

Nota bibliográfica

Este dicionário deve muito aos que o precederam, ainda que tivessem um espírito totalmente diferente, e talvez tanto mais quanto mais diferentes eram. Entre estes (e sem voltar ao que eu dizia, no Preâmbulo, sobre Voltaire e Alain), cumpre citar principalmente – por ordem de importância decrescente – o monumental *Dictionnaire des notions philosophiques*, dirigido por Sylvain Auroux (PUF, 1990), o *Vocabulaire technique et critique de la philosophie* [trad. bras. *Vocabulário técnico e crítico da filosofia*, São Paulo, Martins Fontes, 3.ª ed., 1999], dirigido por André Lalande (Félix Alcan, 1926, reed. PUF, col. "Quadrige"), assim como o *Dictionnaire de la philosophie* (Albin Michel, 2000, que retoma os verbetes filosóficos da *Encyclopaedia Universalis*). Não se deve esquecer, com isso, certo número de obras mais modestas, porém muito bem feitas, especialmente o *Vocabulaire philosophique* de Edmond Goblot, envelhecido sem dúvida, mas que mesmo assim merece ser reeditado (é uma viagem tanto no tempo como no pensamento: Armand Colin, 1901, reed. 1938), o *Dictionnaire de la philosophie* de Noëlla Baraquin *et al.* (Armand Colin, 1995), o *Dictionnaire de philosophie* de Jacqueline Russ (Bordas, 1991), o *Vocabulaire des études philosophiques* de Sylvain Auroux e Yvonne Weil (Hachette, 1993), enfim, apesar de ser quase sempre decepcionante, especialmente na escolha das citações, o *Dictionnaire de la langue philosophique* de Paul Foulquié (PUF, 1962). Cumpre acrescentar certo número de dicionários mais especializados, alguns dos quais até saem do campo da filosofia, mas que me foram muito úteis, por esse ou aquele verbete: *Dictionnaire d'éthique et de philosophie morale*, sob a direção de Monique Canto-Sperber (PUF, 1996), *Dictionnaire de philosophie politique*, sob a direção de Philippe Raynaud e Stéphane Rials (PUF, 1996), *Kant-Lexicon* de Rudolf Eisler (Gallimard, 1994), *Dictionnaire d'histoire et de philosophie des sciences*, sob a direção de Dominique Lecourt (PUF, 1999), *Trésor, Dictionnaire des sciences*, sob a direção de Michel Serres e Nayla Farouki (Flammarion, 1997), *Vocabulaire technique et analytique de l'epistémologie*, de Robert Nadeau (PUF, 1999), *Lexique logique* de Louis Vax (PUF, 1982), *Dictionnaire critique de théologie*, sob a direção do saudoso Georges Mounin (PUF, 1974), *Dictionnaire historique de la langue française*, sob a direção de Alain Rey (Dictionnaires Le Robert, 1992), *Vocabulaire d'esthétique* de Étienne Souriau, *Dictionnaire critique de la sociologie* de Raymond Boudon e François Bourricaud, *Vocabulaire de la psychologie* de Henri Piéron (PUF, 1951, reed. col. "Quadrige", 1994),

Dictionnaire critique du marxisme, sob a direção de Georges Labica e Gérard Bensussan (PUF, 1982), enfim, já que não é possível citar todos, o celebérrimo (e legitimamente célebre) *Vocabulaire de la psychanalyse* [trad. bras. *Vocabulário da psicanálise*, São Paulo, Martins Fontes, 4.ª ed., 2001] de Jean Laplanche e Jean-Bertrand Pontalis (PUF, 1967, reed. 1981). Ao digitar esta lista, percebo que a maior parte dessas obras foi editada pela Presses Universitaires de France (PUF): permitam-me a oportunidade para manifestar o prazer e a honra que sinto, faz quase vinte anos, por publicar nesta augusta, simpática e insubstituível editora.

Em se tratando dos outros livros que utilizei, a começar pelos clássicos da filosofia, não seria possível dar uma lista completa. De resto, eles são citados, para as referências mais importantes, no corpo de cada verbete. Para que o leitor possa se orientar, qualquer que seja a edição que utilize, minhas referências remetem, na medida do possível, à divisão interna das obras, e não à paginação, sempre variável, deste ou daquele editor. As abreviaturas utilizadas são bastante transparentes e tradicionais para não causar problema (por exemplo, *T.P.* para o *Tratado político* de Espinosa, *T.T.-P.*, para seu *Tratado teológico-político* [trad. bras., São Paulo, Martins Fontes, 2003], *T.R.E.* para seu *Tratado sobre a reforma do entendimento*; *C. r. pura* para a *Crítica da razão pura* de Kant, *Fundamentos...* para os seus *Fundamentos da metafísica dos costumes*, *C.F.J.* para sua *Crítica da faculdade do juízo*...). As traduções utilizadas podem ser variadas e, às vezes, se bem que muito raramente, eu as modifico. Para Aristóteles, utilizei na maioria das vezes as traduções de Tricot; para Epicuro, as de Marcel Conche; para Espinosa, as de Appuhn; para Kant, as publicadas pela PUF e por Vrin; para Hegel, as publicadas por Aubier e por Vrin. Cito Montaigne, modernizando a ortografia, a partir da edição Villey-Saulnier, para a PUF; Descartes, a partir da edição Alquié, para a Garnier (dando às vezes a paginação na edição canônica de Adam e Tannery, designada pelas iniciais AT); e Pascal a partir da edição Lafuma das *Oeuvres complètes* (Seuil, col. "L'Intégrale", 1963; no caso dos *Pensamentos* [trad. bras., São Paulo, Martins Fontes, 2001], o primeiro número é o da numeração Lafuma e o segundo, o da edição Brunschvicg). Quanto a Voltaire, cito seu *Dictionnaire philosophique* a partir da edição Naves, reed. Garnier-Flammarion, 1964.

Índice Francês-Português

analyse – análise
analytiques, jugements – analíticos, juízos
anamnèse – anamnese
anarchie – anarquia
anarchisme – anarquismo
âne de Buridan – asno de Buridan
ange – anjo
angélisme – angelismo
angoisse – angústia
animaux – animais
animaux machines, theórie des – animais máquinas, teoria dos
animisme – animismo
anomie – anomia
antéprédicatif – antepredicativo
anthropique, principe – antrópico, princípio
anthropocentrisme – antropocentrismo
anthropologie – antropologia
anthropomorphisme – antropomorfismo
anthropophages – antropófagos
anticipation – antecipação
antimatière – antimatéria
antinomie – antinomia
antiquité – antigüidade
antithèse – antítese
antitrinitaires – antitrinitários
anxiété – ansiedade
apagogique, raisonnement – apagógico, raciocínio
apathie – apatia
aperception – apercepção
aphasie – afasia
apocalypse – apocalipse
apodictique – apodítico
apollinien – apolíneo
apophantique – apofântico
apophatique – apofático
aporie – aporia
a posteriori – *a posteriori*
apparence – aparência
appétence – apetência
appétit – apetite
a priori – *a priori*
arbitraire – arbitrário
arbitre – árbitro
archétype – arquétipo
argument – argumento
argumentation – argumentação
aristocratie – aristocracia
art – arte
articulation, double – articulação, dupla
ascèse – ascese
ascétique, idéal – ascético, ideal
ascétisme – ascetismo
aséité – asseidade
assentiment – assentimento
assertion – asserção
assertorique – assertórico
assurance – segurança/seguro
ataraxie – ataraxia
athéisme – ateísmo
atome – átomo
atomisme – atomismo
attente – espera
attention – atenção
attribut – atributo
audace – audácia
au-delà – além
Aufhebung – *Aufhebung*
autarcie – autarquia
authenticité – autenticidade
automate – autômato
autonomie – autonomia

autoritarisme – autoritarismo
autorité – autoridade
autorité, argument d' – autoridade, argumento de
autre – outro
autrui – outrem
avarice – avareza
avenir – porvir
aventure – aventura
aversion – aversão
aveu – confissão[1]
avoir – ter
axiologie – axiologia
axiomatique – axiomática
axiome – axioma

B

baptême – batismo
barbare – bárbaro
barbarie – barbárie
baroque – barroco
bassesse – baixeza
bavardage – tagarelice
béatitude – beatitude
beau – belo
beauté – beleza
béhaviorisme – behaviorismo
bénédiction – bênção
besoin – necessidade[1]
bestialité – bestialidade
bête – besta
bêtise – burrice
bien – bem
bien, souverain – bem, soberano
bien, tout est – bem, está tudo
bienfaisance – beneficência
bienséance – compostura
bienveillance – benevolência
bilieux – bilioso
biologie – biologia
bivalence – bivalência
bon – bom
bonheur – felicidade
bon sens – bom senso
bonne foi – boa-fé
bonté – bondade
bornes de l'esprit humain – limites do espírito humano
bouddhisme – budismo
bravoure – bravura
brutalité – brutalidade
bureaucratie – burocracia
but – objetivo[1]

C

ça – id
cadavre – cadáver
calcul – cálculo
calomnie – calúnia
candeur – candura
canon – cânone[1]
canonique – cânone[2]
capital – capital
capitalisme – capitalismo
caprice – capricho
caractère – caráter
cardinales, vertus – cardeais, virtudes
carême – quaresma
carpe diem – *carpe diem*
cartésien – cartesiano
casuistique – casuística
catéchisme – catecismo
catégories – categorias
catégorique – categórico
catharsis – catarse

causalité – causalidade
causalité, principe de – causalidade, princípio de
causa sui – *causa sui*
cause – causa
caverne, mythe de la – caverna, mito da
cercle – círculo
certitude – certeza
chaîne – cadeia
chance – sorte
changement – mudança
chaos – caos
charité – caridade
chasteté – castidade
choix – escolha
chose – coisa
chose en soi – coisa em si
chrétien – cristão
christianisme – cristianismo
ciel – céu
cité – cidade
citoyen – cidadão
citoyenneté – cidadania
civil – civil
civilisation – civilização
civilité – civilidade
clarté – clareza
classe – classe
classicisme – classicismo
classique – clássico
clinamen – clinâmen
coeur – coração
cogito – *cogito*
cognitives, sciences – cognitivas, ciências
cognitivisme – cognitivismo
cohérence – coerência
cohésion – coesão
colère – cólera
collectivisme – coletivismo
comédie – comédia
comique – cômico
communauté – comunidade
communication – comunicação
communion – comunhão
communisme – comunismo
comparaison – comparação
compassion – compaixão
complexe – complexo
comportement – comportamento
compossible – compossível
compréhension – compreensão
comprendre – compreender
compulsion – compulsão
conatus – conato
concept – conceito
conceptualisme – conceitualismo
concile – concílio
concorde – concórdia
concret – concreto
concupiscence – concupiscência
condition – condição
conditionnel – condicional
confession – confissão[2]
confiance – confiança
confidence – confidência
confus – confuso
conjonction – conjunção
connaissance – conhecimento
conscience – consciência
constitutif – constitutivo
contemplation – contemplação
continence – continência
contingence – contingência
contradiction – contradição
contradiction, principe de non- – contradição, princípio de não-

contradictoire – contraditória
contraire – contrário
contrat – contrato
conversation – conversa
convoitise – cobiça
copernicienne, révolution – copernicana, revolução
copule – cópula
corps – corpo
cosmologie – cosmologia
cosmologie rationnelle – cosmologia racional
cosmologique, preuve – cosmológica, prova
cosmopolitisme – cosmopolitismo
cosmos – cosmo
couple – casal
courage – coragem
courtoisie – cortesia
coutume – costume
crainte – temor
création – criação
création du monde – criação do mundo
credo – credo
credule – crédulo
crime – crime
crise – crise
criticisme – criticismo
critique – crítica
croyance – crença
cruauté – crueldade
culpabilité – culpa
culture – cultura
cupidité – cupidez
curiosité – curiosidade
cynisme – cinismo
cyrénaïque – cirenaica

D

dandysme – dandismo
danse – dança
darwinisme – darwinismo
Dasein – *Dasein*
débat – debate
décadence – decadência
décence – decência
décentrement – descentramento
déception – decepção
décision – decisão
découverte – descoberta
déduction – dedução
défense – defesa
déférence – deferência
défi – desafio
défiance – desconfiança[1]
définition – definição
dégénérescence – degeneração
dégoût – desgosto
déisme – deísmo
délassement – relaxamento
délation – delação
délectation – deleite
délibération – deliberação
délicatesse – delicadeza
délinquance – delinqüência
délire – delírio
délit – delito
démagogue – demagogo
démence – demência
démesure – descomedimento
démiurge – demiurgo
démocratie – democracia
démon – demônio
démon de Changeux – demônio de Changeux
démon de Laplace – demônio de Laplace

démon de Socrate – demônio de Sócrates
démonstration – demonstração
dénégation – denegação
déni – recusa
déontologie – deontologia
dépassement – superação
dépression – depressão
déraisonnable – desarrazoado
déréliction – derrelição
dérision – irrisão
dérisoire – irrisório
désamour – desamor
désenchantement – desencanto
désespoir – desespero
déshonneur – desonra
désignation – designação
désintéressement – desinteresse
désir – desejo[1]
désobéissance – desobediência
désordre – desordem
despotisme – despotismo
destin – destino
destinée – sina
déterminisme – determinismo
détresse – aflição
deuil – luto
devenir – devir
devoir – dever
diable – diabo
dialectique – dialética
diallèle – dialelo
dialogue – diálogo
dictature – ditadura
dictionnaire – dicionário
Dieu – Deus
Dieu de Spinoza – Deus de Espinosa
différance – *différance*
différence ontologique – diferença ontológica
dignité – dignidade
dilemme – dilema
dimanche – domingo
dionysiaque – dionisíaco
discours – discurso
discursif – discursivo
discussion – discussão
disgrâce – desgraça
disjonction – disjunção
dissimulation – dissimulação
distinct – distinto
distinction – distinção
diversion – diversão
divertissement – divertimento
docimologie – docimologia
dogmatisme – dogmatismo
dogme – dogma
don – dom
douceur – doçura
douleur – dor
doute – dúvida
droit – direito
droit naturel – direito natural
droit positif – direito positivo
droite/gauche – direita/esquerda
droiture – retidão
dualisme – dualismo
durée – duração
dynamisme – dinamismo

E

échange – troca
échec – fracasso
éclectisme – ecletismo
école – escola
écologie – ecologia

économie – economia
écriture – escrita
éducation – educação
effet – efeito
efficiente, cause – eficiente, causa
effort – esforço
égalité – igualdade
église – igreja
ego – *ego*
égocentrisme – egocentrismo
égoïsme – egoísmo
égotisme – egotismo
éidétique – eidético
eidos – *eîdos*
éléates – eleatas
élite – elite
élitisme – elitismo
éloquence – eloqüência
émotion – emoção
empirique – empírico
empirisme – empirismo
emportement – arrebatamento
énergie – energia
enfance – infância
enfer – inferno
engagement – engajamento
énigme – enigma
ennui – tédio
en soi – em si
enstase – ênstase
entéléchie – enteléquia
entendement – entendimento
enthousiasme – entusiasmo
entité – entidade
entropie – entropia
envie – inveja
épicurisme – epicurismo
épistémologie – epistemologia
époché – *epokhé*
équipe – equipe
équité – eqüidade
équivoque – equívoco
éristique – erística
érotisme – erotismo
erreur – erro
eschatologie – escatologia
ésotérique – esotérico
ésotérisme – esoterismo
espace – espaço
espèce – espécie
espérance – esperança[1]
espoir – esperança[2]
esprit – espírito
esprit faux – espírito falso
essence – essência
essentialisme – essencialismo
esthète – esteta
esthétique – estética
esthétique transcendantale – estética transcendental
estime – estima
étant – ente
état – estado
état civil – estado civil
état de nature – estado de natureza
étendue – extensão[1]
éternité – eternidade
éthique – ética
ethnie – etnia
ethnocentrisme – etnocentrismo
ethnocide – etnocídio
ethnographie – etnografia
ethnologie – etnologia
éthologie – etologia
étiologie – etiologia
étonnement – espanto
être – ser
être-là – ser-aí

eudémonisme – eudemonismo
eugénisme – eugenia
Europe – Europa
euthanasie – eutanásia
évangile – evangelho
événement – acontecimento
évidence – evidência
évolution – evolução
exactitude – exatidão
exception – exceção
exemple – exemplo
exercice – exercício
exhibitionnisme – exibicionismo
exigence – exigência
existence – existência
existentialisme – existencialismo
exotérique – exotérico
expérience – experiência
expérimentation – experimentação
explication – explicação
extase – êxtase
extension – extensão[2]
extrémisme – extremismo

F

fable – fábula
factice – factício
facticité – facticidade
faculté – faculdade
fait – fato
falsifiabilité – falsificabilidade
famille – família
fanatisme – fanatismo
fantaisie – fantasia[1]
fantasme – fantasia[2]
fatalisme – fatalismo
fatalité – fatalidade
fatigue – cansaço
fausseté – falsidade
Fausseté des vertus humaines – Falsidade das virtudes humanas
faute – falta
favoritisme – favoritismo
félicité – bem-aventurança
féminité – feminilidade
femme – mulher
fête – festa
fétichisme – fetichismo
fidéisme – fideísmo
fidelité – fidelidade
fierté – orgulho[1]
fin – fim
finale, cause – final, causa
finalisme – finalismo
finalité – finalidade
finesse, esprit de – espírito, agudeza de
fini – finito
finitude – finitude
flatterie – lisonja
foi – fé
folie – loucura
fondement – fundamento
force – força
forclore – forcluir
formalisme – formalismo
forme – forma
formelle, cause – formal, causa
fortune – fortuna
foule – multidão[1]
franchise – franqueza
fraude – fraude
frivolité – frivolidade
frustration – frustração
futur – futuro

G

gaieté – animação
généalogie – genealogia
général – geral
génération – geração
générosité – generosidade
genèse – gênese
génétique – genética
génie – gênio
génie, malin – maligno, gênio
génocide – genocídio
genre – gênero
géométrie, esprit de – geométrico, espírito
gloire – glória
gnose – gnose
gnoséologie – gnoseologia
goût – gosto
gouvernement – governo
grâce – graça
grandeur – grandeza
gratitude – gratidão
gratuit – gratuito
gravité – gravidade
groupe – grupo
guerre – guerra

H

habitude – hábito
habitus – *habitus*
haine – ódio
hallucination – alucinação
harmonie – harmonia
hasard – acaso
hédonisme – hedonismo
héraclitéisme – heraclitismo
herméneute – hermeneuta
heroïsme – heroísmo
hétéronomie – heteronomia
heureux – feliz
heuristique – heurística
hic et nunc – *hic et nunc*
hiérarchie – hierarquia
histoire – história
historicisme – historicismo
holisme – holismo
hominisation – hominização
homme – homem
honnêteté – honestidade
honneur – honra
honte – vergonha
humanisation – humanização
humanisme – humanismo
humanité – humanidade
humilité – humildade
humour – humor
hypocrisie – hipocrisia
hypostase – hipóstase
hypostasier – hipostasiar
hypothèse – hipótese
hypothético-déductive, méthode – hipotético-dedutivo, método
hypothétique, jugement – hipotético, juízo
hystérie – histeria

I

icône – ícone
idéal – ideal
idéalisme – idealismo
idée – idéia
identité – identidade
identité, principe d' – identidade, princípio de
idéologie – ideologia
idéologue – ideólogo

idiosyncrasie – idiossincrasia
idiotie – idiotia
idolâtrie – idolatria
idole – ídolo
illusion – ilusão
image – imagem
imagination – imaginação
immanence – imanência
immanent – imanente
immanental – imanental
immanentisme – imanentismo
immatérialisme – imaterialismo
immoral – imoral
immoralisme – imoralismo
immortalité – imortalidade
impératif – imperativo
implication – implicação
impression – impressão
impulsif – impulsivo
impulsion – impulso
incertitude – incerteza
incertitude, relations d' – incerteza, relações de
inclination – inclinação
inconditionné – incondicionado
inconditionnel – incondicional
inconscient – inconsciente
indéfini – indefinido
indéterminisme – indeterminismo
indice – indício
indicible – indizível
indifférence – indiferença
indifférence, liberté d' – indiferença, liberdade de
indiscernables, principe des – indiscerníveis, princípio dos
individu – indivíduo
individualisme – individualismo
induction – indução
ineffable – inefável
inertie – inércia
inespoir – inesperança
inférence – inferência
infini – infinito
injure – injúria
inné – inato
innéisme – inatismo
inquiétude – inquietude
inquisition – inquisição
insensé – insensato
insignifiant – insignificante
insistance – insistência
insistantialisme – insistencialismo
instant – instante
instinct – instinto
intellectuel – intelectual
intelligence – inteligência
intelligible – inteligível
intention – intenção
intentionnalité – intencionalidade
intérêt – interesse
interprétation – interpretação
intersubjectivité – intersubjetividade
introspection – introspecção
intuition – intuição
invention – invenção
involution – involução
ipséité – ipseidade
ironie – ironia
irrationnel – irracional
irréversibilité – irreversibilidade
isolement – isolamento
isonomie – isonomia

J K

jalousie – ciúme
je – eu[1]

jeu – jogo/brincadeira
jeune – jovem
jeunisme – juvenismo
joie – alegria[2]
judaïsme – judaísmo
jugement – juízo
juger – julgar
juste – justo
justice – justiça
kairos – *kairós*
kinesthésie – cinestesia

L

lâcheté – covardia
laïc – laico
laïcité – laicidade
laideur – feiúra
langage – linguagem
langue – língua
lapsus – lapso
larmes – lágrimas
lassitude – lassidão
latent – latente
légalité – legalidade
légèreté – leveza/ligeireza
légitimité – legitimidade
lettrés/gens de lettres – letrados/literatos
libéral – liberal
libéralisme – liberalismo
libéralité – liberalidade
libération – libertação
liberté – liberdade
liberté de penser – liberdade de pensamento
libido – libido
libre arbitre – livre-arbítrio
lieu – lugar
logique – lógica
logos – *lógos*
loi – lei
loisir – lazer
loterie – loteria
lucidité – lucidez
Lumières – Luzes
luxe – luxo
luxure – luxúria
lycée – liceu
lymphatique – linfático

M

machiavélisme – maquiavelismo
machine – máquina
magie – magia
magnanimité – magnanimidade
maïeutique – maiêutica
maître – mestre/amo
majesté – majestade
majeure – maior
mal – mal
malédiction – maldição
malheur – infelicidade
malveillance – malevolência
manichéisme – maniqueísmo
maniérisme – maneirismo
marché – mercado
martyr – mártir
marxisme – marxismo
masculinité – masculinidade
matérialisme – materialismo
matérialiste – materialista
matérielle, cause – material, causa
mathématique – matemática
matière – matéria
mauvais – mau/ruim
mauvaiseté – *mauvaiseté*

maxime – máxima
mécanisme – mecanicismo
– mecanismo
méchanceté – maldade
méchant – malvado
médiété – meio-termo
médiocrité – mediocridade
médisance – maledicência
méfiance – desconfiança[2]
meilleur, principe du – melhor, princípio do
mélancolie – melancolia
même – mesmo(a)
mémoire – memória
mensonge – mentira
menteur, paradoxe du – mentiroso, paradoxo do
mépris – desprezo
mère – mãe
mérite – mérito
messianisme – messianismo
messie – messias
mesure – medida
métamorphose – metamorfose
métaphore – metáfora
métaphysique – metafísica
métempsycose – metempsicose
méthode – método
métonymie – metonímia
milieu, juste – meio, justo
mimétique, fonction – mimética, função
mimétisme – mimetismo
mineure – menor
miracle – milagre
mirage – miragem
misanthropie – misantropia
miséricorde – misericórdia
misologue – misólogo
modalité – modalidade
mode – moda
– modo
modération – moderação
modus ponens – *modus ponens*
modus tollens – *modus tollens*
moeurs – usos
moi – eu[2]
monade – mônada
monarchie – monarquia
monde – mundo
monème – monema
monisme – monismo
monnaie – moeda
monothéisme – monoteísmo
morale – moral
mort – morte
mot – palavra
mourir – morrer
mouvement – movimento
multitude – multidão[2]
mystère – mistério
mystique – místico
mythe – mito

N

naïveté – ingenuidade
narcissisme – narcisismo
nation – nação
nationalisme – nacionalismo
naturalisme – naturalismo
nature – natureza
nature humaine – natureza humana
nature naturante/nature naturée – natureza naturante/natureza naturada
naturel – natural
néant – nada

nécessitarisme - necessitarismo
nécessité – necessidade[2]
négligence – negligência
népotisme – nepotismo
nerveux – nervoso
névrose/psychose – neurose/psicose
nihilisme – niilismo
nirvâna – nirvana
nom – nome
nominalisme – nominalismo
normal – normal
normatif – normativo
norme – norma
nostalgie – nostalgia/saudade
notion – noção
noumène – número

O

obéissance – obediência
objectif – objetivo[2]
objectivité – objetividade
objet – objeto
obscur – obscuro
observation – observação
obstacle épistémologique – obstáculo epistemológico
occultisme – ocultismo
oeuvre – obra
oligarchie – oligarquia
ontique – ôntico
ontologie – ontologia
ontologique, preuve – ontológica, prova
onto-théologie – ontoteologia
opinion – opinião
optimisme – otimismo
ordre – ordem
ordres, distinction des – ordem, distinção das
orgueil – orgulho[2]
origine – origem
oubli – esquecimento
ousia – *ousía*
outil – ferramenta

P

pacifique – pacífico
pacifiste – pacifista
paillardise – libertinagem
paix – paz
panenthéisme – panenteísmo
panthéisme – panteísmo
papisme – papismo
Pâques – Páscoa
paradigme – paradigma
paradis – paraíso
paradoxe – paradoxo
paralogisme – paralogismo
paranoïa – paranóia
pardon – perdão
paresseux, argument – preguiçoso, argumento
parfait – perfeito
pari – aposta
parole – fala
particulier – particular
passé – passado
passion – paixão
pathologique – patológico
patience – paciência
patrie – pátria
patriotisme – patriotismo
péché – pecado
péché originel – pecado original
péchés capitaux – pecados capitais

penchant – pendor
pensée – pensamento
perception – percepção
perfectibilité – perfectibilidade
perfection – perfeição
performatif – performativo
performative, contradiction – performativa, contradição
persécution – perseguição
persévérance – perseverança
personnalité – personalidade
personne – pessoa
pessimisme – pessimismo
petitesse – pequenez
pétition de principe – petição de princípio
peuple – povo
peur – medo
phénomène – fenômeno
phénoménologie – fenomenologia
philosophe – filósofo
philosophie – filosofia
phobie – fobia
phonème – fonema
phronèsis – *phrónesis*
physique – físico/física
piété – piedade[1]
pitié – piedade[2]
plaisir – prazer
plaisir, principe de – prazer, princípio de
platonicien – platônico[1]
platonique – platônico[2]
platonisme – platonismo
ploutocratie – plutocracia
poésie – poesia
poièsis – *poíesis*
polémique – polêmica
polémologie – polemologia
police – polícia
politesse – polidez
politique – política
polythéisme – politeísmo
positif – positivo
position – posição
positivisme – positivismo
possession – posse
possible – possível
postulat – postulado
postulats de la raison pratique – postulados da razão prática
pour-soi – para si
pouvoir – poder
pragmatique – pragmático
pragmatisme – pragmatismo
pratique – prática
pratique théorique – prática teórica
praxis – práxis
précaution, principe de – precaução, princípio de
préconscient – pré-consciente
prédestination – predestinação
prédéterminisme – predeterminismo
prédicat – predicado
prédiction – predição
préjugé – preconceito
préméditation – premeditação
prémisse – premissa
prénotion – prenoção
présage – presságio
présent – presente
prêtre – padre
preuve – prova
prévision – previsão
prière – prece
primat/primauté – primado/primazia

principe – princípio
privation – privação
probabilité – probabilidade
problématique – problemático(a)
problème – problema
prochain – próximo
profondeur – profundidade
progrès – progresso
progressiste – progressista
projet – projeto
prophète – profeta
proposition – proposição
propriété – propriedade
protocole – protocolo
providence – providência
prudence – prudência
psychanalyse – psicanálise
psychologie – psicologia
psychologisme – psicologismo
psychose – psicose
psychosomatique – psicossomático
pudeur – pudor
puissance – potência
pulsion – pulsão
pureté – pureza
pusillanimité – pusilanimidade
pyrrhonisme – pirronismo

Q R

qualité – qualidade
quantité – quantidade
question – questão
quiddité – qüididade
quiétisme – quietismo
quiétude – quietude
race – raça
racisme – racismo
raison – razão
raison suffisante, principe de – razão suficiente, princípio da
raisonnable – razoável
raisonnement – raciocínio
rancoeur – rancor[1]
rancune – rancor[2]
rasoir d'Ockham – navalha de Ockham
rationalisme – racionalismo
rationnel – racional
réalisme – realismo
réalité, principe de – realidade, princípio de
réel – real
référent – referente
réflexe – reflexo
réflexion – reflexão
refoulement – recalque
réfutation – refutação
règle – regra
regret – pena
régulateur – regulador
relatif – relativo
relativisme – relativismo
religion – religião
réminiscence – reminiscência
remontrance – admoestação
remords – remorso
renaissance – renascimento
renomée – renome
repentir – arrependimento
représentation – representação
réprobation – reprovação
république – república
résignation – resignação
résistance – resistência
résolution – resolução
respect – respeito
responsabilité – responsabilidade

ressentiment – ressentimento
résurrection – ressurreição
rêve – sonho[1]
réversibilité – reversibilidade
révolte – revolta
révolution – revolução
rhétorique – retórica
ridicule – ridículo
rire – riso
roman – romance
romantisme – romantismo
rumeur – rumor

S

sacré – sagrado
sacrement – sacramento
sacrifice – sacrifício
sacrilège – sacrilégio
sadisme – sadismo
sage – sábio
sagesse – sabedoria
saint – santo
sainteté – santidade
salaud – canalha
salut – salvação
sanguin – sanguíneo
santé – saúde
sauvagerie – selvageria
savoir – saber
scélératesse – celeratez
scepticisme – ceticismo
sciences – ciências
scientisme – cientificismo
scolastique – escolástica
sectarisme – sectarismo
secte – seita
sélection – seleção
sens – sentido
sens commun – senso comum
sensation – sensação
sensibilité – sensibilidade
sensible – sensível
sensualisme – sensualismo
sentiment – sentimento
sérieux – sério/seriedade
sérieux, esprit de – seriedade, espírito de
servilité – servilismo
servitude – servidão
sexe – sexo
sexisme – sexismo
sexualité – sexualidade
signal – sinal
signe – signo
signifiant/signifié – significante/significado
signification – significação
silence – silêncio
simple – simples
sincérité – sinceridade
singulier – singular
situation – situação
snobisme – esnobismo
socialisme – socialismo
société – sociedade
sociobiologie – sociobiologia
sociologie – sociologia
sociologisme – sociologismo
soi – si
solidarité – solidariedade
solipsisme – solipsismo
solitude – solidão
sommeil – sono
somnolence – sonolência
songe – sonho[2]
sophia – *sophía*
sophisme – sofisma
sophiste – sofista
sophistique – sofística

sorcellerie – bruxaria
sottise – tolice
souci – preocupação
souhait – desejo[2]
souverain – soberano
spécisme – especismo
spiritisme – espiritismo
spiritualisme – espiritualismo
spiritualistes – espiritualistas
spiritualité – espiritualidade
spontanéité – espontaneidade
stoïcien – estóico[1]
stoïcisme – estoicismo
stoïque – estóico[2]
structuralisme – estruturalismo
structure – estrutura
style – estilo
sublimation – sublimação
sublime – sublime
subsomption – subsunção
substance – substância
subsumer – subsumir
suggestion – sugestão
suicide – suicídio
sujet – sujeito
superstition – superstição
surhumain – sobre-humano
surmoi – superego
surnaturel – sobrenatural
syllogisme – silogismo
symbole – símbolo
sympathie – simpatia
symptôme – sintoma
syncrétisme – sincretismo
syndrome – síndrome
synthèse – síntese
synthétiques, jugements – sintéticos, juízos
système – sistema

T

tabou – tabu
talent – talento
tautologie – tautologia
technique – técnica
technocratie – tecnocracia
téléologie – teleologia
téléonomie – teleonomia
témérité – temeridade
témoignage – testemunho
tempérament – temperamento
tempérance – temperança
temporalité – temporalidade
temps – tempo
temps perdu – tempo perdido
temps retrouvé – tempo reencontrado
tendance – tendência
tendresse – ternura
terme, grand, moyen ou petit – termo (maior, médio ou menor)
terrorisme – terrorismo
tetrapharmakon – *tetraphármakon*
théisme – teísmo
théiste – teísta
théodicée – teodicéia
théologales, vertus – teologais, virtudes
théologie – teologia
théologien – teólogo
théorème – teorema
théorétique – teorético
théôria – *theoría*
théoricisme – teorismo
théorie – teoria
thèse – tese
tiers exclu, principe du – terceiro excluído, princípio do
timidité – timidez

tolérance – tolerância
topique – tópico(a)
torture – tortura
totalitarisme – totalitarismo
totalité – totalidade
tout – todo
tragique – trágico
transcendance – transcendência
transcendant – transcendente
transcendantal – transcendental
transfert – transferência
transsubstantiation – transubstanciação
travail – trabalho
tristesse – tristeza
troisième homme, argument du – terceiro homem, argumento do
trope – tropo
truisme – truísmo
tyrannie – tirania

U

ubiquité – ubiqüidade
un – um/uno
unicité – unicidade
union – união
unité – unidade
univers – universo
universaux, querelle des – universais, querela dos
universel – universal
univoque – unívoco
urbanité – urbanidade
usage/usure – usar/usar-se
utile – útil
utilitarisme – utilitarismo
utopie – utopia

V W X Y Z

vacance(s) – vacância/férias
valeur – valor
validité – validade
vanité – vaidade
vécu – vivência
velléité – veleidade
véracité – veracidade
verbe – verbo
vérification – verificação
veritas – *veritas*
vérité – verdade
vérité éternelle – verdade eterna
vertu – virtude
veulerie – tibieza
vice – vício
vie – vida
vieillesse – velhice
violence – violência
virtuel – virtual
vitalisme – vitalismo
volition – volição
volonté – vontade
vrai – verdadeiro
vulgarité – vulgaridade
wagnérien – wagneriano
Weltanschauung – *Weltanschauung*
xénophobie – xenofobia
yoga – ioga
zèle – zelo
zen – zen
zététique – zetética

Cromosete
Gráfica e editora ltda.

Impressão e acabamento.
Rua Uhland, 307 - Vila Ema
03283-000 - São Paulo - SP
Tel./Fax: (011) 6104-1176
Email: cromosete@uol.com.br